U0907091

中国年鉴资源全文数据库
CHINA YEARBOOK DATABASE
YB
核心年鉴

2013 年 2 月 4 日，北京市工业和信息化工作会议召开

- ▲ 完成工业总产值（规模以上工业）15596.2 亿元
- ▲ 完成工业增加值（规模以上工业）3033.3 亿元
- ▲ 主营业务收入（规模以上工业）16905.1 亿元
- ▲ 工业实现利润总额（规模以上工业）1267.9 亿元
- ▲ 工业经济效益综合指数（规模以上工业）253.53

4 月 12 日，北京京城新能源有限公司开发的 FC-2000 系列 2 兆瓦全功率高速同步风力发电机组产成下线

11 月 6 日，国内首条飞灰工业化处置示范线竣工庆典举行

11 月 13~14 日，北京微电子国际研讨会暨第十届中国半导体封装测试技术市场年会在京举行

11月26日，北京现代第400万辆汽车下线暨全新胜达下线仪式在北京现代第三工厂举行

12月11日，《北京市传统工艺美术保护办法》颁布十周年总结大会召开

12月18日，北京原料药生产基地方案汇报会召开

10 月 17 日，北京软件与信息服务业公共服务平台“进园区、送服务”活动举行

10 月 20 日，北京纳米绿色打印印刷技术产业化基地正式竣工投入使用

11 月 23 日，北京市中小企业创业投资引导基金第五批参股创投公司第一次股东会、董事会召开

12 月 4 日，“北京工业大气污染治理措施研究报告”结题报告会召开

北京工业年鉴

2013

北京市经济和信息化委员会　编

北京出版集团公司
北　京　出　版　社

图书在版编目（CIP）数据

北京工业年鉴．2013 / 北京市经济和信息化委员会编．— 北京 ：北京出版社，2013.12
ISBN 978-7-200-10077-8

Ⅰ．①北… Ⅱ．①北… Ⅲ．①地方工业经济—北京市—2013—年鉴 Ⅳ．①F427.1-54

中国版本图书馆CIP数据核字（2013）第249320号

策　　划　于　虹
责任编辑　白　珍
特约编辑　杨秀珍
责任印制　宋　超
装帧设计　盛天果

北京工业年鉴 2013
BEIJING GONGYE NIANJIAN 2013
北京市经济和信息化委员会　编
*
北京出版集团公司
北　京　出　版　社　出版
（北京北三环中路6号）
邮政编码：100120
网　址：www.bph.com.cn
北京出版集团公司总发行
新　华　书　店　经　销
北京京华虎彩印刷有限公司印刷
*
889毫米×1194毫米　16开本　32印张　插页16　965千字
2013年12月第1版　2013年12月第1次印刷
印数1—1000

ISBN 978-7-200-10077-8
定价：280.00元

本书附同版本 CD-ROM 一张，光盘内容以书面文字为准

质量监督电话：010-58572393

《北京工业年鉴》编纂委员会

《北京工业年鉴》 编辑部

编辑说明

一、《北京工业年鉴（2013）》由北京市经济和信息化委员会主办，北京市产业经济研究中心承办。

二、本年鉴是一部工业经济信息高度密集的大型工具书和资料性年刊。通过大量资料、数据、图片，真实地记录了北京市2012年工业经济的发展情况，对于全面、系统地了解和掌握北京工业经济发展所取得的成就，研究北京工业经济运行和重要行业、重点企业的发展变化及规律，指导下一年度的经济工作具有重要的参考价值。

三、本年鉴采用文章和条目两种体裁，以条目体为主。辟有文选、大事记、总述、区县工业、开发区、国有及国有控股公司、上市公司、协会组织、企业、产品、人物、法规政策文件、工业数据、附录共14个一级栏目。

四、本年鉴所载内容由相关部门和企业单位提供，经供稿单位主管负责人审核。全市性数据由北京市统计局提供。

五、本年鉴选用资料的时限为2012年1月1日至2012年12月31日（个别内容根据实际情况略作调整）。

六、《北京工业年鉴》自1991年编辑出版，逐年编纂，本年鉴为第23卷。一直以来得到工业系统及协作单位各级领导和编辑工作者的大力支持，提供很多有价值的素材，对此我们深表感谢。

七、欢迎各界读者继续关注年鉴、收藏年鉴、使用年鉴，并对年鉴的不足之处给予指正，帮助我们进一步改进年鉴的编辑工作，以期更好地为读者服务。

八、《北京工业年鉴》编辑部联系方式：电话（010）85235624/85235083/85235643（传真）；电子邮箱 bianjibu@bjeit.gov.cn；地址 北京市朝阳区工体北路6号凯富大厦5层510室；邮政编码 100027。

目 录

特 载

大 事 记

总 述

区 县 工 业

开 发 区

国有及国有控股公司

上 市 公 司

协会组织

企　业

产　品

人 物

法规政策文件

工 业 数 据

附 录

索 引

彩 色 插 页

Contents

Special Issue

Chronicle Events

Overview

District and County Industrial

Development Zones

State-owned and State-owned Holding Company

Listed Companies

Associations

Enterprises

Products

Personages

Documents of Policy and Regulation

Industrial Data

Appendix

Index

Catalog of Color Inserts

特　载

在2013年北京市工业和信息化工作会议上的讲话

北京市副市长　苟仲文

2013年2月4日

同志们：

今天这次大会，是在党的十八大之后，市委、市政府对2013年全市工作作出具体安排和部署的新形势、新任务下，全市工业和信息系统召开的一次重要会议。刚才，靳伟同志作了很好的报告。过去的一年，经济形势比较复杂，工业经济面临的困难比较突出，全系统同志面对困难和挑战积极应对，开拓进取，扎实工作，为全市经济稳定增长作出了积极贡献。在此，我代表市政府向同志们表示衷心的感谢！借此机会，我讲三点意见。

一、新的形势和任务要求我们必须积极作为，勇于开拓，扎实推进工作取得新进展

改革开放30年，我国经济持续保持了10%的高速增长，这是我们引以为豪的，但这个高增长是靠长期的要素驱动和投资驱动实现的，我们的经济某种程度上已经形成了一种依赖，一旦要素和投资驱动不足，经济增速就会下滑。最近我看到一个资料，有学者对这种增长模式进行了研究，其中一项研究结果表明，如果我们的GDP低于7%或6%的增速，那么大部分企业将出现亏损。而同时我们也知道，发达国家的GDP增长在1%~3%之间是一个常态，但是企业却可以赢利，为什么呢？一个重要原因就是，中国企业主要靠市场迅速扩张来赢利，而不是在需求增长放慢以后靠提高技术水平和生产效率来赢利。虽然这只是学者研究，但说明了一个问题，那就是粗放型增长方式在今天已经行不通了。现在整个世界都在一个中低速增长期，北京工业在经历了高速增长期之后，也和全国一样进入到中低速增长期，保持北京工业经济持续稳定增长，就必须实现增长动力的转换，实现从“要素驱动”“投资驱动”向通过技术进步来提高劳动生产率的“创新驱动”转变，通过提高劳动生产率和创新能力来提高赢利水平，这是北京工业持续稳定发展的根本要求。

当然，理论的研究远不如实际的教训更让人印象深刻。回顾国际金融危机的冲击和影响，更深刻说明了中国企业提高内在竞争力的极端重要性。前两年的国际金融危机对包括北京在内的我国工业经济发展都造成了很大冲击和影响，许多企业生产经营困难，各级政府、各部门同志都如同救火队员一般，开展企业帮扶工作，我们出台实施了许多政策措施，千方百计保增长、促发展。现在回头看，在金融危机中受冲击较大的，往往是那些没有自身核心技术、效益低下、缺乏市场竞争力的企业。而另一些拥有核心技术知识产权、创新和竞争能力强、处在产业链高端的企业，抵抗冲击的能力强，受到的影响相对较小。过去有一个短板理论，说木桶的最大容量不取决于最长的木板，而取决于最短的那块木板。这个结论已经过时，它只说对了一方面，而忽视了另一方面，就是长板的优势，让长板更长。北京有坚实的工业发展基础，有雄厚的科技资源和人才优势，在竞争发展中，我们要坚持有所为、有所不为，扬长避短，发展长板优势，发展核心竞争优势，推动那些科技含量高、创新能力强、处于产业链高端、影响和带动能力强的产业和企业获得更大更快发展，辐射、影响和带动整个区域经济的发展，最终实现北京工业经济有质量、有效益、可持续性地发展。作为工业和信息化主管部门的同志们，企业生产经营和管理一线的同志们，我们一定要有不进则退的危机意识、只争朝夕的进取意识、敢想敢干的创新意识，抓住扩大内需、提高创新能力、促进经济发展方式转变的新机遇，扎实推进各项工作，推进北京工业跨越式发展。

二、以提高质量效益为目标，以工业提升工程为抓手，扎实推进首都工业经济发展方式转变

十八大报告明确指出，要适应国内外经济形势新变化，加快形成新的经济发展方式，把推动发展的立足点转到提高质量和效益上来，明确提出了实现新型工业发展的任务、路径和具体举措，使我们备受激励和鼓舞。当前，我国经济发展的内外部环境正在发生深刻变化。从国际看，全球经济格局深度调整，产业竞争异常激烈。第三次工业革命已经蓬勃兴起，发达国家试图在新的技术平台上提升制造业和发展新兴产业，继续以核心技术和专业服务牢牢掌控全球价值链的高端环节，对我国提升产业层次、发展先进制造业形成巨大压力；新兴市场国家也在加快产业升级，一些发展中国家利用其低成本优势，加紧与我国在传统国际市场展开竞争，我们面临着发达国家抢占战略制高点和发展中国家抢占传统市场的双重压力。从国内看，经济结构性矛盾突出，传统发展模式面临诸多调整。高投入、高消耗、高排放的粗放发展方式还没有根本改变，劳动力、土地、燃料动力等生产要素价格持续上升，能源资源和生态环境约束日趋强化，对优化产业结构形成了倒逼机制。北京工业结构调整、转型升级的压力也非常突出，如果产业结构调整优化不到位，不仅短期内影响北京经济稳增长、促转型目标的实现，还将严重制约首都经济可持续发展和世界城市建设进程。因此，调整优化产业结构已经成为北京加快转变工业经济发展方式的根本出路和主战场。

推进产业结构调整和发展方式转变，提升北京工业的质量和效益，一个重要的工作思路就是要抓关键、牵牛鼻子，争取在重点产业和重点领域实施重点突破，我们称为“工业提升工程”，这是我们当前做好工作的一个重要抓手。要坚持有所为、有所不为，针对北京产业发展现状，密切关注世界产业发展前沿技术和产业发展动态，找出制约我们自身产业发展的关键点和突破点，集中力量进行攻关突破。加快下一代互联网、移动互联网和新一代移动通信、卫星应用、生物和健康、节能环保、轨道交通六大优势产业集群引领发展，推动集成电路、新材料、高端装备与通用航空、新能源和新能源汽车四大潜力产业集群跨越发展，促进现代服务业集群高端发展，形成“641”的产业集群发展格局。大力支持企业建设研发中心，支持企业率先突破和掌握一批产业关键核心技术，提升产业技术主导权。各区县、各部门，各重点企业，要积极行动起来，针对产业发展中迫切需要解决的重点难点问题，加强针对性研究分析，找出创新点和突破点，勇于创新，大胆探索，扎实推进工业提升工程，提高经济增长的质量和效益，推进工业发展方式转变。

实施工业提升工程，要始终把握以下原则：一要坚持创新驱动。要以全球视野谋划和推动创新，提高原始创新、集成创新和引进消化吸收再创新能力，更加注重协同创新。着力构建以企业为主体、市场为导向、产学研相结合的技术创新体系。着力提高科学研究水平和成果转化能力，抢占科技发展战略制高点。着力实施国家科技重大专项，突破重大技术瓶颈。二要坚持需求拉动。坚持以首都经济社会发展重大需求为导向，通过重大项目建设和示范工程实施，促进新技术、新产品的产业化及应用，加强技术集成和商业模式创新。三要坚持绿色发展。提高资源生产效率，控制污染物和温室气体排放，着力发展新型清洁能源，推动再生资源循环利用，重视生态文明建设，走资源节约型、环境友好型的发展道路，建设美丽中国、美丽北京。

三、探索新型工业化、信息化、城镇化、农业现代化深度融合、同步发展的新路径，促进北京城乡一体化发展

党的十八大提出，坚持走中国特色新型工业化、信息化、城镇化、农业现代化道路，推动信息化和工业化深度融合、工业化和城镇化良性互动、城镇化和农业现代化相互协调，促进工业化、信息化、城镇化、农业现代化同步发展。这是保障我国经济可持续发展最具实践意义的战略决策，也为首都经济和信息化建设提出了明确的发展方向。城镇化是我国经济发展最大的潜在内需，也是支撑中国经济未来20年乃至30年高速增长的最大动力。城镇化是引发消费需求、带动投资增长、推动经济服务化的重要途径。从北京情况看，这些年来，北京城乡一体化建设取得了很大进展，但是发展还不够平衡，实践中我们越来越深刻地认识到，健康可持续发展的城镇化必须建立在实体经济的坚实基础上，实现城镇化与工业化、农业现代化以及信息化的“四化”协调发展，是推进北京城乡一体发展的必由之路，同时也是北京工业经济实现跨越式发展的重要契机。

推进城乡一体化建设，“以城聚业、以业兴城”作用非常关键。我看到一些资料，像巴西2000年城镇化率就超过了80%，大量的农民在城市没有工作，聚集在贫民窟，落入“城镇化陷阱”。我国的城镇化率也已经达到了51.27%，但大规模进城的农民工虽然实现了地域转移和职业转换，却没有实现身份的转变，处于“半城镇化”的尴尬境地。我国还有部分地区出现“农民被上楼”现象，大量土地被征用作为城市建设用地，居住在土地上的农民“被”住进集中建设的楼房，但其生产方式和生活方式并未实现真正意义上的市民化。作为首都，北京率先实现城乡一体化发展，必须要与工业化、制造业由大向强转变相协调，使城乡一体发展建立在以制造业为基础的实体经济基础上，防止“产业空心化”。中关村扩园是一件大事，与城乡一体化建设密切关联，要结合中关村扩园，加快形成“两城两带”产业集群发展格局，同步带动城乡一体化发展。要与农业现代化相协调，加快城乡统筹，通过工业反哺农业、支持远郊区县发展，缩小差距，促进城乡互动协调发展。要全力推进智慧北京建设，提升信息化应用水平，通过建设智慧城市提高城乡一体化建设水平，更好地发挥工业和信息化的带动作用，加快推进产业结构调整和发展方式转变，为北京率先实现城乡一体发展做出我们应有的贡献。

同志们，2013年工作任务繁重艰巨，实现工业经济持续稳定增长的目标，提高北京工业经济的质量和效益，实现北京工业和信息化科学发展，必须以求真务实、真抓实干的优良作风来保证。全系统同志，特别是领导干部，要认真学习党的作风建设的各项规定要求，严格遵守中央、市委市政府关于作风建设的各项规定，牢记习近平总书记“空谈误国，实干兴邦”的殷切教导，以真抓实干、求真务实的作风，团结带领本单位、本部门全体同志凝聚力量，攻坚克难，圆满完成全年各项任务。

稳增长 促创新 深融合 提效益
推动首都工业和信息化发展实现新跨越

——在2013年北京市工业和信息化工作会议上的报告

北京市经济和信息化委员会主任 靳 伟

2013年2月4日

北京市经济和信息化委员会主任 靳 伟

同志们：

这次会议的主要任务是，贯彻落实党的十八大精神和工信部、市委、市政府各项工作要求，总结2012年工作，分析当前形势，部署2013年重点任务，动员全系统干部职工凝聚力量、攻坚克难，全力以赴做好各项工作。下面，我代表市经济信息化委作工作报告。

一、2012年工业和信息化发展情况

2012年，全市工业和信息化战线坚决贯彻中央和市委、市政府决策部署，坚持稳中求进，推动产业结构深度调整，全市工业经济历经稳中趋缓、筑底企稳、稳步回升，实现平稳增长，软件和信息服务业保持较快增长。总体情况如下：

——规模以上工业实现增加值约3100亿元，同比增长7%；实现利润1217亿元，同比增长6.4%；万元工业增加值能耗同比下降8.4%。

——高技术制造业增加值增长11.3%，增速高于全市工业平均水平4.3个百分点。

——软件和信息服务业实现营业收入4197亿元，同比增长18%。27家企业入选中国软件业务收入百强。

——全市网民达到1458万人，新增光纤到户覆盖家庭114.1万户。电子商务交易额约5500亿元，同比增长15%。

一年来的主要工作和特点是：

（一）在产业转型升级上求进，工业发展加快向创新驱动、内涵增长转变

企业创新持续活跃。国家科技重大专项加快实施，一批技术实现新的突破，一批成果实现产业化，一批创新型企业快速成长。北航钛合金复杂构件激光成型技术获国家技术发明奖一等奖；京东方移位寄存器及液晶栅极驱动装置获得中国专利奖金奖；万泰生物研制出全球首个重组戊型肝炎疫苗；小米科技通过参与式设计、体验式消费、网络式营销等商业模式创新实现高成长，累计销售手机700万台，实现产值百亿元。首钢总公司等3家企业被评为2012年度国家技术创新示范企业。新认定国家级企业技术中心2家、市级47家。

技改力度不断加强。发布技改重点项目指导目录，争取3.3亿元国家技改专项资金。各区县、各企业加大技改力度，产业和产品结构调整效果明显。全年工业企业新产品销售收入占产品销售收入的25.8%，同比提高了3.7个百分点。昌平区组织重大技改项目80项，新增产值79.2亿元；康辰医药国家一类新药苏灵扩产技改项目，助力企业实现产值翻番；中芯国际实现55纳米集成电路制造工艺量产，新增产值20亿元，同比增长78%。

绿色发展步伐加快。以控制PM2.5为重点，发布2012—2020年工业大气污染治理行动计划和高污染工业行业退出指导目录，编制水泥等19项节能地方标准。全年关停退出高排放企业200余家，采育等开发区完成117蒸吨燃煤锅炉改造。金隅集团国内首条水泥窑处置垃圾焚烧飞灰示范线投入

运营，填补了我国在垃圾焚烧副产品无害化处理和资源再生利用方面的空白。

（二）在结构调整优化上求进，产业结构加快向多点支撑、协同支撑转变

高端制造业成为工业重要支撑。电子、汽车、医药产业维持较快增长，高端制造业形成了多行业协调发展的良好局面。京东方8.5代线全面量产，集团实现5年来主营业务首次赢利，与中芯国际、康宁玻璃、冠捷整机等上下游配套企业形成完整的绿色生态链，数字电视产业园进入收获期。北汽集团综合经营指标进入行业前四，带动研发设计、零部件配套、售后服务等百余家企业协同发展，产业链集聚更具规模。一批高端项目相继落地，工业完成固定资产投资707.8亿元，其中重点产业完成投资491.5亿元。

战略性新兴产业加快发展。启动中关村战略性新兴产业创新引领工程，设立5支创投基金，中关村科学城对新兴产业的导向和吸引作用进一步增强，281家企业和多个产业联盟入驻。建设第四批11个产业创新园，北邮信息网络产业技术研究院等9个科学城项目陆续投入运行。编制高端装备、航空航天、新材料等战略性新兴产业发展规划，推进国家地理信息产业园、中航工业航空产业园、北京通用航空产业基地等重大项目。圆满完成国防科技工业军品科研生产任务，特别是启动“蓝鲸”军民融合创新园项目，形成了军地合作、军民融合新模式，在全国具有引领示范作用。

区域产业发展紧扣功能定位。各区县、开发区突出主体功能，推动特色产业发展。亦庄开发区承接中关村重大科技成果的辐射和转化，承担起转化基地、发展实体经济和战略性新兴产业的责任。房山、延庆克服特大自然灾害影响，推动高端制造和新能源产业发展。顺义、平谷等盘活工业用地和集体建设用地，建设标准厂房以租赁方式支持企业发展。海淀软件和信息服务业基地等被认定为第三批国家新型工业化示范基地；大兴生物工程与医药产业基地等19家园区被认定为市级新型工业化示范基地。

（三）在中小微企业服务上求进，服务重点加快向政策体系化转变

着力完善政策体系。市政府出台进一步支持小微企业发展的意见，中小企业地方立法起草工作扎实推进。相关部门密集出台了支持小微企业发展的若干政策，发布中小企业公共服务平台和小企业创业基地管理办法及实施细则等，50%以上中小企业专项资金用于支持服务体系建设。

着力完善公共服务。以开展中小企业服务年活动为抓手，组织开展中小企业青云计划、管理升级等600余场公益活动，惠及1.8万小微企业和4万名管理人员；新认定6家国家级和19家市级中小企业公共服务平台以及20家小企业创业基地，启动公共服务平台网络建设。编辑下发中小企业融资手册、法规汇编和税收优惠等辅导手册。

着力深化融资支持。建立市区两级融资服务平台，新增政策性担保公司资本金10.4亿元，组织开展了小微企业金融服务宣传月活动。全年，我市中小微企业人民币贷款余额9158亿元，占同期贷款余额的38.3%，其中小微企业贷款余额达到3015亿元，同比增长7.5%，比大型企业贷款高出5.7个百分点；通过私募债、集合票据、集合信托等创新融资方式，实现融资46.4亿元；支持20家中小企业在A股上市，实现融资126.2亿元。

（四）在应用创新上求进，城市信息化加快向智能融合转变

“智慧城市”建设全面启动。发布《“智慧北京”行动纲要》。应急物联网示范工程有序推进，政务物联数据专网基本覆盖重点应用示范区。首都之窗连续6年名列全国省级政府门户网站第一。以信息化创新社会服务管理工作日见成效，“智慧旅游”“智慧社区”等建设全面启动，电子商务和现代物流产业联盟成立。举办“两化融合深度行——北京行动”，雅派朗迪等一批企业在国家两化融合成果展上受到好评。开展网络信息安全大检查，加强无线电监测和重点领域应急值守，确保了重大活动期间重要信息网络系统稳定运行。

软件名城创建稳步推进。软件与信息服务业公共服务平台投入运行，名城创建工作完成了工信部组织的现场评审。实施“四个一批工程”促进企业做大做强，全年兼并收购案例35起，涉及金额103亿元，亚信联创在国内自主软件产品出口排名第一，百度成为全球互联网市值排名前十家公

司之一。发布北斗导航与位置服务产业发展实施方案，启动六大领域10项北斗示范应用，推广北斗终端2万多个，核心设备基本实现国产化。“祥云工程”快速推进，中关村云基地投入运营，云计算产业链基本形成，推出新产品90多项，自主研发的大数据管理平台等软件在国家重大系统中得到应用。新登记软件产品6543件，同比增长2.4倍。

去年，在多重不利因素的叠加作用下，全市工业低速开局，面临着持续较大的下行压力，市委市政府果断决策，出台一揽子稳增长政策措施，工业和信息化系统干部职工锐意进取，迎难而上，全力确保经济平稳增长。市经济信息化委加强经济运行调度，会同各区县、各部门着力做好企业帮扶，在“稳信心、稳生产、稳市场”上下功夫，通过老旧车更新、新能源车辆推广、雨雪受灾企业援建等一系列活动，促进企业上下游增进协作、抱团取暖；全年为企业争取国家各类支持资金27.3亿元，全市科技成果转化和重大项目统筹资金一半以上支持高端制造业发展，共安排3.8亿元用于企业流动贷款贴息。通过抓调度、推项目、抢市场、促协同等实实在在的措施，企业生产经营逐步好转，全市工业实现企稳回升和提质增效。这是市委、市政府坚强领导，各部门、各区县通力协作，全系统干部职工奋力拼搏的结果。我代表市经济信息化委，向辛勤工作在工业和信息化战线上的同志们、向所有关心支持首都工业和信息化发展的各级领导、各界朋友，表示衷心的感谢！

二、形势和目标

十八大报告提出，以经济建设为中心是兴国之要，将“工业化基本实现，信息化水平大幅提升”纳入2020年全面建成小康社会的宏伟蓝图，特别强调在新的历史时期要促进工业化、信息化、城镇化、农业现代化同步发展。工信部在全国工业和信息化工作会上提出，要抓住新四化同步发展的新机遇，推动工业转型升级，加快建设工业强国。市委、市政府要求，要牢牢把握党的十八大确定的目标任务，牢牢把握首都发展的阶段性特征，以提高经济发展的质量和效益为中心，在加快转变经济发展方式上有新作为。我们肩负着艰巨的历史使命，要牢固树立推动工业和信息化科学发展的高度自觉和强烈自信，要脚踏实地、真抓实干、务求实效，以首善的标准做好各项工作。

当前，国内外经济环境依然复杂多变，外需萎缩短期内难以根本好转，全球产业竞争更加激烈。我市进入转变发展方式的攻坚阶段，工业和信息化的发展与建设世界城市的要求相比还有较大差距，突出表现在：一是工业整体实力不强，内部结构亟待深度调整，战略性新兴产业集群和产业链发育不够充分，有国际影响力的大型企业数量不多。二是多数开发区产业规模不大，存在产业结构雷同、同质化竞争的现象，项目质量需要进一步提高，园区准入标准体系和投入产出评价办法需要完善。三是企业科技创新投入不足，工业企业研发投入占主营业务收入比例仅为1%，核心竞争力亟须提升，首都科教资源优势如何转化成产业优势需要协同创新。四是信息化对城市精细化管理的支撑不够，在领导决策和公共服务方面的应用需要深化，在资源共享和集约整合方面需要统筹等。

今年全市工业和信息化工作的总体思路是：深入贯彻党的十八大精神，围绕党中央和市委市政府的重大战略部署，坚持主题主线，牢牢把握发展实体经济这一坚实基础，以提高经济增长质量和效益为中心，稳增长、促创新、深融合、提效益，加快实施北京工业提升工程，加快发展战略性新兴产业，加快推动企业技术创新，加快完善中小企业公共服务体系，加快推动两化融合、军民融合，加快推动节能减排和绿色发展，加快建设“智慧北京”，凝聚力量，攻坚克难，实现工业和信息化发展新跨越。

综合考虑各方面情况，2013年主要预期目标是：规模以上工业增加值增速达到7.5%左右；软件和信息服务业实现营业收入同比增长18%左右；万元工业增加值能耗在去年基础上进一步下降；信息化总水平继续保持全国领先，“智慧北京”建设取得较大进展。

三、2013年主要工作安排

（一）加快实施北京工业提升工程，实现质量和效益再上新台阶

北京工业进入新的发展阶段，经济增长将主要依靠科技进步和结构调整提升内在的质量效益。一要加快实施北京工业提升工程。在相关领域重点选择量大面广、附加值低的产品，应用新技术、

新工艺和新材料进行技改提升。通过三年左右的时间，持续加大政策引导力度和资金扶持规模集中攻关，不断提高产品科技含量和附加值，建设一批具有典型示范和区域带动作用的母工厂，提升自动化、智能化水平，提高产业基地承载能力，力争使我市传统产业达到高端、高效、高辐射力的标准。二要强化内需拉动。抓住中央和本市扩内需、促进产业发展的相关政策，加强产业链合作，支持企业参与重大项目建设，扩大示范应用效果；抓住城镇化建设的新机遇，支持与城市基础设施相关的新型建材、工程机械、轨道交通等产业发展，支持与新增城镇人口消费相适应的电子、汽车、医药等产业的发展；抓住信息消费这一潜力市场，支持移动互联网、电子商务、云计算等产业发展，积极培育信息服务新业态。三要推进兼并重组。贯彻国家关于加快重点行业企业兼并重组的意见，着力化解产能过剩矛盾。创新政策和资金支持鼓励企业“走出去”，引导企业抓住全球产业调整机遇，在核心技术等方面加大并购重组力度，提高企业核心竞争力。四要强化经济运行调度。要密切关注工业经济发展态势，加强对重点企业和产品市场走势的预研预判和运行监测，建立精细化的运行监测体系，逐月分析，逐季会商，协调相关部门和单位安排好生产要素保障，并做好应对恶劣天气变化等突发事件的应急准备。

（二）加快发展战略性新兴产业，构建现代工业发展新体系

战略性新兴产业是首都经济新的增长点，要强化需求导向和条件适应，在关键技术、重点企业和潜在市场三大方面对重点产业的重点环节进行培育。落实中关村“641”新兴产业集群发展战略，坚持以重大项目建设为抓手，以点带面、以龙头企业带产业链，精心做好产业组织，推动重点产业向集群化发展的目标迈进。加快下一代互联网、卫星应用、生物和健康等六大优势产业集群引领发展，着力抓好中国云产业园、中关村软件园二期、北斗产业园、华润医药产业园等项目建设。加快集成电路、高端装备与通用航空等四大潜力产业集群跨越发展，着力抓好中芯国际二期、俄制直升机、北汽新能源汽车基地等项目建设。同时，继续深化央地合作，更多地争取央企在京重大投资项目，继续深化开放水平，更多地引进多种所有制企业在京发展。重点推动奔驰二期、北车轨道交通、三一制造中心等项目建设，全年力争完成工业固定资产投资770亿元，其中重点产业完成投资520亿元。

（三）加快推动企业技术创新，增强创新驱动发展新动力

构建以企业为主体、市场为导向、产学研相结合的技术创新体系是实施创新驱动战略的重要内容。一要深化产学研结合。支持龙头企业整合技术链、产业链实现协同创新，推进产学研共建技术研发中心、工程实验室和中试基地。二要加快中关村科学城建设。推进中关村生物产业创新基地等特色产业园投入运行，促成科学仪器产业创新园等项目开工建设，吸引领军企业和重点研发中心入驻。三要抓好重大专项产业化。鼓励有条件的企业牵头实施产业目标明确的重大专项，支持中关村1区16园承接重大科技成果转化，全力做好“两机”专项等落地北京。四要提升企业技术中心能力水平。完善市级企业技术中心认定和评价机制，支持建设一批高水平的研发中心，培育更多的国家级企业技术中心，引导企业步入创新驱动和内涵发展轨道。

（四）加快完善中小企业公共服务体系，激发中小企业发展新活力

今年是中小企业服务能力提升年，改善中小企业发展环境是我们工作的重中之重。一要营造良好的政策法制环境。推动出台《北京市中小企业促进条例》，落实市政府关于进一步支持小型微型企业发展的意见，充分发挥市中小企业发展工作领导小组作用，加强部门协调和政策落实，实施扶助小微企业专项行动，切实解决好企业普遍关心的创业、融资、市场、土地、减负等突出问题。二要着力构建公共服务体系。新增3亿元中小企业发展专项资金用于支持体系建设，支持区县中小企业服务中心建设，设立1万平方米的市级公共服务平台。新认定一批公共服务平台和创业基地，推动小企业基地集约、高效、可持续发展。三要加大中小企业融资支持力度。设立20亿元的中小企业发展基金，采用股权、债权、风险补偿三种方式对中小企业提供融资支持；推进私募债、集合票据、集合信托等创新融资产品，力争融资总额达到70亿元以上，融资增速保持全国领先。四要做好中

小企业素质提升工作。出台促进中小企业信息化发展指导意见，推进海淀、西城中小企业信用体系示范区建设。组织开展“中小企业管理升级系列行动”“中小企业创业大讲堂”和“管理公益大讲堂”等培训，联合大型IT企业为中小微企业提供信息化培训和服务。

（五）加快推动两化融合、军民融合，形成工业转型升级新引擎

推动两化深度融合是产业转型升级的动力和方向，加快军民融合是新时期富国强军的必由之路。一要推进软件与信息服务业发展。启动建设世界级软件名城的工作，出台促进软件和集成电路产业发展意见，深入开展营改增试点。加强同硅谷在云计算、大数据等领域的合作，引进一批居世界前沿的创新项目。支持企业承担国家级重大信息化工程建设，大力培育世界级企业，集中力量支持总收入千亿级、软件收入百亿级规模的集团企业。二要推进两化深度融合。围绕智能工业发展、传统产业升级、二三产业融合，实施两化深度融合创新专项行动，开展评估和典型企业推广。推动产业园信息化建设，支持移动电子商务普及应用。三要推进军民融合发展。坚持“机制创新、融合发展、优化存量、集聚增量”，合理规划军民结合产业布局，加快中关村军民融合科技创新示范基地和大兴国家军民结合产业基地建设，发展航空航天、核心军工电子等特色产业园。落实无人直升机、大型固定翼无人机等航空产业项目，以及卫星遥感、微小卫星等航天应用项目。加快“军转民”和“民参军”步伐，推进“蓝鲸”军民融合创新平台建设，支持地方高新技术企业承担国防任务。

（六）加快推动节能减排和绿色发展，建设首都生态工业新文明

北京工业要率先实践生态文明建设要求，坚持节约资源和环境保护并行，推进绿色循环发展。一要开展节能与绿色发展专项行动。研究建设生态工业的思路举措，以标准引领绿色发展，编制重点领域节能和清洁生产地方标准。完善高污染、高耗能行业调整退出目录和鼓励政策，加快不适应首都功能定位的企业调整退出。全年计划关停退出高排放企业200余家，推动开发区完成500蒸吨燃煤锅炉改造，实现挥发性有机物（VOCs）排放量削减5000吨。二要发展节能环保产业。鼓励企业生产生态型产品，支持参与“城市矿产”开发以及水、大气和噪声污染治理示范工程。推进工业再生水利用项目建设，鼓励有条件的企业建设能源管理中心。三要优化产业布局。落实国务院调整中关村国家自主创新示范区空间规模和布局的批复精神，明确各区县产业功能定位和布局，完善园区项目准入标准体系和投入产出评价办法，鼓励产业园区实现高端化、特色化、差异化发展，创建国家和市级新型工业化产业示范基地，逐步形成环首都经济圈产业新布局。

（七）加快建设“智慧城市”，构筑城市发展新优势

贯彻实施“宽带中国”战略，力争在基础设施建设上有提升，在民生服务上有突破，在城市精细化管理上有亮点，在网络信息安全上有保障。一要开展“宽带北京”2013专项行动，深入推进光纤入户工程，支持4G移动应用试点，扩大政务物联数据专网基础设施建设，促进无线城市建设取得新进展。二要推进城市智能运行重点工程建设的整合，完善政务云和信息共享主题库，推动智能交通、环保监测、综合执法、食品安全等领域信息共享，启动三维空间地理信息系统，推进网格化服务管理体系，扩大物联网在城市运行和应急管理中的示范应用，推广视频会议在城市管理服务部门的普及应用。三要推进民生领域的服务模式创新，启动“北京服务您”智能终端应用建设，提升网上服务大厅和智慧社区的应用水平，引导社会力量在教育、医疗、旅游等领域创新推出一批典型服务。四要强化信息网络安全保障，开展信息安全立法研究，完善信息安全应急体系，加强无线电管理，做好全国“两会”等重要活动的信息安全保障服务。

四、工作要求

党的十八大对工业和信息化发展提出了明确的任务和要求，全系统要切实把思想和行动统一到中央和市委、市政府的决策部署上来，按照相关要求扎实改进工作作风，以改革创新、求真务实的精神完成今年各项工作任务。

一要切实抓好调查研究。新时期首都发展给我们提出了一系列新命题、新要求，需要深入调研予以破解。我们要把调研当成做好工作的一项基本功，放下架子、扑下身子，察实情、听实况，在

新兴产业集群发展、信息化支撑城市精细化管理等方面要形成有分量、有价值的工作成果，通过政策转化推进相关工作。

二要切实抓好企业服务。调动企业积极性是促进工业发展的重心所在，是全系统的重大责任。我们要心系企业、深入企业、善待企业、服务企业，不推诿、不扯皮、不敷衍，用好企业帮扶机制，切实解决企业反映突出的问题。

三要切实抓好人才队伍。继续开展工业和信息化新理论、新知识、新动态的学习培训，提高干部的业务素质。深入落实“千人计划”“海聚工程”等人才政策，吸引世界高端人才进一步集聚。重视高技能劳动者的培养，使高素质人才成为推动首都工业和信息化新一轮发展的核心要素。

四要切实抓好党风廉政。严格落实党风廉政建设责任制，推进惩治和预防腐败体系建设。深入开展机关党建，各级领导干部要以身作则，率先垂范，要耐得住寂寞，抵得住诱惑，经得起考验，让清廉之风润木成林。

临近年关，各单位要高度重视企业安全生产，切实抓好工作指导，强化食品、药品等重点领域的产品质量管理，坚决防止和杜绝重大安全事故发生。

同志们，新的一年，新的使命催人奋进，新的征程任重道远。让我们在市委市政府的坚强领导下，深入贯彻落实党的十八大和市委市政府的工作要求，进一步增强责任感和使命感，努力开创首都工业和信息化发展新局面，为建设中国特色世界城市，作出新的更大贡献！最后，预祝全市工业和信息化战线的同志们新春快乐，身体健康，阖家欢乐！

关于房山区阎村电子信息产业基地建设的展望

房山区人民政府副区长　马继业

经过“7·21”特大自然灾害的洗礼，全区上下坚定强区富民的决心，发扬抢险救灾精神，加快推进灾后重建和“一区一城”新房山建设的步伐。通过对战略性新兴产业的引进培育，全力以赴推动首都高端制造业新区强势崛起。电子信息产业是国民经济的基础性、支柱性、先导性和战略性产业，是促进信息化与工业化融合的重要物质技术基础，是当前高新技术产业的突出代表。电子信息产业作为房山区“十二五”时期重点发展产业之一，必将能够以其产业特色鲜明、科技含量高、配套能力强、集聚效应好、发展速度快等特点成为促进全区经济跨越发展的新的增长极。通过引进、培育、壮大，房山区正努力以项目引进促产业转型，把良乡物流基地打造成为阎村高端电子信息产业基地（以下简称基地）。以下是笔者通过调研对基地未来建设的几点构想：

房山区人民政府
副区长　马继业

一、基地建设背景

良乡物流基地规划总用地面积291万平方米，共流转土地200万平方米，完成集体企业拆迁3万平方米。共计完成土地一级开发征地49万平方米，位置在107国道以西，良坨铁路以南。其中，商业用地24万平方米，仓储用地9万平方米，代征地14万平方米（绿地10万平方米，道路4万平方米，其他2万平方米）。物流基地设计共有10条市政道路，其中白杨西路、翠柳大街、良园二路、翠柳南街4条道路已竣工，形成基地内“两横两纵”的路网格局。

随着北京城区的不断外扩和区城市化进程的进一步加快，以及国家对工业用地审批规范化的不断增强，工业用地的资源稀缺性将日趋明显，在房山区联结成片的工业用地已颇为罕见。而房山区的物流产业发展由于铁路集装箱中心站迟迟无法确定，加之选址位置在良乡新城组团内，在各方面条件限制下，已基本处于停滞状态。一方面工业用地日趋紧张，重大产业项目亟须落地和发展的空间，另一方面267万平方米的仓储物流用地赋闲空置，没有充分发挥经济效应。为此，区委、区政府做出科学决策，决定利用现有物流基地的土地资源，以“高端电子信息产业基地”及“争做中关村未来产业发展承载地”为定位，建设“阎村电子信息产业基地”。

之所以选择电子信息产业作为基地的主导产业，除了我国和北京市近年来电子信息产业飞速发展壮大，已成为战略性新兴产业的支柱和龙头外，还因为房山区自身的电子信息产业发展仍处于起步和培育阶段，从全国和北京市来看在很多领域还是“一片空白”，需要我们发扬敢写“最精美文字”、敢画“最漂亮图画”的精神，全力推进电子信息产业发展。

（一）我国电子信息产业发展概况

国务院发布的《国务院关于加快培育和发展战略性新兴产业的决定》，要求将新一代信息技术产业加快培育成为先导产业和支柱产业，并明确了我国电子信息产业未来发展的重点方向和主要任务。《决定》中明确提出，新一代移动通信、下一代互联网核心设备和智能终端、物联网、云计算、新型显示、集成电路、高端软件等新兴产业将获得发展支持。而在《中共中央关于制定国民经济和社会发展第十二个五年规划的建议》中，也表示要重点培育物联网等战略性新兴产业。未来，在国家政策的大力扶持下，物联网等战略性新兴产业将获得更大发展，不断形成新的经济增长点，继续引领行业整体提升。

电子信息产业具有产业链长、跨度广的特点，囊括了从芯片到外壳的所有计算机零部件生产。目前，以通信、计算机、网络、软件、信息服务等产业为主的电子信息产业凭借其惊人的增长速度，一举成为当今世界上最重要的战略性产业。其技术含量高、附加值高、污染小、潜力大、能对国民经济和社会发展起到巨大推动作用的特点，更使得发达国家对本国的电子信息产业发展都竞相投入了极大的人力物力。发展中国家可以充分利用信息化时代新技术革命（电子信息技术革命）带来的发展机遇，利用后发优势实现社会生产力的跨越式发展。而作为首都经济发展重要支撑的房山应该把握这个机遇，实现跨越式发展。随着世界经济渐趋稳定与全球市场逐步复苏，电子信息产业面临良好的发展机遇，2000年以来，我国电子信息产业总产值持续增长。

（二）北京市电子信息产业现状

电子信息产业属于技术密集型产业，产品附加值高，行业成长性好，被列为国家七大战略性新兴产业之一，符合新型工业化道路的要求和北京的功能定位，是首都经济的战略性支柱产业。2011年，北京市软件和信息服务业实现营业收入3476亿元，同比增长18%，增加值1420亿元，同比增长17%。

——产业保持平稳发展。作为首都工业的支柱产业，“十一五”时期，电子信息制造业克服金融危机、人民币升值等不利影响，产业规模保持稳步增长。规模以上电子信息制造业总产值由2005年的1775.5亿元增长到2010年的2229.1亿元。信息产业出口交货值由2005年的801亿元增长到1148亿元，占全市工业出口的70%。手机、液晶面板等关键产品产量稳居国内首位，计算机行业的品牌优势进一步巩固。“十一五”期间，北京市紧抓电子信息产业重大项目落地建设，固定资产投资额达到252亿元。

——自主创新成果突出。“十一五”期间，北京电子信息核心技术进一步有所突破，自主创新成果成效明显，成为推动产业发展的重要推动力量。65纳米集成电路生产工艺通过批量认证，集成电路制造水平接近国际主流，自主开发的刻蚀机和离子注入机等集成电路关键装备填补了国内空白。基于自主技术的8.5代TFT-LCD生产线项目有序推进，已完成一系列核心工艺技术的实验开发。基于自主知识产权CPU的高性能服务器产品迈入世界先进行列。具有自主知识产权的3G标准TD-SCDMA、移动多媒体广播（CMMB）、数字音视频编解码标准（AVS）等多个标准进入产业化应用。

——资源利用率显著提高。“十一五”期间，电子信息制造业土地集约利用程度较高。单位面积投资强度约 1 亿元 / 公顷，产出强度约 1.4 亿元 / 公顷，高于全市开发区单位面积平均投资和产出强度。2010 年，规模以上电子信息产业企业万元产值能耗、万元产值水耗分别降到 0.012 吨标煤和 0.58 立方米，能源、资源利用率显著提高。

（三）国家和北京市对电子信息产业的规划和扶持

国家于 2009 年推出《电子信息产业调整和振兴规划》，其主要指导原则是推动工业化与信息化的融合，通过实施集成电路、平板制造、TD 等六大工程，以此强化自主创新能力，带动信息产业振兴。同时，在财政、税收等方面采取十大扶持政策。

六大工程。涉及集成电路、平板制造、TD、数字电视、计算机及下一代互联网、软件及信息服务，通过财政、税收方面的扶持政策加快相关产业的发展，促进国内需求。在集成电路方面，支持骨干整机制造企业和芯片企业间的兼并重组，建立国家级集成电路研发中心和公共服务平台。推动平板产业升级和彩电工业转型，支持骨干企业建设等离子生产线和开展大尺寸 OLED 工艺技术开发，建设试验生产线。在 3G 产业，重点完善 TD 产业链，结合国家科技重大专项，支持 LTE 演进技术发展，推动芯片、终端、测试设备的产业化，围绕 3G 和移动互联网发展，支持新型服务业务创新。

十项扶持政策。包括加大财政投入、改善投资环境、加快出台和落实财税扶持政策、加大对外向型企业的支持力度、支持信息技术在传统产业中的应用、强化自主创新能力、完善融资体系、支持优势企业并购重组、扩大国内需求、建立产业安全和损害预警机制。

北京市随之制定了《调整和振兴电子信息产业实施方案》，提出了六项保障电子信息产业发展的具体措施：一是积极扩大市场规模。以加大政府采购、推进终端消费、增进企业配套、发展增值服务为重点，进一步扩大市场规模。二是进一步加大投资力度、完善投资环境。加大政府投资，采取补助、贴息、资本金注入、跟进投资、奖励等多种形式，对企业技术改造、产业结构调整、自主研发及产业化和园区基础设施建设等方面给予资金支持。研究建立市级电子信息产业投资基金，支持建设重大产业化项目。在中小企业创业投资引导基金中，加大对电子信息企业的支持力度。扩大中关村代办股份转让试点规模，支持电子信息企业上市直接融资，对于改制、代办系统挂牌和境内外上市的企业给予资金补贴。鼓励银行加大对中小电子信息企业的信贷支持力度，利用担保、再担保方式扩大融资担保规模。在中关村开展无形资产质押贷款、信用贷款试点，并积极尝试向全市推广。支持符合条件的企业发行短期融资券、中期票据、公司债券和可交换公司债券等，支持中小电子信息企业集合发债，提高融资能力。 三是提高自主创新能力。实施“三个一批”，即承接一批重大专项、创制一批行业标准、培育一批创新主体。整合北京地区科技资源，在电子信息涉及领域承接一批国家重大科技专项。加大对企业主导或参与各类国际标准、国家标准、地方标准制定修订的资助力度。推进自主标准的产业化。鼓励新型产业组织和民营科技企业参与国家重点工程，鼓励企业与科研院所、高等院校合作，成立一批产、学、研、用相结合的标准、技术、产业联盟，支持其承担国家重大专项，开展关键共性技术的合作研发，建立科技资源开放共享平台。四是加强产业集聚区建设。推进产业集聚区建设的“三个提高”，即提高基础设施建设水平、提高公共服务能力、提高资源集约利用率。加大对产业集聚区的土地一级开发支持力度，大力推进基础设施和配套公共服务设施的建设，提升配套水平。支持在产业集聚区内建设和完善物流配送、检验检测、教育培训等公共服务平台，引导生产性服务业体系建立，完善园区功能。引导制造业项目在开发区集中建设，提高土地的集约利用率。进一步严格制造业项目在能耗、环保等方面的准入标准，加大对现有企业生产线的清洁生产改造力度。五是培养和吸引高端人才。通过激励、吸引、培养等手段，进一步培育电子信息产业人才。在中关村科技园区开展股权激励和科技成果转化奖励的试点，实施股权、期权奖励，技术入股、分红权等多种激励政策。加大海外高端人才引进力度，在落户、住房、配偶安置、子女入学、出入境等方面给予政策支持。支持企业与高等院校、科研院所、海外科研机构或企业间联合开展高端人才培养。六是支持企业开展国际合作。加大吸引国际高端电子信息产业向本市转移的力度，对符合条件的电子信息跨国公司地区总部落户给予政策支持。支持企业开展消化吸收和集成创新，提升创新能力，加强自主品牌建设。支持企业开展与跨国公司的研发合作，设立联合研发中心，促进国际间的技术和产业转移。鼓励企业“走出去”，支持企业建立海外研发基地和海外分支机构，对外进行并购重组。支持电子信息企业参加国际展览会，申请出口信用保险。调整中小出口企业的认定标准，使更多中小电子信息企业享受开拓国际市场的优惠政策。

二、基地建设的必要性及总体构想

（一）基地建设的必要性

建设“阎村电子产业基地”是深入推进“三化两区战略”，推进“一区一城”建设的客观需要，主要体现在：

建设基地是加快转变发展方式、加快产业结构升级的必然要求。党的十七大明确指出：要“加快转变经济发展方式，推动产业结构优化升级”。“大力推进信息化与工业化融合，促进工业由大变强”。电子信息产业的技术特征是以计算机和现代通信技术作为产业发展的推动力量。广泛应用电子信息技术改造传统产业，可以在提高质量、降低成本、节约能源、提高工效、优化产品和工程设计、加速产品更新换代以及促进企业管理现代化等方面发挥重要作用，有利于提升传统产业，促进产业结构调整和优化升级。另一方面，近年来，房山区经济发展受到资源要素约束，传统产业和区域竞争力面临诸多挑战。因此，加快电子信息产业发展，建设阎村电子产业基地，必将有力地促进房山区转变经济发展方式，提高质量、降低消耗，实现内涵集约型增长。

建设基地是实施“三化两区”战略、引领首都高端制造业新区加速崛起的迫切需要。电子信息产业基地的建设在加快产业高端化及形成规模效应方面有着明显的优势。阎村电子信息产业基地建设，能更好地为生产企业提供完善的基础条件，提高科技企业孵化能力，推动企业的规模化和技术的产业化。同时，建设阎村电子信息产业基地有利于整合土地、资金、技术、人才等各种优质资源，促进相关产业迅速发展，为建设首都高端制造业新区奠定坚实基础。随着“三化两区”战略及“十二五”时期经济社会发展规划的深入实施，房山区整体经济开始快速起飞。阎村是房山区平原重镇，地处中部跨越区，承东启西，近几年经济发展速度尤为迅猛。因此，发展电子产业，建设阎村电子产业基地，将充分发挥阎村作为中部重点城镇的区位优势，不仅能极大推动当地经济的发展，还将辐射区内较发达的拱辰、窦店、城关、青龙湖等周边乡镇，并带动全区经济的发展。

建设基地是提升自主创新能力、建设创新型区域经济的重大举措。从世界、全国和北京市的范围看，研发创新做得好的区域，如中关村、亦庄，有条件形成电子信息产业发展环境，促进电子产品的升级换代，从而进一步占据产业价值链的高端，成为技术领先的电子信息产业基地。房山作为城市发展新区之一和正在建设中的首都高端制造业新区，随着城区资源不断外溢，高端制造产业的不断发展，高教园区已初具规模，各重点功能区均已归属或正在申请成为中关村的拓展园区，处于物流基地核心区的海聚工程产业化基地作为国家“千人计划”和北京市“海聚工程”的重要载体，吸引了一批具有海外背景的高端科技人才投资兴业。以上为阎村电子基地建设打下了较为坚实的科教基础。通过建设电子信息产业基地，房山可以将现有的技术创新基础快速转化为自主创新能力，将科研实力转化为研发创新和生产制造成果，从根本上提高产业核心竞争力。

（二）基地建设规划设想

阎村电子信息产业基地以起步区、核心区、拓展区为规划目标，分步有序发展，规划选址位于房山区现有的良乡物流基地范围，占地面积291万平方米，四至为：北起良坨铁路，南至六环路，西起京石高速，东至107国道。基地规划区域位于房山区“两轴三带五园区”的良乡—燕房发展轴上，处于东部创新型现代产业经济带范围，连接良乡和燕房两大新城组团。距北京市中心30公里。京港澳高速、京石二高速、六环路、107国道穿境而过，轻轨房山线站点位于园区内部，区位优势明显，交通十分便利。

建设目标：以房山区“十二五”时期经济社会发展规划为指导，全面贯彻落实科学发展观，按照国家和北京市加快战略性新兴产业发展的总体要求，深入实施国家、北京市调整和振兴电子信息产业规划，以房山区全力推进“一区一城”新房山建设为契机，加强优势资源整合和关键核心技术引进，增强自主创新能力，着力发展产业链高端环节，扩大产业规模，优化产业结构，引进、培育、壮大一批骨干企业，提升产业可持续发展能力，形成创新能力强、产业配套完善、特色明显的电子信息产业集群，最终建成年产值超过200亿元的高端电子信息产业基地，在北京形成中关村以外的重要电子信息产业发展新极点。

发展原则：政府推动，市场运作。遵循产业自身发展规律，通过政府推动，创造良好的宏观环境、制度环境和市场环境，综合运用各种政策引导资源配置，提升产业发展势能。不断提高市场配置产业资源的能力，维护市场公平，鼓励和引导各类电子制造、信息服务企业向基地转移，有效增强产业发展动能。完善平台，集聚项目。坚持以基地为主要载体，通过系统、有序的宣传推介活动，提升房山区在电子信息产业领域的知名度和影响力，树立“投资环境好，科技底蕴深，创业气氛浓，产业协同强”的良好形象，增强投资吸引力。引进具有带动作用的大型龙头企业或投资项目，实现项目招商多渠道、宽领域和专业化。扩大规模，提升能级。大力促进产业向集群化发展，发挥龙头企业带动作用，迅速壮大电子信息产业规模，实现产业相关资源的累积和扩张。要依托产业升级提高产业的附加值、辐射力和竞争力，通过重点发展配套服务链条，提高自主创新能力，通过资本杠杆实现产业提升。产业带动，绿色发展。基地重点发展高端电子、光机电、信息产业，并带动新材料、生物医药、航空航天、节能环保产业等新兴战略产业的发展，加强“产、学、研”的科技转化，以吸引高层次人才来房山区创业、创新为手段，以最低的成本、最好的环境、最新的技术、最少的排放为建设理念，全力体现电子信息产业的高度关联性和环保绿色发展的特点。

（三）基地未来重点发展的主导产业

着力发展新型显示产业。依托美国科迪华公司的技术、资本实力，建设新型平板显示研发生产基地。综合对比分析全球各种显示器件技术发展趋势、产业化基础，特别是技术成熟程度、工业基础、产业规模、投资和产品附加值、市场前景等方面的优劣，围绕平板显示产业和相关技术，重点面向显示器、笔记本电脑、PC以及TV的应用，发展OLED产品，力争掌握面板制造、模块设计、驱动IC、显示屏集成系统等核心技术。鼓励产学研联合建设OLED创新平台，提升有机发光材料、玻璃滤光膜、蒸镀掩膜板、光刻胶、绝缘胶、隔离柱胶、封装盖及驱动IC的本地配套能力，加快OLED研发成果的应用。面向产业上游，加快推进玻璃基板、彩色滤光片（CF）、背光板（BLU）、偏光片、驱动IC、LED背光源等原材料生产企业的引进；发挥产业下游产品应用范围广的特点，利用产业优势开展招商，培育一批数字摄像机、数码相机、平板电脑以及手机等生产企业。

着力发展集成电路产业。集成电路产业是电子信息产业的基础核心产业，对于促进消费电子、通信产业、光电产业、汽车电子、软件产业的辐射、渗透、带动作用极强，上述产业发展又为集成电路产业提供巨大的市场需求。抓住新一轮产业转移的重要机遇，以芯片制造业为突破口，以粤海低碳光电产业园为龙头，重点引进先进生产线，形成高端技术产品的生产加工能力。积极承接国际、国内的产业转移，引进国际先进水平集成电路封装、测试设备，建立各类IC封装能力。依托北京的科研及人才优势，引进和壮大一批IC设计企业，建立公共服务平台，加快IC设计业集聚发展；推进IC设计企业与电子整机产品市场的对接，重点发展高端通讯芯片、信息安全芯片、数字家电芯片等。

着力发展数字家电产业。引进和建设数字视听产业，支持数字家电生产企业与芯片设计、显示/控制模组企业建立产业联盟，加大创新投入，提高技术创新与产业化应用能力，增强核心竞争力，迎合消费电子产品大众化、便携化的趋势，适应3G、4G和无线宽带即将陆续应用的新环境，促进数字家庭产品和新型消费电子产品大发展。重点发展高清晰数字电视、数字音响、数字式高密度视盘刻录播放机、机顶盒等家庭视听产品及笔记本电脑、便携式GPS、电子书、移动视听、DC/DV、游戏机、硬盘高清电视播放机、高清大容量光盘、存储介质、存储设备等。

着力发展交通装备电子产业。依托长安、北车等交通装备生产企业，加强混合动力汽车、纯电动汽车等节能与新能源汽车、轨道机车的电子控制系统产品研发及产业化，重点发展动力控制系统、底盘控制和安全系统、车身电子、车载电子等汽车电子关键技术和产品。逐步建成核心产品种类齐全、技术水平与国际同步、产业规模居国内领先的汽车电子产品生产、流通中心。依托北京交控CBTC项目，大力发展列车与地面信息双向传输技术、列车综合调度和指挥系统技术、城市轨道交通无人驾驶技术和综合自动化技术等。

三、加快推进基地建设的保障措施

一是加强组织领导，分解落实各项任务。成立由区领导挂帅，有关部门、乡镇和专业人士组成的基地建设领导小组，负责统筹协调制订基地规划实施方案，制定具体措施，编制工作计划，明确各有关部门、单位的责任，确保各项任务落到实处。特别是要下大力气做好规划调整工作，物流基地内地块的用地性质改变涉及物流基地整体性质的改变，难度大，周期长。需要委托专业单位尽快编制调规报告，上报市政府，获得市里的理解和支持，使调规工作能够得以尽快实施。

二是完善园区基础设施，提高基地承载力和服务能力。加强开发园区基础设施建设。进一步加大政府投资力度，充分发挥社会资金、金融资金的作用，全面实现“七通一平”或“九通一平”，达到区内顶级水平。强化园区内公交设施建设，使阎村电子信息产业基地有效辐射燕房组团和良乡新城组团，与市区联系更紧密。通过政府引导、企业运作的方式，建设银行、文体场所、商场等公共服务配套设施项目，提高园区综合承载能力。加强信息基础设施建设。在园区重点建设以宽带综合业务数据传输为基础的干线传送网和用户接入网，通过光纤实现同园区内外联网。

三是加大宣传推介力度，提升招商引资水平。聘请专业策划公司，以品牌建设为载体，按照“创意＋品质＋服务”理念，开展基地品牌设计、视觉识别系统设计和网站建设；以推介会、论坛等形式开展对外宣传，进一步丰富基地的内涵，提高基地影响力，最终形成基地作为房山区战略新兴产业集聚区的特殊品牌和地位。充分发挥首都和房山区的区位、交通、产业基础、科教资源等优势，面向全国乃至全球，加强与国内外大企业大集团的战略合作，在评审时，充分考虑其创造的经济效益、社会效益和生态效益，引进一批带动性好、支撑力强的大项目，促进产业集聚。凡属于投资总额过亿元或经济带动力强、科技含量高的新建电子信息产业项目，以及跨国、跨省市电子信息产业企业将总部、生产基地及研发中心入驻基地的项目，采取“一事一议”的办法，给予政策支持。

四是完善扶持政策，加大产业支持力度。进一步完善政策体系，加大地方财政对电子信息产业投入，发展和完善科技型中小企业技术创新基金，为电子信息产业成果转化活动提供必要的资金支持。集中力量扶持电子信息产业重点领域和重大项目，加大投入力度，提高科技投资的使用效率。改革政府投资方式，政府资金与社会资本相融合，设立专项风险投资基金，采用市场化投资运作方式；形成以政府投入为引导，以企业投入为主体，金融资本、民间资本、海外资本广泛进入的多元化、多层次、多渠道的投融资体系。

五是强化产学研合作，促进科技成果产业化。按照“市场引导、政府推动、企业化运作”的模式，形成政府、科研、教育与产业紧密结合的运行机制，提升产业核心竞争力。充分发挥企业研发投入、组合创新要素和创新成果应用的能动作用，积极探索技术投资、入股、联合协作等。积极推动电子信息企业股权多元化，选择部分电子信息企业培育其运作上市。

六是加强区域经济合作，促进区域产业协调发展。积极拓展重点产业领域合作，在软件、元器件、计算机外部设备、光电子元器件和新型电源与电子材料产品等领域开展“互补合作”，建立产业共同体或产业联盟，共同开发国内外市场，特别是在新型显示、移动通信、集成电路、汽车电子、显示器件、数字消费产品等领域。开展“增强合作”，融入中关村电子信息产业链，完善区域合作机制，加强沟通交流，建立优势互补、错位发展的格局，提升区域优势。

（摘自2012年第16期《房山调研》）

顺义区都市工业发展现状及对策研究

顺义区经济和信息化委员会主任　郭振江

顺义区经济和信息化委员会主任　郭振江

都市工业是指适应大都市可持续发展要求，能充分利用大都市的生产要素，提供较多的就业岗位，满足都市居民消费和特有的市场需求，并与城市环境相协调的制造业。都市工业是一种与传统工业相联系的轻型的、微型的、环保的和低耗的新型工业，是依托大都市独特的信息流、人才流、现代物流、资金流等社会资源，以产品设计、技术开发和加工制造为主，以都市型工业园区为基本载体，能够在市中心区域生存和发展、与城市功能和生态环境相协调的有就业、有税收、有环保、有形象的现代绿色工业。北京发展的都市工业概括为衣、食、住、行、用五大领域。具体涵盖了食品饮料、服装纺织、印刷包装、工艺美术、家具家装、洗涤化妆、文体用品、塑料制品以及家电照明等9个产业，以及其他符合都市工业特征的新兴行业。

一、顺义区都市工业发展现状

近年来，顺义区都市工业围绕转变经济发展方式这条主线，始终坚持优化产业布局，调整产业结构，提升创新水平，强化品牌培育，推进产业融合，保持了平稳、有序、健康的发展态势，已经成为承接一产、拓展三产，统筹城乡发展的重要载体和区域经济的重要组成部分。

（一）主要指标持续增长，经济总量稳步提升

“十一五”期间，顺义区都市产业工业总产值年均增速达到13%，经济总量稳步提升。截至2011年底，顺义共有都市型企业325家，其中规模以上企业94家，完成工业总产值240亿元，完成销售产值228亿元，完成出口交货值21亿元，三项指标分别同比增长19 %、15 %和3.6 %。其中工业产值占全区规模工业总产值的13%，占据全市都市工业产值15%的份额，都市工业已经成为顺义区乃至北京市工业经济的重要组成部分。

（二）主导行业地位突出，产业布局不断优化

经过多年发展，顺义区的都市产业集中度进一步提高，产业布局不断优化。已经初步形成了以食品饮料、服装纺织、印刷包装、家具制造为支撑，辅以其他行业全面发展的产业格局。在一些重点行业，涌现出了一些国内和行业内的知名大企业和名牌产品，龙头带动作用十分显见。如食品饮料的燕京啤酒、顺鑫农业、汇源果汁、鹏程食品，服装纺织的顺美、亿都川、爱慕、束兰，印刷包装的国瑞和、雅昌、中国出版集团，家具制造的曲美、百强、华威等，这些重点行业企业确实提高了顺义区都市工业的整体实力和外在影响力。2011年，食品饮料、服装纺织、包装印刷、家具制造4个主导行业地位突出，其企业个数、工业产值、销售收入、出口交货值分别占全区都市产业的81%、92.4%、93 %和84%。

（三）招商引资务实高效，项目建设加快推进

2011年至今，顺义区共吸引投资5000万元以上的都市产业项目24个，总投资111.5亿元，总占地191.67万平方米。24个项目中，投资10亿元以上的项目4个，总投资65.16亿元；5亿元~10亿元的项目3个，总投资18.35亿元；1亿元~5亿元的项目14个，总投资25.9亿元；1亿元以下的项目3个，总投资2.1亿元。项目全部投产后预计新增年产值119亿元，年税金10亿元。近两年引进的重点项目涉及都市产业多个行业类别。其中，食品类项目7个，总投资43.42亿元；服装类项目4个，总投资13.5亿元；包装印刷类项目3个，总投资13.4亿元；家具制造类项目4个，

总投资 16.7 亿元；文化创意及其他项目 6 个，总投资 24.47 亿元。

2011 年以来，顺义区有 7 个都市产业项目列入市级重点项目：

1. 北京汇源食品饮料有限公司新厂扩建项目。项目总投资 30 亿元，占地 18.33 万平方米，建筑面积 6.8 万平方米，2012 年计划投资 18 亿元。项目目前已开完地价会，等待土地入市摘牌。项目建成后主要从事果蔬类农产品深加工及果蔬汁的生产和销售，预计 2013 年 5 月竣工投产。建成后预计可新增年产值 30 亿元，利润 3 亿元，税金 6 亿元。

2. 曲美家具集团东区生产基地项目。项目总投资 10.9 亿元，占地 33.8 万平方米，2012 年计划投资 2.05 亿元。项目目前进展顺利，主体钢结构基本完成，正在进行内外装修。项目将建成 31 万平方米厂房和相关附属设施，2012 年 10 月竣工投产。建成后预计可新增年产值 14.9 亿元，税金 8000 万元。

3. 牛栏山酒厂研发中心暨升级改造工程项目。项目总投资 8.35 亿元，占地 21.2 万平方米，2012 年计划投资 4 亿元。建设包括新型灌装生产线、包装车间、科研大楼、微生物培养与大曲制作基地和酒文化演示传播中心大楼等多个内容。项目已于 2011 年 4 月开工建设，目前工程各项施工进展顺利，中国二锅头生态园初见端倪。工程二期正在进行环评手续办理。工程预计 2014 年竣工，建成后可新增年产值 5 亿元，税金 2 亿元。

4. 中国出版集团文化创意产业基地项目。项目总投资 10 亿元，占地 21.53 万平方米，2012 年计划投资 7 亿元。项目建成后将以出版物生产和销售为主业，集出版物生产和销售、连锁经营、进出口贸易、版权贸易、印刷复制、信息技术服务、科技开发、金融融资于一体，预计 2013 年 9 月竣工投产。建成后预计可新增年产值 50 亿元，利润 7 亿元，税金 3 亿元。

5. 北京爱慕内衣生产基地建设项目。项目总投资 5 亿元，占地 6.22 万平方米，2012 年计划投资 2.5 亿元，上半年已完成投资 2 亿元。项目目前进展顺利，已于 2011 年 9 月完成主体建设，2012 年上半年完成装修工程。二期预计将建设 12000 平方米宿舍及多功能厅，目前项目已经开工建设，2012 年 9 月竣工投产。建成后预计可新增年产值 3 亿元，利润 5500 万元，税金 3000 万元。

6. 北京华江文化发展有限公司项目。项目总投资 1.2 亿元，选址于金马工业区内，占地 3.33 万平方米，建筑面积 27100 平方米，建设包括生产车间、研发中心等配套设施。项目建成后预计可新增年产值 1 亿元，税金 800 万元。

7. 北京雅昌文化发展有限公司项目。项目总投资 2 亿元，选址于金马工业区内，总占地 5 万平方米，建筑面积 3.3 万平方米。建设包括生产车间、设计中心、办公楼等配套设施。项目建成后预计可新增年产值 2.5 亿元，税金 2000 万元。

（四）创新能力不断加强，品牌建设成效显著

近年来，在市、区两级政府关于品牌及技术中心建设的政策积极引导下，企业科技创新意识不断增强，积极开展技术创新、技术改造和产品结构调整，品牌及技术创新工作成效显著。目前，全区都市工业共有中国驰名商标 8 件，分别为燕京、汇源、牛栏山、鹏程、曲美、顺美、牵手和美驰，占北京市都市工业中国驰名商标总数的 31%。中国名牌产品 5 件，分别为燕京啤酒、汇源牌果汁饮料、双大速冻禽肉、曲美实木家具、鹏程冷却分割肉，占北京市中国名牌总数的 18%。此外还拥有北京市著名商标 23 件，北京市名牌产品 12 件，国家级技术研发中心 1 家，市级技术中心 8 家。

（五）产业融合步伐加快，解决城乡居民就业

近年来，顺义区都市产业逐步延伸和拓展产业链条，不断加速与种养殖、旅游休闲等农产品、生产性服务业的融合发展，产业内部诸如食品饮料、包装等各行业间相互促进发展，在丰富经济业态的同时，也加快了城乡居民的就业增收步伐。截至 2011 年底，都市工业吸纳 5.84 万人就业，呈现继续增加的趋势。以农产品加工业为例，到 2011 年底，顺义区发展农产品加工业企业 96 家，从业人员达到 1.9 万人，带动种植、养殖农户 5.5 万户。其中，国家级农业产业化龙头企业有 6 家，北京市农业产业化龙头企业有 16 家。

二、都市工业发展中存在的问题

（一）总量仍然不足，规模有待提升

从国际上看，发达国家的大都市都发展了相当规模的都市工业，美国纽约的服装业，拥有20多万就业人群，是纽约市所有产业中就业人数最庞大的产业，法国巴黎的化妆品业仅对外贸易就占了法国总贸易额的30%。从国内看，与东部沿海经济发达地区比，差距也很明显，上海浦东新区2010年都市工业总产值634.7亿元，销售产值632.9亿元；闵行区2010年规模以上都市工业企业1546家，实现工业总产值579亿元，销售产值560.9亿元。相比较而言，顺义都市工业虽然具有一定的规模，但总量仍然不足。放眼全市看，所占份额才达到都市工业产值的15%。从顺义区看，与汽车、电子两大主导产业比较，还是存在相当的差距。所以说，都市工业的发展与顺义区整体经济水平及在北京市的地位不相适应，都市工业急需加快发展速度，扩充总量。

（二）缺乏整体规划，尚未形成集聚

目前，顺义区形成了以北小营、高丽营、牛栏山为代表的都市工业相对集中的地区，但集聚效应并不明显，大部分企业分布较为零散，到处开花现象明显，在很大程度上影响了资源节约利用和产业集聚发展。同时，像燕京、汇源、曲美等具有较高知名度的企业不多，缺少像雅戈尔、波司登、双汇、雨润、奥康这样大型龙头企业和国际、国内知名品牌，市场影响力弱。另外，主导企业优势不明显，产业链延伸不足，尚未形成以某一主导企业为核心，上下游全面发展的全产业链格局和产业聚集效应。还有就是都市工业的其他行业发展不足，四大支撑行业占到总量的94%，其他如洗涤化妆、文体用品、塑料制品以及家电照明等企业严重不足，没有形成气候。

（三）企业融资困难，发展后劲不足

目前，顺义区都市工业企业多为中小型劳动密集型企业，融资困难成为阻碍企业做大做强的主要原因：一是融资渠道单一；二是贷款担保手续繁杂、周期长，综合接待成本较高；三是中小企业担保、融资与风险投资体系不健全；四是中小企业管理不够完善，信誉比较差，自身融资条件尚待完善。

（四）科技含量不高，缺乏自主创新

多数都市工业企业属于粗放式生产经营，简单靠原材料和人工的投入以及单纯的产量增加赚取利润，产品缺乏技术含量，附加值低。尤其是一些小低散企业，长期在低端市场徘徊，缺乏自主创新能力，属于被清理的行列。全区325家都市型企业中，拥有技术中心、研发中心的企业不足3%。两头在外、中间在内的简单生产加工使得企业对外依赖性强、抗风险能力弱。

三、发展都市工业的对策建议

（一）发展都市工业的重要性和必要性

1. 提升经济总量的需要。纵观国际发展经验，越是经济发达的大都市，越有高度发达的都市工业，这是相辅相成的。顺义的工业作为全市工业经济的重要支撑，近年来始终保持持续、快速、健康的发展态势，而都市工业作为顺义工业的重要组成部分，其持续的发展、规模的扩充、链条的延伸、总量的增长对于壮大区域经济总量具有重要意义和发挥重要作用。

2. 实现持续发展的需要。都市工业能充分利用区内的各种生产要素，提供较多的就业岗位，满足居民消费和特有的市场需求，有利于推动顺义区经济增长方式转变和产业结构优化升级，有利于解决产业发展中土地占用、资源消耗和环境污染程度显著下降的问题，形成与环境和谐相处的产业发展格局。

3. 巨大市场潜力的需要。根据2010年的统计数据，北京市拥有常住人口1961.2万人，平均每人每年的消费性支出为17893元，其中食品类支出为6393元，衣着类支出2088元，也就是说食品类每年有1254亿元的市场需求，衣着类每年有409亿元的市场需求。从目前顺义区在这两个产业的销售产值来看，2010年食品饮料类销售产值148.2亿元，占总需求的11.8%，服装类产值20.7亿元，占总需求的5%。仅从满足北京市场需求来讲，顺义区都市工业就大有可为。

（二）都市产业发展面临的机遇与挑战

“十二五”时期，是首都经济社会发展的重要战略机遇期。北京建设世界城市的要求决定了都市产业是北京市主导产业体系的重要内容之一。都市产业具有符合都市环境要求、满足都市消费需求、传播都市文化、丰富都市形象、解决都市就业等特点，是承接一产、拓展三产、扩大内需、统筹城乡、促进社会和谐的重要载体。

“十二五”期间是北京都市产业加速发展的重要机遇期。一是我国充满活力的经济社会发展形势、产业结构优化和消费结构升级为北京都市产业做大规模、发展高端、打造品牌提供了广阔的市场空间；二是首都向中国特色世界城市迈进，进入在更高层次上推进科学发展、加速经济发展方式转变的新阶段，高端要素资源加速聚集，为北京都市产业吸引国内外集团总部、国际资本、国际品牌、国际化人才，实现高端转型提供了重要机遇；三是首都经济圈的深化合作为首都都市产业利用区域内、外两种资源和两个市场，加速上下游产业链的整合提供了有利条件。

北京都市产业也面临着诸多挑战。一是北京市场是一个面向世界开放的竞争大市场，都市产业作为高度市场化、充分竞争的产业，面临的国内外市场压力日趋加大；二是外资企业所控制的高端品牌在食品、服装、家电、化妆品等市场占有相当份额，我们企业从产品的时尚性、功能性到资本、技术、管理、营销、人才等方面处于竞争弱势，拓展高端市场面临严峻形势；三是北京土地、资源、能源等约束性制约更加严格，节能环保和质量安全标准、用工运行成本相对较高，对都市产业发展提出了更高的要求。

（三）都市产业发展的对策和建议

1. 加强规划引导，确定发展重点。要促进都市型工业的快速发展，必须转变政府职能，更新观念，从改善投资环境、加强政策支持入手，鼓励和引导都市型工业健康发展。首先，要加强规划引导。都市型工业的快速发展在很大程度上取决于相应的管理体制及相关的配套政策的制定和落实。应着重从三个方面着手：一是区政府及相关管理部门应加强对都市型工业的统一规划，实施区、镇、功能区联动，对重点发展的都市型工业企业和产品进行统一规划布局。依托现有产业优势，合理选择不同区域的行业、产品和企业的发展重点，形成各具特色的产品布局结构。二是加强产业政策的制定和引导。通过政策和法律手段逐步优化企业组织结构和产品结构，规避低水平重复建设。加快制定并发布具有指导性作用的《顺义区产业准入指导目录》，适时调整都市型工业发展方向，引导和规劝小企业进入或退出某些行业、产品领域，促使小企业向专、精、优、特方向发展。三是要适时确定本地区的发展战略和发展重点，在发展都市型工业过程中，要注意确立符合本地特色的发展战略，同时要确立发展的重点行业和重点产品。

2. 完善组织机构，搭建发展平台。(1) 加强组织领导，搭建发展平台。成立都市工业发展领导小组，由一名区领导任组长，亲自主抓，区经信委、规划委、国土局、住建委、财政局等相关部门为成员单位，办公室设在区经信委。由领导小组全面负责都市工业的规划、招商，项目入驻、资金支持以及后续服务各项工作；加强学习调研，组织有关单位到江浙、上海等地考察都市工业园区建设经验。(2) 建设特色园区，形成集聚效应。一是整合现有企业布局，通过专业化的园区、信息、设备、人才、研发能力等公共性资源的共享使产业布局相对集中，提升各产业层级，产生集聚效应；二是继续强化北小营、高丽营、牛栏山的都市工业聚集效应，大力发展食品饮料业和服装纺织业；三是沿京平高速路建设以北方印刷产业基地为核心的都市工业区，从而带动大孙各庄、北务的快速发展；四是规划建设以龙湾屯、木林为核心的农副食品加工基地；五是建设以曲美家具、华威家具为核心的家具制造业基地。(3) 强化招大引强，扩充经济总量。一是重点引进一批投资规模大、技术含量高、经济效益好、辐射带动能力强的国内外都市工业知名企业来顺义发展，加快增加都市工业总量；二是积极推进区内企业与央企、大型国企乃至跨国公司的本地化合作，借助其在资金、技术、管理、品牌、人才等方面的优势，扩大生产规模；三是大力推进现有企业进行技术改造，改变产品结构，提升产品质量和档次，生产高品位、高技术含量、高附加值的产品。(4) 依托首都商圈，延伸产业链条。强化与京津冀和环渤海地区的产业链衔接、配套合作、优势互补。将顺义区都市工业的发展放在京津冀都市圈的大背景中进行定位和思考，发展自身具有比较优势的行业，如食品饮料业、服装纺织业等，和环渤海城市展开合作，以举办都市工业交流会和引导企业对接洽谈的方式带领顺义区中小型都市工业企业走出去，提高顺义区都市工业知名度。

3. 完善服务体系，拓展发展空间。一是兴办各类中介服务机构。发挥官方机构和民间机构的积极性，兴办面向都市型工业的法律、会计、技术、金融、培训、信息、管理等方面的中介服务机构。探索建立都市型工业行业协会，对都市型工业企业实行行业管理，提供各类市场信息和技术咨询服务。二是拓宽都市型工业企业发展的筹资渠道，提供配套的金融支持。都市型工业企业大部分是个体、私营的中小企业，受传统体制及传统观念的影响，在投融资体制方面存在很多障碍，应适当采取必要的政策倾斜，扩大中小企业信用担保体系试点的范围，建立中小企业信用和监管制度，搞好中小企业资信档案，为其生存与发展提供更广阔的空间。三是建立健全都市型工业发展的法律法规制度，切实减轻企业负担。进一步放宽市场准入条件，为企业发展提供强有力的法律支持。

4. 加快技术改造，推进产业升级。技术进步是都市型工业发展的根本动力。都市产业为传统工业技术与现代工业技术相结合提供了理论依据，那些适合都市发展的、时尚的、时髦的和富有个性、人性化特色的产品，通常必然是传统加工技术与现代工业制造技术的完美结合。要充分利用高新技术，加快中小企业的技术改造与升级步伐，促进都市型工业的发展。都市型工业的发展离不开人才，要坚持引进与培育相结合，加快人才队伍建设。依据行业人才稀缺的程度，要重点加快设计人才、研发人才、管理人才、营销人才、技术人才等5类人才的建设。要以引进为主、培育为辅，要进一步转变观念，放宽户籍等人为限制，建立引才绿色通道，切实为各类人才创造一个良好的发展环境。要大力挖掘现有的教育资源，以学校和企业培育为主，培养一批操作能力强的熟练工人，不断提高都市型工业企业技术工人的整体素质。

（摘自2012年12月17日《顺义调研》第61期）

坚定信心　夯实基础
促进平谷区工业又好又快地发展

平谷区经济和信息化委员会主任　崔东辉

围绕区委、区政府“一区三化五谷”发展战略，2012年平谷区工业经济发展工作要以有效增加总量为目标，夯实基础，全力培育工业经济的持续发展能力。具体地讲，要重点做好7个方面的工作。

平谷区经济和信息化委员会主任　崔东辉

一、有效增加工业用地供给，满足工业投资项目建设需要

首先，要统筹规划，合理增加两个开发区和中国乐谷国有工业用地供给数量，确保福田汽车平谷综合产业园等项目对土地的需求，为较大工业投资项目尽快落地建设奠定基础。其次，加强农村建设用地整合工作，实现农村建设用地集中连片，用于工业投资项目建设。第三，加紧各类闲置工业用地盘活工作，实现土地的合理利用。第四，确保工业用地不变性，严格禁止现有工业用地转作他用。

二、完善工业发展政策体系，为工业经济发展提供政策支撑

进一步加大中央和市政府政策利用力度，为企业争取更多的政策资金，支持企业发展。加紧研究区工业发展政策，尽快出台《平谷区人民政府关于中小企业发展专项资金的使用办法》和《平谷区人民政府关于对工业产值贡献突出企业的奖励办法》。梳理区内各部门出台的有关规定，集中汇总对外公开，提高执行政策的透明度，最大程度地营造工业经济发展政策环境，为平谷区工业经济发展保驾护航。

三、加快推进重大工业投资项目建设

一是加快推进福田汽车平谷综合产业园项目建设，重点是做好土地供应和项目立项审批工作，确保一期工程如期开工建设，同时还要立足长远，为二期和三期工程建设做好准备工作。二是加快推进首都通用航空产业基地建设。要加紧完善通用航空产业管理机构，推动投资公司进入运营状态。做好通用航空空域使用、产业布局和园区规划。设立通用航空产业基金。抓紧金海湖机场一期扩建工程建设。着手通航产业项目引进和首届“通用航空展”筹备工作。三是抓住全市工业布局调整契机，加强与市政府相关部门的沟通，争取实现1~2个市级重大工业投资项目落地建设。

四、加强工业固定资产投资组织工作，增强发展后劲

2012年，围绕新上项目、企业增资扩规等方面，平谷区安排的工业固定资产投资任务目标是17.6亿元，投资重点既包括福田汽车平谷综合产业园一期工程建设和首都通用航空产业基地建设两个重大工业投资项目，也包括马坊工业园区4万平方米标准化厂房建设，还包括上年引进的一批工业投资项目和现有企业的增资扩规、技术改造等项目建设。为做好工业固定资产投资组织工作，圆满完成2012年工业固定资产投资任务目标，一要统筹协调，加快投资项目审批立项速度，促进项目尽早落地建设；二要加强服务，实行投资项目联系人制度，及时帮助项目建设单位解决建设中存在的各类问题，促进项目尽早投产。

五、搭建企业融资平台，为企业不断发展提供资金保障

一是加强区内金融机构与企业间的合作，建立信息互通机制，协调帮助企业解决发展资金短缺问题。借助北京高端制造业投融资服务平台，开展集合融资、融资租赁、创业投融资等业务。三是加快推进中小企业信用促进会建设，采取政府资金引导、企业自愿注资的方式，设立中小企业信用基金，实现企业间的相互资金融通。

六、实施“小巨人”企业培育计划，提高企业发展能力

争取尽快出台“小巨人”企业培育工作方案，采取政策倾斜，加快“小巨人”企业的培育工作，打造出一批具有自主核心技术和高端品牌的产业龙头企业，提升区工业经济发展总体竞争能力。全力扶持普析通用、峪口禽业等拟上市企业做好上市前各项准备工作，争取年内实现1~2家企业成功上市。

七、加强督查，确保年度工业总产值目标圆满完成

2012年全区工业总产值的任务目标比上年增长16%，奋斗目标增长18%。综合分析目前平谷区工业发展实际，要完成2012年的任务目标和奋斗目标，需要克服诸多的困难，需要加强督察。为完成工业总产值任务目标，争取实现奋斗目标，一是要建立督察制度，各级领导要对重点企业进行督察，帮助企业克服困难，实现正常生产；二是调动开发区和乡镇积极性，对全年任务目标进行分解，年终进行考核；三是发挥好两个市级开发区带头作用，马坊工业园区要确保产值增幅在20%以上，兴谷经济开发区要确保产值增长不低于16%。

（摘自平谷区2012年第2期《绿谷》）

关于推动怀柔工业转型升级的若干思考

怀柔区经济和信息化委员会主任　周怀明

如何加快怀柔工业转型升级是当前怀柔区政府和各界人士普遍关注的话题。就此，我们展开了一系列调研工作，结合调研资料进行了认真地研究、分析，现就怀柔工业转型升级提出一些看法和体会。

怀柔区经济和信息化委员会主任　周怀明

一、怀柔工业转型升级的必要性和紧迫性

产业转型升级是经济发展到一定阶段的客观要求。多年来，怀柔工业发展取得了辉煌成就，总体实力不断迈上新台阶，在区域经济发展中始终发挥着重要的支撑作用。然而必须清醒地看到，随着怀柔工业发展进程的不断深入，传统的发展模式越来越难以为继，成为工业发展的制约要素，转型升级已经成为怀柔工业做大做强的战略抉择。

（一）怀柔工业发展中积累的结构性矛盾和问题日益突出，加快工业转型升级迫在眉睫

目前，怀柔工业发展的内外部环境发生了深刻变化，发展中长期积累的结构性矛盾日益凸显，较快的规模扩张速度与缓慢的结构升级进展的矛盾也愈发突出，严重制约了工业发展。主要体现在以下三个方面。一是产业层次低下。大部分集中在资金、技术要求不高的低门槛行业，高新技术产业在工业经济总量中所占比重不足20%，新兴产业刚刚起步，尚未形成规模。二是产业发展不均衡。汽车产业占规模工业总量的比重达到六成以上。2012年，汽车产业影响规模工业下降14个百分点，并最终影响全区GDP增长速度，使我们对单极支撑的风险有了切身的感受。三是自主创新能力薄弱。全区工业高新技术企业48家，占规模工业企业总数的6.6%；多数企业设立技术研发部门，但市级技术中心只有9家；专门从事新技术研发的人员占员工总数比例不足3%，企业研发经费占产品销售收入的比例不足2%，高新技术企业这一比例刚刚达到5%，而据权威机构公布，达到5%以上的企业才具有持续性的竞争能力。

（二）怀柔工业发展与能源资源约束间的矛盾进一步加剧，对加快工业转型升级形成了“倒逼机制”

能源资源是工业发展的载体和要素条件，工业发展对能源资源的刚性需求持续上升，能源资源约束问题日益凸显，传统的依靠资源能源消耗实现规模扩张的发展方式难以为继。

一是工业用地制约严重。怀柔只有11.3%的平原面积，在怀柔工业多年发展的情况下，土地资源紧缺问题已十分突出。目前，怀柔符合“两规”的可用工业土地约153万平方米，与其他区县相比储备不足，产业做大做强受到限制；同时用地价格持续攀升，企业成本压力加大。另一方面，闲置土地管理混乱、低效占用情况尚在，空间拓展和集约利用任务艰巨。二是能源紧张，利用效率有待提高。工业是怀柔区能耗第一大户，占能源消耗总量的40%多，工业节能成为能否完成“十二五”节能环保指标的关键。据统计，2012年1~11月，怀柔区规模以上工业万元产值能耗为0.0625吨标煤，同比增长7.8%，完成“十二五”节能任务压力较大，工业发展与能源紧张的矛盾愈发突出。

（三）怀柔工业发展面临的竞争压力空前加剧，加快工业转型升级势在必行

从国际上看，发达国家通过产业和制造业回归，不断挤占中国产业升级空间；新兴工业化国家快速发展，不可避免地在全球范围内与中国企业争夺资源、技术和市场；国外技术领先企业通过对技术进步和技术更新换代的掌控，始终占据产业竞争的主导权，迫使国内企业强调技术引进和使用。

国内企业缺乏自主创新精神，创新发展难度加大。

从国内和北京市来看，国家早就把工业转型升级、实现科学发展提上重要位置，并把“十二五”作为工业转型升级的关键阶段，先后出台了一系列相关的发展规划和产业政策，国内各省市工业转型升级步伐逐渐加快。在北京市，各区县先后提出了工业发展战略目标与发展重点，把转型升级放在首要位置。各区县产业升级步伐较快、力度较大，大兴区生物医药基地形成优势企业集聚之势，成为北京生物产业基地核心区、国家北京生物医药创新孵化基地；通州、昌平等区县近两年一批投资几十亿、百亿的优质大项目落地。从近两年远郊区县工业主要指标排位即可看出怀柔目前所面临的严峻的竞争形势。与第一名顺义相比，2009 年产值相差 1130 亿元，2012 年 1~11 月差距扩大到 1650 亿元，仅 2012 年一年就拉开了 240 亿元的差距；后一位密云与我们的差距 2009 年为 249 亿元，2012 年 1~11 月为 161 亿元，仅 2012 一年就缩小了 90 亿元；2012 年，怀柔产值、增加值增速在各远郊区县中排在最后。

二、对怀柔工业转型升级的几点建议

工业转型升级没有现成的模式可循，也不可能一蹴而就，因此，我们要看清怀柔工业发展实际，发挥产业优势、区位优势，用最有利的条件为产业转型升级提供支撑，从优化发展环境、调整产业结构、抓好重大项目、强化自主创新等方面入手，积极稳妥地实现转型升级的目标。

（一）以优化发展环境为保障，加快推进工业转型升级

工业转型升级是一项长期工程，任务重、难度大，要充分发挥政策引导与市场机制协调推动作用，在能源资源价格、企业市场竞争、产品质量安全等方面更多地发挥市场机制作用，政府更多地是要通过政策引导与服务保障为企业营造良好的发展环境。

加强统筹规划，尽快制订工业转型升级规划与实施方案，确定总体性与阶段性目标、定位、路径和措施。区级财政资金要积极参与进来，目前，区级工业发展资金数量有限，在尽可能加大资金总量的基础上，要保证有限的资金应用到那些辐射带动性强的重点项目、应用到成长性好的优质中小企业，充分发挥资金引导作用。

要建立精简高效的行政制度，全面清理和规范行政许可、公共服务和收费项目，建立健全行政审批限时办结制，落实责任追究制，大力推行“并联审批”、网上审批和“一站式审批”，切实提高行政审批工作效率。

要将转型升级目标细化量化，并落实到各镇乡、相关部门，同时纳入镇乡、部门以及领导干部业绩考核之中。

（二）以优化产业结构为核心，加快推进工业转型升级

多年来，怀柔工业形成了与怀柔资源禀赋相适应的汽车及零部件、食品饮料、包装印刷三大主导产业，全区工业 90% 左右的总量来自于这三大产业。与此同时，招商引资因土地资源紧张受到限制，使得现有企业升级改造显得尤为重要。因此，抛开传统产业谈转型升级是不现实的，加强传统产业的优化升级、新兴产业培育发展与落后产业淘汰退出多管并行是未来工业转型升级的主要途径。

技术改造是实现传统优势产业优化升级的重要手段。要改变传统模式对规模扩张的过度依赖，鼓励引导企业实施技改创新项目，通过技术改造实现产品与技术的换代升级，由低端产品向高质量、高附加值产品转化；由一般加工制造升级为关键工艺、关键设备、关键材料的技术升级。推动传统优势产业链由低端的生产环节向技术含量高、附加值高的研发设计、技术集成、品牌构建、营销服务、产业链管理等领域延伸。逐步将低端生产制造环节替代或外移，形成一批具有较强竞争力的大企业、大集团和一批具有“专、精、特、新”优势的中小企业，建成“品牌 + 总部 + 高端制造”模式的优势产业基地。

培育与引进相结合，加大战略性新兴产业的培育发展。战略性新兴产业具有技术密集、知识密集、人才密集的特征，对提升产品附加值、带动产业升级和结构优化具有重要的引领带动作用，代表着工业转型升级的方向，直接影响着未来产业的竞争力。新兴产业的发展也要与本地要素禀赋相契合，

要结合当前怀柔高新技术产业特别是战略性新兴产业发展基础，加快培育壮大节能环保、特色新材料、生物技术、高端装备等新兴产业，分类制订战略性新兴产业培育发展计划，努力增强新兴产业对全区工业发展的拉动作用。针对新兴产业发展初期面临的技术突破难题、市场导入障碍、孕育期长等现实问题，政府应实施有针对性、高效的财税和科技政策，如建立专项资金、财政奖励等，推动怀柔新兴产业在孕育期的发展，占领未来产业主导地位。

限制与鼓励相结合，加快落后产业的淘汰退出。制订落后产业淘汰退出计划，确定重点退出企业，建立限制与退出机制，综合运用经济、法律、环保和必要的行政手段，限制落后产业盲目扩规，提高其生产运行成本，鼓励主动退出，实现腾笼换鸟，逐步实现低端产业退出的目标。

（三）以优质重大项目为抓手，加快推进工业转型升级

重大项目建设是经济发展的重要载体，是增强工业发展后劲的重要支撑，要切实加强招商选资，狠抓工业项目建设，以项目优化传统产业、承接新兴产业，以项目调结构、促转型。

要加强招商引资标准和政策引导，在现有企业升级改造的同时，对新上项目一定要提高准入门槛，严格把关。成立由政府、企业、相关部门和专家组成的项目审核组，严格执行项目准入制度，强化效益、环保、能耗、质量、土地等指标的约束作用，对引进项目进行认真细致的论证，保证项目引进的科学性和有效性。

针对怀柔工业用地紧张情况，实行闲置土地统一招商，组建招商团队，采取走出去、请进来的办法，积极组织、参加大型的招商洽谈会，加大宣传推介力度；采取领导招商、部门招商、以企引企、以研引产等多种招商方式；发挥怀柔综合优势，瞄准国内外强势企业，重点引进优势产业链延伸优化、对新兴产业辐射带动性强的项目，引进科技含量高、单位产出大、节能环保的项目，引进有利于产业集聚、业态优化的项目。

加强对招商引资工作的考核力度，提高其在经济考核中的分值，不仅考核招商数量，更要考核招商质量，切实调动各方招商引资的积极性。

（四）以科技创新为动力，加快推进工业转型升级

劳动力和生产要素低成本供给优势不复存在，科技创新已成为加快工业转型升级、提高综合竞争力的中心环节。

政府在科技创新中要发挥搭建平台、完善服务的作用。市场需求是技术创新的主要动力，技术创新的成果最终需要企业将其转化为现实生产力。因此，要积极搭建以企业为核心、市场为导向、有利于创新发展的科技创新服务平台。可定期组织科技成果展示会、对接会；健全由骨干企业牵头、政府协调实施的应用性重大科技项目合作研发机制，打破过去企业研发单兵作战的局面，集合各方优势力量开展满足怀柔区重点产业发展所需共性技术与关键技术的研发，成果共享。争取名校与科研院所技术研发资源向企业开放、重要成果在怀柔中试，加强研发、制造、应用等环节的有效衔接，打破过去单一的政府与企业、企业与科研院所单线合作模式，形成政府、园区、企业、科研院所全方位的合作关系。

加大对科技创新扶持力度，通过税收、价格、直接补贴、政府采购等措施，支持和引导企业加大研发投入，全面推进技术、产品、品牌、管理和营销手段创新，走创新驱动、内生增长的发展道路。

工业转型升级是一项长期系统的工程，涉及的方面很多。随着政策、服务、机制等软环境以及教育、医疗、交通等公共基础设施硬环境的不断完善，在政府、企业以及社会各界的共同努力下，怀柔工业转型升级将逐渐深化，成果将日益显现。

（摘自2012年12月怀柔区委研究室《怀柔调研》第30期）

求真务实 开拓创新

中关村科技园区管理委员会主任 郭 洪

中关村科技园区管理委员会主任 郭 洪

一年来，市委、市政府从服务国家战略和首都建设中国特色世界城市的高度，深化落实国务院“1+6”系列先行先试政策并提出5条新的政策建议，积极争取国务院批复同意了中关村空间规模和布局调整方案；积极争取有关部门将建设中关村军民融合科技创新示范基地写入了国务院和中央军委印发的《统筹经济建设和国防建设“十二五”规划》之中，与“一行三会”等九部委共同研究制定了支持中关村建设国家科技金融创新中心的意见，出台了战略性新兴产业集群创新引领工程实施方案，有力推动中关村加快了创新发展步伐。

对照党的十八大、中央经济工作会议、全国科技创新大会和市第十一次党代会、全市科技创新大会要求，对照国务院同意调整示范区空间规模和布局的批复精神，以全球视野审视中关村创新发展的阶段性特征，我们清醒地认识到，示范区在不断取得新成就的同时，还存在着四个方面的突出问题和差距。

一是对首都转方式、调结构，率先形成创新驱动发展格局的引擎和支撑作用发挥得还不够充分，对全市经济社会发展的贡献度有待进一步提升。20多年来，中关村高新技术产业一直保持着高速增长态势，企业总收入超过全国高新区的1/7，创造了全市近两成的地区生产总值，对全市经济增长贡献率达到24%。作为首都创新发展的引擎和“科技北京”建设的核心载体，中关村肩负着引领首都率先形成创新驱动发展格局的重大责任。当前，首都已经进入加快转变经济发展方式的攻坚时期和建设中国特色世界城市的关键时期，迫切需要中关村在首都调整经济结构、推动形成创新驱动发展格局、促进产业与人口资源环境协调发展中发挥更大的引擎和支撑作用、做出新的更大贡献。

二是企业创新主体地位尚未形成，在全球范围内具有技术主导权的产业集群还未显现。国际金融危机以来，示范区企业研发投入和产出快速增长。今年1~11月，企业科技活动经费支出增长29%，发明专利申请量和授权量分别增长36%和24%。但是，与硅谷企业相比，中关村企业研发投入强度和产出效益明显偏低。2011年，从研发投入强度看，联想为1.5%，百度为9.2%；而思科为13.2%，谷歌为12.8%；从万人拥有发明专利授权数看，中关村为36件，而硅谷为100件。硅谷每3~5年就会新产生一家对全球产业格局产生重要影响的企业，如苹果、惠普、英特尔、谷歌、Facebook等，在全球市场拥有很大的话语权和控制力。Google在全球市场份额高达85%；而百度在我国搜索引擎市场的份额接近80%，但在全球的份额不到4%。联想是全球第一大PC厂商，仅次于惠普，但其年营业收入不及惠普的1/4。硅谷不断涌现引领世界潮流的新兴产业，对原创技术、高端创新要素具有很强的吸附能力，牢牢掌握移动互联网、集成电路等产业的技术主导权。相比而言，中关村在提高企业创新能力、打造具有全球影响力的领军企业和产业集群方面，还有很大的差距。

三是体制机制创新的空间还很大，改革的红利远未释放出来。中关村深入实施国务院“1+6”系列先行先试政策，初步形成了跨层级、跨部门的协同创新组织模式和有利于创新创业的政策框架体系，有效整合了行政资源，调动了科技人员创新创业的积极性，推动了科技成果转化和产业化。但是，制约科技与经济相结合、企业成为创新主体和科技成果产业化的体制机制和政策障碍还大量地存在着，协同创新组织模式和创新创业政策体系有待进一步细化和深化，市场在配置资源中的基础性作用有待进一步发挥，改革创新的任务很艰巨，阻力也不小。

四是企业在全球范围内配置创新资源的动力和能力不足。建设具有全球影响力的科技创新中心，要求中关村的企业走国际化发展道路，具有很强的在全球范围内配置创新资源的动力和能力。不具备对全球高端创新资源的强大吸引力和高效配置力，具有全球影响力就无从谈起。目前，中关村国际知名品牌、具有较强国际影响力的跨国企业和研究机构较少，只有联想、中国中铁2家企业进入世界500强；而深圳已经有华为、中兴等具有一定国际影响力的企业；硅谷则有苹果、惠普、英特尔、思科、谷歌、甲骨文、Facebook等一大批具有全球影响力的企业和国际知名品牌。整体上看，中关村企业还缺乏国际化的视野和目标，整合国际高端创新资源的动力和能力还不足，主动利用全球高端人才、原创技术和境外资本等创新资源还不够，创制国际标准、开展国际研发合作、开展国际并购等方面虽然取得了初步成绩，但仍有不小的差距。

示范区创新发展中存在的突出问题和差距，就是我们下一步努力的方向和工作着力点。2013年是新一届市委市政府的开局之年，是在新的起点上推进示范区创新发展的关键一年。我们将以科学发展观为指导，全面贯彻党的十八大、市第十一次党代会和市委全会精神，求真务实，开拓创新，以落实国务院同意调整示范区空间规模和布局调整的批复为中心，在“五个方面”狠下功夫，推动示范区各项工作再上新台阶。

一是在落实国务院批复的示范区空间规模和布局调整方案上下功夫。以调整空间规模和布局为契机，拓展示范区产业发展空间，优化创新资源布局，加强重大项目布局引导，支持建设特色产业基地，完善一区多园、各具特色、重点建设“两城两带”的产业集群发展格局，促进园区绿色发展、循环发展、低碳发展。壮大高新技术产业发展规模，优化产业结构，为首都率先形成创新驱动发展格局、实现产业与人口资源环境协调发展奠定坚实基础。

二是在强化企业创新主体地位、更加注重协同创新上下功夫。构建需求拉动创新机制，完善企业创新发展环境，支持企业建立研发中心、加大研发投入，面向市场需求开展关键技术攻关和成果转化应用，不断激发企业创新的内在动力和活力。加快推进人才特区和国家科技金融创新中心建设，打造人才建设高地和国家科技金融功能区，进一步聚集高端创新资源，服务企业人才发展和融资需求。深入实施“金种子工程”“瞪羚计划”“十百千工程”，持续发现和培育创新型企业。深化中关村开放实验室建设，支持高校和科研院所以市场为导向建设工程技术研发平台，支持企业和高校、科研院所联合组建产业技术联盟和开展协同创新。落实军民融合发展战略，加快中关村军民融合科技创新示范基地建设。

三是在深入实施战略性新兴产业集群创新引领工程上下功夫。加快下一代互联网、移动互联网和新一代移动通信、卫星应用、生物和健康、节能环保、轨道交通六大优势产业集群引领发展，推动集成电路、新材料、高端装备与通用航空、新能源和新能源汽车四大潜力产业集群跨越发展，促进现代服务业集群高端发展，形成“641”的产业集群发展格局。依托国家科技重大专项、科技基础设施和重大科技成果产业化项目，构建产业技术创新平台，支持企业率先突破和掌握一批产业关键技术和核心发明专利，提升产业技术主导权。谋划新建、升级一批特色产业基地，培育发展战略性新兴产业及现代服务业集群。

四是在强化统筹协调发展机制上下功夫。深化示范区管理体制改革，围绕重大项目、特色产业基地、产业发展载体、服务平台和重大示范应用项目，与各区县进行有效对接，促进示范区与行政区统筹协调发展。强化中关村创新平台的资源整合和服务功能，推进央地、军地、部市、院市合作，推动市级管理权限体制机制创新，进一步提升中关村发展集团运用市场化手段整合运营创新资源的能力。深化落实“1+6”系列先行先试政策，加快示范区政策在十六园区覆盖落地，积极争取开展新的政策先行先试。

五是在整合利用国际国内创新资源上下功夫。积极推进全球资源“高端链接”和“走出去”战略，瞄准世界前沿技术，引进国际顶尖人才、团队和企业、实验室入驻，支持企业承接国际技术转移和促进自主技术海外推广。聚集国际化服务中介机构，搭建国际化服务平台，完善企业国际化服务体系，支持企业参与国际竞争，开展国际合作。加强与各省市间的科技创新资源共享和产业链合作，发挥中关村示范引领和辐射带动作用。

（在2012年12月28日市委十一届二次全会上的发言）

中国云 在亦庄

北京经济技术开发区管理委员会主任　张伯旭

北京经济技术开发区管理委员会主任　张伯旭

2012年恰逢北京开发区建设20周年。结合开发区20年来的产业发展情况，简要介绍一下“中国云产业园”最新建设情况和下一步发展规划。

自1992年开始建设以来，开发区经济快速发展，城市面貌日新月异，从一片田野发展成一座生机勃勃的现代化高端产业新城。工业产值年均增长53%，2011年占到北京市工业总量的1/5；引进了78家世界500强企业的110个项目，培育了年产值十亿元以上的大企业38家，按照龙头项目带动、完善上下游产业链、推动产业集聚发展的方式，打造了电子信息、生物医药、汽车、装备制造四大主导产业，2011年产值分别占全北京市的50%、48%、22%和17%。

作为四大主导产业之首，开发区的电子信息产业已经形成了以星网工业园为核心的移动通讯产业集群，以中芯国际为核心的集成电路产业集群，以京东方8.5代线为核心的数字电视产业集群，正在打造以京芯半导体为核心的移动硅谷产业集群，逐步形成了多极支撑、联动发展的产业格局。打造了从最底层的集成电路、核心电子部件，到消费类终端、服务器、模块化数据中心，直至操作系统、应用软件及运营增值服务的高端化、完整化的电子信息产业链。同时，通过加强知识产权保护、拓宽企业投融资渠道、出台科技创新专项政策、建设创新服务平台等方式，开发区管委会为企业发展创造了良好的政策环境；通过不断提升区域教育、医疗、商务服务水平，为高端人才在开发区创业、生活营造了高品质的区域环境。

这些都为开发区抢抓云计算产业发展机遇，培育新的增长点打下了坚实的产业基础。正是基于这样的良好条件，在云计算产业刚刚兴起之际，开发区在市经济信息化委等部门的大力支持下，按照龙头项目带动，打造完整产业链，形成完善的产业生态环境的园区建设模式，对开发区的云产业发展进行了大胆的设想和精心的规划，并于2011年9月正式启动了“中国云产业园”的建设。一年多的时间，迅速汇聚了以百度、KDDI、中国电信、瑞云、中金数据等为代表的近百家云产业相关企业，投资超过200亿元，初步形成了涵盖云计算软硬件、云计算基础设施、云计算平台、云计算应用支持服务等主要环节的云计算产业链。超云、云端、云箱、友友系统等软硬件研发生产企业已形成了定制服务器、模块化数据中心和云操作系统等产品的生产能力；以中国电信、KDDI、中金数据为代表的基础电信运营企业和IDC服务企业正在建设高等级、大规模云计算数据中心，将提供云计算基础设施服务；以百度为代表的互联网企业依托庞大的用户群和数据资源，将在平台类服务和云操作系统等领域开展业务；中企动力、中企开源等软件和IT服务企业面向中小企业的云计算软件服务已开始商用。

同时，我们也十分注重产业生态环境建设，力求打造一个概念全新的人与自然、人与科技、人与社会高度和谐的云产业生态环境。为此，开发区专门引进了规划建筑面积超过200万平方米的瑞云产业园项目，整体规划建设云产业园的商务设施，为园内企业提供优质、便捷的工作、休闲、学习及商务环境。

下一步，开发区将借助首都高端人才、科研力量集中的优势，基于较为完备的互联网、软件和信息服务业基础，重点向云计算平台搭建、云服务应用等方面发展。鼓励建设支撑传统产业转型升级发展的新型云计算公共服务平台；鼓励建设服务于产业链的产品研发和仿真分析等公共云计算服务平台；鼓励建设满足中小企业共性发展需求的公共云计算服务平台，充分发挥云计算按需使用，动态扩展的特性，为广大企业提供质优价廉的信息资源服务，提升开发区云计算运营和信息服务水平。同时，引导各种信息化应用项目依托云计算基础设施，形成基础设施服务商的领先优势，提升辐射京津冀地区、乃至全国的云计算基础设施服务能力。通过集成软硬件资源，联合上下游厂商，搭建云计算平台，构筑整体化的云计算环境。

经过各方的共同努力，“中国云产业园”作为北京市“祥云工程”的重要一环，已经从最初的纸上蓝图、胸中丘壑，发展成了今天汇聚众多产业内领先企业、人才、资源、技术，产业已经初具规模的实实在在的产业园区。我们有理由相信：中国云，在亦庄。“中国云”也必将引领整个云计算产业发展，成为北京、全国乃至全球的“云中心”。

当然，开发区的产业发展离不开北京市委、市政府及社会各界的大力支持。就在5天前，北京市委、市政府召开了加快推进开发区创新发展大会，全面总结了开发区过去的辉煌成就和发展经验，提出了要将开发区建设成首都“实体经济主阵地、创新驱动示范区、对外开放重要窗口和城乡一体宜居宜业发展典范”的宏伟目标，并发布了即将出台的北京市委、市政府加快推进开发区发展的意见，明确了下一步加快开发区创新发展的具体支持政策，为开发区的发展特别是产业发展提供了更广阔的空间和更有利的条件。

我们将紧紧抓住北京市加快开发区创新发展的历史机遇，不断完善科技创新、人才引进、金融创新等政策环境，不断完善教育医疗、公共休闲、商业配套等生活环境，加快打造更加符合市场规律、符合企业需求的既宜业又宜居的产业发展环境，为包括云计算在内的产业更好更快发展提供更好的保障。

（在12月12日2012云世界大会上的讲话）

加强企业文化建设 推进首钢伟大转型

——在首钢集团企业文化建设工作会上的主题报告

首钢总公司董事长 王青海

首钢总公司
董事长 王青海

一、实现首钢伟大的转型任重道远

7月18日，首钢集团召开“创新创优创业”经验交流会（以下简称“三创”会），举起了“以开放的视野实现首钢伟大的转型”的一面旗帜，这是一项艰巨、复杂、长期的任务。

（一）抓学习调研，在“以开放的视野实现首钢伟大的转型”上达成共识

近一段时期，首钢集团各单位把贯彻落实好“三创”会精神作为重要的任务，高度重视，狠抓落实。从总公司到各单位、从各部门到各专业、从车间到班组，采取多种形式，层层传达学习，深刻领会大会精神，统一干部职工思想。首钢总公司党委、首钢总公司专门颁发了《关于深入贯彻落实“三创”经验交流会精神的工作方案》；又提出《总公司领导

班子重点调研课题安排》，把“三创”会议报告提出的8个方面问题细化为36项具体工作或具体问题，班子成员按照新的分工，深入基层调研，在此基础上分轻重缓急，提出解决问题的初步措施。宣传部围绕8个方面的问题，编发8期《开放的视野、伟大的转型，学习“三创”会精神专题辅导材料》。各单位领导班子带头学习、带头宣讲、带头调研，组织干部职工集中学习、专题学习，并结合各单位实际问题研讨学习、走出去请进来学习，并召开本单位“三创”会，利用报纸、电视、网络、简报等各种载体，广泛宣传“三创”会精神，做到了人人皆知。学习中，各单位把贯彻“三创”会精神与贯彻中央、北京市今年一系列重要会议精神结合起来，与坚定不移完成今年各项任务结合起来，与深入开展“走基层、转职能、改作风”活动结合起来，与学习集团内外企业先进经验结合起来。引导干部职工充分认识首钢进入了转型发展的新阶段；充分认识实现首钢伟大转型是国家、北京市转变经济发展方式的必然要求，是建设具有世界影响力的综合性大型企业集团的必然要求；充分认识实现首钢伟大转型的艰巨性、复杂性、长期性，使“以开放的视野实现首钢伟大的转型”深入人心，达成共识，形成了上上下下抓转型、抓工作落实的良好局面。

（二）抓执行，在调结构降成本，确保全年任务完成上积极落实行动

统一思想是前提，落实行动是关键。“三创”会上，总公司党委明确了今年“两会”确定的任务不作任何调整，目标责任书要兑现，完不成要考核。面对严峻、残酷的市场形势，集团各单位以坐不住、等不得的危机感、紧迫感，在“狠”字上下功夫，抓执行、抓落实。总公司按照北京市委市政府提出的“决战三季度、决胜四季度”的要求，结合首钢实际，加强了经营生产的及时调控，下发了第三批增收节支措施，强化了铁前生产技术专家委员会机构，积极推进“精益物流”管理，明确了库存控制、结构优化增效、降低采购成本等一系列措施，并制定了完善外埠钢铁企业管理的实施意见。集团各单位按照“贵在沟通、志在和谐、赢在执行”的要求，进一步加强班子建设，围绕完成本单位2012年任务，党政一把手亲自抓，发动职工，深挖潜力，在保生产顺稳、实现结构增效、深挖成本潜力、提高产品质量、加大产品开发力度、完善客户服务、压缩资金占用、减少费用开支等方面，制定了一系列具体措施。为应对钢铁的“严冬”，许多单位主动加压，下狠心、使狠劲、出狠招，降本增效，把指标任务和措施层层分解细化到各个层面、各个专业，落实到每个岗位、每名职工，并强化检查和考核。单位和单位之间、专业和专业之间、单位和专业之间进一步加强协调和沟通，通过狠抓管理、狠抓任务落实、狠抓执行，在全集团进一步营造了一心一意谋发展、干事创业的氛围。

（三）抓转型，在资源整合、转变发展方式、新产业开发上取得新进展

今年“三创”会议，通过深入分析研究转型发展涉及的8个方面问题，强调各级领导班子特别是党政一把手，要在谋大局、议大事、抓方向上下功夫。一段时间以来，从总公司到各单位都在积极主动研究和推进转型发展。在集团化管理和资源整合方面，总公司成立了管理创新部，加强对集团管理的综合评价；着手成立财务公司，组建了筹建工作领导小组和工作小组；成立了北冶公司和吉泰安公司整合工作推进组，专题研究两家公司的资源整合问题。一些单位针对散、弱、小问题，积极推进内部资源整合和与外部资源的联合。在转变发展方式方面，为适应首钢转型发展要求，按照集团钢铁板块、北京园区开发和新产业板块、综合管理板块，对总公司领导班子进行了重新分工。对总公司机关和有关单位的领导干部进行了调整交流，进一步把转型工作抓实抓细。一些单位认真分析研究本单位的优势和劣势，积极推进产业结构、产品结构、经营体制机制转型。在北京新产业园区建设方面，进一步理顺了新首钢高端产业综合服务区和高端产业部的管理机构；下一步还将根据总公司职能转换的要求，调整和整合部分部门的职能。开展了新产业开发系列调研，加快推进相关工作，加强与上级部门的对接和沟通，加大人才引进和招商引资等工作。9月17日至10月7日在厂区群明湖举办了“光影新首钢、闪耀北京城”灯光节活动，10月12日又在二通举办了“钢铁韵律”赵成民钢雕艺术展开幕式，连续举办两个大型文化活动，聚焦了人气，初步展示了这个地区的形象。

“以开放的视野实现首钢伟大的转型”是长期、艰巨的任务，我们目前做的这些工作，只是一个开端，转型发展中许多的难题、课题还需要得到解决，一些问题还没有完全揭示出来，需要我们进一步攻关，潜心研究，从各个方面加大工作力度，需要我们进一步凝心聚力，加强企业文化建设。各级党组织和领导干部要充分认识加强企业文化建设是实现首钢伟大转型的重要组成部分，充分认识实现首钢伟大的转型任重道远，还有很多艰苦的工作要做。

二、实现首钢伟大的转型必须加强企业文化建设

企业文化是企业发展的底蕴，是企业的灵魂，是推动企业可持续发展的最深层次的驱动力。它体现着企业的价值观，引领着企业的发展方向，决定着企业的发展战略。它是广大干部职工流淌在血液中、印刻在骨髓上的品格，是一种无形力量，始终支配着干部职工的行为。加强企业文化建设是首钢转型发展的客观需要，是建设具有世界影响力的综合性大型企业集团的迫切要求。

（一）实现首钢伟大的转型需要弘扬先进的企业文化

首钢1919年建厂，经历了93年的风风雨雨，走过了一条从无到有、从小到大、从大到强的发展之路，在为中国工业和经济社会发展做出重要贡献同时，也铸就了首钢优秀的企业文化，成为首钢人宝贵的精神财富，激励着一代又一代首钢人奋勇向前。

早在首钢的前身石景山钢铁厂初建之际，一批有识之士投身实业，立志救国，最终壮志难酬。新中国成立后，首钢人发扬主人翁精神，艰苦创业，迅速恢复生产，以钢铁报国的雄心壮志，苦战14昼夜，建成小转炉，结束有铁无钢的历史。首钢人“顶破天花板，才能见青天”的创业豪情，是首钢光荣传统和优秀文化的重要基石。改革开放后，首钢人率先实行承包制，成为中国工业企业改革的一面旗帜。1994年，钢产量达到全国第一位，成为跨行业、跨地区、跨所有制、跨国经营的特大型企业集团。首钢人以“做天下主人，创世界第一”，“敢闯、敢坚持、敢于苦干硬干”的创新魄力和执着精神，进一步丰富了首钢文化。

进入新世纪，首钢率先进行搬迁调整，京唐、迁钢、首秦、顺义冷轧新钢厂技术装备、建设达到世界一流水平，实现了向高档板材和精品长材转型的历史性转变，同时水钢、长钢、通钢、贵钢、伊钢等进入首钢大家庭，集团钢产量达到3000万吨以上，非钢产业通过改革改制获得了新的发展，集团综合实力显著增强，进入世界500强。在搬迁调整中，首钢人表现出艰苦奋斗、自强不息，甘于奉献、勇于创新的精神，一方面为国家、为北京奥运成功举办作出重要贡献和特殊奉献，另一方面把老一辈首钢人钢铁强国之志融化为转型发展的巨大力量，把代代传承的光荣与梦想铸就在建设具有世界影响力的综合性大型企业集团的伟大实践中。

首钢几个阶段的发展，历经磨难、百折不挠、生生不息，不断发展壮大，就是因为首钢在93年的发展中，形成了优良的传统、优秀的文化，艰苦奋斗、自强不息，开拓创新、敢为人先，开放合作、兼收并蓄，以人为本、回报社会，追求卓越、永不满足等优秀理念，逐渐成为首钢企业文化的主流，有力地引领了首钢的改革发展，成为宝贵的无形资产，也成为了推进首钢实现伟大转型的动力源泉。

（二）实现首钢伟大的转型需要发挥企业文化的功能和作用

企业文化建设从本质上讲是做人的工作。人管人累死人，制度管人限制人，文化管人管住魂。实现首钢伟大的转型，需要调动每个人的积极性，发挥企业文化引领、传承、凝聚、教育、激励、推动等功能和作用，以文化人。

长期以来，首钢始终高度重视企业文化建设，以思想文化创新为先导，不断突破固有的思维定式，以发展的眼光来思考、分析、研究外界形势和环境的变化，不断用发展的新思路、新目标、新措施来统一干部职工意志，保证了企业的快速健康发展。在“承包制”时期，首钢用“承包为本、人民为本”来统一干部职工的思想和行动，实现了首钢突飞猛进的发展。在搬迁调整中，首钢持续10年推进“创新创优创业”主题实践活动，一年一个主题，每年都赋予新内涵，得到了全集团干部职工的高度认同，成为了大家的自觉行动，有力地引领了首钢搬迁调整战略的实施。

从率先实行“承包制”到率先搬迁调整，从“三敢”到“三创”，从北京石景山到渤海之滨的曹妃甸，从长材到高端板材，从一地到多地，首钢的事业发展到哪里，企业文化就传承到哪里，首钢人的魂、首钢人的根就在哪里开花结果。

先进的企业文化为职工所接受、所认同，变成职工的自觉行动，需要长期的培育和教育。多年来，首钢各级党组织始终是先进企业文化的有力组织者、推动者。2005 年 2 月，国务院批复首钢搬迁调整方案，3 月份，总公司党委就作出了创建学习型企业的决定，形成了大学习、大“提素”的热潮，全员学习、团队学习、开放学习、终身学习、快乐学习蔚然成风。2008 年以来，为应对国际金融危机带来的严峻挑战，为适应首钢产业结构、产品结构优化升级的新要求，大力推进精细化管理，把文化建设与企业管理融为一体，先后开展了“五算清五精细”“双百”“三个倒推机制”等活动，引入 6S、六西格玛、信息化等现代管理手段，培育了标准、严谨、执行、高效为特征的板材文化。各单位学先进、赶先进、对比找差，组织职工围绕薄弱环节进行攻关，提高了企业管理水平。

实践证明，把首钢多年形成的文化优势转变为市场竞争优势，转变为推进首钢转型发展的内在动力，必须充分发挥企业文化自身的功能作用，结合实际、解决实题，企业文化才能落地生根、开花结果，从而推动企业不断向前发展。

（三）实现首钢伟大的转型需要赋予企业文化新的内涵

以开放的视野实现伟大的转型，为首钢文化建设提出了新要求、新课题。总公司提出“三个首钢”的核心价值追求，如何使其具体化，转化为职工的行为准则，还要采取有效措施加以推动。首钢转型发展，新情况新问题不断涌现，不熟悉、不了解、不懂的东西很多，必须加强学习型企业建设，激发全员学习的活力。适应首钢转型需要，要进一步培育“总部统领、整体协同、分层定位、各具特色”的集团文化，以精细化管理为特征的板材文化，广泛利用社会资源的开放合作文化，作为引领干部职工的行为准则。面对当前形势任务，还有部分干部职工对转型发展的复杂性艰巨性认识不足、信心不足；个别单位也存在标准不高、自我满足、强调客观、不敢担责、管理不严，全局意识、主动意识较差，执行力不强等问题，需要我们上下结合，把思想政治工作与完善体制机制、加强管理结合起来，把统一思想与提高执行力结合起来，不断加以解决。首钢的转型发展一直得到社会各界广泛关注，需要加强对外宣传，使更多的人认识首钢、理解首钢、支持首钢。

实现伟大的转型是对首钢人的新考验，又是首钢人实现自身价值的新机遇。当前我们遇到了空前严峻的市场形势，全国钢铁行业处于整体亏损状态，越是困难的情况，越需要加强企业文化建设，凝聚人心、鼓舞力量，坚持继承、创新和发展，赋予企业文化新的内涵。如京唐公司的“理念先行、崇尚科学、精细苛求、追求卓越”，迁钢公司的“把小事做细、把细事做透”，首秦公司的“做精每件事、创新每一天”，这些既是首钢人精神风貌的生动展现，也是首钢企业文化的体现。还要积极吸收新成员单位的文化，如水钢的“大河精神”、长钢的“红色文化”、通钢的“务实创新、只求最好”、贵钢的“不服输、诚实干”等，也是继承和发展首钢企业文化的重要来源。要学习借鉴一切有利于推进新产业转型的先进文化，培育和打造具有北京地区转型发展特点的文化。在集团文化建设中，一方面保持首钢集团文化的一致性，另一方面充分尊重各钢铁企业、非钢产业以及新产业文化的特殊性，兼收并蓄、和谐共进，丰富企业文化内涵，形成既有继承又有发展的首钢文化体系，适应转型发展的新要求。

三、加强企业文化建设的重点工作

首钢 2012 年“三创”会强调要加强首钢思想文化建设、构建和谐企业。当前和今后一个时期，加强企业文化建设，重点要抓好以下几个方面工作。

（一）要加强对转型的文化统领

抓好企业文化建设，关键在领导，在一把手。各单位党委要高度重视企业文化建设，充分认识加强企业文化建设对推进首钢伟大转型的重大意义，加强对转型的统领。要强化党委统一领导，企业文化部牵头组织，各职能部门分工协作，党政工团齐抓共管、合力推进的工作格局。各级班子要把企业文化建设放在重要位置来抓，与经营生产任务同布置、同组织、同检查、同评比、同考核，使之系统化、日常化、制度化。各级领导干部要率先垂范，成为先进文化的积极倡导者、有力组织者、带头示范者，带动广大职工，在各项工作中体现先进文化要求。要把“三个首钢”作为全集团共同的核心价值追求，把实现首钢伟大的转型作为共同的目标。要坚持企业文化建设从实践中来，到实践中去，不断总结提炼优秀的企业文化，以此统领、推动企业的转型发展，保证各项工作的进一步落实。

（二）要加强企业精神的总结和提炼

企业精神是企业特殊的生命基因，是企业十几年乃至几十年的奋斗实践，用广大职工的心血和智慧共同凝聚而成的，是全体职工的共同追求。提炼企业精神是加强企业文化建设的核心。全集团开展“首钢精神大讨论”活动，共撰写研讨文章141篇，提炼“首钢精神”表述语282条。《首钢日报》刊发30多篇文章，首钢电视台制作访谈节目21期，营造了浓厚氛围。中国政研会、中国企业文化研究会、中国冶金政研会、北京市政研会、北京市国资委等专家对“首钢精神大讨论”活动给予了高度评价，提出了宝贵的意见和建议。大讨论活动取得了初步成果，但要提炼出符合时代要求，体现首钢特点，为广大职工所接受的企业精神，还要做深入细致的工作。一要对首钢93年历史所体现的精神进行深入的挖掘，对不同时期的精神进行归纳梳理，抓好特色、体现传承性。二要加深对“以开放的视野实现首钢伟大的转型”的理解，抓好创新、体现时代性。三要贴近企业近期目标和长远规划，抓好结合、体现实践性。四要借鉴国内外企业文化建设经验，抓好学习、体现先进性。要上下互动、内外交流、深度汇谈、反复斟酌，通过多层面、多轮次的研讨，群策群力、集思广益。在这次会上，企业文化部已经把前一阶段讨论情况整理成材料，发给了大家，各单位回去后要继续深入发动职工讨论，年底前把讨论情况报企业文化部，确保在明年一季度“首钢精神大讨论”活动出成果。首钢精神确定后，企业文化部要制订宣传方案，用企业精神助推首钢实现伟大的转型。

（三）要加强企业的文化融合

全力推进集团文化建设，进一步培育“总部统领、整体协同、分层定位、各具特色”的集团文化。领导干部要带头宣讲、带头践行，做首钢文化的传播者。要利用各种载体，开展各种活动，宣传、弘扬首钢优秀文化，增强干部职工的认同感、归属感，自觉践行“三个首钢”核心价值追求；要积极吸纳新成员单位企业文化的优秀成果，不断丰富首钢企业文化的内涵，打造新时期首钢企业文化体系；要加强理念的融合、制度的融合、行为的融合，积极探索企业文化融合与创新的做法和经验；要尊重差异、尊重个性、优势互补、协同发展，真正实现1+1大于2的效果。

（四）要加强典型的总结和宣传

先进人物和典型事迹是企业精神、优秀理念的象征，具有示范、辐射、传承作用。各单位要在产业结构转型、产品结构转型、体制机制和思想文化转型中，大力发现、培养、总结、表彰、宣传体现首钢精神和理念的先进典型。要把先进的企业文化典型化，坚持先进性与广泛性、普遍性与多样性的统一，每年形成案例和教材，如矿山的杏山地采、生物质能源项目建设指挥部抗洪抢险、张新国茶室等，都形成案例，写进教材。要充分发挥先进典型的“滚雪球”效应，通过开展比、学、赶、超等活动，使各个层次、各个类型的先进典型不断涌现、壮大典型群体，使首钢先进的企业文化得到日益广泛的认同。

（五）要加强企业文化的载体建设

企业文化建设要广泛运用各种载体和活动。要继续发挥首钢OA办公系统、首钢集团网站、《首钢日报》、首钢电视台、《首钢日报》网站、首钢网络电视、情况通报、简报、基层单位的局域网、厂报厂刊、橱窗等宣传载体的作用；继续发挥“三创经验交流会”、先进典型表彰会、“六好”班子建设、创先争优、月季园赏花会、十大新闻评选、名优产品评选、文化艺术节、技能比赛、青年志愿者各类文体等活动的作用。在此基础上，要进一步创新载体和活动，办好《首钢新闻》联播，建设好北京首钢厂区标语墙LED全彩显示屏，规划建设好陶楼展馆、厂史展览馆、首钢博物馆、冶铁博物馆，推进文化产业开发；组织好“关爱职工、感恩首钢、回报社会、庆祝党的十八大胜利召开”演讲比赛，“首钢雷锋”评选，“创建学习型企业、学习型党组织”现场会，廉洁文化知识竞赛等活动；进一步加强廉政文化、安全文化、质量文化、行业文化建设；每年编辑企业文化手册；各单位要结合实际，创新企业文化建设的有效载体，营造良好的文化氛围，使企业文化深入人心。

（六）要加强企业文化制度建设

把先进的企业文化制度化，就是要用制度来保证先进企业文化的建设。首钢企业文化建设作为一项系统工程，要有组织机构、有活动策划、有培训教材、有案例典型、有宣传载体，还要有量化的指标评价体系。因此，各单位各部门要把建立量化指标评价体系作为一项重要工作，明确企业文化建设工作绩效衡量标准，要有布置、有检查、有评比，防止形式主义、走过场、表面化。要坚持以评促建，使企业文化建设融入到日常经营生产和管理中，通过考评发现薄弱环节，提出具体措施，推动企业文化建设工作的改进和进一步的提高。

（七）要加强视觉识别系统工装标识的统一

企业标识是企业形象的重要内容，是企业文化的外在表现之一。首钢的“SG”标识是首钢人几十年、几代人汗水的结晶，是首钢的无形资产。统一的企业标识有利于提升企业凝聚力、向心力，树立良好的企业形象。近期我们对全集团 43 个单位的工装标识使用情况进行了调研，由于近几年首钢搬迁调整，企业改制、新成员单位的加入，在工装标识的使用存在不统一的问题。表现在：图形标识“LOGO”不统一，有的使用首钢标识，有的使用本单位标识；文字标识不统一，有的使用拼音，有的使用英文字母缩写，有的使用文字；标识颜色也不统一；还存在标识结构组成、大小、位置不统一等问题。首钢要建设具有世界影响力的综合性大型企业集团，就要统一企业标识的使用，有标准的图形标识和文字标识，在工装、办公用品、展览展示、环境布置等方面都要统一。

（八）要加强企业文化的培训

“十二五”期间，要把企业文化培训作为一项基础性工作抓实抓好。要把《首钢企业文化1919—2010》《首钢企业文化培训系列教材》《企业文化手册》《科学发展观进班组系列读本》《首钢学习创新发展系列丛书》《首钢创新创优创业培训教材》《首钢人、首钢魂系列丛书》《首钢党建和思想文化创新成果丛书》《首钢足迹》《首钢管理教程》《曹妃甸》《首钢大搬迁》《石景山——铁色记忆》《石景山下——大工业时代的中国记忆》《情系首钢》《功勋首钢》《首钢厂东门》《回望石景山》等书籍和电视片作为培训教材，开展全员培训。每年对厂处级以上领导干部进行培训，由首钢党校负责；科级干部、班组长由首钢工学院负责培训；一般管理岗和操作岗由各单位负责培训；每年新入厂职工都必须集中培训。培训要有计划、有教材、有教员、有时限、有考试，达到统一教材、统一重点、统一标准、统一考试、统一证书。企业文化部、组织人事部、劳动工资部负责组织培训的进一步落实。

以开放的视野实现首钢伟大的转型，肩负起党和国家、北京市委、市政府赋予首钢的光荣使命，是我们贯彻落实好党的十八大精神的具体体现。联系当前的工作，就是要不折不扣完成好 2012 年的各项任务，做好明年的各项工作计划的启动工作。要进一步加强党的建设、干部队伍建设、人才队伍建设，做好稳定工作。希望大家进一步统一认识、统一意志、统一行动，克服一切困难、勇于拼搏创新、努力做好工作，团结带领广大干部职工发起最后的冲刺，决胜四季度，确保全年任务完成，获取精神和物质的双丰收，为党的十八大胜利召开交出一份满意的答卷。

（摘自 2012 年第 2 期《首钢发展研究》（内刊网））

以党的十八大精神为指引
加快打造首都国际化汽车企业集团

北京汽车集团有限公司董事长 徐和谊

北京汽车集团有限公司
董事长 徐和谊

十八大报告提出，“加快走出去的步伐，增强企业国际化经营能力，培育一批世界水平的跨国公司”。这是我党在全面建成小康社会的关键时期对企业界提出的一个新要求，也是指引我们大型国有企业不断突破和超越，锻造自身国际竞争力的行动纲领。作为首都现代制造业的龙头企业，北汽集团将认真贯彻落实党的十八大精神，以科学发展为主题，着力实施创新驱动战略，加快转变经济发展方式，重点加强自主品牌和新能源汽车建设，加快实施国际化战略，以奋发有为的精神状态，以先人一步、快人一拍的决心和勇气，坚定不移地向“把北汽集团建设成为国内汽车行业前三位的国际化汽车企业集团”的宏伟目标迈进，为首都经济发展作出新的贡献，以此带动北京工业由“北京制造”向“北京创造”转变。

一、建设世界水平的跨国企业是首都工业结构调整、转变发展方式的必然选择

根据首都主要作为政治中心、文化中心的功能定位，首都工业发展就必须有所选择和侧重，按照高端高效、绿色循环低碳发展的要求，着力发展高技术的制造业、高端现代制造业和战略性新兴产业，努力构建与北京优势和发展要求相适应的现代产业体系，不断提高产业发展的层次与水平。目前，首都高端现代制造业已经形成了以电子信息、汽车、石化新材料、装备制造、生物医药产业为代表的现代制造业的产业体系，许多产业已具备相当的实力。但是，北京市现代制造业产业与上海等地相比，还存在规模相对较小，产业链条延伸不足，具有优势的产业集群尚未形成等劣势，像联想这样有国际影响力的产品品牌和像首钢这样国际化经营已形成规模的大型企业还是凤毛麟角，这已严重制约了首都现代制造业的进一步发展，也与首都国际化大都市的地位极不相称。

因此，要进一步促进首都工业结构调整和产业转型升级，提高首都开放型经济水平，就应该集中优势资源，选择一批具有一定基础和良好发展潜力的大型企业进行重点支持，培育一批具有国际化经营能力的跨国公司，成为引领首都工业发展的航母与旗舰。这既是对十八大新要求、新目标的积极响应，也是首都建设中国特色世界城市的必然选择，更是我们大型国有企业的历史责任。

当前，我们已进入全面建成小康社会的决定性阶段，按照十八大提出的“居民收入增长和经济发展同步、劳动报酬增长和劳动生产率提高同步”的要求，居民收入和消费能力都会稳步提高，这必然伴随着消费需求的升级和消费者对品牌选择的日益苛刻，地方性的小品牌和国际化的大品牌之间的差距将越拉越大。只有全力打造中国的跨国公司，打造国际化的民族品牌，我们的产品才能获得更多消费者的认可和青睐，我们的企业才能实现可持续的发展。

二、北汽集团建设国际化企业具备有利条件，也存在明显差距

作为北京市属国有独资大型工业企业，北汽集团也是国家汽车产业调整和振兴规划中明确支持的 8 家大型企业集团之一。自 2002 年北京现代项目顺利实施以来，在党中央、国务院、北京市委、市政府的亲切关怀和大力支持下，北汽集团实施“走集团化道路、实现跨越式发展”战略，走出了一条具有北汽特色的发展之路，已成为国内五大汽车集团之一，目前销售规模位居第五，营业收入和利润位居第四，品牌价值位居第三。要建设国际化的汽车企业集团，北汽集团具备一定的有利条件。

首先，十年的巨大发展使我们已经具备了世界级的规模。2002 年，北汽集团产销不足 18 万辆，

2012年预计达到170多万辆，十年翻了10倍；2002年，北汽集团产值为117亿元，2012年预计达到2250亿元，翻了近20倍。到2011年年底，资产规模达1685亿元，员工人数达8万余人，北汽集团已经成为中国汽车行业的一个骨干企业。如果单从销量上说，北汽集团已经与宝马（2011年销量167万辆）接近。如果按汇总口径计算，我们已经达到了世界500强的规模。

其次，我们已经有了一定的产品、技术、品牌和人才的积累。通过收购萨博技术和自主研发，我们现在已经具备从整车到发动机、变速箱和新能源车的一整套研发与制造技术，已经形成五大平台、20多款车型的研发能力，北汽福田的商用车品牌已经是国内第一大商用车品牌，在国际上也有一定知名度。北汽研究总院和北汽福田工程研究院，已经有3000多人的研发队伍，其中许多是海外归来的杰出技术人才，这是我们长远发展的宝贵财富。

最后，我们的国际化经营布局已经起步。目前，北汽福田已经在印度投资建厂，还即将在喀麦隆投资5亿美元建设新工厂。北汽有限已在俄罗斯投资建厂。此外，我们已经在意大利都灵和德国斯图加特成立了海外研发中心，还将在美国、日本等地建立研发机构，充分利用国际资源，实现北汽研发体系的国际化布局。

当然，与上汽、一汽、东风等国内先进企业和丰田、大众、通用等跨国巨头相比，北汽集团距离国际化汽车集团还有明显差距。我们的产销规模还相对较小，我们的品牌支撑力还不强，我们的自主研发能力与世界级的跨国公司相比还有巨大差距，我们的汽车零部件等相关产业链还很不发达。但是北汽集团志存高远，我们有国家大力支持的自主品牌、自主创新能力建设的良好政策氛围，有北京市委、市政府强有力的政策支持，有我们已经形成的良好基础，有北汽集团全体员工的顽强拼搏，我们就一定会向着世界水平的跨国企业，一步一个脚印地踏实前进。

三、北汽集团打造国际化企业集团的主要路径与发展措施

党的十八大报告指出，我国发展仍处于可以大有作为的重要战略机遇期，未来十年是全面建成小康社会的关键时期，我们要全面把握机遇，沉着应对挑战，赢得主动，赢得优势，赢得未来。汽车产业是关系民生和百姓福祉的重要产业，居者有其屋，行者有其车，无疑是小康社会的重要标志。我们一定要按照十八大的战略部署，抢抓机遇，加快发展，尽快把北汽集团建设成为一个世界级的跨国汽车企业，用实际行动推动全民奔小康，让老百姓享受更高质量的幸福生活。

（一）加强科技创新与协同创新，培育自主创新能力

跨国公司的一个鲜明特点，就是它们一般都拥有强大的技术研发实力。二战以后，全世界的新技术、新生产工艺、新产品，基本上都掌握在跨国公司手中，这是跨国公司能够几十年不衰反而不断发展壮大的根本原因之一。北汽集团要成长为跨国企业，就必须把科技创新放在首位，按照十八大的要求，“以全球视野谋划和推动创新，提高原始创新、集成创新和引进消化吸收再创新能力，更加注重协同创新”。北汽集团投资20多亿元建设的国内一流的研发基地已经投入使用，将形成自主品牌结构开发、造型设计、性能开发、试验试制、技术支持等五大能力，并将建设国家级的汽车轻量化实验室。我们主要的思路，就是要紧紧围绕结构调整和自主创新这两条主线，通过技术创新与管理创新的“双轮驱动”，形成强大的关键核心技术创新能力和强大的系统集成创新能力，有效吸纳利用国际创新资源，培育自主创新、自我发展的能力，提高企业的核心竞争力。与此同时，我们还要加强协同创新，与北京市和全国的高等院校和科研院所加强合作，充分实现人才、资本、信息、技术等创新要素的交流与共享，形成以北汽为核心的协同创新技术中心，促进北汽研发能力的有效提升。

北京汽车不仅要在科技创新和产品创新上下功夫，还要围绕管理、人才团队建设、企业文化及其他各个领域的创新上同步下力量真抓实干，实现与科技创新同步发展，这样才能形成整体的创新局面。

（二）促进工业化与信息化深度融合，打造先进制造业

世界级的跨国公司大多是先进制造业的代表。党的十八大报告提出要以实体经济为基础，走新

型工业化、信息化、城镇化、农业现代化道路，推动工业化与信息化深度融合，这为我们发展先进制造业指明了方向。

那么什么是先进制造业？过去我们总是说“现代制造业”，现在按照十八大报告的精神，应该定义为“先进制造业”。我认为，先进制造业并不是对传统制造业的否定，传统制造业如果能对当前先进的技术、产业进行融合，那就是先进制造业。汽车工业已经有百年历史，但是它的产品技术、制造技术已经融入当今世界最先进的技术，并且与金融业、现代服务业等深度融合，所以说汽车产业就是先进制造业的代表。

北汽集团在打造先进制造业，促进工业化与信息化深度融合方面，主要将加强以下三个方面的工作。一是要广泛采用信息化创新研发设计手段 提高自主研发能力。在新产品开发阶段，我们不仅早已使用了计算机辅助设计（CAD）、计算机辅助制造（CAM）等先进技术，而且已开始应用计算机辅助工程（CAE）、虚拟仿真等新技术手段进行造型设计和模型制作，极大地节省了开发时间与成本。二是广泛采用智能化生产装备，提高生产过程的自动化水平，建设现代化制造体系。10月，在顺义区赵全营镇建成的北汽自主品牌高端基地即体现了工业化与信息化深度融合的特点。工厂采用了国际领先水平的自动化生产设备，项目自动化率达到80%以上；冲压分厂采用全工序自动化率100%的冲压线，车身实现100%零级总成焊接自动化率，集中体现出高智能、高标准、高技术的特点，并在生产过程控制、供应链管理等环节集成应用了最新的信息技术，极大提高了高端制造、敏捷制造能力。三是加快企业管理信息系统的集成应用，提高企业运营管理能力。北汽集团这几年投入巨资建设BOM、ERP等信息管理系统，推进研、产、供、销、经营管理与生产控制、业务与财务全流程的无缝衔接，建设统一集成的管理信息平台，实现产品开发、生产制造、经营管理等过程的信息共享和业务协同，极大地提高了集团信息化管控水平。

（三）加快走出去步伐，国际化由贸易型向投资型转变

实行国际化战略，是北汽集团“十二五”发展的重要一环。在国际化方面，北汽集团一直坚持“双向并行，有进有出”战略，即在保证海外市场扩张的同时，抓住机会进行海外并购，收购国外优质汽车产业资源，作为加速自身汽车制造能力提升的催化剂。目前北汽集团的国际化虽然有一定基础，但主要是以贸易型为主，今后要加大海外直接投资的力度，向投资型国际经营模式转变。

为加强北汽集团国际化战略的推进，统一各二级企业的战略发展思路，北汽集团于9月下旬召开了北汽集团国际化战略研讨会，确立了北汽集团新的国际化发展思路，并确立了三步走战略：第一步，在海外直接投资建厂，实现产品全球化；第二步，在海外设研发机构，收购海外零部件企业，以品牌效应为基础，实现产业链全球化；第三步，以与跨国公司合作为主要形式、增强国际融资能力，实现资本全球化。北汽集团计划成立北汽集团国际公司，负责北汽集团海外业务的统筹规划、协调，并负责制定集团海外发展战略，加强对二级企业海外业务的指导和服务。我们的目标，就是要让北京汽车大踏步走向海外市场，使北汽集团成为一个国际化经营的大型汽车集团。

四、加快新能源汽车的研发与产业化，促进生态文明建设

国际跨国巨头在新能源汽车的研发与产业化方面已经走在汽车行业前列，中国企业要迈向世界级公司，就必须在新能源汽车方面加大研发力度，争取一席之地。

为了进一步落实十八大提出的“加强生态文明建设，推进绿色发展、循环发展、低碳发展”的要求，北汽集团要重点加强两方面的工作：一方面继续加强传统汽车节能减排的工作力度，大力研发小排量、高性能、低污染的发动机，提高燃油效率；另一方面，要加快新能源车的开发与产业化，在大规模示范运行的基础上，将新能源汽车推向私人用车市场。

近年来，北汽集团把新能源汽车作为推动我国汽车产业升级转型、打造自主品牌的重要内容，目前已经形成以北汽新能源公司为主的乘用车和以北汽福田为主的商用车两大新能源车研发与生产基地，具备年产4万辆新能源汽车条件。北汽新能源公司已掌握了国内领先的整车控制系统、电池及电驱动系统关键核心技术，成为国内少数真正具有新能源汽车三大核心部件开发能力，并拥有完

整核心产业链的新能源汽车公司。

截至目前，北汽集团累计获得36个新能源整车及底盘国家公告，累计销售及投入示范运营的纯电动、混合动力、LNG、CNG等新能源汽车超过7000辆，涵盖公交车、环卫车、公务车、出租车、治安巡逻车、物流车等多个领域。到2012年年底，北汽集团销售及示范运营规模将达近万辆，数量居行业首位。

今后两三年内，北汽集团将进一步抓好新能源汽车的发展，积极在世界范围内寻找一流技术，通过开放创新和自主创新，全面深入掌握新能源汽车的核心技术，建立完整的新能源汽车产业链，着力打造国内技术领先、产业规模最大、实力最强的新能源汽车研发、生产基地，为北京建设宜居城市，为我国的生态文明建设，作出自己应有的贡献。

（摘自2012年度北京市国资委领导干部理论学习体会）

解放思想 创新驱动 深化改革 科学发展
奋力打造具有国际竞争力、国内技术领先的产业集团

北京电子控股有限责任公司董事长 王 岩

北京电子控股有限责任公司董事长 王 岩

党的十八大是我们党在全面建设小康社会的关键时期和深化改革开放、加快转变经济发展方式的攻坚时期召开的一次十分重要的会议。按照中央、北京市委、市国资委的统一部署，电控公司党委把学习宣传贯彻十八大精神作为全系统当前和今后一个时期的首要政治任务，紧密结合企业改革发展实际，不断丰富和创新学习形式，取得了显著成效。

深入学习贯彻党的十八大精神，要准确把握十八大对国企改革发展的新要求，把思想和行动统一到十八大精神上来，把力量凝聚到落实电控“一二三一”战略上来。更加坚定将北京电控打造成为具有国际竞争力、国内技术领先的产业集团的信心和决心，进一步明确发展目标，理清发展思路，找准工作的着力点和突破口，确保电控“十二五”规划目标的全面实现。2013年是深入学习贯彻党的十八大精神的起始之年，是深化落实电控“一二三一”战略承前启后的关键一年，也是全面实现“十二五”规划目标具有决定性意义的一年。全系统各单位以深入学习贯彻党的十八大精神为契机，解放思想，真抓实干，加快推动产业发展、改革调整、集团化建设和党的建设，以新的思路和举措扎实完成2013年各项工作任务，为实现电控“十二五”战略目标打下决定性基础。重点在4个方面下功夫。

一、深入学习贯彻党的十八大精神，必须坚持把创新发展作为第一要务

党的十八大报告强调发展仍然是解决所有问题的关键，必须毫不动摇地坚持发展是硬道理的战略思想，只有推动经济持续健康发展，才能筑牢国家繁荣富强、人民幸福安康、社会和谐稳定的物质基础。习近平总书记在参观“复兴之路”展览时说过，一个国家落后就要挨打，发展才能自强。企业亦是如此，在市场竞争浪潮中，落后就要被淘汰，只有发展才能永立潮头。唯有发展才能解决好前进中的各种问题，才能维护好职工群众的根本利益。

电控近几年在产业发展、改革调整和集团化建设等方面取得了显著成绩，特别是在2012年，电控系统呈现出经济逆势快速发展的良好态势，经济规模和效益再创历史新高。全年完成营业收入328亿元，同比增长达69%，收入规模进入市属国企前六强，增长幅度高居工业系统第一位；在京东方盈利能力显著提升的带动下，成功实现主营业务扭亏为盈，经济运行质量和效益实现了质的飞

跃。但是，技术创新能力不强、产业发展不平衡的问题依然突出，资源分散且配置不合理的问题没有彻底解决，企业间、产业间协同效应和整体合力还须进一步提升。

当前，国内外经济形势发生深刻变化，国际金融危机的影响呈现长期化趋势，全球经济由危机前的快速发展期进入深度转型调整期；国内宏观经济运行总体平稳，但经济增长下行压力和产能相对过剩的矛盾加剧，企业生产经营成本上升和创新能力不足的问题并存。这意味着宏观经济告别了高速增长的时代，必将极大地推动传统产业的更新换代、新兴产业的快速发展，激烈的市场竞争将更加残酷。我们只有打破原有思维定式，率先主动调整，坚持科技引领、创新驱动，推动企业由粗放经营模式向内涵集约型转变，才能催生新的活力、创造新的价值，在竞争中立于不败之地。

面对错综复杂的内外环境，电控系统企业必须紧紧抓住国家提出“构建以企业为主体、市场为导向、产学研相结合的技术创新体系”以及“支持企业牵头实施产业目标明确的国家重大科技项目”等政策机遇和产业规划，围绕打造三大产业链、四个特色产业集群，进一步修订完善企业“十二五”产业规划，明确战略目标和定位，加快推进技术创新和重大项目产业化，进一步加大科技创新投入力度，配置好产业发展资源，不断激活企业内生增长动力，快速提升企业核心竞争能力。要着眼于国际先进、国内一流、行业细分市场占有率领先的发展目标，做强电子装备、电子元器件、集成应用设备及服务和仪器仪表 4 个特色产业，使其成为电控具有核心竞争能力和鲜明特色的优势产业。要抓住北京市提出的加快推进集成电路、新材料、高端装备、新能源和新能源汽车四大产业跨越发展的重要机遇，立足国际先进、国内绝对领先的战略定位，在全力支持数字电视产业形成优势、快速发展的同时，加快推进储能及光伏产业、集成电路产业和 LED 产业化项目，形成电控科技产业的新的经济增长点。要进一步做优两个支持产业，积极探索园区地产、文化创意产业与科技产业互动发展的模式，不断提高支持产业的经营效益和水平。

二、深入学习贯彻党的十八大精神，必须坚持把改革调整作为根本动力

党的十八大报告指出，深化经济体制改革是加快转变经济发展方式、推动经济结构战略性调整的关键。中央领导强调改革是中国的最大红利，当前改革已进入深水区，要以更大的勇气和智慧推进改革，要敢于啃硬骨头，敢于涉险滩，既勇于冲破思想观念的障碍，又勇于突破利益固化的藩篱，停顿和倒退没有出路。国务院国资委提出要做好国企改革的顶层设计，增强改革的系统性、整体性和协同性，推进布局结构调整，提高资源配置效率，为转变发展方式、提高发展质量和效益提供强大动力。

电控“十二五”要打造“1+2”产业格局，实现产业快速发展，就必须坚定不移地落实“三个集中”的战略构想，着力解决产业发展过程中企业小散弱、资源分散且配置不合理、管理效能不高等突出问题，打破原有企业和业态格局，形成符合产业发展规律的资源配置的新格局，在推动资源合理配置、提升可持续发展能力上取得突破性的新成果。

一是深化企业结构调整，形成产业发展的新格局。要着眼于打造 4 个特色产业集群，以企业结构调整推动产业结构优化。在明确产业定位、尊重市场规律的基础上，适时启动主营业务重合、竞争力不强的相关企业的整合，形成有利于特色产业集群式发展的整体格局，推动产业规模化发展。同时，着眼于打造三大产业链，以重点项目带动产业布局调整。在进一步全力支持数字电视产业形成优势、快速发展的同时，要搭建新的产业平台，充分发挥自身技术优势和资源价值，加快推进锂离子动力电池包、8 英寸集成电路生产线等重大产业项目的实施，形成电控科技产业的新的经济增长点。积极探索园区地产集中运营的实现途径，推动园区地产由单一房屋租赁业务向园区综合服务产业转变、由分散粗放式经营向集中专业化经营转型，形成资源集中、统筹发展的产业格局。充分发挥电控文化创意产业的资源优势，积极探索相关产业平台资源共享、相互协作的运行机制，推动文化创意产业扩大规模，实现高效发展。

二是深化资产经营管理平台建设，形成社保稳定集中管理的新格局。目前，电控已形成久益和易亨两个资产经营管理平台，其职责是通过存量资源集中运营、提升经营效益来满足社保资金需求，实现社保稳定集中管理。要进一步深化资产经营管理平台建设，完善内部集中管理，形成扁平化、专业化的管理格局，同时不断健全管理制度和业务流程，建立符合平台定位、有利于持续发展的集中管理体系。加大力度推进已与科技产业相剥离的部分存量资源进入资产经营管理平台，积极探索对部分企业社保稳定事业进行集中管理的实现途径。

三是深入解决制约产业发展的突出问题。近年来，电控下大力量解决了一批重大历史遗留问题，但还有一些制约产业发展的重点难点问题没有得到根本解决。要进一步加大工作力度，创新思路和方法，积极利用各种退出政策，坚决退出战略不匹配、长期亏损、风险隐患突出的企业。深化企业内部集中管理，压缩管理层级，推动二级企业由资产管理平台向产业经营平台转型，提高运营管理的效率和水平。进一步加强长投企业管理，加快解决部分境外长投企业存在的突出问题，加大对重点企业长期投资的监管力度，防止发生新的投资风险。

三、深入学习贯彻党的十八大精神，必须坚持把集团化建设作为关键支撑

党的十八大报告强调要不断增强国有经济的活力、控制力和影响力，市委十一届二次全会提出要培育打造创新能力强、国际影响力大的企业集团。新时期的企业竞争是全球化、全产业链的竞争，我们的竞争对手正在加快构建产业联盟，推动产业合纵联横式发展，提高企业市场竞争力和抗风险能力。电控“十二五”提出要走集团化发展道路、打造战略控股型产业集团，这是市委市政府、市国资委对国企深化改革调整、加速产业转型升级的明确要求，也是电控实现又好又快发展的必然选择。通过加强集团化建设，在电控整体发展战略的带动下，实现内部战略协同，发挥整体优势，对于企业扩大行业影响，提高市场竞争能力会起到重要的促进作用；通过加强集团化建设，充分利用内部资源，围绕产业发展的需求，实现及时有效的配置，对于企业规模的不断扩大会起到极大的推动作用；通过加强集团化建设，理顺管理关系，形成内控体系，对于企业分散决策风险、控制经营风险也必将起到十分重要的保障作用。

两年来，围绕适应战略控股型产业集团要求，电控集团不断强化制度和流程体系建设，以战略管理为核心，决策、运行、职能和风险管理为主体的集团管理体系更加完善。全面预算管理体系基本形成，运行质量和效率显著提升。市场营销管理和财务管理深入推进，整体优势和集团合力逐步显现。总部专业化管理水平显著提高，整合资源和服务产业发展的能力不断增强。

电控要着力完善集团化管理体系，进一步健全以决策、运行、职能和风险管理为主体的制度体系和管理流程，强化总部和企业管理制度的有机衔接和规范执行。着力构建集团财务管控体系，完善两级市场营销管理机制，提升总部在战略管理、全面预算和运行监控管理、投资管理、财务管理和市场管理等方面的专业化、精细化水平。进一步构建分权合理、运作高效、权责匹配、风险可控的授权管理体系。持续加强法人治理结构规范运作，推动决策管理的科学化和规范化。完善预算管理体系和工作机制，进一步加强运行监控管理，加大预算执行的考核力度，在提升预算完成质量、减少离差率上下功夫。更加注重企业内控管理，将企业风险管理和日常经营管理有机结合，确保企业健康可持续发展。

四、深入学习贯彻党的十八大精神，必须坚持把党的建设作为重要保证

党的十八大报告指出要以改革创新精神全面推进党的建设新的伟大工程。企业党组织加强党建创新、提高党建科学化水平对推动党组织在落实“十二五”战略规划任务上发挥政治核心作用，提升党组织的创造力、凝聚力和战斗力具有重要意义。电控各级党组织和广大共产党员是电控“十二五”战略规划的组织者、推动者和实践者，要全面加强党的思想建设、组织建设、作风建设、反腐倡廉建设和制度建设，不断提高电控系统党建科学化水平，推动各级党组织在聚心聚才聚力上取得新的成果。

更加注重领导干部的思想建设。电控要全面实现“十二五”发展目标，必须着力解决好制约产业发展的突出问题，尤其是干部职工的思想认识问题，解放思想，转变观念，破除制约产业发展的思想障碍。一是坚决克服小富即安观念，进一步增强加快发展意识。充分认识“十二五”战略任务的艰巨性和复杂性，进一步增强推动产业快速发展的危机感和紧迫感，切实提高干大事、创伟业的魄力和狠劲，永不自满、永不停步、永不懈怠，抢抓机遇推动电控科技产业实现跳跃式发展。二是坚决克服因循守旧观念，进一步增强改革创新意识。大力发扬“敢于担当、敢于碰硬、敢于创新”的精神，坚决摒弃求稳怕变、墨守成规、拖延改革的思想，营造尊重改革者、鼓励探索者、宽容失误者的良好氛围，努力在创新工作思路、创新工作举措和创新体制机制上闯出一条新路。三是坚决克服畏难却步观念，进一步增强奋发进取意识。破除坐等观望、裹足不前的思想，始终保持一股闯劲和拼劲，勇于直面挑战，敢于知难而进，努力在困境中寻求发展的突破口，在攻坚克难中解决前进道路上的矛盾和问题。四是坚决克服四平八稳观念，进一步增强敢为人先意识。必须转变迈四方步、按部就班、坐而论道的行事作风，始终保持只争朝夕、迎难而上的工作状态，对比先进标杆企业找差距，真抓实干，下苦功夫，推动各项工作在2013年取得实实在在的新成果。

更加注重人才队伍建设。人才是事业成功的关键。电控要按照电控“一二三一”发展战略的要求，加快实施“砺剑工程”，把人才队伍建设摆到优先发展的战略地位，切实解决人才队伍现状与产业发展实际需求不匹配的突出问题。加强对企业经营管理人才特别是领军人才的选拔和培养；坚持以世界眼光、全球视野引进高端技术人才，优先满足重大项目人才需求，加快解决企业技术带头人短缺的问题；配置好关键工艺和重要生产岗位的急需人才，高技能人才所占比例要力争超过全市平均水平。进一步制定完善人才培训的总体规划，增强培训的系统性和规范性，持续提升人才的能力素质和专业水平。要不断完善总部为核心、企业为基础的两级人才开发管理体系，发挥总部在人才引进、培养、评价和考核方面的组织服务作用。

更加注重企业文化建设。培育和构建集团文化体系对落实“一二三一”战略、加快集团化建设具有十分重要的意义。要坚持继承和发展的原则，加快推进集团文化建设，在企业文化现状调研、诊断和分析基础上，提炼电控的核心价值观和经营理念，逐步建立理念识别系统、视觉识别系统和行为识别系统，为推进产业快速发展提供价值导向、文化支撑和精神动力。进一步加强对集团文化建设的组织领导，形成总部牵头、企业主体、全员参与、专业机构支持的工作格局。各企业要在电控集团文化体系内，进一步加强自身文化建设和创新，形成适应市场竞争要求、符合产业发展战略的新型企业文化。

更加注重和谐企业建设。职工是企业生存之本，发展之源。企业要坚持发展为了职工，发展依靠职工，发展成果由职工共享的宗旨，形成了职工和企业之间相互依存、相互发展的良好局面。企业只有发展了才有能力关心惠及民生，才能从根本上保障广大职工的利益。要牢固树立以人为本的经营理念，进一步推进党务公开和厂务公开，认真落实以职工（代表）大会为基本形式的民主管理制度，保障职工参与管理和监督的民主权利，不断巩固和谐劳动关系。切实有效地解决关系职工的切身利益问题，充分调动好、保护好、发挥好干部职工的积极性和创造性，激发广大干部职工投身“十二五”发展的热情。针对企业稳定保障工作的重点难点问题，要建立完善日常管理机制、矛盾处理机制和应急稳控机制，努力形成上下协同、多元协调、属地联动的工作格局。

党的十八大引领我们站在一个新的高度和发展起点上谋划企业的未来。要进一步深入学习贯彻党的十八大精神，坚持以科学发展为主题，以转变经济发展方式为主线，深化落实“一二三一”战略，解放思想，真抓实干，奋力把电控公司打造成为具有国际竞争力、国内技术领先的产业集团。

（摘自2012年北京市国资委各企事业单位领导人理论文章）

坚持科学发展观 立足客观形势
探索国企改革路径 走可持续发展之路

北京京城机电控股有限责任公司董事长　任亚光

北京京城机电控股有限责任公司
董事长　任亚光

2012 年是党的十八大胜利召开之年，也是我国实施“十二五”战略规划的第二年。科学发展观被确立为党的指导思想并写入党章。党的十八大强调，“科学发展观是党必须长期坚持的指导思想，必须把科学发展观贯彻到我国现代化建设全过程、体现到党的建设各方面”。这是我们党在新形势下对社会发展规律的积极探索和深刻认识，是我们党根据世情、国情、民情新变化，对为什么发展、怎样发展等新形势下经济社会发展重大根本性问题的科学回答，也是指导国企改革实践的重要指导思想。十八大报告在关于“全面深化经济体制改革”的论述中也对国企改革提出明确要求，“深化国有企业改革，完善各类国有资产管理体制，推动国有资本更多投向关系国家安全和国民经济命脉的重要行业和关键领域，不断增强国有经济活力、控制力、影响力”。只有坚持以科学发展观为指导，认清当前客观形势，立足自身发展状况，才能抓住国企改革转型的关键机遇期，探索出国有企业健康可持续发展的科学路径。

一、深化国有企业改革，认清客观形势，找准发展差距

国有企业改革是深化经济体制改革的攻坚战，肩负着对围绕中华民族伟大复兴提出两个百年目标的历史责任，对凝聚我们国家民族力量的意义亦十分重大。作为国有大型装备制造企业之一的北京京城机电控股有限责任公司（以下简称京城机电），要完成十八大提出的深化国有企业改革的要求和任务，就必须与企业自身所处的环境和自身所处的发展阶段紧密结合，立足于制造业发展初级阶段这个基本现实，探索国企改革的科学路径。

“十二五”初期，京城机电在科学分析企业内外部环境的基础上，提出“四个领先”的战略思想和“产融结合、双轮驱动”的发展方式，确定了考核目标和激励目标，并实施了一系列战略举措，良好开局。2012 年，在战略思想的指导下，通过不断调整结构，深化改革，在整个经济环境非常不利的情况下，实施“三个着力点”和“三降一提升”的重大战略举措，企业保证了收入与去年基本持平的不俗成绩，为后续发展奠定了很好的基础。

但外部环境的不利形势使企业存在的问题显现出来，国有企业改革一些深层次的任务还没有解决。一是客观经济环境与“十二五”战略规划制定之初相比发生了重大变化，战略必须随着重大环境的变换作出适应性调整；二是受国内外宏观经济环境的影响，企业经济效益有所下降，重点企业利润下滑，部分企业扭亏不乐观；三是滞后的体制机制与企业快速发展需要不适应，需要加快推进国企改革；四是产业结构及产品结构仍需加快调整；五是企业核心竞争能力要进一步提升；六是人才队伍建设与企业发展需要不匹配。

党的建设上也存在三方面问题：一是新形势下党建科学化水平要快速提升，把国企党建所遵循的工作规律与企业作为经济实体所遵循的经济规律很好结合；二是领导班子和人才队伍建设要更加国际化、更加市场化，机制设计要更具激励作用，更能激发领导班子和人才队伍干事创业的激情和动力；三是思想政治工作有待进一步加强，要更加有针对性，更加能够凝聚力量，促进发展。

结合十八大对与国企改革提出的明确要求，企业只有对所处的客观环境与自身的问题有更清醒的认识，找准问题，明确差距，才能使得今后的发展更科学，使得公司能够真正的持续健康发展。

二、深化国有企业改革，紧密结合实际，落实具体行动

深化国有企业改革，要以科学发展为原则，紧密结合企业实际，切切实实把工作落实到行动上，解决问题，推动发展。

上半年，为应对复杂多变的国际政经环境和国内经济运行新情况，京城机电积极进取，落实目标，在董事会上确定了2012年考核目标和激励目标。这两个目标是在公司“十二五”战略规划和各企业竞争战略的基础上，充分结合外部经济环境和各期企业发展实际情况确定的。同时，还关注风险，制定防范预案，把风险控制到最小范围。完成公司“整体上市，分布实施”的具体细化方案，推进集团改造，完成阶段目标。规范法人治理，提高决策效率。加快战略布局，加快项目实施。落实党建责任，完善廉政机制。

下半年，随着国际政经波动带来的国内经济运行环境风险加大，实体经济持续疲软，市场总体需求未见明显好转，经济下行压力较大的态势，公司认真领会中央关于“稳中求进”的总基调要求，继续探索深化国企改革的科学发展路径。一是坚持“四个领先”战略思想的引领，找准方向，落实任务。加强战略评估及时调整战略措施，坚持以结果为导向的过程管理，坚持以提升核心竞争力为目标的资源配置，落实以战略为引领的战略绩效评价。二是推进战略重点，加快产业产品结构调整。加快产业结构调整，突出主导业务；加快产品结构调整，突出高附加值产品。三是坚持效益为先，把握效率为重。平衡规模与效益关系，建立高效益企业体质；打造高效率的经营能力。四是加强创新工作，落实转变发展方式。技术创新是基础，管理创新是关键，模式创新继续加强。

三、深化国有企业改革，解放思想，加强党建

国有企业的党建工作始终与企业经营生产紧密结合，特别是在外部环境压力较大的困难时期，更加需要党组织凝聚力量、攻坚克难，团结奋进。

首先是加强思想政治工作，创新党委理论中心组、党校、党课教育方式，着力建设学习型党组织；加强和改进党员干部的教育培训，着力提高推动科学发展、转变经济发展方式的能力。第二是加强领导班子和干部人才队伍建设，关注人才瓶颈，建立市场化用人机制；进一步完善领导班子和领导干部综合考核评价体系，不断提高干部工作的制度化、科学化水平。第三是加强基层党组织建设，以“基层组织建设年”为抓手，继续深化创先争优活动，全面提升基层党组织和党员队伍建设的水平；建立创先争优的长效机制，不断推动基层党建工作创新；坚持把凝聚人心、做群众工作作为基层党组织的核心任务和基层干部的基本职责。第四是加强以民主集中制为核心的制度建设。进一步完善党委常委会议事规则和决策程序，着力提高科学决策、民主决策、依规决策水平，健全重大决策评估、反馈和监督制度；进一步规范和完善现代企业的公司法人治理体系。第五是深入推进反腐倡廉建设。严格落实党风廉政建设责任制，加强惩治和预防腐败体系建设。第六是关注广大职工利益，维护和谐稳定局面。

（摘自2012年北京市国资委的理论文章）

持之以恒地抓好“三支人才队伍”建设
为实现集团战略发展目标提供强有力人才支撑

北京化学工业集团有限责任公司董事长　项大北

近年来，北化集团坚持经营管理、专业技术、技能操作“三支人才队伍”一起抓，抓突破，抓机制，抓深化，着力解决制约企业发展的“人才瓶颈”问题，推动集团新形势下的人才工作迈出了新步伐，取得了一批重要制度成果，部分核心命题开始破题，整体工作框架初步形成，并得到分

北京化学工业集团有限责任公司
董事长　项大北

层分类分步推进。

当前，北化集团正处于“二次创业”重要阶段和产业结构调整、产品优化升级、转变发展方式的关键时期。人才现状与战略需求还有较大差距，需要我们在今后相当长的一段时间内，下大力气并持之以恒地抓好“三支人才队伍”建设，这对于保证北化集团发展战略的顺利实施、构筑起各项事业可持续发展的人才基础具有重要意义。

一、北化集团人才队伍建设取得重要进展

近年来，随着北化集团的中心工作逐步由调整改革向加快发展的战略转变，面对基数小、比例低、新老交替压力大的局面，我们冷静分析、积极谋划，既实事求是，又解放思想，坚持经营管理、专业技术、技能操作“三支人才队伍”一起抓，通过上下共同努力，新形势下的整体人才工作架构初步形成。

积极推进了经营管理人才队伍建设。一是北化集团中级领导人员（厂处级）队伍和企业领导班子结构不断优化，新老交替过程中青黄不接的局面得到一定改善。目前，集团中层领导平均年龄与 3 年前相比降低了 1.1 岁；大学本科以上学历占 79.5%（其中研究生占 23%），比 3 年前提高了 10%；具有高级职称的比例提高了 7 个百分点。二是进一步完善了干部管理制度，积极推进制度创新，取得了一批重要制度成果。按照集团第二次党代会总体部署，陆续出台了规范二级企业行政副职任用、试用期制、“X+1”办法、内部竞聘、社会公招、储备人才（后备干部）管理等一系列制度文件。

积极推进了专业技术人才队伍建设。一是不断扩充人才总量。近 3 年，集团新引进大学本科及以上毕业生每年增幅 15%，并将市人事部门分配的非北京生源进京户口指标优先用于集团重点企业、主导产业紧缺专业人才的引进上。二是着力提高专业技术人才队伍素质，分层次、分类别、多渠道、大规模地推进了“三年千人培训计划”。三是不断优化专业技术人才发展环境。集团聘任了首批 6 名“专业技术带头人”，隆重表彰奖励了一批优秀科研项目团队。

积极推进了技能人才队伍建设。一是在集团层面上，不断提高了对一线技能操作人员的关注力度，加强了工作的统筹指导，聘任了首批 4 名“集团首席技师”，命名了一批“技能工作室”，表彰奖励了一批优秀操作能手，并给予了特殊聘任津贴。二是点面结合，示范性和群众性相统一，促进技能人才队伍建设呈现出新态势。受市经信委、市人社局、市总工会、团市委等部门委托，集团公司先后承办了第 42 届世界技能大赛中国选拔赛（数控机床、数控铣工）、北京市第三届职业技能竞赛化工检验工比赛、北京市青年职工工业自动化仪器仪表与装置装配大赛等。

二、要进一步提高加强人才工作重要性和紧迫性的认识

一是充分认识人才工作的重要性。企业间产品的竞争是有形的、立竿见影的，而企业间的人才竞争更为激烈，虽然是无形的、相对缓慢的，但这种影响却更为深远和关键。越来越多的企业家认为，必须将人才资本作为企业的核心资产来经营，人才投资将是效益最大的投资。北化集团要在建设中国特色“世界城市”进程中有所担当、有所作为，要实现可持续发展，没有人才作保障就是空谈，必须要广泛、持续地聚集一大批人才，必须在聚才、选才、育才、用才、留才、励才等方面作出不懈努力。怨天尤人、强调客观、抱怨牢骚都没有用，只能通过我们自身的工作去解决。当前，正值北化集团“十二五”发展的关键时期，也是大量用人、大量储备人才之时，人才对企业的重要性更为凸显，我们对人才的渴求也更为强烈。

二是充分认识人才工作的紧迫性。从整体上看，北化集团的“人才瓶颈”还没有突破。企业领导班子（含总部部长）青黄不接的局面虽然有所缓解，但新老交替的任务仍然繁重而紧迫；集团高层次人才基数偏小、比例偏低的现状仍需继续着力改善，人才总量、结构、素质仍不能适应战略发展的紧迫需要。另外，不同企业和部门之间对于推动人才队伍建设的工作还不平衡。这些问题，都需要我们继续做大量艰苦细致的工作，持之以恒地加快推进解决。

三、加强组织领导，狠抓工作落实

一是要注重树立科学的人才观。首先，要坚持"人人可以成才、人人可以发展"的宽广、开放的人才理念，并用这样的理念作指导，努力做到"人岗相宜、人尽其才、才尽其用"。这对于我们进一步开发存量人才、最大限度地发挥现有人才作用具有重要意义。其次，要切实重视一线技能操作人才队伍建设，避免出现人才"短板"，实现"三支人才队伍"的协调发展。我们必须真正认识到，集团公司发展的根本基础在企业，创造生产力的直接源泉在一线、在职工，要坚决纠正重学历文凭、轻职业技能的错误观念，同时，也要防止以学历、职称为"鸿沟"，简单机械地把专业技术人才和技能操作人才区分开来，要大力倡导和鼓励有学历、有职称的职工从事技能操作工作。外来务工人员是当代产业工人的重要组成部分，在企业的生产经营中发挥了重要作用，是集团公司"三支人才队伍"的重要生力军，我们同样也要高度重视他们素质、技能的提升。第三，人才不是一个静止的概念，要坚持在竞争、择优的机制中识别人才和使用人才，突出品德、能力和业绩导向，不断完善人才的吸引、甄别、使用、培训、评价和激励机制。

二是要牢牢把握做好人才工作的总体要求。做好现阶段人才工作的指导思想是：深入贯彻落实科学发展观，坚持以人为本，坚持党管人才，坚定实施"人才强企"战略，遵循市场经济规律、企业发展规律和人才成长规律，深化人才体制机制改革，加强政策制度建设，以高层次人才为重点统筹推进"三支人才队伍"建设，不断开创人才辈出、充满活力、才尽其用的生动局面，为实施集团公司发展战略提供坚强的人才保证和广泛的智力支持。

做好现阶段人才工作的基本原则是：服务发展，人才优先。把服务企业科学发展作为人才工作的出发点和落脚点，围绕集团战略规划和企业发展目标确定人才工作任务，并用发展的成果检验人才工作成效。充分发挥人才的基础性、战略性作用，促进企业经济发展方式向主要依靠科技进步、劳动者素质提高、管理创新转变。以用为本，创新机制。充分发挥各类人才的作用，围绕用好用活人才来培养人才、引进人才，积极为各类人才干事创业和实现价值提供机会和条件，促使各类人才创新智慧竞相涌现。坚决破除束缚人才发展的思想观念和制度障碍，创新人才工作体制机制，增强人才资源配置机制活力，实现人企共赢。高端引领，整体开发。充分发挥高层次人才在集团产业发展和"三支人才队伍"建设中的引领作用，着力提升进入产业链高端、"与产业链共舞"的能力和水平，加快推动以价值链攀升为特征的产业升级。在突出重点的基础上，统筹高层次与基础性人才、研究型与实用型人才、存量与增量人才的开发。

三是要明确现阶段人才工作的目标任务。要结合集团战略发展目标，加快推进"百千万"人才工程，逐步培养和造就数量充足、结构优化、布局合理、素质优良、效能明显的人才队伍，形成一定的人才竞争优势，积极适应新技术、新产业、新市场、新经济发展要求，支撑北化集团各项事业的可持续发展。

——经营管理人才。不断适应集团公司产业结构调整、优化升级和转变发展方式的战略需要，以提高现代经营管理水平和企业核心竞争力为主要任务，以培育优秀企业家和职业经理人为工作重点，以"勤于思考、冷静务实、讲求规则、善于操作"为基本要求，培养造就一批适应经济全球化竞争要求，素质好、能力强、懂技术、会管理、善经营、能驾驭复杂多变市场的优秀企业家和一支高水平的企业经营管理人才队伍，并逐步实现专业化、职业化、市场化。

——专业技术人才。以加快科技进步、提高自主创新能力、建设"创新型企业"为目标，以进入相应产业技术前沿为基本要求，以原始创新、集成创新和消化吸收再创新为路径，以高层次创新型科技人才为重点，努力造就一批技术负责人、15 名 ~20 名的科技领军人才和 30 个左右的技术骨干创新团队，着力提升其技术跟随能力、持有能力和发挥能力，在 3 个 ~5 个产业领域实现从技术跟随到技术领先的跨越。

——技能操作人才。不断适应集团公司产业结构调整、优化升级、走新型工业化道路、建设新型产业集团的战略需要，以提升职业素质和职业技能为核心，以中级工、高级工为基础，以技师和高级技师为重点，建设一支门类齐全、爱岗敬业、经验丰富、解决问题能力强、技艺精湛、职业技能型的高技能人才队伍，充分发挥其在技改技措、技术攻关、工艺创新、带徒传技和科技成果转化等方面的重要作用。着力扭转重学历文凭、轻职业技能的错误观念，努力形成技能人才是“三支人才队伍”的重要组成部分、必须高度重视技能人才发展的政策导向。

四是要完善各方面的工作措施。第一，落实人才规划。立足现在、着眼长远，坚持从战略高度和长远角度推动人才规划落实，实现业绩提升、企业发展与人才涌现的有机统一，实现人才队伍当期、中期与远期的稳定衔接，并把实施相关重大人才工程作为落实人才规划的重要载体和抓手。第二，扩充人才总量。结合现有人才布局和企业用人需求，本着“适度超前、合理储备、用储结合”的原则积极引进高等院校、职业院校（技校）应届毕业生，使之成为“三支人才队伍”增量的主要来源，并通过多种方式积极引进相关专门人才和团队。第三，提高人才素质。点面结合，突出重点，着力提高人才培训工作的针对性、实效性和系统化、体系化水平，做到“五年有规划，三年有统筹，年度有计划”。第四，创新使用机制。继续大力推进“X+1”工作和公开选拔、内部竞聘，加大干部交流力度。坚持和完善各级领导人员聘任制、试用期制，健全任期目标责任制。克服“官本位”思想，加快建立专业技术人才、高技能人才晋升发展通道，并完善其收入分配提升机制。第五，优化发展环境。全面推开新入职大学生津贴制度，为吸引人才、留住人才、用好人才创造条件。不断完善高层次人才的使用制度，并加大激励力度。进一步健全对作出突出贡献的各方面优秀人才的评选奖励制度。积极推动集团“人才高地”建设。第六，抓好青年人才。坚持“注重长远、看重潜力、不拘一格、竞争择优”原则，及时把青年人才放到重点项目、重要课题、重大任务中培养锻炼，做到早培养、早使用，使各类青年人才成长有通道、发展有空间、工作有奔头。

五是要加强组织领导，抓好工作落实。要进一步健全党管人才领导体制，不断完善统一领导、分类管理的人才工作格局，加快落实各项人才工作部署。人才资源是第一资源，企业主要负责人必须要抓“第一资源”。不重视人才的企业领导不是合格的领导，不重视人才工作的企业不可能成为可持续发展的企业。集团以及各企业，都要把人才工作提到重要议事日程，真正把人才看成是事业的重要组成部分来培育、当作关系企业可持续发展的头等大事来抓。要清醒地分析人才现状，并善于用战略思维、开放视野、发展观点谋划和推动人才工作，同时还要舍得投人、舍得付出。各级领导干部都要有爱才之心、惜才之情、懂才之功、用才之力，真正从事业培育、事业传承的角度，以求贤若渴、见贤思齐、广揽群贤、海纳百川的宽广胸怀和无私境界，高度重视人才工作，并落实到行动中去。这是我们这一代人的职责所在。

事业兴盛，惟在得人。企业三年成功靠机遇，十年成功靠战略，百年成功就要靠人才和文化。人才高度决定企业高度，人才深度决定企业生命之长久。已经走过近60年风雨历程的北化集团要做基业长青的企业，要想在市场竞争中立于不败之地，就必须不断解放思想、不断创新理念、不断推动人才发展，这是我们不断前进的不竭动力和希望所在。

面对建设百亿级新型产业集团的光荣使命，面对广大干部职工的殷切期盼，我们必须要进一步增强责任感、紧迫感，更加迅速地行动起来，同心同德、真抓实干，化挑战为机遇、化压力为动力，一手抓发展，一手抓人才，并使之形成“人才支撑发展、发展造就人才”的良好互动局面。我们坚信，通过大家持之以恒的不懈努力，我们就一定能够在一个不算长的时期内，铺好北化集团产业发展的人才之路，把集团的事业一代更比一代强地传承下去，为实现北化集团战略发展目标提供强有力的人才支撑！

（摘自2012年在北京化工集团人才工作会议上的讲话）

认真学习宣传贯彻党的十八大精神
开辟科学建设强大活力和谐京煤新局面

北京京煤集团有限责任公司党委书记　付合年

2012年，我们深入贯彻落实科学发展观，突出稳中求进总基调，认真落实市国资委党委的各项部署，践行强大京煤理念，坚持综合创新工作主线，克服重重困难，实现企业资产总额365.48亿元，营业收入205.56亿元，利润10.84亿元，资产负债控制在70%以内；企业安全发展水平持续提升，千人负伤率大幅度下降，企业总体局势安全稳定；相继举办5个创新论坛，创新发展取得阶段性成果；重大项目有效落实，国际化战略取得新突破；民生工程取得重大进展，党的建设进一步加强，各项工作取得新突破。

北京京煤集团有限责任公司
党委书记　付合年

面对成绩，我们要对今后一个时期的首要任务、战略思考、实践重点、基本要求进行重点思考。

一、认真学习贯彻党的十八大精神，坚定建设强大京煤的信心和决心

当前和今后一个时期的首要任务是，按照中央、市委、市国资委党委的部署，全面系统地学习贯彻党的十八大报告精神，准确把握党的十八大报告的精神实质，深刻理解十八大精神的丰富内涵，用党的十八大精神指导建设强大京煤的实践。今后一个时期，我们的指导思想是，认真学习宣传贯彻落实党的十八大精神，以科学发展为主题，以转变发展方式为主线，以改革开放为动力，践行强大京煤理念和战略，坚持稳中求进，适应形势，增强信心，攻坚克难，提高发展质量，确保安全稳定，完成年度预算指标，进一步改善民生，加强党的建设，为全面实现战略规划目标奠定坚实基础。

明年，集团的利润指标保持在“四个亿”，怎么看这“四个亿”？要统一思想、统一认识。根据对形势任务的判断，明年生产经营困难，完成这个指标也很不容易，需要付出艰苦的努力，不能有丝毫的懈怠；从经济周期和企业发展规律看，企业成长也是螺旋式上升、波浪式前进，有高有低也符合实际；对集团经济状况的认识，不仅要看当期利润，更要看后劲和长远利益。企业的生产经营，要把握好规律，形势好的时候，要获得理想的效益；困难的时候，也要有好的结果。无论什么时候，都要奋发有为，锐意进取，兢兢业业地工作。

二、推进强大京煤建设的战略思考

建设强大的京煤集团，必须立足现实，总结经验，着眼未来，从战略高度，对企业经营管理进行深入的思考。

要对形势有正确的判断。在国际经济低迷，国内经济趋稳的背景下，煤炭价格、钢铁需求、楼市价格普遍较低，市场预期具有不确定性，这对我们提出了严峻的挑战；在党的十八大报告中提出，到2020年，国民生产总值翻一番，城乡居民人均收入也要翻一番，这对我们的经营管理、创效能力、利润水平提出了更高的要求；在国资系统和全局范围内，并购重组力度日益加大，建设强大京煤的紧迫感更加突出。

当前，遇到的挑战前所未有。同时，机遇也前所未有。党的十八大，为我们指明了前进的方向，鼓舞了我们建设强大京煤的信心。国家收入倍增目标，使我们充满了希望；国家深化改革开放，我们迎来了重要机遇；国家实施创新驱动，我们也要乘势而上。

深入分析集团现状，我们努力践行强大京煤理念，落实“绿色、安全、转型、转移”八字战略指导方针，按照“三步走”战略要求，扎实推进各项工作，企业呈现出持续健康发展的态势。

几年来，我们深入思考，谋篇布局，逐渐形成了有限、相关多元化的经营格局，增强了抗风险能力。经过结构调整，加速改变了煤炭生产和经营的传统格局，确立了能源主业、城市服务业、地产开发三大支柱产业，确立了化工、机械、电力三个重要板块，经营格局简洁清晰，优势资源更加突出，关联发展成效显著，抗风险能力明显提高。

几年来，我们深入思考，鼎立支持能源主业率先发展。昊华能源上市之后，奋力开拓京外和国际市场，煤炭产能翻了一番，煤化工项目延伸了产业链。在香港公司成功注册基础上，收购非洲矿业股权工作取得重大进展。面向未来，我们继续谋划，大胆探索，确立了打造成功的国际化公司目标，致力于做强能源，做稳京西，做大京外，做成海外，为集团各个板块发挥好示范作用。今后，能源板块将全力打造能源开采产业链，形成开采、煤运和煤化协同发展的产业格局。在产品结构的互补性、产品的精细化、产品的附加值等方面有新的提升，抗风险能力将进一步提高。

几年来，我们深入思考，大力支持城市服务业创新超越，率先实现收入百亿。今年，城市服务业板块营业收入可达到 90 亿元，明年将达到百亿。这对集团“三步走”战略目标实现，将作出突出贡献；城市服务业积累了可观的优良资产，是可持续经营的重要保证；这对提高集团收益水平，开辟了潜在的利润空间，具有重要意义。下一个阶段，城市服务业要在做强上下功夫，深化体制机制改革，推进专业整合，强化专业经营，加强成本控制，扩大利润空间，进一步提高现代服务业水平。

几年来，我们深入思考，积极支持房地产业健康发展。京煤地产是结构调整的产物，是不断转型、创新的结果，经历了合作开发自有土地、独立开发业内土地、投资开发业外土地的历程，实现了从单项目到多项目、跨区域运营的不断提升，并适时提出了建设“人本地产”的目标。当前，把京西工矿棚户区改造作为集团转型项目，是地产发展的重要机会。其有利于加快解决棚户区职工住房困难；有利于取得政府政策支持，加快盘活京煤土地资源；有利于构建有效的融资平台，保持现金流的充实健康。房地产业要掌握好开发的频率和节奏，把握好效益和利润实现的区域和节点，控制风险，抢抓机遇，加快地产板块转型。

几年来，我们深入思考，充分发挥京煤化工的技术和管理优势，加快并购扩张，力争早日进入本行业第一方阵；京煤机械跟进主业、服务主业，加快装备产业园建设，发展势头迅猛；电力板块艰苦创业，奋力拼搏，强化管理，扭亏为盈，呈现出健康发展的态势。

建设“强大京煤”，前提是各个板块都要强大起来。这样，集团强大才有坚实的基础。所以，我们深谋远虑，抓住重点，妥善处理好当期经营和长远发展的关系，大力扶持支柱产业和重要板块健康成长。

三、推进强大京煤建设的实践重点

面对新的挑战和机遇，继续把强大京煤理念和战略落到实处，实践重点到底是什么？带着这个问题，我们认真思考。经过反复研究，大家一致认为，“重发展、抓变革、保稳定”应该是推进集团建设的重点。

重发展，就是要建设强大京煤。

抓变革，就是要建设活力京煤。

保稳定，就是要建设和谐京煤。

对这三个重点，认识要倍加清晰，工作务必到位。

强大京煤理念要切实从思想层面落实到实践层面。企业发展，是重中之重；企业变革，是关键环节和根本动力；安全稳定是基础和前提。这三者缺一不可，相互关联，互为保证。

关于重发展。在新时期新阶段，要进一步强化发展是硬道理的观念，以经济效益为中心是强企之基、兴企之要。当前和今后，发展仍然是解决企业所有问题的关键，不发展有问题，发展了遇到的困难和问题会更多，我们必须在发展中攻坚克难，在攻坚克难中推进发展。企业发展了、强大了，才会有实力主动参与市场并购，才会在市场竞争中处于有利地位，才会有实力提高员工生活，才能有基础保障企业和谐。

强调发展，就要适应形势新变化，形成新的发展方式，把企业发展的立足点切实转移到提高质量和效益上来，着力激发企业新活力，着力增强创新驱动新动力，着力构建现代企业新体系，着力培育企业开放新优势，不断增强企业长期发展后劲。

我们重发展，建设强大京煤，其根本途径到底是什么？实际上就是要坚持先做强后做大，边做强边做大的原则，走“强化经营、并购扩张、开放共赢”之路。

强化经营，就是以客户为中心，以员工为主体，牢牢抓住战略、运作、营销和财务这些主要环节，整合现有资源，开拓市场、获得效益；并购扩张、开放共赢，就是扩大开放，走向京外和境外，整合外部资源，实施战略合作，不断壮大企业实力。因此，我们不仅要把企业内部资源运作好，还要以开放、共赢、包容心态，寻求更加广泛的战略合作，实现兴企富民的梦想。

关于抓变革。强大京煤理念，是一个系统，其定义是“科学建设强大、活力、和谐京煤”，要全面、完整、确切地认识、把握强大京煤理念的内涵。现在，我们认识到了建设强大京煤的重要性，企业又比较和谐，今后一个时期，就是要牢牢抓住建设“活力京煤”这个关键，在深化改革开放和结构调整上有重大突破。

什么叫活力京煤？我理解：就是京煤集团要有生存力、成长力、再生力和扩张力。生存力，就是企业能够存在，能够生存下去；成长力，在生存的基础上不断进步，茁壮成长；再生力，就是要在锻造和磨炼中，浴火重生，不断崛起；扩张力，就是在做强的基础上，不断做大，在效益和规模上不断实现新突破。作为企业，规模也很重要，没有规模也就没有前途，规模也是实力的表现，也是做强的结果。

怎样增强企业活力？就是要深化改革开放、持续推进企业变革。不变革，墨守陈规，企业就没有希望。

要通过变革，优化领导班子结构，增强各级班子的领导力和执行力，这是拥有活力的关键；要通过变革，认真落实人才优先战略，优化人才队伍结构，这是拥有活力的基本要素；要通过变革，改善体制机制，这是拥有活力的可靠保证；要通过变革，建设学习型企业，提高员工素质，这是拥有活力的根本。

今后一个时期，要紧紧围绕“抓变革、增活力”这个重大课题，按照增加“改革红利”的要求，确定目标，制订方案，解决问题，有效推进。

关于保稳定。当前，企业局势比较稳定，和谐京煤建设取得了一定成果。但是，也不能麻痹和松懈。要充分认识到，越是形势严峻，越要重视安全生产；越是深化改革，越要处理好各方利益关系；越是维护稳定，越要把改善民生放在重要位置。我们要系统思考，统筹协调，确保企业和谐稳定。

2013 年，是集团规划目标落实的关键期，是改革开放的深化期，是重大项目的投资期，是民生工程的建设期，也是问题和矛盾的凸显期。在这样一个重要时期，要切实在发展上下功夫，在变革上做文章，在稳定上用力气，这是我们科学建设强大、活力、和谐京煤的实践重点。

四、推进强大京煤建设的基本要求

按照首要任务、战略思考和实践重点，在今后一段时期，集团工作将坚持“六突出一加强”的基本要求：

（一）突出经济平稳健康发展，确保明年预算指标圆满完成

牢牢抓住发展第一要务，推进企业科学发展，转变发展方式。按照“绿色、安全、转型、转移”的八字战略指导方针，在“十二五”规划承上启下之年，要有个好收益、好结果，增强发展后劲。要开拓经营，强化管理，确保预算指标落到实处。在困难时期，主观努力决不能放松，预算的严肃性必须坚持和保证。

（二）突出深化改革，进一步增强企业的生机和活力

从宏观层面看，国家综合配套改革的力度不断加大；从企业层面看，改革的必要性和重要性日益显现。深化改革要有紧迫感和使命感，要有魄力、胸怀、力度和策略。要有步骤、分阶段、积极稳妥、循序渐进地推进。企业改革要深入进行调查研究，周密安排，精心组织，找准切入点，抓好

试点，总结经验，逐步推开。

在管理体制方面，集团总部要职能化，二级集团要实体化，业务单元要专业化，经营管理人员和各类人才要职业化。

集团总部职能化，就是要依据集团总部“战略决策中心、投融资管理中心、资源协调中心、运营监控中心”的功能定位，和“集团化运作、专业化经营、联动化发展、资本化扩张”的商业模式，对标先进企业，进一步明确总部职能，梳理部门职责，明确岗位要求，本着精干高效的原则，搞好定岗定编，推进组织变革，降低组织成本，提高执行决策、工作效率和服务基层的有效性。

二级集团实体化，主要是指各战略板块要成为经营实体。二级集团总部要建设成经营型总部，不是管理型总部；二级集团要真正转变为运营中心和利润中心，实现经营和管理的高度融合。二级公司的组织变革要有效推进。

业务单元专业化，就是每一个业务单元和法人实体，都要专注自己的业务领域，对标先进企业，做专，做精，做优。要按照专业化经营的要求，对同门类、同质化的经营实体合并重组，统一管理，形成规模效益。

经营管理人员和各类人才职业化，就是要根据业务分工，增强职业素养，提高职业能力，体现职业岗位价值，不断完善自己的职业生涯，为企业做出更大贡献。各单位要强势发展，就要高度重视人才工作，坚持包容、培养、引进用好高端人才、关键人物和专业人士。有了合适的人才，安排在重要岗位，往往会加快改变企业的面貌，这已经被我们一些单位的实践所证明，所谓“鲶鱼效应”，也就是这个道理。

改革劳动人事分配制度，一是要控制用工总量，优化用工结构，降低人工成本；二是要淡化行政级别，突出专业水平和岗位能力；三是坚持业绩导向，实施科学的考核，依据贡献大小，确定分配比例。劳动人事分配制度改革不是裁人降薪，而是优化结构，提高效率，有效激励，持续提高经营收益，把蛋糕做大，做到各尽其能，各得其所。

（三）突出创新驱动，持续提升企业竞争优势

要做好创新发展论坛成果的运用和转化工作。继续坚持综合创新，始终跟踪科技发展动向，加强自主创新和协同创新，发挥地处首都的优势，凝聚业内外人才，提高创新能力，提高产品和服务的市场竞争力。

（四）突出艰苦奋斗，在开源节流上下功夫

越是困难时期，越是要弘扬艰苦创业精神，作好过紧日子的准备，压缩成本费用；提高员工工资，普通员工先涨，领导人员视绩效情况再定；尽力减少没有实质内容的出国和考察活动；防止盲目攀比、奢侈之风，改进文风和会风；控制业务活动经费，减少非生产用车和非效益性的开支。过紧日子就要有过紧日子的样儿，这对改进作风和降低成本费用都有重要作用。

要切实在开源节流上下功夫。开源，就是要根据集团战略要求，巩固原有的市场份额，扩大市场占有率，增加营业收入。同时，下决心降低经营成本和管理成本。开源节流要严格，要量化，要精细化，做到有指标，有措施，有考核，有奖惩。要通过开源和节流两个方面的工作，提升企业盈利空间。

（五）突出重大项目建设，注重投资回报

重大项目是企业的重要支撑，事关全局，事关将来，事关战略目标如期实现。如果不做这些重大项目，眼前可能比较轻松，日子比较好过，但将来就会没有后劲，就不可能持续发展，建设强大京煤也会成为空谈。

对资金紧张怎么看？我认为，企业要发展，资金紧张是必然现象，特别是我们集团正处于资金投入的高峰期，资金紧张不是危机中的紧张，而是发展中的紧张，我们有能力应对和解决资金紧张的问题。今后，我们要拓展融资渠道，加强资金管理，降低资本成本，提高偿债能力。资金安排和协调，要既能化解风险，又能保证重大项目使用，确保预期收益。

（六）突出安全稳定，不断改善民生

要巩固以往安全生产的重大成果，落实安全生产责任制，强化制度保障作用，狠抓安全监管，做实、做细隐患排查，加大安全装备应用，提高安全培训实效，特别要严格杜绝违章操作，加强安全文化建设，提高安全生产科学化水平。

要在提高效益的基础上，继续改善民生，与员工共享企业发展成果。工矿棚户区改造和若干民生项目要积极推进，确保如期交付使用。对民生项目要进行认真研究，对可能产生的矛盾，制订预案，及时预判，把矛盾化解在萌芽状态，这也是对我们能力的一项考验。

（七）加强党的建设，进一步提高引领企业科学发展的能力

要按照十八大要求，全面提高党的建设科学化水平，牢牢把握党的执政能力建设、先进性建设和纯洁性建设这条主线，坚持解放思想，改革开放，凝聚力量，攻坚克难，推动企业全面发展。进一步加强党的思想、组织、作风、反腐倡廉和制度建设。认真落实党的十八大报告提出的坚定理想信念，坚持以人为本，发扬党内民主，深化干部人事制度改革，坚持党管人才，创新基层党建，反对腐败，严明党的纪律等八项要求，结合企业实际，认真落实。

加强党的建设必须与做好企业工作相联系，要以党的先进性建设引领企业的先进性建设，把党建工作的成果落实到把企业做强做大上，落实到经营成果上，落实到兴企富民上。

今后一个时期的工作，关键是要加强领导班子建设，牢牢抓住“信心、责任、担当、能力和作风”这些基本问题，完成企业的各项工作任务。面对新的形势和任务，要树立战胜困难的信心；要增强实现企业规划目标的责任感和使命感，敢管事、敢做事、有效益；要敢于应对各种困难和挑战，担当使命，担当责任，不推诿，不退缩，遇到问题不绕着走，不回避矛盾；当前繁重的发展任务，正是考验我们能力的时候，各级班子要切实看到自身能力的差距，采取得力、有效措施，加快提升领导水平；要切实转变作风，领导人员要求真务实，说实话，干实事，求实效，克服人浮于事、行政官僚化的倾向，倡导务实清廉之风，为企业发展创造良好环境。

（摘自2012年12月19日在京煤集团党委二届八次全委（扩大）会上的讲话）

实施创新驱动战略 推动企业科学发展

北京一轻控股有限责任公司总经理　苏志民

创新是一个民族进步的灵魂，是一个国家兴旺发达的不竭动力，也是一个企业发展的动力源泉。是否具有创新能力、能否持续创新已成为企业成败的关键。唯有不断创新，才能在竞争中处于主动，立于不败之地。

十八大报告提出，加快转变经济发展方式，深化经济体制改革，实施创新驱动发展战略，推进经济结构的战略性调整。实施创新驱动发展战略，是我们党从我国经济可持续发展的需要出发作出的重大战略抉择。

北京一轻控股有限责任公司
总经理　苏志民

一、必须深刻认识创新驱动发展战略的重大意义

第一，实施创新驱动发展战略，是转变经济发展方式、实现有质量有效益发展的需要。

当前，我国发展仍处于重要战略机遇期，有利条件和积极因素在增多，但国内外环境仍然不容乐观。国际金融危机和欧美债务危机影响深远，世界经济进入结构性调整和相对低速增长期，美国经济复苏动力不足，欧债危机并无明显好转，日本经济持续低迷，新兴国家增长明显放缓，再加上

贸易保护主义干扰，国际经济形势仍然严峻、复杂，给我国经济带来很多不确定性。中国经济已经进入重大转型期，投资驱动、规模扩张、出口导向的发展模式正在向以内需拉动为主、投资和出口协调拉动转变，支撑中国经济发展的要素条件正在发生变化，劳动力、资源、环境成本都在提高，一些后起的发展中国家正以更加低廉的资源和劳动力成本优势挤压我国传统的制造业空间，我国人口红利逐步消失，原有的要素驱动的增长方式暴露出的不经济、不可持续等问题越来越突出。在这种情况下，利用国际金融危机形成的倒逼机制，促进经济发展方式转变，走经济效益好、生态环境好、资源消耗低、人力资源得以充分发挥的新型工业化道路，实现有质量、有效益、可持续、没有水分实实在在的发展，必须依靠创新驱动。

第二，实施创新驱动发展战略，是促进产业优化升级、增强国际竞争力的需要。

受创新能力不足的影响，中国制造业一直处于国际产业分工中的低端。要想改变这种局面，必须通过自主创新，靠知识产权、靠研发设计、靠核心技术，在价值链上获取高端利润，推动产业高端化发展。2006 年全国科技大会提出，要把增强自主创新能力作为发展的战略基点和调整产业结构、转变增长方式的中心环节，全面建设创新型国家。党的十七大报告进一步强调，要把提高自主创新能力、建设创新型国家作为国家发展战略的核心、提高综合国力的关键。世界科技发展的实践告诉我们，一个国家只有拥有强大的自主创新能力，才能在激烈的国际竞争中把握先机、赢得主动。特别是在关系国民经济命脉和国家安全的关键领域，真正的核心技术、关键技术是买不来的，必须依靠自主创新。为避免在国外关键设备与核心技术方面受制于人，必须做到引进技术和自主创新相结合，掌握核心科技，才能维护国家根本利益、实现国家经济发展和经济安全。

二、必须准确把握实施创新驱动战略的深刻内涵

党的十八大报告对中国面临的战略机遇期有了新的阐释，指出中国面临的机遇不再是简单纳入全球分工体系、扩大出口、加快投资的传统机遇，而是倒逼我们扩大内需、加快结构调整，提高创新能力、促进经济发展方式转变的新机遇。可以看出，在当前经济形势下，必须通过创新，转变经济发展方式，才能实现中国经济又好又快的发展目标。创新的紧迫性和必要性比以往任何时候都更加突出。

创新驱动发展战略具有深刻、丰富的内涵。党的十八大报告指出，实施创新驱动发展战略，科技创新是提高社会生产力和综合国力的战略支撑，必须摆在国家发展全局的核心位置，要坚持走中国特色自主创新道路，以全球视野谋划和推动创新，提高原始创新、集成创新和引进消化吸收再创新能力，更加注重协同创新。深化科技体制改革，加快建设国家创新体系，着力构建以企业为主体、市场为导向、产学研相结合的技术创新体系。前不久召开的中央经济工作会议进一步丰富了创新驱动战略的内涵，强调要着力增强创新驱动发展新动力，注重发挥企业家才能，加快科技创新，加强产品创新、品牌创新、产业组织创新、商业模式创新。通过创新获得持续发展的动力。

实施创新驱动发展战略，关乎中国发展全局和长远，关乎企业的生存与发展，我们要从全局高度来把握和理解。一是要把实施创新发展战略放在全球新一轮科技革命和产业变革的大背景下来理解。当前，国际金融危机正在加快催生世界新一轮科技革命和产业变革，我们必须把握机遇，应对挑战，实施创新驱动发展战略，不断开辟新的发展空间。二是要把实施创新驱动发展战略放在转方式、调结构的根本性力量来理解。实施创新驱动发展，最根本的是要依靠科技的力量，最关键的是促进科技与经济结合；必须深化体制机制改革，建设富有活力更有效率的创新体系；必须大力发现青年人才，提携青年人才，建设好研发梯队；必须树立世界眼光，加强战略思维，面向全球整合创新要素，以全球视野谋划和推动创新。

三、实施创新驱动发展战略要做好“五个结合”

创新的目的是发展，创新的本质是突破，创新活动的核心是“新”。为达到预期效果，要注重做好“五个结合”。

（一）创新要与传承相结合。创新不是完全否定传统，而是对原有事物合理部分的发扬光大，创新要立足于传承一轻优秀的企业文化和好的经营管理经验，大力弘扬一轻企业的优秀文化，深度挖掘优势品牌文化的底蕴，夯实传承基础，拓宽创新手段，促进企业发展。

（二）创新要与改革调整合作相结合。要从体制机制上入手，深化国有企业改革，解决制约企业发展的深层次矛盾，敢于突破惯性思维，改革一切阻碍企业发展的因素，激发企业创新发展的活力。要积极开拓发展思路，拓宽合作渠道，扩展发展空间。

（三）创新要与人才队伍建设相结合。人才队伍建设是创新的关键，良好的创新环境是人才成长的沃土，要建立人才培养、选拔、使用和激励机制，形成良好的人文环境，营造鼓励创新、勇于创新的氛围，激发员工的创新能力。

（四）创新要与学习实践相结合。要形成有效的学习实践机制，不仅要学习吸收先进知识和技术，还要学习先进的理念，借助外脑，扩宽思路；大胆探索，勇于实践；发现规律，总结提高。

（五）创新要与信息化建设相结合。积极推进互联网、物联网、云计算、网上营销、电子商务等新兴信息技术的应用，要建立和完善在信息化条件下的资源集成共享的主营业务信息管理系统，要加快推进两化融合，提升企业科学管理水平和综合竞争能力。

四、实施创新驱动发展战略的几点思考

2013 年是一轻“创新发展年”，要围绕体制机制创新、科技品牌创新、营销创新、管理创新、党建创新和企业文化创新等方面开展创新发展年的重点工作，扎实有效地开展好“创新发展年”工作。

一是加快推进产业优化升级。以调整优化结构，转变经济发展方式为核心路径，而调整优化结构、转变经济发展方式就要将企业的经营模式及要素资源向价值曲线两侧高端转型和汇聚，一方面加大研发设计、采购供应、原料基地保障等方面的发展创新；另一方面要加大品牌标准、市场营销、渠道建设、融资服务等方面的发展创新，以体制机制创新、科技创新、管理创新为保证，通过创新发展改变一轻盈利模式，提高可持续发展能力。

二是进一步加大科技创新力度。加快一轻院研发平台建设。完善考核评价机制，促进企业扩大研发投入；积极探索研发机构与企业双方成果共享、风险共担的机制，建立健全科学合理、富有活力、更有效率的市场化运作体系，加快科技成果商品化、产业化。加快重点科技、技改项目的实施，努力实现核心技术的升级、关键技术的突破，推动产业高端发展、绿色发展、低碳发展。

三是进一步加大产品创新力度。产品没有新、特、奇，就会在众多的新产品中被湮没，甚至被消费者遗忘。研发工作要接地气，紧紧围绕市场、围绕消费者心智诉求来开展。大豪经验值得借鉴，围绕市场搞研发，围绕需求搞设计的精准导向，使大豪公司不断取得原创技术的突破，重点产品实现三年一升级，奠定了难以模仿的技术领先优势。

四是进一步强化品牌创新。通过科技创新，提高产品的科技含量和附加值，加大品牌策划和宣传力度，充分展现技术含量和创新亮点，提高品牌的知名度和影响力。加强中国驰名商标、中华老字号、北京知名品牌、著名商标等知识产权的培育、运用、保护能力，将品牌优势转化为市场优势、竞争优势。努力营造鼓励创新、追求创新、勇于创新的良好氛围和机制。

五是以信息技术促进企业管理创新。推动信息技术从单项业务向多业务综合集成转变，从企业信息应用向业务流程优化再造转变，从单一企业应用向产业链上下游协同应用转变；形成主营业务系统全流程渗透、全方位推进的“两化”融合新格局。

六是大力推进商业模式创新。要将传统营销与现化营销相结合，将直销、分销、整合营销等方式相结合，打好“组合拳”。积极开展事件营销、假日营销、文化营销，特别是要发挥互联网优势，积极推进电子商务。企业要结合自身特点，积极探索最有效的商业模式，促进企业发展。

此外，创新还包括产业组织创新，如建立产业技术联盟等；企业文化创新，以共同的价值观增强职工的认同感和归属感；党建创新，通过品牌活动发挥党组织的战斗堡垒作用，使党员永远站在创新的前列，等等。通过各个方面的创新来汇聚正能量和源动力，促进企业健康可持续发展。

（摘自 2012 年度北京市国资委领导干部理论学习体会）

以十八大精神为指导
围绕隆达特色经济加快转型发展

北京隆达轻工控股有限责任公司总经理　张德华

北京隆达轻工控股有限责任公司
总经理　张德华

党的十八大报告明确提出了全面建成小康社会和全面深化改革开放的目标，提出了加快完善社会主义市场经济体制和加快转变经济发展方式的任务。这“两个全面”“两个加快”，体现了发展、改革、转变的有机结合，是我国现代化建设进入新阶段的新要求。根据隆达公司近年来的改革调整实践，我认为认真把握报告对创新驱动提出的新要求，按照首都功能定位和出资人对隆达公司未来发展方向的定位，以市场化转型为动力，坚定不移地推动隆达转型发展。在推进隆达公司特色经济发展中找准着力点，在实施科技创新引领发展上找准着力点，在推进体制机制创新中找准着力点，在强化团队建设中找准着力点。

一、以党的十八大精神为指导，定期梳理公司历程是转型发展首要任务

党的十八大以科学发展观为指导，系统总结了党的十六大、十七大以来中国发展取得的历史性成就和宝贵经验，深刻分析了国内外形势，对中国改革开放和社会主义现代化建设作出了全面部署。定期梳理隆达公司历程是转型发展的客观需要，也是以史为鉴、吸取营养、分享经验、少走弯路的重要前提。

隆达公司经过十年艰苦的生存性结构调整，并未摆脱“小、散、弱”的企业形象。客观总结过去，务实分析现状，使我们清醒地找准未来方向。从 2000 年原二轻总公司与原印刷总公司合并组建隆达公司，2002 年，原有色公司并入隆达公司，两次重组虽有一些产业概念，也只是实现了资产与经济规模数据的简单叠加。企业文化冲突在一段时期内没有解决好，资源重组的内生动力没有达到预期目标。

在 2005 年和 2007 年，市国资委分别提出了“调、改、剥、破”和“调、改、剥、退”的发展主题，并在 2006 年对隆达公司提出了“大进大退”的调整要求。这一时期，隆达公司利用改革政策，在“量、本、利”，经营性净现金、营销改进、“做大做强”“做强做大”、利用外资、清产核资、打包减债等方面取得了很多成绩。但未能解决公司根本问题，也没有得到出资人的高度认可。

2010 年，隆达公司领导班子大幅度调整，市国资委领导多次到公司指导工作，认可并支持隆达公司“三特一高”产业发展方向，公司经营业绩评价首次被评为良好，出资人对隆达公司未来发展方向有了新定位，未来改革发展任重道远。

2011 年，隆达公司编制了以“三特一高”产业发展为核心的“十二五”发展规划并得到市国资委的批复；市国资委对隆达公司坚持“三特一高”产业方向，构建“四高一低”经济结构，打造“一新一优”企业布局，组建经济联合体的思路予以了肯定与政策支持；同时，也明确要求隆达公司推进企业结构调整，加快劣势企业退出，解决好企业布局“小、散、弱”的问题。

2012 年，随着宏观经济形势的日益严峻，隆达公司针对在经济结构、产权结构、企业结构、人力结构、成本结构的调整压力日益增大，主营业务增长与盈利能力日渐乏力，历史费用压力日益加重，改革成本逐年加大等问题，隆达公司经营团队达成了发展特色经济的战略共识，无论遇到多少困难和问题，都要通过拓展创新空间、做专做强企业为隆达公司转型发展注入不竭动力。

二、以党的十八大精神为指导，务实展望发展趋势是转型发展常态工作

党的十八大将推动发展的重点放到“四个着力”上：着力激发各类市场主体发展新活力、着力增强创新驱动发展新动力、着力构建现代产业发展新体系、着力培育开放型经济发展新优势。“新活力、新动力、新体系、新优势”也是隆达公司发展应具备的四大要素。展望未来，隆达公司持续健康发展将有赖于顺应 5 个发展趋势。

（一）人力资源将成为公司的最重要资源

隆达公司承载着 4 万多人的未来发展，经过多年改革磨炼，已经初步形成了一支能打硬仗、勇于创业的经营管理队伍，人力资源结构调整空间相对较大，“团队优秀、公司安全、员工健康”的经营理念适于人力资源能力的培育与成长，员工自主选择发展路径的愿望较为强烈，加之出资人对隆达公司发展特色经济充满信心，这些都是我们加快转型发展的原动力。隆达公司人力资源的开发，重点是要加强经营团队建设，以公司总部、二级企业正副职、重点三级企业正职的培养与管理为重点，通过加强经营业绩对标考核与工作指导，不断提高这三个层面的经营管理能力。公司总部的工作目标是着力于企业家、管理专家、技术专家、营销专家队伍的培养与建设；二级企业的工作目标是技术专家与营销专家的挖掘、技能型员工队伍的培养与建设。

（二）母子公司制将成为公司发展的体制支撑

隆达公司在坚持母子公司制的前提下，必须找准公司发展的体制支撑。在体制结构设计上，要考虑四个问题：产业适度多元与专业经营问题、产权适度多元与主导经营权问题、国有及国有控股企业高额历史费用与低成本参与市场竞争问题和竞争型国有企业管理方法与市场接轨的问题。在体制优化与创新过程中，以引入战略合作者为切入点，以尽可能低的体制成本和内生成本，推动隆达公司总部立足战略决策与专业服务，努力向资本经营、战略与管理输出的产业投资公司转型；推动二级企业立足战略合作与管理重组，努力向经营性专业或适度多元的产业公司转型；推动三级企业立足市场开拓，加大技术研发或技能提升投入，努力向专业化的产品（或服务）公司转型。

（三）特种新材料制造与创意服务将成为公司的立身主业

“十二五”期间，市国资委批复了隆达公司“新材料制造、印刷、自有物业管理与高端家电投资”四个产业。只靠投资收益和物业经营是无法解决隆达公司的根本问题，还必须有结合首都功能定位的主业支撑。只有使特种新材料制造与创意服务成为公司的立身主业，我们才能走上产业独特、经济成长、专业经营的特色经济发展轨道。坚持“三特一高”产业方向是我们未来发展的一项长期任务。新材料制造、印刷、自有物业管理与高端家电投资四个产业中，新材料制造、印刷、自有物业管理三个产业，要围绕“软实力”提升，在“特”上下功夫；高端家电投资，要围绕“高技术、高效率、高回报率”，在“高”上出业绩。

（四）低成本特色经济将成为公司的经营方向

“低成本特色”经济是隆达发展唯一的选择。未来三年，隆达公司要集中力量做好三件事。一是按照竞争型国有企业的标准，以战略合作为核心，加快企业体制机制达标、资产结构达标。力争全面完成二级企业的股份制改造，使隆达公司的市场化水平达到或超过市国资委一级企业的平均水平，充分体现“效益指标高比率、成本指标低比例、历史费用高固化率”的特色。二是按照国内同行业优秀企业的标准，以组建经济联合体和实施管理重组为手段，以集成管控和经营团队建设为基础，加快企业管理水平达标，充分体现“团队能力高凝聚、员工工作高效率、经营团队与企业个数低比例、创新驱动重智力”的特色。三是按照国务院《企业绩效评价标准值》，以提高经营业绩为目标，加快优势企业和优秀经营团队的培育，加快优势资源向优势企业和优秀经营团队的流动，加快高新技术和创意服务向物业型企业的注入。

（五）内整外合将成为解决资源不足的有效途径

现阶段，隆达公司资源不足主要表现为活化资金不足、营业利润较低、经营管理与专业人才不足三个方面。在解决活化资金不足的过程中，我们的基本思路是通过对内组建经济联合体与对外产权合作，使二级企业的净资产总量超过 1 亿元的水平，活化资金与净资产的比例达到 1∶2，并寻求历史费用全部在净资产中预提的政策支持。这样构造资产结构，有利于企业机制转换，有利于企业的多次股权融资，更有利于主业的加快发展。营业利润较低，不利于企业的整体改制与增资扩股。几年来，我们对几个亏损企业进行整体改制并取得阶段性成效，主要是发挥了存量资产中长期的溢价能力。下一步，还要从整个隆达系统的资源承载能力考虑，去寻找发展空间，努力提高企业的营业利润，最大限度挖掘产业经营与存量资源的双重溢价能力，根据资源承载能力做实做强隆达。

三、以党的十八大精神为指导，勤于剖析发展思路是转型发展基本前提

党的十八大解决了中国未来举什么旗走什么路的问题。思路决定出路，研究和确立隆达公司今后发展思路至关重要。按照党的十八大报告对党员干部精神状态提出的“解放思想，改革开放，凝聚力量，攻坚克难”的要求，坚定发展隆达特色经济，以最短的时间，全面实现“追赶型”发展目标，为隆达特色经济的发展赢得时间、空间和自主选择权。

一是在战略层面上，按照市国资委“调、改、合、创”发展要求，以“内抓成本、外抓合作、创新驱动、开拓市场”为主题，“强主业、增资产、控成本、拓市场、聚合力”为主线，紧紧跟上市国资委一级企业发展步伐。

二是战术层面上，坚持“三特一高”产业方向，构建“四高一低”经济结构，打造“一新一优”企业布局；坚持对标管控，强化对内集成管控与团队建设联动，促进企业管理“聚合力”；坚持市场标准，立足对外战略合作与企业结构调整相结合，推动企业经营“走出去”；坚持集约发展，推动隆达特色经济走上“团队优秀、公司安全、员工健康”的发展轨道。

三是在理念层面上，以营造“隆达公司一家人、健康盈利一盘棋、员工成长一条心”的和谐环境为切入点，摆正“隆达整体利益、企业核心利益和员工合法权益”的相互关系，努力实践“追求特色卓越，企业健康盈利，员工健康成长”的公司核心价值观。

四是在操作层面上，以提高营业收入增长率、主营业务利润率、成本费用利润率、净资产收益率、专业人才占在职职工比率，以及降低资产负债率、以优势二级企业为载体，充分利用有关政策，有序调整产权结构、资产结构、人力结构、成本结构和管理结构，推动优势资源向优势企业和优秀经营团队集中。加大经营业绩对标考核力度，为优秀经营团队与优秀企业家的脱颖而出，搭建平台，创造条件。

四、以党的十八大精神为指导，随时随势推动创新是转型发展重要使命

党的十八大报告自始至终贯穿了与时俱进的创新精神，特别强调以创新驱动发展、对创新提出了具体要求。隆达公司转型发展必须推动创新，这是推动企业转型发展并带动其他方面创新的重要使命。同时要高度重视隆达“五多”的企业特点，即“老企业多、小企业多、历史问题多、管理层级多、文化特质多”。这些特点，决定了公司转型发展不能照抄照搬，必须把企业特点与市场要求紧密结合起来，坚守传统优势，勇于工作创新，才能真正产生我们预期的发展能力。“隆达发展靠企业支撑、企业发展靠隆达带动”的发展理念，决定了在转型发展过程中，必须坚守五项基本原则。

一是按照现代企业制度，建立相互尊重企业法人财产权和主导经营权的母子公司制；二是以认同“追求特色卓越，企业健康盈利，员工健康成长”公司核心价值观为基础，最大限度弘扬“一级企业资本经营、二级企业产业经营、三级企业产品经营”过程中的创新个性；三是运用链式管理和组织重组，最大限度降低经营团队与企业数量的比率，管理人员与在职职工的比率；四是以优势企业或优秀经营团队为核心，组建专业分工明确并支撑隆达特色经济发展的经济联合体，最大限度解决资源分散、同质管理和内生阻力问题；五是努力营造适合员工健康成长的工作环境，加强集成管控，提高工作效率，降低管理成本，推动团队工作，培养企业家队伍与高素质专业人员队伍。

五、以党的十八大精神为指导，抓好经营业绩考核是转型发展关键要素

党的十八大报告对深化干部人事制度改革，建设高素质执政骨干队伍，提出要做到四个坚持：坚持党管干部原则，坚持五湖四海、任人唯贤，坚持德才兼备、以德为先，坚持注重实绩、群众公认，使各类优秀干部充分涌现、各尽其能、才尽其用。

我们的用人之道、促学机制、选人视角，要符合隆达特色经济的发展需要，要认同“追求特色卓越、企业健康盈利、员工健康成长”的核心价值观，更要适合一专多能的发展要求；要体现立足隆达的选人与用人路径，更要体现“能者上、庸者下”的用人机制。解决专业人才不足问题，我们既要立足隆达，给热爱隆达的员工最大机会，更要面向市场，用市场标准引入具有市场价值的专业人才。要敢于激励、善于使用能人、实战培育新人，使创新团队成为隆达公司转型发展的新动力。结合隆达公司抓经营业绩考核，重要的是必须用数个标志性的经济指标来充分反映公司转型的阶段性成果。要以国务院国资委颁发的《企业经营绩效标准值》以及年度经营业绩评价结果为主要依据，这是我们必须坚持的工作方向。将隆达公司的年度工作与市国资委年度考核指标、三年任期考核指标有机结合，是我们必须坚持的工作原则。根据以上标准和原则，我们结合隆达公司现阶段的经营特点、发展方向和任期考核任务的客观需要，将考核指标浓缩成三个基本指标、八个增量与创新指标和四项综合评价，通过考核制度的改革，促进加快人才发展体制机制改革，创造人才发展的优良环境，激发经营者的积极性和创造性，为隆达发展提供持久的动力。

（摘自 2013 年 2 月《隆达控股报》第 262 期）

学习贯彻落实党的十八大精神
全力推进构建适合首都经济特点纺织发展格局

北京纺织控股有限责任公司董事长 吴 立

党的十八大绘就了全面建成小康社会的美好蓝图，吹响了实现社会主义现代化和中华民族伟大复兴的号角。北京纺织控股公司及所属企事业单位认真学习宣传贯彻落实党的十八大精神，必须紧密联系工作实际，全力推进构建适合首都经济特点纺织发展格局。

北京纺织控股有限责任公司
董事长 吴 立

一、以科学发展为主题，创新驱动为动力，坚定发展信念

纺织行业是一个社会平均利润率较低的行业，按照国务院国资委 2011 年的统计，在 16 个工业行业中，纺织行业以 1.5% 的净资产收益率位列末位，加上北京在土地使用、能源环保、人员成本等方面没有比较优势，可以说，传统纺织行业缺乏明显的竞争力。马克思关于资本自然流向的学说提出，“每个投资者都希望自己投入的资本带来更大的利润，都愿意向利润高的部门投资。因此，各部门资本家之间必然进行激烈的竞争，这就导致资本从利润低的部门向利润高的部门转移”。如果按照这一理论，北京纺织行业的资本将流向社会平均利润较高的其他行业。正是在这种外部环境下，北京纺织控股公司领导班子提出了构建适合首都经济特点纺织发展格局的思路：一方面，减少和转移了传统的两纱两布的生产能力，大力发展服装、产业用纺织品，增加产品的科技含量，发挥首都的市场、信息等优势，扬长避短，努力提高纺织产品的利润率；另一方面，将一部分资金转移到都市服务业，利用其中房地产行业平均利润较高的优势提高收益，使北京纺织行业发展得以进一步提升。而这种两轮驱动的新的发展格局，既符合马克思《资本论》理论，又符合北京纺织的实际情况，同时也符合“十二五”发展规划。这些创新的举措和理念为我们今后的发展打下了良好的基础，指明了努力的方向。

当前，国家拉动经济发展的手段，已由以投资为主转向更多依靠内需特别是消费需求为主。北京建设中国特色世界城市的目标要求，也提出要实现“四个服务”。作为都市的服装纺织业如何定位，产业结构如何适应新的要求，体现都市服务业的特色，这都是我们面临的重大课题。完成这些课题，必须坚持发展。实现发展要切实做到：

一是在坚定信心中推进发展。当前，时代对我们的发展提出了新的要求，实现这些新要求，会面临重重困难，但发展的信念不能动摇。忆往昔峥嵘岁月，在纺织最困难的时期，我们上下一心，依靠党组织、依靠职工群众，克服困难走了过来；看今朝创新发展正当时，我们必须继续坚定发展的信念，通过发展解决前进过程中遇到的问题，停止发展、缓慢发展都会使我们丧失发展机遇，从而最终丧失生存的空间。

二是在准确定位中科学发展。“十二五”规划确定的发展目标就是企业的定位，各企业要坚定不移地向着这一目标前进，不能有丝毫的动摇。目标不能动摇，但实现目标的途径、方法可以微调，调整的目的是为了更好更快地发展。这种调整应当是发展的调整，能干什么、能干成什么，必须要有清醒的分析和切实可行的措施，既不可头脑发热，也不可无所作为。

三是在勇于开拓中创新发展。构建适合首都经济特点纺织发展格局是我们所要承担的重要事业和责任，也是与时俱进的过程，要随着首都发展的要求和企业发展的实际不断加以充实和完善，在创新中丰富其内涵。

四是在求真务实中实现发展。构建适合首都经济特点纺织发展格局不应成为口号，创新也不能成为空谈，空谈必将误事、误企业。每位企业负责人都要切实肯于学习，扎实工作，以求真务实的精神干好工作。要树立正确的业绩观，以对党对企业对职工负责的态度当好企业这个家，干好任内的工作，为企业的长远发展打好基础，为职工的生活改善创造条件。

五是在转型升级中加快发展。党的十八大报告提出，要确保到2020年实现全面建成小康社会的宏伟目标，实现国内生产总值和城乡居民人均收入比2010年翻一番。据此推算，生产总值要达到平均年递增7.2%以上方可实现上述目标。而用此标准来衡量我们的“十二五”规划，我们的职工年均收入目标是递增10%，而营业收入从2010年的68亿元到2015年的90亿元的目标，年均递增仅为5.4%。由此看出，我们的发展速度还不够快，营业收入与职工收入的增速不相匹配，这应成为我们落实党的十八大报告精神，加快企业发展的努力方向。因此，各企业要继续积极探索加快转型升级的方式和方法，着力提高经济运行质量和企业的经济效益，实现较快发展。

二、抓住发展中的关键问题，处理好六大关系，实现平稳健康持续发展

经过多年的改革调整，我们的企业得到了长足的发展，但一些制约企业发展的深层矛盾和问题，随着形势的变化也在逐步显现。这些问题主要表现为：一是企业的核心竞争力尚显不足；二是企业定位尚不清晰准确；三是企业发展后劲不足，可持续能力不强；四是企业长期投资的项目效益回报率偏低，有的甚至处于亏损状态；五是企业的体制机制改革有待进一步深化。

这些问题既是发展中的问题，也是亟待解决的问题。北京纺织控股公司和企业各级领导班子要认真研究并加以解决。解决这些问题要注意把握好以下六个关系。

——谋大事与干实事的关系。在企业的发展过程中必须要有战略性思考，着眼企业的长远发展，思考谋划一些重大问题，形成企业较为长期的发展战略。在谋划战略发展的同时，必须要将长远的战略发展与脚踏实地推进当前的工作相结合。

——企业准确定位与持续发展的关系。面对复杂多变的经济形势和转型发展的客观要求，企业必须根据发展的客观环境、时代要求、发展阶段聚焦自身的发展定位，有取有舍、扬长避短，适应发展的要求，只有定位准确，才能在较长时间内实现持续发展。

——传统产业转型升级与新兴产业拓展的关系。党的十八大报告指出要“推动战略性新兴产业、先进制造业健康发展，加快传统产业转型升级”。纺织作为传统产业加快转型升级是发展的关键。而服装纺织实现转型升级，满足市场的消费需要，更多地要依靠企业自身的努力。

当前，服装纺织业既是我们的强项又是我们的薄弱环节。说强项是因为我们从事了几十年的纺织事业，有着较为丰富的经验；讲薄弱是因为我们的企业盈利能力、企业核心竞争力还不强。处在北京这样一个大都市是放弃纺织转做新兴产业，还是抓住关键，转变发展方式有所作为，多年的实践已经证明，纺织的大旗必须坚持，这不是一个情感问题，而是发展的方向性问题，北京不是不需要纺织而是要有与建设中国特色世界城市要求相适应的全新纺织。我们要拓展新兴产业，但更应打造全新的先进制造业，并且是与纺织转型升级相适应的先进纺织制造业，应在产业结构、产品结构、技术水平、管控能力上与大都市的发展环境相适应。拓展新兴产业是提升发展的需要，是反哺高端服装纺织业发展的需要。对此，市国资委在对纺织控股公司“十二五”规划的批复中已作了明确要求，北京纺织控股公司的“十二五”规划已就两大板块的发展作了细致的规划，我们必须坚持，一以贯之。

——机制创新与战略合作的关系。实现传统服装纺织的转型升级，转变发展方式，必须在体制机制上有所创新。经过几年的努力，我们的二级集团公司全部建立了公司制的法人治理结构，但体制的转变并没有使运行机制发生根本性的转变，形似而神不似的情况依然严重存在。机制的不适应，使我们决策科学化水平不高、应对市场的快速反应能力不够、与战略合作者的协调发展不相适应。因此，加快机制创新是转变发展方式的关键之举。要积极探索决策机制、市场机制、管控机制的创新，通过机制的创新，以更加开放的姿态，走出去、请进来，寻求战略合作者；以更加开阔的视野来思考、借鉴好的发展模式，在发展中与战略合作者形成利益共同体。

——项目投入与效益回报的关系。企业在经营中，必须要处理好投入和产出的关系，没有效益的投入，最终将会使企业陷入困境。在今后的项目投入中，要更加注重效益成果，通过对投入产生的效益、利润构成状况来考核企业，决定对项目的支持与否。

——营销规模与盈利能力的关系。盈利是企业最重要的指标，这从企业的概念就能体现出来。企业是指“以营利为目的，运用各种生产要素，向市场提供商品或服务，实行自主经营，自负盈亏，独立核算的具有法人资格的社会经济组织”。北京纺织控股公司是国有企业，主要任务是实现国有资产的保值增值，而民营企业或上市公司则是为了实现股东投资的最大回报。所以企业应该将利润额作为第一位的关注点，这从国资委对纺织控股公司下达的7项考核指标也可以看出，其中占比重最大的实现利润和净资产收益率，都与利润额有关而与营业收入无关。当然，营业收入也是衡量一个企业规模的重要指标。世界企业500强、中国企业500强都是以企业销售收入为依据进行排序，企业销售收入高，市场占有率高，抗风险能力强，固定费用摊销变薄，所以也是我们日常考核中十分关注的指标，我们“十二五”规划的目标是要实现销售收入90亿元，奋斗目标100亿元。所以，对我们国有企业来说，既要重视企业利润，也不能忽视企业收入规模，要正确处理好这两者间的关系。

解决当前企业发展面临的关键问题，准确把握好发展中的各种内在协调关系，实现企业的持续平稳健康发展，是我们面临的重大课题，我们有责任有义务担当起企业创新发展的重任。

三、加强国有资产有效管控，提升资产运营质量，为集团化发展夯实基础

作为国有资产的经营性公司，加强对国有资产的管控，提升资产运行质量，实现保值增值，是北京纺织控股公司的重要责任。为实现这一要求，今后要着重在以下六个方面做好工作。

一是进一步加强制度建设，规范行为。2012年北京纺织控股公司印发了新修订的40项管理制度，这些制度基本涵盖了目前北京纺织控股公司管控的各个方面，明年北京纺织控股公司还将出台国有资本项目后评价实施细则等与之相配套的制度规定，这些制度既是纺织控股公司管控的需要，也来自于企业发展的实际，必须严格遵守、切实贯彻。

二是严格规范重大决策程序，提升科学化管控水平。最近，市国资委要求就国有企业“三重一大”实施办法上报审核，目前北京纺织控股公司的实施办法还在国资委审核中，经审核批准后，明年市国资委将严格按上报的实施办法对北京纺织控股公司进行检查。因此，严格重大决策程序，提升科学化管控水平是大势所趋，更是企业发展的必然要求。为认真贯彻市国资委的要求，进一步加强对二级企业的管控，北京纺织控股公司要求二级企业董事会在决策实施“三重一大”时，必须严格按照制度规定程序办理。北京纺织控股公司和二级企业董事会对所决定的事项必须要经过广泛调研，进行可行性分析和相关的法律审核后才可作出决策，通过严格程序不断提高科学化管控水平。

三是认真做好重大投资项目的后评价工作，提高国有资产管理效益。加强对重大投资的后评价管理，是确保国有资产保值增值的一项重要工作。2012 年以来，纺织控股公司已开始注重对审批项目及实施情况进行跟踪；纺织控股公司董事会在听取各集团公司董事会报告中，分别听取了重大投资项目的实施情况；并已制定国有资产预算项目后评价管理细则将全面实施；明年，公司战略与投资委员会将对今年公司审批的重大项目实施情况进行一次全面后评价。通过这种及时有效的管控，确保重大投资有良好的收益，实现国有资产的保值增值。

四是重视财务绩效定量评价，提高企业盈利水平。企业财务绩效评价是运用较为科学的方法，客观评价企业的盈利能力、资产质量、债务风险、经营增长状况等得到的财务综合指标。本年度对纺织控股公司企业绩效评价的标准采用全国国有企业纺织工业全行业标准值，评价得分 73 分，处于行业良好水平，在国资委统计的 50 个企业中处于较高位次。市国资委已经确定今后将此绩效考核指标的结果以 20% 的权重纳入对企业领导班子和企业负责人的任期目标考核。纺织控股公司也会将此结果纳入对二级企业负责人的考核。

五是加强培训，提高素质，强化履职能力。加强学习、适应要求、提升履职能力是加强董事会、监事会建设的一项重要工作。结合落实市国资委的各项要求和各集团公司董事会、监事会成员变化较大的实际，纺织控股公司准备继续举办董事、监事培训班，重点学习市国资委的有关文件要求，结合实际工作研究探讨做好董事、监事履职工作的方法，提升履职能力；结合对企业负责人的业绩考核，逐步建立和完善对董事、监事的考核办法，增强对出资人负责的意识；在董事会、监事会报告工作的基础上，建立董事、监事履职情况报告制度；根据市国资委的有关规定进一步完善纺织控股公司派出外部董事、监事管理办法，调整人员结构，改进工作方法为其有效履职创造条件。

六是实施国有资产统筹管理，为集团化管控创造条件。“十二五”规划确定了打造百亿集团的奋斗目标，实现这一目标既有良好的发展基础，又有大量艰苦的工作需要我们去做。经过十多年的自下而上调整、改革、发展形成了现在的发展格局，但距形成一个具有持续稳定发展的适合首都经济特点的纺织发展格局还有较大差距。一些制约企业发展的突出问题仅靠单个企业很难解决，纺织控股公司必须从行业发展的战略高度、统筹发展的大局，加强国有资产的战略管控，才能实现新的跨越发展。

今后，北京纺织控股公司要以学习贯彻党的十八大精神为契机，结合北京建设中国特色世界城市的要求和市国资委关于加强对企业未来发展的全局性、战略性、系统性问题研究，谋划企业长远发展的要求，进一步就全行业的发展定位、管控模式、资源整合、产业结构、品牌运作等进行深入探索，力求在发展的思路上、实现的途径上、推进的措施上有新突破，“十二五”规划确定的阶段性目标和“四个平台”的建设推进要有实质性的进展，为纺织控股公司集团化发展夯实基础，创造条件，实现北京纺织的战略发展，为构建适合首都经济特点的纺织发展格局而继续努力。

（摘自在 2013 年纺织控股公司工作会上的讲话）

保护北京生态 建设美丽家园

燕山石化董事长　王永健

党的十八大号召全党要高举中国特色社会主义伟大旗帜，以邓小平理论、“三个代表”重要思想、科学发展观为指导，解放思想，改革开放，凝聚力量，攻坚克难，坚定不移沿着中国特色社会主义道路前进，为全面建成小康社会而奋斗。所有参会代表深受鼓舞、备感振奋。

我们一定要结合企业实际，深入学习领会十八大精神，推动各项工作取得新进步。特别是要立足燕山石化地处首都、从事石油化工的特殊性，深刻领会十八大报告提出的“把生态文明建设放在

燕山石化
董事长　王永健

突出地位，融入经济建设、政治建设、文化建设、社会建设各方面和全过程，努力建设美丽中国，实现中华民族永续发展”。“建设美丽中国”是十八大报告首次提出的一个重大命题，既是鼓舞人心的宏伟蓝图，又是国有企业肩负的历史责任。

继十七大报告之后，十八大报告再次论及“生态文明”，不仅独立成篇进行系统阐述，还将其提升到更高的战略层面，成为经济建设、政治建设、文化建设、社会建设、生态文明建设“五位一体”总体布局中的一项重要内容。这不仅仅是党总揽国内外大局、贯彻落实科学发展观的一个新部署，更是党的理论体系一脉相承、不断继承创新的新成果，闪耀着智慧的光芒，彰显负责任的大国风范。

建设美丽中国，离不开生态文明的进步。作为地处首都的特大型石油化工企业，燕山石化要做推进首都生态文明建设的表率，首要任务就是落实好集团公司提出的绿色低碳战略，站在打造企业核心竞争力、实现经济责任与社会责任有机统一的新高度，把燕山石化建成资源节约型、环境友好型的绿色低碳企业，以实际行动为中国石化建设世界一流能源化工公司贡献力量，为建设美丽中国贡献力量。

一是将生态文明贯穿企业生产建设的全过程。燕山石化要从多生产清洁能源到节能减排、绿色低碳，全方位融入生态文明理念。要开展清洁生产审核，研究清洁生产方案，采用最新清洁工艺技术对装置进行改造，努力把污染物削减或消化在生产、储存、销售的全过程。继续加大节能减排力度，大力发展循环经济，以资源能源循环利用促节能减排，努力打造安全清洁、节能节水、高端高效、服务首都的“都市型炼化基地”。要积极开展碳排查，燕山石化36平方千米的土地上有2666.67万平方米山林，这是我们宝贵的财富，是发展绿色低碳事业的坚强保障，我们将在总部的指导下，完善“十二五”中期规划，加大节能减排、绿色环保、循环经济的比重，研究二氧化碳的减排和捕获，进一步提高企业科学发展水平。

二是推进体制机制创新，提高资源利用率。在建设世界一流企业的征程中，我们必须克服分散管理、自成系统的惯性思维，以系统优化的思路推进绿色低碳战略。燕山石化稳步实施专业化重组，打破厂际围墙，突破思想上的“围墙”，使得炼化一体、系统优化的条件更好，节能减排的空间更大。我们要继续发挥好专业化优势，系统解决问题，加强资源优化整合。

三是加强精细化管理，增强内涵发展动力。精细管理是落实绿色低碳战略的具体抓手。我们要加速推进关联装置实现物料直供；加强装置热联合，大幅降低能耗；优化储运流程，实行分储分炼；推进废物处理、废气利用、废热回收，同时确保达标排放。通过生产节奏提速、加工流程绷紧、上中下游一体，使生产管理精细化程度不断加深。

四是让发展成果更多、更公平地惠及全体职工。我们将以饱满的工作状态和奋发有为的进取精神，推动企业的科学发展，同时加快各项民心工程建设，让发展成果更多、更公平地惠及全体职工，努力把燕山石化建设成为一个天更蓝、水更净、山更绿，环境友好、和谐幸福的美丽家园。

（摘自2012年11月《中国石化报》第4625期）

大 事 记

1 月

1 日 北京赛科昌盛医药有限责任公司正式成为美国辉瑞生产的法安明（达肝素钠注射液）在中国大陆的独家经销商。

3 日 北京北重汽轮电机有限责任公司自主研发制造的首台 350 兆瓦超临界汽轮发电机组一次性通过 168 小时满负荷试运行。

6 日 北京二商金狮龙门食品有限公司在“首届中国国际质量诚信文化与诚信人生”论坛上被授予诚信体系建设优秀单位并获得“诚信体系管理证书”。

同日 中国半导体照明 /LED 产业与应用联盟在京成立。该联盟由国内 150 多家 LED 企业、照明企业以及行业协会、标准化组织、检测行业等单位共同发起成立，旨在通过政策引导和行业规划，推进产业结构调整，促进标准、知识产权和检测体系建设，提升产业链上下游互动，实现 LED 在各领域的推广应用。

7 日 北京化学试剂研究所研制的锂电池与储能电源入选中国电源产业十大知名企业品牌。

9 日 北京市经济和信息化 2012 年工作会议在亦庄开发区中芯国际礼堂召开。市经济信息化委副主任靳伟作工作报告，副市长苟仲文出席会议并讲话，市政府副秘书长戴卫主持会议。

10 日 第十三届北京技术市场金桥奖颁奖仪式在北京举行。同方威视技术股份有限公司因技术成果转化及产业化方面成果显著，荣获集体一等奖。威视“FS6000 集装箱 / 车辆快速检查系统研制”项目和“S 波段驻波 3/6MeV 双能加速器研制”项目分别荣获一等奖和二等奖。

15 日 北京厨房设备有限公司成立仪式在颐泉山庄宾馆举行。该公司由北京隆达轻工控股有限责任公司、卓世恒立控股有限公司和北京市手工业联社共同出资成立。

16 日 北京诺安舟应急缓降机械装置有限公司成立。该公司由中国南车集团北京二七车辆厂、北京西冷高新技术有限公司、中国南车集团投资管理公司三方共同出资成立。

30 日 北京奔驰汽车零部件配套产业园启动仪式在亦庄开发区举行。首批入驻产业园 18 个项目，包括采埃孚车桥、麦格纳内饰、江森座椅、法雷奥空调、博泽门模块、邦迪汽车管路等，项目涉及总投资约 48 亿元。

31 日 北京华威投资有限公司与新疆生产建设兵团建工集团正式签约建设新疆和田市热电联产项目。该项目是北京援疆产业投资规模最大的项目，一期工程估算总投资 15.4 亿元。

本月 北京现代第八代索纳塔获中央电视台“2011CCTV 中国年度汽车”和“2011CCTV 中国年度乘用车”两项大奖。

同月 北化集团所属北京华腾大搪设备有限公司非瓷产品扩能改造、20 立方米电炉项目通过验收并投产。

同月 京仪太阳能光伏核心装备技术北京市工程实验室建设项目获北京市 4637 万元政府补助资金支持。该项目以晶体生长和加工装备、光伏电力电子应用终端、电池片组件技术与工艺、光伏逆变与系统集成、AZO和薄膜太阳能电池装备、CPV聚光光伏技术装备六大分实验室为基础的技术创新体系建设。

2月

6日 北京市人民政府与中国石油天然气集团公司签署《关于联合推广LNG清洁能源公交车辆战略合作协议》。根据协议，北京市将逐步在全市范围内推广LNG清洁能源公交车辆。

8日 国内首个低燃值高炉煤气综合利用工程正式开工建设。该工程项目由衡阳钢管资产管理有限公司和北京北大先锋科技有限公司合资组建的湖南衡钢百达先锋能源科技有限公司承建。

10日 首钢总公司与中国钢研科技集团、北京科技大学、东北大学战略合作框架协议签约仪式暨三个联合研发中心第三期合作启动会在首钢举行。

同日 北京生物医药创新促进平台成立。该平台下设决策支持平台、信息服务平台、政策咨询平台、技术支撑平台、人才聚集平台。

14日 中共中央政治局常委、全国政协主席贾庆林视察北京北一机床股份有限公司。

15日 北京雪花电器集团与城建新城公司举行合作签约仪式。

同日 燕山石化7500吨航空煤油通过长辛店油库长输管线直输首都机场，保障航空煤油生产装置的后路畅通。

16日 北京利得曼生化股份有限公司正式登陆深交所创业板，发行价每股13元，发行市盈率37.14倍，总股本1.54亿元。

17日 中石化三菱化学6万吨/年聚碳酸酯装置产出聚碳酸酯（PC）产品，实现一次开车成功。

18日 北京福田戴姆勒汽车有限公司在北京揭牌成立。公司总投资63.5亿元，注册资本56亿元，将生产福田汽车现有的“福田欧曼”中重卡产品和戴姆勒许可的排放标准和动力分别达到欧V和490马力的OM457重卡发动机。欧曼GTL世界标准重卡全球上市仪式同时举行。

20日 北京市国防科技工业2012年工作会议在北京会议中心召开。市经济信息化委副主任靳伟主持会议，副主任熊梦作2011年北京市国防科技工业工作总结，部署和安排2012年重点任务。副市长苟仲文到会并讲话。

21日 第四批北京市专利示范单位授牌暨企业信用信息共享战略合作协议签署仪式举行。北京北大维信生物科技有限公司被认定为“北京市专利示范单位”。

23日 北京市经济和信息化委员会产业援助和区域合作服务平台正式开通，成为全国第一个对口援建省市产业援助和区域合作服务平台。

同日 北京海聚工程产业化基地项目签约仪式在房山区举行。北京旭普科技有限公司等首批入驻的6个重点项目与基地签署合作协议，项目投资总额超过18亿元。

27日 北化集团所属北京市工业技师学院与芬兰磨卡贸易（上海）有限公司合作成立北京培训中心。这是芬兰磨卡公司在中国建立的第一家培训中心。

同日 首钢工业煤气发酵制乙醇示范工程启动仪式在曹妃甸首钢渤海国际会议中心举行。此项目与新西兰朗泽科技公司合作，利用首钢京唐公司产生的二次能源废煤气发酵制造乙醇。

28日 北京市级生态工业园区示范授牌仪式暨战略性新兴产业布局与重大项目落地决策服务支撑系统部署会在北京会议中心召开。

同日 采埃孚车桥项目在北京经济技术开发区奠基。该项目总投资1.3亿元，主要为北京奔驰公司配套生产乘用车前后桥产品。

同日 首钢中首公司首文碳纤维项目投产仪式在安徽省蚌埠市高新技术产业开发区举行。该生产线经过初步热试，整线各项性能均优于国内同类碳化线，单线标称产能200吨/年以上。

29日 北京长安汽车公司举行纯电动轿车交车仪式，将100辆纯电动出租车交付房山区政府。此次交付的100辆电动出租车是长安汽车北京基地生产的第一批产品，其电池、电机等关键零部件均由北京本地生产企业配套。

同日 2011年度退出“高污染、高耗能、高耗水”企业市级验收复核会（第一批）召开。丰台区7家“三高”企业进行验收复核。

本月 北京紫竹药业有限公司药物制剂缓控释技术的开发与产业化项目，获得中华人民共和国国务院颁发的国家科学技术进步奖二等奖证书。

3月

1日 京东方北京8.5代线厂房光伏发电项目竣工仪式在北京经济技术开发区举行。该项目是截至目前北京市最大规模的光伏屋顶发电项目、北京市最大的国家“金太阳”示范工程。

同日 中芯国际北京一期增资扩产项目银团成员行中国进出口银行2亿美元贷款审批通过。截至目前，银团6亿美元份额全部认购完毕。

4日 “北京双鹤药业股份有限公司”中文名称变更为“华润双鹤药业股份有限公司”，英文名称由“BEIJING DOUBLE-CRANE PHARMACEUTICAL CO., LTD.”变更为“CHINA RESOURCES DOUBLE-CRANE PHARMACEUTICAL CO., LTD.”。公司证券简称自27日起由“双鹤药业”变更为“华润双鹤”，证券代码“600062”。

13日 北京市人民政府与中国石油化工集团公司签署战略合作协议，联合推广LNG（液化天然气）清洁能源公交车辆。

同日 《北京市“十二五”农产品加工发展规划》发布。

同日 京锡共建战略性新兴产业体系合作协议签字仪式在北京举行。该体系是落实《内蒙古—北京市经济社会发展区域合作框架协议》，利用两地资源，共同建设包括集成电路、云计算、通用航空、新能源、高端装备制造等战略性新兴产业的全产业链，旨在加速北京相关产业调整升级，推动内蒙古南部区域经济中心城市化进程和产业崛起。

14日 北京市经济和信息化委员会出台《北京市中小企业公共服务平台管理暂行办法》和《北京市小企业创业基地管理暂行办法》，规范、引导、支持市中小企业公共服务平台、小企业创业基地建设，加强对中小企业，尤其是小型、微型企业的服务。

同日 首钢京唐公司2230毫米冷轧生产线成功轧制出高强汽车板，各项指标全部符合标准，钢卷表面级别首次达到FD级别。

16日 2011年度北京质量奖、北京知名品牌颁奖典礼在北京举行。北京电力设备总厂BPEG牌金属封闭母线、干式空心电抗器、ZGM型中速辊式磨煤机，中煤北京煤矿机械有限责任公司BMJ（北煤机）牌液压支架，北京特普丽装饰装帧材料有限公司的特普丽牌墙纸，北京澳特舒尔保健品开发有限公司的碧生源牌常润茶和广东蓝带集团北京蓝宝酒业有限公司的艾尔牌啤酒获得北京知名品牌称号。

19日 北京汽车首款自主品牌轿车E系列在北京成功上市，标志着北京汽车全线乘用车产品布局正式落下第一子。

20日 北京智能交通系统及智能交通产业项目签约仪式在北京经济技术开发区召开。该项目由中电华通、三星物产及三星SDS共同设立，总投资为20亿元。

同日 北方微电子公司获得2012年度SEMI中国产业奖“半导体产业奖”称号。

21日 北京同有飞骥科技股份有限公司正式在深交所挂牌上市。股票简称“同有科技”，股票代码“300302”。该公司是国内A股市场第一家存储类上市公司。

同日 北京金运通大型轮胎翻修有限公司自主研发的特巨型工程轮胎无模翻新罐式硫化生产设备通过科技成果鉴定。

23~24日 工业和信息化部举行“十二五”工业转型升级规划宣传贯彻工作会议暨第三批“国家新型工业化产业示范基地”授牌仪式。

25日 在第八届中国服装品牌年度大奖颁奖典礼上，爱慕品牌荣获年度成就大奖，北京朗姿服装品牌荣获营销大奖提名。

26日 北汽福田肯尼亚销售有限公司成立暨新车发布仪式在肯尼亚首都内罗毕举行。中共中央政治局委员、北京市市委书记刘淇与肯尼亚总理奥廷加、中国驻肯尼亚大使刘光源和福田汽车公司总经理王金玉共同为福田汽车肯尼亚销售公司揭牌，并共同为福田在东非市场发布的新型皮卡车——拓路者揭幕。

27日 北京白菊电器有限公司荣获中国轻工业联合会“2010~2011年度全国轻工业卓越绩效先进企业”称号。

27~28日 中国轻工业联合会三届二次董事会暨全国轻工行业工作座谈会在长沙举行。一轻控股公司“多组织、跨行业集团信息化系统架构项目”获科技优秀奖，北京玻璃研究院“大体积氟化钡晶体研制项目”获得科技进步三等奖，资生堂丽源公司获得全国轻工业卓越绩效先进企业特别奖，大豪科技股份公司、金鱼科技公司获得全国轻工业卓越绩效先进企业称号。

28日 中关村科学城第四批建设项目签约揭牌大会在北京举行。北京市人民政府分别与北京中科科仪股份有限公司、中国科学院微生物所、中国科学报社、中国科学院计算机网络信息中心、中国科学院理化技术研究所、中国铁道科学研究院、中国政法大学、北京外国语大学、中央新闻电影制片厂9家中央单位签署合作协议。

同日 北京市人大常委会主任杜德印到燕山石化和石化新材料科技产业基地调研燕房合作项目实施情况。

29日 中关村昌平园留学人员创业园揭牌仪式在中关村兴业生物医药创业园举行。该留创园于2011年批准建立，面积3245平方米，其孵化专业方向为生物医药和新能源材料等。

30~31日 北京市经济和信息化委员会组织召开2011年度退出“三高”企业市级验收工作会(第二批)，对通州、大兴等7个区县17家“三高”退出企业进行验收复核。

本月 中国大陆首块氧化物TFT液晶屏(18.5英寸HD Oxide TFT-LCD)及首块氧化物AMOLED显示屏(4英寸WQVGA Oxide AMOLED)在京东方研发成功。

同月 北化集团所属北京化学试剂研究所高性能锂电池电解液及其制备技术荣获工业国防系统职工技术创新二等奖，车用尿素溶液获工业国防系统职工技术创新三等奖。

同月 高阻隔、抗迁移绿色包装薄膜产业化项目——北京北印东源新材料科技有限公司成立。项目总投资2500万元，其中北印东源出资1050万元、知识产权入股750万元、首科集团700万元（获得政府提供的重大科技成果转化支持资金）。该项目获批工信部2012年重大科技成果转化项目资金2700万元。

同月 北京服装学院服饰时尚设计产业创新园成立。创新园由北京市人民政府与北京服装学院共建，为中关村科学城第四批签约项目。

4月

1日 北京现代三工厂自建110千伏变电站工程完工并正式供电。

6日 北京市经济和信息化委员会与俄罗斯下诺夫哥罗德州签署合作意向书。双方将建立长期合作关系，重点促进工业、物流、信息技术等产业领域的合作，共同为双方企业的交流和发展创造平台，提供支持。

11日 国家级非物质文化遗产项目——仿复制海外遗珍漆器精品展在北京金漆镶嵌有限责任公司揭幕。

12日 2012恩布拉科创新大赛及颁奖仪式在北京新国际展览中心举行。共有15个单位和个人获奖。一等奖获10万美元奖励。

13日 北京市委、市政府召开北京市科学技术奖励大会暨2012年北京科技工作会议。北京水晶石数字科技股份有限公司获得首个重大科技创新奖。

同日 北京汽车集团有限公司举行首款自主品牌轿车规模化示范运营交车暨向北京汽车排球俱乐部赠车仪式。此次交付的500辆C30纯电动轿车是北汽集团基于首款自主品牌E150轿车平台研发生产的产品，最高时速120公里，续航里程约150公里。首批使用单位为北汽集团及北京普莱德电池公司、北京大洋新动力公司、北汽排球俱乐部等相关企业。

同日 北京中建中关村生命科学园有限公

司举行揭牌仪式，标志着生命科技园三期开发建设正式启动。

同日 北京京仪世纪电子股份有限公司的“MCZ-6000HB型太阳能硅单晶炉”、北京京仪椿树整流器有限责任公司的“多晶硅生产加热电源系统”、北京瑞利分析仪器有限公司的“AF-610D2色谱——原子荧光联用仪”、北京布莱迪仪器仪表有限公司的“YE系列膜盒压力表”荣获北京市科学技术奖三等奖。

14日 房山区举行纯电动出租车、LNG公交车运营启动仪式。此次投入使用电动出租车100辆、LNG公交车80辆。

同日 北京巴布科克·威尔科克斯有限公司330兆瓦燃煤机组成功完成360小时试运行，成为世界范围内第一台纯烧越南无烟煤运行的锅炉。

14~16日 北京东方城国际钢结构有限公司、北京中进管业有限公司、北京鸿恒基幕墙装饰工程有限公司、北京宏福钢结构有限公司、北京理德盛恒有缘科技发展有限公司5家北京建材企业与和田洛浦县签署《建设北京——洛浦新型建材园框架协议》。该项目选址在洛浦县工业园，占地40万平方米，计划总投资1.2亿元，重点建设集建材产业的生产、销售及工程设计和施工等为一体的新型建材园区。

16日 原中共中央政治局常委、国务院副总理李岚清在北京一轻控股有限责任公司总经理苏志民的陪同下，到玻璃集团所属赛欧特眼镜公司进行考察。

同日 博奥生物有限公司荣获北京市药品安全百千万工程“医疗器械质量管理示范企业”称号。

18日 北京科技大学创新基地项目“重大工程材料服役安全研究评价设施”和“教育部材料服役安全科学中心”一期开工建设。建筑面积9100平方米，投资约4000万元。

23日 北京汽车集团有限公司M-trix平台在2012北京国际汽车展览会上正式发布，首款中高级轿车C70G全球首发。

同日 第七届“中华宝钢环境奖”颁奖典礼在人民大会堂举行。燕山石化公司获得“中华宝钢环境奖”。

24日 京煤集团昊华精煤公司高家梁煤矿被国家安全生产监督管理总局、国家煤矿安全监察局评为“国家级安全质量标准化煤矿”。

26日 北京第二机床厂有限公司承担的“汽车零部件加工成套自动化生产线”项目和“汽车发动机曲轴高效精密加工成套装备”课题在北京通过国家科技部“863”计划课题验收专家组的验收，获得国家发明专利授权2项，实用新型专利授权1项。

27日 “清华同方”“THTF”品牌电视机被国家工商总局正式认定为“中国驰名商标”。

28日 中国石油大学（北京）与天津京滨工业园签署项目合作协议。协议商定由北京中石大新元投资有限公司与博思特能源装备（天津）股份有限公司共同投资成立合资公司，管理运营中国石油大学京滨工业园项目。

本月 北京京城金太阳能源科技有限公司成立。该公司是北京京城机电控股有限责任公司独资子公司，注册资本1亿元，注册地在亦庄经济技术开发区，负责开发太阳能光伏发电项目。

5月

8日 中国铁矿石现货交易平台在北京国际矿业权交易所交易大厅举行开市仪式。

9日 康得新公司与京东方签订光学膜战略合作协议。京东方确认其为主要的光学膜供应商之一。

15日 中芯国际集成电路制造（北京）有限公司与北京市经济和信息化委员会、北京经济技术开发区管委会签署合作框架协议，将以合资方式建设中芯北京二期项目。

16日 北汽摩电动车分公司开业暨汽车热交换产品联合研发中心举行落成仪式。

18日 北京未来科技城区域能源中心开工仪式在北京举行。该中心位于未来科技城南区，由北京能源投资（集团）有限公司投资，华北电力科学研究院有限责任公司设计，北京京能清洁能源电力股份有限公司负责建设和运营，工程总投资约19亿元。中心由燃气热电冷联供项目、调峰蓄能项目、土壤源和再生水源热泵项目、分布式太阳能项目及配套供热、供冷管网等构成。

同日 国内首套溴化丁基橡胶装置——燕山石化公司3万吨/年溴化丁基橡胶装置成功开车并生产出合格产品，开始批量生产。

22日 北京雪莲集团有限公司、北京喜润丝国际贸易有限公司共同出资建设的新疆雪羚生物科技有限公司超细绒山羊及多羔（胎）肉羊高效养殖与繁育研究基地在新疆昌吉举行奠基仪式。项目一期投资1亿元，新建666.67万平方米饲草料地和66.67万平方米工厂化养殖基地，养殖绒山羊8万只、多羔（胎）肉羊5万只。

24日 北京市电子商务服务联盟成立。北京移动、北京联通、北京电信、北京邮电大学互联网治理与法律研究中心、中搜网、敦煌网、慧聪网、凡客诚品、新发地电子交易中心、315电子商务诚信平台、用友软件、神州数码、金银岛等单位成为首批成员。

25日 北医健康产业园开工典礼在中关村生命科学园举行。该园是北大国际医院集团全资子公司，占地14.6万平方米，总建筑面积22万平方米，容积率1.2，绿化率40%。

同日 北京京城机电控股有限责任公司在中国机械工业联合会、中国汽车工业协会发布的2011年机械工业百强、汽车工业30强名单中名列第14名，荣获“2011年中国机械工业百强企业”称号。

28日 北京金隅股份有限公司与中祟集团有限公司《战略合作框架协议》签约仪式在北京金隅总部环球贸易中心举行。双方将在煤炭、焦炭、铁矿石及废金属等大宗物资的进出口和国内采购销售业务上开展合作。

同日 赛诺菲制药集团增资9000万美元（约合人民币6亿元）扩建的北京工厂来得时预填充SoloSTAR组装生产线竣工投产。

31日 北京市开始实施第五阶段车用汽、柴油标准，首批京标V汽油出厂。

本月 北京化学试剂研究所被评为中国科技创新能源环保百强企业。

6月

6日 北京市珐琅厂有限责任公司景泰蓝博物馆开馆。博物馆一期工程建筑面积450平方米。

7日 北京市产业援疆项目签约仪式在首都大酒店举行。北京市经济和信息化委员会与北京市援疆和田指挥部、和田市人民政府签署《关于加快推进北京和田工业园区标准化厂房建设的框架协议》，北京新兴企业集团等企业与和田洛浦县签署《建设洛浦新型节能建材物流园合作协议》。

8日 北京市人民政府与中国医药集团总公司战略合作框架协议签字仪式在北京饭店举行。根据协议，双方将在医药物流、生物医药产业发展、科技研发、重大疾病防治、保证人民群众用药安全等方面加强合作。

13日 北京市副市长苟仲文会见伟创力董事长Peter一行，希望与Peter建立定期会晤机制，在显示、半导体、云计算及碳纳米管应用等领域开展投融资合作。

同日 北京一轻研究院首个对接主业的产品开发项目——钢琴静音演奏装置项目通过验收。

14日 中关村新能源海水淡化产业技术创新联盟成立暨示范项目启动仪式在北控集团曹妃甸新能源海水淡化处理厂举行。

15日 海聚·博源创新产业基地举行奠基仪式。基地计划总投资20亿元，占地17.33万平方米，分三期完成科技研发区、企业定制区、总部商务区和配套服务区四大功能区域建设。

同日 工美大厦天坛店暨“北京礼物”示范店开业。

26日 北京华腾天海环保科技有限公司甲醛“5+5”扩产和节能改造项目投产。

27日 北京京城重工机械有限责任公司自主研发的国内首台5轴160吨全地面起重机（QAY160E）吊重200吨极限载荷试验成功。

同日 GE医疗北京厂区万台X光机暨首

台血管机下线。

同日 北京汽车集团有限公司1.8T工装发动机一次点火成功。该发动机是北汽集团在萨博引进的B205/235发动机基础上，进行全面优化，提高发动机的压缩比，进一步提升了发动机的动力性能。

同日 易亨集团、飞达集团合并重组暨电控资产经营管理平台成立大会在易亨大厦举行。

7月

1日 北京福田戴姆勒汽车有限公司正式运营。

5日 房山区人民政府、北京航空航天大学和北京飞航吉达航空科技有限公司在房山区举行航空复合材料检测中心项目签约仪式。该项目投资2000万元，兴建碳纤维与先进复合材料性能测试中心。

6日 北京汽车股份有限公司与中航工业基础院在顺义签署战略合作协议。双方拟在汽车先进技术、新材料开发、先进制造技术、先进汽车轻量化材料应用等方面展开全面合作。

9日 美国《财富》杂志发布世界500强排行榜单，首钢集团以2335亿元的营业收入名列第295位。

10日 工业和信息化部发布2012年（第十一届）中国软件业务收入前百家企业和中国自主品牌软件产品收入前十家企业名单。北京市27家企业入选收入前百家企业，2家企业入选中国自主品牌软件产品收入前十家企业。

14日 北京华兴长泰物联网技术研究院有限责任公司与首都医科大学麻醉学系在北京医学会麻醉学年会上正式签约，合作成立毒麻药信息化管理联合研究中心。

18日 北京地铁7号线工程采购合同举行签约仪式。北京地铁车辆装备公司的国产B型车，株洲时代电气公司的国产列车牵引系统，以及北京交控科技公司的国产信号系统中标。

30日 北京京城机电控股公司责任公司完成收购意大利SAFOP公司。

31日 第26届电子信息百强企业发布。联想控股有限公司、北大方正集团有限公司、同方股份有限公司、京东方科技集团股份有限公司、航天信息有限公司、北京华胜天成科技股份有限公司、紫光股份有限公司、大唐电信科技有限公司、大恒新纪元科技有限公司9家企业入选电子信息百强企业名单。

同日 北京礼物·京味特色糕点创新包装启动仪式举行。

8月

3日 北斗导航检测认证体系建设战略合作协议举行签约仪式。北斗卫星导航系统是中国正在实施的自主研发、独立运行的全球卫星导航系统，2020年将实现全球覆盖。

6日 北京红螺食品有限公司的茯苓夹饼在第十六届世界食品科技大会上荣获“全球食品工业大奖”，成为中国果脯行业中第一家荣获世界食品行业顶级奖项的企业。

8日 北京第二机床厂有限公司承担“超精密加工技术与装备”项目、“高精度主轴类零件外圆磨床”课题，通过了国家科技部“863”计划课题验收专家组的验收。

同日 北京汽车集团有限公司在第六届中国品牌节上获得2012年品牌中国华谱奖。

14日 由京运通承担的国家02专项重大科技攻关项目“国产大尺寸区熔炉研制项目”通过技术鉴定，这是国内首次应用国产设备实现6英寸区熔单晶硅的工艺生产。

15日 在《财政部、海关总署、国家税务总局关于印发薄膜晶体管液晶显示器件生产企业进口免税物资范围及首批享受政策企业名单的通知》中，首批享受政策的TFT-LCD企业共有11家，其中京东方集团旗下的北京京东方光电科技有限公司、北京京东方显示技术有限公司2家企业入围。

16日 中科院生物物理研究所仁和百奥健康研究中心成立仪式在中科院生物物理研究所举行。

同日 北京小米科技有限责任公司在北京发布小米手机二代。该款手机采用高通APQ 8064四核处理器，是业内首款采用此处理器的产品，售价1999元。

同日 北京汽车集团有限公司兴东方装备筹备中心挂牌成立。

24日 北京市政府与中国人民解放军海军在北京举行共建蓝鲸军民融合创新园签约仪式。签署《中国人民解放军海军、北京市人民政府共建蓝鲸军民融合创新园合作协议书》和《首批"军转民"和"民转军"合作项目推进意向书》。

28日 北市经济和信息化委员会援建和田北京工业园2万平方米标准化厂房项目在和田签署援建协议并举行开工奠基仪式。该项目位于北京和田工业园区河东区块，项目占地约6.67万平方米，项目总体建设规模为2万平方米，建筑容积率约0.32。

同日 京和中进新型塑业有限公司在和田北京工业园正式竣工投产。该项目5月完成注册，8月实现投产。项目总投资3000万元，建设厂房4200平方米，员工宿舍1500平方米，地面硬化1万平方米，购置9条生产线，年生产各种管材5000吨。

30日 北京义翘神州生物技术公司在北京经济技术开发区举行国家新药创制重大专项课题成果发布会，与国际领先的生物技术创新解决方案供应商美国Life Technologies公司签订全球战略合作协议。

9月

1日 2012中国企业500强发布暨中国大企业峰会在长春举行。北京汽车集团有限公司荣列2012中国企业500强第47名，中国制造业500强第16名。

4日 北汽福田重型机械项目在怀柔区奠基。该项目总投资约25亿元，占地面积51.55万平方米，设计产能2万台。项目以清洁能源为发展方向，在大型水电、风电、化工、铁路等领域开展清洁能源起吊和混凝土设备等特种重型机械的联合开发和市场推广。

5日 北京市副市长苟仲文在市政府会见日本三菱重工佃嘉章副社长一行。北京市希望与三菱重工通过与中高动力的合作将其产品制造落户北京。

6日 京粮集团精品油脂产业示范基地落成投产暨古船油脂古币分公司开业仪式在通州区马驹桥举行。

8日 中航工业总经理谭瑞松与北航校长怀进鹏共同签署《中国航空工业集团公司与北京航空航天大学协同创新合作协议》。中航发动机控股公司与北京航空航天大学签订共建航空发动机基础技术研究中心和共建国家试点学院——北航能源与动力工程学院的合作协议，并举行"先进航空发动机协同创新中心"揭牌仪式。

11日 第三届北京传统工艺美术评审委员会第四次会议在北京工艺美术行业协会召开。会议通过《第七届北京工艺美术大师和民间工艺大师评审认定工作实施方案》。

12日 北京通用航空产业基地重大项目落地签约仪式暨北京通用航空科技创新园揭牌仪式在北京国际饭店会议中心举行。北京通用航空产业基地管理委员会分别与北京宜通金茂航空投资有限公司、滨奥航空投资集团、奥凯航空公司、中航空港场道工程技术有限公司签订合作协议书。

16日 北京市纸箱厂建厂60周年暨"北京国际印刷包装科技研发中心"项目启动仪式在人民大会堂举行。此项目拟建设规模8万平方米，其中生产楼1.5万平方米、科技研发中心45000平方米。

17日 北京市经济和信息化委员会与拉萨市工业和信息化局签署对口支援拉萨工业和信息化工作协议。

18日 中共中央政治局常委、中央纪委书记贺国强到北京经济技术开发区考察工作。

同日 由北京电子城投资开发股份有限公司投资建设的电子城 IT 产业园 A4 厂房工程启动。

同日 北京二七轨道交通装备有限责任公司 EN15085 轨道车辆焊接质量体系通过德国 GSI SLV Duisburg 公司和哈尔滨焊接技术培训中心复审。

20 日 北京汽车集团有限公司自主品牌发动机 B205/235 实现量产。

21 日 北京第二机床厂有限公司承担的北京市科技计划“高速铁路轴类关键零件高效精密加工技术和专用装备的开发应用”课题通过北京市科委组织的专家组验收。

24 日 中共中央政治局委员、国务院副总理王岐山到北京京煤集团有限责任公司“金泰菜篮子”连锁店了解情况，并慰问该店员工。

同日 京城首座工艺美术文化创意产业园——北京工美聚艺文化创意产业园在朝阳区垡头开园。产业园一期占地面积 8635 平方米、建筑面积 8100 平方米，二期规划占地面积 8 万平方米。截至目前，有近 20 家工艺美术行业知名企、事业单位及社会团体入驻产业园。

25 日 北京奔驰二期工程奠基仪式在北京经济技术开发区举行。

同日 中芯国际（北京）二期项目奠基仪式在北京经济技术开发区举行。该项目是继京东方 8.5 代 TFT−LCD 生产线之后又一个重大投资项目，总投资 72 亿美元。

同日 台湾东贝光电集团投资 1 亿美元的 LED 光电器件生产项目在北京经济技术开发区举行开工仪式。该项目是北京数字电视产业的重要配套项目之一，主要为京东方液晶面板提供 LED 背光器件。

26 日 全国最大中药材前处理基地——北京同仁堂股份集团药材前处理分厂在北京生物工程与医药产业基地正式启动投产。

27 日 北京光学仪器厂划转北京北控置业有限责任公司仪式在京仪集团召开。

28 日 京煤集团与门头沟区政府合作开发的中瑞生态谷韭园新型农村社区项目开工。

29 日 京煤集团昊华能源公司全资子公司昊华能源国际（香港）有限公司在南非约翰内斯堡 Ivestec 银行办公大楼同非洲煤业有限公司（Coal of Africa）签署约束性要约。昊华国际将持有非洲煤业有限公司 23.6% 的股权，成为非洲煤业公司第一大股东。

同日 2012 北京最具文化创意十大时装品牌评选颁奖典礼在北京服装学院服饰时尚设计创新园举行。爱慕、铜牛、威可多、依文、李宁、白领、探路者、朗姿、水孩儿、顺美共 10 个品牌荣获“2012 北京最具文化创意十大时装品牌”；雪莲、纤丝鸟、凡客诚品、木真了、赛斯特、庄子、诺丁山、格格、玫而美、红都、蓝地共 11 个品牌荣获“2012 北京文化创意优秀时装品牌”。

30 日 LNG 清洁能源公交车投入运营仪式在北京公交靛厂新村场站举行。

本月 北京金田麦食品有限公司被国家农业部评为“全国主食加工业示范企业”。

10 月

1 日 房山区经济和信息化委员会编撰的《房山工业史话》正式印发。书中记述了从人类诞生以来至 2012 年 8 月房山工业的历史沿革、重大事件等内容。

8 日 第二十七届北京市企业管理现代化创新成果奖颁布，牡丹电子集团“基于战略转型的企业文化建设”荣获一等奖，兆维电子集团“非典型性商业工业房地产项目经营管理模式的构建与运行”荣获二等奖。

10 日 北京市玉器厂有限责任公司、北京工美珠宝投资管理有限公司成立仪式在北京市玉器厂举行。

同日 2011~2012 年度北京优秀企业家表彰大会召开。马小兰等 79 名企业家受到表彰，其中 54 名企业家被授予 2011~2012 年度优秀企业家称号、25 名企业家荣获 2011~2012 年度北京优秀创业企业家称号。

11 日 奥瑞金包装股份有限公司在深圳证券交易所正式挂牌上市。首次公开发行 7667 万股，发行后总股本 3.06 亿股，每股价格 21.6 元。

12 日 北京市经济和信息化委员会出台《北京市新型工业化产业示范基地管理办法（试行）》。

同日 达能乳业（北京）有限公司食品工业企业诚信管理体系被中国乳制品工业协会授予“诚信管理体系证书”，成为全市首家取得诚信管理体系认证的食品工业企业。

16 日 北京市副市长苟仲文调研长城华冠公司，并出席国能电池公司投产仪式。国能动力电池项目是国能集团与房山区政府签订战略合作协议后竣工投产的第一个项目。

同日 北京第一机床厂承担的国家科技重大专项课题“数控重型桥式龙门五轴联动车铣复合机床”，通过“高档数控机床与基础制造装备”科技重大专项实施管理办公室在天津组织召开的专项验收。

19 日 第一届北京市年鉴编校质量评比颁奖会在北京市方志馆举行。会上为72家获奖年鉴颁发了证书。《北京工业年鉴》《首钢年鉴》荣获一等奖，《北京信息化年鉴》荣获二等奖，《北京金隅年鉴》荣获三等奖。

20 日 北京纳米绿色打印印刷技术产业化基地正式竣工投入使用。该项目主要用于纳米材料绿色印刷制版技术的产业化实施以及北京纳米绿色打印印刷工程技术研究中心的相关研发工作。

23 日 中关村时尚产业创新园开园仪式在北京服装学院举行。

25 日 2012年北京女装、童装、羽绒服装系列优质产品名单发布。蓝地女装、朗姿女装、佳美女装、璞玉旗袍、伊里兰羽绒服、杰奥羽绒服、派克兰帝羽绒服、贝美依针织夹克获得“北京优质产品”称号。

同日 北京二七轨道交通装备有限责任公司与Flexiwaggon公司在瑞典首都斯德哥尔摩正式签署柔性货车合作协议。

26 日 牛栏山酒厂与中国科学院就“牛栏山一号清香型低温大曲”开发科研项目正式签约。双方将共同就搭载“神舟九号”飞船在太空遨游13天的“牛栏山一号”清香型低温大曲中的微生物种群及其酶活进行跟踪研究。

27 日 中共中央政治局常委、全国政协主席贾庆林到北汽研发基地调研并出席北京汽车自主品牌高端基地竣工暨生产线启动仪式。

30 日 燕山石化首次成功生产硫含量为5.2ppm的京标V 98号车用汽油1945吨。该产品抗爆性更强、燃烧值更高，提供更强大的动力。

同日 北京小米科技有限责任公司研发的小米二代手机正式上线销售，首日预订用户超过100万人。

31 日 北京隆达轻工控股有限责任公司旗下北京京华虎彩印刷有限公司举行新型数码印刷设备项目投产仪式。

同日 UNEP全球高效照明技术合作中心揭牌仪式在国家电光源质量监督检验中心（北京）举行。

本月 京东方科技集团成功研发出17英寸AM-OLED彩色显示屏，这是全球首款融合了氧化物TFT背板技术和喷墨打印技术的大尺寸AM-OLED显示屏。同期，国内首款17英寸利用氧化物TFT和真空蒸镀技术制备的AM-OLED显示屏也在京东方问世。

同月 北方微电子公司承担的国家重大科技02专项“65/45纳米铜PVD设备研发”“45/22纳米铜PVD设备研发与产业化”项目研发实现产业化。

同月 北京中电科电子装备有限公司承担的国家重大科技02专项“全自动引线键合机”项目研发成功并实现产业化。

11月

1 日 北京雅昌艺术中心在顺义区高丽营镇金马工业区开工奠基。

同日 北京青年创业园房山园在盛通家居广场6~9层正式设立，共8000平方米，将采取“一园多基地”方式，与欧美同学会、中国留学生联谊会、北京高校学会及周边工业园区和重点企业合作，成为海聚基地的孵化基地、驻区高校大学生创业和实践基地、创意设计集聚区、青年人才汇聚地。

6 日 北京金隅琉璃河水泥公司的国内首条飞灰工业化处置示范线项目竣工投产。

12 日 工业和信息化部、财政部联合发布“2012 年国家技术创新示范企业”名单，方正集团榜上有名。

15 日 北京数字化制造产业技术创新联盟揭牌仪式在首都大酒店举行。该联盟是北京市科委以北京数控装备创新联盟、中国工业设计技术服务联盟为支撑，组织中航天地公司、上拓公司、清华大学、北京航空航天大学及北京印刷学院等 20 余家企业、院所和高校共同发起成立。

16 日 金隅通达耐火技术股份有限公司科协成立大会暨院士专家工作站授牌仪式举行。中国科学院资深院士钟香崇以及郑州大学教授葛铁柱受聘成为首批进站院士专家。

19 日 “北京赛科药业有限责任公司”更名为“华润赛科药业有限责任公司”。公司英文名称变更为 CHINA RESOURCES SAIKE PHARMACEUTICAL CO.，LTD，是华润医药全资子公司。

22 日 2012 中国服装家纺自主品牌建设成果发布会在人民大会堂举行。会上发布《中国服装家纺自主品牌发展报告（2012 年）》以及“重点跟踪培育的服装家纺自主品牌企业”名单，北京爱慕内衣有限公司、北京白领时装有限公司、北京派克兰帝有限责任公司、北京赛斯特新世纪服装有限公司、北京顺美服装股份有限公司、北京铜牛集团有限公司、北京威克多制衣中心、李宁（中国）体育用品有限公司、依文服饰股份有限公司，共 9 家北京企业入选。

23 日 北京市经济和信息化委员会与北京市财政局共同举行北京市中小企业创业投资引导基金第五批合作创投机构签约仪式。市中小企业服务中心代表市政府作为引导基金的名义出资代表，与启迪创业投资有限公司、上海力鼎投资管理有限公司等创投机构签订协议。共同出资成立 5 家引导基金参股创投企业，协议出资金额 8.64 亿元，其中引导基金协议出资 2.2 亿元，合作机构协议出资 6.44 亿元。

同日 北京琉璃河水泥有限公司获得国家发展和改革委员会、环境保护部、人力资源社会保障部、财政部 4 部委授予的“全国节能先进集体”称号。

26 日 北京现代第 400 万辆汽车下线暨全新胜达下线仪式在北京现代第三工厂举行。

同日 中关村国防科技园开工仪式在北京理工大学举行。科技园位于北京理工大学主校区西区，占地面积 62402 平方米，建筑面积 237995 平方米，将以国防科技与兵器相关产业为牵引，以技术创新为龙头，集研发、服务、营销、孵化、投融资功能为一体，服务于国防高新技术研发、转化和产业化。

28 日 北汽西南基地建成投产，北汽威旺 205 及 205 加长版正式上市。

29~30 日 “2012 年中国优秀工业设计奖终评产品作品展”在厦门举行。奥林巴斯(北京)销售服务有限公司的整体工作台 OAW-C 和北京华新意创工业设计有限公司的中国防灾减灾无人驾驶飞机作品进入前 20 名。北京华新意创工业设计有限公司的中国防灾减灾无人驾驶飞机获得 2012 年中国优秀工业设计奖金奖，成为 9 个产品设计金奖之一。

30 日 房山区与华能新能源股份有限公司签署《北京市房山区新能源项目开发框架协议书》。南窖乡与华能新能源股份有限公司签署《华能房山南窖风力发电项目开发协议书》。

同日 北京紫竹药业有限公司完成对中国化工乳胶业务的收购及改制工作，分别持有桂林紫竹乳胶制品有限公司、上海金香乳胶制品有限公司 100% 股权。

本月 由国家知识产权局与世界知识产权组织联合举办的第十四届中国专利奖评选结果在北京揭晓。京东方科技集团“薄膜晶体管液晶显示器的驱动装置”专利获得中国专利奖金奖，“液晶显示装置高动态对比度的处理装置和处理方法”“移位寄存器及液晶显示器栅极驱动装置”同时获得中国专利奖优秀奖。

同月 北京三元食品股份有限公司、中铁十六局集团有限公司两家企业的技术中心被国家发展和改革委员会认定为第十九批国家认定企业技术中心。

12月

1日 北京市副市长苟仲文应邀出席北京长安汽车公司举行的长安150周年庆典（北京站）暨睿骋RAETON下线仪式。代市长王安顺以及国家部委有关领导，为长安150周年致贺信或题词表示祝贺。

同日 北京汽车工业领导小组在北京公交香泉环岛场站举行香泉环岛LNG加气装置投入运营仪式。

4日 “中关村京仪海归人才创业园”授牌仪式举行。京仪留创园由中关村科技园区管理委员会与北京京仪集团有限责任公司共建，由北京京仪科技孵化器有限公司负责具体实施，是中关村区域内的第34家留创园。

6日 京东方科技集团股份有限公司荣获2012年第三届全球竞争力与可持续发展论坛颁发的“2012年度最具持续竞争力品牌”奖项。

7日 北京市工业和信息化第十五届职业技能大赛表彰大会在中国国家话剧院举行。此次大赛自2月23日启动，比赛工种214个53.3万人报名参赛。经过初赛、复赛、决赛的激烈角逐，135位高手摘取桂冠，被授予“北京市技术能手”称号，进入北京市技能人才储备库。

11日 首钢总公司与京城机电战略合作协议暨首钢迁钢公司与京城物流公司战略合作协议、首钢迁钢公司与北重公司大型汽轮发电机用硅钢片技术合作协议签约仪式在北京举行。

同日 燕山石化丁苯装置成功产出合格的充油溶聚丁苯橡胶，成为中国石化首家生产该产品的企业。

12日 北京市经济和信息化委员会举办2012年北京市中小企业公共服务平台、北京市小企业创业基地授牌仪式暨新闻发布会。会上对北京北航科技园有限公司、北京嘉捷美锦科技发展有限公司等19个“北京市中小企业公共服务平台”和汇龙森国际企业孵化（北京）有限公司、北京瀚海智业投资管理有限公司等20个“北京市小企业创业基地”进行授牌。

同日 京城控股公司装备技术研究院暨中央研究院揭牌成立。

同日 清华大学电子工程系与同方电子科技有限公司联合成立的卫星导航接收机联合研究中心正式揭牌成立。

同日 北京家居行业协会成立。

13日 国务院总理温家宝先后到未名凯拓农业生物技术有限公司、百度公司、联想集团考察。温家宝指出，中关村发展的经验，一是人的解放，让人活起来，自由地去创造，这是科技创新的根本，也是中关村发展的根本。二是体制创新，坚持以企业为主体，产学研结合，经济与科技紧密结合，这是科技体制改革的核心，也是中关村成功的道路。中关村的探索和经验具有全局性的示范作用。

14日 国家安全监管总局和中国石化集团公司共建教育培训基地协议签字暨揭牌仪式在燕山石化举行。

15日 北京中电科电子装备有限公司承担的国家科技重大02专项“QFN自动切割机开发与产业化”“引线键合机开发与产业化”“晶圆减薄机开发与产业化”“全自动晶圆划片机开发与产业化”，共4个课题通过科技部组织的任务验收和财务验收。

16日 北京电子信息职业教育集团成立大会在北京信息职业技术学院举行。集团由60家具有独立法人地位的单位组成，其中企业34家、学校12家、行业协会5家、科研院所及其他单位9家。

20日 首钢京唐集装箱用热连轧钢板和钢带获得冶金产品特优质量奖，结构用热连轧钢带、汽车结构用热连轧钢带、连续热镀锌钢带、冷轧低碳钢带、集装箱用热连轧钢板和钢带、首钢冷轧连续热镀锌钢带、连续热镀锌/锌铁合金钢带、冷轧低碳钢带共8个产品获行业金杯奖。

同日 《北京市传统工艺美术保护办法》颁布10周年成就展暨第二届北京工艺美术创新设计大赛在北京国际展览馆开幕。本次展览集结了北京市工艺美术行业59位国家级大师和北京市级工艺美术大师创作的120件（套）精品、

160名艺徒创作的166件（套）作品和60名大专以上毕业生的64件（套）作品。

21日 京东方科技集团股份有限公司与重庆市政府签订《重庆第8.5代新型半导体显示器件及系统项目投资框架协议》，在重庆两江新区共同投资建设第8.5代新型半导体显示器件及系统项目。

22日 全国传统印刷产业技术创新联盟成立。联盟由北京印刷学院、北京绿色印刷包装产业技术研究院、中国印刷技术协会印刷史研究委员会、扬州报业传媒集团、扬州广陵古籍刻印社等25家单位在扬州发起成立。

23日 北京现代全新胜达正式上市。全新胜达属于北京现代推出的最高端的旗舰型SUV。

同日 第三届北京传统工艺美术评审委员会专家对第二届北京工艺美术创新设计大赛的参赛作品进行评审。210名艺徒及大学生的220件（套）作品参赛，评出获奖作品92件（套）。

24日 北京科大科技园有限公司被北京市科学技术委员会授予“战略性新兴产业孵育基地”。获得支持的战略性新兴产业培育项目分别为北京博鹏北科科技有限公司的“塔文湿法除尘系统”项目、北京浩运金能科技有限公司的“镍氢电池用低自放电型储氢合金的开发”项目、奥美合金材料科技（北京）有限公司的“一种新型耐磨耐蚀铁基粉的应用”项目、北京华业恒威油品新技术有限公司的“节能环保产品——恒威燃油宝”项目及北京科大朗涤环保工程技术有限公司 的“基于移动捕集式除尘的焦炉二合一地面除尘站”项目。

同日 北京紫竹药业有限公司变更为北京医药集团有限责任公司100%持股的一人有限责任公司，并完成股权变更工商登记。

25日 北汽动力总成公司变速器F25/35正式量产。

同日 京仪绿能公司格尔木二期20兆瓦并网光伏发电项目通过验收，并顺利并网。

26日 “金隅中央研究院”在北京建材科研总院正式揭牌运营。

同日 由北京二商大红门肉类食品有限公司与河北安平久利投资有限公司合资成立的河北安平大红门食品有限公司正式开业。

26~28日 北方微电子公司承担的65−45纳米PVD设备研发项目通过验收。该项目是“极大规模集成电路制造装备及成套工艺”科技重大专项（02专项）“十一五”期间布局的项目。

27日 北京确安科技公司承担的02专项“极大规模集成电路测试技术研究”项目通过验收。

12月28日 北京华江文化发展有限公司、北京北洋旅游工艺品厂、北京汉艺煌景泰蓝工艺有限公司、北京京华印象科技文化发展公司4家工艺美术企业的参赛产品获得第九届北京礼物旅游商品大赛金奖，30余家食品、印刷、服装、工美企业分别获奖项。

同日 北京达博有色金属焊料有限责任公司键合丝新厂房项目建成。注册资金由3428万元增至5800万元。

本月 京东方成功研制出全球最大尺寸超高清氧化物显示屏，其分辨率高达3840×2160，清晰度达到4倍于FHD（全高清）的UHD（Ultra HD）超高清级别。

同月 北京紫竹药业有限公司的毓婷、米非司酮产品被北京市产品评价中心评为北京市优质产品，米非司酮被评为中国优质产品。

总 述

2012年，全市工业实现工业增加值3294.3亿元，同比增长7%，占全市地区生产总值的比重为18.4%。其中，规模以上工业企业实现工业增加值3033.3亿元，同比增长7%；工业总产值15596.2亿元，同比增长7.5%；主营业务收入16905.1亿元，同比增长7.3%；利润1267.9亿元，同比增长12.3%；全员劳动生产率为25.2万元/人，比上年同期提高0.6万元/人。

多点支撑的发展格局初步形成，产业发展链条不断延长。2012年，电子、汽车、装备三大产业产值均超过2000亿元，其中电子和汽车产业增加值增速分别高于全市工业平均水平2.9和0.9个百分点；医药产业增速连续10年保持两位数，成为北京工业的新增长点。电子领域：以京东方8代线为中心的数字电视产业园崛起，以诺基亚、索爱普天、小米为核心的移动互联网终端产品生产商一起，成为支撑电子产业发展的重要力量，并带动上下游配套企业快速发展。汽车领域：形成了以北京现代、北京奔驰和北汽福田3家整车企业为核心，以百家重点零部件企业为支撑，集研发设计、整车生产、零部件配套、汽车销售、售后服务为一体的完整的产业链条。

创新驱动成果进一步彰显。2012年，规模以上高技术制造业增加值同比增长11.3%，高于全市工业平均水平4.3个百分点；工业企业新产品销售收入占产品销售收入的25.8%，同比提高了3.7个百分点。以企业为中心的创新发展格局初步形成，中芯国际“65纳米低漏电产品工艺”整体研发完成，实现批量生产，成品率95%以上，销售额达1.4亿美元；东方科技集团全年专利数2500件，产值同比增长1.7倍；小米科技突破传统研发生产销售模式，实现了“北京制造”向“北京创造”转变，全年产值超百亿元；泰德、康辰等企业积极研发生产创新性高、定价权强的药品，产值保持30%以上快速增长。

内生增长动力进一步增强。2012年，规模以上工业实现内销产值1.4万亿元，同比增长8.6%，高于销售产值增速1个百分点，占全部销售产值的比重达到90.2%，比去年同期提高0.9个百分点。

工业绿色发展处于国内领先水平。2012年，全市工业关停退出高排放企业200余家，五大高耗能行业能耗全面下降。全市工业万元增加值能耗0.716吨标准煤，同比下降8.7%，工业单耗持续排名全国前列。

（经济运行处）

【汽车与交通设备产业】 2012年，北京汽车及交通运输设备制造业完成工业总产值2720.5亿元，同比增长9.8%;工业增加值同比增长7.9%。汽车工业实现产值2519.63亿元，同比增长10.4%；增加值同比增长10.4%。其中，整车实现产值1733.8亿元，同比增长9.9%；零部件实现产值758.1亿元，同比增长12.0%。年内，北京累计生产汽车167.3万辆，同比增长10.5%；累计销售汽车169.1万辆，同比增长10.8%。年内,北汽集团公司市场占有率为8.8%，较去年年底的8.2%增加了0.6个百分点，居全国第四。北京现代汽车有限公司销售汽车85.9万辆，同比增长16.2%，乘用车市场占有率为5.5%，较2011年年底增加了0.7个百分点，排名全国第五；轿车市场占有率为6.9%，排名全国第四。其中，悦动轿车销售21.48万辆，在全国单品牌轿车销售排名第八位。北汽福田公司销售汽车62万辆，同比下降3.1%，商用车市场占有率为16.3%，较2011年年底增长了0.4个百分点，保持全国第一。其中，福田中重卡产品累计销售9.55万辆，同比下降12.6%，市场占有率由2011年年底的2.7%降至2.5%，排名仍保持在第三位。北京奔驰公司销售汽车9.4万辆，同比增长20.4 %。北汽有限公司销售汽车5.05万辆，同比下降13.4 %。

汽车产业基地建设。年内，汽车产业基地立足"国际枢纽空港、高端产业新城、和谐宜居家园"区域发展定位，坚持以汽车与航空产业为核心，着力打造汽车和航空2个千亿级产业集群，园区经济指标稳步提高。年内，汽车基地全年完成生产总值857.5亿元，同比增长16.5%；实现销售收入911.3亿元，同比增长16%；实现属地税收112.5亿元，同比增长11.4%；公共财政预算收入16.3亿元，同比增长13.3%；完成固定资产投资54.2亿元。招商引资工作态势良好。年内，园区充分发挥自身优势，不断创优投资环境，强势推介、主动出击，大力推进战略新兴产业、文化创意产业和金融服务产业的招商力度。共引进项目45个，其中实体项目6个、注册项目39个；在谈项目30余个。园区发展水平不断提升。北汽研发基地、北京现代第三工厂、自主品牌乘用车基地相继落成投产，夯实了以北汽股份为龙头的支柱性汽车产业基础。年内，北京现代贡献产值816.3亿元，同比增长13.9%；实现销售收入813亿元，同比增长12.4%；创造属地税收105.9亿元，同比增长10.3%；实现公共财政预算收入14.3亿元，同比增长11.4%；安置就业11706人。

（汽车与交通设备产业处）

【电子信息产业】 2012年，北京电子信息制造业规模以上企业工业增加值243.6亿元，增速9.9%；累计实现产值2049.8亿元，同比增长0.8%；完成固定资产投资81亿元，同比下降60%。年内，电子信息制造业工业产值和出口保持平稳，利润水平由负转正，降幅明显收窄，全行业运行呈逐步起稳的走势。行业结构得到进一步调整，打破了近十年来诺基亚一枝独秀的产业格局。

重大项目相继投产。全年竣工投产和达产项目7项，其中京东方8.5代线年底产能扩充至10.3万片/月，成为北京市电子制造业重要的经济增长点；康宁二期项目年内加快投资计划，提前超额完成30亿元投资，2台玻璃熔炉和后道工序生产线全部完成建设，9月竣工，11月点火试产；冠捷数字电视产业园项目9月完成基础建设，11月开始生产线安装调试；设在京东方8.5代线厂区内的整机生产线正式投产，第一批北京制造的平板液晶电视机下线；总投资17.5亿美元的中芯国际一期扩产项目累计完成投资14亿美元，月产能提升到3.8万片，总投资72亿美元的二期扩建项目于9月25日在京举行奠基仪式，基础建设施工全面启动；合众思壮公司的"卫星导航定位设备研发生产基地"、德信无线的"智能移动通讯终端先进制造中心"项目和利亚德公司的"LED应用产业园"项目等一批中关村自主创新项目相继开工建设，其中LED产业加大投资力度，扩大产业规模，易美芯光、太时芯光、吉乐电子、中科晶电、晶科光电等已落地LED产业化项目在年内相继宣布新的增资扩产计划，合计总投资达10亿元，进一步扩大了北京LED产业规模。

招商引资成果显著，新开工项目5项，总投资252.7亿元，包括中芯国际二期、东贝光电、利亚德、京芯产业园、德信智能移动通讯终端产品先进制造中心。成功签约美国安富利公司进驻北京，投资2亿美元建设大型服务器生产基地及研发展示中心。

组织申报、实施国家资金项目。国家科技重大专项02专项年内获得中央财政资金支持8.8亿元，北京市地方配套资金支持5.7亿元。年底，4个项目（包含17个课题）完成验收工作。组织北京企业申报国家发展改革委电子信息产业振兴和技术改造项目，列入计划项目29项，得到国家资金支持1.2亿元；组织京东方向国家发展改革委申请新型显示器件创新发展专项，国家资金支持6亿元。年内，共受理北京企业申报115项，通过初审正式上报工信部项目91项。受理企业申报招标项目61项，通过初审上报项目54项。得到资金支持项目24项，获得支持资金1.2亿元。

（电子信息产业处）

【**装备产业**】 2012年，北京装备产业规模以上企业累计实现工业总产值2251.9亿元，同比下降7.1%，占全市工业的16.8%；实现出口交货值248.1亿元，同比下降4.7%；实现收入2440.0亿元，同比增长1.0%，占全市工业的14.5%；完成固定资产投资59.0亿元，同比增长6.18%，其中45个重大装备项目固定资产投资入统21.9亿元。

积极稳增长。推动京城机电40万平方米、12.7兆瓦的光伏屋项示范电站建设，带动北京光伏电池和逆变器发展；推动北京数控机床产业与汽车产业对接，将一机床产品应用于北内曲轴制造生产线；推动工程机械、水处理装备在城市基础设施建设中应用，促进三一与轨道建设公司、德威华泰与京东方的合作；推动广利核、中科信、中冶新融等企业在建项目加快投产、达产，新增产值7.5亿元。

完善产业链。新能源方面，“线、面”结合推进光伏屋顶电站建设，即采取以汽车、轨道交通厂房光伏屋顶为线，以房山高端制造基地、延庆新能源产业基地建筑光伏一体化为面的推进思路，与华电、国电等发电集团合作的推进方式，以北京光伏企业参与为原则，打造北京光伏屋顶示范工程，带动北京光伏装备产业的发展；推动北京区域天然气、光伏组合颁式能源建设，带动北京燃气机组、光伏产品、智能电网等产业发展。节能环保方面，推动郭公庄、京东方5代线等水循环处理示范，加快水处理装备产业发展。高端制造方面，联合汽车、轨道交通等领域，培育以北一机床、北自所等龙头企业智能制造装备成套化能力；加强产业对接与合作，推动北一机床在汽车领域应用；推动首钢与京城机电合作，在电工钢、变电站建设等方面互为市场。加强与周边省市合作，推动北京装备进入其他省市市场。

调整产业结构。推动金风科创开发适用于内地的低风速风机，加快已通过“零”电压穿越的风机电控系统产业化，同时加速向光伏逆变器领域拓展。支持三一巩固风电零部件自主研发成果，向风电核心零部件领域发展。支持光伏企业在屋顶太阳能利用中，研发发电侧直、交流安全系统，保障建筑光伏一体化的使用安全。鼓励水处理企业加大循环利用的研发投入和示范力度，以“向污水要新水”的理念，提升北京水处理装备产业核心竞争力。依托国家智能制造专项，推进北一机床、北京自动化研究所等企业在智能系统、自动化生产线、智能物流等方面发展升级，并与企业ERP顶层管理系统融合，培育智能制造装备创新能力。在产品结构调整上，京城机电自主研发制造的中国首台5轴160吨全路面起重机达到国际先进水准，威视的发明专利获中国专利奖金奖，四方继保自主研发的“CSC-268数字式直流牵引保护测控装置”荣获国家科技部等4部委颁发的2012年度国家重点新产品证书。

重大项目建设。推动金风风电产业园、航天煤化工装备基地等一批项目建成投产，推动华电科技产业园、三一北京制造中心等一批项目抓紧建设，推动中高发电设备基地、杭州聚光在京研发和产业化基地落地。推动三一北京总部项目，配合起重、桩机等重型装备业务板块在京整合。推动房山高端制造业基地、延庆新能源基地和平谷绿能基地等特色基地建设。

高端人才引进。推进装备产业高端人才引进工作，协调金风科创等企业引进海外人才8人，其中海外高层次人才2人、海外专业技术人才6人。

（装备产业处）

【**生物与医药产业**】 2012年，生物与医药产业完成工业总产值649.4亿元，同比增长18.1%；完成销售收入631.0亿元，同比增长17.5%；实现利润104.4亿元，同比增长12.1%；完成固定资产投资总额45.8亿元，同比增长44%。

中关村科学城工作正式启动。中关村科学城生物技术创新基地在清华玉泉科技谷落地，大北农、汇龙森和旷博生物等3家单位牵头筹备成立了北京生物产业联盟。

项目助推促发展。全市共有34个重大生物医药产业项目获得国家工业和信息化部等部委的重点产业振兴和技术改造专项等项目支持，获得支持资金1.43亿元，带动企业投资21.4亿元，达产后新增收入41.3亿元；共有153个项目获得市经济信息化委工业发展专项等项目支持，获得支持资金1.12亿元，带动企业投资43.2亿元，达产后新增收入47.7亿元。推动中小企业公共服务平台和小企业创业基地建设，其中北京医药行业协会等 5 家单位获得市中小企业公共服务平台支持，汇龙森国际企业孵化（北京）有限公司获得市小企业创业基地认证。

品牌壮大优结构。年内继续推动品牌通用名药行动计划，支持北京生物和医药企业实现一批质量技术标准达到原研水平、价格合理、临床应用广泛的重大通用名药物的开发、成果转化和产业化，并实现高端制剂的批量出口，提升本市制剂生产水平和能力。年内，继续组织优秀工商企业集体参展第 67、68 届全国药品交易会，“用北京药放心”品牌的影响力进一步扩大。

（生物与医药产业处）

【都市产业】 2012 年，都市产业实际完成产值 1563.5 亿元，同比增长 3.8%，占全市规模以上工业产值的 10%，工业增加值完成 370 亿元；主营业务收入 1813.7 亿元，同比增长 7.6%；利润总额 96.2 亿元，同比下降 8.9%。都市产业中食品饮料行业累计实现产值 807.5 亿元，同比增长 9.2%；服装纺织累计实现产值 203.8 亿元，同比下降 2.0%；包装印刷累计实现产值 183.2 亿元，同比下降 1.8%；日用杂品行业累计实现产值 166.3 亿元，同比增长 49.0%；文体工美行业累计实现产值 80.2 亿元。都市产业的 5 个重点子行业中，农副食品加工业累计实现产值 349.6 亿元，同比增长 8.8%；食品制造业累计实现产值 245.1 亿元，同比增长 10.8%；酒、饮料和精制茶制造业累计实现产值 212.8 亿元，同比增长 8.2%；纺织服装、服饰业累计实现产值 154.5 亿元，印刷和记录媒介复制业累计实现产值 120.4 亿元，与 2011 年基本持平。

（都市产业处）

【基础与新材料产业】 2012 年，全市基础与新材料产业规模以上工业企业实现总产值 6640.9 亿元，同比增长 15.1%；实现工业增加值 1074.6 亿元，同比增长 2.4%；实现主营业务收入 6879.6 亿元，同比增长 12.9%；实现利润 540.7 亿元，同比增长 39.3%；工业固定资产投资完成 57.95 亿元，同比下降 20.59%。

行业效益水平稳步增长，主要产品产量有增有减。全年基础产业主要行业中，石油加工、炼焦及核燃料加工业完成增加值 126.2 亿元，同比增长 2.8%；完成主营业务收入 919.5 亿元，同比下降 1.2%；实现利润 4.3 亿元，同比增长 141.1%。化学原料及化学制品制造业完成增加值 56.1 亿元，同比下降 27.7%；完成主营业务收入 360.6 亿元，同比下降 8.2%；实现利润 4.2 亿元，同比下降 88.5%。黑色金属冶炼及压延加工业完成增加值 7.2 亿元，同比增长 349.1%；完成主营业务收入 173.1 亿元，同比下降 13.7%；亏损 4.1 亿元。非金属矿物制品业完成增加值 79.5 亿元，同比下降 1.4%；完成主营业务收入 486.8 亿元，同比增长 5.9%；实现利润 31.1 亿元，同比增长 2.5%。原油加工量 1075.0 万吨，同比下降 2.5%；乙烯产量 84.0 万吨，同比下降 6.3%；钢材产量 253.8 万吨，同比下降 11.3%；水泥产量 874.5 万吨，同比下降 3.7%。

协调推进重大项目建设。中石化三菱公司总投资 21.6 亿元双酚 A 和聚碳酸酯项目，燕化公司总投资 5.4 亿元 260 万吨 / 年柴油加氢精制装置项目、总投资 4.6 亿元 3 万吨 / 年溴化丁基橡胶装置工程项目，北新建材公司总投资 9.6 亿元的北新住宅产业化密云基地项目，中石油北京昆仑润滑公司总投资 2.5 亿元的华北物流中心配套项目，北京化工集团总投资 1.1 亿元的锂离子电池电解液二期（技改）工程，金隅集团琉璃河水泥公司的国内首条飞灰工业化处置示范线项目均已竣工投产。燕化公司总投资 20.3 亿元的 9 万吨 / 年丁基橡胶项目，北京金晶公司总投资 15.7 亿元的太阳能电池基板及 Low–E 玻璃项目，中航复材公司总投资 13.7 亿元的顺义园区复合材料建设项目，安泰科技总投资 9.3 亿元的永丰产业基地项目，都已顺利开工建设。

推进燕房合作，加快石化基地建设。制定《推进燕房合作协调小组第九次会议议定事项重点任务分解》，印发各成员单位执行。重点支持石化基地重大项目建设，并将 10 个项目纳入绿色审批通道和重大项目落地协调推进机制，8 个新建项目正在办理绿通手续。年内，北京燕山石化橡塑化工有限责任公司实现属地纳税。道路建设、轨道交通、电力建设、市政建设等工作稳步推进。基地土地开发、收储工作取得重要进展。取得核心区东区 2 个街区的征地批复；取得 7 个地块的征地批复，以及 7 个地块土地一级开发“建设用地批准书”。B8街区发展备用地启动工作完成街区控规公示审查。截至年底，燕山石化投资项目合计66项、投资总额约240.8亿元。其中，已建成29项，完成投资71.56亿元；在建和启动基础设计的项目13项，总投资89亿元；报中石化待批复实施项目24项，总投资80.23亿元。

基础与新材料行业准入管理。按照工信部提出的原材料行业准入要求，严格执行准入条件，加强行业管理，做好北京市行业准入相关工作，指导北京市原材料行业健康发展。

（基础与新材料产业处）

【镇村工业】 2012年，北京市镇村企业154436家，同比增加2.5%。其中，规模以上企业2626家，同比减少31.1%，规模工业企业1746家，同比减少35.3%；从业人员1292746人，同比减少0.2%；完成营业收入4946.70亿元，同比增长6.3%；完成利润总额268.67亿元，同比增长0.3%；实现增加值890.07亿元，同比增长1.5%；实现工业增加值499.61亿元，同比下降0.9%；完成出口产品交货值145.25亿元，同比下降11.2%；上缴税金212.16亿元，同比增长6.5%；提供劳动者报酬326.40亿元，同比增长18.9%；人均劳动者报酬2.52万元，同比增长19.1%；私营以上企业资产总额5672.71亿元，同比增长24.8%；私营以上企业负债总额3659.28亿元，同比增长21.2%；私营以上企业资产负债率64.5%，同比降低1.9个百分点。

经济总量保持增长。全市镇村企业累计完成营业收入4946.7亿元，同比增长6.3%，其中工业营业收入2614.1亿元，同比增长7.6%；实现增加值890.1亿元，同比增长1.5%，其中工业增加值499.6亿元，同比下降0.9%。

产业结构继续优化。年内，全市镇村企业（私营以上）完成增加值759.6亿元。其中，一产增加值3.2亿元，占0.4%，所占比重与上年持平；二产增加值541.8亿元，占71.3%，所占比重同比降低0.1个百分点；三产增加值214.6亿元，占28.3%，所占比重同比提高0.1个百分点。产业结构继续优化，二产各项主要经济指标所占比重均在60%以上，保持主导地位。

工业占据主导地位。年内，京郊镇村工业企业21027家，同比减少0.7%；职工人数576532人，同比减少0.3%；完成营业收入2614.1亿元，同比增长7.6%；实现增加值499.6亿元，同比下降0.9%；完成利润总额129.8亿元，同比下降6.1%。镇村工业企业数、职工人数、营业收入、增加值和利润总额分别占镇村企业总量的13.6%、44.6%、52.8%、56.1%和48.3%，在镇村企业产业结构中继续占据主导地位。

空间布局更加合理。年内，随着首都城市功能布局调整的深入进行，北京镇村企业空间布局和区域结构更加趋于合理。城市发展新区（通州、顺义、大兴、昌平、房山）作为全市镇村经济的主体，各项主要经济指标所占比重均在60%以上，工业增加值和出口产品交货值所占比重达到80%以上，主导地位显著。

资产负债率有所降低。年内，京郊私营以上企业资产总额5672.7亿元，同比增长24.8%，负债总额3659.3亿元，同比增长21.2%，资产负债率为64.5%，比上年降低1.9个百分点。

企业“融资难”得以缓解。年内，各级镇村企业主管部门与银行、担保公司等各类金融机构加强合作，积极搭建融资平台，多方拓宽融资渠道，千方百计解决镇村企业“融资难”问题。年内，镇村企业金融机构贷款总额122.2亿元，同比增长39.9%；年末金融机构贷款余额144.1亿元，同比增长81.3%。

产业集聚持续提升。年内，北京各类镇村企业园区75个，比上年增加4个；园区内年末实有企业2234家，比上年增长8.3%，占私营以上镇村企业总数的11.3%，所占比重比上年提高1.5个百分点；园区内年末从业人员177976人，同比增长3%，占私营以上镇村企业从业人员总数的22.8%，所占比重比上年提高0.9个百分点；园区内企业总产值1364.7亿元，同比增长41.1%，占私营以上镇村企业总产值的34.4%，所占比重比上年提高8.7个百分点。

节能减排成效显著。年内，北京镇村企业消耗原煤136.9万吨，同比减少7.7%；消耗焦炭1.3万吨，同比减少10.5%；消耗电能27.7亿千瓦时，同比减少4.5%；消耗成品油23.3万吨，同比减少18.9%；消耗液化石油气1.1万吨，同比减少91.9%；消耗天然气1.3亿立方米，同比增长153.6%。

外向型经济取得新发展。年内，镇村企业与外商合资合作新签协议项目 48 项，比上年增加 19 项，增长 65.5%；外商协议投资额 1.66 亿美元，同比增长 271.8%；外商实际投资额 1.54 亿美元，同比增长 134%。截至年底，共有 23 家京郊镇村企业在境外创办企业，比上年增加 3 家，境外办企业累计投资额 1.7 亿元，同比增长 49.8%。

职工收入明显提高。年内，京郊镇村企业支付职工劳动者报酬 326.4 亿元，同比增长 18.9%；人均劳动者报酬 25248 元，同比增长 19.1%。

职工素质继续提升。截至年底，镇村企业职工培训机构 407 个，比上年增加 15 个，增长 3.8%；培训职工 50396 人，比上年增加 16555 人，增长 48.9%；职工培训取证人数 14457 人，比上年增加 1810 人，同比增长 14.3%。职工中具有高级技术职称的人员 14695 人，比上年增加 1633 人，同比增长 12.5%；具有中级技术职称的人员 36462 人，比上年增加 164 人，同比增长 0.5%。

镇村整体经济实力增强。年内，镇村企业营业收入超过 5 亿元（含）的乡镇 139 个，比上年增加 2 个，占全市 189 个乡镇总数的 73.5%，所占比重同比提高 1 个百分点；超过 10 亿元（含）的乡镇 108 个，比上年增加 3 个，占乡镇总数的 57.1%，所占比重同比提高 1.5 个百分点；超过 50 亿元（含）的乡镇 29 个，比上年减少 1 个，占乡镇总数的 15.3%，所占比重同比降低 0.6 个百分点；超过 100 亿元（含）的乡镇 11 个，比上年增加 5 个，占乡镇总数的 5.8%，所占比重同比提高 2.6 个百分点。

社会贡献不断加大。年内，京郊镇村企业上缴国家税金 212.2 亿元，同比增长 6.5%。北京旗舰食品集团等 5 家企业被农业部授予“全国主食加工业示范企业”。

开展“农商直供”体系建设。年内，市经济信息化委与农业部乡镇企业局联合开展全国特色农产品加工品“进城入市”试点工作，截至年底，已逐步落实了试点企业、合作机制和组织保障，建设了全国特色农产品加工品“进城入市”展示中心。编制了 100 家京郊农产品加工企业宣传手册。

推进镇村企业素质提升工程。10 月 23 日和 10 月 30 日，在顺义区和门头沟区组织“2012 年镇村企业经营管理人员培训会”，共有来自 10 个远郊区县的 238 家中小企业（镇村企业）的 386 名经营管理人员参加。

（镇村企业处）

【国防科技工业】 2012 年，新一代运载火箭研制、载人航天等重大任务，新一代卫星导航、“核高基”等重大专项在京项目顺利实施，“蛟龙”配套产品成功完成深潜海试试验，“神九”“天宫”“嫦娥二号”配套产品的质量和可靠性已在太空得到验证，全年各项军品科研生产任务圆满完成。

军工科研生产运行协调保障。年内，进一步强化“绿色通道”体系建设，搭建市属相关委、办、局联动工作机制，协调增加京丰燃气发电公司电力指标，保障航天一〇一所全年试验蒸汽供应，确保航天武器型号的研制试验顺利进行；协调解决航天 699 厂库区“7·21”灾后恢复建设有关问题，避免了次生灾害的发生；积极推进中美核安保示范中心项目在房山区建设；梳理军品配套单位关键配套产品科研生产条件的“瓶颈”问题；积极为军品协作配套企业落实高新工程等方面的优惠政策；建立专项协调机制，协调解决长征五号火箭大结构产品的运输问题，确保了国内新一代大型运载火箭“长征五号”大型结构产品首次由天津火箭产业基地顺利运抵北京结构静力试验场。

军品市场准入与市场监管。按照集中受理、专业审查、综合监管的工作思路，修订规范了行政许可准入事项办理程序。完成 20 余家二类武器装备科研生产许可单位的现场审查工作；组织通过军工保密资格现场审查的单位 130 余家；顺利启动军工涉密业务咨询服务单位备案工作，现场审查 5 家单位。加大年度监督检查，规范工作程序，细化工作要求，组织北京地区已取得二级、三级保密资格认证的单位开展了年度自查工作，对二类许可持证单位进行了年检；健全完善日常监管手段，坚持重大事项报告制度、上市重组审查制度、主动退出审批制度，对持证条件和能力发生重大变化的 4 家单位进行了现场核查。

军工安全保密与国家安全工作。组织北京

地区涉密人员参观了警示教育展；深入贯彻落实"安全保密六条规定"和"七类人员管理措施"，对重点军品配套单位进行了安全保密抽查，发现隐患，及时督促整改；进一步强化日常监管，组织开展北京地区军工保密资格持证单位基本信息和军工涉密人员基础信息采集工作，及时更新基础数据，准确掌握各涉军单位的现状情况，为领导决策和日常监督管理提供有效支撑。

固定资产投资管理。年内，北京市国防科学技术工业办公室承担了国防科工局军工固定资产投资项目竣工验收工作。受国防科工局委托，完成军工固定资产投资项目竣工验收80余项；对在京军工固定资产投资项目进行建设周期调整批复170余项，进行招投标备案80余项；获得了国家国防科工局2012年军工能力建设先进单位和先进个人的表彰。

军品配套科研生产能力建设。年内，全市民口配套单位承担国防科工局下达的军品配套科研项目共获得国拨经费总额5598万元。新批复立项科研项目获经费支持2562万元。其中，北京北冶功能材料有限公司承担的大型飞机用材料研制项目于9月通过课题首飞前评审，产品直接装备于大运机并参加首飞。5家民口配套单位申请的7个项目取得国防科工局立项批复，获项目经费支持2562万元。完成北京地区军品配套科研和军用技术推广项目验收80余项。

核应急管理。年内，积极推进"一案三制"建设，加强与国家核应急组织之间的联动。充分发挥核应急专家顾问组的作用，探索和完善全市核应急法规制度、组织体系及运行机制建设；积极推动军地之间协调联动机制建设，整合军地应急资源，依托驻房山区和驻延庆县的部队，完成了北京市核应急专业救援队伍的组建工作，进一步提升了核应急处置能力；组织市核应急成员单位及市核应急专业应急救援队成功举行了军地核应急联合演练；完成《北京市核应急体系与能力建设》《日本福岛核事故对我市核应急工作的启示》等课题研究；编写《核与辐射防护知识》宣传册，依托核设施单位向当地公众进行宣传，利用委内"OA"网及处室园地拓展宣传渠道，最大限度地减轻公众核恐慌心理。

军工及民爆行业安全管理。年内，民爆行业力推生产点向京外转移，完成北京京煤化工有限公司生产点搬迁的前期准备工作，以"生产安全闭环管理、杜绝违章作业、开展一线车间班组达标、签订各层级零死亡责任状"等4项重点工作为切入点，继续深入开展"安全生产年"活动，加大检查力度和频次，扎实开展安全生产标准化建设，指导企业完善"动态分类排查，动态评审挂账，动态整改销账"的隐患排查治理机制，确保整改措施、责任、资金、时限和预案"五到位"；积极开展安全生产月活动，强化各级各类人员安全培训和教育宣传，树立"隐患就是重大事故"的意识；开展形式多样的检查活动，推动军工安全文化建设；加大安全技术改造投入力度，改善本质安全条件，推动企业落实安全主体责任，保证了辖区内军工单位安全生产形势持续好转。

军民结合产业发展，建立综合协调保障机制。"加强央地科研与产业资源对接，深化军民融合创新发展"被列为2012年北京的重点工作之一。北京市主要领导牵头，初步建立了军民融合领导小组、军民融合工作组、基地（园区）管理机构三级组织机构。

探索军地深度融合新模式。市政府和海军共建、共管"蓝鲸园"，在全国范围内首创了以全面合作、深度融合、直接对接、辐射全国为特色的军民融合创新园。通过"蓝鲸园"平台，与海军共同组织了6批次"民转军"项目和3批次"军转民"项目对接。

推动军民结合产业集聚。大兴军民结合产业基地被工信部授予国家级新型工业化示范基地。该基地聚集了航天科技、中航工业、兵器工业、中电科技等军工集团公司中国火箭、中航动科、中航国际、中航重机、中兵光电等多个军民结合型重点企业和项目。依托中关村国家自主创新示范区，一批军民结合产业高端集聚区正在中关村科学城范围内迅速形成，航天科技创新园、中关村航空科技园及北斗产业园等一批典型军民结合产业在园区集聚。

加快通用航空产业发展。贯彻落实《北京市通用航空产业发展规划（2010年~2020年）》《北京市"十二五"时期航空航天产业发展规划》，研究制定《北京市通用航空发展指导意见》。中航工业加紧建设航空发动机、航电、复合材料产业基地；无人机研发生产基地开始布局；俄制直升机制造项目选址密云；豪客比奇、庞巴迪、巴西航空、奥地利钻石等一批国际公务机整机企业的国际并购与合资合作项目积极推进；一批通用航空制造及服务业项目陆续签约落地。

（市国防科工办）

【民政工业】 北京市民政工业总公司是市直属福利企业的管理部门，按照北京市政企分开的要求，2002年以来市民政局所办经济实体与民政局实现了脱钩，市民政局所属福利企业全部由总公司进行管理，总公司代行国有资产出资人的各项权利和职能，在承担对福利企业进行管理的同时，还承担着国有资产保值增值、集中安置残疾人就业和保障残疾人生活的社会责任。2006年12月25日，北京市社会福利事务管理中心成立后，总公司及所属企事业单位由市民政局规划中心直接管理。2010~2012年底，关停并转企业33家，其中2012年关停并转企业1家。现有企业51家，其中直属企业16家，主要涉及日化产品、印刷包装、化妆品、专用设备、仪器仪表、食品加工、医用制剂以及物业管理、汽车租赁等20余领域。全系统职工总数为8676人，其中在职职工3130人，离退休职工5546人。全系统有各类残疾职工3209人，占职工总数的36.99%。2012年，总公司共完成工业总产值1.85亿元，实现营业收入4.37亿元，实现利润4668.7万元（含三露厂的投资收益）。

新产品开发。2012年，北科合作仪器厂为适应市场竞争和企业发展需要，本着自主创新、开拓进取的精神启动了第二代X射线测厚仪的研发项目。第二代测厚仪是充分学习、吸收国外先进技术，充分利用国内科研院所高端人才优势，自主研发的一款接近或达到世界先进水平的产品。

民政研发生产基地项目。在市民政局帮助福利企业发展和创名牌的决策下，民政研发生产基地各项工作进展顺利。1月，1号生产车间（大宝日化）建设项目完成工程竣工验收备案；3号生产车间建设项目完成施工图设计，进行施工及监理招投标工作。4月，完成工程城建档案移交，正在申请办理门牌号码及房产证。3月，2号生产车间（亚美日化）建设项目复工；5月，主体工程完工；6月，完成设备安装与测试，工程各单项竣工验收（如电梯、人防、消防）已基本完成。

根据产业发展布局，总公司对因经营管理不善，长期停产、没有效益、没有发展前景的劣势企业，采取关停并转方式，总公司所属企业整合为51家，优化了总公司的产业结构。

（王 志）

【私营个体工业】 2012年，全市私营企业600354户，同比增长10.35%，注册资本13669.42亿元，同比增长30.28%；个体工商户691066户，同比下降9.39%，注册资本171.23亿元，同比增长7.96%。全市私营个体经济纳税总额达473.00亿元，同比增长31.10%。其中，私营企业纳税总额达464.10亿元，同比增长6.94%；个体工商户纳税总额达133.94亿元，同比增长19.27%。全市私营企业从业人员3710912人，同比增长8.02%；全市个体工商户从业人员1066883人，同比下降3.93%。

工商联会员组织。年内，北京市工商联会员总数28860家，其中非公有制经济会员23203家；拥有企业会员21025家，其中非公有制企业会员18820家（私营独资、私营合伙、私营有限、私营股份等私营企业会员18157家；外资企业、中外合资等企业333家）。各级各类组织290个，其中基层组织174个，行业组织81个（直属行业商会40家），特殊群体类基层组织35个。市和区县工商联新发展会员1328家，其中企业会员1276家，其他会员52家。

第十三次会员代表大会召开。7月28日，北京市工商业联合会（商会）第十三次会员代表大会召开。会议通过了第十二届工作报告，选举产生了第十三届执行委员会，通过了《北京市工商业联合会（商会）第十三次会员代表大会决议》。7月30日，北京市工商业联合会第十三届执行委员会第一次全体会议召开，会议选举产生了第十三届常务委员会，选举程红为市工商联第十三届执行委员会主席和北京市商会会长。

参与“7·21”特大暴雨救灾。据不完全统计，截至8月2日，全市非公有制企业为“7·21”特大暴雨灾害捐款捐物总计1089.671万元，其中北京物美投资集团有限公司捐赠价值120万元物资，北京铭星科信生物技术有限公司捐赠价值100万元的灭蚊药物，奇虎科技有限公司捐赠110万元，北京中环投资管理有限公司捐献100万元，北京新世纪服装商贸城市场有限公司捐赠80万元，中国民生银行北京管理部捐赠60万元，北京市亿隆实业股份有限公司、北京中和珍贝科技有限公司、北京市闽龙世纪建材市场有限公司、北京京奥港集团、北京明天置业有限公司、北京叶氏企业集团有限公司、北京仁创科技集团有限公司分别捐款50万元。北京运双达重型机械运输有限公司参加京港澳公路抢险救灾，救出被困车辆105辆；北京勤兴汽车服务公司成立临时救援小组，赶赴小井村向部分被困商户发放食物和饮用水，并救出受困车辆30余辆；北京中润发汽车销售有限公司出动救援车辆50余班次。

推动非公经济转变发展方式。年内，在中央统战部组织开展的第二次民营企业转变发展方式优秀案例评选活动中，共有22个省（区、市）的35家企业被评为优秀案例企业，其中市工商联推荐的今典投资集团有限公司、北京慧远电线电缆有限公司、泰康人寿保险股份有限公司、北京联飞翔科技股份有限公司4家企业上榜，在22个省（区、市）中排名第一。

7家企业入选民营企业500强，比2011年增加3家。8月30日，2012年中国民营企业500强发布会召开。会上发布了2012中国民营企业500强、中国民营企业制造业500强、中国民营企业服务业100强名单。北京申报企业28家，比上年增加3家；入选企业7家，比上年增加3家。其中，联想控股有限公司以1830.7亿元排在第4位，北京建龙重工集团有限公司以721.2亿元排在第13位，新华联合冶金控股集团有限公司以514.9亿元排在第26位，物美控股集团有限公司以410.7亿元排在第35位，东兆长泰投资集团有限公司以150.5亿元排在第180位，百度在线网络技术（北京）有限公司以145亿元排在第185位，北京京奥港集团以71.6亿元排在第440位。在2012年中国民营企业制造业500强中，北京建龙重工集团有限公司排在第9位，新华联合冶金控股集团有限公司排在第18位。在2012年中国民营企业服务业100强中，物美控股集团有限公司排在第8位，百度在线网络技术（北京）有限公司排在第37位。

民营企业招聘周主题日活动举行。5月8~21日，第九届民营企业招聘周在全市集中开展活动。招聘周期间全市共有民营企业2503家参加活动，为各类人员提供空岗信息约6.7万个；16505人在活动期间签订了就业意向，其中高校毕业生6441人，进城农民工4928人，就业困难人员1004人；签订职业技能培训意向人数3504人；向6729人提供了维权及法律援助；发放政策宣传品6万余份。

《求真务实谋良策，奋发有为促发展》一书正式出版发行。该书由副市长、市工商联主席程红担任主编，收录了中共中央政治局委员、市委书记刘淇在2010年推进首都非公有制经济发展专题座谈会和2011年北京市加强和改进工商联工作会议上的两篇讲话，精选了2007~2012年间市工商联系统的理论研究文章18篇、调查研究文章32篇和政协团体提案17篇，共52万字。

（柴　彬）

【校办产业】 截至2012年底，北京地区共有高校82所，参加普通高校校办产业统计的高校44所，其中教育部直属高校22所、其他中央部委属高校5所、市属市管高校17所。北京地区高校所投资企业共487家。其中一级企业166家，二级企业321家；学校控股企业334家；科技开发和文化智力型企业247家。资产总额1798.49元，净资产额687.19亿元，高校所占权益总额263.10亿元。主营业务收入1172.22亿元，其中出口创汇总收入65.11亿元，高新技术产品销售总收入334.74亿元；利润总额45.45亿元，净利润35.34亿元，分配回学校的红利3.32亿元；纳税总额34.08亿元。高校校办企业获授权的专利564项，登记的计算机软件及集成电路版权176项，获国家级、省市部委的奖项316项。高校校办企业年末职工总人数89058人，其中学校事业编制2593人，研究开发人员10597人；全年累计在培硕士研究生380人、博士研究生70人。

企业管理。年内，教育部等有关部门调整了高校校办企业经济行为审批、备案的工作流程，北大校产办和北大资产经营有限公司加强对下属企业对外投资、股权转让等经济行为的监管和服务，协调完成方正集团所属北大方正物产集团有限公司增资的审批工作、方正集团转让所持北京方正世嘉中医药技术发展有限公司股权的审批工作、珠海越亚封装基板技术有限公司整体变更为股份有限公司的审批工作、未名集团股权变更的审批工作、北京北大创业园有限公司第二次增资的审批工作、北医健康产业园科技有限公司设立并增资的审批工作、北京培文教育文化有限公司的资产划转的审批工作。积极推动“北大药业”改制，协助医学部完成北京北医科泰药物载体技术有限责任公司股权处置等工作。3月16日，方正证券(香港)金融控股有限公司获准设立。北京中石大新元投资有限公司完成北京石大中油石油化工技术有限公司资产无偿划转工作，将该公司33%股权相对应的净资产42.6万元划转到北京中石大新元投资有限公司。中国石油大学（北京）与天津京滨工业园签署项目合作协议，由北京中石大新元投资有限公司与博思特能源装备（天津）股份有限公司共同投资成立合资公司，管理运营中国石油大学京滨科技园项目。北化大投资有限公司经资产评估、转让申请、评估备案、挂牌交易及工商变更手续，完成北京羚锐伟业科技有限公司5%股权的转让工作，对股权资产进行了盘活。北京科大资产经营有限公司对所属全资和控股公司管理模式进行调整，推行企业目标责任制和全面预算管理，实现“财务集中、人事集中、业务放开、薪酬独立”；在修订原有14项管理制度的基础上，新制定了《北京科大资产经营有限公司技术入股管理办法》等6个重要管理办法，逐步构建符合科技产业发展的制度体系。北京服装学院服饰时尚设计产业创新园内正式设立北京北服投资管理中心。

企业改革。北大方正确立五大产业集团商业模式；北大英华启动质量认证实施工作；北大先锋实施股权激励；北大资源组建重庆盈普、东莞资源商业、成都资源、贵阳资源等4支新团队；北大医学部产业改革，彻底解决历史遗留的难点问题1项，关闭传统企业3家，完成医学部所属事业单位北京时缘据餐厅的改制工作，更名为北京北医咨询有限公司。北京理工雷科电子信息技术有限公司设置8条产品线、8个资源部以及市场、采购、生产、项目管理、质量管理、综合管理（人事、财务、行政）、IT多个职能部门。同方股份、紫光股份重视加强内控体系建设。3月13日，同方股份有限公司召开内部控制工作暨培训会议；7月20日，同方召开内部控制实施宣贯会议，在全公司范围内对原有的规章制度及主要流程进行梳理，第一次较为全面地对同方公司风险控制流程、制度及关键点进行了汇总。4月24日，紫光股份有限公司召开内控体系建设项目启动会。9月18日，紫光股份召开内控体系试运行启动会；11月29日，紫光股份召开内控体系成果汇报会；12月，公司内控体系正式运行。

技术改造。10月，西南合成与方正医药研究院签订《药物研发战略合作协议》，就精神疾病类、胃肠疾病类、抗肿瘤类等3个领域内的9个仿创药物研发项目，与研究院进行战略合作。12月，西南合成与方正医药研究院合作研发的国家一类抗癌新药康普瑞丁磷酸二钠Ⅱ、Ⅲ期临床申请，通过国家食品药物监督管理局药物审评中心技术评审。北京理工雷科电子信息技术有限公司自主研制北斗导航基带处理芯片——BP2007年内成功量产1万颗，应用于公司研制的北斗二代基本型、双频型、双模型、定位定向、高精度测地等接收机。同方人工环境有限公司“双冷源温湿分控技术”荣获由国家科技部、环境保护部、商务部、国家质量监督检验检疫总局等4部委联合颁发的《国家重点新产品》证书。同方锐安科技有限公司自主研发的“磐石”系列工业级高端门禁控制器，通过国家安全防范报警系统产品质量监督检验中心及公安部安全与警用电子产品质量检测中心的型式检验，获得由北京市公安局颁发的《安全技术防范产品生产登记批准书》。同方威视技术股份有限公司“TR2000DB台式痕量爆炸物毒品探测仪”“TR1000DB便携式痕量爆炸物毒品探测仪”“RT1003拉曼安检仪”3种新产品通过市经济信息化委在密云组织召开的新产品鉴定会鉴定。同方威视技术股份有限公司TR2000DB台式痕量爆炸物毒品探测仪荣获2012年“国家战略性创新产品”。

自主创新。北大校产办和北大资产经营有

限公司协助北大国际医院集团有限公司、方正国际软件有限公司、北京北大软件工程发展有限公司上报2012年中央国有资本经营预算重大技术创新及产业化资金项目，3个项目共获财政拨款2555万元。方正电子推出“方正翔云移动出版解决方案”，该方案不仅支持应用于主流移动终端的手机或平板电脑上的苹果、安卓等系统，还可以支持各种主流应用商店的内容发布，并提供从内容采集、管理、制作到平台经营等贯通业务各环节的全流程运营支撑服务。北京矿大节能科技有限公司获国家科技中小型企业创新基金支持以及2012年度中国煤炭工业协会科学技术奖等。北京理工雷科电子信息技术有限公司完成国内首部火车防撞雷达的原型样机研制并进行相关试验；公司研制出国内体积、重量、功耗最优的MINI-SAR雷达系统，基于无人机平台完成多次试飞并获得了多批优质的地表影响数据；研制出国内第一套全系统的Open-VPX平台，主要应用于高速数据处理、通信、存储领域。清华科技园在第十五届中国北京国际科技产业博览会上，荣获“2012中国自主创新园区先锋奖”。北京辰安伟业科技有限公司的省级、地市级和区县级应急平台综合应用与数据库系统被列入第一批中关村国家自主创新示范区新技术新产品目录。该目录是根据《中关村国家自主创新示范区新技术新产品（服务）认定管理办法》的规定，经过专家评审后，由市科委、市发展改革委、市住房城乡建设委、市经济信息化委、以及中关村管委会共同拟认定的，其中包含198家单位的408个产品。博奥生物有限公司暨生物芯片北京国家工程研究中心自主研发的结核分枝杆菌菌种鉴定试剂盒（DNA微阵列芯片法）入围2012年度国家重点新产品计划。该产品采用DNA微阵列芯片技术，通过对常见临床样本中的分枝杆菌核酸进行检测，快速获取临床常见致病分枝杆菌的准确种属信息。这是博奥生物产品第三次入围国家重点新产品计划。同方泰德国际科技（北京）有限公司Techcon EEC节能专家控制系统在“第二届北京市企业品牌建设推进大会”上被授予2012年北京市产品质量创新贡献奖之创新成果奖，成为建筑节能领域2012年度唯一的获奖者。清华大学与同方威视技术股份有限公司共同拥有的发明专利“产生具有不同能量的X射线的设备、方法及材料识别系统”，荣获第十四届中国专利奖金奖。

生产经营。方正信产集团携手上海张江国家数字出版基地共同设计建造国内首家数字出版体验中心。由方正信产集团旗下方正数字出版推出的按需印刷网站“喵喵印”正式上线。北京北大英华科技有限公司先后为包商银行、广东省人民检察院、湖北省高级人民法院、上海市卫生局、中国邮政储蓄银行等企事业单位提供法律信息系统平台的建设服务，北大英华定制服务初露锋芒，定制收入已达200余万元。青鸟环宇消防公司经营效益持续增长，全年实现销售收入近5亿元，市场占有率稳居全国第二，扩建生产基地总面积9448平方米，注册资本由1470万元增至6000万元，为后续发展扩张储备了较强的能量。北京科技大学科技产业各企业新签订、正在施工及已完工的重大项目40余项，合同总金额达7.6亿元，其中超过亿元的合同3项，分别为北京北科麦思科自动化工程技术有限公司承包的沧州中铁1450毫米热连轧工程（合同额1.96亿元）、莱芜钢铁冶金生态工程技术有限公司承包的宁夏宏岩矿业有限公司新材料项目工程（合同额1.93亿元）、北京科大中冶技术发展有限公司承包的江苏天淮钢管油井管热处理工程（合同额1.15亿元）。北京科大分析检验中心有限公司顺利完成体系监督及检测资质扩项，检测资质达13个领域260个项目，年内共发出科测报告430份，CNAS、CMA资质报告195份；积极开拓新业务，成立机加工服务中心，启动西三旗研发实验服务基地建设，建设了公司第一个自主的、以产品检测为重点的第三方商业化实验室。北京印刷学院2011年3月开始建设大学生创新创业园，截至2012年12月，有孵化面积200平方米，培育团队8个，其中5个已经办理或正在办理公司注册手续，注册资本100余万元。全年实现销售收入80余万元，实现经营收入7459.4万元，同比增长11%，其中技术开发收入2568.8万元，系统集成产品收入4890.6万元。北京理工雷科电子信息技术有限公司的嵌入式实时信息处理技术，围绕实时信号处理核心应用，形成了系列产品以及相关配套产品，包括机载SAR测绘实时信号处理机、遥感卫星实时处理系统，机载数据实时采集存储系统、实时信号处理数字设计平台与通用模拟仿真系统等。截至年底，北京理工雷科电子信息技术有限公司具有自主知识产权的产品近30项，主要包括多体制卫星导航信号模拟器、小型化导航信号模拟源、新体制雷达系统应用、北斗卫星导航系统基带信号处理芯片、北斗二号手持接收机、北斗卫星导航系统高动态接收机，以及各种型号的数据采集器、数据采集板、信号处理板、固态存储板、光纤接口板、交换板、播放板等，年收入约7500万元。自由飞越国际航空技术服务（北京）有限公司是专注于国际机票在线旅行预订的技术公司。研发团队于2009年从国外搬回中关村，落户在位于中关村核心区的北理工科技园内。其自主研发的Trafree国际机票检索引擎可实时查询与预订全球7000多个城市的机票，并能在5分钟之内完成机票的检索、预订、支付，实现国际机票在线快速交易。截至年底，公司实现年收入过亿元。

产业运行。北京北医投资管理有限公司与永泰红磡养老产业投资集团有限公司就合作开展养老产业的相关专业培训签署合作协议；北京北医投资管理有限公司与无锡瑞年集团就妥善解决北医科泰公司的历史遗留问题的改组方案获得北京大学产管会讨论通过，双方签署多项协议。北大青鸟教育集团与世茂旅游集团签约战略合作，北大附属实验学校将分枝落户大连；北大青鸟集团全额投资创立的北京青麒航空服务有限公司正式运营。江西诚志生物工程有限公司通过D-核糖产品生产BRC体系认证，达到B级标准。诚志生命科技有限公司D-核糖生产线通过BRC体系认证审核，达到A级标准；诚志生命科技有限公司南昌定制中心“力搏士”产品生产线通过保健食品生产许可现场检查。由同方锐安科技有限公司自主研发的TF-RF3160多功能读卡器和TF-RF1081非接触读写模块产品同时通过银行卡检测中心的PBOC L1检测认证。北京北大维信生物科技有限公司取得新版GMP证书。北京北大明德科技发展有限公司构建节能环保平台，完成煤电脱硫脱销技术、煤炭运输专用扬尘抑制剂、油烟净化处理等节能减排环保项目的合作调研和开发。北京嘉华思创科技有限公司泄漏检测产品节能效果显著。4月，大唐宁德发电有限公司某机组凝汽器钛管发生泄漏，北京嘉华思创科技有限公司工程师利用自主研发的工业泄漏和漏电精密检测仪器，使问题得到圆满解决。

基地建设。威视股份新加坡公司(NUCTECH SINGAPORE PRIVATE LIMITED）成立，日常业务服从亚大区域中心的属地化管理，主要负责执行年初中标并签约的新加坡海关FS6000DE系统集成项目以及威视股份在新加坡快检设备的售后维护工作。北大出版社大兴基地建成，投资约500万元的印刷厂装订生产线，经过近一年时间的筹备，完成了设备安装及调试。北大维信二期科研生产厂房竣工，拟建设国家基本药物、社保甲类药物血脂康胶囊专用生产线1条，年生产能力7亿粒；其他品种生产线1条，年产胶囊3亿粒；片剂生产线1条，年产片剂5亿片。北京矿大节能科技有限公司研发生产基地开工建设。基地位于房山区窦店北京高端制造业园区，规划建设项目计划总投资约2亿元，规划建筑面积约2.96万平方米，计划新建4个厂房、3个实验楼和1个研发中心，用于建设煤矿安全和节能减排级实验室，研发生产矿山安全和节能减排系列设备产品。北京科技大学和中关村科技园区管理委员会、海淀区人民政府共建的“中关村高端人才创业基地”在北京科技大学天工大厦揭牌，市委常委、市委组织部部长吕锡文，副市长苟仲文出席仪式并为基地揭牌。北京科大科技园有限公司被北京市科委授予“战略性新兴产业孵育基地”。获得支持的战略性新兴产业培育项目分别为北京博鹏北科科技有限公司的“塔文湿法除尘系统”项目、北京浩运金能科技有限公司的“镍氢电池用低自放电型储氢合金的开发”项目、奥美合金材料科技（北京）有限公司的“一种新型耐磨耐蚀铁基粉的应用”项目、北京华业恒威油品新技术有限公司的“节能环保产品——恒威燃油宝”项目及北京科大朗涤环保工程技术有限公司的“基于移动捕集式除尘的焦炉二合一地面除尘站”项目。北京科大科技园有限公司被市经济信息化委认定为“北京市中小企业公共服务平台”和“北京市小企业创业基地”。北京理工雷科电子信息技术有限公司与理工大学常熟研究院举行启用暨项目合作签约仪式，正式入驻常熟研究院研发大楼。研发大楼配有1200平方米的微波暗室，100米高的雷达实验室，建设了北斗卫星导航产品的生产检测环境。北京理工大学常熟研究院是北京理工大学建立长三角地区产学研合作基地的重点建设项目，于2011年1月正式成立，建成了包括高低温实验室、大型设备调试室、大型微波暗室等6000多平方米的研发大楼，建设了新体制雷达技术研发中心、卫星导航技术研发中心、雷达与导引头实验测试基地、大型雷达研制基地、北斗卫星导航生产基地、国家阻燃材料工程技术中心（常熟）分中心，引进了“北斗卫星导航”“阻燃材料”“节能与环保”等产业化项目，建立了院士工作站，引进毛二可院士创新团队等一批高端人才。北大国际医院集团旗下北医健康产业园于5月开启工程建设。该项目占地14.6万平方米，投资逾20亿元，总建筑面积22万平方米。北京服装学院服饰时尚设计产业创新园由北京市人民政府与北京服装学院共建，为中关村科学城第四批签约项目，是中关村国家自主创新示范区唯一的服饰时尚设计产业项目，是北京服装学院下属的集创新人才培养、创意项目孵化、时尚创意企业聚集、国际国内时尚创意文化交流合作等为一体的创意园区。由博奥生物有限公司负责建设和运营的生物芯片北京国家工程研究中心入选第七批中关村开放实验室。

重点项目。北大青鸟集团旗下传奇旅游投资公司正式签约投资长白山文化创意产业园项目。华菱衡钢旗下的衡阳钢管资产管理有限公司和北京北大先锋科技有限公司合作，合资组建湖南衡钢百达先锋能源科技有限公司，承建国内首个低燃值高炉煤气综合利用工程。北大明德开发新材料。北大明德提供药食资源开发技术支持，与肇庆天康青竹生物制品有限公司合作，进行竹沥和竹膳食纤维系列产品的技术提升与深入加工；开发在线自动水质检测仪，用于工矿企业排水监测和饮用水源流域水质自动监控。北大先锋公司签署中石化湖北化肥分公司变压吸附提纯CO/H2装置合同，合同金额约1.4亿元。该项目合同装置即是先锋为国内煤制乙二醇领域设计承建的第十套PSA分离装置，也是中石化集团300万吨/年乙二醇项目配套的首套提纯装置。北大青鸟集团投资建设哈密地区年耗350万吨原煤——“寰宇”热解炉煤热解利用项目。该项目是北大青鸟集团投资新疆能源开发利用的重大项目之一，一期投资30亿元。北大青鸟集团投资合作兴建年消耗原煤350万吨的热解合成油项目，总投资70亿元。该项目所用热解炉煤热解技术工艺是北大青鸟集团在引进世界领先煤热解技术基础上，吸收研究、创新转化为自主知识产权的“寰宇”热解炉煤热解技术。该技术工艺同国内外其他煤制油企业直接或间接转化技术相比，整体投资仅为传统工艺的三分之一。生产过程为常压，对原料、煤质、设备以及自然资源要求较低，热解70%的能源由自身提供，耗能显著低于传统工艺，大大降低了生产成本。北京北航精密机电有限公司与哈尔滨电机厂有限责任公司签订新建水力试验室项目的静压轴承系统采购技术协议，安装应用在水力机械专用实验台上，静压轴承转动部件作为水轮机混流式、水泵/水轮机模型实验装置轴系的支撑，传递模型水轮机主轴的输出转矩，同时要求能够测量轴系摩擦力、轴向力、径向力，并可完成轴系摩擦力的原定位。北斗卫星导航芯片及终端产业化项目是北京理工雷科电子信息技术有限公司的重点项目。北斗卫星导航被列入国家“十二五”规划、中关村战略性新兴产业集群创新引领工程确定的未来空间巨大的六大优势产业领域之一。项目于2012年获得北京科委战略性新兴产业培育项目支持。同方威视技术股份有限公司中标广深港高铁香港段票务及信息系统项目，合同总额达1.6亿港元。同方股份有限公司数字城市产业本部中标中国华能集团人才创新创业基地项目实验楼工程。北京紫光捷通科技有限公司中标江苏省苏通大桥监控系统改造项目。同方威视技术股份有限公司土耳其火车检查系统和物品机项目在波兰工厂通过客户工厂验收，并按期完成发运任务，该项目是威视小型产品欧盟本地化生产的首次尝试。同方股份有限公司数字城市产业本部承建的北京市轨道交通路网管理服务中心工程指挥中心系统项目（简称TCC项目）通过最终验收。该项目是世界上规模最大、接入线路最多、智能化水平最高的轨道交通路网管理中枢，具备28条线路的接驳能力，荣获了建设部“勘察设计行业二等奖”。同方威视技术股份有限公司XT2080 CT型行李安全检查系统通过欧盟民航委员会认证。该认证是欧洲乃至世界航空安检领域最高级别的认证之一。同方股份有限公司计算机产业本部中标2012年中国联通PC集中采购项目，首批供货1578台。同方锐安科技有限公司自主研发的一卡通产品中标建设银行总行、国家工商行政管理总局项目，产品包括CPU卡、CPU卡读写器、CPU卡安全门禁等。紫光股份有限公司通过资本运作，完成对唐山清华北方电子有限公司的投资，持股比例为51%。该公司正式更名为唐山紫光智能电子有限公司，成为紫光股份控股子公司。

科技园建设。以“政府主导，多校一园”为管理模式的京南大学科技园开工建设，建筑面积规划1万平方米。获得北京市科技计划课题经费300万元的支持，其中学校承担京南大学科技园技术信息服务平台、知识产权服务平台和人才培训平台建设。北京印刷学院大学科技园逐步形成了一园多区的发展格局，形成了北京印刷学院校本部科技园区（大兴黄村）、北印瀚海科技企业孵化园区（丰台和东城海运仓）和北印汇龙森科技企业孵化园区（大兴亦庄）3个主要孵化园区。截至年底，园内签约企业达20家，其中入驻企业18家。北理工科技园4家企业在2012中国首届创新创业大赛中获奖，分别是北京航天慧海系统仿真科技有限公司的卫星仿真平台，泰瑞数创科技（北京）有限公司的SmartEarth车联网位置服务平台，易云捷讯科技（北京）有限公司的易云™云操作系统和易云™云应用平台，自由飞越国际航空技术服务（北京）有限公司的Trafree国际机票实时在线比价搜索引擎。由中国技术创业协会留学人员创业园联盟发起的2012年“中国留学人员创业园百家最具潜力创业企业”和“中国留学人员创业园十大创业领军人物”评选活动在广州公布评选结果并颁奖。北理工留创园企业阿尔特汽车技术股份有限公司董事长宣奇武博士获得“中国留学人员创业园十大创业领军人物”称号，北京诺信泰伺服科技有限公司、北京固本科技有限公司、易云捷讯科技（北京）有限公司、北京清科立业科技有限责任公司，4家企业获得“中国留学人员创业园百家最具潜力创业企业”称号。中关村国防科技园开工仪式于11月26日在北京理工大学举行。中关村国防科技园位于北京理工大学主校区西区，总用地面积6.24万平方米，总建筑面积23.80万平方米，以国防科技与兵器相关产业为牵引，以技术创新为龙头，集研发、服务、营销、孵化、投融资功能为一体，服务于国防高新技术研发、转化和产业化。

重大奖项。由北京首科兴业工程技术有限公司与北京科技大学共同完成的新型烧结烟气脱硫集成技术荣获“2012年度高等学校科学研究优秀成果奖（科技进步奖）二等奖”。由北京科技大学、北京科大机翔科技有限公司、江苏金奕达铜业股份有限公司完成的阳极磷铜球室温斜轧生产技术，成功地解决了高密度、多层级电路板电镀行业高质量磷铜球的生产问题，产品质量及生产技术达到国际先进、国内领先水平，获得中国有色总公司颁发的“2012年度科技进步一等奖”。同方威视技术股份有限公司荣获第十三届北京技术市场金桥奖，威视“FS6000集装箱/车辆快速检查系统研制”和“S波段驻波3/6MeV双能加速器研制”项目分别荣获项目一等奖和二等奖。赛迪顾问股份有限公司（简称“CCID”）《2011~2012年中国OA及耗材市场研究年度总报告》发布，紫光扫描仪再次位居中国扫描仪市场占有率第一名。截至年底，紫光扫描仪已连续14年蝉联中国扫描仪市场销量冠军。在2012年中国IT市场年会暨新一代信息技术产业大会上，紫光股份荣获2011~2012年中国扫描仪市场“年度成功企业”称号。同方锐安科技有限公司连续第四年荣获“中国RFID领先企业奖”。同方股份有限公司计算机产业本部以清华百年整合传播项目夺得第四届中国广告主金远奖——营销传播巅峰大案奖。博奥生物有限公司荣获北京市“医疗器械质量管理示范企业”称号。“清华同方”“THTF”品牌电视机被国家工商总局正式认定为“中国驰名商标”，并向社会公示。北京国环清华环境工程设计研究院有限公司承担设计的“慈溪杭州湾新区漂染工业小区3万吨/天印染废水二级处理改建工程”，在2011年度全国优秀工程勘察设计奖评选中获得“市政公用工程类”三等奖。同方泰德国际科技（北京）有限公司荣膺“2012年节能中国先进单位”称号，第二次被授予“北京市信用企业”荣誉证书。北京清华阳光能源开发有限责任公司被评为“2012年度北京诚信经营承诺企业”。北京同方微电子有限公司THD86系列芯片在2012年第二届世界IC卡高峰论坛荣获“金卡片奖芯片类技术融合奖”。同方股份有限公司、紫光股份有限公司入选2012年中国电子信息百强企业，同方股份排名第15位，紫光股份排名第71位。同方股份有限公司获得品牌中国总评榜的年度最高奖项“华谱奖”和“最佳高科技企业创造奖”。清尚装饰连续7年获“中国装饰企业百强”称号。北京华环电子股份有限公司在亚太光通信委员会、网络电信信息研究院主办的“2012年中国光通信发展与竞争力论坛”上，荣获“2012年中国光传输与网络接入设备最具竞争力企业10强”。华环电子已连续6年获得此项荣誉。同方股份有限公司数字城市产业本部承建的蚌埠市公安局，北京市轨道交通大兴线，昆明同仁医院，四川什邡市人民医院，三亚海棠湾万丽度假村，广州市轨道交通2号、8号线延长线环境与设备监控系统等6项工程项目获得“2012年度全国百项建筑智能化经典项目”奖。同方股份有限公司数字城市产业本部承建的“锦州热网自控项目”荣获第九届精瑞科学技术人居智能化创新优秀奖。该奖项是面向住宅产业的第一个国家级科学技术奖。由中国质量评价协会主办的2012年度科技创新工程推进大会于12月4日召开。同方泰德获“科技创新企业”“科技创新产品”和“科技创新人物”3项大奖。清科集团主办的2012年中国创业投资暨私募股权投资年度排名颁布，启迪创业投资管理有限公司获2012年中国创业投资机构50强、2012年中国本土创业投资机构50强。此外，启迪创投还在首次评选的单项行业排名中获2012年中国清洁技术领域投资机构10强、2012年中国文化创意领域投资机构10强。2012年中国太阳能热利用行业年会暨太阳能光热产业发展二十年纪念会在京召开，北京清华阳光能源开发有限责任公司荣获行业3项大奖。

（宋慧宇）

【重点项目】 2012年，重大工业项目落地协调推进小组继续加快推进项目手续办理，加大问题的协调解决力度，全面推进全年各项工作，累计召开调度会15次，协调调度项目600余项次，协调重点项目47项次。纳入2012年协调推进机制的项目196个，涉及总投资额3102.7亿元。协调三一北京制造中心项目，中航产业园，重庆长安汽车，福田GTL重型载货汽车技术改造项目，北京现代汽车有限公司第三生产厂区建设项目，北汽股份自主品牌乘用车基地、中国移动信息港等项目存在的土地、规划、电力、资金等问题，推进了相关问题的解决。2012年，累计完成固定资产投资352.3亿元，占重点工业2012年投资额的71.7%。

（规划布局处）

【央企服务】 2012年，央企服务工作重点围绕折子工程中提出的要求，创新工作方法，健全管理机制，加强对中央在京单位和驻京部队的服务工作，不断提升服务质量和水平。

推进重大项目落地北京。年内，推进包括中国石化、华润集团、中国航空工业集团、中国移动、中国航天科工集团、中国航天科技集团、中国兵器装备集团、中国北车集团8家央企集团的重大工业项目落地北京。其中涉及组织召开专题会推进燕房合作、加快石化基地建设；积极推进长安汽车北京基地项目、北京市与中国北车进行战略合作进程、兵器集团北方车辆公司产品升级换代，中石油、中石化集团与北京市政府深化合作；围绕三大医药央企，加强对华润医药集团、中国医药集团两大企业的服务。配合市发展改革委组织完成与国药集团框架合作协议的签约工作。

扶持重大专项，推进一批在建项目。组织航天科技集团、北京航空航天大学、机械科学研究总院、机械工业信息研究院等申报国家04专项。推荐中国电科院和国电通等企业申报中关村现代服务业试点项目。煤科院采育生产基地项目、中国农机院液压工业园及暗管改碱技术装备国产化项目、南口轨道交通配套大功率机车及200公里以上动车组齿轮箱等一批项目的建设正常推进中。

加大对三大电信运营商服务力度。协调市规划、建筑、国土、市政、交通和园林等部门，为三大电信运营商在京重大项目建立绿色审批通道，减少审批环节，缩短审批时间。加快推进重大信息化基础设施建设项目，为央企做好服务。组织、协调、推进和实施本市光纤普及提速工程、无线城市建设，结合老旧小区综合整治推进已建小区光纤到户建设。制定发布了《北京市“十二五”时期信息化基础设施发展规划》，组织编制“宽带北京”行动计划。

推动军民合作项目。重点协调、推进和服务中航工业北京航空产业园、中船重工昌平船舶产业园、航天科工集团公司、中关村航空科技园、中关村航天科技创新园、北航国际航空航天创新园和北理工国防产业科技园等一批中央单位在京建设项目。进一步拓宽军民融合创新发展，推动海军与北京市合作共建蓝鲸军民融合创新园，北京市政府与海军签署了《共建蓝鲸军民融合创新园合作协议书》《首批“军转民”合作项目推进意向书》和《首批“民转军”合作项目推进意向书》，正式启动了蓝鲸园建设工作。

（经济运行处）

【产业规划和产业政策】 2012年，开展了首次工业规划环评工作，委托北京市环境保护科学研究院对《北京市“十二五”时期工业发展规划》进行环境影响评价，形成了《〈北京市“十二五”时期工业发展规划〉环境影响报告书》，并按程序报市环保局批准，通过环评后正式发布。截至年底，市经济和信息化“十二五”规划体系中的14个规划全部发布，除工业规划外，还包括城市信息化及重大信息基础设施建设、中小企业促进、软件和信息服务业、电子商务、电子政务、工业布局、节能节水、高端装备制造业、汽车产业、生物和医药产业、新材料产业、都市产业、电子信息产业，共13个规划。统筹推进全市“十二五”时期工业及相关产业规划实施，完成《北京市“十二五”时期工业领域市级专项规划汇编》和《北京市区县、开发区和基地“十二五”时期工业领域规划汇编》，收集了北京市“十二五”时期工业领域市级专项规划11个、区县工业及相关规划13个、开发区和基地相关规划12个。在产业政策方面，出台了《北京市“十二五”时期企业技术改造指导目录》，提出了电子信息、装备、汽车、生物医药、都市、基础和新材料、环保，共七大产业领域的技术改造方向。协助编制完成《产业转移指导目录（2012年本）》，包含市“十二五”工业规划的核心内容。贯彻落实《国务院关于促进企业兼并重组的意见》文件精神，研究起草了《北京市贯彻落实〈国务院关于促进企业兼并重组的意见〉的指导意见》。

（规划布局处）

【工业布局】 2012年，为推进全市产业结构调整和发展方式转变，加强基地的统一规范管理，加快新型工业化发展，根据工业和信息化部《创建国家新型工业化产业示范基地管理办法（试行）》文件精神，出台了《北京市新型工业化产业示范基地管理办法（试行）》，通过该办法，明确产业定位，加强配套设施改造和完善，整体提高基地的水平，形成国家级开发区、市级开发区和市级产业基地的管理体系。组织实施首批市级新型工业化产业示范基地创建认定工作，共认定19家园区为第一批市级新型工业化产业示范基地。

（规划布局处）

【工业产业结构】 2012年，电子、汽车、装备三大产业产值均超过2000亿元，其中电子和汽车产业增加值增速分别高于全市平均水平2.9和0.9个百分点；医药产业增速连续10年保持两位数，成为北京工业的新增长点，多点支撑的发展格局初步形成。

高端制造业成为工业重要支撑。汽车、电子、医药产业维持较快增长，高端制造业形成了多行业协调发展的良好局面。京东方8.5代线全面量产，集团实现5年来主营业务首次盈利。与中芯国际、康宁玻璃、冠捷整机等上下游配套企业形成完整的绿色生态链，数字电视产业园进入收获期。北汽集团综合经营指标进入行业前四，带动研发设计、零部件配套、售后服务等百家企业协同发展，产业链集聚初具规模。一批高端项目相继落地，工业完成固定资产投资707.8亿元，其中重点产业完成投资491.5亿元。

加快发展战略性新兴产业。启动中关村战略性新兴产业创新引领工程，设立5支创投基金，中关村科学城对新兴产业的导向和吸引作用进一步增强，281家企业和多个产业联盟入驻。建设第四批11个产业创新园，北邮信息网络产业技术研究院等9个科学城项目陆续投入运行。编制高端装备、航空航天、新材料等战略性新兴产业发展规划，推进国家地理信息产业园、中航工业航空产业园等重大项目。圆满完成国防科技工业军品科研生产任务，特别是启动"蓝鲸"军民融合创新园项目，开创了军地合作、军民融合新模式，在全国具有重要引领示范作用。

区域产业发展紧扣功能定位。各区县、开发区突出主体功能，推动特色产业发展。亦庄开发区承接中关村重大科技成果的辐射和转化，承担起转化基地、发展实体经济和战略性新兴产业的责任。房山、延庆克服特大自然灾害影响，推动高端制造和新能源产业发展。顺义、平谷等盘活工业用地和集体建设用地，建设标准厂房以租赁方式支持企业发展。海淀软件和信息服务业基地等被认定为第三批国家新型工业化示范基地；大兴生物工程与医药产业基地等19家园区被认定为市级新型工业化示范基地。

（规划布局处）

【固定资产投资】 2012年，全市工业固定资产投资累计完成707.8亿元，同比下降5.87%。工业投资占全市固定资产投资比重10.95%，比2010年同期减少1.77个百分点。其中，城镇工业投资完成634.2亿元，同比下降5.81%，占全部工业投资比重89.60%；农村工业投资完成73.6亿元，同比下降6.36%，占全部工业投资比重10.40%。重点工业完成固定资产投资491.5亿元，同比增长4.57%。

（规划布局处）

【首钢搬迁后续工作】 2012年，全力推进首钢股份公司资产置换工作。5月16日，首钢迁钢项目获国家发展改革委核准批复。5月17日，首钢股份公司召开第二次董事会，公告了"重大资产置换草案"和"临时股东大会通知"。6月25日、8月23日，首钢股份公司召开两次2012年度临时股东大会，首钢股份公司重大资产置换方案经大会审议通过。

（市首钢搬迁办）

【禁止化学武器履约工作】 2012年，全面完成全市第二类监控化学品使用情况的摸底调查工作，完成了8个厂区2011年度监控化学品宣布数据的采集、审核和上报工作。依法完成了1个企业监控化学品生产特别许可申请的受理、审核和上报工作，完成了4个企业21个批次2.20万吨监控化学品进口许可的初审工作，完成了2个企业2个批次67公斤监控化学品使用许可工作；组织监控化学品进口企业季度调度会，跟踪企业进口监控化学品最终流向；根据国家禁化武办的要求，对全市15家涉嫌违规使用第二类监控化学品企业和1家涉嫌违规出口第三类监控化学品企业进行了调查核实；按照国家禁化武办的工作部署，完成了第二类监控化学品经营和使用管理办法起草和专家论证工作；协助国家禁化武办组织禁化武组织亚洲地区合作研讨会、国际禁化武组织转型研讨会、协助国际核查员过境北京等有关工作；组织召开了北京禁化武履约培训会、履约专家座谈会；编发了4期《北京市禁化武履约工作简报》等。

（基础与新材料产业处）

【对口支援与区域合作】 2012年，产业援建和区域经济合作工作开展顺利。为加快北京和田工业园区产业集聚，降低企业入驻成本，市经济信息化委在3个月时间内完成援建北京和田工业园2万平方米标准化厂房建设项目。出台了市经济信息化委《关于推进对口新疆和田地区产业援助工作的实施意见》。5月，策划编辑、组织出版了5万册《和田地区地毯简明教程》。促进投资项目落地和田，针对和田地区建材产业短缺的实际，引导和田地区当前急需的新型建材企业在和田地区投资落地。京和中进管业项目总投资3000万元，年生产各种管材5000吨。该项目于2012年5月完成注册，8月实现投产，是市经济信息化委直接联系引进的企业，也是北京和田工业园区首家投产的北京企业。

产业援助和区域合作信息平台正式上线。该平台重点宣传产业援建和区域合作方面的动态新闻，各地区资源状况、投资优惠政策、招商项目等情况。

提高受援地区的管理水平。年内，组织湖北巴东县、内蒙古赤峰市经信系统及企业代表81人来京培训，学习现代企业管理知识，促进两地经信系统和企业的交流，进一步深化京蒙合作进程。

（规划布局处）

【中小企业】 年内，市经济信息化委牵头起草了《北京市关于进一步支持小型微型企业发展的意见》（以下简称《意见》）。《意见》提出，市级中小企业发展专项资金由每年5亿元增至8亿元，增长60%；设立北京市中小企业发展基金，初期规模20亿元；预算金额在300万元以下的政府采购项目，应当从小型微型企业采购；建设1万平方米的市级中小企业公共服务平台，设立服务大厅、汇聚服务资源，形成综合共享的信息服务体系；政策由支持单一项目重点向中小企业公共服务体系、小企业创业基地、创新融资、科技创新、结构调整、民生服务、稳定就业等转变，实现对全行业中小企业的全覆盖。

出台配套措施，完善政策法规体系。市经济信息化委制定出台了《中小企业公共服务平台管理暂行办法》《小企业创业基地管理暂行办法》《支持中小企业公共服务平台资金管理暂行办法》《支持小企业创业基地资金管理暂行办法》和《支持中小企业创新融资资金管理办法》，于3月14日向社会发布。

启动中小企业公共服务平台网络建设。4月，市财政局与市经济信息化委共同研究起草《北京市中小企业公共服务平台网络总体建设方案》，获工信部、财政部批复。根据建设方案，计划利用3年时间，总投资1.6亿元。截至年底，北京市枢纽平台和一期15家窗口平台项目建设工作已全面启动，累计投资额1774万元，完成总投资额的11%。

首批中小企业公共服务平台和小企业创业基地认定。组织2012年度的中小企业公共服务平台和小企业创业基地申报工作。认定北京北航科技园有限公司、北京嘉捷美锦科技发展有限公司等19个单位为第一批“北京市中小企业公共服务平台”；认定汇龙森国际企业孵化（北京）有限公司、北京瀚海智业投资管理有限公司等20个单位为第一批“北京市小企业创业基地”。年内，市经济信息化委推荐17家中小企业服务机构申报第二批国家中小企业公共服务示范平台。

提高融资服务水平。完善市区两级中小企业融资服务体系，形成以市中小企业投融资服务平台为核心、16个区县投融资服务平台为支撑，带动100家金融服务机构的“1+16+100”融资服务体系。建立协调及合作机制，加强北京市中小企业投融资服务平台和金融服务平台合作互动，整合社会资源，推动银行、担保等金融服务机构与企业对接。发挥政策导向作用，通过实施奖励、免征营业税等措施调动金融服务机构的服务积极性；通过实施贴息补助措施，有效降低了中小企业融资服务成本。截至年底，共为103家成功发行集合融资的中小企业贴息补助2747万元；对信托公司、担保公司等金融服务机构给予奖励资金3493万元；争取国家中小企业信用担保补助资金4670万元，4家中小企业信用担保机构获得3年内免征营业税资格。

金融机构支持小微企业力度进一步加大。在京金融机构不断优化中小企业融资环境，着力以政策、培训、产品、机制等4项服务为杠杆，不断深化中小企业金融服务内涵；开展北京银行业小微企业金融服务宣传月活动，推动商业银行走出营业网点，主动服务小微企业。截至年底，全市小微企业贷款余额3014.9亿元，比年初增加210.2亿元；余额同比增长7.5%，比大型企业贷款同比增速高5.7个百分点。金融机构贷款加权平均利率水平持续下降，以6个月至1年（含）期贷款加权平均利率为例，12月末该期限加权平均利率5.921%，同比下降11.5%。

积极推进创新融资。通过集合信托、集合票据、中小企业私募债等创新融资方式实现融资额46.37亿元，创新融资规模继续保持快速增长态势。其中，发行集合信托16.96亿元，比2011年10.84亿元增长56%；发行全国第一支农产品加工业中小企业集合票据，集合了7家中小企业，发行额4.3亿元；年内，推出私募债以来，发行额达16.5亿元。

规范引导基金运作。建立完善一系列日常管理制度，加强对合作创投公司绩效考核、考评、退出等制度建设，确保引导基金制度化、规范化运作。本年度与北京市财政局共同完成了第五批引导基金合作创投机构的公开征集工作。引导基金以参股方式分5批设立了22家参股创投企业，注册金额达到35亿元，其中引导基金协议出资约9亿元，合作创投机构协议出资约26亿元，财政资金放大倍数将近4倍。截至年底，引导基金参股创投企业已对63家中小企业进行了股权投资，投资额约9亿元，主要集中在北京市战略新兴、文化创意类企业。组织社会资源，实现协同化服务。利用社会资源，围绕管理提升、中小企业信息化、市场拓展等主题，组织开展了“青云计划——扶助中小企业成长”“中小企业管理升级系列行动”“中小企业创业大讲堂——企业家面对面”“财税管控避风险、优惠政策我知道专题讲座”“520关怀日——小企业会计准则活动”等系列公益活动。截至年底，服务年系列活动开展了600余场，参加活动的小微企业近1.8万家，近4万名中小企业管理人员现场接受了指导和培训，累计免费发放各类管理和学习教材、软件2万余套。

完善中小企业运行监测体系。按照工信部中小司生产经营运行监测工作的部署，共监测中小企业112户，每月上报监测报告和分析报告。

（中小企业处）

【企业技术创新体系】 截至年底，全市共认定市级企业技术中心15批，市级及以上企业技术中心共434家(其中国家级企业技术中心49家，市级企业技术中心385家)。其中，装备制造产业101家，占23.3%；电子信息产业49家，占11.3%；基础产业52家，占11.9%；都市产业44家，占10.1%；生物医药产业28家，占6.5%；汽车交通产业10家，占2.3%；其他行业12家，占2.8%；软件与服务产业80家，占18.4%；建筑产业58家，占13.4%。呈现覆盖行业范围广、重点行业比重大的分布格局。

技术中心企业创新投入加大，创新能力提升。运行监控的234家市级认定工业和软件信息化服务企业技术中心2012年技术开发经费支出额合计186.5亿元，占产品销售收入的4.8%；企业研究与试验发展人员总计62639人，占企业职工总数的17.1%。技术中心创新效果显著。

2012年，234家市级认定工业和软件信息化服务企业技术中心合计新产品销售收入1253亿元，占企业产品销售收入的比重为32.5%。截至年底，234家市级认定工业和软件信息化服务企业技术中心拥有发明专利合计5334件，其中拥有国际发明专利数247件。

（科技标准处）

【节能环保】 2012年，规模以上工业能耗2275.7万吨，同比下降2.3%。万元工业增加值能耗下降8.71%。

调整退出落后生产工艺、设备。调整退出高污染企业259家。北京鹿牌都市生活用品有限公司、门头沟新港水泥公司、双山水泥集团及5家建筑渣土烧结砖企业实现调整、搬迁、转型。

污染减排工作。制定印发了《北京市工业大气污染治理行动计划（2012~2020年）》《关于贯彻落实北京市2012~2020年大气污染治理措施的实施方案》《不符合首都功能定位的高污染工业行业调整、生产工艺和设备退出指导目录(第一批)》等文件。开展开发区燃煤锅炉改造，完成改造117蒸吨。60家企业开展清洁生产审核工作，有24家通过清洁生产审核验收。北京市琉璃河水泥有限公司、北京水泥厂有限公司、东陶机器（北京）有限公司3家企业申报国家清洁生产示范企业。

节能基础工作。组织编制乙烯、水泥等19项节能地方标准；修订编制新一轮的北京工业能耗水耗指导指标；完善工业产品能耗统计制度，新增18项产品能耗统计指标，列入2013年统计指标体系；组织对32家能耗重点企业开展能源审计工作。通过审计节能8万吨标煤。启动工业和信息化部工业领域电力需求侧管理试点。

（节能与环保产业处）

【科技标准】 2012年，工业和信息化领域北京市地方标准制修订立项16个。市经济信息化委申报地方标准制修订项目22个，有16个项目获通过，其中一类制修订标准7个。完成2012年信息产业重大技术发明项目申报工作，共收集21家企业24个项目。项目涉及软件、电子和通信3个技术领域，其中软件技术领域21个项目，电子技术领域2个项目，通信技术领域1个项目。全国共有7个项目入选，其中清华大学的低温共烧陶瓷（LTCC）关键材料、工艺技术及器件设计和下一代互联网4over6过渡技术及其应用2个项目入选。北京京东方光电科技有限公司的“移位寄存器及液晶栅极驱动装置”项目获得第十四届中国专利奖金奖。截至年底，市经济信息化委负责组织乙烯、高压聚乙烯、原煤、原油、橡胶轮胎、交流电动机、数控机床、普通乘用车、高级乘用车、载货汽车、液晶显示器、食用植物油、水泥、建筑卫生陶瓷、供热、白酒、啤酒、葡萄酒单位产品能源消耗限额及工业企业清洁生产审核报告技术规范等19项地方标准的编制工作形成送审稿报送市质监局审查。9月27日，北京市经济和信息化委员会和北京市市政市容管理委员会主编的地方标准《地下管线信息分类、交换、共享技术规范第1部分：数据分类与定义》，通过北京市质量技术监督局正式批准发布。该标准规定了北京市地下管线数据来源与应用关系、数据分类与编码、空间数据结构、属性数据结构以及数据质量要求等内容。

（科技标准处）

【信息报送和政府信息公开】 年内，协调机关各处室和有关直属单位向市委市政府两办厅信息处报送信息120条，被《北京信息》采用63条次，被《昨日市情》采用90条次。为做好信息报送工作，在委主任办公会上对各处室信息报送情况进行了通报，并建立了相关工作制度。

年内，通过政府信息公开平台上主动公开信息731条，其中政务动态693条，机构职能1条，法规文件33条，规划计划4条。同时，及时将已公开的35件纸质文件按时移送到政府信息公开大厅、市档案局、图书馆。

（办公室）

【折子工程】 年内，市经济信息化委承担各项折子15类220项，主办109项，协办111项，其中市政府折子、重要实事、新农村建设折子列入市绩效任务，承担70项任务，主办44项，协办26项。截至年底，完成市政府督查室专项督查件，领导批示件14件。

（办公室）

【提案办理】 年内，市经济信息化委办理市人大建议和政协提案共85件，其中人大建议44件，政协提案41件。

（办公室）

【对外宣传】 年内，市经济信息化委组织各类新闻发布会、集体采访、专访等新闻宣传活动22次，邀请媒体近200人次。向市委宣传部提供宣传线索4次20条。主要活动包括组织媒体到京东方和北京汽车进行集体采访，微电子论坛开幕式发布会，中小企业政策发布会，北斗导航产业发布会等。向各类媒体提供资料或接受采访共计约20篇次。在《北京日报》《北京晚报》《北京青年报》《京华时报》《新京报》北京电台、北京电视台等主流媒体上宣传报道发布约60篇次。按照市政府统一部署要求，开通新浪网官方微博，发布信息435条，转发评论约700余人次。

（办公室）

区县工业

东城区工业

【概述】 2012年，东城区规模以上工业企业产、销同步小幅增长，完成工业总产值108.7亿元，同比增长2.3%；完成销售产值105.8亿元，同比增长3.4%；产销率97.3%，同比提高2.6个百分点。其中，工艺美术品制造业工业总产值22.1亿元，同比增长78.7%，拉动全区工业生产增长9.2%；完成销售产值20.6亿元，同比增长79.5%，拉动全区工业销售增长9.1%。全区规模以上工业出口企业主要集中在通信设备制造业和仪器仪表制造业，11家规模以上工业出口企业共完成出口交货值16.6亿元，同比下降19.5%。

（张婷婷）

【电力迎峰度夏保障工作】 年内，制定4项措施确保东城区夏季电力供应平稳。强化需求侧重管理，推进节电移峰工作。实施可中断负荷补偿、补偿价格杠杆作用，鼓励错峰与节电。启动区级能耗在线监测平台建设，实现对用电和负荷情况的实时监测和科学管理。落实分级调控，加强用电有序管理。按照“先错峰、再避峰、后限电”原则，以避峰措施进行负荷调控。服务与检查并重，深入开展节能降耗工作。组织用电服务队，开展“五进两促”活动，即“进企业、进公建、进社区、进机关、进学校”，进行用电安全检查和节能服务。启动夏季电力应急预案，保障电网安全。各电力应急指挥部成员单位各负其责，做好电力突发公共事件预防、处置和善后工作。区电力应急指挥部办公室加强应急值守，安排专人24小时值班，保证800兆电台24小时畅通。

（张金生）

【煤炭销售】 年内，东城区型煤销售总计1.5万吨，全部实现优质无烟型煤替代。定期对金泰汇通公司、天坛煤厂的无烟型煤进货、销售、和价格等进行监测。随着城区居民“煤改电”工作推进，型煤销售量同比下降29%。

（张金生）

【景泰蓝工艺】 年内，北京市珐琅厂成立国内首座“景泰蓝艺术博物馆”，利用展板文字、实物等宣传景泰蓝艺术的历史文化与技艺。由多位高级技师集体制作的30英寸《百鸟朝凤》大瓶，在首届中国（黄山）非物质文化遗产传统技艺大展上荣获金奖；由付智华、李静、左红、曾洁设计，公司高级技师集体制作的4个作品，在第十三届中国工艺美术大师作品暨国际艺术精品博览会上，分别获金、银、铜奖。

（苗永生）

西城区工业

【概述】 2012年，西城区规模以上工业企业完成工业总产值823.1亿元，同比增长6.1%。规模以上工业企业发展平稳增长，生产、销售均上升。能源供应业支撑全区工业稳定增长。其中，能源供应业企业完成产值 703 亿元，同比增长 12.9%。能源供应业是西城区工业经济支撑行业，在生产、销售、盈利水平等方面强势明显。销售产值增长，产销衔接较好。全年规模以上工业企业工业销售产值 829 亿元，同比增长 7.5%，产销率为 100.7%，工业品产销衔接维持在相对较高水平。大中型企业成为全区工业中坚力量。共有大中型企业 17 家。大中型工业企业完成工业总产值 740.6 亿元，同比增长 12.1%，占全区工业总产值的 90.0%。大中型工业企业呈现平稳增长趋势。工业企业经营情况良好。全区规模以上工业企业主营业务收入 846.6 亿元，同比增长 7.4%；实现利润总额 52.0 亿元，同比增长 15.8%；盈利企业总数达到 51 家，占全区规模以上工业企业总数的 82.3%。

（刘海红）

【德胜科技园发展】 年内，审议通过《北京市西城区支持中关村科技园区德胜科技园自主创新若干规定》和《北京市西城区自主创新示范基地和高新技术产业专业孵化基地认定及支持办法》。启动 2011 年度政策资金兑现工作。与中国工商银行北京分行等 5 家银行机构签订战略合作协议。76 家 5000 万元以上的高新技术企业进行业务及政策专项培训，200 家企业集中开展新政策宣讲与 3 场年度兑现答疑会。31 家企业申报国家高新技术企业，37 家企业通过中关村高新技术企业认定，园区共有中关村高新技术企业 409 家。德胜科技园区被评为第一批“国家级文化和科技融合示范基地”“创新设计成果转化平台建设”等项目获得科技部专项支持，中国设计交易市场完成一期装修改造，举办了“新意大利设计 2.0 展”，完成“红星奖”评审与展示，与韩国设计振兴院等机构签订入驻意向。普天德胜孵化器通过北京市战略性新兴产业孵育基地认定，康华伟业孵化器通过国家级科技企业孵化器复审，利玛自动化技术孵化器通过北京市高新技术产业专业孵化基地认定。人民网股份有限公司、奇虎科技服务有限公司在上海证券交易所成功上市。北京有色金属研究总院等 4 家企业获得首批中关村“十百千工程”专项支持，推荐园区 8 家亿元以上规模企业申报第三批中关村“十百千工程”，8 家企业入选首都设计产业提升计划，2 家企业获得 2012 中国工业设计十佳大奖。

（刘海红）

【扶持中小企业】 年内，制定并完善《西城区促进中小微企业发展的实施意见》，制订《西城区中小企业服务年活动方案》《西城区企业减负专项行动方案》。开展融资服务平台工程建设，引导金融机构针对不同特点的中小企业个性化开发金融产品、提供投融资综合解决方案。开展电子化培训工程建设，依托国家信息中心等国家级信息平台优势，形成点对点、多层级、全覆盖的企业素质提升培训机制。组织推荐 18 家企业申报国家、北京市专项资金，北京邮票厂、中经网数据有限公司、北京中船信息科技有限公司 3 家企业共获得资金支持 419 万元，全年备案项目总计 10 个。推荐 5 家企业申报北京市中小企业公共服务平台和小企业创业基地，推荐 1 家企业申报北京市级企业技术中心认定。全年共对 7 家中小企业进行贷款担保，担保金额 4050 万元。

（刘海红）

【电力管理】 年内，对辖区内复兴门 110 千伏变电站、白塔寺 110 千伏变电站等地下变电站进行汛期安全抽查，对重要电力设施安全隐患进行排查。成立西城区“十八大”电力安全保障工作领导小组，实行 24 小时人员在岗值班制度。制定《西城区“十八大”供电事故应急处置工作流程图》，对车公庄大街 19 号院等 6 处存在电力电缆安全隐患施工工地进行供电安全检查，对存在安全隐患施工工地下发整改通知。进行老旧小区电力设施改造，完成牛街工程项目，推进阜外北四巷等工程项目，开工建设京泽苑等工程项目。

（刘海红）

【节能减排】 年内，发布《西城区支持鼓励节能降耗管理办法》，完成《西城区支持鼓励节能降耗管理办法实施细则》。11 家能耗 5000 吨以上用能单位实施能源审计，完成 4 家单位清洁生产审核，完成 68 家重点用能单位能源利用状况报告和能源管理岗位备案工作，在年耗能 5000 吨标准煤以上的重点用能单位推广配备能源管理师，实施节能目标分解。进行老旧小区抗震加固、节能保温等综合改造，共完成 90 万平方米；启动 27 栋简易楼改造工程，涉及居民800余户。完成爱民里小区等24个老旧小区供热管网改造，54处公共机构供热计量改造，供热面积达202万平方米。进行煤改电居民外墙保温工程，完成平房居民煤改电近1.1万户，外墙保温改造面积达2万平方米。2所中学建成雨水收集系统，8所学校进行楼顶绿化工程，5所学校实施太阳能光伏发电工程。

（刘海红）

朝阳区工业

【概述】 2012年，朝阳区实现地区生产总值（GDP）3632.1亿元，同比增长11.0%，占北京市GDP比重为20.3%。其中，第一产业实现增加值1.6亿元，同比增长34.5%；第二产业实现增加值392.6亿元，同比增长8.3%；第三产业实现增加值3237.9亿元，同比增长11.3%。三次产业结构为0.04：10.81：89.15 。

工业经济继续保持增长。全区333家规模以上工业企业全年实现工业总产值1203.4亿元，同比增长1.5%。实现增加值298.5亿元，同比增长8.4%，占第二产业增加值的76.03%。实现销售产值1189.9亿元，主营业务收入1276.96亿元，利润总额68.54亿元。

高技术制造业产值增长。101家高技术制造业企业全年实现工业总产值229.1亿元，同比增长7.2%，占全区工业总产值的19.04%。实现主营业务收入234.5亿元，利润总额30.1亿元。

（陈 珊）

【电子城园区扩展】 10月13日，根据《国务院关于同意调整中关村国家自主创新示范区空间规模和布局的批复》，朝阳区电子城科技园更名为朝阳园，与垡头中心区、望京地区，统一纳入中关村范围，面积由1680万平方米扩展为2610万平方米。

（陈 珊）

【产业发展】 年内，朝阳区工业共涉及30个行业。其中，煤炭开采业、石油和天然气开采辅助活动、计算机与通信和其他电子设备制造业、电力热力生产和供应业、电气机械及器材制造业、非金属矿物制品业六大支柱行业，分别实现工业总产值329.3亿元、181.8亿元、132.1亿元、118.5亿元、72.4亿元和73.6亿元。

（陈 珊）

【园区建设】 年内，电子城科技园东区升级改造，西区开发建设，北区招商引资。位于东区的普天首信装修施工，国际电子总部3号地、IT园2个厂房交付使用，联发科技等8个项目入驻，将台路改造工程正式启动。位于西区的默沙东、时代凌宇项目完成奠基和容积率调整；恒基伟业设备安装，爱立信二期、研发园三期主体完工；太极集团等4个项目签署入驻协议；五环北辅路完成90%，西区三、四号路开工，五号路完工。北区约45万平方米土地控规调整完成公示，促进了七星华创、华锐风电重点项目落地；局部征地先期启动，高压线入地和主次干路建设正在进行；大望京项目25%实现封顶，2号地正式开工，项目整体亮相京交会、CBD商务节、“锐动金秋”联谊会和京港洽谈会。电子城科技园全年提供就业岗位2000余个；高新技术产业专项资金额度增至4000万元，支持30个企业的30个项目及10个重点功能产业园。

（陈 珊）

【产业结构调整】 年内，朝阳区安排各类产业扶持资金超过6亿元，加速重点产业高端项目落地，快速发展新兴金融业。朝汇通等4家小额贷款公司开业；民生通海投资、现代汽车金融落户；信诚人寿、英大基金等52家金融机构入驻。三星中国、亚马逊等总部设立结算中心，从管理型总部向实体型总部发展，提升了总部经济贡献。现代服务业收入增长10%，引进联发科技、奇虎360等企业入驻。文化创意产业北京国家广告产业园正式开园，三间房国家动画产业基地完成挂牌，新引进注册资金1亿元以上企业27家，规模以上企业数量达到1952家，资产规模同比增长15.7%。

（陈 珊）

【企业固定资产投资】 年内，朝阳区共核准、备案工业、软件类企业固定资产投资项目92个，项目以电子信息、生物医药、通信设备等高技术产业投资、技术改造为主，总投资额 103.23 亿元。

（陈 珊）

【中小企业发展专项资金管理】 年内，朝阳区对原有的促进非公中小企业发展专项资金管理办法进行调整，形成《朝阳区促进中小企业发展引导资金管理办法》。新管理办法扩大了资金支持范围，删掉“非公有制”，支持范围扩大到所有中小企业；增加了资金额度，资金额度由每年 2000 万元调整为根据产业资金使用绩效情况在年度预算中安排，每年不低于 3000 万元；专项资金由侧重科技型企业向全行业延伸；注重了对小微企业的支持和引入第三方中介评估。全年共有 72 家中小企业项目获得专项资金支持，资金总额 3000 万元。

（陈 珊）

【推动企业上市】 年内，朝阳区制订《推动企业上市工作办法》。成立区推动企业上市协调领导小组，负责统筹协调推动全区企业上市工作。建立上市培育期企业数据库，追踪企业上市进展情况，提升服务水平。加强资金支持，从时间节点上明确补助专项资金额度，完成股份有限公司改制后，当年给予补助 50 万元；完成上市辅导后，当年给予补助 100 万元；对首次公开发行股票上市（IPO）的企业，当年给予一次性补助 200 万元。

（陈 珊）

【中小企业贷款】 年内，朝阳区针对中小企业、特别是小微企业融资困难情况，发行“朝阳中小企业贷款集合资金信托计划”，募集资金 1.43 亿元，全部用于向中小企业发放信托贷款。北京世纪互联宽带数据中心有限公司等 15 家企业通过集合信托合作模式，实现融资计划。

（陈 珊）

【9 家企业入选重点培育企业名单】 年内，朝阳区 9 家企业入选中关村“十百千工程”第三批重点培育企业名单。分别是北京中电华大电子设计有限责任公司、人民网股份有限公司、安世亚太科技股份有限公司、华润赛科药业有限责任公司、北京奥科瑞丰新能源股份有限公司、西门子（中国）有限公司、北京兆维电子（集团）有限责任公司、北京蓝色光标品牌管理顾问股份有限公司、艺龙网信息技术（北京）有限公司。

（陈 珊）

【4 个产品被认定为国家重点新产品】 年内，朝阳区有 4 家企业的科技项目被科技部、环保部、商务部、国家质检总局 4 部委评审认定为 2012 年国家重点新产品。分别是北京强进科技有限公司的“太阳能光热转化选择性吸收材料”、北京双鹤药业股份有限公司的“新型降血脂药物匹伐他汀钙及片剂（冠爽）”、北京魁方时业新型建筑材料技术有限公司的“KF 幕墙式轻质防火保温装饰干挂板系统”和北京名昂瑞祥科技有限公司的“嘉玥增强保水剂”。

（陈 珊）

【节能考核、管理与培训】 年内，朝阳区制订《“十二五”节能目标责任评价考核工作方案（试行）》，将节能指标分解到各行业主管部门和重点用能单位。对于区政府各行业主管部门的节能指标，以区政府折子工程和《经济工作责任书》形式下达；对于各重点用能单位的节能指标，以签订《节能目标责任书》形式与 256 家用能单位签订了节能责任书。朝阳区修订完善《节能发展引导资金管理办法》，明确支持范围和标准，增加资金额度，由每年不少于 3000 万元增加到不少于 5000 万元；将原来按节能项目投资额比例进行补助修改为按项目节能量给予补助，增强了资金的安全性和使用率。朝阳区对 80 余家重点用能企业进行合同能源管理（EPC）专题培训，在节能服务公司和重点用能单位之间搭建平台，加强政府服务，引导企业节能技改。

（薛 蕾）

【排查电力隐患】 年内，朝阳区发展改革委、区安监局、市电力输电公司组成联合执法和协调工作小组，多次对区域内电力线下隐患进行排查整治，重点做好“两节”“两会”“京交会”“国庆节”十八大期间的电力安全隐患排查工作。共排查消除电力安全隐患 28 处，解决十八大重要客户用电安全隐患 2 处。

（余合喜）

海淀区工业

【概述】 2012年，海淀区工业生产持续低速增长，区内500家规模以上工业企业实现工业总产值1480.72亿元，同比增长4.0%，低于北京市工业总产值6.5%的平均增长率，在北京市17个区县（含亦庄开发区）的总产值和增速分别位列第三位和第八位；规模以上工业增加值同比增长11.2%，列北京市17个区县（含亦庄开发区）第一位。实现出口交货值68.47亿元，同比下降8.9%，工业用电量1.31亿千瓦，同比下降1.5%。六大产业中，汽车与交通设备产业高速增长，生物医药产业和电子信息产业的工业总产值维持较高增长，都市产业增速保持平稳，装备产业增速降幅加大，基础与新材料产业增速降幅明显缩小。

工业总产值排在首位的行业是电子信息产业，占海淀区工业比重的41.1%，实现工业总产值607.96亿元，同比增长19.4%，实现出口33.55亿元，同比下降5.6%。重点企业联想（北京）有限公司扭转了连续6个月出现负增长的局面，实现产值与去年持平；同方股份有限公司增长8.2%；瑞萨半导体有限公司下降10.9%；大唐移动通信设备有限公司下降6.4%。第二位是装备产业，占海淀区工业比重的30.3%，实现工业总产值449.19亿元，同比下降19.0%，实现出口24.43亿元，同比下降15.8%。重点企业国电联合动力技术有限公司和华锐风电科技（集团）股份有限公司，继续受国家风电项目审批停滞影响，分别同比下降51.1%和65.8%；北京四方继保自动化股份有限公司同比增长49.8%，同方威视技术股份有限公司同比增长8.6%，安泰科技股份有限公司同比下降14.8%。第三位是基础与新材料产业，占海淀区工业比重的11.7%，实现工业总产值173.4亿元，同比下降9.6%，实现出口3.12亿元，同比增长0.6%。重点企业蓝星石油有限公司主要受国内外成品油价格连续波动影响，产值同比增长0.9%，蓝星化工新材料股份有限公司和中国石油化工股份有限公司长城润滑油分公司分别同比下降28.1%和16.7%，北京金隅混凝土有限公司同比增长27.5%，北新集团建材股份有限公司同比下降7.7%。汽车与交通设备产业、都市产业和医药产业分列第四、五、六位，分别实现工业总产值131.33亿元、91.32亿元和30.52亿元，分别同比增长92.2%、11.4%和38.2%。汽车与交通设备产业重点企业中国长安汽车集团股份有限公司新增产值47.76亿元，航天东方红卫星有限公司同比增长15.3%，北京新立机械有限责任公司同比下降5.6%，北京纵横机电技术开发公司同比增长173.8%，卫星制造厂同比增长30.3%。都市产业重点企业北京新风机械厂同比增长57.1%，北京大北农科技集团股份有限公司同比下降20.6 %，北京二商王致和食品有限公司同比增长2.7%，北京三元禾丰牧业有限公司同比增长14.7%，北京钢研高纳科技股份有限公司同比增长23.7%。医药产业重点企业北京双鹭药业股份有限公司同比增长54.5%，北京科兴生物制品有限公司同比增长80.0%，乾元浩生物同比增长24.7%，北京北大维信生物科技有限公司同比增长8.1%，北京九强生物技术有限公司同比增长43.4%。

（侯 硕）

【东升科技园打造"云领地"绿色科技园】 1月12日，东升科技园与中国惠普有限公司共同举行"云领地"绿色移动数据中心合作项目签约仪式。该合作项目由海淀园大力推动，旨在提升东升科技园服务水平，起到引领示范作用。海淀园管委会常务副主任王际祥、中国惠普副总裁等相关领导出席了签约仪式。

（侯 硕）

【7家企业入选2011年度北京知名品牌】 3月6日，2011年度北京知名品牌通过企业自愿申报、社会公示征询意见、消费者参与推选、行业协会组织专家评审推荐、征求市政府相关部门监管意见等程序，经北京市质量审定委员会审议，授予7家企业北京知名品牌荣誉称号。即北京北分瑞利分析仪器(集团)有限责任公司、北新集团建材股份有限公司、北新建材集团有限公司、通达耐火技术股份有限公司、北京绿

伞化学股份有限公司、北京二商王致和食品有限公司、北京拓尔思信息技术股份有限公司。

（侯　硕）

【国家新型工业化产业示范基地结硕果】 3月，工信部授予全国最具规模的产业集群——海淀园软件和信息服务业国家新型工业化产业示范基地称号。围绕国家新型工业化产业示范基地公共服务能力提升，工信部重点支持已授牌的示范基地申报2012年公共服务平台项目。海淀园区12个各具特色的独立专业园区（产业基地）、89家各类孵化器以及十几家国家级大学科技园建设了公共服务平台。中关村软件园的“海淀园中关村软件园云计算公共服务平台”、北京集成电路设计园的“超深亚微米ESL软硬件协同设计实现平台”2个重点公共服务平台申报获批，支持金额共1330万元。中关村软件园云计算公共服务平台旨在利用云计算技术为软件与信息服务企业提供公共服务。超深亚微米ESL软硬件协同设计实现平台重点解决企业面临的研发技术问题，加速设计企业超大规模SoC芯片设计进程。

（侯　硕）

【签署中国英特尔物联技术研究院合作协议】 4月11日，北京市科委、中关村管委会、海淀区人民政府与英特尔及中科院自动化所在北辰洲际酒店正式签署“中国英特尔物联技术研究院”合作协议，联合成立“中国英特尔物联技术研究院”。这是继去年各方签署合作备忘录之后各方共同努力的成果，也是开启研究、开发、产业化、商业运作等方面国际协同创新模式的一个探索。海淀区副区长孟景伟代表海淀区政府出席签约仪式并讲话。

（侯　硕）

【全球首创生物药进入Ⅰ期临床研究】 9月，健能隆医药宣布启动全球首创生物药F-652在澳大利亚的Ⅰ期临床研究。创新生物药F-652是一种基因重组白介素-22（IL-22）的二聚体。该药有望治疗多种炎症性疾病，如F-652可促进肝细胞的存活和再生，从而有助于修复肝损伤。该研究证明中国新药研发企业有能力开发全球首创生物创新药。健能隆是一家由归国留学生团队创立的中国本土生物新药研发企业。公司立足中国创新，面向全球医药市场开发创新药物。除F-652外，公司还有其他几个候选药物处于不同的研发阶段。其中，创新生物药贝格司亭（F-627）目前在美国和欧洲开展国际多中心Ⅱ期临床研究，是治疗癌症患者因化疗引起的中性粒细胞减少症的潜在同类最好药物。

（侯　硕）

【联想成为全球第一大电脑制造商】 10月11日，全球著名市场调研公司IDC和Gartner分别发布了第三季度全球PC行业报告，报告显示，联想的全球市场份额及季度出货量再次刷新历史纪录，联想的PC全球市场份额已超越惠普，成为行业第一。

（侯　硕）

【产业基地揭牌】 10月25日，由中关村管委会、海淀区政府共同主办的“中关村移动互联网、北斗与空间信息服务产业基地揭牌暨项目入驻签约仪式”在永兴花园饭店举办。共有100余人参加仪式。北京华胜天成科技股份有限公司、朗德华信（北京）自控技术有限公司、北京合众思壮科技股份有限公司、北京四维图新科技股份有限公司等11家企业作为首批项目正式签约入驻“中关村移动互联网产业基地”“中关村北斗与空间信息服务产业基地”。已有超过50余家移动互联网企业扎堆落户，形成产业链条完备、创新活力强劲的知名产业基地。

（侯　硕）

【中关村科学城建设】 截至10月，全市共有46家高校院所、央企纳入科学城建设工作体系，共同实施48个产业技术研究院和产业创新园建设项目。其中，在海淀的42个中关村科学城项目中，涉及新建及改造工程项目74项，总规划建筑面积约730万平方米（全市910万平方米），总投资约600亿元（全市近740亿元）。目前，已投入使用项目8项，建筑面积约24.4万平方米；已施工完成待验收项目3项，建筑面积约14.1万平方米；已开工建设项目9项，规划建筑面积约205.8万平方米，投资约178.5亿元。北京航空航天大学、北京理工大学、北京科技大学等10所高校完成了产业技术研究院的组建并投入运营，其中北京航空航天大学、北京邮电大学等已组建企业化的独立法人实体。北京清华工业开发研究院发起设立的科技成果转化基金已启动实施。

（侯　硕）

【北京嘉博文公司当选2012全球清洁技术100强】 10月，美国全球清洁技术产业投资集团评选的全球清洁技术100强榜单揭晓，北京嘉博文生物科技有限公司凭借BGB高温好氧发酵技术处理城市有机垃圾的创新技术当选。本次评选于2012年3月启动，全球有6000余家私有清洁技术公司参与其中。3家中国公司入选100强榜单，其中在废弃物资源循环利用领域仅有嘉博文1家中国公司当选。嘉博文用创新技术处理城市餐厨和厨余废弃物，以产业化模式生产新型生物腐殖酸功能肥料，创建了城乡有机碳循环全产业链模式。该模式被哈佛商学院列入MBA教学案例，并于2012年获得农业部颁发的全国首个以餐厨废弃物为原料的土壤调理剂肥料登记证。

（侯　硕）

【中关村国防科技园开工建设】 11月26日，中关村国防科技园开工仪式在北京理工大学举行。工业和信息化部副部长杨学山，北京市委常委、市委秘书长赵凤桐，副市长苟仲文，海淀区区长孙文锴等领导出席开工仪式。中关村国防科技园是中关村科学城重点建设项目，定位为新型国防科技产业孵化中心，主要服务于国防高新技术研发、转化和产业化。该园区位于北京理工大学主校区西区，总用地面积为62402平方米，总建筑面积为237995平方米。工程建设采取北京理工大学出土地、中关村发展集团出资金的新型载体建设方式，总投资12亿元。

（侯　硕）

【机构调整】 年内，根据北京海淀区机构编制委员会《海淀区机构编制委员会关于调整理顺海淀区信息化工作机构的通知》文件要求，海淀区政府信息化工作办公室（简称区信息办）保留区信息办的牌子，即在海淀园管委会企业发展促进处加挂区经济信息化办和区信息办两块牌子，撤销在区政府办的区信息办。将区政府办承担的负责区属机关、事业单位的信息化工作及相关安全监管（管理）职责一并划入区经济信息化办。将区政府办下属北京市海淀区信息中心建制及调整后编制划归海淀园管委会。根据中共北京市海淀区委办公室北京市海淀区人民政府办公室关于印发《中共海淀区委海淀园工作委员会中关村科技园区海淀园管理委员会（海淀区科学技术委员会）主要职责内设机构和人员编制规定》的通知文件要求，北京市海淀区经济和信息化办公室（简称区经济信息化办）设在海淀园管委会（区科委）。原海淀区人民政府办公室负责区属机关、事业单位的信息化工作和区政府机关重大信息化建设工程项目中涉及安全方面内容的审核，将相应的管理责任的职责划入海淀园管委会（区科委）。

企业发展促进处（海淀区经济和信息化办公室、海淀区政府信息化工作办公室）编制11人，领导职数1正2副。北京市海淀区信息中心是海淀园管委会所属全额拨款事业单位，事业编制12人。

（侯　硕）

【园区建设】 年内，海淀园管委会（区科委）落实国家、北京市科技创新大会精神，以政策体系和产业空间建设为支撑，以中关村人才特区、中关村“1+6”先行先试政策推进实施为契机，以创新驱动发展为主线，以推动经济内生式增长为着力点，扎实推进园区各项工作，完成了全年工作任务。

年内，海淀园总收入10665.75亿元，同比增长21.44%；工业总产值1517.60亿元，同比增长8.96%；进出口总额204.83亿元，同比增长3.63%；利润总额822.36亿元，同比增长16.00%；应缴税金总额423.09亿元，同比增长8.22%。海淀园管委会（区科委）会同区金融办等部门，整合出台核心区自主创新和产业发展“1+10”新政策，通过专项资金统一申报受理平台完成了涉及海淀园、区发展改革委、旅游委、商务委、金融办等多部门的项目评审工作，项目总数1306个、支持总金额约9.5亿元。

海淀园管委会协调各委办局，配合市、区人大检查组完成《中关村国家自主创新示范区条例》执法检查工作，代表区政府起草了《海淀区贯彻落实中关村国家自主创新示范区条例专项报告》。检查期间，执法检查组就《条例》进行了走访，并组织20余家企业参加座谈。

（侯　硕）

【高新技术产业聚集区建设】 年内，海淀区共为20家企业确定供地意向，即赛尔网络有限公司北京分公司、新浪总部、北京四方继保自动化股份有限公司、北京钢研高纳科技股份有限公司、北京林克曼数控技术股份有限公司、北京联动原创科技有限公司、中国保利集团保利通信公司、新锐美电子商务有限公司、京东世纪贸易有限公司、解放军总医院、北京仁创科技集团有限公司、航天天绘科技有限公司、中国气象局、中国华云技术开发公司（集团）、北京维艾思气象信息科技有限公司、华风气象传媒集团有限责任公司、启明星辰信息技术有限公司、北京正和恒基滨水生态环境治理有限公司、冠海精密计时有限公司、浪潮集团有限公司。

（侯 硕）

【打造“专精特新”产业园区】 年内，海淀区共支持457个项目，支持金额约4.55亿元，约占园区在平台上可执行专项金额的72%。众多导航与位置服务企业在永丰产业基地已形成相对聚集，10月25日，中关村管委会为永丰基地挂牌“北斗与空间信息服务产业基地”。规划以永丰产业基地作为海淀区发展导航与位置服务产业的核心基地，结合中关村壹号及其北扩区，形成导航与位置服务产业企业孵化成长区、加速发展区和企业总部集聚区三大梯次功能区。

（侯 硕）

【共建“中关村高端人才创业基地”】 年内，海淀区政府、中关村管委会和北京科技大学合作共建“中关村高端人才创业基地”。合作三方从人、财、物3方面给予大力支持，设立了知识产权服务工作室和天使投资工作室。成立了人才基地管理办公室，制定了企业入驻标准和管理办法，积极引进高端人才创办的企业。

（侯 硕）

【人才建设】 年内，海淀区新入选“千人计划”11人，“海聚工程”32人，本年度第一批高聚工程入选31人。截至年底，海淀区累计有69人入选“千人计划”，157人入选北京“海聚工程”，114人入选中关村“高聚工程”。

推进企业院士专家工作站和博士后工作站工作。经院士专家资源对接、实地考察、工作站建站指导，北京金秋果实电子科技有限公司、北京三正科技有限公司、恒泰艾普石油天然气技术服务股份有限公司已经北京市科协批准，正式建立企业院士专家工作站。海淀区建立企业院士专家工作站累计达到15家，进站院士39名。年内，设立四方继保、德青源、安科兴业等3家博士后工作站分站。海淀区博士后工作站分站累计达54家；博士后累计进站174人，出站101人。获北京市博士后经费资助57.5万元。新设立海淀青年英才基地工作站1家（西瑞克斯通信技术股份有限公司），进站青年英才1人。海淀区青年英才基地工作站累计4家。累计进站人数4人，其中青年英才3人，代招博士1人。

（侯 硕）

【加速智慧海淀建设】 年内，海淀区完成《智慧海淀建设工作方案》《智慧海淀建设项目管理办法》等文件的编制工作。《智慧海淀建设工作方案》于8月24日由区政府办印发确定了“四智一高”的智慧海淀建设目标，成立了以区长为组长的智慧海淀建设领导小组，成员单位包括经区经济信息化办、住建委、教委等19个部门。确定了25项智慧海淀重点工程，明确了各项工程的牵头部门及配合部门。9月初，根据《智慧海淀建设工作方案》的要求，区经信办开展了智慧海淀第三方管理机构招标工作，建立智慧海淀第三方咨询机构，多次聘请相关方面业务专家协助区住建委、旅游委等部门进行业务梳理以及需求分析。截至年底，完成了区住建委房屋全生命周期管理系统、旅游委智慧旅游一期项目、公安分局智慧警务十八大安保科技项目、苏家坨镇智慧乡村车耳营村试点等11个智慧海淀项目的评审工作。

（侯 硕）

【连续6年获评电子政务建设突出贡献单位】 年内，海淀经济信息化办围绕电子政务基础设施建设、智慧城区、智慧家园、信息化规划与机制体制、智慧海淀顶层设计及项目管理，共5个方面开展电子政务绩效评估工作。海淀区已连续6年被市经济信息化委评为电子政务建设突出贡献单位。确定2012年度智慧医疗卫生建设方案，海淀区卫生服务与管理平台已完成43家社区卫生服务中心及22家社区卫生服务站的软硬件环境部署，并完成了第三方系统测试。

（侯 硕）

【引进项目】 年内，海淀区共接洽新引入企业约60余家，其中外资企业15家。在接洽企业中已实现落地12家，主要包括京东商城云计算公司、通号创新投资有限公司。另外，约有近30个新洽谈项目已取得阶段性进展，其中主要包括南瑞集团北方总部、京东商城快递公司总部等项目，形成了落地一批、贮备一批的良好局面。

（侯 硕）

【启动“十百千工程”】 年内，海淀区启动“十百千工程”专项资金组织申报工作，按照《中关村国家自主创新示范区“十百千工程”专项资金管理办法》规定，组织推荐80家企业，其中54家企业获得专项支持资金3754.2万元。配合中关村创新平台开展了第三批“十百千工程”企业遴选工作，共推荐67家企业。

（侯 硕）

【提升区域自主创新能力】 年内，区域内国有企事业试点单位共25家，占全市54家市属单位的46%。与区委宣传部联合积极争取，以海淀区为核心的国家级“中关村文化和科技融合基地”获科技部、中宣部首批授牌。推荐市科学技术奖43项；申报国家重点新产品计划项目145项，其中67项由北京市推荐至国家科技部。

（侯 硕）

【推进知识产权工作】 年内，海淀区制定发布了《海淀区科技型企业知识产权标准化管理指导规范》。推进中关村知识产权大厦建设，聚集知识产权高端服务要素，打造集知识产权创造、应用、保护和管理于一体的综合服务平台，目前已确定22家知识产权服务机构入驻大厦，入驻率100%。与市科委共建“国际技术转移中心”，吸引14家国内外知名国际技术转移机构入驻，并搭建了信息网络平台，加强对国际技术需求挖掘发布以及资源对接，开展宣传推介活动30余场，促成多起技术转移项目，中心知名度和影响力大大提高。

（侯 硕）

【推进核心区国际化发展】 年内，中关村国家自主创新示范区核心区与科技部战略研究部门联合，共同深度挖掘中国第一个国家级高新区国际化的发展模式，形成《中关村科技园区海淀园国际化战略研究》和《架起科技园企业国际化的桥梁》的调研报告。举办中关村科技园区海淀园首批国际化人才实训班2期，共培训60名企业国际化高管。邀请科技部、商务部等政府部门领导、IBM、联想集团、爱国者等领军企业的国际化管理者以及中介机构负责人讲课，得到企业的欢迎和肯定。对海淀园宣传工作进行顶层设计，初步与具有国际化视野的专业团队——香港卫视、蓝色光标传播集团等机构对接，制定出海淀园的整体品牌发展战略。完成海淀园官方微博的各项准备工作。

（侯 硕）

【落实中关村“1+6”政策】 年内，海淀区共有25家国有企事业单位开展股权激励试点，占全市总量的46%；758家高新技术企业享受研发费用加计扣除试点政策，研发费用较政策出台前多加计扣除10.1亿元，为企业减免税款1.5亿元；96家企业享受职工教育经费税前扣除试点政策，较政策出台前税前多扣除2106万元，为企业减免税款316万元；积极组织实施高新技术企业的认定工作，新认定国家级高新技术企业约258家，约占示范区的47%。

（侯 硕）

【智慧园区建设】 年内，区经信办以建设企业与政府高效互动平台，实现政府按需向企业推送个性化服务为目标，积极推进智慧园区建设工作。目前，创业创新服务体系信息平台（一期）已上线运行，实现了73家服务机构的在线数据报送和报表统计，为22类79家服务机构开辟了网上展示窗口，向公众发布了3000余条展示信息，汇总了28万余条服务资源数据。专项资金项目全生命周期管理平台截至10月8日，共开通九大类118个申报事项，参与申报企业已达1631家，累计申报项目已达2350项。园区新版门户网站也于8月正式上线运行，新版网站更加注重信息更新和企业服务与用户体验。9月24日、25日，区经信办分别组织完成了对园区综合业务智能管理平台、海淀创业创新服务体系信息平台（二期）等项目的专家评审工作。科技创安项目已经完成科技创安工程总监理、矩阵、摄像机、光端机、硬盘录像机、视频转发服务器的招标采购工作，采购了园区企业的摄像机、光端机、服务器、编解码器4种设备，完成采购金额1750万元，其中采购园区产品约500万元。目前，海淀园管委会已与设备供应商签订供货框架协议，相关街镇与设备供应商签订了设备采购合同。

（侯 硕）

【南沙河流域安全度汛信息化管理系统建设】 年内，海淀区组建了由区水务局牵头，经信办、气象局配合的工作组，完成北部南沙河流域现状调研，细化了北部地区水利流域的监测点位设计；完成对海淀区物联网基础平台、地理信息共享平台等基础支撑平台的调研；与区气象局、城管监督应急指挥中心就气象信息共享、城管监督应急指挥中心视频信息对接等问题进行了沟通，并达成一致。10月8日，区水务局完成了南沙河流域安全度汛信息化管理系统项目建议书。

（侯 硕）

【中小微企业信息化服务平台项目建设】 年内，海淀区完成促进中小微企业信息化服务平台资金申报，包括对外服务和建设投资两项支持。其中，收到信息化服务申报8家、信息化建设投资申报16家。

（侯 硕）

【中小企业信用体系试验区】 年内，海淀区完成征信服务窗口办理招商大厦入驻手续，开始营业。由征信管理处派遣企业征信柜员负责为北京高新企业技术协会所属会员办理贷款卡发放、贷款卡基本信息变更、贷款卡密码修改等相关业务。

（侯 硕）

【重点产业化政府股权投资项目工作】 年内，海淀区完成对未名兴旺系统作物设计前沿实验室（北京）有限公司的“知识产权共享模式投资”支持方案。该项目的研发将使小麦的生产效率提高15%~25%，减少小麦田间除草的用工，提高小麦生产的经济和社会效益。与中海投资公司共同深入企业进行调研，同时与中关村管委会和中关村发展集团多次研讨，提出以知识产权共享模式投资支持未名兴旺公司的方案。中海投资公司签订股权投资合同方式注资未名兴旺公司500万元。

向北京中海投资管理公司拨付2011年海淀区重点产业化项目股权投资工作所支付的中介服务费用75.96万元。

完成重点产业化项目股权投资专项资金19家企业的投资工作，投资总金额19440万元。通过受托管理机构北京中海投资公司，完成对18个投资项目的年度发展情况报告的总结、监理等工作。

完成对北京新岸线移动通信技术有限公司的“GSM/WCDMA/LTE无线通信芯片平台”项目的初步股权投资支持方案。

（侯 硕）

【新技术新产品应用推广工作】 年内，海淀园成立了由企业发展促进处牵头、相关部门参加的新技术新产品应用推广工作组（以下简称工作组）。工作组成立后先后调研走访了中关村政府采购中心、市科委、中关村政府采购执行办公室、总后勤部军需物质油料部等单位，梳理了海淀区新技术新产品目录。在总结以往工作经验的基础上，为切实推进此项工作，结合区实际，起草制定了《海淀区新技术新产品（服务）政府采购和应用推广实施办法（试行）》，并与区发展改革委、财政局等部门进行了多次沟通，进一步完善了实施办法，目前新技术、新产品的应用推广正在有序推进。

（侯 硕）

【标准化专项资金工作】 年内，海淀区落实加快核心区自主创新和产业发展政策体系要求，起草完成海淀区标准化专项资金申报指南编写、发布和项目受理等工作。截至10月10日，已有37家企业申报了153个项目，其中国际标准8项、国家标准81项。

（侯 硕）

【支持科技型中小企业技术创新】 年内，海淀区修订《核心区自主创新和产业发展部分政策文件》，组织制定《海淀区中小微企业发展支持办法申报指南》，并编制《海淀区创新资金项目申报指南》《海淀区创新资金贷款贴息项目申报指南》等文件。组织实施2012年度海淀区创新资金，共受理申报项目793项，组织了为期3天的专家评审会，并组织各产业牵头制定了支持方案；组织开展科技部创新基金及海淀区创新资金项目监理工作，完成对174个项目的监理；落实海淀区加快核心区自主创新和产业发展政策体系，组织制定企发处专项资金申报指南，向企业和街道宣讲“1+10”政策体系。

（侯 硕）

【认定、复审高新技术资格】 年内，海淀区

1151家企业申报复审资料。分别于5月16日、6月19日、7月25日召开3场专家评审会。其中，602家企业已完成专家评审程序和市高新认定工作小组的审定程序，并向社会公告。高新认定工作第一批受理工作已结束，共收到企业申请363家，其中345家企业已通过专家评审会评审，符合认定要求。

（侯 硕）

【加快退出“三高”企业步伐】 年内，区信息办联合区发展改革委、区环保局、区水务局、区质监局、区安全监管局、区国资委等部门及各镇政府、街道办事处对区内落后产能存量情况进行了一次全面排查。研究起草了《海淀区2012年及“十二五”时期淘汰落后产能工作方案》(以下简称《工作方案》)，并书面征求了区供电公司和各镇政府、街道办事处等意见，根据反馈意见对《工作方案》进行了修改，并上报区政府。

区信息办组织区发展改革委、区环保局、区安全监管局、区水务局到6家“三高”企业进行了调研和政策宣传等工作，并对“三高”存量企业进行了一次全面摸底调查。在充分调研的基础上，研究制定了退出“三高”企业奖励资金标准，对《工作方案》进行了修改完善。

（侯 硕）

【上市企业统计情况】 年内，海淀区上市企业累计267家，境外上市企业累计53家，主板38家，中小板22家，创业板27家，新三板挂牌累计127家。

（侯 硕）

【魏建华入选2011年度北京杰出质量人奖】 年内，经企业和有关行业协会推荐，北京质量协会和北京市总工会审议，针对拟奖人员所在企业的质量情况，征询了政府有关监管部门和市消费者协会的意见，绿伞化学股份有限公司董事长魏建华等入选2011年度北京杰出质量人奖。

（侯 硕）

【高科技企业救助“7·21”受灾同胞】 年内，面对7月21日特大洪水带来的灾难，碧水源久安市政公司丰台水务工程项目经理部员工在京港澳高速公路的杜家坎路段自发开展营救工作，挽救了近200人的生命；开联信息技术有限公司2名员工自愿参加北京市志联综合应急志愿服务总队奔赴房山区执行救援任务。佳讯飞鸿公司的视频监控系统在京哈线抢险中成功配合现场救援，对京哈线列车秩序的恢复立下战功；佳讯飞鸿员工钟文华舍小家、顾大家，坚守岗位，忙碌于“京哈线项目”前线。

园区联想集团有限公司、中国核电工程有限公司、北京科兴生物制品有限公司、新浪网技术（中国）有限公司等企业主动为受灾群众捐款。

（侯 硕）

【大唐电信公司获两项IC卡设计大奖】 2012年“世界IC卡高峰论坛”于7月24日在京召开。此次论坛云集了来自全球IC卡行业的知名企业及行业权威，针对移动支付、EMV迁移、社保卡搭载金融功能等方面的最新技术和成果进行研讨。

大唐电信公司旗下大唐微电子技术有限公司在此次论坛的颁奖典礼上获得社保卡最佳供应商和芯片安全创新奖2大奖项。公司模块年生产能力达4亿枚，智能卡年发行能力超过2亿枚。

（侯 硕）

【中星微研发世界首枚嵌入式CPU桥片】 年内，中星微电子集团公司自主研发出世界首枚单晶片、高集成、低功耗，专门用于新一代嵌入式CPU低功耗计算系统的信号拓展互联桥片——“星光青桥一号”，使中国及时占据了CPU桥片这个新技术领域的前沿，为“中国芯”在国际上赢得更多的话语权。

“星光青桥一号”具有完整知识产权，可实现CPU信号处理功能的延伸，成功用于电视、游戏、车载等诸多领域的多路多媒体音视频采集、处理及传输。与传统CPU桥片相比，可实现CPU信号处理功能的延伸，提高系统集成度、降低功耗、拓展系统适用范围等。

该芯片还集成了“星光中国芯工程”独有的视频信号预处理和音频信号预处理算法，实现多路阵列算法处理，支持丰富的音频、视频、无线、体感接口，现已完成了相关国际标准认证，开始产业化。

（侯 硕）

【征信服务窗口正式对外办公】 年内，海淀区为全面推进海淀区中小企业信用体系试验区建设，人民银行营业管理部会同市经济和信息化委、区经信办，以及北京银行中关村分行等单位为企业开辟绿色通道，在海淀招商大厦设立企业贷款卡业务窗口，直接为园区企业提供办理贷款卡行政许可相关业务的一站式服务，企业可以直接在现场办理并申领到贷款卡。此项举措的推出是为落实试验区建设方案、服务海淀园中小企业而办理的一项实事。

12 月 5 日，征信服务窗口正式对外办公，当天，征信服务窗口共为 63 家机构（含自然人）办理了业务。其中，为 4 户企业办理贷款卡，为 3 家特殊机构配发卡号，为 56 个自然人办理贷款卡配号。

（侯　硕）

【第三批“十百千工程”重点培育企业】 年内，根据中关村国家自主创新示范区“十百千工程”的有关工作部署，第三批“十百千工程”重点培育企业对外发布，全市 120 家企业入选，其中海淀园 57 家，占总数量的 47.5%。海淀入选企业按行业领域划分：新一代信息技术 35 家、生物 5 家、节能环保 4 家、新能源及新能源汽车 1 家、航空航天及高端装备制造业 7 家、现代服务业 5 家。

中关村国家自主创新示范区已批准 426 家“十百千工程”重点培育企业，海淀区 214 家，占总数的 50.2%。

（侯　硕）

丰台区工业

【概述】 2012 年，丰台区 239 家规模以上工业企业实现工业总产值 372.9 亿元，同比降低 6.6%。实现工业增加值 104.7 亿元，同比下降 3.6%，工业占全区 GDP 比例为 11.3%。实现出口交货值 14.7 亿元，同比增长 28.6%。制造业实现留区税收 6.7 亿元，同比增长 8.7%，占全区税收总额的 10.6%。全区高技术产业完成工业总产值 84 亿元，同比增长 8.7%。

全区六大产业产值“两增四降”。其中，装备产业、汽车与交通设备产业、基础与新材料产业、电子信息产业产值同比出现下滑，降幅分别为 -8.7%、-10%、-5.3%、-10.2%，都市产业和生物医药产业逆势增长，增幅分别为 1.9% 和 1.3%。

全区工业 27 个行业中，6 个行业产值增长，21 个行业产值出现负增长。十大重点行业工业总产值 282.1 亿元，占全区产值的 75.7%。其中，仪器仪表制造业产值 21.3 亿元，同比增长 40.7%；金属制品业产值 42.4 亿元，同比增长 8.2%。

丰台区二七机车厂、二七车辆厂、应急救援科技创新园 3 个地块进入中关村国家自主创新示范区。

（杨　婷）

【首钢建材化工厂划给新兴际华集团】 12 月，国务院国资委批复同意新兴际华集团成建制接收北京首钢建材化工厂。该厂始建于 1939 年，拥有 74 年历史，为国家二级企业，并入央企新兴际华集团公司后，更名为新兴际华（北京）应急救援科技有限公司。

（杨　婷）

【企业技术改造】 年内，丰台区共备案工业企业投资、技改项目 34 个，项目以装备制造、电子通信及设备制造、生物医药、软件等高技术产业投资、技术改造为主，总投资额 5.7 亿元。其中，北京北方华德尼奥普兰客车股份有限公司投资 1.6 亿元建设的“2500 辆客车技术改造项目”，共制造客车 1151 辆，比 2011 年增产 295 辆，实现产值 5.2 亿元。

（杨　婷）

【扶持中小企业发展】 年内，编印了《丰台区促进中小企业发展新政汇编》，中关村科技园区丰台园科技创业服务中心、北京医药行业协会和北京首医大科技发展有限公司 3 家单位获得市级中小企业公共服务平台认定，北京翰海润泽科技孵化器有限公司获得北京市小企业创业基地认定。加强完善中小企业信息化平台建设，提供科技服务统一窗口和服务网络，开发了以“电话通、短信通、传真通、邮件通、网站通”5 通为特色的“丰台区中小企业服务信息化平台”，开通了 63812345 企业服务热线。

（杨　婷）

【中小企业发展专项资金】 年内，制定出台了《丰台区促进中小企业发展专项资金管理暂行办法》和《2012年丰台区中小企业发展专项资金使用指南》，设立了1000万元的中小企业发展专项资金，连续5年每年递增200万元。全年为中小企业争取各类专项资金支持1526万元。其中，华宇信诺印刷有限公司等4家中小企业的4个产业项目获得国家中小企业发展专项资金支持，总额365万元。北京鼎汉技术股份有限公司等6家企业获得北京市中小企业发展专项资金863万元；北京元六鸿远电子技术有限公司获得国家工业中小企业技术改造项目资金298万元。

（杨 婷）

【“三高”企业退出】 年内，全区18家“三高”企业退出生产领域，完成区两年退出38家“三高”企业工作任务。38家“三高”企业退出共释放土地195.68万平方米，涉及职工1981人，年减少能耗2万吨标准煤，减少水耗67万吨，减排废水47万吨。

（杨 婷）

【科技园区工业发展】 年内，丰台科技园区实现工业总产值273.1亿元，占全区工业总产值的73.2%，同比增加0.7个百分点。实现销售产值278.7亿元，占全区销售产值的76.8%，同比增加1.8个百分点。其中，实现出口交货值12.9亿元，占全区出口交货值的87.8%，同比增加1.6个百分点。

（杨 婷）

石景山区工业

【概述】 2012年，石景山区规模以上工业企业完成工业总产值312.7亿元，同比下降17.5%。主营业务收入降幅略有减少，低位徘徊。1~11月，规模以上工业企业实现主营业务收入610.3亿元，同比下降11.7%，降幅比1~10月缩小1个百分点。主营业务收入增速自二季度末由正转负后徘徊在降幅10%左右。利润增速有所回落，支撑点单一。1~11月，规模以上工业企业实现利润85.1亿元，同比增长2.1倍，增速比1~10月回落64.6个百分点。利润增长依旧受首钢总公司的带动，扣除该影响后，全区1~11月实现利润9.6亿元，同比下降49.2%。亏损面下降，为全年最低。1~11月，68家规模以上工业企业有22家亏损，亏损面为32.4%，比1~10月下降7.3个百分点，为全年最低。原材料库存持续下降，企业生产意愿不强。1~11月份，规模以上工业企业原材料库存处于较低水平，占用资金32.4亿元，同比下降29.7%，降幅比1~10月提高8.5个百分点。原材料库存是反映企业生产的先行指标，该指标从一季度末增长11%到1~11月下降29.7%，下降幅度达40.7个百分点。

（李雅娜）

【4个系列产品获北京知名品牌】 3月，首钢生产的冷轧卷板、热轧卷板、中厚板和型材4个系列产品被北京市质量审定委员会评定为“北京知名品牌”。

（李雅娜）

【西北热电中心项目获批】 4月，西北热电中心项目获得市发展改革委核准批复。项目总投资约110亿元，是“十二五”时期在石景山区投资额位居前列的项目之一。项目由京能集团和大唐高井发电股份公司在高井地区各建设3台35万千瓦级燃气热电联产机组，发电能力270万千瓦，供热能力3700万平方米。项目计划2013年建成投产，替代现有的大唐国际高井发电厂和京能热电厂两个燃煤热电厂的热电供应，实现10台机组的关停，每年减少燃煤约510万吨、粉尘排放765吨、二氧化硫4927吨、氮氧化物约1.5万吨。

（李雅娜）

【企业上市】 9月27日，北京东土科技股份有限公司成功登陆深交所创业板市场，股票代码300353。东土科技是国内唯一拥有完全自主知识产权的以太网交换机生产制造企业。至此，石景山区已有5家企业登陆创业板。

（李雅娜）

【工业生产降幅明显】 年内，受国际、国内经济形势及首钢涉钢产业搬迁调整影响，全区工业生产大幅下滑。68家规模以上工业企业累计完成工业总产值 312.7 亿元，同比下降 17.5%。

（李雅娜）

【工业企业效益良好】 年内，石景山区规模以上工业企业累计实现主营业务收入 667.7 亿元，同比下降 13.6%；实现利润 82.7 亿元，同比增长 1.8 倍；应缴税金 21.4 亿元，同比下降 0.5%。

（李雅娜）

【节能降耗】 年内，石景山区 68 家规模以上工业企业综合能源消费量 273.2 万吨标准煤，同比下降 4.6%；耗水量 5208.5 万立方米，同比下降 7.1%；煤炭消费总量 619.5 万吨，同比下降 2.1%。工业企业综合能源消费连续 3 年下降。

（李雅娜）

【燃煤锅炉清洁能源改造】 年内，石景山区继续实施燃煤锅炉清洁能源改造工程。拆除北京首钢机电有限公司重型机器分公司、北重供热厂和鲁谷供热厂等单位燃煤锅炉 11 台，共 414 蒸吨。安装完成 19 台 14 兆瓦燃气锅炉。改造后，可每年减少燃煤 10 万吨，减少二氧化硫排放 827.3 吨、氮氧化物排放 282.5 吨，减少煤炭、灰渣运输过程中的污染。

（李雅娜）

【战略合作打造动漫产业平台】 年内，石景山区与中国动漫集团和通用地产有限公司签署三方战略合作协议，共同打造动漫游戏行业综合服务平台。该服务平台主要包括国家动漫创意研发中心、动漫内容集成分发系统和动漫游戏无线整合运营平台 3 个建设项目，总预算约 9.7 亿元。

（李雅娜）

【中小企业公共服务平台被授予国家称号】 年内，石景山区产业促进中心中小企业公共服务平台被工信部授予“国家中小企业公共服务示范平台”称号，成为石景山区首个国家级中小企业公共服务平台。

（李雅娜）

【5 家企业荣获中国游戏“十强”奖】 年内，在 2012 年度中国游戏产业年会上，石景山区蓝港在线（北京）科技有限公司、完美世界（北京）网络技术有限公司、北京畅游天下网络技术有限公司、呈天游（北京）信息技术有限公司、趣游（北京）科技有限公司 5 家重点游戏企业，分别荣获年度中国十大最受欢迎网页游戏、十大最受欢迎原创网络游戏、十大最受欢迎网络游戏、十大最受欢迎原创移动游戏和十大海外拓展游戏企业等 18 项大奖。

（李雅娜）

门头沟区工业

【概述】 年内，全区规模以上工业总产值首次突破百亿大关，实现 101.3 亿元，同比增长 11.4%；完成销售收入 102.6 亿元，同比增长 11.5%。全区规模以上工业总产值和增加值增速均排名全市第二。规模以上工业企业中，销售收入超过亿元的 12 家企业完成工业总产值 88.4 亿元，销售收入 88.7 亿元，分别同比增长 14.3% 和 16.7%，超出工业平均增速 2.9 个百分点和 2.2 个百分点。全年规模以上工业企业单位产值能耗为 0.0668 吨标煤 / 万元，同比下降 27.2%。

（刘 毅）

【技术改造】 年内，北京鑫华源机械制造有限责任公司投资 1918 万元建成综采液压支架检测试验中心。北京成鑫金刚石有限责任公司投资 2508 万元完成粗颗粒人造金刚石单晶生产线技术改造项目。

（刘 毅）

【争取中小企业发展资金】 年内，门头沟区把培育和支持现代制造业、高新技术产业等重点行业发展作为产业结构调整主线，鼓励企业开展技术改造、加快自主创新。为北京华夏聚龙自动化股份公司、北京竞业达数码科技有限公司等 4 家企业争取国家和北京市中小企业发展专项资金 783 万元。

（刘 毅）

【投资项目立项备案】 年内，办理完成北京利德衡环保工程有限公司高新技术研发中心、北京三聚裕进科技发展有限公司软件研发生产基地建设等 8 项非政府投资工业固定资产投资项目的备案和核准，项目总投资 9.5 亿元。

（刘 毅）

房山区工业

【概述】 2012年，房山区工业面对复杂的宏观经济形势，克服“7·21”特大自然灾害等不利因素影响，实现全区工业经济平稳健康发展。全年工业总产值1052.5亿元，与上年基本持平。工业税收105.6亿元，占全区税收总数的61%。全区174家规模以上工业企业产值1014.6亿元，销售产值1013.3亿元，均与上年基本持平；产销率99.9%，产销衔接良好。大型企业拉动作用明显，全区工业产值超亿元企业47家，占规模以上工业企业总数三成；完成产值967.9亿元，占规模以上工业产值总数的95.4%。

（王秋丹）

【信息化建设】 3月7日，区经济信息化委与联通房山分公司举办“畅享极速宽带、联通房山精彩”20兆光纤入户推进会，西潞园、天泰新景、文化路、北关东路等社区成为房山区第一批全光纤化覆盖的挂牌小区。房山经济信息港二期建设工程开始建设门户网站、内部数据库。6月13日，城关街道5.33万平方米地村获得北京市“信息化优秀示范村称号”，北市村获得北京市“信息化示范村”称号。制定了《房山区政府投资信息化建设项目管理规定》。成立房山区图像信息整合建设工作领导小组，编制公共安全图像信息系统建设五年规划，完成房山区公共安全图像信息系统管理细则和技术规范。

（王秋丹）

【为企业融资】 4月，担保公司与9家银行合作，申请放大贷款额度。担保公司新增注册资金3亿元，共计达到4.1亿元。全年为中小企业完成担保业务1251笔，提供贷款担保53.1亿元。

（王秋丹）

【招商引资】 1~11月，区工业招商引进项目41个。其中，新建项目16个，续建项目25个，到位资金39.3亿元；新建、续建5000万元以上项目36个，到位资金34亿元。

（王秋丹）

【淘汰落后产能】 截至年底，全区952家落后产能企业已关停950家，完成关停任务的99.8%，涉及职工1.8万人。对已关闭的落后产能企业巡查，各乡镇开展“回头看”活动，设立检查站，成立巡查组，制止反弹。区组成两个检查验收小组，历时3周，对落后产能企业按时间节点和调整后的验收标准，检查验收。落实关闭企业奖励及人员补偿资金，完善企业职工安置政策，引导和督促各乡镇建立实体经济、开展再就业培训、开辟新的再就业岗位。

（王秋丹）

【北京高端制造业基地】 年内，北京高端制造业基地进入快速建设期，京西重工为一汽奥迪、宝马供货约54万支减震器，产值5932万元。长安汽车生产的两个车型中，悦翔V5（B207）进入正式生产阶段，已经网络上市，正向4S店突破，解决就业约1300人；睿骋（CD101）已生产300多辆并正式上市。北车项目于11月18日正式复工，主体厂房正在建设，已完成投资3500万元。北控太阳能项目厂房建设和设备安装完成，模组开始试生产。国能三维锂电池项目一期投资8000万元，9月5日开始试生产，15日第一颗电池下线，日产180颗，解决就业90人。金朋达无人驾驶直升机项目总投资2亿元，主要生产无人驾驶机、靶机等产品，主体工程完工，样机运抵基地筹备试产。北京矿大节能有限公司研发生产基地项目总投资6000万元，主要生产生命探测仪、矿山安全及低温废热回收设备等，正在基础施工建设。长安汽车零配件产业园项目首批6家企业入园，占地16.13万平方米。

（王秋丹）

【北京石化新材料产业基地】 年内，中石化在燕化投资重点项目66项，已建成29项，完成总投资71.56亿元；在建和正在开展基础设计的13项，项目总投资89亿元。正在编制和已完成可行性研究报告、准备上报中石化批复的24项，预计投资80.23亿元。中石化其他投资和社会投资方面，已有13家企业25个项目达成入驻基地意向，投资总额约48亿元。

（王秋丹）

【海聚基地】 年内，海聚基地的筹划建设和项目引进取得突破性进展。2月23日，首批6个项目签约。其中，北京飞航吉达航空科技有限公司项目计划投资8000万元，占地1.47万平方米，生产航空包覆材料。能通科技股份有限公司项目计划投资1亿元，占地3.2万平方米，建设数据中心及云计算研发基地。项目均已奠基开工。

（王秋丹）

【中核科技产业园】 年内，中核科技产业园区总体规划设计完成并上报规划部门，绿化和配套设施建设正在进行，市政道路管线规划方案启动施工图设计。中核东方控制化系统工程项目计划投资4.9亿元，建筑面积11.7万平方米，建设核电站自控系统研发与产业化设施，一期工程3月开工。科研办公楼项目计划投资13亿元，建筑面积13.8万平方米，12月8日开工。

（王秋丹）

【扶持中小企业】 年内，房山区争取中小企业扶持资金，为区内中小企业服务中心和房山区中小企业融资担保中心申报了北京市中小企业公共服务平台认定，为良乡经济开发区和石楼镇农民就业产业基地申报了北京市小企业创业基地认定，为北京特普丽、多维、欣博通、燕山开关厂等6家企业申报了北京市企业技术中心认定，上报9个国家中小企业技术改造项目，共争取中小企业扶持资金1032万元。争取北京市产业发展统筹资金。上报项目17项，落实6项，累计争取市经济信息化委资金2000万元。其中，支持中小企业项目3项，争取资金700万元；重大项目1项，争取资金1000万元；退出“三高”奖励项目2项，争取资金300万元。争取市保增长和贷款贴息资金。上报项目22项，落实市经济信息化委资金464万元，全部拨付到企业。

（王秋丹）

【为企业办理技术改造手续】 年内，完成62个技术改造项目的核准备案手续的审批。其中，为北京市琉璃河水泥有限公司技术改造项目办理符合国家产业政策证明文件1项，海聚基地项目4个，金隅矿山整合项目1个，红酒项目7个。

（王秋丹）

【抗击“7·21”特大自然灾害】 年内，在“7·21”特大自然灾害中，全区共有348家工业企业严重受灾，造成直接经济损失逾6.7亿元，因灾造成企业停产、减产影响产值18.6亿元。暴雨过后，全区工业企业开展生产自救，力争把灾害带来的损失降至最低。一般受灾企业在3日内即恢复生产；灾后1周时间，有171家企业陆续自行恢复生产。由市经济信息化委协调的20台价值近2000万元的挖掘机在救灾一线发挥巨大作用，市级工业专项扶持资金项目支援房山区2000万元，区对受灾企业支持500万元贷款贴息，在28个重灾区村紧急装配净水设备29台套。

（王秋丹）

通州区工业

【概述】 2012年，通州区工业完成总产值709.7亿元，同比增长4.8%；销售收入771.0亿元，同比增长4.8%；增加值177.4亿元，同比增长6.0%；利润总额29.3亿元，同比下降15.2%；上缴税金42.6亿元，同比增长13.3%。其中，规模以上工业企业完成产值583.2亿元，同比下降0.3%。

区域工业低速运行，销售收入、增加值、税金缓慢增长，利润总额连续6个月负增长。规模以上工业企业生产经营困难，完成产值占全区工业产值的82.2%。467家企业中产值同比增长222家，占47.5%；产值同比下降245家，占52.5%；亏损96家，占20.6%。内销市场不旺，外销市场严峻。规模以上工业企业内销完成产值533.4亿元，同比增长1.2%。外销市场完成出口交货值49.8亿元，同比下降14.2%。工业六大产业继续三升三降。三升产业是生物与医药产业，完成产值28.5亿元，同比增长31.5%；汽车与交通设备产业，完成产值75.5亿元，同比增长9.9%；电子信息产业，完成产值44.0亿元，同比增长10.6%。三降产业是都市产业完成产值177.1亿元，同比下降2.3%；

装备产业，完成产值125.3亿元，同比下降4.1%；基础与新材料产业，完成产值126.2亿元，同比下降6.9%。重点行业增速下降数多于增长数。产值同比增长行业有10个，其中增速较快的行业是汽车制造业，完成产值75.5亿元，同比增长9.9%；计算机、通信和其他电子设备制造业，在百纳威尔科技有限公司带动下，完成产值44.0亿元，同比增长10.6%；医药制造业，在四环制药有限公司带动下，完成产值28.5亿元，同比增长31.5%；家具制造业，完成产值17.0亿元，同比增长13.3%；燃气生产和供应业，在昆仑华港清洁能源有限公司带动下，完成产值13.1亿元，同比增长46.9%。产值同比下降的行业有16个，其中下降较多行业是化学原料和化学制品制造业，完成产值58.4亿元，同比下降7.7%；专用设备制造业，完成产值44.8亿元，同比下降5.9%；农副食品加工业，完成产值34.1亿元，同比下降4.7%；电气机械和器材制造业，完成产值18.8亿元，同比下降27.6%。

（张大江　刘建波）

【电子商务人才培训基地】 4月12日，在中国电子商务协会举办的题为“聚集电商人才，推动区域经济”的全国企业电子商务应用人才培训工程启动新闻发布会上，通州区被授予首批“全国电子商务应用人才培训基地”之一。培训基地设在通州区商务园。

（张大江　刘建波）

【固定资产投资】 年内，通州区工业投资项目119个，投资总额360亿元，全年计划完成投资82.5亿元，实际完成投资62亿元，完成全年计划的75%。

（张大江　刘建波）

【22个重大项目落地】 年内，通州区共有22个重大项目落地。其中，签约项目9个，开工项目12个，竣工项目1个。列入北京市重大工业项目落地协调机制项目6个，总投资55.2亿元。其中，北京中科信电子装备有限公司的240兆瓦新一代高效低成本晶体硅太阳能电池装备成套工艺技术研发和产业化项目竣工，正在进行设备调试及试生产；北京捷宸阳光科技发展有限公司的太阳能电池增资扩产项目、北京万桥兴业机械有限责任公司的高速铁路轨道交通检测维修设备技术研发与产业化项目、雨润食品有限公司年产3万吨肉制品扩建项目、北京汽车集团有限公司的动力总成基地一期建设项目，正在施工建设中；北京京城重工机械有限责任公司的新一代中大吨位与先进技术高性能起重机研发及产业化项目，正在办理前期手续。

（张大江　刘建波）

【工业固定资产投资项目管理】 年内，通州区完成核准、备案工业固定资产投资项目58件，总投资75.51亿元。在乡镇分布上，马驹桥镇20家，台湖镇9家，永乐店镇6家，张家湾镇、西集镇各5家，漷县镇4家，梨园镇、中仓、宋庄镇、潞城镇各2家，于家务乡1家。在项目类型上，备案项目58件。在投资上，建设工业厂房及配套设施项目37家，投资69.35亿元；技术改造项目21家，投资6.16亿元。

（张大江　刘建波）

【“两化”融合深入发展】 年内，通州区工业企业两化融合资金投入增加，信息化基础设施提升，企业软实力加强。规模以上企业投入信息化资金1.4亿元，信息化建设投入占销售收入的6%，信息系统运维投入占销售收入的3%，R&D投入占销售收入的0.71%。铜牛制衣、苏宁易购等120家企业进行了信息化技术改造升级，近百家重点企业300余名高管参加中国网库等有关专家讲授的两化融合培训3期，北京四环制药有限公司、北京展辰化工有限公司、北京华腾橡塑乳胶制品有限公司等4家企业申报了市级技术研发中心，北京星海钢琴集团有限公司、北京联东投资集团有限公司、富思特制漆（北京）有限公司、保罗生物园科技股份有限公司等25家企业获得国家级或市级技术研发中心认证。企业信息化向纵深发展，企业由简单的信息化应用向研发设计、生产制造、供应链与市场营销、企业管理、商业模式创新等领域深化应用。规模以上工业企业信息系统业务覆盖率达到50%以上的企业325家，建立门户网站企业的110家；在研发设计环节应用信息技术企业的65家，在生产制造环节应用信息技术企业的40家，在项目管理中应用信息系统企业的64家，完成企业资源管理（ERP）系统构建企业的43家，建立供应链管理系统（SCM）企业的28家，建立客户关系管理系统（CRM）

企业的18家，构建数据仓库、知识管理、决策支持系统的企业11家。李宁体育用品有限公司的ERP供销管理、蒙牛乳业股份有限公司的网上订单、北京铜牛集团有限公司的制造工艺全程信息监控、北京烟草物流中心的物联网应用、苏宁电器集团有限公司的电子商务平台、金福艺农的数字化农业、御香苑的食品追溯等，对企业信息化建设起到引领示范作用。

（张大江　刘建波）

【节能降耗】 年内，完成《通州区“十二五”时期淘汰落后产能工作实施意见》的编制。完成2011年度“三高”企业退出的财政资金申请工作。其中，北京创导奥福精细陶瓷有限公司、北京中联特化工有限公司、北京市电镀协作中心马营电镀厂等9家“三高”企业退出，5家企业得到市财政补助资金495万元。落实《通州区2012年大气污染控制措施》，辖区内不再审批炼油、水泥、钢铁、冲天炉铸造、平板玻璃制造、陶瓷制造、沥青防水卷材制造、人造板制造、电石法制乙炔、化工等行业。宋庄镇尹各庄砖厂、张家湾镇南火垡砖厂、马驹桥镇西田阳砖厂3家建筑渣土烧结砖生产线停产退出，生产调整转型。制定通州区“十二五”期间退出沥青防水卷材、冲天炉铸造等高污染行业和落后工艺以及关停工业园区以外规模以下的化工、建材等生产企业实施方案。完成辖区内北京金鹰恒泰铜业有限责任公司、北京东亚铝业有限公司铸造生产线、北京通州宋庄铸造厂、北京祥东铸造厂、北京市大通辉锻件厂、北京通州侯黄庄电镀厂、北京鸿运电子材料有限公司、北京东方西集工贸有限公司、北京市申达精细化工有限公司9家高污染企业停产退出工作。其中，金鹰恒泰铜业有限公司迁出北京地区，北京东亚铝业有限公司车间设备拆除，北京鸿运电子材料有限公司、北京宋庄电镀厂、北京祥东铸造厂、侯黄庄电镀厂、北京市申达精细化工有限公司停产。通过清洁生产审核、环保核查等方式，引导企业在现有涂料、溶剂的使用环节开展低挥发性有机物含量产品替代，低挥发性有机物含量涂料占涂料使用量比例在汽车制造相关企业不低于50%，家具制造企业不低于10%，电子电器产品企业不低于20%。根据《北京市清洁空气行动计划（2011~2015年大气污染控制措施）》任务安排，将空气质量改善目标和污染物减排等工作纳入本单位部门年度工作计划。3家建筑渣土烧结砖厂退出停产，分别是宋庄镇尹各庄砖厂、张家湾镇南火垡砖厂、马驹桥镇西田阳砖厂。配合北京市资源综合利用认证工作组对通州区企业进行资源综合利用认证工作，有2家企业通过资源综合利用认证，4家企业正在申报过程中；有3家企业通过清洁生产审核，9家启动审核工作。配合北京市对北京东方石油化工有限公司东方化工厂、日化二厂停产搬迁。东方化工厂实现停产，北京日化二厂开始搬迁前期准备。

（张大江　刘建波）

【农民就业产业基地】 年内，通州区7家农民就业产业基地批准的规划土地面积为2288.06万平方米，实际开发面积1538.51万平方米，入区企业实际占地面积769.17万平方米，剩余可利用土地面积769.34万平方米。7家基地基础设施投入18亿元，其中年内新增投入2.2亿元。入区企业463家，企业总投资304亿元，其中年内新增投资5.3亿元。用工3.8万人。完成产值146.6亿元，实现销售收入174.5亿元，利润17.4亿元，税金10.6亿元，增加值23亿元。

（张大江　刘建波）

【生物医药跟踪服务】 年内，在建主要生物医药企业有2家。其中，四环医药控股集团总部、销售、结算中心及新药研发、生产基地，总投资11亿元，主体工程完成封顶，正在内部装修；北京万生药业有限责任公司建设综合制剂厂房项目，总投资0.47亿元，完成0.17亿元投资。嘉琳药业有限公司、诺思兰德及珅诺基医药项目正在办理手续。甘李药业胰岛素产业园项目正在进行工业用地前期开发。

（张大江　刘建波）

【帮扶企业】 年内，通州区对60家重点企业进行4次融资培训及相关政策讲解，推进北京奇佳联合新材料有限公司、北京金凯威通用机械有限公司、北京顺恒达汽车零部件制造有限公司等10家中小企业以集合债券、集合票据、集合信托等方式融资，共融资8900万元。组织专业机构和专家为全区60家中小企业开展管理提升服务，为40家中小企业80人次举办了电子商务培训，对企业财务经理进行金融知识培训，对企业职工进行技能鉴定约200人次。开展"青云计划——扶助中小企业成长"系列活动，为中小企业开拓市场、开展电子商务提供技术指导的信息网络服务，助力中小微企业发展。审核合格的保增长企业有81家，流贷贴息企业19家，获奖励资金3000余万元，占全市奖励资金总额3亿元的十分之一。

（张大江　刘建波）

【工艺品企业入驻风情街】 年内，根据通州区筹建传统工艺品、小吃特色风情街工作部署，通县华兴达青铜器复制加工厂等4家企业入驻风情街。其中一期入驻3家，分别为北京市通州区惠民工艺品厂、北京猛犸艺术雕刻有限公司和北京唐人坊文化发展有限公司。

（张大江　刘建波）

【信息化基础设施建设】 年内，通州区新建2G宏基站71个，累计1091个；新建3G宏基站61个，累计804个；新建通信管道96.25沟公里，累计2078沟公里。中国移动通州分公司、中国联通通州分公司等通信运营商在区委和区政府办公区域内、部分委办局机关院内、居住集中的大型社区以及人员较为集中的商场酒楼卖场等，部署了公共无线网络设施，覆盖区域主要有居民区（涵盖城中村居民楼）、高校、写字楼、办公楼、大型卖场、星级酒店、休闲场所等。联通通州分公司在运河文化广场和通州新华大街、新华南街、京津公路、通州内环路4条主要大街开通公共区域试点，为公众客户提供公益性无线宽带接入，共布放AP点103个。电信通州分公司在太阳花酒店、北京商务科技学校（通州）、陆军航空兵学院等地共布放AP点76个。移动通州分公司在全区主要道路累计建设AP点9500个。金融街园中园电信综合接入项目完成外线光缆接入工程，并根据园区施工进度进行红线内的管道、综合布线及设备接入工作；文教委综合楼电信综合接入项目完成外线光缆接入工程，在该楼完成二次结构后可安排楼内布线及设备接入。高清交互式数字电视网络改造工程的歌华通州分公司双向网络改造工作结束，网改覆盖23万余户，双向网覆盖范围以通州城区为主，双向网络可以收看166套标清、高清频道电视节目，收听16套数字广播，享受5套服务，还能进行节目点播、节目预订和宽带上网。光纤宽带普及提速工程完成20M宽带提速28.4万户。

（张大江　刘建波）

顺义区工业

【概述】 2012年，顺义工业围绕"稳中求进"工作基调，突破内外环境不利因素影响，圆满完成市级下达的各项考核指标。全区329家规模以上工业企业完成工业总产值2295.2亿元，同比增长10.9%，占全市工业总量的14.9%，高于全市工业增速4.4个百分点；完成销售产值2265.7亿元，同比增长10.5%，产销率为98.7%；实现出口交货值361.4亿元，同比增长12.6%，占全市出口总数的24.1%；实现属地财税收入168.2亿元，实现地方财政收入25.3亿元，两项指标同比增长均为16%，分别占全区总量的40.5%和29.4%；企业规模不断壮大，完成产值1亿元以上的企业达到128家，其中10亿元以上企业23家，100亿元以上企业3家。

（顺义区）

【中关村顺义园获批】 10月13日，国务院批复同意中关村示范区空间规模和布局调整方案，顺义园正式纳入中关村范围。顺义园总规划面积1208万平方米，有实体企业113家，其中国家级高新技术企业5家，2012年入区企业完成产值78.8亿元，实现税收6.18亿元，基础设施累计投资41.3亿元。按照总体布局，顺义园将重点发展航空航天、装备制造、研发服务、信息服务等高端和高新技术产业，建设"生态良好、产业集聚、用地集约、设施配套、城乡一体"的研发服务和高技术产业集聚区。

（顺义区）

【六大产业不同程度增长】 年内，汽车与交通设备产业再提速，40家企业完成工业总产值1234.6亿元，占全区规模工业总量的53.8%，同比增长14.2%，拉动全区工业增长7.4个百分点；完成销售产值1229亿元，同比增长14.1%；完成出口交货值3.9亿元，同比下降5.6%。电子通信设备制造业快速增长，19家企业完成工业总产值316.4亿元，同比增长20.9%；完成销售产值305.8亿元，同比增长17%；完成出口交货值273.5亿元，同比增长20.2%。都市工业企稳回升，99家企业完成工业总产值249亿元，同比增长1.1%；完成销售产值240.2亿元，同比增长0.7%；完成出口交货值20.7亿元，同比下降6%。装备产业运行平稳，101家企业完成工业总产值202.6亿元，同比增长2.7%；完成销售产值200.2亿元，同比增长4%；实现出口交货值37.2亿元，同比下降11.4%。基础产业增幅回落，52家企业累计完成工业总产值261.3亿元，同比增长0.6%；完成销售产值262.1亿元，同比增长1.3%；完成出口交货值25.9亿元，同比增长3.1%。生物医药产业高位运行，18家企业完成总产值31.1亿元，同比增长27.6%；完成销售产值28.4亿元，同比增长33.5%。

（顺义区）

【产业项目建设有序推进】 年内，全区投资1亿元以上产业项目105个，总投资1062亿元，占地1286.67万平方米。其中，投资50亿元以上项目5个，投资10亿元以上至50亿元项目7个，投资5亿元以上至10亿元项目22个，投资1亿元以上至5亿元项目71个。开工建设项目66个，占项目总数的63%，项目总投资679亿元，占地920万平方米，当年完成投资120.6亿元。其中，北京现代第三工厂、北京汽车产业研发基地、北京自主品牌乘用车基地等6个项目正式运营投产。北京北汽大世汽车系统有限公司、钱江弹簧（北京）有限公司项目、北京康仁堂药业有限公司新基地等5个项目完成设备安装调试，进行试生产。国门紫金商务大厦、金蝶软件产业园、国药集团等9个项目完成验收工作。

（顺义区）

【经济功能区建设扎实深入】 年内，15家经济功能区完成属地财税收入221.4亿元，地方财政收入45.9亿元，两项指标分别占全区总量的53.3%和53.2%。汽车生产基地、空港开发区和空港物流基地完成属地财税收入分别为112.5亿元、62.4亿元和24.1亿元，占功能区总数的89.9%。完成地方财政收入分别为16.3亿元、14.6亿元和8.4亿元，占功能区总数的85.8%。15家经济功能区所属52个项目列入全区重大产业项目，总投资774.7亿元。其中，开工建设项目31个，累计完成投资91亿元。15家经济功能区全年实际利用外资29103.6万美元，同比增长19.2%。区镇协同发展取得进展。空港开发区继空港C区、空港木林高端制造业基地之后，与龙湾屯镇签署合作协议，全面参与东部浅山区发展带合作开发，启动区域面积47.73万平方米，市政设施总投资约1亿元，正在推进土地一级开发。物流基地携手大孙各庄，加快推进物流基地东区发展，委托专业设计公司进行东区水厂、开闭站的规划设计。

（顺义区）

【百强企业引领经济发展】 年内，获得“顺义区域经济百强企业”称号的企业120家。其中，工业58家，金融及服务类24家，航空及物流业15家，建筑业7家；区属8家，商业及其他企业8家。“百强企业”实现属地税收241.2亿元，地方财政收入49.6亿元，分别占全区总数的62.6%和61.3%。工业仍占据税收主导地位，属地税收中工业企业完成150.2亿元，同比增长55.6%，占“百强企业”税收总数的62.3%。汽车产业占绝对优势，在58家工业百强中，汽车产业类企业12家，占20.7%，实现属地税收109.5亿元，占工业百强税收的72.9%，占百强企业税收总数的45.4%，其中北京现代实现属地税收96亿元。

（顺义区）

【镇村经济持续快速增长】 年内，全区镇村二、三产业企业总数2.63万家（含个体），从业人员22.3万人。实现转移就业9962人，农村劳动力二、三产业就业率达到93%。镇村二、三产业实现总收入1226.3亿元，同比增长11%。为职工提供的劳动者报酬总额69.8亿元，同比增长18.8%。镇村二产完成收入773.9亿元，同比增长10.1%；实现利润49.6亿元，同比增长6.2%。三产完成收入452.4亿元，同比增长12.4%；实现利润27.5亿元，同比增长12.9%。二产与三产占收入的比重为63.1∶36.9。全区各镇完成属地税收111.8亿元，同比增长13%。

完成1亿元以上的镇有15个，其中仁和、李桥、天竺、牛山、马坡5个镇的属地税收超过10亿元。全区农村人均纯收入15960元，同比增长11.5%。各镇二、三产业基地新增基础设施投入9.6亿元，重点投向道路、电力、给排水等市政建设。新增入区企业67家，占地128.13万平方米，计划总投资111亿元，实际完成投资45亿元。入驻企业575家，实现营业收入794亿元，利润51亿元，税金52亿元，同比分别增长84%、73%和107%。

（顺义区）

【基础工作扎实推进】 年内，全区经济信息化委系统审批备案项目49项，项目总投资78.88亿元。其中，固定资产投资68.9亿元，总占地166.2万平方米，建筑面积116.8万平方米。审批核准项目4项，总投资6000万元。完成全区产业项目调查汇总，在谈、签约和在建项目共计722个。其中，在谈未签约项目111个，已签约未取得土地项目64个，已取得土地未开工项目79个，已开工未竣工项目118个，楼宇项目300个，房地产50个，经营性用地计划供应土地共21块。完成具备入市条件土地的审核，出具意见函，10宗土地占地38.89万平方米，投资33.4亿元。有4家企业技术中心获得市级企业技术中心认定，市级企业技术中心达到25家，国家级企业技术中心5家，国家级实验室6家，高新技术企业73家。

（顺义区）

大兴区工业

【概述】 2012年，大兴区工业总产值730.7亿元，同比增长19.9%。规模以上工业企业产值560亿元，同比增长11.1%。全区工业固定资产投资36.6亿元，比上年降低5.9个百分点。

（大兴区）

【军民结合产业基地建设】 3月，大兴区军民结合产业基地由工信部授牌“国家新型工业化产业示范基地（军民结合）”，成为北京市唯一的国家级军民结合产业基地。8月，北京市政府和中国人民解放军海军签订《中国人民解放军海军、北京市人民政府共建蓝鲸军民融合创新园合作协议书》，共建蓝鲸军民融合创新园。航天新长征新能源汽车项目、嘉捷长赢企业汇项目入区。

（大兴区）

【制定企业发展政策】 年内，大兴区制定《关于进一步促进中小企业发展的实施意见》《大兴区工业发展资金（2亿元）使用和管理办法》《关于促进2012年大兴区工业发展若干措施》《2012年北京市大兴区工业稳增长奖励政策实施细则》《2012年北京市大兴区工业企业贷款贴息及信用担保体系建设扶持政策实施细则》《大兴区人民政府关于产业园区用地一级开发相关工作的通知》等政策。

（大兴区）

【重大工业项目建设】 年内，大兴区实现开工项目20个，总投资66亿元，占地189.4万平方米。实现竣工项目15个，总投资63.4亿元，占地101.47万平方米。规范产业用地，共完成153.09万平方米土地一级开发并上市。

（大兴区）

【核准、备案固定资产投资项目】 年内，大兴区核准、备案工业固定资产投资项目79个，总投资107.59亿元。其中，完成核准项目11个，备案项目68个。核准的11个项目总投资11.63亿元，内有新建3个，增资扩建8个。备案项目中，有效立项63个，总投资95.96亿元。其中，工业厂房及配套设施项目42个，投资89.12亿元；技术改造项目21个，投资6.84亿元。

（大兴区）

【企业上市】 年内，大兴区制定《加快推进企业上市工作的意见》，加大对企业上市工作扶持。北京利德曼生化技术有限公司、威卡威汽车零部件股份有限公司、北京首航艾启威节能技术股份有限公司3家企业实现上市。

（大兴区）

【调整产业结构】 年内，大兴区共腾退、盘活低效闲置产业用地72.4万平方米，全年基础设施建设投资总额5.06亿元。5家“三高”工业企业退出。

（大兴区）

【产业转移】 年内，大兴区与河北省大厂县和大城县、内蒙古乌兰察布市察右前旗、湖北省荆门市等10余个地区进行了产业转移对接，部分企业转移到河北、内蒙古、新疆等地区。

（大兴区）

【推进中小企业融资】 年内，大兴区“中小企业投融资服务平台”为工业企业新增担保贷款3.72亿元。在调查掌握工业企业融资需求基础上，组织100多家企业参加多次融资对接会、融资培训会。

（大兴区）

【帮助企业拓展市场】 年内，大兴区组织医药企业、节能新产品新技术生产企业和都市型工业企业等同区内住建委、市政市容委、医疗机构、区内商场、超市、电子商务经营等企业进行产品对接，帮助企业拓展市场。筹备组织了“大兴区12平方公里回迁房家居产品为民服务对接会”，为12平方公里百姓回迁房装修搭建供需平台，实现销售额110万元。

（大兴区）

【职工技能培训与工业安全】 年内，组织750人次开展职工技能培训和鉴定工作，共600人通过初、中、高级考试。工业企业安全检查200余家，分行业编制《工业企业安全生产宣传手册》。

（大兴区）

【信息化基础设施建设】 年内，大兴新城100余处实现WIFI无线上网；完成633个无线基站建设；开通4811个无线AP；2G、3G基站建设开通235个。推进信息化应用系统建设，包括城市环境管理服务系统（网格化）建设项目、政务办公云平台、地下空间安全使用管理信息系统、安全生产综合监管系统、“天网”工程、社会服务管理系统建设、工业项目信息管理系统等。

（大兴区）

昌平区工业

【概述】 2012年，昌平区工业坚持“调结构与稳增长”并重，坚持抓大助小、整体推进、重点突破，全区工业经济总量持续增长，产业结构进一步优化，能源科技、现代制造、生物医药三大产业支柱作用更加明显，高新技术产业优势更加突出。

全区330家规模以上工业企业完成产值1178.7亿元，同比增长11.4%，位列全市10个郊区县第二；资产总额1170.4亿元，同比增长23.5%；销售产值1180.8亿元，同比增长12.8%；主营业务收入1169.5亿元，同比增长12.8%；利润总额51.9亿元，同比下降32.4%；利税总额81.2亿元，同比下降24%。

全区六大产业总体“四增二降”。其中，基础与新材料产业受神华公司增长拉动等影响，61家规模以上工业企业产值526.8亿元，同比增长38.4%；汽车与交通设备产业受北汽福田降幅收窄等影响，23家规模以上工业企业产值305亿元，同比增长0.7%；生物与医药产业受部分重点企业较快增长拉动等影响，26家规模以上工业企业产值58.5亿元，同比增长15.1%；都市产业运行基本平稳，5家规模以上工业企业产值59.4亿元，同比增长4.8%；装备产业，受三一公司运行放缓等影响，147家规模以上工业企业产值212亿元，同比下降14.5%；电子信息产业，18家规模以上工业企业产值17亿元，同比下降11%。

（于凌燕）

【重大项目有序推进】 三一北京制造中心、福田发动机等投资在3000万元以上的项目35个，总投资215.2亿元，占地326.2万平方米。其中，世纪华盛研发中心等6个项目竣工投入使用；中国移动通信有限公司一期、数据中心工程、北京修正医药科技产业基地、北京绿创节能环保示范基地B楼环保科技大厦、诺和诺德糖尿病中国研发中心、福田发动机扩能技改等6个项目主体完工；中国移动通信有限公司二期中的网管支撑中心、研发创新中心、业务支撑中心3个工程、北京通用航空产业园激光成形研发生产基地、北京科兴生物制品有限公司“昌平新疫苗产业基地”、中海阳新能源电力股份有限公司研发中心建设及产业化、北京康比特体育科技股份有限公司运动营养产业基地等10个项目已开工；北京新雷能科技股份有限公司模块电源扩产、北京泰宁科创科技有限公司雨水综合利用研发及生产基地、北京知蜂堂蜂产品有限公司蜂产品及茶色素和膳食纤维生产基地等4个项目正在办理立项。全年共办理核准立项37个，总投资31亿元。办理备案项目立项75个，总投资27.7亿元。完成环保备案244个，意向总投资16.1亿元。

（于凌燕）

【科技创新不断增强】 年内，昌平区确定固定资产投资百万元以上技术改造项目80项，其中有15项为2011年结转项目。项目计划总投资26.1亿元，累计完成投资20.7亿元，71个项目竣工投产。全区申请“北京市著名商标”企业20家，其中北汽福田汽车股份有限公司、北京康比特体育科技股份有限公司、北京宏福建工集团有限公司3家企业的3个商标获得“中国驰名商标”认定；北京金威焊材有限公司等6家企业的7个商标获得“北京市著名商标”认定。著名商标累计达到45件。全区重点培育北大先行科技产业有限公司等14家企业技术中心建设，有7家获得市级技术中心认定，市级以上企业技术中心达到35家。向市经济信息化委推荐三一电气有限责任公司、北京南车时代机车车辆机械有限公司、北京神雾环境能源科技集团股份有限公司、乐普（北京）医疗器械股份有限公司4家企业的5个国家发明专利产业化项目。其中，三一电气有限责任公司的高效节能一体化变频永磁同步电动产业化建设项目和北京神雾环境能源科技集团股份有限公司的蓄热式转底炉处理冶金粉尘回收铁、锌成套工艺及装备的产业化项目分别获得1600万元和600万元的资金支持。

（于凌燕）

【循环经济健康发展】 年内，昌平区初步确定“十二五”期间淘汰落后产能企业35家，其中，北京鹿牌都市生活用品有限公司、北京腾飞造纸厂、北京市昌平华美喷塑厂、北京市洁宝日化公司4家企业完成退出，北京鹿牌都市生活用品有限公司于7月9日宣布正式停产。推动清洁生产审核，北京百奥药业有限责任公司和北京三元食品股份有限公司乳品四厂清洁生产审核阶段性验收。

（于凌燕）

【企业帮扶力度加大】 年内，昌平区中小企业贷款贴息备案和申报工作，54家企业103笔贷款符合要求，贴息金额共计1149.7万元；组织100家企业与15家金融机构召开2012中小企业服务年暨银企对接会，8家企业与金融单位签订协议，贷款近亿元；300多家企业开展政策宣讲活动；3家小企业通过北京市级小企业创业基地和公共服务平台认定；112家企业累计获得科技成果转化、中小企业专项、两化融合项目、工业发展资金、保增长等奖励资金1.2亿元。

（于凌燕）

【信息化建设不断推进】 年内，昌平区新建及扩容基站163个；铺设信息管道41沟公里；建设无线宽带接入点（AP）2547个，累计AP达到7991个；新建高清交互双向网络18079户，完成有线电视网络双向网改造11666户，累计完成31.6万户；完成高清交互机顶盒推广4.1万户，累计推广21.1万户。

（于凌燕）

【国资监管和国有经济转型发展】 年内，区属国有经济效益明显提升，昌平区监管企业资产总额155.31亿元，所有者权益50.79亿元，主营业务收入18.84亿元，上缴税金8925万元。加快推动转型升级，鹿牌保温瓶公司昌平生产线全面停产，年节约能耗指标8万吨标煤；红冶汇新“天津基地”建设初见规模，完成投资7000万元，H型钢正式投产。加大资源整合，完成水屯市场的资产划转以及南口地区钢圈厂等3家企业资源整合的前期准备工作，栎昌王麻子改制重组。加快实现国有资产向工业地产集中，京昌高科技产业园区全年投资10213万元，2号厂房建成投入使用，3号厂房实现主体竣工；严格资产处置审核把关，办理国有资产产权登记、转让、变更、审批等项目74个；深化现代企业制度，完成首冶新元、红冶汇新等4家公司的董事会调整工作。

（许正兴）

【小汤山工业园区】 年内，园区完成总产值46亿元，同比增长24%；实现利润2.2亿元，同比增长22%；上缴税收1.1亿元，同比增长12%。小汤山工业园区开发公司即北京小汤山兴汤建设开发有限公司的重组工作完成，并更名为北京未来科技城置地有限公司，作为未来科技城公司的控股子公司负责小汤山园区土地一级开发工作。

（张 新）

【昌平科技园】 年内，昌平园收入规模逐年增长，占中关村总收入的比重逐年提高，实缴税费有望达到90亿元左右，较上年增长23.5%。园区共有上市企业19家，累计IPO融资额76亿元。新增博晖创新、雪迪龙和博新精仪3家上市企业。从上市地分布来看，主要集中在国内创业板、中小板和港交所，各有4家。上市企业市值超过10亿元的企业约13家，北汽福田汽车股份有限公司和北京康得新复合材料股份有限公司2家企业市值超百亿元。重点工程建设项目稳步推进。全年昌平园重点工程建设项目共17项，总建筑面积152万平方米。其中，北大国际医院、新时代总部基地、北医健康产业园等8个工程建设项目列为昌平区重点项目，总建筑面积约121万平方米，总投资约89亿元。博士后工作站建设稳步推进，有博士后企业分站3家，博士后实践基地工作站5家，进站人才16名，博士后实践基地被评为北京市唯一的1家优秀基地，2家工作站被评为北京市优秀工作站，园区聚集了包括“千人计划”“海聚工程”和“高聚工程”40多位高端人才。建立留学人员创业园，入驻留创企业11家。

（王红彬）

平谷区工业

【概述】 2012年，平谷区工业企业平稳增长。全区工业企业总产值237亿元，同比增长7.5%；实现营业收入259.8亿元，同比增长7.4%；实现利润总额13亿元，同比增长2.2%。全区营业收入在2000万元以上规模工业企业有116家，完成工业总产值215.5亿元，同比增长8.6%，占全区工业总量的90.9%，同比提高0.9个百分点；实现营业收入239.2亿元，同比增长8.3%，占全区工业总量的92.1%，同比提高0.8个百分点；实现利润总额14亿元，同比增长8.5%，同比提高6.1个百分点。

（平谷区）

【工业投资与用地】 年内，对20个非政府工业固定资产投资项目进行核准备案，涉及投资14.21亿元。50个（含2011年结转15个）工业固定资产投资项目开工建设，总投资年计划18.2亿元，完成18.5亿元。北京一刚锻造有限公司、北京绿伞化学有限公司、北京旺洋食品有限公司、北京一志科技有限公司等28个项目竣工投产，完成产值10.5亿元，拉动全区工业总产值增长4.8个百分点。新开工35个建设项目。其中，福田汽车平谷产业园一期工程217亩工业用地完成一级开发；首都通用航空产业基地项目中，机场跑道完成拆迁，与宜通集团、滨奥航空集团、奥凯航空公司等签订《合作协议》，总签约金额40余亿元；马坊工业园区6.7万平方米标准化厂房项目动工建设。

（平谷区）

【优化发展环境】 年内，平谷区政府印发《奖励工业产值贡献突出企业的实施办法（试行）》和《关于进一步促进中小企业发展的意见》。落实国家资金扶持项目1个，获得国家政策扶持资金138万元；落实市政府政策资金扶持项目7个，获得市政府政策扶持资金503万元。区内29家企业兑现政策扶持资金1068万元，50家产值增长贡献突出企业兑现市政府和区政府奖励资金940万元。

（平谷区）

【拓展融资渠道】 年内，平谷区成立中小企业信用促进会，首批17家企业成为会员，共认缴信用准备金500万元。区政府匹配资金200万元。每年可为会员企业争取金融机构贷款5000万元，已为华都峪口禽业有限责任公司、北京市富乐科技开发有限公司争取信用贷款4100万元，为老才臣争取商标质押贷款2000万元。与远东国际租赁有限公司进行接触，尝试用租赁方式解决中小企业资金短缺问题。搭建银企合作平台，区内金融机构全年为企业发放贷款 32 亿元。

（平谷区）

【技术改造与商标】 年内，平谷区 12 家企业实施技改扩规，完成投资 8.6 亿元。淘汰落后产能，北京德源化工关闭。“峪口禽业”被认定为中国驰名商标，“华东乐器”“奥维家具”被认定为北京市著名商标。全区拥有中国驰名商标 7 件，北京市著名商标 19 件。

（平谷区）

【工业用地】 年内，平谷区共筹集资金近 5 亿元，新增工业建设用地 149.87 万平方米。其中，福田汽车平谷产业园一期工程 14.47 万平方米工业用地落实，首都通用航空产业基地确定产业用地 52.27 万平方米，兴谷开发区 4 宗土地 4.47 万平方米上市交易，马坊物流基地 5 宗土地 18.33 万平方米做好上市交易准备。

（平谷区）

【信息化建设】 年内，平谷区 8 个农村 WLAN 项目示范村、19 处景区和旅游景点及平谷综合行政大楼、平谷医院等热点地区实现无线网络覆盖。普析通用综合管理信息系统投入使用，移动平谷分公司“智慧城市 幸福平谷”WLAN 网络开工建设。

（平谷区）

怀柔区工业

【概述】 2012 年，怀柔区 156 家规模以上工业企业总资产达 467.7 亿元，其中固定资产原值 143.4 亿元，分别增长 36.7% 和 30.1%。全年实现总产值 442.9 亿元，同比下降 12%；销售收入 520.6 亿元，同比下降 8.0 %；累计完成增加值 90 亿元，同比增长 5.3%；上缴税金 30.9 亿元，同比增长 13.9%；实现利润 43.2 亿元，同比增长 53.0%；42 家企业实现出口交货值 21.3 亿元，同比增长 15.6%。全年工业增加值占地区生产总值的 53.9%，达到 7 年来最高值，比 2011 年提高 0.7 个百分点。

汽车及零部件、食品饮料、包装印刷三大主导行业规模以上企业累计实现总产值 377.2 亿元，同比下降 13.8 %；销售收入 449.1 亿元，同比下降 10.1%；工业增加值 72.5 亿元，同比增长 2.2%；完成利润总额 35.7 亿元，同比增长 50.7%；上缴税金 27.1 亿元，同比增长 14.3%。三大主导行业主要经济指标分别占全区规模工业同口径的 85% 以上。

全年实施非政府投资固定资产投资项目 63 个，总投资 76.5 亿元。其中，新建项目 31 个，技改项目 14 个，结转项目 18 个。新建项目中投资亿元以上项目 6 个，10 亿元以上项目 1 个。

156 家规模以上工业企业中，销售收入亿元以上企业 60 家，较 2011 年增加 3 家。其中，超百亿元企业 1 家，为北汽福田汽车股份有限公司北京欧曼重型汽车厂（7 月份后变更为北京福田戴姆勒汽车有限公司）；超 10 亿元企业 8 家，分别是北京福田戴姆勒汽车有限公司、玛氏食品（中国）有限公司、北京统一饮品有限公司、奥瑞金包装股份有限公司、红牛维他命饮料有限公司、北京福斯汽车电线有限公司、北京红星股份有限公司。

（姜学昆）

【福田戴姆勒汽车成立】 2 月 18 日，北京福田戴姆勒汽车有限公司（简称福田戴姆勒汽车）历经 9 年征程正式成立，总投资 63.5 亿元，注册资本 56 亿元，福田汽车和戴姆勒双方持股比例为 50:50，将生产福田汽车现有的“福田欧曼”中重卡产品和戴姆勒许可的排放标准和动力分别达到欧 V 和 490 马力的 OM457 重卡发动机。7 月 1 日，福田戴姆勒汽车开始正式运营。

（姜学昆）

【奥瑞金包装公司上市】 10 月 11 日，奥瑞金包装股份有限公司在深交所正式挂牌上市，为怀柔区首家，也是中国第一家金属包装制造类上市企业。奥瑞金包装（002701）首次公开发行 7667 万股，发行后总股本 3.06 亿股，每股价格 21.6 元。奥瑞金包装 1997 年落户怀柔区，2011 年在怀柔区设立总部，发展成为集金属制罐、底盖生产、易拉罐制造和新产品研发为一体的中国专业化金属包装龙头企业，主要为客户提供食品、饮料、罐头、啤酒、乳制品等产品的包装制品，并提供包括高科技包装设计、制造及全方位客户服务等一体的综合包装解决方案。产业规模从北京辐射至山东、湖北、四川、浙江、广东、福建、云南、海南、新疆及非洲的尼日利亚，年生产能力67亿罐。

（姜学昆）

【工业转型升级】 年内，怀柔区立足“高、精、新”，鼓励、支持企业实施技术改造、科技创新、品牌商标、总部建设项目，不断推动工业转型升级。共实施技改项目14个，计划总投资4.9亿元，完成投资3.9亿元，已竣工项目11个。北京御食园食品有限公司、奥瑞金包装股份有限公司、北京王致和食品集团有限公司3家企业通过清洁生产认证；北京奥康达体育用品有限公司、北京好亿家食品有限公司两家企业获得北京市著名商标认定；工业高新技术企业达48家，9家企业被授予市级技术中心。玛氏总部基地建设破土动工，奥瑞金包装于深交所挂牌上市，实现怀柔企业上市零的突破。

（姜学昆）

【汽车及零部件业】 年内，怀柔区共有规模以上汽车及零部件企业35家，从业人员1.15万人。实现产值212.8亿元，销售收入237.6亿元，利润20.2亿元，税金6.2亿元，占规模总量的比重分别为48.1%、45.6%、46.8%和20.1%。其中，31家规模零部件企业实现产值45亿元，销售收入46.5亿元，同比增长分别为8.9%和5.2%。福田戴姆勒汽车（原欧曼重卡）全年生产重卡汽车7.36万辆，产值165.4亿元，销售重卡8.07万辆，销售收入186.6亿元，市场占有率为13.45%，在国内重卡综合排名中位列第四，在主流重卡企业中跻身前三。

（姜学昆）

【食品饮料业】 年内，怀柔区规模以上食品饮料企业共有34家，从业人员1.7万人。实现产值132.5亿元，销售收入174.2亿元，利润10.4亿元，税金18.6亿元。34家规模企业中，销售收入逾亿元企业有19家，超过10亿元的企业有5家，其中玛氏公司以65.5亿元位居第一。玛氏食品有限公司、北京红星股份有限公司、红牛维他命饮料有限公司、北京统一饮品有限公司4家企业累计上缴税金16.2亿元，占行业总量的87.1%，居同行业前四位。怀柔区食品饮料业外贸出口增长迅速，年增长率均在15%以上。9月，怀柔区被认定为第一批北京市外贸转型升级示范基地之一。

（姜学昆）

【包装印刷业】 年内，受国家宏观经济和行业竞争加剧的影响，怀柔区包装印刷业发展趋缓。10家规模以上包装印刷企业完成工业产值31.9亿元，销售收入37.2亿元，实现利润5.1亿元，上缴税金2.4亿元。其中，销售收入上亿元企业4家，分别是奥瑞金包装股份有限公司、波尔亚太金属容器有限公司、太平洋制罐（北京）有限公司和北京中富热灌装容器有限公司。

（姜学昆）

【乡镇工业】 年内，怀柔区乡镇工业发展迅速，14个镇、乡中6个区域产值超过10亿元，5个区域增速超过两位数。规模以上工业企业完成总产值148.1亿元，占全区的33%，同比增长10.3%；销售收入160亿元，同比增长6.1%；实现利润10.5亿元，同比增长43.2%；上缴税金7.2亿元，同比增长19.8%。

（姜学昆）

【信息化建设】 年内，怀柔区信息化建设成绩斐然。完成“智慧镇乡”信息化基础设施全部建设，“智慧桥梓”“智慧宝山”100%行政村光纤入户，桥梓镇100%、宝山镇90%行政村联通2G、3G手机信号全覆盖。全年完成60个低成本全能信息化村建设任务，累计数达150个村，7万户村民享受到包括移动电话、宽带网络在内的低成本信息化服务；累计完成85个小区信息化升级改造，新增光纤覆盖户数4.6367万户，累计覆盖10.6267万户。全区总计实现出口带宽85G，光缆总长8600公里，光纤覆盖率达到100%，98%以上地区实现宽带2M接入能力，85%以上地区达到4M接入能力，60%以上地区达到8M接入能力。“无线城市”建设工程已在雁栖不夜谷、生存岛新概念旅游基地、雁栖湖旅游区、青龙峡旅游区、杨宋影视基地等五大区域实现无线网络覆盖，涉及14个景区406个AP点。

（姜学昆）

【中小企业服务】 年内，怀柔区开展“中小企业服务年”系列行动，从政策落实、项目管理、资金扶持、融资服务、诚信建设等多方面加大对区内中小企业服务力度，促进企业快速发展。

共组织工业企业参加国内外各类技术交流、融资洽谈活动 8 次，召开融资对接会 6 次，通过发行集合信托产品和“科技通”信用贷款等方式，为 23 家中小企业融资 3.6 亿元；通过包装申报工作，为 4 家企业申请国家扶持资金 645 万元；有 8 家企业取得食品工业企业诚信体系建设培训证书，达能乳业（北京）有限公司成为全市首家取得诚信管理体系论证的企业。初步形成北房镇、宝山镇、杨宋镇 3 个小企业创业基地。

（姜学昆）

密云县工业

【概述】 2012 年，密云县工业主营业务收入 312.9 亿元，同比增长 12.7%；工业总产值 286.6 亿元，同比增长 16.6%；利润总额 16.6 亿元，同比下降 22.8%。规模以上工业企业完成产值 251.7 亿元，同比增长 13.2%，增幅高于市计划 0.2 个百分点。全县规模以上工业企业总产值累计增速连续 12 个月在全市区县中排名第一；在全市 5 个生态涵养发展区县中，规模以上工业企业总产值总量指标排名第二，增速排名第一。在主要行业中，汽车及零部件业快速增长，一季度增幅 41.7%，二、三、四季度逐步放缓，平均增速 29.6%；全年主营业务收入 115.7 亿元，同比增长 29.6%。食品饮料业主营业务收入 52.2 亿元，同比增长 7.8%。纺织服装业小幅下滑，主营业务收入 36.2 亿元，同比下降 5.8%，其中服装服饰业完成 17.3 亿元，同比下降 8.4%。黑色金属矿采选业下滑明显，主营业务收入 24.4 亿元，同比下降 20.1%。生物医药业高位运行，主营业务收入 6.1 亿元，同比增长 97.1%。

（密云县）

【一区七基地】 年内，“一区七基地”共完成工业收入 227.9 亿元，同比增长 20.6%，高于全县工业平均增速 9.6 个百分点，对全县工业增长贡献 134.1%；占全县工业收入 73.1%，同比提高 6.3 个百分点。

（密云县）

【经济开发区建设】 年内，经济开发区工业企业产值 174.11 亿元，比上年增长 30.8%，拉动全县增长 16.5 个百分点，对全县总产值增量的贡献率达到 104%。园区企业上缴各项税金 17.84 亿元，同比增长 15.8%，形成财政收入 4.73 亿元，同比增长 14.9%，增速加快；固定资产投资 15.78 亿元，同比下降 26%；开发区从业人员 3.4 万人，同比增长 5.3%，增加 1760 人。区内就业人员 2.9 万人，密云本地就业人员 1.1 万人。

（密云县）

【农民就业产业基地提升】 年内，密云县制定《农民就业产业基地提升考核办法》，以盘活闲置土地、完善基础设施、加快环开发区三镇与经济开发区对接等为重点，全力推进农民就业产业基地提升。成立环开发区乡镇与经济开发区整合对接工程领导小组，密云镇、十里堡镇、河南寨镇、巨各庄镇、穆家峪镇 5 试点乡镇盘活企业 11 家，协议投资额 4.91 亿元，占地面积 13.91 万平方米，到位资金 1.61 亿元。

（密云县）

【规模工业企业】 年内，密云县 128 家规模以上工业企业主营业务收入 278.7 亿元，同比增长 9.4%；工业总产值 251.7 亿元，完成年计划 233 亿元的 108%，同比增长 13.2%；利润总额 16.5 亿元，同比下降 22.2%。规模以上工业企业产值占全县工业的 87.6%。开发区新增企业 9 家。

（密云县）

【年收入亿元以上企业】 年内，年收入亿元以上企业 43 家，完成工业总产值 211.5 亿元，同比增长 14.2%，占全县工业的 73.5%。其中，年收入 10 亿元以上企业 5 家，工业总产值 105.4 亿元，同比增长 37.7%，占全县工业的 36.7%；5 亿 ~10 亿元企业 7 家，工业总产值 43.8 亿元，同比下降 4.8%；1 亿 ~5 亿元企业 31 家，工业总产值 62.3 亿元，同比下降 0.6%。

（密云县）

【出口交货值】 年内，密云县工业完成出口交货值 22.3 亿元，同比增长 5.1%。规模以上出口企业完成出口交货值 19.5 亿元，占全县工业出口额的93.3%，同比增长6.4%。其中，汽车及零部件业8.4亿元，同比增长68.3%；纺织服装业8.3亿元，同比下降20.6%。

（密云县）

【招商引资】 年内，签约工业项目40个，协议投资额41.0亿元，到位资金3.8亿元。其中，协议投资1亿元以上项目11个，协议投资额31.5亿元。

（密云县）

【工业固定资产投入】 年内，密云县工业固定资产投入项目98个，完成投入20亿元，同比下降23.8%。完成投入5000万元以上项目11个，共完成固定资产投资8.6亿元，占投资总额的43%。6个行业完成投入超亿元，其中机电设备及五金加工业完成投入3.8亿元，占投入总额的19%；汽车及零部件业完成投入3.6亿元，占投入总额的17.9%；黑色金属矿采选业完成投入3.5亿元，占投入总额的17.5%；食品饮料业完成投入3亿元，占投入总额的15%；生物医药业完成投入1.6亿元，占投入总额的8%；电力、热力、燃气和水的生产供应业1.1亿元，占投入总额的5.3%。

（密云县）

【节能减排】 年内，对9家监管企业2011年节能完成情况进行考核，并续签2012年节能降耗目标责任书。2家企业签订合同能源管理意向，其中北京化工建材厂签订合同能源管理协议，关闭高耗能生产线，预计节能2000吨标煤。退出落后产能企业2家，其中建华铸钢厂完全退出，减少能耗2011吨标煤、水耗69060吨，安置职工156人。

（密云县）

【能源调控企业】 年内，29家重点用能监测企业综合能源消费量155052吨标煤，同比增长4.1%；万元产值能耗0.1022吨标煤，同比下降13.1%。有10家企业能耗同比增长，17家企业能耗同比下降。10家企业万元产值能耗同比增长，17家企业万元产值能耗同比下降，其中13家企业下降幅度大于4.82%。食品饮料、纺织服装、建材3个行业单耗同比下降。

（密云县）

【企业上市】 年内，密云县采用“六个到位”推进企业上市。成立工作组，做到跟踪服务到位。定期对企业财务状况、上市进展、工作计划及需政府协调解决的问题等进行调查，做到统计汇总到位。针对不同类型、不同阶段、不同需求企业，开展上市融资、信贷创新、科技型企业专题等，做到辅导培训到位。对重点申报企业优先安排、优先协调，靠上工作，力促上市；对重点辅导企业，加强督促引导，促其尽快进入实质性操作层面；对重点改制企业指导其选好券商，做好战略投资者引进工作，做到分类指导到位。根据企业需求，处理历史沿革问题，推进企业募投项目立项，协助企业完成合规证明，搭建投融资平台，通过信用贷款、担保贷款、集合信托等多种方式为企业融资，做到解决难题到位。编发《上市工作动态》8期，专刊1期，做到总结宣传到位。全年弘浩明传科技（北京）有限公司、中科恒源科技股份有限公司、金诚信矿业管理股份有限公司3家企业上市申请获证监会受理。

（密云县）

【非政府投资核准备案】 年内，密云县采取服务前置、完善制度、细化申报流程、跟踪回访服务、推进重点项目尽快投产等措施，共办理核准、备案、初审及项目审核110项，其中核准项目10项，备案项目46项，初审项目1项，项目审核53项。核准投资总额10.89亿元，备案投资总额31.89亿元。

（密云县）

【中小企业网】 年内，密云县中小企业网上线运行，网址：http://www.my.bjsme.gov.cn。栏目设置有新闻动态、政策法规、融资服务、企业信息等15个。

（密云县）

【中小企业融资】 年内，密云县推行集合信托、集合票据、融资租赁等融资新模式，为企业融资2.38亿元。其中，协调市多家担保公司及再担保公司开展集合信托，为9家企业融资7830万元，集合信托融资在郊区县排名第三名，生态涵养区排在首位。与北京银行、北京市融资租赁公司合作试点推行集合票据、融资租赁，6家企业参与。与北京民生银行、招商银行、北京银行合作开展中小企业信用贷款，开创密云县中小企业信用担保融资先河，为4家企业融资3900万元。协调市高端融资平台，与券商合作发行私募债，为1家企业融资1亿元。

（密云县）

【工业企业诚信体系】 年内，密云县以食品企业诚信体系建设为重点推进工业企业诚信体系建设。先后组织10家企业参加食品工业诚信基础知识、食品工业企业诚信体系标准条款、诚信管理体系建立运行等内容培训，考核成绩优异企业被授予“诚信管理体系培训证书”。经过多次筛选，确定内蒙古伊利实业集团北京乳品厂、北京绿润食品有限公司2家企业申报2012年北京市食品企业诚信体系认证，伊利成为密云县首家获得食品工业企业诚信管理体系证书的企业。

（密云县）

【乡镇企业】 年内，密云县乡镇企业总收入176.2亿元，同比增长8.5%。利润总额5.0亿元，同比下降26.1%。出口产品交货值8.5亿元，同比下降11.6%。

（密云县）

延庆县工业

【概述】 2012年，延庆县工业经济平稳增长。实现工业总产值70.1亿元，同比增长13.1%；工业纳税同比增长32.5%，工业利润同比增长36.9%。两个开发区实现税收17.8亿元，同比增长43.7%；完成县级财政收入4.76亿元，同比增长15.8%。万元工业产值能耗0.106吨标准煤，同比下降8.7%。

面对工业运行的严峻形势以及“11·3”重大雪灾影响，延庆县狠抓工业运行监测和协调调度，加强企业帮扶，实施“月分析、季调度、年考核”，推动工业经济稳定发展。培育工业新的增长点，做好京仪绿能等新入统企业协调服务，加快实现量产、达产。推进北京玻钢院叶片模具、三吉利高性能钕铁硼合金薄带扩建等重点项目建成投产，发挥产出效益。协调合锐清合、天立诚信等企业按规入统，做到应统尽统。

推动优势主导产业发展，加快产业结构调整优化，支持优势企业做大做强。京能清洁能源、京仪绿能等企业产值分别增长17.2%和30.4%，在风电、光伏制造行业整体调整情况下，新能源环保产业完成产值17.7亿元，占工业总产值的26.4%。北京玻璃钢叶片模具项目建成投产，京城环保生产基地扩建，中科院1兆瓦光热示范电站、德青源1兆瓦屋顶光伏发电项目基本建成。

改造提升传统优势产业，保持较好运行态势。食品、服装、医药产业技术升级改造，提升产品研发和品牌创建能力，完成产值同比分别增长16.3%、6.6%、41.1%。培育行业骨干，华润高科、金果园老农、森特士兴等重点企业增势强劲，产值同比分别增长45.2%、43.5%和31.2%。推进重点项目建设，北京华润高科天然药物有限公司、北京九龙制药有限公司等技改项目开工，金果园老农（北京）食品有限公司项目奠基，浩华科技实业有限公司等重点项目正在办理手续。节能减排落实目标管理，加强重点企业能耗监测。推进北京庆和食品有限责任公司等4家企业清洁生产和合同能源管理，工业节能减排由“以退促降”向“内涵促降”转变。培育市场主体，完善政策体系，出台延庆县《关于进一步促进中小企业发展的若干意见》。优化企业发展环境，积极争取国家及北京市有关产业政策支持，做好项目储备及申报，为企业申请保增长奖励和流动资金贷款贴息365万元。

（宋 强）

【工业园区建设】 2月28日，北京市授牌八达岭开发区为“第三批市级生态工业园试点园区”。县投入近1亿元资金，推进基地绿化、市政道路、污水处理等基础设施升级改造，提升园区整体形象。10月13日，国务院批复同意调整中关村国家自主创新示范区空间规模和布局，延庆县两开发区、康庄产业园共涉及4.91平方公里，作为中关村延庆园纳入中关村示范区规划范围。永宁农副产品加工基地完成A–7地块土地一级开发，为金果园老农生产加工基地项目落地创造了条件。

（宋 强）

【重点技改项目】 9月26日，GMP技术改造项目开工建设，包括新建注射剂厂房及库区改造，投资总额9000万元。其中，2012年投资3000万元，用于厂房施工，建筑面积4467平方米。

（宋 强）

【亿元企业】 年内，新增产值超过亿元企业3家，分别是北京京仪绿能电力系统工程有限公司、北京华都阳光食品有限公司和北京恒阳电缆厂，全县产值过亿元企业达到15家。完成产值57.4亿元，同比增长3.1%，占工业总产值的85.3%。亿元企业中，增长企业8家，完成产值28.2亿元，同比增长34.3%，拉动规模以上工业增长10.9个百分点。

（宋 强）

【节能环保】 年内，对重点耗能企业严格执行目标管理，签订责任书，推进庆和等企业清洁生产，落实关闭小企业政策，鼓励“三高”企业有序退出。初步核算，万元工业增加值能耗0.8吨标准煤，同比下降16.3%。

（宋 强）

【重点产业】 年内，食品产业在金果园老农快速增长拉动下，同比增长16.3%；医药产业加大技改升级与产品研发力度，产值继续保持快速增长，同比增长41.1%；服装产业产值同比增长6.6%，其中卓欧制衣快速增长；新能源环保产业产值同比下降2.6%；基础新材料产业产值同比下降4.2%。

（宋 强）

【招商引资】 年内，延庆县聚焦新能源环保产业，改造提升传统优势产业，加大招商引资，7个项目落户延庆，预计总投资10.4亿元。其中，北京合力清源科技有限公司计划总投资2.13亿元，北京东方润泽节水科技有限公司计划总投资1.26亿元，北京美正生物科技有限公司计划总投资1.27亿元，东晨阳光（北京）太阳能科技有限公司计划总投资1.8亿元，北京环都拓普空调有限公司计划总投资1.68亿元，北京京仪远东系统工程技术有限公司计划总投资1.32亿元。7个项目中，新能源环保产业项目5个，预计总投资8.2亿元。

（宋 强）

【园区工业运行】 年内，延庆开发区、八达岭开发区、永宁农副产品加工基地规模以上工业完成产值61.6亿元，占全县规模以上工业的91.5%。其中，延庆开发区规模以上工业产值33.6亿元，同比下降1.6%；八达岭开发区规模以上工业产值26.5亿元，同比增长9.8%；永宁农副产品加工基地规模以上工业产值1.5亿元，同比下降4.4%。

（宋 强）

【6家企业通过认证】 年内，延庆县继续组织企业申报环境、质量管理体系认证。其中，北京东祥环境科技有限公司、北京市万隆兴制衣有限公司、北京世纪宇达新能源科技有限公司等6家企业通过环境管理体系认证，北京世纪宇达新能源科技有限公司通过质量管理体系认证。

（宋 强）

【信息化建设】 年内，开展“延庆县智能城市运行管理平台”建设，在城区重点部位安装124个高清摄像头，建成城区全数字高清监控系统。完成“网格化社会服务管理信息系统”和“GIS地理信息共享平台”开发建设，完成葡萄酒庄产业带信息化建设整体设计方案，世葡会官网上线运行。开通延庆县工程建设领域项目信息和信用信息公开共享专栏，与市级专栏实现了对接。与中国移动北京公司签订了无线城市建设合作框架协议。制订生态旅游服务系统和野鸭湖国家湿地公园信息化建设规划。完成老旧小区光纤改造36432户，宽带光纤覆盖县城及277个行政村，建设WIFI热点2645个，3G基站建设覆盖县城、乡镇重点区域和道路。中小企业累计41家开通数据专线服务，42家开通紫金专线，21家申请光纤组网服务149条，400多家中小企业接入宽带。金果园老农、雪莲时尚等企业建立电子商务平台及信息化应用管理系统。

（宋 强）

（本栏目责任编审：潘会楼）

开 发 区

2012 年，北京市开发区区域规模扩大，经济运行质量有所提高。土地集约利用率进一步提高，固定资产投资力度有所加大，企业经济总量快速发展，经济效益继续改善，产业结构向服务主导型发展。

土地集约利用率有所提高。年内，北京市19 家开发区规划面积 393.1 平方公里，比 2011年增加 46.9 平方公里。其中，3 家国家级开发区规划面积 305.5 平方公里，占全市开发区面积的 77.7%；16 家市级开发区规划面积 87.62平方公里，占比 22.3%。截止到年底，全市开发区累计土地开发施工面积和完工面积分别达到 144.5 平方公里和 127.6 平方公里，土地开发完工率达 88.3%。每公顷土地实现总收入 7487万元，比 2011 年提高 794 万元；其中，中关村国家自主创新示范区每公顷土地实现总收入8942.9 万元，比 2011 年提高 543.5 万元。

产业结构向服务主导型方向发展。年内，北京市开发区实现总收入 2.9 万亿元，同比增长 27%，增幅比上年提高了 1.1 个百分点。其中，第三产业实现总收入 18130.6 亿元，同比增长 36.6%，增幅比上年同期提高 1.6 个百分点；占总收入比重达 61.6%，比上年同期提高了 4.3个百分点。工业企业总收入 9161.1 亿元，占全市开发区比重比 2011 年降低 3.8 个百分点。

开发区企业经营效益继续改善。截止到年底，北京市开发区共有投产开业企业 25361家，比 2011 年增加 1417 家，同比增长 5.9%。企业实现利润总额 1952 亿元，同比增长12.6%；企业亏损面为 32.9%，比 2011 年减少 13.3 个百分点。应缴税金总额 1639.8 亿元，同比增长 49.9%，增幅比上年同期提高了 34个百分点。

招商引资保持增长但外商投资增速下降。年内，北京市开发区固定资产投资 759 亿元，同比增长 23.3%，其中基础设施投资 138 亿元，同比增长 45.9%。全市开发区共吸引招商入区企业 4411 家，招商项目总投资 1296.8 亿元，同比增长 9.6%。项目平均投资 2940 万元，同比增长 12.8%。吸引外商实际投资 15.2 亿美元，合同外资金额 16.2 亿美元，同比分别下降36.4% 和 55.9%。

中关村国家自主创新示范区

【概述】 2012 年，中关村国家自主创新示范区发展建设各项工作取得新进展。产业规模继续壮大，示范区实现总收入 2.5 万亿元，同比增长 25%。产业结构不断优化，现代服务业实现总收入约 1.6 万亿元，同比增长 35%；文化创意产业实现总收入超过 5000 亿元，占示范区总体的两成以上。先进制造、生物医药、电子信息等领域保持快速增长势头。企业做强做大加快，收入过亿元企业达到 1897 家，其中 10 亿元以上企业数达到 342 家，百亿元企业数达到45 家。百亿元以上企业实现总收入 1.1 万亿元，同比增长 40%。创新创业更加活跃，新创办生产型和研发型科技企业 4200 家；清华科技园、创新工场、车库咖啡等新兴创业孵化机构和“孵化＋投资”等创业孵化模式快速发展；天使投资和创业投资不断聚集，投资案例和投资金额均占全国的三分之一；实施“金种子工程”，涌现了一大批“专特精新”的创业明星企业和高成长企业。对首都、全国示范引领与辐射带动作用不断增强。企业研发能力不断提高，专利申请量超过 2.8 万件，同比增长 28.8%；获得专利授权 1.54 万件，同比增长 22.4%。创制标准 131 项，其中国际标准发布 9 项、立项 7 项，国家标准 112 项。技术合同成交额达 2458.5 亿元，占全国技术合同成交额的比重近 40%，其中 80% 在京外地区转化。

贯彻落实国务院批复的示范区空间规模和布局调整方案。10 月，《国务院关于同意调整中关村国家自主创新示范区空间规模和布局的批复》印发，北京市出台了《关于贯彻落实〈国务院关于同意调整中关村国家自主创新示范区空间规模和布局的批复〉的实施意见》，示范区规划范围扩至 488 平方公里，进一步优化了“一区多园”各具特色的发展格局、重点发展“两城两带”的规划布局目标。加快“两城两带”建设，组织第四批 11 家单位签约实施中关村科学城建设项目，建设项目总数达 48 个，预计总投资 700 多亿元。特色产业园共吸引 281 家企业、研发中心和产业联盟入驻，启动建设共性技术研发等公共服务平台 87 个。未来科技城市政基础设施已建成过半，学校、医院等一批公共服务配套设施建设启动，神华、中国商飞等单位入驻。加快建设北部研发服务和高技术产业带，以及南部高技术制造业和战略性新兴产业带。北部产业带实现总收入约 1.25 万亿元，同比增长 23%。

深化落实国务院支持中关村示范区的“1+6”先行先试政策。中关村平台运行良好，跨层级、跨部门的协同创新组织模式进一步巩固和完善。依托创新平台，北京市与科技部等 6 部委建立支持重大项目的部市会商机制，支持在京单位承接国家科技重大专项项目 1300 余项，落地建设 6 个重大科技基础设施；与财政部等 4 部委加强合作，推进中关村现代服务业试点；与解放军总部单位合作推进军民两用技术供需对接和融合创新，将“建设中关村军民融合科技创新示范基地”写入了国家《统筹经济建设和国防建设规划（2011~2015 年）》；与 60 余家中央企业和高校院所共建中关村科学城和未来科技城，支持大学、科研机构和企业协同创新；完善全市每年 100 亿元的资金统筹机制，探索股权投资、知识产权共享等支持方式，提高了财政资金使用效益。“1+6”先行先试政策框架体系进一步完善，落实股权激励、科技成果处置权和收益权等 6 项先行先试新政策效果初显。

启动建设中关村国家科技金融创新中心。8 月 6 日，国家发展改革委等 9 部委批复中关村成为全国科技和金融结合首批试点地区，科技金融机构在中关村聚集的态势进一步增强。信用首善之区建设成效明显，企业信用意识不断增强，信用双百企业达到 412 家，信用星级企业 632 家。企业改制上市群体加速壮大，共有 251 家企业参与中关村代办试点，其中已挂牌和通过备案企业 186 家，新增 79 家。新增上市公司 21 家，上市公司总数达到 224 家，其中创业板上市公司达到 62 家，在创业板形成了“中关村板块”，企业融资难题得到缓解。18 家银行在中关村设立信贷专营机构或特色支行。以中关村科技担保公司为平台，已累计为企业提供贷款担保 686 亿元。直接融资、信用贷款、信用保险及贸易融资、知识产权质押、小额贷款、股权质押等科技金融创新试点工作进展顺利。

加快建设中关村人才特区。加快聚集以海外高层次人才为重点的特需人才资源，深入落实中央“千人计划”和北京市“海聚工程”，扎实推进中关村“高聚工程”，加快聚集以海外高层次人才为重点的特需人才资源。中关村示范区共有 604 人入选“千人计划”，占全国的 21.6%；303 人入选“海聚工程”，137 名高端人才及其团队入选“高聚工程”。进口税收、居留与出入境、人才培养、医疗、住房等人才特区特殊政策得到有效落实，推动了一批校企教学实践基地、联合实验室建设；为 270 名高层次人才办理方便就诊手续；已建和在建人才住房房源达 7516 套。健全海外人才引进机制，新设立驻悉尼、赫尔辛基、布鲁塞尔 3 个联络处。创新高端人才评价机制，开展企业教授级高级工程师职称评审试点，首批 54 名高层次人才获得高级职称。建设“中关村高端人才创业基地”，已吸引70余家签约企业入驻;筹建中关村青联,打造具有时代特色的青年企业家聚集平台。

实施国际化发展战略。推进全球资源"高端链接"和"走出去、引进来"战略,引进国际顶尖人才、团队和企业、实验室入驻。6月,示范区与俄罗斯斯科尔科沃基金会签署了合作框架协议,推动了双方在创新与产业合作方面的实质性合作。世界500强企业共在中关村地区设立近200家分支机构,其中研发机构近百家。

实施战略性新兴产业集群创新引领工程。印发《中关村战略性新兴产业集群创新引领工程(2013~2015)》,明确"641"分梯次产业培育格局,即加快下一代互联网、移动互联网和新一代移动通信、卫星应用、生物和健康、节能环保、轨道交通六大优势产业集群引领发展,推动集成电路、新材料、高端装备与通用航空、新能源和新能源汽车四大潜力产业集群跨越发展,促进现代服务业集群高端发展。通过现代服务业试点资金筛选支持重大项目10项;支持国家科技重大专项、科技成果产业化项目243项;支持开展重大项目应用示范,推动成立中关村未来制造业联盟、中关村大数据联盟等8家新联盟。开展政府采购新技术新产品试点,建立了多部门协同、市区联动、军民融合的新技术新产品政府采购和应用推广工作机制,全年实现政府采购金额达到80亿元,涉及近百家企业的248项新技术新产品。

(王 锦)

【30家中关村企业入选福布斯】 1月4日,福布斯2012年度"中国最具潜力公司榜"发布,30家中关村企业入选。其中,12家企业入选"中国最具潜力上市公司"百强榜单,18家企业入选"中国最具潜力非上市公司"百强榜单。

(王 锦)

【世界首个戊肝疫苗在京获准上市】 1月11日,北京万泰生物药业股份有限公司与厦门大学联合研制的重组戊型肝炎疫苗正式获准上市,成为世界上首个用于预防戊型肝炎的疫苗。作为我国疫苗领域原始创新的一项重大科研成果,该疫苗在世界上最大规模的临床试验中已表现出良好的安全性和保护性,它将为人类生命健康带来新的曙光。

(王 锦)

【佳讯飞鸿助力"天宫"与"神八"实现完美对接】 1月11日,中国人民解放军总装备部司令部信息化局授予北京佳讯飞鸿专项奖牌,表彰以"稳定可靠的装备、精湛过硬的技术和周到细致的服务",确保了"天宫"与"神八"实现完美对接。

(王 锦)

【亚信联创与尼泊尔电信签订合作协议】 1月13日,亚信联创股份有限公司宣布与尼泊尔电信签订合作协议。亚信联创将为尼泊尔电信提供全业务全融合的电信业务支撑系统解决方案和软件服务。

(王 锦)

【百度国际大厦深圳奠基】 1月16日,百度国际大厦在深圳举行奠基仪式。大厦建筑面积超过22万平方米,由东西两座塔楼组成,可容纳万名员工,预计在2015年完成竣工。

(王 锦)

【世纪互联获中国IDC大典双奖】 1月16日,世纪互联数据中心有限公司(简称世纪互联),在中国IDC(互联网数据中心)大典上荣获两项大奖,分别是"2011年度中国IDC产业最具影响力企业奖"和"2011年度中国IDC产业优质服务奖"。世纪互联作为电信中立数据中心,有近12年为中国互联网客户提供运维管理和客户服务的经验,服务客户数量超过1400家。

(王 锦)

【德青源在美国投资大型清洁能源项目】 1月17日,北京德青源农业科技股份有限公司与美国史密斯·菲尔德公司签署协议。双方共同投资成立生物质能源公司,在美国开展清洁能源业务,建设养猪场沼气工程,未来10年双方累计投资将达18亿美元。

(王 锦)

【自主创新4G通信标准成为全球标准】 1月18日,国际电信联盟通过4G(第四代无线移动通信)国际标准,大唐电信集团提出的TD-LTE-Advanced技术是该标准的重要组成部分。该标准的通过,将有力带动中国通信产业链企业实现转型升级,占据国际竞争的价值链高端。

(王 锦)

【华锐风电获中国首家GL型式认证证书】 2月1日,华锐风电获得德国劳埃德船级社(GL)颁发的型式认证证书,表明华锐SL1500机组在设计及质量管理体系等各方面均符合GL的要求。

（王 锦）

【9家企业获得国家科学技术进步奖励】 2月14日，2011年国家科学技术进步奖公布，示范区企业北京大北农科技集团股份有限公司、北京利尔高温材料股份有限公司、北京科兴生物制品有限公司等9家企业的9个项目荣获国家科学技术进步奖（通用项目）二等奖，占218个获奖项目总数的4%。

（王 锦）

【中国风电机组在欧洲国家投入运营】 2月29日，华锐风电两台风电机组在瑞典启用，这是中国风电机组首次在欧洲国家投入运营。两台风电机组由CRC风电公司斥资约1285万美元购买，年发电量总共达1.5万兆瓦时，可满足瑞典3000多户家庭一年的用电需求。

（王 锦）

【11位“80后”创业者上榜福布斯】 2月29日，《福布斯》中文版首推“中国30位30岁以下创业者名单”，其中中关村11人上榜，居各地之首。《福布斯》指出，中关村上榜创业者较年轻，同时创业空间主要集中于互联网，他们更擅长从应用着手，凭借敏锐的市场嗅觉，将传统产业迅速转换为更适应网络市场的运营模式。

（王 锦）

【优酷土豆宣布合并】 3月11日，优酷和土豆签订最终协议，将以100%换股的方式合并。新公司名为“优酷土豆股份有限公司”，优酷和土豆各占据中国在线视频广告三分之一的市场份额，此次双方合并打破了国内视频行业的格局。

（王 锦）

【同有科技成为国内首家存储上市企业】 3月21日，北京同有飞骥科技股份有限公司正式在深交所挂牌上市，成为中国A股、B股及H股中首个上市的存储企业。

（王 锦）

【启明星辰天玥网络获EAL3级认证】 3月23日，天玥网络安全审计系统成为国内首家获得中国信息安全测评中心颁发的EAL3级信息技术产品安全测评证书的产品。该级别的测评证书是目前为止国内同类产品中的最高安全级别。据悉，该产品由启明星辰公司研发，采用独家首创的语义解析技术，细粒度定义审计规则，全面细致地展现审计结果。

（王 锦）

【18家企业获得北京市科学技术奖励】 4月13日，2011年北京市科学技术奖公布，示范区共有18家企业的21个项目获得北京市科学技术奖，占183项获奖项目的11.5%。其中，北京水晶石数字科技股份有限公司的大规模数字影像技术开发及大型会展应用项目荣获本市首个重大科技创新奖，该奖项因奖项标准要求高，自2007年设立以来一直空缺；北京仁创科技集团有限公司的沙漠硅砂生态透水与防水材料研制及城市与农村雨洪利用成套技术获得一等奖；中冶建筑研究总院有限公司、北京超图软件股份有限公司、北京碧水源科技股份有限公司等13家企业的12个项目获得二等奖；新奥特（北京）视频技术有限公司、北京京仪世纪电子股份有限公司、易程科技股份有限公司等7家企业的7个项目获得三等奖。

（王 锦）

【中关村高端人才创业基地揭牌】 5月3日，中关村高端人才创业基地揭牌仪式及北京知识产权运营管理有限公司揭牌仪式在京举行。中关村高端人才创业基地是由中关村管委会、海淀区人民政府、北京科技大学共同建设，基地位于北京科技大学科大天工大厦，主要吸引新一代信息技术、新材料、新能源、节能环保等战略性新兴产业的高新技术企业入驻。北京知识产权运营管理有限公司是由北京中关村发展集团股份有限公司、北京市海淀区国有资本经营管理中心、北京亦庄国际投资发展有限公司、中国技术交易所4家企业共同出资成立的国有控股有限责任公司，是我国首家由政府倡导并出资的知识产权商用化公司。

（王 锦）

【启动建设40纳米~28纳米集成电路生产线】 5月15日，中芯国际北京公司二期项目合作框架签字仪式举行。中芯国际将与北京相关机构联合投资72亿美元，建设两条40纳米~28纳米12英寸集成电路生产线。

（王 锦）

【百余家企业参展第十五届科博会】 5月23日，

中关村示范区自主创新成果展亮相第十五届北京科博会。中关村展区以“创新引领未来，创意改变世界”为主题，展现城市“智慧”，点亮百姓生活。本次成果展分示范区形象、智慧城市、绿色家园3个展区，共有百余家示范区企业参展，其中八成企业首次亮相，涉及领域包括移动互联网、北斗导航和空间信息服务、4G移动通信等战略性新兴产业。

（王 锦）

【创业元素聚集中关村】 5月27日，中央电视台《新闻联播》栏目头条播发《创业服务业：新业态迸发新活力》，对中关村创业服务业的快速发展给予了充分肯定。各种创业元素聚集中关村，作为一种新型的经济业态，中关村创业服务业不仅激发了草根创业者的创业动力，同时也提升了创业服务机构的创新能力。据统计，中关村2011年新增科技型企业4000多家，同比增加1000家。

（王 锦）

【中关村高技术服务业创新引领首届京交会】 5月28日，第一届中国（北京）国际服务贸易交易会开幕。此次京交会历时5天，中关村示范区推出服务贸易展示洽谈专区，集中展示信息服务、数字出版和数字内容、节能环保等领域20余家企业的最新项目和产品。此外，为更好地促进服务贸易上下游企业的交流合作，中关村示范区还组织开展了数字出版大会、数字出版圆桌会议等专题活动。

（王 锦）

【中关村国际数字设计中心揭牌】 5月28日，中关村国际数字设计中心正式揭牌成立。该中心将以数字化设计为技术载体，搭建包括需求、设计、产品3个维度的立体产业创新平台。中国英特尔物联技术研究院、广东省半导体照明产业联合创新中心等单位已入驻，并与该中心确立战略合作关系。

（王 锦）

【手机刷卡器进军个人移动支付市场】 5月29日，拉卡拉发布面向个人消费者的手机刷卡器，全面进军个人移动支付市场。该刷卡器是连接智能手机的外设刷卡终端，用户只要在正常浏览手机网页的环境下，连接该刷卡器，即可实现查询、信用卡还款、个人还贷、个人收账、便民缴费、网购特惠等服务。

（王 锦）

【中关村科学城特色产业园建设合作项目签约】 5月30日，中关村创新平台举行中关村科学城特色产业园建设合作项目签约大会。会上发布了141项达成合作的跨国公司和行业领军企业入驻合作项目、校企共建研发机构项目、共建产业公共服务平台项目和产业化合作项目。

（王 锦）

【青海中关村高新技术产业基地奠基】 6月8日，青海中关村高新技术产业基地暨海东科技园签约仪式在海东工业园区临空综合经济园举行。签约仪式上，北京中关村管委会与海东行政公署签订了中关村支持海东地区建设青海中关村高新技术产业基地暨海东科技园合作协议，以中关村生命园、国际孵化器为代表的10个中关村专业园区签约对口支持海东科技园，北京理工大学等15家大学科技园和5家专业园签约支持海东科技园，20家留学生企业和10名留学生代表签约入驻海东科技创业大厦。

（王 锦）

【产业技术联盟专项资金管理办法印发】 7月3日，中关村管委会印发《中关村国家自主创新示范区产业技术联盟专项资金管理办法》，明确提出产业技术联盟专项资金用于支持联盟成员企业参与国家重大科技计划，围绕国家战略、社会管理、改善民生等方面的重大科技需求，研发前沿技术或关键核心技术，开展集成创新和应用示范；支持产业联盟建立健全共性技术服务平台，向联盟成员开放共享，提供有关研发、测试、验证、培训等服务；支持产业联盟牵头，对接城市建设、运行管理、民生、新农村建设、重大活动等方面的重大科技需求，组织产业链各环节创新资源，开展重大项目顶层设计，实施行业或区域应用示范；支持产业联盟成员企业围绕重点培育和发展的战略性新兴产业关键瓶颈技术、前沿技术、共性技术、平台技术等开展科技攻关；支持产业联盟在产业构建、行业交流、市场推广、品牌培育等方面发挥统筹和纽带作用，为联盟成员及行业企业提供有关信息、渠道和服务等。

（王 锦）

【高成长企业TOP100颁奖典礼在京举行】 7月

3 日，2011 中关村高成长企业 TOP100 颁奖典礼在京举行。来自中关村一区十园的 500 余家企业，经过工商、环保、人社、税务、工会等政府主管部门会商，以及专家组实地走访企业进行现场打分等多个环节的评审，最终百家中关村高增长企业荣誉上榜。“中关村高成长企业 TOP100”评选活动 2012 年是第三次举办。该评选活动在北京市科委、中关村管委会、中关村海淀园管委会及其他政府主管部门的指导与支持下，由北京中关村高新技术企业协会主办。

（王 锦）

【艾德思奇发布首个社交媒体营销分析平台】 7 月 4 日，艾德思奇正式推出营销分析平台思奇微博。这是国内首款社交类媒体营销分析平台产品，具有多账号同步管理和引爆点分析的功能。

（王 锦）

【6 项新政策是自上而下的系统政策突破】 7 月 6 日,《人民日报》头条刊发《自主创新迈大步》，对中关村“1+6”先行先试新政所取得的创新成就给予肯定。中关村创新平台打破了按行政系统配置资源的旧格局，建立了跨层级、跨部门的协同创新组织新模式，形成了集中办公、主动受理、联合审批、一条龙服务的工作机制；6 项新政策则是一次自上而下的系统政策突破，实现了人才、技术、资金等创新要素的高效配置，激发了科研单位、企业和科技人员的创新积极性，加快了科技成果的产业化步伐。

（王 锦）

【参加国家高新区建设 20 年成就展】 7 月 5~9 日，参加国家高新区建设 20 年成就展。中关村展区以历程展示为主，着重体现中关村在国家高新区整体发展中的起源、带动、引领、示范等内容。通过文字图片、历史照片、实物展品、多媒体、多点触摸、多屏联动等方式，生动展示了中关村 20 多年的发展历程，体现中关村创新引领、辐射带动的作用和地位。

（王 锦）

【优酷与环球影业签署授权协议】 7 月 9 日，优酷宣布与美国国家广播公司达成战略合作，获享美国国家广播公司旗下环球影业历年经典之作以及即将上映的影片在中国的网络播出权。优酷近年来频频牵手国际影片巨头，加大版权储备，旨在为用户提供极致、丰富的观影体验，积极打造国内顶级网络影院。

（王 锦）

【25 家中关村开放实验室集体授牌】 7 月 18 日，涉及软件与网络通信、先进制造与能源材料等领域的 25 家中关村开放实验室集体授牌，中关村开放实验室总数达到 134 家，累计已为 1.34 万余家次企业提供超过 3.2 万项服务。近一年来，开放实验室与示范区企业在检测认证、委托和联合研发、共同承担国家重大项目和科技基础设施等方面共签订合作协议 1175 项。

（王 锦）

【博雅软件与 Mantech 签署战略合作协议】 7 月 18 日，博雅软件股份有限公司和 Mantech 股份有限公司（韩国）在京签署全面战略合作协议。根据协议，双方将在计算机管理软件和高可用（HA）管理软件等方面开展密切合作，共同打造适合市场需要的产品与服务，努力实现资源共享、优势互补、合作共赢。

（王 锦）

【郭金龙到中关村调研】 7 月 20 日，北京市委书记、市长郭金龙到中关村示范区调研，充分肯定首都科技创新工作取得的巨大成就，并强调中关村要在科技创新中发挥好示范带动作用。郭金龙指出，加快首都科技创新，一要充分发挥中关村的龙头作用，二要提升科技资源整合利用水平，三要强化企业技术创新主体作用，四要完善有利于创新驱动的市场体系。

（王 锦）

【中关村企业积极参与“7·21”抢险救灾】 7 月 21 日，北京市发生了 61 年来最大强降雨，中关村企业积极投入到抢险救灾工作中，把灾害带来的损失降到了最低。在应急指挥方面，东方正通承建的北京市应急指挥平台提供了突发事件信息报送、救灾指令下发、协同指挥等功能；东方网力、汉唐自远承建的视频图像信息系统，及时将房山区、朝阳区的道路积水视频画面发送到防汛应急指挥部。在抢险救灾、排水排涝方面，洁绿科技、嘉博文生物等企业为六里屯、小武基等垃圾处理厂保障安全，防止垃圾外泄；科泰兴达给断电断水的房山区张坊镇安装饮用水净化设备，解决了村民用水问题；金科水务积极抢修，成功保障了清河再生水厂二期工程设施免受暴雨损害。在交通疏导方面，北大千方承建的交通专用地理信息系统加入了迎汛抢险单元，实现了救援队伍和物资调度；四维图新、超图等企业的气象地理信息基础平台为城市精细化监测和管理提供了应用服务。在气象预报、信息预警等方面，华锐风电提供了气象监测信息，新浪微博等提供了市民自救信息平台，建筑工程研究院提供了抢险技术咨询。在灾后急救方面，北京谊安医疗、麦邦光电的呼吸仪、除颤器为挽救病人生命发挥了极大作用。同时，中关村企业积极承担社会责任，奇虎、握奇数据、二十一世纪空间信息等企业踊跃捐款。以岭药业向房山捐献防疫药品。碧水源员工组成的救援队在京港澳高速抢通过程中救出182名群众。

（王 锦）

【三大机构创新服务中关村生物医药企业】 7月23日，北京海关设立中关村创新平台海关中心，提出《北京海关服务企业十项措施》，进一步加大通关、税收、人才等相关工作的力度。北京市出入境检验检疫局对企业进出口低风险生物制品，由每次报批改为90天有效期内，对动物源性生物材料及制品，实施4级分级管理，缩短审批时限至3~4个工作日，同时使大部分产品免于审批。市卫生局采取过渡性措施，开辟绿色通道，为示范区企业开展受理、审批等相关事项。

（王 锦）

【15家企业荣登2012胡润民营品牌榜】 8月8日，胡润研究院发布《2012年胡润品牌榜》，评选出百个国内最有价值品牌。在北京地区27个民营品牌中，百度、联想、新东方、新浪等15家中关村企业榜上有名，涉及领域包括网站、网络零售、教育等。其中，学而思、安博、凡客诚品、环球雅思4家为新上榜品牌。

（王 锦）

【中关村云计算产业基地正式启动】 8月16日，中关村云计算产业基地在中关村软件园揭幕。基地建筑面积1.1万平方米，集办公、产品和服务展示、会议等功能于一体，入驻企业超过10家，包括友友系统、云端时代等。至此，北京正式形成了南有亦庄、北有中关村软件园的两大云计算基地格局，初步完成了北京市“祥云工程”确定的建设两大云基地的目标。

（王 锦）

【小米手机二代发布】 8月16日，小米科技发布小米手机二代并推出该产品搭载的最新系统——基于最新安卓系统开发的MIUI4.1。该产品采用高通四核APQ8064处理器，并搭载4.3英寸高分辨率视网膜屏幕，于9月中旬推出工程机，并于10月向所有用户开放售卖。

（王 锦）

【中关村首次跻身北京政务微博影响力前十名】 8月17日，中关村管委会微博首次跻身“北京政务微博一周排行榜”前十名。北京政务微博影响力排行榜由人民网舆情监测室制作发布，以北京微博发布厅70家政务微博为分析对象，结合一周微博净增量、粉丝净增量、原创率、粉丝活跃率、评论转发率等7项指标，综合得出影响力指数，是当前最具权威性的政务微博排行榜。

（王 锦）

【两基地入选首批外贸转型升级示范基地】 8月28日，北京市商务委推出首批5家外贸转型升级示范基地，中关村范围内的海淀区广电设备基地和昌平区生物医疗基地入选。北京市此次推出的外贸转型升级示范基地是集生产和对外贸易功能为一体的产业集聚区或集进出口贸易服务功能为一体的外贸企业集聚区。基地内的企业可享受检测、研发设计、展示、交易、物流、国际营销、孵化器、贸易促进、培训、农产品可追溯等12类公共服务平台提供的优惠服务。

（王 锦）

【奇虎360公司签约入驻中关村电子城】 8月31日，奇虎360公司签约入驻中关村电子城国际电子总部，预计总投资15亿元，建筑面积6.92万平方米。

（王 锦）

【4家“十百千工程”企业入选中国企业500强】 9月1日，中国企业联合会、中国企业家协会发布了“2012中国企业500强”榜单，共有4家“十百千工程”企业入选，比上年增加1家。中国中铁、神州数码、北大方正和同方股份分别位列第12、158、183和426位，其中神州数码是今年新入选企业。

（王 锦）

【中关村企业亮相第八届东北亚博览会】 9月6日，中关村示范区首次参加东北亚博览会，设立了以“创新引领，合作发展”为主题的中关村示范区展区。展览以中关村示范区示范引领、辐射带动、助力东北老工业基地全面振兴为主线，重点围绕移动互联网、文化创意、节能环保、物联网、软件服务、高新电子产品6个产业领域，遴选了28家示范区企业参展，展示相关产业领域的发展趋势和最新成果。

（王 锦）

【百度发起成立国内首个互联网安全联盟】 9月10日，百度宣布发起成立国内首个互联网“安全联盟”，腾讯、金山、瑞星等成为首批联盟成员。百度根据成员共享的风险网址数据库，对搜索结果中相关网站进行比对和标注，提醒网民在第一时间注意并规避相关风险，从而保障上网安全。

（王 锦）

【2012中关村论坛年会召开】 9月13日，由科技部、中国科学院、中国工程院、国务院侨办、国家知识产权局和北京市人民政府共同主办的2012中关村论坛年会在国家会议中心开幕。论坛以“科技创新与全球合作”为主题，对创新发展新模式、强化创新支撑发展和全面有效地拓展国际合作等问题进行了深入交流与探讨。

（王 锦）

【中关村创新引擎作用日渐凸显】 9月14日，《人民日报》专刊发表《中关村奔腾的中国“芯”》，高度评价中关村在科技浪潮的创新引擎作用。从航天技术到生物医药，从新材料到新能源，中关村以平均每天诞生15件发明专利的速度，改变生活，影响世界。以往技术、芯片、操作系统被国外厂商垄断的格局已被打破，中关村将诞生一批领先的技术，向世界奉献更多的“中国标准”，展示更强大的“中国力量”。

（王 锦）

【中关村获“北斗产业化优秀园区”称号】 9月24日，中关村国家自主创新示范区在首届中国卫星导航与位置服务年会上获得“北斗产业化优秀园区”称号。华力创通、中交兴路、北斗天汇、北斗星通、东方联星、国智恒、航天恒星等中关村企业入选“北斗产业化十强企业”。

（王 锦）

【小马奔腾收购特效巨头数字王国】 9月26日，小马奔腾联手印度信实公司，以3020万美元收购美国著名特效公司数字王国，成为首家成功收购好莱坞制作公司的中国企业。小马奔腾将获得数字王国和子公司航母传媒旗下的所有核心业务，其中包括电影制作、视觉特效、广告制作以及虚拟人合成技术等。11月4日，小马奔腾与美国顶级特效公司数字王国举行合作签约仪式，双方将组建合资公司，将全球顶尖的影视特效技术引入中国，落户北京。

（王 锦）

【中关村两产业基地共同揭牌】 10月10日，中关村两个产业基地——中关村移动互联网产业基地、北斗与空间信息服务产业基地举行揭牌仪式。未来，基地将进一步支持企业开展关键技术攻关、重大标准创制、科技成果转化和公共技术服务平台建设，充分利用和整合基地内产学研用资源，探索建立产业链上下游协同创新的模式，加速研发成果产业化。

（王 锦）

【民用首发星实践九号成功发射】 10月14日，中国采用一箭双星方式成功将实践九号A/B卫星发射升空并送入预定转移轨道。这是中国民用新技术试验卫星系列的首发星，由航天东方红卫星有限公司负责研制，主要用于长寿命高可靠、高精度高性能、国产核心元器件和卫星编队及星间测量与链路等试验，对提高中国卫星研制基础能力，推进卫星技术水平快速提升具有重要意义。

（王 锦）

【张宏江荣膺ACM多媒体杰出技术成就奖】 10月15日，金山软件CEO张宏江博士获得由国际计算机学会颁发的2012年度多媒体计算领域杰出技术成就奖，由此成为迄今为止唯一一位获美国电气和电子工程协会（IEEE）和国际计算机学会（ACM）技术成就奖的华人科学家。

（王 锦）

【中关村示范区商标推进大会在京举行】 10月16日，中关村国家商标战略实施示范区商标推进大会在京举行。大会宣布了中关村商标试点单位名单，确立了第一批5家中关村商标示范单位和50家试点单位，中关村商标服务中心揭牌。数据显示，2011年中关村新增商标申请量7277件，新增商标有效注册量1165件；新增马德里国际注册120件，占北京市新增马德里国际注册商标总数的1/6。

（王 锦）

【戏剧舞台瞄上“中关村”】 10月19日，两部以中关村为创作背景的戏剧分别在长安大戏院和保利剧院登台。京剧《云之上》通过新时期开拓者在创业过程中与旧思想的碰撞及人物之间的情感冲击反映出创业激情、爱国热情和人文情怀。话剧《北京有个中关村》则着重讲述两代中关村人对于理想和信念的执着，将真实的人、真实的事浮沉于真实的历史沿革变迁之中。

（王 锦）

【温家宝到中关村考察】 12月13日，国务院总理温家宝先后到未名凯拓农业生物技术有限公司、百度公司、联想集团考察，与科技人员进行交流，并在中关村示范区展示中心与部分企业负责人座谈。温家宝总理指出，中关村发展的经验，一是人的解放，让人活起来，自由地去创造。这是科技创新的根本，也是中关村发展的根本。二是体制创新，坚持以企业为主体，产学研结合，经济与科技紧密结合，这是科技体制改革的核心，也是中关村成功的道路。中关村的探索和经验具有全局性的示范作用。中共中央政治局委员、北京市市委书记郭金龙，全国政协副主席、科技部部长万钢，市委副书记、代市长王安顺陪同，中关村管委会主任郭洪参加接待。

（王 锦）

【中关村举办大数据日活动】 12月13日，中关村举办大数据日活动，宣布成立中关村大数据产业联盟，发布云天使、中云融汇、大数据实验室孵化3支产业投资基金，并为“中关村云广场”正式命名。

（王 锦）

【“完美世界”荣获中国网络文化杰出成就奖】 12月14日，在第十届网博会颁奖典礼上，“完美世界”凭借2012年在网游文化全球输出上的出色表现，荣获中国网络文化杰出成就奖。

（王 锦）

【企业家再获CCTV中国经济年度人物】 12月19日，2012年CCTV中国经济年度人物揭晓。中关村企业家再获殊荣：联想集团董事长兼首席执行官杨元庆获年度人物奖，北斗卫星导航系统任务团队获年度人物创新奖，小米公司董事长兼CEO雷军获年度人物新锐奖。

（王 锦）

【爱国者首家国货精品馆开业】 12月21日，爱国者首家国货精品馆落户中关村。该馆由爱国者联手50家国产品牌共同打造。爱国者国际化联盟希望通过支持国货精品以提高民族凝聚力，扩大国货品牌影响力。

（王 锦）

【中关村人才特区英国留学生创业大赛启动】 12月23日，中关村人才特区英国留学生创业大赛在伦敦正式启动。此次大赛为期3个月，旨在为旅英学生、学者与中关村架起桥梁，遴选出有发展潜力的项目，依托中关村专业团队和科技实力扶持优秀创业者，为海外人才回国创业提供有针对性的实际帮助。

（王 锦）

【北斗导航系统正式提供区域服务】 12月27日，北斗卫星导航系统向亚太大部分地区正式提供区域服务，包括定位、导航、双向授时和短报文信息服务。基本服务性能：位置精度平面10米、高程10米，测速精度每秒0.2米，授时精度单向50纳秒。

（王 锦）

【2012年度中关村十大系列评选】 2012年，由中关村管委会指导，品牌中国产业联盟主办，品牌联盟（北京）咨询有限公司、中国技术交易所、中关村标准创新服务中心、启迪控股股份有限公司、中关村科技创业金融服务集团有限公司具体承办，开展2012年度中关村十大系列评选活动，评选类别为：十大年度人物，十大海归新星，十大卓越品牌，十大新锐品牌，十大创新成果，十大创新标准，十大创投案例，十大并购案例，新锐企业十强，十大年度新闻。集中盘点2012年度中关村涌现出的优秀企业家、品牌企业、创新成果、创新标准和重大新闻事件，集中展示了中关村在“十二五”开局之年的新成就、新成果，提升了中关村品牌的知名度和影响力。

（王 锦）

北京经济技术开发区

【概述】 2012年，北京经济技术开发区坚持“稳中求快进、创新大发展”，在做大做强实体经济、推进高技术制造业和战略性新兴产业聚集区建设方面迈出坚实步伐。初步统计，新区全年实现地区生产总值突破1200亿元，同比增长7%，其中开发区完成827.7亿元，同比增长5.8%。新区实现工业总产值2776亿元；完成全社会固定资产投资820亿元，同比增长4%，其中开发区完成固定资产投资339.9亿元，同比增长6.2%。开发区完成营业收入4328.5亿元，实现税收收入268.1亿元（含退税），同比增长9.3%。高新技术企业产值贡献率稳步提升，占工业总产值比重保持90%以上。积极创新融资工作，发起设立中关村国盛创业投资基金、北京亦庄互联云计算基金，总募集资金达33.6亿元。支持利德曼等3家企业成功上市。开发区成为国家电子商务示范基地、国家国土资源节约集约模范区和北京市唯一的国家园区循环化改造示范区。

重大项目、高端项目多点支撑、主导产业均衡发展格局逐步显现。全年引资总额超过60亿美元，引资质量不断提升。奔驰前驱车、中芯国际二期等一批重大项目落地奠基，同仁堂集团等47个项目开工建设，德尔福等30个项目投产见效，奔驰GLK、京东方8.5代线等一批重大项目、高端项目量产，拜耳、云基地等项目进入高速增长期，带动汽车制造、生物医药、云计算等产业不断壮大。生产性服务业产业园建设全面提速，西红门商务服务业聚集区规模初显，军民结合产业基地挂牌，蓝鲸军民融合创新园项目正式落户。

加速聚集科技创新资源要素。新增中央“千人计划”入选者10人，累计达37人；新增北京市“海聚工程”入选者32人，累计达69人；新认定的新区海外高层次人才29人，累计达185人。新设立创新实践基地工作站2家、博士后科研工作站3家，设立中小企业服务中心，新增市级研发机构32家，新搭建公共技术服务平台5家。全年培育“小巨人”企业、优势中小企业、北京市专利试点企业共66家。

（研究室）

【人才扶持奖励政策】 1月11日，在新区高层次人才春节座谈会上，4名高层次人才获得“博大贡献奖”，47名海外高层次人才及其企业获得认定。博大贡献奖和海外高层次人才是新区落实人才强区战略的重要内容。2011年，新区落实的人才扶持、奖励资金已经高达5300余万元。截至2011年年底，获得新区“博大贡献奖”的总人数已经达到31人，获得新区海外高层次人才认定的总人数达到156人。2011年年底，开发区被批准为国家级“海外高层次人才创新创业基地”。

（研究室）

【科技创新专项资金项目落地】 1月12日，在开发区2011年度科技创新专项资金项目落地大会上，132家企业的238个项目获得科技专项资金扶持。该次评审围绕“创新驱动产业发展”的原则，更加侧重于成果转化以及项目对于产业的影响力。北方微电子大产能高亮度LED刻蚀机研发及产业化项目、北京朗波尔光电股份有限公司LED低位道路灯等21个成果转化项目获得2130万元的扶持，国内首个治疗肝/肺纤维化的药物——吡非尼酮片的临床研究等39个自定项目获得3480万元的扶持，来源于科技部和市科委重大重点研发配比类的10个项目获得1481万元的支持。在颁奖仪式上，开发区授予9个企业为首批公共技术服务平台，31个企业为第二批企业技术中心。

（研究室）

【采埃孚集团正式入驻新区】 2月28日，采埃孚车桥工厂在开发区X57号地开工奠基。该项目总投资2亿元，占地5.7万平方米，项目建成后，德国采埃孚集团将以租用方式入驻。至此，2012年启动的北京奔驰汽车零部件配套产业园开工建设项目已经达到4个。

（研究室）

【德信、利亚德双双奠基】 3月16日，自主创新成果产业化项目德信“智能移动终端先进制造中心”、利亚德“LED 应用产业园”双双奠基，2 个项目的联合启动为打造高技术制造业和战略性新兴产业聚集区增添了新动力。“智能移动终端先进制造中心”由德信集团投资 14 亿元打造，该项目占地约 14 万平方米，项目达产后可实现年产值约 100 亿元,年税收约 5.5 亿元。利亚德 LED 应用产业园项目总占地面积近 9 万平方米,开工建设项目包括 LED 全彩显示产品、LED 电视、LED 创意显示产品、LED 亮化照明产品、LED 背光标识产品等六大 LED 应用产品规模化及 LED 封装。

（研究室）

【科博会金融论坛专场集中签约引资 258 亿元】 5 月 23 日，科博会中国金融论坛专场签约仪式在北京钓鱼台国宾馆举行，开发区签下北京产业金融总部基地与战略性新兴产业创新平台、北京天海工业总部及生产基地等 15 个项目，总投资额约为 258 亿元。这 15 个项目涉及高端装备制造业、云计算、物联网、总部基地等多个领域。

（研究室）

【瑞云云计算研发运营中心落户开发区】 6 月 1 日，瑞云云计算研发运营中心正式签约落地开发区，投资额达 122 亿美元，投入运营后年销售收入预计可达 1000 亿元。项目规划建筑面积约 200 万平方米，由英蓝置业、美银美林、宽带资本、瑞士信贷银行 4 方共同投建。建设内容为“中国云产业园”内的云计算产品技术研发中心、云计算服务运营中心、国际企业基地、两岸合作企业基地、创新企业孵化基地、产业配套服务基地等六大板块。

（研究室）

【无线云传感网通信系统】 6 月，北京亦庄移动硅谷物联网产业联盟核心企业——北京博大光通国际半导体技术有限公司（简称 GTI）在北京科博会现场发布了属于中国人完全自主知识产权的物联网核心通信协议（简称 GTiBee），率先在联盟内建立物联网标准。无线云传感网（CWSN，Cloud Wireless Sensor Network）是由北京博大光通国际半导体技术有限公司在国内外首先提出的物联网核心通信系统，该系统是物联网技术和云计算技术的融合体。相比目前的主流传感网协议，其在传送距离、传输速度、电池寿命、系统安全性等方面均有大幅度的性能改进。

（研究室）

【建立全球第二大重组蛋白库】 8 月 30 日，在国家新药创制重大专项课题成果发布会上，义翘神州公布了和神州细胞等单位共同承担的新药创制重大专项课题进展——在北京经济技术开发区建成全球第二大蛋白库。同时，义翘神州与美国 Life Technologies 签约建立全球战略合作关系，义翘神州将通过合作分享全球分销渠道，销售其重组蛋白、抗体和 ELISA 试剂盒等产品。

（研究室）

【移动硅谷与法国创新基金会合作】 9 月 18 日，北京亦庄移动硅谷有限公司与法国创新基金会签署合作备忘录，双方将在产业、商业、技术、科技、财务、服务等领域形成伙伴关系。移动硅谷公司筹划建设“法国中心”项目，计划通过该项目搭建优质的孵化运营服务平台，为法国企业在开发区投资发展提供全方位服务。

（研究室）

【京东商城与手机厂商签订协议】 9 月 19 日，京东商城宣布与诺基亚、HTC、华为、联想等 20 余家手机厂商签订 3 年 1000 亿元的战略采购协议。

（研究室）

【中航动科揭牌成立】 9 月，中航动力科技工程有限责任公司成立。该公司是由中航工业发动机、北京亦庄国际投资发展有限公司及中航工业发动机下属 12 家公司共同发起设立的产业平台，提供燃机成套、工业余能集成、燃机和余能等工程总包及服务，是国内唯一一家拥有自主知识产权的以航空发动机技术衍生产品为核心业务的高科技公司。公司下设 4 家子公司：成都成发科能动力工程有限公司、株洲南方燃气轮机成套制造安装有限公司、哈尔滨新能源科技有限公司、北京黎明航发动力科技有限公司。

（研究室）

【开发区企业“G20 工程”获奖】 10 月，在北京生物医药产业跨越发展工程（G20 工程）一期工程总结表彰会上，新区企业大放光彩。拜耳医药、同仁堂股份、赛诺菲安万特、泰德制药、悦康制药5家企业荣获“杰出贡献企业奖”，康龙化成、以岭药业、赛诺菲安万特3家企业荣获“杰出成长企业奖”，谢良志、黎志良、张扬3人获得科技北京百名领军人才培养工程生物医药领军人才奖。截至10月，“G20工程”已先后认定3批“G20企业”共50家，其中新区企业有18家，占三分之一。开发区拜耳医药、泰德制药、义翘神州等15家企业入选，生物医药基地、以岭药业、民海生物3家企业入选。

（研究室）

【一线创新硕果累累】 11月，历时两年的开发区“一线创新人才培养”项目正式结题，经过近两年的努力，圆满完成了预期目标并取得了丰硕成果。该项目共培养一线创新人才1593人，是预计培养人数的1.26倍，通过项目的实施，为企业申请(授权)专利、取得软件著作权70件，发表论文或撰写报告74篇。

（研究室）

【开发区发展成果网上综合展厅上线】 12月6日，开发区网络展示平台发展成果网上综合展厅正式上线，这是国家级开发区中首个网络虚拟三维展示平台，以新区综合展厅和企业新技术新产品展厅为原型，利用Flash技术、三维建模技术、网络及视频技术，按照“基本复原、展示扩展、深入挖掘”的原则进行开发建设。平台包括发展成果综合展厅和重点企业、优势产品展厅。

（研究室）

【张伯旭当选常务理事】 12月8日，中国开发区协会第五次会员大会暨第五届理事会第一次会议在开发区召开，226家会员单位代表参加会议。张伯旭当选为中国开发区协会第五届理事会常务理事。

（研究室）

【新区再增一家创新联盟】 12月13日，北京经济技术开发区新材料产业创新联盟成立，开发区再增1家知识产权创新联盟。该联盟由清华大学材料系、安泰科技、汇龙森等8家单位发起，旨在通过共建开放实验室和科技成果转化服务平台以及创新配套服务，推动具有自主知识产权的新材料产业的发展。

（研究室）

【开发区组团参加留学人员广州科技交流会】
12月19~21日，开发区组团参加第十五届中国留学人员广州科技交流会，开发区参会的20多家企业共提供40余个招聘信息，涉及生物医药、装备制造、电子信息等多个领域，并散发宣传资料800余份。

（研究室）

【诺基亚发布移动定制Lumia手机】 12月，诺基亚在2012中国移动全球开发者大会上，与中国移动共同发布为中国市场定制的Lumia智能手机。

（研究室）

【中小企业CEO论坛召开】 12月，2012中小企业CEO论坛召开，200余家中小企业CEO齐聚一堂，共同探讨未来中小企业发展之路。论坛围绕“创新·服务”主题，就经济结构转型形势、中小企业发展软环境、中小企业政策扶持等方面展开主题演讲和讨论。

（研究室）

【经开股份获服务中小企业先进单位奖】 12月，在第七届中国中小企业家年会上，北京经开投资开发股份有限公司获得“中国2012年全国服务中小企业先进单位”奖。北京经开以服务中小企业为宗旨，已投资开发了近200万平方米的产业园区，吸引了包括IT、电子、通信、金融、医药医疗、能源、服装、文化创意等多行业的近千家企业入驻，其中半数以上入园企业是小微企业。通过校企联合，加强产学研合作，北京经开为成长中的中小微企业提供产业孵化、企业孵化、留创园等孵化平台，并提供开放实验室、教育培训、科技成果转化、大学生“双实创业”等服务。

（研究室）

【京东方主持修订IEC国际标准】 12月，由京东方主持修订的IEC（国际电工委员会）标准“LCD（液晶显示器）特性”正式发布。这项标准的发布完善了国际显示领域技术标准体系，也体现出京东方作为中国显示领域领军企业参与国际标准制定的实力。截至12月，由京东方主持修制定的国内技术标准项目共计10项，涉及LCD、OLED（有机发光二极管）及3D等多个显示技术领域，参与修订制定的国内技术标准达30余项。其中，2项国家标准和3项海峡两岸共通标准已于年内正式发布。

（研究室）

【云计算产业开花结果】 在2012年云世界大会上，开发区云基地企业的产品集中展示，涉及云服务及IDC运营、平台与应用软件、基础软件、硬件设备、云集成服务等领域。祥云工程实施以来，开发区云计算产业蓬勃发展，现已成为云产业集聚区及全国云计算的先锋区域。

（研究室）

其他开发区

【北京天竺综合保税区】 2012年，开发区入区企业完成工业总产值18.1亿元，同比减少5.7%；完成工业销售产值17.5亿元，同比增长24.1%，其中完成出口交货值16.5亿元；完成利润总额33779万元，同比下降50.7%；完成应缴各种税金43430万元，同比减少5.6%。

年内，开发区招商项目43个，比上年增加7个；其中三资企业12个，比上年增加2个。全年累计总投资22.3亿元，同比减少43.1%。其中，三资企业5.0亿元，同比减少47.9%；合同外资金额4975万美元，同比增长24.6%。

【北京天竺空港经济开发区】 2012年，开发区入区企业完成工业总产值414.5亿元，同比增长10.9%；完成工业销售产值397.0亿元，同比增加19.1%,其中完成出口交货值281.3亿元，同比增长15.8%；完成利润总额35.5亿元，同比下降5.3%；应缴各种税金25.5亿元，同比下降2.3%。年内，开发区招商项目38个，比上年减少27个；其中三资企业4个，比上年减少4个。全年累计总投资12.6亿元，同比减少55.2%；其中三资企业1.8亿元，同比下降41.9%；合同外资金额1222万美元，同比减少90.4%。

【北京通州经济开发区】 2012年，开发区入区企业完成工业总产值78.4亿元，同比增长0.8%；完成工业销售产值78.9亿元，同比增长37.5%，其中完成出口交货值8.2亿元，同比增长20.6%；完成利润总额6.2亿元，同比增长26.5%；应缴各种税金8.4亿元，同比增长18.3%。年内，开发区招商项目2个，比上年减少5个，无三资企业。全年累计总投资9.8亿元，同比减少96.1%。

【北京兴谷经济开发区】 2012年，开发区入区企业完成工业总产值173.0亿元，同比增长7.5%；完成工业销售产值168.7亿元，同比增长15.2%，其中完成出口交货值6.3亿元，同比降低8.7%；完成利润总额19.3亿元，同比增长24.5%；应缴各种税金13.4亿元，同比增长20.7%。年内，开发区招商项目9个，比上年增加4个；全年累计总投资5.3亿元，同比增长7.8%。

【北京雁栖经济开发区】 2012年，开发区入区企业完成工业总产值204.4亿元，同比增长7.6%；完成工业销售产值201.1亿元，同比增长29.2%，其中完成出口交货值9.0亿元，同比降低1.1%；完成利润总额22.4亿元，同比增长40.9%；应缴各种税金17.6亿元，同比增长23.9%。年内，开发区招商项目13个，比上年减少112个，其中工业企业13个，比上年增加10个。全年累计总投资12.8亿元，同比减少81.2%。

【北京密云经济开发区】 2012年，开发区入区企业完成工业总产值172.5亿元，同比增长36.9%；完成工业销售产值96.5亿元，同比增长0.7%，其中完成出口交货值12.7亿元，同比增长44.3%；完成利润总额14.6亿元，同比增长139.3%；应缴各种税金17.8亿元，同比增长18.7%。年内，开发区招商项目20个，比上年减少4个；全年累计总投资31.9亿元，同比减少55.3%。

【北京永乐经济开发区】 2012年，开发区入区企业完成工业总产值5.2亿元，同比增长

26.8%；完成工业销售产值 5.3 亿元，同比增长 65.6%；完成利润总额 3885 万元，同比增长 49.4%；应缴各种税金 12180 万元，同比增长 31.0%。

【北京大兴经济开发区】 2012 年，开发区入区企业完成工业总产值 43.5 亿元，同比增长 16.6%；完成工业销售产值 40.0 亿元，同比增长 26.6%，其中完成出口交货值 1.5 亿元，同比降低 11.8%；完成利润总额 5.9 亿元，同比增长 78.8%；完成应缴各种税金 6.3 亿元，同比增长 26.0%。

【北京八达岭经济开发区】 2012 年，开发区入区企业完成工业总产值 27.1 亿元，同比增长 7.5%；完成工业销售产值 32.8 亿元，同比增长 2.2%；完成利润总额 9.4 亿元，同比增长 84.3%；应缴各种税金 8.9 亿元，同比增长 78.0%。年内，开发区招商项目 117 个，比上年减少 7 个，其中工业企业 5 个，比上年减少 3 个。全年累计总投资 8.1 亿元，同比增长 65.3%。

【北京延庆经济开发区】 2012 年，开发区入区企业完成工业总产值 37.8 亿元，同比增长 8.9%；完成工业销售产值 36.7 亿元，同比增长 42.8%；完成利润总额 1.4 亿元，同比减少 54.8%；应缴各种税金 10.8 亿元，同比增长 56.5%。年内，开发区招商项目 73 个，比上年减少 24 个，其中工业企业 2 个，比上年减少 2 个。全年累计总投资 42.5 亿元，同比增长 357.0%。

【北京房山工业园区】 2012 年，开发区入区企业完成工业总产值 11.4 亿元，同比增长 14%；完成工业销售产值 10.6 亿元，同比增长 30.9%；利润总额 2770 万元，扭转两年连续亏损局面；应缴各种税金 5181 万元，同比增长 37.8%。年内，开发区招商项目 7 个，比上年减少 17 个。全年累计总投资 0.03 亿元，同比下降 85%。

【北京林河经济开发区】 2012 年，开发区入区企业完成工业总产值 65.5 亿元，同比减少 16%；完成工业销售产值 74.3 亿元，同比增长 26.1%，其中完成出口交货值 5.5 亿元，同比降低 15.4%；完成利润总额 6.7 亿元，同比减少 49.6%；应缴各种税金 7.4 亿元，同比增长 23.3%。年内，开发区招商项目 20 个，比上年增加 2 个，其中三资企业 1 个。全年累计总投资 1.6 亿元，同比下降 5.9%；合同外资金额 70 万美元，同比减少 98.4%。

【北京石龙经济开发区】 2012 年，开发区入区企业完成工业总产值 32.8 亿元，同比减少 33.3%；完成工业销售产值 31.8 亿元，同比减少 36.4%，其中完成出口交货值 11.3 亿元，同比上升 140.4%；完成利润 19.0 亿元，同比减少 44.8%；应缴各种税金 23.5 亿元，同比增长 113.6%。年内，开发区招商项目 1160 个，比上年减少 620 个。全年累计总投资 73.1 亿元，同比增长 7.5%。

【北京良乡经济开发区】 2012 年，开发区入区企业完成工业总产值 17.8 亿元，同比增长 4.1%；完成工业销售产值 18.9 亿元，同比减少 1.6%，其中完成出口交货值 4.0 亿元，同比上升 12.3%；完成利润总额 3.2 亿元，同比下降 13.5%；应缴各种税金 9.0 亿元，同比减少 23.7%。年内，开发区招商项目 92 个，比上年减少 6 个，其中工业企业 3 个，比上年减少 5 个。全年累计总投资 3.1 亿元，同比减少 82.6%。

【北京采育经济开发区】 2012 年，开发区入区企业完成工业总产值 35.2 亿元，同比增长 55.1%；完成工业销售产值 31.9 亿元，同比增长 134.6%，其中完成出口交货值 5293 万元，同比降低 18.6%；亏损总额 7726 万元；应缴各种税金 4491 万元，同比增长 54.9%。年内，开发区招商项目 5 个，比上年增加 3 个。全年累计总投资 5.9 亿元，同比减少 53.5%。

【北京昌平小汤山工业园区】 2012 年，开发区入区企业完成工业总产值 36.9 亿元，同比增长 41.9%；完成工业销售产值 36.9 亿元，同比增长 46.4%；完成利润总额 9153 万元，同比增长 117.9%；应缴各种税金 5121 万元，同比增长 28.0%。

【北京马坊工业园区】 2012年，开发区入区企业完成工业总产值16.8亿元，同比增长4.5%；完成工业销售产值16.0亿元，同比增长32.2%，其中出口交货值3296万元，同比降低84.8%；亏损总额4271万元；应缴各种税金5166万元，同比增长61.2%。年内，开发区招商项目7个，比上年增加2个；全年累计总投资2.0亿元，同比降低78.7%。

（以上内容均为市经济信息化委规划处提供）

2012 年北京市开发

名称	投产（开业）企业个数（个）				工业总产值				合计
	合计	工业企业	高新技术企业	三资企业	合计	新产品产值	高新技术企业	三资企业	
总　计	25361	5102	15143	2430	81082567	29724929	68561362	39230600	294342835
一、国家级	17456	3512	14929	2061	67354043	28714522	64946664	30949550	266651446
北京经济技术开发区	2986	917	532	534	22163450	7066669	19936675	18526612	44281638
中关村国家自主创新示范区	14929	2824	14929	1671	64946664	28714522	64946664	29181106	250249575
中关村示范区海淀园	9016	1079	9016	1002	15175989	9113320	15175989	5325590	106657471
中关村示范区丰台园	1446	319	1446	77	3333396	1171872	3333396	381047	29384764
中关村示范区昌平园	1558	673	1558	138	12251389	4735278	12251389	1572940	23441944
中关村示范区电子城科技园	1061	225	1061	181	8490337	5352435	8490337	1843639	38451875
中关村示范区亦庄园	532	249	532	168	19936675	7066669	19936675	16928167	28696461
中关村示范区德胜园	381	51	381	21	2416205	231654	2416205	1594493	7648834
中关村示范区雍和园	144	5	144	9	70276	1954	70276		3794778
中关村示范区石景山园	637	93	637	43	732176	343224	732176	359550	9094780
中关村示范区通州园	94	81	94	23	1928363	503280	1928363	1018422	2415391
中关村示范区大兴生物工程与医药产业基地	60	49	60	9	611858	194837	611858	157258	663278
北京天竺综合保税区	73	20		24	180604			169999	816694
二、市级	7905	1590	214	369	13728524	1010407	3614698	8281051	27691389
北京石龙经济开发区	3997	485	24	25	327780	81958	68844	10986	1065725
北京良乡经济开发区	1290	95	6	12	178267		48206	21106	2001761
北京大兴经济开发区	329	108	22	25	435395	150789	220418	95635	1747960
北京通州经济开发区	161	81	17	24	784049		328769	262311	1773439
北京雁栖经济开发区	270	240	40	67	2044441		840981	1267553	2554078
北京兴谷经济开发区	170	74	6	38	1730317		113684	1407941	2177563
北京密云经济开发区	161	112	22	33	1724978	141225	514414	965179	2864675
北京林河经济开发区	89	51	11	25	655219	274175	524057	417133	1463552
北京天竺空港经济开发区	275	141	27	93	4144677	241737	331982	3707385	8917910
北京八达岭经济开发区	474	48	7	8	271252		117043	76315	932606
北京永乐经济开发区	18	12	3	2	51734		18124	8400	55858
北京延庆经济开发区	572	54	12	8	378357		203565	4837	1164601
北京昌平小汤山工业园区	29	24		2	369008			1062	369708
北京采育经济开发区	36	36	6	3	351547	87618	190155	20919	322723
北京房山工业园区	9	7	1		113545	32905	40083		122742
北京马坊工业园区	25	22	10	4	167958		54374	14288	156487

区主要经营指标

计量单位：万元

总收入					利润总额		应缴税金总额		
技术收入	工业企业	第三产业	高新技术企业	三资企业	合计	高新技术企业	合计	工业企业	三资企业
34674317	91611126	181305762	254359676	92337804	19520102	18304907	16397500	5120771	8975624
34047485	76155343	173110256	250249575	81098086	18081726	17885600	14878695	4372138	8487810
2234719	23460153	18003063	28696461	23426734	2183072	2020725	2681226	2157127	1960695
34030687	73281750	160800344	250249575	78095082	17885600	17885600	14457699	4145738	8399449
20740977	20346153	81807864	106657471	23218108	8223570	8223570	4230918	806499	1298772
2522872	4100336	18858261	29384764	1251426	976582	976582	754281	155834	65026
767143	13045593	10166788	23441944	2096940	1128281	1128281	782604	474688	134361
4708987	8981476	27602581	38451875	25508703	3665153	3665153	5410362	453580	4782539
2234719	20761853	6334553	28696461	20798246	2020725	2020725	2303660	1937081	1887148
1399096	2551771	4929353	7648834	1669813	1137139	1137139	378646	100743	33130
555914	139675	3603567	3794778	1085111	188757	188757	147652	2131	46211
1067950	809134	6970352	9094780	865242	484727	484727	290334	70810	84484
28737	1971084	444308	2415391	1455213	-11160	-11160	108928	94910	58493
4292	574677	82718	663278	146279	71826	71826	50314	49463	9285
16797	175292	641402		374516	33779		43430	6354	14815
626833	15455783	8195506	4110101	11239718	1438376	419307	1518805	748634	487814
316718	580648	394536	155782	18281	189575	38332	235440	58860	2279
254598	188655		94129	107269	31894	3791	90266	8230	5237
15749	434600	955895	302460	104439	59067	40937	62849	29360	7572
	823461	862087	290431	272361	61582	36023	83935	45971	15735
	2472536	81542	889278	1582423	224472	115178	176446	172152	142921
	1940016	196597	65396	1709561	193163	10467	133836	88081	82088
	2021491	671197	682882	1322782	145824	61320	178427	89308	53520
	742999	49676	597510	448327	66993	52377	73584	51523	22061
38282	4536024	4313634	381098	5514492	354564	35284	254812	119583	146843
	327790		177706	67621	93811	3291	88597	42142	5605
	55858		20438	10231	3885	2176	12180	3340	1081
	366920	665257	211831	35582	13621	26791	108474	21163	2279
	369008	700		1062	9153		5121	5099	28
	322723		177492	25208	-7726	-10510	4491	4491	103
1486	120953		17436		2770	3660	5181	4868	
	152101	4385	46233	20079	-4271	191	5166	4463	462

2012年北京市开发

名称	自开始至报告期				
	招商企业个数（个）			总投资（万元）	
	合计	工业企业	三资企业	合计	工业企业
总计	46940	8595	4738	107865786	28811190
一、国家级	34583	5887	4201	86224574	18022704
北京经济技术开发区	5684	846	591	23060218	8971355
中关村国家自主创新示范区	29344	5279	3752	75158479	15099988
中关村示范区海淀园	18743	3420	2949	35563518	2588969
中关村示范区丰台园	4368	343	168	10570142	407602
中关村示范区昌平园	1698	712	149	5112239	1721777
中关村示范区电子城科技园	1225	231	200	6819067	2664318
中关村示范区亦庄园	564	249	173	13126385	6144453
中关村示范区德胜园	283	43	22	663115	
中关村示范区雍和园	151	5	11	485882	11173
中关村示范区石景山园	2153	140	54	1436073	245507
中关村示范区通州园	99	83	21	1005652	985652
中关村示范区大兴生物工程与医药产业基地	60	53	5	376405	330537
北京天竺综合保税区	119	11	31	1132262	95814
二、市级	12357	2708	537	21641212	10788486
北京石龙经济开发区	4468	485	25	1569914	499653
北京良乡经济开发区	1695	100	21	1252852	96655
北京大兴经济开发区	748	108	25	463940	279915
北京通州经济开发区	336	111	28	2798564	2098340
北京雁栖经济开发区	1262	374	108	2498593	1372197
北京兴谷经济开发区	250	114	52	909717	757276
北京密云经济开发区	227	159	37	2177100	2078400
北京林河经济开发区	94	59	29	828008	384507
北京天竺空港经济开发区	540	159	175	5589373	1250986
北京八达岭经济开发区	1074	81	8	657317	261708
北京永乐经济开发区	25	20	3	193769	
北京延庆经济开发区	725	72	10	1238484	294340
北京昌平小汤山工业园区	78	43	4	52800	51450
北京采育经济开发区	57	56	3	662972	660972
北京房山工业园区	721	714		370991	370991
北京马坊工业园区	57	53	9	376818	331096

区招商情况

末累计招商项目

	注册资本（万元）		合同外资金额（万美元）	外商实际投资（万美元）
三资企业	合计	三资企业		
32228683	86423095	19632330	2614703	2072458
27397999	74668057	16260569	2069941	1508392
12289133	16317134	5546049	728282	559746
25064643	63820775	14500687	1624250	1235939
12212112	32391484	8059934	1091502	718353
227253	10570142	227253	26905	33239
732184	4934615	571416	46386	46386
1153778	6819067	1153778	96679	96679
10303989	5942095	4046110	322539	291826
19413	662914		43	43
72716	485882	72716	1678	1796
222366	1508981	203504	31308	34210
73108	273129	142776	2460	8657
47725	232465	23200	4750	4750
348211	472243	259942	39948	4533
4830684	11755038	3371761	544762	564066
165063	1566914	41265	7997	6423
17185	1252852	17185	2728	2728
166742	355388	135143	10675	9491
312976	579931	215495	39358	36196
493998	882502	460489	240471	252780
559625	420061	222669	50021	38870
208000	452173	117117	23807	39099
188255	515863	113882	13382	8312
2529693	3639833	1959875	142683	155842
20281	461634	19981	60	60
	47139			1487
20372	1065034	7497	5857	6494
6900	34731	6242	989	655
25062	110404	6981	1735	780
	270923			
116532	99656	47940	5000	4850

国有及国有控股公司

首钢集团

【概述】 首钢集团是以钢铁业为主，兼营矿业、电子、机械、建筑、服务业和海外贸易的大型企业集团，以首钢总公司作为母公司，下属北京首钢新钢有限责任公司、北京首钢股份有限公司、首钢迁安钢铁有限责任公司、秦皇岛首秦金属材料有限公司、北京首钢特殊钢有限公司、首钢矿业公司、中国首钢国际贸易工程公司、北京首钢房地产开发有限公司、北京首钢机电有限公司、北京首钢自动化信息技术有限公司、北京首钢实业有限公司、北京首钢国际工程技术公司、北京首钢建设集团有限公司等13家子公司及其他独立经营单位；国内有其他钢铁企业7家，分别是山西长治钢铁公司、贵州水城钢铁公司、贵阳特殊钢公司、新疆伊犁钢铁公司、吉林通化钢铁集团、贵州首黔资源开发有限公司和首钢凯西钢铁有限公司；在香港有4家上市公司，分别是首长国际企业有限公司、首长四方集团有限公司、首长科技集团有限公司、首长宝佳集团有限公司；在南美洲有首钢秘鲁铁矿股份公司等海外企业。

2012年，首钢集团销售收入2255亿元，资本保值增值率100.23%，流动资产周转率1.9次/年，生铁产量3228万吨，粗钢产量3139.17万吨，钢材3142万吨，销售钢材3158万吨，出口钢材127.67万吨，同比增长26.64%。钢铁企业降低成本54.1亿元。实施降低成本、产品开发、市场开发目标倒推机制，加强精细化管理；挖掘内部潜力，降低库存，减少资金占用；完善钢铁业上下游产业链，加强供应销售管理，降低采购价格，提高销售价格；依靠科技进步，促进产业和产品结构优化升级，首钢总公司被评为国家技术创新示范企业。《新首钢高端产业综合服务区控制性详细规划》获市政府批准。二通园区动漫游戏城土地一级开发项目获得批复，2兆瓦光伏发电项目设备安装完成，完成拆迁安置补偿方案编制、市政管线施工图设计，对园区环境、景观进行改造，开展工业文物搜集工作。股份公司资产置换取得重大进展，置换方案获股东大会通过，已上报证监会。

非钢新产业保持较好盈利水平。首钢集团非钢单位实现利润51.7亿元，销售收入1090亿元，精矿粉产量482万吨，承揽制造合同7.1亿元；京西重工完成“北京技术开发中心”的工商注册及认定。“鲁家山城市固废循环利用基地实施方案”通过国家发展改革委组织的专家评审。北冶公司和吉泰安公司整合进入实施阶段。增加进口矿现货采购，钢材出口创汇8.2亿美元。参加北京市海水淡化产业联盟，与新西兰朗泽公司合资的工业煤气制乙醇项目启动。首钢集团在岗职工人均年收入5.79万元，同比增长4.1%。

（李淑萍）

【合作与发展】 2月10日，首钢总公司与中国钢研科技集团、北京科技大学、东北大学战略合作框架协议签约仪式暨3个联合研发中心第三期合作启动会在首钢陶楼举行。签署《首钢总公司与中国钢研科技集团战略合作框架协议》《首钢总公司与北京科技大学战略合作框架协议》和《首钢总公司与东北大学战略合作框架协议》。3月，与徐工集团签署战略合作协议、与志高空调签订购销协议；6月，与中联工程起重机分公司签署供货技术协议；7月，与福田汽车签订高强供货技术协议；9月，与中联重科签署战略合作协议，并与鞍钢重型、大连华信重工、武汉锅炉、上海宝冶达成合作。12月11日，首钢总公司与京城机电控股公司签订《战略合作协议》。

（李淑萍）

【荣获世界网络炼钢大赛冠军】 2月14日，首钢迁钢公司路飞、于晨荣获第六届世界网络虚拟炼钢企业组挑战赛冠军，以管线钢精炼吨钢成本12.7美元的成绩名列榜首。世界网络虚拟炼钢挑战赛是由国际钢铁协会举办的钢铁冶金行业唯一的国际技能大赛，总决赛于2月8日在比利时首都布鲁塞尔举行，来自中国、美国、英国、印度等6个国家五大钢铁企业和4所高校的18名挑战赛预赛地区冠军进行比赛。选手利用钢铁大学网络比赛平台，在两个小时内，以炉外精炼工序冶炼管线钢，在规定范围内的杂质和夹杂物以及质量和冶金原理符合条件的前提下，成本消耗最低的选手获得冠军。

（李淑萍）

【环保示范工程】 2月27日，首钢工业煤气发酵制乙醇示范工程项目启动仪式在曹妃甸首钢渤海国际会议中心举行。该项目是首钢引进新西兰朗泽科技公司煤气发酵制燃料乙醇技术，在首钢京唐公司实施年生产燃料乙醇300吨的技术示范工程。以高炉煤气、转炉煤气、焦炉煤气及其彼此间的混合气体为原料，通过微生物发酵工艺，生产汽车及航空用燃料乙醇产品。项目占地约5000平方米，具有包括气体预处理、生物发酵、酒精提纯、污水处理等全工艺流程，通过项目示范形成可商业化规模应用的钢铁工业煤气发酵制燃料乙醇核心技术。该核心技术商业化应用后，可提高煤气利用价值近2倍，实现二氧化碳减排约33%。

（李淑萍）

【碳纤维项目】 2月28日，首钢首文碳纤维项目投产仪式在安徽省蚌埠市高新技术产业开发区举行。碳纤维生产线经过初步热试，整线各项性能均优于国内同类碳化线，单线标称产能每年200吨以上。为风力发电、游艇、汽车等行业提供品质优良、低碳环保的碳纤维产品。

（李淑萍）

【首卷高磁感取向硅钢正品卷下线】 3月7日，首钢第一卷高磁感取向硅钢正品卷在迁钢取向硅钢热拉伸平整机组成功下线。产品试制质量检验接近先进企业实物水平。取向硅钢牌号30SQG110，属于0.30毫米厚度系列高磁感取向硅钢的中高档次，主要用于220千瓦变压器。

（李淑萍）

【获得荣誉】 4月27日，在全国总工会召开的庆祝“五一”国际劳动节大会上，首钢卫建平、矿业公司杏山铁矿开拓作业区，分别获得全国五一劳动奖章和全国工人先锋号荣誉称号。卫建平是北京首钢机电有限公司机械厂数控中心主任和“卫建平工作室”负责人。他研制的半体零件中心快速定位装置、回转体零件任何位置一种加工螺纹的编程创新方法、薄壁轴承座孔加工定位装置3项成果获实用新型专利。首钢矿业公司杏山铁矿开拓作业区在探索和优化爆破设计、提高掘进速度、减少断面眼数、提高工作效益的同时，为企业在降本增效等方面作出突出贡献。

（李淑萍）

【水质改善工程】 5月22日，北京市城区自备井供水水质改善一期工程开工仪式在首钢动力厂举行。10月26日，改造后的自备井出水，经检测水质优良，各项指标均好于国家标准。首钢纳入改造的自备井共15眼，投资6400余万元。首钢新产业园区和居民区近20万人的生活水质得到改善。北京市城区29个自备井供水单位的54眼自备井进入一期工程。工程建设地点分布在朝阳、丰台、海淀、石景山4区，涉及用水人口约30万人。

（李淑萍）

【发布社会责任报告】 5月26日，中国工业经济行业企业社会责任报告发布会在人民大会堂举行。共有74家企业在会上发布企业社会责任报告并获得“社会责任报告发布证书”。其中有7家钢铁企业，分别为首钢总公司、宝钢集团有限公司、武汉钢铁（集团）公司、鞍钢集团公司、河北钢铁集团有限公司、太原钢铁（集团）

有限公司、马钢（集团）控股有限公司。该发布会每年举办一届，旨在提升中国工业企业及工业协会社会责任管理实践水平。

（李淑萍）

【技术创新联盟成立】 6月14日，中关村新能源海水淡化产业技术创新联盟成立暨示范项目启动仪式在曹妃甸举行。该联盟由北京市发展改革委、经济信息化委和中关村管委会组织，首钢集团等13家单位共同发起。

（李淑萍）

【领导职务变动】 6月19日，首钢总公司领导干部大会在文馆召开。市委常委、组织部部长吕锡文宣布中共北京市委《关于王青海、朱继民同志职务变动的通知》和北京市人民政府《关于王青海、朱继民同志职务任免的通知》。王青海任首钢总公司党委书记、董事长，朱继民不再担任党委书记、董事长职务。市委常委、常务副市长吉林出席并作重要讲话。市国资委党委书记、主任周毓秋主持会议。市委组织部、市国资委等领导参加会议。年内，王青海当选为北京市第十一届委员会委员、中国钢铁协会会长。8月26日，在首钢总公司领导干部大会上，市国资委党委书记、主任周毓秋宣布市国资委党委任免通知，徐凝任首钢总公司党委副书记、总经理。

（李淑萍）

【成果展览会】 6月28日，首钢参加信息化与工业化融合成果展览会，首钢展区分信息化与工业化融合成果专题片、京唐钢铁公司生产管控工艺流程图、物联网应用专题、能源管控专题、自动化专题、信息化专题，采用模型互动、电视循环播放、灯箱等形式展示成果，总结和推广首钢在自动化、信息化领域的成功经验和典型案例。

（李淑萍）

【中标西气东输三线工程】 6月，在中石油西气东输三线工程招标中，首钢中标46.5万吨管线钢，中标总量占中石油管线用钢招标总量的36.4%。首钢研制出高强度级别X120管线钢，试制成功21.4毫米规格X80管线钢。管线钢产品除供应国内宝鸡钢管、华油钢管、番禺钢管等客户外，还远销希腊、土耳其、沙特等国家。

（李淑萍）

【再次进入世界500强】 7月9日，美国《财富》杂志发布世界500强排行榜单，首钢集团列第295位，再次跻身世界500强。美国《财富》杂志每年评选出的“全球最大五百家公司”，以上年度企业营业收入为依据排出座次。首钢集团营业收入2335亿元。中国有79家公司上榜。其中，钢铁行业共有7家企业，另外6家企业是宝钢集团有限公司、河北钢铁集团、武汉钢铁（集团）公司、江苏沙钢集团、鞍钢集团公司和新兴际华集团，分别名列197位、269位、321位、346位、462位、484位。2012年度世界500强入围门槛为营业收入220.06亿美元，比上年提升12.94%。

（李淑萍）

【协同创新中心成立】 8月15日，钢铁共性技术协同创新中心框架协议签字仪式在北京举行。该中心以北京科技大学和东北大学为主体组建，联合上海大学、中国钢研科技集团、中国科学院金属研究所以及首钢、鞍钢、武钢、宝钢等组成协同创新体。中心采用“同一任务、同一目标、同一队伍、同一机制”的运行管理模式，设立管理委员会和专家委员会。教育部副部长杜占元，中国钢铁工业协会常务副会长朱继民，钢铁共性技术协同创新中心主任、北京科技大学校长徐金梧等为钢铁共性技术协同创新中心揭牌。

（李淑萍）

【首钢重组草案获股东大会通过】 8月23日，北京首钢股份有限公司召开关于重大资产重组的股东大会。经股东现场投票和网络投票表决，首钢股份提交股东大会审议的各项议案获得通过。根据首钢总公司相关承诺，在本次重组完成后将立即启动矿业公司的注入程序，在3年内将推动下属首钢矿业公司铁矿石业务资产通过合法程序，以公平合理的市场价格注入首钢股份。在完成中国证监会审核等一系列法定程序后，迁钢将正式置入首钢股份。

（李淑萍）

【举办灯光节】 9月17日~10月7日，由北京市旅游委、石景山区委和首钢总公司共同主办，石景山区旅游委、首钢源景公司和每日传播集团承办的“闪耀北京”光影文化季暨首钢灯光节开幕式在首钢厂区群明湖国际灯光节艺术广场举行。依托首钢园区内的工业遗存，以新兴高科技支撑的光媒体艺术为主线，以建筑照明为辅助，营造水、传统建筑群、工业构筑物、山、焰火合一的整体夜景观氛围，形成水面表演层、仿古建筑层、首钢工业遗存层、石景山景观层以及以焰火、云投影构成的高空景观层5层光艺术景观。北京市副市长丁向阳出席开幕式。

（李淑萍）

【可循环钢铁流程通过验收】 10月，首钢承担的“十一五”国家科技支撑计划“新一代可循环钢铁流程”项目通过国家科技部验收。专家验收组认为，该项目在低成本高效化洁净钢生产、钢铁流程资源高效利用及清洁生产、钢铁生产流程能源转换以及先进钢铁材料生产等方面攻克共性关键技术，并通过系统集成技术创新构建新一代可循环钢铁流程，对中国钢铁工业具有重要技术引领和示范作用。首钢总公司被科技部授予“十一五”国家科技计划执行优秀团队奖。

（李淑萍）

【国家技术创新示范企业】 11月，工业和信息化部、财政部联合发布国家技术创新示范企业名单。首钢总公司被认定为国家技术创新示范企业。技术创新示范企业是指工业主要产业中技术创新能力较强、创新业绩显著、具有重要示范和导向作用的企业。工业和信息化部联合财政部对符合条件的企业进行认定，并授予“技术创新示范企业”称号，每年集中认定和授牌一次。国家技术创新示范企业实行动态管理，每三年复核评价一次。此次认定的76家国家技术创新示范企业中，钢铁企业除首钢总公司外，还有宝钢集团有限公司。北京市有3家，另外两家为北大方正集团有限公司和北京三元食品股份有限公司。

（李淑萍）

【王安顺到首钢调研】 11月26日，北京市委副书记、代市长王安顺到首钢总公司调研。王安顺查看首钢老厂区周边环境，听取首钢对老厂区全貌和部分规划的介绍。王安顺肯定首钢为国家发展所作的重要贡献。他说首钢要保留工业的遗迹。他指出，首钢老厂区是一块“宝地”，要研究如何形成投入资金最少，税收最高，产出多的业态。王安顺要求，石景山区和首钢总公司要一并考虑，在现有规划的基础上，加紧研究总体规划问题，协调好各方面的工作，加快落实规划的速度，加紧启动推进基础设施规划、交通、排水、污水处理、垃圾处理等方面的工作。

（李淑萍）

【高端产业综合服务区建设】 年初，《新首钢高端产业综合服务区控制性详细规划》获市政府批准。开展规划设计，完成供水等8个专项规划设计说明和图纸。制定长安街西延、北辛安路和首钢总部区域的拆迁方案，完成厂中村拆迁的80%，以及古城南路地上物及资产权属清理。二通园区取得土地一级开发项目立项批复，形成实施方案，完成拆迁安置补偿方案编制、市政管线施工图设计，对园区环境、景观进行改造，开展工业文物搜集工作。研究制定主厂区招商引资标准，建立招商项目数据库，先后与20多家央企、民企进行对接。完善新首钢高端产业综合服务区管理体系，管委会与高端产业开发部机构合设，房地产公司二通项目部与二通园区办公室合设；组建金属公司，负责高端金属材料产业开发和管理；调整源景公司组织机构，负责文化创意产业的开发和管理；能源环保部职能与能源环保产业事业部实体分设。

（李淑萍）

【企业文化建设】 年内，首钢建设厂东门LED彩色显示屏，创办《首钢发展研究》内刊。一批企业文化建设成果在全国、北京市、冶金行业获奖。3月，首钢男女篮在联赛中夺得冠军，成为男女篮双冠王。北京市市长郭金龙为北京首钢男篮颁发冠军至尊鼎。4月6日，中共中央政治局委员、北京市委书记刘淇，市长郭金龙等领导，在北京国际饭店接见北京首钢篮球俱乐部男女篮球队并座谈。11月24~26日，在中国企业文化研究会主办的中外企业文化会上，首钢被评为全国企业文化建设优秀单位，王青海获得企业文化建设先进工作者称号，《首钢文化融合》案例入选企业文化建设十大典范案例。首钢技师学院被评为国家技能人才培育突出贡献单位。

（李淑萍）

【重点项目建设】 年内，北京首钢冷轧薄板有限公司的二期罩式退火生产线项目主体工程建设完工。设备调试，全年试生产10034吨，钢种以CQ、DQ为主，试生产高强钢和铝镇静钢，覆盖主要产品规格。二期罩式退火项目占地3.4万平方米，总投资6亿元。

（李淑萍）

【中国企业海外投资50强】 在第五届跨国公司领袖圆桌会议颁奖仪式上，首钢总公司获得“中国企业海外投资50强”称号，列第38位。钢铁企业有6家，其他5家企业是湖南华菱钢铁集团有限责任公司、中国中钢集团公司、宝钢集团有限公司、江苏沙钢集团、武汉钢铁集团公司。中国企业海外投资50强是按照国家商务部、国家统计局及国家外汇管理局《2010年度中国对外直接投资统计公报》中的“中国非金融类境外企业资产总额前50家公司”产生。

（李淑萍）

【产品获得特优质量奖】 年内，由中国钢铁协会评出的冶金产品实物质量奖，首钢京唐公司的“集装箱用热连轧钢板和钢带”获得特优质量奖。产品牌号SPA-H，厚度1.9毫米~6.0毫米、宽度945毫米~1490毫米。特优质量奖是全国冶金系统在“金杯奖”评选基础上产生的最高产品质量奖项。此次共评选出“金杯奖”133项，“特优质量奖”6项。该奖项由中国钢铁工业协会组织评选，每年1次，被授予“金杯奖”和“特优质量奖”称号的产品，有效期3年。

（李淑萍）

【筹备首钢博物馆】 年内，首钢下发《关于进一步做好首钢工业遗产保护及文物征集工作的通知》，成立“工业遗产保护领导小组和工作组”“首钢重点文物鉴定小组”，印制《首钢重点文物保护标志》，对有价值的文物进行贴牌保护，建立文物仓库。截至年底，收集到相关文物、资料1200余件（套）。10月10日，“首钢人口述历史”影像资料录制工作启动。

（李淑萍）

【首席技师工作室】 年内，北京市人力资源和社会保障局下发《关于公布北京市首席技师工作室建设项目的通知》，首钢高级技师刘宏被授予“全国技术能手”荣誉称号，首钢技师学院被授予“国家技能人才培育工作突出贡献单位”荣誉称号，刘建斌、卫建平、王文华3个工作室被命名为“北京市首席技师工作室”。全年工作室举办技师研修、案例分析研讨、专题培训班35期，共有3680人参加，11人晋升为厂级以上技能操作专家。

（李淑萍）

【钢铁生产】 全年，首钢集团生铁产量3228万吨，粗钢产量3139.17万吨，钢材3142万吨。冷轧汽车板产量122万吨，同比增加31.6万吨；管线钢产量129.9万吨，同比增加18.3万吨；电工钢产量74.5万吨，同比增加30.6万吨；耐候钢产量75万吨，同比增加16.4万吨。京唐公司实现稳产高产。3月14日，2230毫米生产线轧制出高强汽车板FD（最高等级），钢卷强硬度等指标全部符合标准，合格率、一级品率100%，钢卷表面级别首次达到FD级别。3月28日，1580毫米热轧生产线首次轧制规格3.5毫米~4.0毫米 ×1270毫米的DC03汽车外板，板卷表面质量和强硬度等技术指标全部符合标准。完成北京奔驰、华晨宝马、北京现代、一汽大众等合资品牌认证，长城汽车、华泰汽车、吉利汽车等29家自主品牌认证。迁钢公司优化热轧产品结构，高牌号取向硅钢实现2个系列、3个国标牌号生产全覆盖。

（李淑萍）

【矿产资源业】 全年，首钢精矿粉产量482.13万吨，销售收入158.85亿元，实现利润2.91亿元。60项可比技术经济指标中，38项进入同行业前三名，其中29项排名第一。大石河铁矿挖掘排土场资源潜力，搬迁裴庄东土线34号高压铁塔，回收塔基下部资源；强化裴庄果园土线干选，加快羊崖山区域剥废，实施二马南土线、杏山北土线切方工程，回收土线资源。水厂铁矿采剥总量5929万吨；修改尾砂再选设计境界，增加可采尾砂量，延长再选服务期限。开展“烧结矿稳定品位、提高粒级、降低返矿率以及球团矿提铁降硅”等技术攻关，360平方米结矿高炉槽下筛分率稳定控制在20%以下；球团矿品位65.3%。建成加气混凝土砌块及蒸压砖生产线，生产并向社会销售。沙石料产品获得北京地区登陆证书。二马地采项目，采矿权设置方案取得河北省政府批复，完成资源开发利用方案、划定矿区范围报告和初步设计编制，开展水资源论证等相关行政审批工作。马兰庄铁矿露天转地采项目，采矿权设置方案通过河北省政府审批。完成水厂新选厂旋流器取代螺旋分级机改造和二次磁选机升级，实施老选厂部分系列浓缩磁选机改造，整治振网筛系统。建立并运用放矿浓度与起坝速度关系模型，在尹庄尾矿库实施池填法放矿，延缓坝体上涨速度。矿业公司被评为中国资源综合利用年度影响力企业。“大型露天矿山穿孔爆破工艺数字化系统研究与应用”获得冶金矿山科学技术奖。矿业公司地采数字化建设项目被确定为国家地下金属矿山数字化建设示范工程。

（李淑萍）

【钢材产品销售】 全年，首钢销售公司钢材销售量1861万吨，同比增长7.4%。管线钢全年订货量131.32万吨，中标“西三线”及“中缅二线”管线钢46.5万吨；集装箱板销售70万吨，同比增长27%；高强钢全年销售10.74万吨。首钢已经形成以家电板、汽车板为主导的产品格局。家电板全年销售量193万吨，专用板销售量28.6万吨，汽车板销售量121万吨。开发120毫米厚规格E690齿条钢，完成32千克级耐蚀船板工业试制以及配套焊接工艺研究。针对保险柜用和专用车用高强钢市场，推出新牌号防爆钢SFB700和挂车用钢SG700。年末，累计新开发用户235家，其中直供与三方直供合计156家。首钢汽车板与46家终端用户建立合作关系，其中战略用户11家、重点用户12家，成为北京现代、长城汽车、山东时风、河北中兴、北汽福田和北汽集团最大的国内钢板供货商。上海、广州、山东分公司共计钢材销售量459万吨，同比增长5.43%。全年累计完成钢材加工量45.35万吨，同比增长26.32%。全年大客户满意度93.5%，合同兑现率平均92.23%，重点合同兑现率85.29%。向中石油公司、海尔集团、中集集团等24家重点战略客户派驻16名大客户代表。实施区域分公司属地化管理及“一业四地”轻微质量异议实施统一管理，整体质量异议处理周期缩短至9.7个工作日。举办客户座谈会4次。全年出口钢材127.67万吨，同比增长26.64%。

（李淑萍）

【出口创汇8.69亿美元】 年内，首钢集团进口矿石量2456万吨，钢铁产品出口量127.67万吨，出口创汇8.69亿美元。产品已销往世界29个国家和地区。销售收入630亿元，实现利润35.65亿元。全年实现减免税6536万元，同比增长92%。全年海外工程承揽合同额共计855万美元。完成印度布山焦化和印度JBIL35万吨焦化项目。4月，马来西亚综合钢厂项目开工。10月，秘鲁铁矿除尘项目启动。组建合资股份公司开发尾矿利用项目，进行项目环保报批和基本设计工作。规范境外机构内部管理制度，完善财务制度体系。监督、审查境外机构执行制度情况。设立境外信息平台。秘铁公司改造老区工艺和设备，先后完成磁选、浮选设备的更新，产能近1000万吨规模。全年产量981.38万吨，销售量989.88万吨，实现销售收入48亿元，均创历史最高水平。新区建设完成可研报告，环评获得秘鲁政府批准。

（李淑萍）

【科技创新】 年内，首钢工业试制新产品89个牌号，累计生产10.9万吨。迁钢顺义生产线汽车板完成中高端品牌22个车型、173个零件的认证，进入宝马供应商序列，600兆帕连退DP钢和TRIP钢实现向北京现代月批量供货2900吨；京唐公司生产线汽车板完成16个品牌、352个零件的认证；管线钢卷板完成中石油0.8设计系数X80的千吨级试制，中标4.7万吨；中厚板抗大变形17.5毫米X70管线钢首批通过中石油和中钢协新产品鉴定，完成商业供货1.18万吨；完成海工钢120毫米E690的开发，向辽河石油装备制造总公司供货3062吨。迁钢顺义生产线试制1.2毫米×1125毫米供神龙汽车DP980，汽车板产品的强度等级提升至1000兆帕；京唐公司生产线共开发95个产品，汽车产品的强度等级800兆帕；京唐家电板2.0毫米薄规格集装箱板实现稳定生产，薄规格产品比例39%；中厚板开发调质高强钢Q890D，向平顶山煤机公司供货997吨；开发改良型P20系预硬化合金塑料模具钢638J，向广东金型公司供货213吨；核电安全壳用钢SA738Gr.B完成认证材料的工业试制。全年首钢新增金杯奖产品8项，金杯奖总数30项。京唐公司“集装箱用热连轧钢板和钢带”获得“特优质量奖”称号；“首钢牌”钢铁产品获得“北京知名品牌”称号。全年受理质量异议626件，同比降低25%，万元工业产值质量异议损失率1.56元/万元，同比降低9%。与北京汽车股份有限公司合作成立汽车材料联合研发中心，首钢汽车板在北汽自主品牌占有率70%以上。获得市政府支持项目6项，支持资金2830万元。参加“第七届国际钢铁大会”“第五届亚洲钢铁大会”等学术会议61次。完成“首钢总公司与台湾中钢公司第二届技术交流会”。全年完成科技成果鉴定验收124项。“首钢4300毫米中厚板超快冷系统开发及新一代TMCP的应用”和“特大型超高风温热风炉关键技术研究与应用”获得北京市科学技术一等奖。首钢总公司被工业信息化部、财政部联合认定为国家技术创新示范企业。全年专利申请513项，获得授权专利287项，授权专利中发明专利127项，参与制修订国际标准39项，国家、行业标准46项，其中8项国际标准、11项国家标准和2项行业标准已颁布实施。发表科技论文156篇，其中国外学术期刊、国际学术会议、国内一级期刊16篇。完善“首钢科技信息资源整合系统”，全年发布信息7000余条，用户访问量达到2.6万余人次。

（李淑萍）

【信息化项目建设】 年内，首钢集团完成迁钢公司、顺义冷轧公司、首秦公司信息化项目，完成总公司绩效考核指标（KPI）平台项目，推进销售公司客户营销服务平台项目。5月，首钢信息化系统实现从ERP4.7到6.0的平滑升级。1月，首钢钢铁业64个绩效考核指标（KPI）平台项目启动。9月，启动外埠钢铁企业沟通机制信息化建设。12月，经营分析平台上线运行。年内，迁钢硅钢纳入信息化系统管理，迁钢一冷轧信息化系统上线运行，二冷轧无取向高牌号系统、取向硅钢系统上线运行。首秦公司新增工序、设备纳入钢轧MES系统，建立统一的计划和生产执行平台。顺义冷轧公司完成ERP、MES和IT基础设施建设，系统按照与生产物流同步、全流程应用的方式上线运行，冷轧落料线信息化项目上线运行。在首秦船板实现电子印章及质保书防伪打印。

（李淑萍）

【环保治理】 年内，首钢集团完成环境污染治理项目7项，投入资金5080万元。迁钢公司“安装废钢辐射监测系统”“污染源排口安装在线监测装置”及顺义冷轧公司“废水排口安装在线监测设备”等4项已竣工投入运行。质量检查站焦炭、烧结矿制样间新增除尘器项目，矿业公司球团一系列烟气脱硫项目处在实施中。迁焦废水深度治理项目开工建设。首钢京唐公司一期工程生产试运行的请示获得河北省环境保护厅批复。专家评审该工程符合建设项目竣工环境保护验收条件。3月，北京首钢股份有限公司重大资产置换环保核查获得环境保护部的批准。完成《首钢石景山厂区场地环境评价识别报告》及《现场采样工作方案》的编制，并开展采样工作。获得市环保局1000余万元资金支持。实施北京地区设备设施拆迁工程控制污染的全过程管理，组织并监督开展环保工作，五一剧场热力改造拆迁项目、精品棒材拆迁项目等裸露地面进行苫盖近7.54万平方米，动力厂回收离子交换树脂75.4吨、回收废油38桶。

（李淑萍）

【节能增效8349万元】 年内，首钢集团完成节能项目13项，包括京唐公司的厂前公寓地源热泵替代燃煤锅炉项目、炼钢转炉汽化冷却排污系统改造项目。迁钢公司的煤气排水器及仪表蒸汽伴热改电伴热项目（铁区、轧区）、一炼钢RH炉蒸汽系统改造项目、压缩空气干燥站改造项目、三高炉富氧管道改造项目、1号高炉除尘改造及增加TRT发电项目、1号高炉热风炉双蓄热改造项目。首秦公司的嘉华建材公司水渣烘干改用高炉煤气项目、炼铁喷煤用压缩风改氮气项目、连铸火焰切割技术应用、炼钢RH炉蒸汽系统改造。矿业公司的杏山铁矿地采实施水源热泵技术项目。13项节能项目总投资31010万元，年经济效益8349万元。

（李淑萍）

【生物质能源发电项目】 年内，北京首钢生物质能源发电项目施工建设取得阶段性成果。采用机械炉排炉焚烧处理城市生活垃圾，配置4台垃圾焚烧炉——余热锅炉配2套汽轮发电机组，机组额定装机容量2×30兆瓦。截至年底，土建工程、设备安装完成，设备进入调试阶段。该工程于2010年10月23日奠基，建设为垃圾无害化、减量化处理及可再生能源发电的环境保护工程，设计生活垃圾焚烧能力日均3000吨，总投资21亿元。投产后，年发电量可达3亿度，年处理生活垃圾100万吨。可向周边居民供热。

（李淑萍）

北京汽车集团有限公司

【概述】 北京汽车集团有限公司（简称北汽集团），是中国五大汽车集团之一，主要从事整车制造、零部件制造、汽车服务贸易、研发、教育和投融资等业务，是北京汽车工业的发展规划中心、资本运营中心、产品开发中心和人才中心。在发展汽车主营业务的同时，北汽集团利用自身优势，充分利用资源，在通用航空、现代化农业等领域开展业务，分化单一市场风险，积极寻求新的发展空间和利润增长点，形成了主副业相互支撑、相互促进的发展格局。

2012年，北汽集团以科学发展观为统领，以“二次创业”为契机，按照“走集团化道路，实现跨越式发展”的新战略，进一步增强战略、运营、资本控制力，实现集团化；增强研发、配套、制造、服务整合，实现产业化；增强管理体制、经营机制、运营手段创新，实现平台化；增强对外开放合作中的自主发展，实现国际化。

年内，北汽集团累计销售170.1万辆，同比增长10.3%；生产167.3万辆，同比增长10.5%；营业收入2100亿元，利润170亿元，综合经营指标排名行业第四，成为首都经济高端产业和现代制造业的重要支柱产业。北汽集团完成专利申报1979项，实现授权专利1263项，科技支出达到26.45亿元。截至年底，北汽集团专业技术人员人数达到2.6万人。

建设自主品牌。北京汽车产业研发基地建成并全面投入使用，近万辆纯电动、混合动力、LNG、CNG等新能源汽车大规模示范运行。

合资合作。北京现代三工厂建成投产，北京现代跨入百万辆级大型汽车企业行列，成为北京市规模最大的单一制造企业。北汽集团与戴姆勒公司签署战略合作协议，双方在资本、技术、产品等涉及企业长远发展的核心资源领域内的合作不断加强。北汽福田和德国戴姆勒合资成立的北京福田戴姆勒汽车有限公司正式运营，双方以中国为运营中心，发挥各自优势、共同打造中国汽车自主品牌。

发展产业链。北汽集团以整车业务为龙头，加快产业纵向一体化进程。海纳川公司模块化业务从无到有，英纳法海外业务运转平稳；鹏龙公司新增汽车配件业务，拓展售后服务；兴东方建立汽车模具公司，“一体两翼”战略日渐成形；资产公司改革调整和生产经营取得新成果，新设立的产业投资公司标志着北汽集团开始涉水资本市场。

国际化战略。北汽福田汽车股份有限公司海外出口新车5万辆，同比增长18.3%，其中北汽福田的商用车出口4.43万辆，位居行业第一。北汽福田在印度建立合资工厂，北京汽车股份有限公司在俄罗斯、南非投资建厂，北汽的国际化战略进入了以海外直接投资建厂为标志的产品全球化的新阶段。

发展新能源汽车。北汽福田和北汽新能源公司加快突破核心技术，年内累计申请专利106件，其中发明专利64件。北汽福田和北汽新能源公司的研发团队规模分别达到300人和近200人。北汽福田和北汽新能源公司共获得国家公告目录的10个平台18个产品系列40余款节能与新能源汽车车型。北汽福田公司投入示范运行的节能与新能源汽车达到2245辆，北汽新能源公司实现新能源乘用车销售644辆，实现销售收入0.96亿元，加快产业化和市场化进程。

优化产品结构调整。北汽自主品牌的承载平台——北京汽车股份有限公司完成代表北汽自主品牌发展水平的绅宝轿车的上市准备工作；北京现代朗动、新胜达等新产品陆续成功上市，进一步完善了产品线体系；定位为豪华SUV的新胜达上市，进一步提升品牌形象。北京奔驰下半年成功推出GLK中期换型车，推出E级车和C级车年度换型，实现与梅赛德斯—奔驰品牌产品系列全球同步，MRA一期、发动机、研发中心、NGCC项目等一系列重大战略项目按计划推进，加快推动北京奔驰核心竞争力的形成。北汽银翔一期建设全面完成，年内完成了产品质量达标、工厂SOP的目标，实现了威望205/206的成功上市。

（徐永才）

【北汽股份】 年内，北京汽车股份有限公司总部优化调整组织结构，取消本部级管理层级，优化相关管理职能分工和业务流程，提高企业运行和管理效率。随着建设项目的基本建成和产品陆续上市，北汽股份由资源融合、项目建设、体系建立的能力建设阶段，进入全面运营阶段。全年，威旺306和E系列两款自主品牌产品累计实现销量6.7万辆，取得自主品牌发展的重要突破。截至年底，投入19亿元建设的北汽产业研发基地正式投入使用；以收购瑞典萨博整车及动力总成整套知识产权，经过消化吸收再创新，拥有近2000名工程师团队的北汽股份汽车研究院逐步形成国内一流的乘用车自主研发水平和科技创新能力。在发动机动力系统研发方面，动力总成公司B205/235发动机项目实现量产目标；消化吸收萨博技术开发的F25/35手动变速箱项目完成设备调试，实现全线贯通，生产能力与加工精度达到WTP工厂原有水平。

（徐永才）

【北京现代】 年内，北京现代三工厂建设顺利投产，为构建100万辆产销体系提供有力支撑。实现朗动、新胜达的成功上市，进一步完善产品线体系，其中朗动上市销量突破万辆，连续4个月销售过万辆。北京现代B级车通过定位为豪华SUV的新胜达上市，进一步提升品牌形象。通过建立业务督导团队，陆续对广东、天津、上海等弱势市场实施督导工作，提升消费者满意度，SSI排名上升6位，升至第3位；CSI排名上升3位，升至第13位。加快开发北京现代自主品牌车和新能源汽车产品，其中50辆纯电动出租车交付平谷区示范运营。北京现代实现整车销量85.96万辆，各项经营指标均呈现快速增长，其中整车销量及利润总额在全集团占比均超过50%。

（徐永才）

【北京奔驰】 年内，北京奔驰汽车有限公司在产品结构上取得新突破，下半年成功推出GLK中期换型车，实现与梅赛德斯—奔驰品牌产品系列全球同步。通过不断推进国产化工作，北京奔驰C级、E级和GLK均达到45%以上的国产化水平，发动机和其他新项目的国产化工作稳步推进。顺利完成产能扩充，在一季度喷漆车间实施近两个月停产扩能改造的情况下，公司产能在二季度开始集中释放，经过稳步爬坡，月均产量提升至1万辆左右，全年整车产量接近10万辆，发动机产量超过10万台，有效满足了市场需求。加快推进MRA一期、发动机、研发中心等一系列重大战略项目。NGCC项目正式奠基启动建设，将引进奔驰前驱车型、紧凑型轿车。

（徐永才）

【北汽福田】 年内，北汽福田汽车股份有限公司以“二次创业”为核心，以掌握商用车核心技术和产品为重点，创新性地开展工作，不断提升公司的研发能力，初步完成了管理转型，推动产品创造与商品制造能力升级。在掌握核心技术方面，北汽福田根据新的“1+N”经营管理框架，重新界定了产品开发体系，加快产品开发转型，全面掌握了中小马力和大马力柴油机设计开发和后处理选型与应用技术，掌握了重型变速箱选型匹配应用技术，并进行自动箱匹配和标定技术开发工作。在新工厂建设方面，北汽福田南海大客车工厂、山东潍坊多功能工厂建成投产。围绕“二次创业”战略提出的大力开展精益化管理、提升企业管理水平和风险防范能力目标要求，北汽福田实施管理转型，开展全面风险管理建设，初步形成产业控股集团管理模式，完善风险资产管理体系。全年，北汽福田完成销量62.03万辆，在宏观经济增速放缓，商用车市场低迷的环境中，销量保持了行业领先地位。

（徐永才）

【北汽有限】 年内，北京汽车制造厂有限公司在加快建设河北黄骅生产基地的基础上，努力打造以轻型商用车、越野车为核心的新产品开发能力，形成了以轻型卡车、皮卡车和越野车为主线的研发体系，具备了产品换型和升级的自主开发能力。同时，国际化业务稳步推进，打造了俄罗斯、南非、柬埔寨三大海外KD工厂，其中俄罗斯工厂全年已实现产销2300辆。

（徐永才）

【新能源汽车】 年内，北汽福田和北汽新能源公司形成了国内先进的新能源汽车研发能力，在新能源汽车电控、整车集成、动力电池成组及管理等核心技术上实现了突破，累计申请专利106件，其中发明专利64件。在自主研发、掌握核心技术的基础上，通过合资组建普莱德电池公司、北汽大洋电机公司并通过与大量关键零部件供应商建立战略合作关系，掌握了产业链核心，为新能源汽车产业专业化、规模化和集约化发展奠定了坚实基础。

截至年底，北汽福田拥有300多人的研发团队，能够在公司业务规划和现有产品基础上进行混合动力和纯电动技术的应用开发。北汽新能源公司设立了近200名研发人员的产品工程院，从事新能源汽车技术攻关与产品开发工作。

基于市场需求，北汽福田和北汽新能源公司已成功开发获得国家公告目录的迷迪纯电动汽车，E150EV纯电动小型轿车，威旺306EV纯电动微客，C70GB中高端纯电动轿车等乘用车产品和纯电动卡车（2吨、3吨、8吨、16吨），纯电动及混合动力、LNG客车等节能与新能源商用车产品，形成覆盖乘用车、卡车、客车领域10个平台18个产品系列40余款新能源汽车车型。

在生产能力建设方面，截至年底，北汽新能源公司和北汽福田相继建成以新能源乘用车、商用车为主要产品的采育、密云县、怀柔区、沙河、南海等基地布局，形成了2万辆/年新能源乘用车和5.1万辆/年新能源商用车的产能。

北汽福田公司全年投入示范运行的节能与新能源汽车达到2245辆，北汽新能源公司实现新能源乘用车销售644辆，实现销售收入0.96亿元。

（徐永才）

【零部件板块】 年内，北京海纳川汽车部件股份有限公司作为北汽集团的零部件板块发展的核心载体，经过调整创新，公司核心业务能力得到明显提升。经过2年奋力拼搏，海纳川公司产品模块化从无到有，在顺义赵全营基地建成汽车底盘、汽车座舱、汽车保险杠三大模块化工厂，并通过充分整合内部优势资源，形成九大模块批量供货能力，主营业务明显提升。年内，海纳川公司所属共23家企业参与北汽集团自主品牌同步开发及供货任务，配套零部件约200种，占主机厂采购额的30%以上，成为推动自主品牌优质化发展的一支重要力量。国际运营初显成效。逐渐完善英纳法管理架构及运营管理对接，建立了战略管控的基本模式，加速推进英纳法全球产业布局，确保英纳法全球市场快速发展。

（徐永才）

【服务贸易板块】 年内，北汽集团旗下专门负责服务贸易发展的平台——北汽鹏龙机动车拍卖有限公司，通过加强与平安方的沟通，鹏龙股份二期增资工作顺利完成，双方注入5.5亿元资金，为鹏龙股份的上市打下良好的基础。随着融创汽车用品公司的成立和BMP股权收购工作的完成，以及世纪北广、中都物流、鹏龙拍卖股权入资的完成，鹏龙公司的汽车、配件和贸易三大业务板块初具规模。在夯实三大业务板块发展的基础上，鹏龙公司着手实施主业发展战略，将汽车销售、汽车配件、物流确定为鹏龙公司三大主业。随着鹏龙行的正式成立，鹏龙公司主营业务日渐清晰——初步形成一个平台、两个法人、三大主业、四大支撑的全新格局。

（徐永才）

【改革调整板块】 年内，北汽集团的改革调整发展平台——北京汽车资产经营管理有限公司，在推进相关企业破产清算和调整重组的同时，资产公司实现生产经营和资产经营的稳步发展。稳步推进改革调整步伐，破产企业调整退出工作扎实推进，首创轮胎公司重组调整工作取得阶段性进展。生产经营和资产经营项目稳步推进实施，为资产公司实现经营增长和持续发展奠定了基础。北汽摩汽车热交换系统和电动车项目、北内零部件公司凸轮轴项目加快发展，北内柴油机公司形成产品系列，出口能力进一步加强。

（徐永才）

【辅助功能板块】 年内，北京兴东方实业有限责任公司在大力发展农业装备产业的同时，围绕集团汽车主业，加快汽车销售、PPO项目、汽车模具、汽车装备项目进展，扎实推进“一体两翼”战略的实施。截至年底，财务公司实现70家企业开户，资金规模超68亿元，全年为集团降低资金使用成本近5000万元。恒盛置业北汽采育国际会议中心顺利试运营，为集团重大活动提供良好的服务支持。北京市汽车工业高级技工学校全面推进新校园建设，教改发展、招生就业、“产学研”结合等工作取得突出成绩。教育投资公司积极有效地提供教育培训服务，初步建立了结构清晰、横纵结合的培训格局和系统化、北汽化的培训体系。

（徐永才）

北京电子控股有限责任公司

【概述】 北京电子控股有限责任公司（简称北京电控）是北京市国资委授权的国有特大型高科技企业集团，旗下拥有京东方科技集团股份有限公司、北京七星华创电子股份有限公司、北京电子城投资开发股份有限公司 3 家上市公司，26 家二级企事业单位。

2012 年，北京电控全年实现营业收入 328 亿元，历史性突破了 300 亿元大关，其中主营业务收入 318 亿元，同比增长 69%，实现利润总额 7.2 亿元，扣除 2011 年投资收益等非经营性因素影响，全年实现利润同比增加 39 亿元。其中，半导体显示产业实现营业收入 258 亿元，同比增长 103%；其他产业实现营业收入 66 亿元，同比实现稳定增长。

（吕少辉）

【发布“十二五”规划纲要】 1 月，北京电控正式发布《北京电控“十二五”规划纲要》。纲要围绕“1+2”产业格局，系统地阐明了电子信息产业、园区地产服务业和文化创意产业的发展思路、重点产品和发展定位，阐明了电控“十二五”加强自主创新、加快调整重组、提升管控能力等 7 个方面的保障措施。

（吕少辉）

【启动北京地区高校就业特色项目】 3 月 30 日，北京信息职业技术学院在东校区召开北京地区高校就业特色工作项目建设启动大会。北京信息职业技术学院于 2011 年年末和 2012 年年初分两个阶段分别完成了北京地区高校就业特色工作项目申报和项目答辩工作。经过专家组评审，3 月，该院“基于大学生职业倾向测评基础上的个性化就业指导”的就业特色工作项目，被北京市教委正式确定为北京地区高校就业特色工作项目。

（吕少辉）

【中国氧化物 TFT 背板技术获关键性突破】 3 月，中国大陆首块氧化物 TFT 液晶屏（18.5 英寸 HD OxideTFT-LCD）及首块氧化物 AMOLED 显示屏（4 英寸 WQVGA OxideAMOLED）在京东方研发成功，同时，相关工艺技术及设计开发完成。氧化物 TFT 即 Oxide TFT 背板技术，是与传统 a-Si TFT 制程相近的背板技术，它将原本应用于 a-Si TFT 的硅半导体材料部分置换成氧化物半导体（现在应用最广泛的是 a-IGZO（amorphous Indium Gallium Zinc Oxide，铟镓锌氧化物）来形成 TFT 半导体层。氧化物 TFT 相对于 a-Si TFT 具有制备温度要求低、迁移率高等优势，可应用于高频显示和高分辨率显示产品，且相对于低温多晶硅 TFT 制造领域具有设备投资成本低、运营保障成本低等优点，氧化物 TFT 是 AMOLED 新型显示技术研发制造的关键技术。氧化物 TFT 技术的成功开发弥补了大尺寸 AMOLED 背板技术的缺陷，成为推动 AMOLED 显示产品进一步量产化的关键技术。应用 Oxide TFT 技术的液晶屏及 AMOLED 显示屏，其综合性能远高于同类 a-Si TFT 产品。

（吕少辉）

【第一次召开全系统市场营销大会】 5 月 3~4 日，北京电控召开 2012 年营销工作会议，这是北京电控产业发展史上第一次召开的全系统专题营销大会。北京电控董事长王岩、总裁赵炳弟与所属企业签订《2011—2013 年企业责任人任期经营业绩考核责任书》。电控董事长、党委书记王岩做了重要讲话，电控总裁赵炳弟从明道、取势、优术 3 个方面阐述了对企业营销工作的认识。

（吕少辉）

【举行人才建设大会暨“砺剑工程”启动仪式】 5 月 25 日，北京电控举行人才建设大会暨“砺剑工程”启动仪式。电控总裁赵炳弟作题为《注重人才建设，服务产业发展，努力开创电控“十二五”人才工作新局面》的工作报告，北京电控董事长、党委书记王岩作关于重视人才队伍建设、落实人才发展规划、落实人才工作目标责任制等方面的讲话。市国资委副主任卢宇国、市人社局副局长张祖德、市委组织部人才处副处长许媛媛在会上分别讲话。会议表彰6个“人才工作优秀单位”、4位“首席技术专家”、9位“优秀技术带头人”、5位“首席技师”和22位“优秀专业人才”。与会领导向获表彰的单位和个人颁发了证书。王岩、赵炳弟与电控企业负责人签订《“砺剑工程”目标责任书》，明确了各单位“十二五”时期“砺剑工程”的目标任务。北京电控分别与美国盛世信息集团和北京工业大学达成人才开发合作意向，搭建电控人才建设的国际、国内平台。电控总裁赵炳弟与美国盛世集团总裁方玉山和北京工业大学校长郭广生签署合作协议。

（吕少辉）

【易亨集团与飞达集团合并重组】 6月27日，北京电控所属易亨、飞达合并暨电控资产经营管理平台成立大会在易亨大厦举行。党委副书记江玉崑主持会议，改革调整部部长张志方宣读合并重组决定，党委工作部部长张岳明宣布新易亨集团领导班子任命，总裁赵炳弟讲解了合并重组方案，董事长、党委书记王岩阐明了成立电控资产运营管理平台的重要意义，提出了工作要求。

构建资产经营管理平台是北京电控深化改革调整工作的重大举措。北京电控资产运营管理平台将逐步吸纳定位为稳定类园区地产服务业、无科技产业或科技产业待整合、主要收入来源于存量资源的房屋租赁并用于满足稳定费用支出的二级企业，实现非经营性资产的集中运营，通过集中化、专业化、扁平化管理，提升存量资源价值和运营水平，解决稳定资金以及稳定制约科技发展的问题。

北京电控资产经营管理平台以易亨集团为载体，先期将易亨与飞达合并，纳入平台进行统一管理，借助双方的优势，尽快完成平台建设，同步组建优化平台管理团队，推进各项工作的落实。

（吕少辉）

【举行2012年科技大会】 7月5日，北京电控2012年科技大会在北方微电子公司举行。国资委党委书记、主任周毓秋，电控公司董事长王岩和副董事长王东升共同为北京电控技术研究总院揭牌。北京电控副总裁谢小明作科技创新主题报告。会议宣读了《北京电控关于2012年科技成果奖励的决定》，共有两个项目获得一等奖，5个项目获二等奖，7个项目获三等奖。与会领导向获表彰的单位颁发证书。一等奖分别获得50万元的奖励，这是北京电控有史以来颁发给个人最大力度的奖励。获奖项目代表京东方的黄应龙、北方微电子的李东三发表获奖感言。

（吕少辉）

【七星电子成功实现再融资】 8月30日，七星电子召开再融资成功答谢会。市国资委党委书记、主任周毓秋，副主任张宪平，电控董事长、党委书记王岩等领导出席本次活动。自2010年3月上市以来，经过两年多的高速发展，七星电子8月再次收获资本市场的支持，完成上市后的首次增发工作，再次融资6亿余元。

（吕少辉）

【电子城IT产业园A4工程开工】 9月18日，北京电子城投资开发股份有限公司投资建设的电子城IT产业园A4厂房工程正式启动开工。A4工业厂房工程位于电子城IT产业园西北方向，建筑规模为24764平方米，地上7层，地下1层。由北京工业设计院设计完成，中建一局第二建筑公司承建，北京京龙工程项目管理公司负责全程监理，预计投资8600万元。电子城IT产业园是为适应北京市产业结构调整、推进高新技术产业发展而启动的重点项目、北京市重点工程，是北京市重点产业化促进项目，是电子城投资开发股份有限公司“十二五”期间实现总体经营目标的重点工程。截至年底，产业园完成约18万平方米的开发建设和市场销售，东芝医疗、合众思创、ABB传动、北京超图软件、中国电子十一所、千住电子、德信无线等高科技企业已入驻产业园。

（吕少辉）

【召开北京特种电子工作会】 9月25日，北京电控主办召开2012年北京特种电子工作会，国家有关部门及特种电子产品用户单位与电控相关企业就特种电子产品发展等问题进行了沟通、交流与探讨。会议全面介绍了北京电控“十二五”

期间三大产业链和四个特色产业集群中取得的成绩和未来的发展方向，介绍了特种电子产业的发展思路、重点产品、技术创新等方面的情况。电控董事长、党委副书记王岩作重要讲话，飞宇公司董事长刘丽辉、北广科技副总监肖勇、七星集团七一八友晟公司董事长关银贵、北方微电子公司总经理赵晋荣作为特种电子承研、承制单位代表分别介绍了本企业在特种电子新品研发、技术提升、强化管理、确保质量等工作中付出的努力和取得的成绩。

（吕少辉）

【两项目获奖】 10月8日，第二十七届北京市企业管理现代化创新成果奖颁布，电控系统牡丹电子集团“基于战略转型的企业文化建设”荣获一等奖，兆维电子集团“非典型性商业工业房地产项目经营管理模式的构建与运行”荣获二等奖。

（吕少辉）

【北广科技与津巴布韦签署合作备忘录】 11月，北广科技公司副总工程师栾鹤峰带队，赴津巴布韦进行考察，代表团与津方正式签署合作备忘录。双方将在CMMB合作的基础上，探索成立合资公司。并利用合资公司的平台，共建LED组装生产线、机顶盒生产线和电视机生产线。

（吕少辉）

【自主创新】 年内，北京电控累计科技支出资金23亿元，同比增加28%，占主营业务收入比重7.3%；完成新品投产项目1001项，实现新品销售收入257亿元；争取政府及军方科研资助6.4亿元；全系统共申请专利2831件（含发明专利1746件，申请海外专利371件），数量接近前三年总和，取得授权专利1165件（其中发明359件，海外授权75件）。京东方“薄膜晶体管液晶显示器的驱动装置”荣获中国专利奖金奖。各企业主持和参与编制国家标准13件、行业标准43件。京东方在LTPS-LCD、Oxide-LCD、LTPS-AMOLED、Oxide-AMOLED高端显示技术研发和产业化方面取得了重大进展，完成全球首款65英寸4倍高清氧化物样机的研制。首款融合氧化物背板和打印技术的17英寸样品点亮。完成110英寸超大尺寸4倍高清样机、55英寸3D技术开发项目和5.5英寸全高清LTPS高PPI宽视角产品研发。02专项进展顺利，北方微电子承担的65纳米~45纳米PVD项目率先通过国家验收，突破了PVD等离子溅射源等9项关键技术，填补国内高端PVD设备空白。北方微电子、七星电子90纳米~65纳米刻蚀机、65纳米立式氧化炉具备销售条件，32纳米~22纳米栅刻蚀机、45纳米~22纳米铜PVD、65纳米超精细清洗设备完成样机安装调试，七星完成锂离子电池实验室建设，组建了国际化研发团队，首款动力电池能量密度达到国内一流水平，2万Ah中试线自有设备全部到位。北方微电子APCVD设备通过方案评审，LED、ITO、PVD和TSV、PVD设备商业机实现销售，完成8英寸MEMS TSV刻蚀机原理样机装配调试。北广科技完成200千瓦大功率甚低频发射机功放单元研制，首款1千瓦13.56兆赫兹射频电源通过厂内测试。吉乐完成5种封装产品技术升级和20余种灯条产品开发，5种产品通过内配认证，2种产品实现小批量供货。北无与北工大成功举办LED创意大赛，积极推进大赛优秀成果转化。器件集团IGBT背面加工工艺取得突破性进展，1200V/200A IGBT样品通过测试。高速集成保护器件实现批量生产。兆维完成存取款一体机样机开发调试，银行自助回单系统产品品种不断丰富，纸币识别模块性能更加完善。大华程控电子负载项目完成样机装配。完成锂离子电池充放电管理系统的原理样机研制。飞宇实现金属全密封结构隔离放大器设计定型。完成薄膜多层布线技术在同一平面上集成薄膜多方阻的工艺试验。牡丹获批国家级孵化器。完成AVS系统平台搭建。瑞普集团完成万分之五精度硅传感器样机开发，瑞普三元完成交流励磁电磁流量计产品样机测试。

（吕少辉）

【重点项目】 年内，北京电控重大项目产业化成果显著，一批具有战略意义的项目得到落实。积极推动储能及光伏产业链建设，北京电控与北汽集团共同成立锂离子动力电池项目领导小组和工作组，对动力电池的产品、技术、市场、政策等方面进行调研，与一批世界500强公司展开合资合作谈判。七星集团完成光伏产业基地一期配套工程。25兆瓦晶硅半自动试验线全线贯通，转换效率达到国内先进水平。

数字电视产业链能力不断提高。京东方北京8.5代线提前实现满产满销，综合良品率超过95%。合肥8.5代线和鄂尔多斯5.5代线完成主体厂房建设。各产线转型成效显著，产能屡攀新高，产品结构优化加速，盈利能力大幅提升。北广科技完成5套大功率转动天线验收。埃塞俄比亚全国数字电视覆盖二期工程竣工。古巴国标地面数字电视示范区一期项目设备准备就绪。牡丹作为北京核心参展商亮相国际工业博览会，系列创新产品得到各界广泛关注，数字文化产品体验中心首期落成并对外开放。

LED产业链初步形成。北方微电子PSS试验线月产能达到3万片；吉乐完成背光灯条和照明产品的扩产技术改造，新增月产185万条灯条模组和年产64万只照明产品生产能力；北无完成信息学院LED照明试点工程，获得地铁2号线5个站点照明改造工程订单。特色产业集群产业快速增长。器件集团推进BCD芯片生产线建设，实现月产销2万片。超小型塑封生产线产能提升，实现月产销2亿支。完成QFN/DFN生产线一期建设，月产能达到2000万支；兆维积极拓展自服核心技术应用，自服业务首次实现年销售收入上亿元，机器视觉检测设备和3G云无线视频监控系统产品投放市场形成销售；北无取得市规委颁发的测绘乙级资质。完成芒市数字城管项目一期工程；大华高稳定移动微型数据传输系统17套产品交付部队使用；瑞普三元扭亏为盈，超声波热量计、V锥流量计实现北京供热市场零的突破；瑞普集团发挥E+H品牌效应，克服大客户需求下滑的不利影响，超额完成年度计划任务。电控特种元器件行业影响力显著增强。电控公司被确定为全国五大军用基础元器件企业集团之一，整体品牌影响力和科研生产能力持续提升；晨晶宇高级项目已获批复，飞宇、七星电子、友晟、飞行、宇翔、北光等企业进入宇高级建设方案；七星电子特种元器件销售收入同比增长30%；宇翔、北光克服产线搬迁改造等影响，销售收入同比增长10%，高端光电耦合器产品产能提高50%。

（吕少辉）

【园区地产】 年内，北京电控自营园区面积达到162万平方米，实现收入17.6亿元，同比增加30%。电子城投资IT产业园A7、C4厂房竣工验收，A3、A4厂房进入主体结构施工阶段。国际电子总部3号地交付使用。物联网产业园用地规划指标调整工作取得进展；京东方恒通国际创新园完成转型改造并实现满租；北广集团积极推动北广大厦B、C座项目筹备，控制性规划调整通过市规委审批；兆维园区地产精细化管理水平不断提升，获得系统内首个园区市级管理创新奖，园区营业收入达到2.8亿元；牡丹加大产业园业态调整力度，积极推进具有孵化功能的新型特色产业园区建设，入园企业中从事数字电视业务的占75%以上；正东集团积极打造具有国际化水准的物业服务平台，推动718大院变电站及输电系统消隐升级改造工程，为艺术区提供安全可靠的电力保障；大华完成768园区科学城设计方案，园区整体形象和物业管理水平大幅提升；高级技校实训楼项目完成主体框架结构建设；鑫元六突出会所式精品商务酒店特色，完善配套设施、拓展增值业务，首次实现全年经营盈利。

（吕少辉）

【文化创意产业】 年内，北京电控积极推进文化创意产业，成立了文化创意项目组，围绕大山子区域功能定位和整体规划，探索电控文化创意产业发展模式，初步形成北京电控文创产业规划和园区规划，完成艺术品交易和网站建设调研；七星集团强化品牌保护，“798”名称授权管理机制积极推进。798艺术节、印象798台北艺术展、798国际儿童艺术节等活动进一步提升了品牌影响力；正东集团751D·PARK园区成功举办北京国际设计周——751国际设计节，各类高端文创活动举办百余场。跨界设计业态特点鲜明，多领域高端设计产业集群初步形成，产业收益和社会效益显著提高；方略引进国际化的设计和管理人才，持续深耕文博领域业务，企业品牌形象不断提升。

（吕少辉）

【事业单位整合】 年内，北京电控信息学院完成骨干校建设任务，整合资源，牵头成立了电子信息职教集团；电子党校拓展培训渠道，整合培训资源，完成各类研修班及选修课任务；

高级技校获得国家中等职业改革发展示范学校立项资质，被评为国家级高技能人才培训基地；质检中心深化产业协同，为全市 LED 产品提供了质检和技术服务。

（吕少辉）

【改革调整】 年内，北京电控下属各单位认真完善“三个集中”方案，积极推进内部资源优化配置，初步实现“三个集中”的管理格局。完成 63 户劣势企业调整退出，超额完成全年任务；器件集团调整重组取得关键性突破。器五、器六、莎威、宇翔实现分散产业资源的集中整合，增强了企业研发和生产的保障能力，获得专家和客户的理解和支持，完成保密、军工科研生产许可、军工承制承研单位、军标线认证等一系列军工资质的更新。瑞普北光完成集体股权的国有化，妥善调整个人股权的分配机制。器件集团完成搬迁的同时实现了产能扩张、技术提升和业绩增长，为电控更高层次更大范围服务国防军工事业奠定坚实基础；以新易亨为载体的资产经营管理平台建设初见成效。完成飞达整建制无偿划转的工商和国有产权登记变更。易亨按照“三个集中”的要求，提前半年完成架构优化、业务重组和流程再造；各单位压缩管理层级工作有力推进，全年完成 13 家。电子城投资形成集中管理的一体化模式。久益按照规范化、专业化稳定平台建设的目标，理顺内部管理关系，实现企业内部结构优化。

（吕少辉）

【资本运作】 年内，北京电控财务管控体系建设持续深化，完成制定适应集团化要求的会计核算办法。财务总监委派机制更加健全，产权事务管理和评估审核工作不断完善；总部资金统筹能力进一步增强，加大了对重点产业的资金信贷支持力度，先后协调系统内资金 1.3 亿元，提供综合授信担保 2.7 亿元，为相关企业发展解决了实际困难。资本证券化工作取得新成果。七星电子克服光伏产业深度调整和资本市场持续低迷等不利影响，成功募集资金 6.2 亿元，为产业发展补充急需资金。北广科技募投项目按照证监会要求，相关整改工作有序落实。

（吕少辉）

【集团化建设】 年内，北京电控总部强化平台作用，与北汽集团、地铁运营、首发集团、热力集团、市政设计总院、祥龙公司、农商行、华夏银行等兄弟单位达成战略合作共识，实现 LED 照明、热计量仪表、自助回单系统等产品的导入；加大内部配套推动力度，完善协调机制，协助企业拓宽内配产品种类，提高内部产品导入和认证效率，全年实现内部配套收入超过 1.5 亿元；强化组织架构调整和制度体系建设，全年新增和修订制度 35 项，并积极引导二级企业做好制度体系对接工作。强化法人治理，严格三会议题和公文管理，确保各项决策依法合规；全面预算管理和运营监控在全面推行的第一年得到扎实推进，预算管理的内容更加清晰明确，工作机构和机制更加规范有序，企业基础管理能力和精细化管理水平得到提升。进一步加强内控体系建设，按照内控规范及配套指引工作计划，制定完成电控系统内控规范工作意见，法律风险防范体系建设持续加强，合同台账管理及案件动态管理成为企业风险防范的重点，有 10 多家企业制定完成总法律顾问制度实施方案。

（吕少辉）

【人才建设】 年内，北京电控所属各单位认真落实北京电控人才建设“砺剑工程”，探索建立具有电控特色的人力资源开发和培养模式，为产业发展提供强有力的人才支撑。全年共任免高管 102 人次。持续推进领导班子的年轻化、专业化和市场化，提拔任用年轻干部 11 名，4 人分别入选“千人计划”和“海聚工程”，引进 1495 名优秀应届毕业生，其中硕、博研究生比例达到三分之一；大力培养关键工艺和重要生产岗位的技能人才，4 人获得北京市技能人才特殊津贴；在全市第三届职业技能大赛中，电控共有 49 名选手进入各职业工种比赛前十名，879 人技能等级得到提升。

（吕少辉）

北京京城机电控股有限责任公司

【概述】 2012年，北京京城机电控股有限责任公司（简称京城机电）实现主营业务收入（合并口径）201亿元，利润总额（合并口径）6.01亿元，应收账款净额控制在预算目标35亿元以内。

年内，京城机电筛选梳理出公司第一批十大战略举措，并对战略举措进行分解，梳理出近30个战略子项目，推进了公司重大战略举措的执行与落实。

公司系统企业全年通过融资租赁模式取得的订单比2011年增长了1.67倍。公司内部的协同营销得到推进，市场信息管理平台投入使用，北京天海工业有限公司、北京京城重工机械有限责任公司、北京京城工业物流有限公司、北京北重汽轮电机有限责任公司、北京北一机床股份有限公司等企业开始协同参与相关项目投标。体制机制改革扎实推进，产融结合、双轮驱动发展模式更加清晰。公司同时开展机床板块IPO和北人股份重大资产重组，成立了证券部，协调组织上市工作。机床板块完成北一机床股份公司的设立。北人股份重大资产重组项目取得北京市国资委对置入置出资产评估的核准、对本次重大资产重组方案的同意批复和香港联交所对股东通函的核准。11月2日，公告北人股份重大资产重组方案，签署重大资产转让协议。12月18日，股东大会投票表决通过本次重大资产重组方案，年底前报中国证监会审核。

结合IPO上市、重大资产重组工作的推进，公司同时完成了机床产业、气体储运装备、环保产业和印刷机械4个产业板块的整合。

加大投融资力度培育新的经济增长点，重大投资项目进展顺利。为了推进收购兼并工作科学、有序进行，公司年内启动并搭建投资管理平台，组织专题并购研讨会发布投资需求，摩根斯士丹、瑞银等近30家国内外知名投行、机构参加并购研讨会，推荐并购项目25项。

（柳 娜）

【投资合作】 4月17日，甘肃酒泉·京城控股风电制造项目在酒泉市产业工业园隆重奠基；7月30日，公司顺利完成对意大利SAFOP公司的收购；8月16日，公司旗下北京京城新能源有限公司与北京恒能公司签订《内蒙古风电场项目建设合作协议》，内蒙古常胜梁风电项目全面启动；9月24日，公司与北京京煤集团有限责任公司签订《战略合作框架协议》。

（刘俊辉）

【产业发展和结构调整】 年内，京城机电大力推进产业发展和结构调整。北京天海工业有限公司加快产业发展，积极推进产品结构升级，廊坊天海年产20万支CNG气瓶项目投产，为满足车用LNG气瓶的市场需求，投资在张家湾外租厂房建设车用LNG气瓶生产车间，该项目从3月开工建设，11月具备批量生产条件。LNG加气站作为北京天海工业有限公司“十二五”重点发展的产品，先后承接3座LNG加气站的建站项目。环保产业开拓实现新突破，北京机电院高技术股份有限公司先后中标“银川市餐厨垃圾处置工程项目”“山西省太原危险废物处置中心项目”等设备总包项目，循环经济产业园模式推广取得新进展，市场份额继续保持领先。北京华德液压工业集团有限责任公司的工程机械液压关主件项目投产，年底工程阀、通轴泵车间空间布局调整已基本到位，实现产品研发和市场化的突破。大力拓展服务业务，北京巴布科克·威尔科克斯有限公司成立电站技术服务分公司，主要就是结合SCR产品，倡导环境标准，为电站提供最佳设计方案和最优技术服务。积极推进融资租赁业务发展，如旗下的北京京城国际融资租赁有限公司承接了奥运观光塔、朝阳公园及京煤国泰化工等融资租赁项目。

（甘晖容）

【重点项目】 年内，京城机电重点项目进展顺利。北京北一机床股份有限公司超重型数控机床产业化建设工程项目环评报告得到批复，拿到规划许可证，完成可研编制，进入初步设计阶段。意大利SAFOP机床公司项目完成交割。

北京京城重工机械有限责任公司并购意大利TGF公司项目完成首期交割。北京京城新能源有限公司酒泉基地建设项目联合厂房封顶，商都科智华远风电项目正在建设中。北京华德液压工业集团有限责任公司关主液压件产业化建设项目通过预验收，产品研发按正常进度进行，空间布局按计划进行。北京机电院高技术股份有限公司呼和浩特垃圾处理项目，可研报告报送内蒙古自治区发展改革委，环评报告报送呼市环保局，焚烧车间封顶，设备安装基本完成，污泥特许经营协议签订。

（甘晖容）

【自主创新与科研】 年内，京城机电两级研发体系进一步清晰。12月，公司中央研究院和机床分院、工程机械分院和环保分院正式成立并进入运行。中央研究院、各产业分院和企业技术中心的功能定位、流程对接、工作衔接等内容进一步细化和明确。

系统内各单位加大研发投入，实施重大新产品研发项目136项，一批战略产品的研发和产业化取得进展。“精机工程”项目“0.5μm级主轴类零件精密磨削设备”完成样机试制与调试，具备课题验收条件；“数控曲轴磨床产品开发”等10个战略产品与技术开发项目完成产品开发并进入市场开发阶段，技术指标完成良好，获得专利授权18项；北京北重汽轮电机有限责任公司自主研发的首台350兆瓦超临界汽轮发电机组在国电大连开发区热电厂一次性通过168小时试运行；NS220中型挖掘机、QY130E型汽车起重机完成样机试制，国内首台5轴160吨全地面汽车起重机具备上市条件，并参加2012年上海国际宝马展；自增压型机动车用液化天然气焊接绝热气瓶、撬装式加气站完成研制工作；全功率风力发电机组技术引进项目完成2兆瓦样机试制、试验工作并取得LVRT（低电压穿越）认证，完成3兆瓦样机试制工作，其中2兆瓦取得30台订单的销售；FD93-1500高原型风电机组试制完成。

积极利用“政产学研用”技术合作共赢模式，全年实施国家重大专项13项，北京市科技计划项目6项，成功申请承担国家重大专项4项，参与国家专项课题6项，公司承担的一批国家级和市级项目取得突破性进展，涉及国家高技术研究发展计划（“863”计划）和国家科技支撑计划重点项目、国家重大专项等8项课题通过专家组的验收，既实现了核心技术的突破，又培养锻炼了研发队伍，促进了公司由传统制造向智能装备制造的转型和升级发展。

（昂登华）

【技术改造与成果】 年内，国内第一条高压阀自动装配线——京城机电高压阀自动装配线落户北京京城华德液压工业有限责任公司（简称京城华德）。该生产线采用机器人识别系统，抓取、组装一气呵成，其自动装配部分平均每10秒钟组装一台高压阀，速度是人工组装的10倍，提高了工作效率，确保加工精度与产品的一致性。

经工信部、市经济信息化委、开发区审批立项，京城华德实施的“工程机械关、主液压件项目”通过项目专家组预验收。京城华德紧紧围绕“设备落地、产品落地”即技术改造与新产品研发2条主线，积极推进工程机械关、主液压件产业化建设项目。依托关、主件项目的实施，京城华德实现产品结构从工业阀向工程阀、弯轴泵向通轴泵、元件向集成、单一向配套的转变，实现在工程机械行业高端液压产品的突破，成为产业发展新的增长点，引领中国液压行业发展。

北京毕捷电机股份有限公司（简称毕捷电机）完成型式试验站的设备升级系统改造。毕捷电机完成市科委超高效电机产业化项目——型式试验站设备升级系统改造。改造后，试验站具备测试各类普通三相异步电动机、高效和超高效三相异步电动机、变频电机、永磁同步电动机、单相电机等电机型式试验功能，试验设备及测量仪器仪表精度等级均符合国家及国际标准要求，具有技术先进、运行可靠、测量精度高、重复性好、噪音低、节能等优点，达到了国际领先水平。

公司“金太阳示范工程”顺利实施。根据国家财政部、科技部、能源局于2012年4月28日公布的《2012年金太阳示范工程项目目录》，京城机电承担了装机总容量为12.672兆瓦的光伏发电项目。项目在北人印刷机械股份有限公司、北京北开电气股份有限公司、北京华德液压工业集团有限责任公司、北京北一机床股份有限公司、北京京城重工机械有限责任公司、北京北重汽轮机有限责任公司、北京巴布克科·威尔科克斯有限公司等14个厂区实施，北京北开电气股份有限公司、北京电线电缆总厂两家企业成为供应商。

（昂登华）

【信息化建设】 年内，公司建立了财务信息网系统，打造集团统一的财务信息共享服务平台，逐步完成资金集中管理系统、财务集中核算系统、全面预算管理系统、报表管理系统的建设。信息网实现资金结算、财务核算、全面预算、报表管理的完整集成，形成三算合一和报表、财务分析完整集成的集团化财务管理共享平台，实现财务资源集团化运作与集成化管理模式。

（昂登华）

【节能环保项目】 年内，经市发展改革委核准，京城机电承担了总装机容量为24.672兆瓦的光伏发电项目示范工程，建设地点为所属15个单位的厂区，利用屋顶面积40.06万平方米，采用250瓦多晶硅电池组件，"屋顶支架系统"安装。项目完成后，太阳能电站使用寿命约25年，年均发电量2649万千瓦时，年节约燃煤折合标煤约9714吨，年减少石灰粉尘排放7207.52吨、二氧化碳26418.75吨、二氧化硫794.9吨、氮氧化物397.47吨。12.672兆瓦已实现并网试发电。

（王鸿志）

【效能监察】 年内，京城机电的效能监察工作以深入践行科学发展观为指导，以"围绕中心、服务大局、强化保障"为原则，以推进公司"十二五"战略目标、加快经济发展方式转变、实现公司跨越式发展为出发点和落脚点，重点突出了"两个全覆盖"，增强工作实效性。全年立项总数45项，立项覆盖率100%，其中公司本部立项5项、直属单位立项40项，立项数量同比增长10%。通过实施效能监察，为企业加强管理、提高经济效益，发挥了积极作用。

（高虎男）

【捐助"7·21"受灾区】 年内，北京市发生了"7·21"特大暴雨灾害后，京城机电董事会道德与社会责任委员会向董事会递交议案，建议公司向受灾最为严重的房山区开展慈善捐助。经董事会批准后，公司捐赠了一台挖掘机给房山受灾地区，开展抢险救灾。同时，所属企业领导积极带头，系统员工解囊相助，董事会道德与社会责任委员会秘书处（纪委/监察部）共收到捐助善款48.91万元，并代表公司系统捐款企业和员工转交至北京市红十字会，帮助灾区重建家园。

（高虎男）

【培训工作】 年内，京城机电党委组织部共培训干部560余人，其中企业管理人员260余人，基层党支部书记及入党积极分子300余人，组织实施的重点培训共9个培训班次，培训课时共计256课时。公司还通过建立完善高技能人才培养机制、人才评价机制，使管理人才、高技能人才队伍建设取得较快的进展，建立起校企合作培养渠道、人才表彰激励机制、人才评价机制，举办了知识产权培训班、产品品质及生产管理培训班、技能人员赴德培训班等培训项目，从而有力地支撑了公司发展的需要。

（林杰　董志学）

北京京仪集团有限责任公司

【概述】 北京京仪集团有限责任公司（简称京仪集团）是北京市人民政府出资并按照《公司法》设立的国有独资公司，集科研、设计、生产制造、销售服务、工程设计和系统工程成套为一体的集团公司。注册资金10亿元，拥有控股子公司23家、科研院所3家、科技孵化平台1家、高级技工学校1家，与ABB、艾默生、奥林巴斯等多家国际公司建立了长期合资合作关系。

京仪集团重点发展自动化系统及仪表（C）、科学仪器（I）、电力电子和新能源（E）三大产业板块，并以此为基础向节能、环保、安全等新领域拓展。自动化系统及仪表产业，具有完整的自动化仪表产业链，具备为客户提供自动化领域全方位解决方案和"交钥匙"的工程能力。科学仪器产业，主要包括分析仪器、测绘仪器和真空仪器等，产品具有智能化、专用化、小型化和联用化的特征，同时提供环保监测、生命安全等领域的解决方案。电力电子和新能源产业，形成了具有自主知识产权的较完整的光伏产业链，同时为用户提供电力电子元件和电源装置。京仪集团持续保持快速发展，经济规模和效益居国内同行业前列。

京仪集团继续加强企业技术中心能力建设，使企业技术中心在解决企业产品发展关键技术、产品核心部件和关键工艺等方面发挥重要作用。集团以光伏研发资源为基础，申请组建北京市光伏装备工程实验室和北京市光伏装备工程技术研究中心。京仪集团科技孵化器已通过北京市及国家科技企业孵化器认证，成为第一个国家级仪器仪表专业孵化器。国有及控股企业全年科技投入占同期主营业务收入的5.18%。集团拥有7家市级企业技术中心、29家高新技术企业。

2012年，京仪集团国有及国有控股总资产58.2亿元，主营业务收入25亿元。

（付宗义）

【快速融入北控集团】 年内，京仪集团和北控集团重组工作进展顺利，各方面取得明显进展，合作项目金额超过3亿元，有力地促进了京仪集团的发展，实现了高质量重组。

（付宗义）

【开展对标管理工作】 年内，京仪集团根据北控集团的统一部署，积极开展以“对照标杆、学习提高、不断创新、力争超越”为主题的对标管理工作。与各试点企业采取广泛收集市场公开资料和现场交流学习相结合的方式，整理分析行业领先企业在集团管控、战略管理、财务管控模式、生产运营管理、技术创新体系、营销管理和人力资源管理等方面的成功经验，确定了包括净资产收益率、人均营业收入、主营业务利润率、管理费用占比等9个关键指标的对标指标体系。加快“十二五”规划重点产品项目的实施步伐，流量计、阀门、开关电源等重点产品取得突破，开始实现产业化。充分利用重组进入北控集团，抓住与北控成员企业业务融合的契机，全面推进京仪科技整体营销体系的建设。

（付宗义）

【人才队伍建设】 年内，京仪集团继续实施“引高控低”的人才引进战略，共招聘大专以上应届毕业生133人。其中，博士9人，硕士53人，本科生56人，大专生15人。同时充分利用北京市应届毕业生的分配引进政策，确保急需专业毕业生的引进，年内共引进非北京生源毕业生63人。

（付宗义）

【技术创新体系建设】 年内，京仪集团进一步理顺和完善技术创新体系。研究院所以北控集团和京仪集团的战略发展方向为导向，组织科研攻关，着力提升院所的研究能力；各企业技术中心按照“十二五”规划确定的重点项目集中力量，确保研发投入，按计划推进重点研发项目的实施；孵化器充分发挥国家级孵化器的作用，积极开展专业性孵化与专业化服务工作，进一步建立并完善了为产学研相结合提供有效增值服务的体制机制。

自动化院围绕工业机械手与物联网应用，积极开展科研攻关。基于一卡通技术和物联网技术的新型燃气计量收费与安全监控系统的研发工作进展顺利。光电所围绕光电测试仪器的军工科研能力进一步提升，形成独特的优势与特色，军工仪器开始实现批量订货。电影所根据北控集团发展需要，积极组织技术力量开发具有自主知识产权的CPV技术，取得阶段性成果；承担市科委“混合新能源发电机制的研究及集热单体设备的研发与定型”研究项目，完成首个太阳能光热集热单元的设计、安装与调试。

京仪科技孵化器不断加强专业孵化器功能建设和国家级孵化器品牌影响力，初步实现设计院分园功能建设，完成“京仪海外留学人员归国创业园”和“北京中小企业服务基地”的资质认定工作。年内，京仪科技孵化器累计引入企业149家，其中新增企业78家。孵化器为入孵企业提供“创业服务培训”“高新技术企业认定咨询”、国家专项申报、展会组织等各类专业服务200余次。

（付宗义）

北京化学工业集团有限责任公司

【概述】 2012年，北京化学工业集团有限责任公司（简称北化集团）全年实现营业收入28.77亿元；实现利润6032万元，同比增长41%。完成了市国资委考核的3项基本指标（利润总额、EVA值、净资产收益率）和4项分类指标（成本费用占营业收入比率、流动资产周转率、应收账款周转率、技术投入比率）。完成了安全生产、环保、消防、职业健康、治安、交通等工作。北化集团认真执行市国资委有关规定，自2009年起，连续4年按归属于母公司净利润20%的比例足额完成国有资本收益收缴。2012年完成上缴745.4万元。

年内，北化集团制造业企业人均销售收入同比增长31%，现金同比增长36%，应收账款略有增加，产成品库存下降18.6%，减少了资金占用，规避了大的风险。北化集团节能减排成效明显，万元增加值能耗同比下降38.4%；万元增加值水耗同比下降34.7%；复用水率同比提高2.5个百分点。北化集团物产置业收入总量同比增长5.86%，平均单位面积上缴集团收益同比增长9.25%，物产置业企业的管理能力及市场化经营水平迈上一个新台阶。

（徐博非）

【加强董事会科学决策】 3月，市国资委向北化集团派出1名外部董事，进一步加强董事会力量，促进董事会自身建设。5月，北化集团董事会向市国资委领导班子专题报告2011年度工作，市国资委领导充分肯定了北化集团的工作，并对下一步工作作出重要指示。

（徐博非）

【项目完成情况】 6月26日，北化集团完成华腾天海甲醛“5+5”扩产和节能改造项目。项目总投资1400万元，具备10万吨/年的产能。主体工程仅用41天即完成施工，当年达产达标。8月，化工研究院8000吨/年阻燃工程塑料项目，投资概算3500万元。该项目获得市国资委国有资本预算资金支持1000万元。9月，批准了华腾新材料新建6000吨/年聚氨酯黏合剂（重庆）项目，投资概算3433万元。截至年底，两个项目都已启动建设。年内，完成（启动）一批中小型技术改造项目。主要包括高等级乳胶手套技术改造、华腾橡塑第二台锅炉“煤改气”项目、化学试剂所600吨高纯试剂技术改造、华腾大搪非瓷产品扩产及搪烧电炉改造、华腾华毅小口径PCCP管材、东方宾馆地热井水处理等项目，投入资金900余万元。

（徐博非）

【调整优化资本结构】 截至6月底，北化集团根据市国资委“压缩管理层级、缩短资本链条”总体要求，完成北化集团四级企业的全部压缩，并对那些与主业关联度不高、效益水平低、长期不分红、管理不到位的三级企业加大清理力度，年内完成4个三级企业的股权转让工作。结合东方化工厂紧急停车，实施“两个东光”管理机构的整合，以“两块牌子一套人马”的形式分别开展工作。为解决原化工七厂非经营性资产的管理困境，利用政府平台，启动将原化工七厂资产整体划转至北京房地集团的前期工作。

对华腾远通公司进行资产股权调整。橡胶五厂2010年12月宣告破产后，于8月底完成非经营性资产移交，与市财政局、国资委、国土局协调有关土地、房产的处置事宜。5月，启动化工实验厂天津美琪凌公司的清算工作。继续推进泛洋华腾、华腾东光瑞博龙公司的清算和染料厂西染公司的破产工作。10月底，完成集体企业安邦公司的清算注销工作。

（徐博非）

【人才队伍建设】 11月，北化集团召开人才工作会议，印发《北化集团党委关于进一步加强人才工作的意见》，就当前和今后一个时期人才工作的若干重大问题进行全面部署。聘任北化集团首批4名“首席技师”，命名首批3个“技能工作室”，表彰31名“操作能手”“革新能手”“岗位标兵”。落实《北化集团“十二五”人才发展规划》，全年新招收大学毕业生80人。3名一线职工获得2012年度“技师政府特殊津贴”（每人2万元）。集团举办23期1284人次专业培训，教育经费投入增长45%，其中高技能人才培训班6期204人次，并与北京化工大学合作，举办了第二期MBA和工程硕士考前培训班。

（徐博非）

【积极推进筹备项目】 年内，北化集团金晶玻璃配套气体项目在大兴青云店厂区完成厂房建设和设备安装，完成了与普莱克斯（中国）投资公司就合资合同的总体框架谈判。与日本三菱化学合作生产液晶面板彩胶项目，签订《合作意向书》，化工厂、设计院、三菱化学等相关各方完成工艺包材料交接，并确定了厂房平面布置图。

（徐博非）

【研发工作取得新成果】 年内，北化集团完成研发投入4200万元，同比增长5%。4家企业共申报专利11项，获得授权专利7项。华腾橡塑建设市级企业技术中心的材料已向市经济信息化委进行申报。依托化工研究院组建北化集团科技情报中心取得积极进展。华腾新材料研发汽车结构胶项目获得中试突破。染料厂预还原靛蓝研发项目进入中试阶段。亚科力公司纸塑、塑塑复合胶新产品成功推入市场。积极申请政府资金支持，"开门"搞科研。"新一代动力锂离子电池电解液"等项目获得政府科研资金近600万元。

（徐博非）

【实施产业促进】 年内，北化集团继续通过银行向优势产业、优势项目、有发展后劲的12家企业提供委托贷款3.6亿元，支持企业经营周转需求。对3个企业增加注入资本金5000万元，有效地改善了企业资本结构，提升了企业信用、资信度和发展后劲。

（徐博非）

【落实监事会整改要求】 年内，针对监事会提出的三大类8个方面22项需要解决和关注的事项，北化集团高度重视，分别制定了《整改方案》，明确整改目标、责任人和时限要求，并向相关企业逐一下发整改通知书。截至年底，完成规范企业管理方面整改；定期检查，加快整改战略层面以及历史遗留问题。10月，市国资委决定对监事会进行了任期换届分工调整，第八办事处入驻北化集团并开展工作。

（徐博非）

【推进制度建设】 年内，北化集团进一步完善制度体系，新出台4项、修订5项管理制度。适应"十二五"发展要求，在实时监控工资总额预算执行情况的基础上，通过工资总额、职工工资与企业业绩的紧密挂钩，"8条激励机制"得到贯彻落实。推进"重业绩、讲回报、强激励、硬约束"收入分配机制建设，职工平均工资同比增长15%。

（徐博非）

【强化审计监督】 年内，北化集团系统内有22个内部审计机构，专兼职审计人员61人，全年完成368个审计项目，审计资金总额16.16亿元。相继完成7家企业的财务收支审计、9名企业法定代表人的离任审计、7户企业的专项审计。对13个企业的113个基建工程项目和修理修缮项目进行审计，审减额达到1131万元。

（徐博非）

【社会化服务产业取得新业绩】 年内，技师学院全面推进2个国家级项目建设，实施多元培训，加快向职业培训型方向转变。职防院继续优化市场定位，建设项目职业病危害评价拓展到全国21个省（市），年内取得安全评价资质。华腾通标公司（化工产品质量监督检验站）围绕城市运行和市民生活中对化工产品的刚性需求，积极开展各类检测检验业务。华腾劳务派遣公司继续推进劳务派遣、人事代理及存档、内退职工管理等工作，为系统内外的48户企业2300余人提供服务。

（徐博非）

【三产集体企业平稳发展】 年内，北化集团劳服管理中心坚持"服务、协调、集合发展"工作理念，推进三产企业的制度建设和规范管理，完成了北化集团集体资产管理协会的换届工作。大有公司全力开拓市场，克服各种困难，营业收入预计同比增长15%。

（徐博非）

【推进相关专项管理工作】 年内，北化集团推进整体战略以及企业"十二五"发展情况的对标评价、落地项目的后评价工作；组织8家企业开展主导产品发展战略研究；完成3000吨/年锂电池电解液等6个工程项目的竣工验收；建立北化集团内部"基本建设管理数据库"；加强对企业管理费用、销售费用的跟踪分析，两费合计全年同比降低3.6%，销售费用占营业收入的比例同比下降0.11个百分点；北化集团总部开展历时8个月的内部控制体系建设；对11户重点制造业企业实施财务绩效评价；推进管理信息化建设，NC-ERP财务信息系统全面运行，NC-HR人力资源管理信息系统建成，并开始试运行；推进北化集团6个危化品生产企业"安全管理标准化"工作，年内有5家企业达到国家三级标准；对8个重点企业进行合同管理情况专项检查；为破产企业的970余名退休职工再次争取到散户供暖费"实物救助"相关政策；完成大郊亭5万平方米工业用地土壤置换工作。

（徐博非）

北京京煤集团有限责任公司

【概述】 2012年，北京京煤集团有限责任公司（简称京煤集团）坚持"绿色、安全、转型、转移"8字方针，落实强大京煤战略，推进实施"十二五"战略规划，抓机遇，调结构，转方式，解难题，稳中求进，完成各项经济指标和工作任务。截至年底，企业实现总资产365.48亿元，比上年增加53.64亿元；经营总收入完成205.56亿元，比上年增加26.78亿元。其中，主营业务收入202.47亿元，比上年增加26.65亿元。实现利润10.84亿元。全年煤炭总产量1030.87万吨。其中，在京煤矿产量493.09万吨，在内蒙古煤矿煤炭产量537.78万吨。机械化产量780.47万吨，占矿井产量的75.71%。其中，在京煤矿产量242.69万吨，占矿井回采量的56.86%。煤炭总销量1358.31万吨。

煤炭主业成效显著，战略转移实现新突破。年内，京煤集团加大科技创新投入，全年累计投资1.91亿万元，占产品销售收入比例的3.5%以上，居全国煤炭行业前列。木城涧煤矿大台井自主研发的急倾斜煤层采空区矸石充填技术取得重大突破，填补了国内空白。该技术打开了"产煤不见煤"的绿色发展通道，木城涧煤矿被评为"国家级绿色矿山试点单位"。该矿掘进工作面改变锚杆支护布置形式、推广使用"7"字形和M型钢带，取得较好效果。长沟峪煤矿急倾斜厚煤层放顶煤采煤法取得突破，工作面回采率达到91.5%。大安山煤矿薄煤层综采试验成功，提高了薄煤层回采率。在内蒙古开发建设的高家梁煤矿内强管理，外拓市场，刷新了掘进日进、原煤日产、原煤日洗等多项生产记录。实现销售收入8.87亿元，税前利润1.60亿元。完成采矿权整合和安全验收，获得600万吨采矿许可证和600万吨煤炭生产许可证。高家梁煤矿达标国家级安全质量标准化矿井。红庆梁煤矿、国泰化工项目已开工建设。巴彦淖煤矿项目正在稳步推进。东铜铁路项目于4月正式开通运营。海外项目出资1亿美元认购非洲煤业普通股股票，昊华能源公司成为非洲煤业最大股东，煤炭主业战略转移迈出了国际化发展的第一步。在煤炭销售上，积极应对煤价波动，准确研判煤炭市场，及时调整销售策略，抢抓出口煤谈判时机，适时采取多种营销方式，增加高品质、高价位煤种，打造"昊华诚信品牌"，开发高端客户，稳定销售，向销售要效益，全年煤矿煤炭销售收入68.47亿元。在资本市场上，"昊华能源"品牌持续提升，获得2012年度"中国上市公司诚信企业100强"称号，并被中国上市公司市值管理研究中心评为2012年度"中国上市公司市值管理百佳企业"。

城市服务业转型升级取得新进展，提前实现"十二五"收入目标。金泰集团坚持稳中求实、实中求质、质中求进的工作思路，在转变经济发展方式和经营管理方面取得较大成绩。燃料物流克服燃料价格持续下滑的影响，应对市场风险，实现收入39.7亿元，同比增长39.39%，利润水平创新高。房山区公司抢抓区域市场，加强政府项目对接，扩大煤炭经营，实现规模突破亿元。燃料物流开发同煤、张家口、欣鑫实业等煤炭供应渠道，深化浙江物产、北京热力集团等单位的合作实效，市场占有率不断提高。成品油储备、配送、销售等业务快速增长；积极推进与天津金伟晖公司供销一体化的合作模式。交易物流坚持边经营、边调整、边提升，初步形成以钢贸物流供应链为核心、以电子商务平台为依托的经营体系。开展以焦炭为主的内贸、出口等贸易；开展金泰物流园建设，集聚首钢新钢联、北京兵工、厦门国贸、中钢等一批高端大客户，经营收入能力大幅提升；电子商务平台建设以寻求国家政策支持为突破口，成功申报并获批“2012年国家服务业发展引导资金”，取得阶段性成果。汽贸物流扩大品牌经营，开发二手车和租赁业务，奥迪4S店开业运营，全年实现整车销售920台，销售和售后收入3.7亿元。“雪铁龙”品牌4S店，成功与凯特驾校、至尊租赁等客户建立长期合作关系，创收能力不断增强。“标致”品牌4S店，加强开发二级网点和推行大客户营销，形成了“多点支撑”的发展格局；在建立回龙观第一分公司的基础上，成立张家口分公司；与首汽租赁、卓信汽车租赁等近40家单位签订了战略合作协议，市场竞争力得到进一步加强。旅游业做实旅游、饭店、会展业务，积极开发高端产业，盈利能力大幅提高。截至年底，金泰集团“百亿金泰”已经实现，提前3年完成“十二五”收入目标。全年收入总额100.28亿元。同比增长43.07%；利润总额9200万元，同比增长18.40%；资产总额78亿元，较年初增长9.8%。职工人均年收入7.89万元。

房地产业科学谋划，保持稳步发展态势。金泰地产集团在北京郊区开发建设的王平、杨坨、房山3个棚改项目，总建筑面积54.4万平方米，已开工53.2万平方米，已封顶38.4万平方米。“中瑞生态谷”和“中国美丽谷”项目建设按照“统一规划、分步实施”的思路继续推进并取得突破，“中瑞生态谷”韭园新型农村社区项目于2012年9月开工。“中国美丽谷”万佛堂项目开展了前期研究等工作。保障房建设以丽富公司为主体加快推进，东坝金泰富丽嘉园、怀柔金泰丽富馨园、大兴采育项目及沈彰金泰家园项目总建筑面积95万平方米，累计开复工46.2万平方米，完工38.3万平方米。在经营上，坚持有退有进，先后将海南南燕湾和天津武清等项目进行了股权转让。实施精细化管理，启动了信息化建设，完善了运营体系。加强资金集中调配，合理置换高息贷款，节约利息支出4500万元。积极拓展销售渠道，整合营销资源，谋求资金回笼，呼市金泰中心、天津东丽、营口金泰城二期等3个项目累计签约7.22亿元，回款6.45亿元，在同地区创造了较好的销售业绩。截至年底，二级开发项目19个，规模555万平方米，开复工面积176万平方米，年底竣工101万平方米，在建及待建453万平方米，全年实现收入20.35亿元，利润2.02亿元，完成全年的预算指标。

民爆化工产业快速发展，并购重组取得新成果。京煤化工公司在行业市场萎靡，低价竞争严峻的形势下，着力拓展市场，扩大销售范围，收入实现2.73亿元，利润完成1062万元，完成年度预算指标。7月，完成天津泰克顿民爆器材有限公司的重组；成立“北京京煤新东方运输有限公司”。10月，收购河北宣化紫云化工公司80%股权，3个项目均已正式投入运营。考察论证了蒙古达瓦满度拉公司、吉林辽源卓力化工有限公司、黑龙江永凯化工有限公司、北京鑫运昌民爆公司的并购重组项目，为做强做大民爆化工产业打下了坚实基础。

机械制造业实现较快增长，扩张升级取得新成效。鑫华源公司实现产业升级和产业扩张的多项突破，生产经营保持平稳较快增长。全年营业收入完成2.61亿元，利润完成361万元。实施“走出去”的扩张战略取得新成效，内蒙古煤机维修制造基地项目一年内建成投产，被当地开发区评价为项目落地最快企业。完成高家梁煤矿39架ZY9000/22/45D型综采支架23项检修。主动服务红庆梁煤矿建设，当年实现收入500万元，为机械板块实施“走出去”战略和扩张发展奠定了基础。同时，京煤机械装备产业园建设高效推进，完成煤机产品区1.2万平方米的车间建设和29项审批手续。液压支架产品向高端升级。ZZ10000KN支撑掩护式支架试验及安标申办一次成功。完成超大型负4层直接升降类停车设备、平面移动类停车设备智能化控制系统等7项产品技术研发。停车设备第三代纵向智能搬运器经过万次疲劳试验和万次联动试验，成功投放市场。在停车行业年会上，鑫华源公司被评为全国停车设备行业优秀企业。

人力资源管理重视培训强素质。围绕“十二五”人才发展规划目标，继续推进人才培养工作，分层次选送优秀青年人才参加北大、清华等院校的EMBA，辽工大的MBA工商管理硕士和工程硕士学习，举办董事长、总经理、财务负责人培训班，参加210人次。高标准选拔各专业毕业生，继续提高研究生源比例，全年共接收高校应届毕业生318人。其中，研究生64人，本科生240人，本科及以上学历者比例达到了95.6%。技能人才培训鉴定完成10个工种397人，同比提高1.6%。重点引进有能力、有业绩、有潜力的采矿、电气自动化、项目投资等专业型领军人才11人，缓解了煤矿生产建设、项目投资等专业人才的短缺局面。截至年底，京煤集团在册员工27538人。其中，农民工8947人；专业技术人员4961人；经营管理人员6912人；高级职称345人，中级职称1423人，初级职称1777人；研究生以上学历358人，大学文化3289人，大专文化2186人，中专及以下文化1079人。京煤集团离退休人员32887。其中，离休人员339人，退休人员31966人。京煤集团参加北京市企业管理现代化创新成果评审，有5项管理创新成果获奖。

（汪智利　马士彬）

【安全生产首次实现零死亡】 1月11日，国家煤矿安全监察局祝贺京煤集团2011年安全生产首次实现零死亡，创企业建立以来安全生产历史最好水平。京煤集团始终坚持科学发展、安全发展，切实把安全生产摆在重中之重的位置，倡导观念创新，加大安全投入，依靠科技进步，强化教育培训，推进精细化管理，努力探索京西复杂地质条件下的采煤方法，实现了综合机械化开采水平的大幅提升。

（汪智利　马士彬）

【京煤机械装备产业园破土动工】 2月12日，鑫华源公司京煤机械装备产业园1号、2号车间破土动工。该产业园规划占地面积20万平方米，建筑面积9万平方米，其中新建面积5.3万平方米，总投资约3亿元。产业园划分为煤矿机械、城市工业、仓储检测和办公生活区等4个功能区，园区建成后预计每年生产机械产品5万吨。

（汪智利　马士彬）

【京海发电公司创全国安全运行新纪录】 截至4月15日，京煤集团在内蒙古开发建设的京海发电公司1号机组实现连续安全运行212天，创国内同类型机组安全连续运行新纪录，圆满完成了乌海市6个月的供热任务，荣获乌海市“公用事业服务先进单位称号”。京海发电公司2台机组是目前国内单机容量最大的循环流化床机组之一，自2010年8月、10月分别投产发电以来，公司加大设备治理力度，重点整治了输煤系统6号、9号皮带，实施了叶轮给煤机滑线、无动力除尘装置、皮带清洗器安装、皮带导料槽及煤水间煤泥清理等改造项目，实现了输煤系统安全文明清洁生产；加强破碎、筛分系统的维护，保证入炉煤粒度合格。加大技改技革力度，先后完成了锅炉燃烧调整试验、机组性能试验及两台机组引风机改造工作，提高了机组出力。改造输渣系统，保证了系统的安全可靠运行，提高了排渣能力。安装激波吹灰器、空预器灰斗输灰系统，锅炉排烟温度高的问题得到明显改善。完成石灰石输送系统改造，提高了脱硫效率。合理调整运行方式，公司利用负荷低谷，安排输渣线定修。同时加强技术分析，细化多煤种掺烧方案，确保了锅炉燃烧稳定和机组在最佳工况下安全稳定经济运行。

（迟明军　汪智利）

【王岐山考察京煤金泰“菜篮子”工程】 9月24日，国务院副总理王岐山在北京市代市长王安顺、副市长程红的陪同下考察北京市生活服务业时，来到京煤集团金泰“菜篮子”连锁店教场口店了解情况，并亲切看望慰问了该店员工。京煤集团党委书记、董事长付合年向王岐山一行介绍了京煤集团金泰“菜篮子”建设的情况。王岐山对煤炭企业成功转型，并拓展到民生保障领域的实践予以充分肯定。京煤集团金泰“菜篮子”是金泰集团公司西城分公司“十二五”发展规划中为建设“双轴、两翼、三驱动”产业构架，驱动创新思维落地，创新经营模式，孵化新兴业态的重点工程，主要包括便民菜店，餐饮配送，金泰绿卡、便民卡、老年卡（券），基地直供蔬菜，配送中心冷库等经营业务。

（汪智利　马士彬）

【韭园新型农村社区项目开工】 9月28日，京煤集团与门头沟区政府合作开发的“中瑞生态谷”韭园新型农村社区项目开工。该项目是京煤集团秉承企业社会责任、落实首都西部“大转型 大发展”战略，房地产开发运营新模式的新探索。“中瑞生态谷”韭园新型农村社区项目旨在建设“古道田园度假新型社区”，发展三大产业，即“养殖度假产业”“都市现代农业”“文化旅游产业”；实现六大功能，其中三大核心功能包括“社区安居系统”“文化旅游系统”“养殖度假系统”，三大配套功能包括“旅游景观系统”“慢行交通系统”“节能环保系统”。这将有助于当地发展新兴产业，提高农村市政基础设施水平，提升群众生产生活品质。

（汪智利　马士彬）

【煤矿安全】 年内，京煤集团重新修订和完善《安全工作评审标准及考核办法》，由过去的12大项104小项，增加到15大项140小项，进一步细化安全标准化考核标准。各单位安全标准化达标，京西三个煤矿均达到一级安全生产标准化矿井，在内蒙古开发建设的高家梁煤矿达标国家级矿井，机械制造达到三级标准，化工、电力等单位申请行业达标工作正在进行。各煤矿开展“树立零理念，提升安全意识，营造安全氛围”主题教育活动，全员对标先进，破除思想智障，查找工作短板，践行“十个零”工作要求，利用“大墙法”“树状图”“大讨论”等方式，全员建言献策，筑牢安全防线。创新安全预警机制，制定针对性安全措施，避免事故发生。编制矿井监测监控系统、矿井供水施救系统、矿井压风自救系统、矿井联系通信系统、矿井应急避险系统、井下人员定位系统共6个方面的检查标准，不断完善“六大系统”管理体系。落实《关于建立安全管理基金形成安全管理激励约束长效机制的决定》的有关规定，强化奖惩机制，创建5项1000万元安全管理奖励基金。开展京西各矿安监站准军事化建设，制定下发《北京昊华能源股份有限公司关于驻矿安监站实行准军事化管理的通知》，并按照通知要求，每季度组织对京西各矿、坑井的5个安监站的准军事化进行检查。落实《北京昊华能源股份有限公司关于下发生产安全事故调查处理规定的通知》，对各煤矿发生的典型轻伤事故、重伤事故，进行调查，查清事故经过、原因，并形成调查及处理报告，在全公司进行通报。建立“公司督察各矿—各矿督察科段—科段督察班组”自上而下地逐级督察体系和“班组向科段报告—科段向矿报告—各矿向公司报告”自下而上的隐患治理逐级报告反馈体系。按照工作标准化、标准信息化、信息集成化的思路，建立隐患排查控制信息系统，按照PDCA闭环模式实现全方位、全过程控制排查与治理的全过程。梳理生产系统各环节、岗点，切实做到整改措施、责任、资金、时限和预案“五到位”。对井下现场发现的隐患及时下发隐患治理通知单，并坚决停产进行整改。构建安全教育培训体系，组织队长、副班长综合素质培训班17期，培训917人；同时各煤矿对班长、安监员及新提拔的中层管理人员，分期分批进行了全封闭综合素质培训，培训2083人；组织生产一线全员脱产培训33期，培训66219人次，组织权属单位分管安全生产负责人、安全管理部室负责人、专职安全管理人员安全培训230人次；对201人进行了注册安全工程师考前培训。全年煤矿发生死亡事故2起，死亡2人；发生重伤0起，重伤0人，比上年减少3人；发生轻伤47人，比上年减少66人。全年煤矿百万吨死亡率0.194。2012年，京煤集团公司获得“全国安全生产月活动先进单位”荣誉，昊华能源公司和金泰集团分别获得“北京市安全生产月活动优秀组织奖”，京煤化工公司获得“北京市安全生产月活动最佳实践活动奖”。

（汪智利　马士彬）

【科技创新】 年内，京煤集团加大科技创新投入，全年累计投资1.91亿元，占产品销售收入比例的3.62%以上，居全国煤炭行业前列。木城涧煤矿大台井自主研发的急倾斜煤层采空区矸石充填技术取得重大突破，填补了国内空白。该技术打开了煤矿“产煤不见煤”的绿色发展通道，木城涧煤矿被评为“国家级绿色矿山试点单位”。该矿掘进工作面改变锚杆支护布置形式、推广使用“7”字形和“M”钢带，取得较好效果。长沟峪煤矿急倾斜厚煤层放顶煤采煤法取得突破，工作面回采率达到91.5%。大安山煤矿薄煤层综采试验成功，提高薄煤层回采率。京煤昊华能源公司工程技术人员技术创新和员工小改小革项目突破千项，《木城涧煤矿千坑大倾角综采工作面回收、安装工程施工方案模式的应用》《破碎顶板厚煤层沿空送巷技术》

《大台井845工作面治水方案及实施》《大台井7174工作面过变化带找煤》等创新项目涉及采掘、开拓、机运、通风、地测、防治水、矿压、销售、后勤等专业，一大批优秀创新项目正在推广应用。

（汪智利　马士彬）

【惠民工程】 年内，京煤集团将工矿棚户区改造中的王平、杨坨和房山3个棚改安置房项目开发作为地产公司工作的重点。3个项目总建筑面积54.6万平方米，已开工53.6万平方米，结构封顶38.4万平方米。在做好安置房建设的同时，认真研究制定腾退安置政策。9万平方米的惠泽家园和2万平方米的京煤化工集资房项目全面完工，1231户职工（包括安置房）全部入住。加大维修改造力度，用于修缮房屋、改造基础设施等共计93项，投入资金9022万元。对受“7·21”水灾影响的房屋、道路等进行重建或抢修，投入资金约5000万元，保障了职工群众生活。职工收入大幅增长，全年用于工资增长资金2.28亿元，人均增幅14.13%。新建的京煤服务大厅投入使用，为离退休人员提供了良好的服务环境。做好退出企业的职工安置工作，共分流安置职工101人。为优秀青年人才解决夫妻两地分居的实际困难。继续提高企业补充医疗保障待遇，不断改善民生。修订、完善了集团《企业补充医疗保险报销办法》。将农民工档案关系未转入集团管理的人员，也纳入了企业补充医疗保险范围，解除了其在医疗方面的后顾之忧。在提高集团员工和退休人员医疗报销比例的基础上，对患有特殊病的人员，再提高5%。

（汪智利　马士彬）

【民用煤供应】 年内，金泰集团完成北京市城区民用煤供应任务，全年累计销售民用煤3.9万吨。金泰集团积极落实北京市政府《关于加快压减燃煤促进空气质量改善的工作方案》和市发展改革委、财政局制定的《城六区优质无烟型煤替代工作方案》。金泰集团面对城区“煤改电”和燃煤需求量下降的不利因素，积极采取措施，探索转变民用煤经营方式，组织煤炭资源，加强对型煤产品和原料的监督检查，完善公司、基层单位和各门市部三级电话网络建设。全年没有发生质量事故和百姓质量问题上访事件，保证了冬季民用煤供应。

（程林禧　汪智利）

【资源整合】 年内，京煤集团进一步加大对集团内部同类资源整合力度，提高专业化运营效率，完成了收购矿建公司股权的各项基础工作；对京煤集团直属的北戴河疗养院委托金泰集团管理，将京煤化工物业委托给京煤物业公司管理；完成了西达地产股权转让工作；委托专业化经营的集团总医院经营，业绩、管理水平得到进一步提升，就医环境、医疗服务质量明显改善。继续加快劣势企业退出。完成了昊泰建材的退出；注销了昊煜工贸公司所属水泥厂、九龙山矿泉饮料公司等6个单位，对职工进行了妥善安置，为昊煜工贸公司的整体退出奠定基础。

（汪智利　马士彬）

【解决历史遗留问题】 年内，北京京煤集团有限责任公司出资1.46亿元，为4286名“五七”退养及占地农转非人员一次性补缴15年养老保险，并将其纳入北京市社会养老统筹，每月享受退养费，解决了困扰企业多年的历史遗留问题。

（汪智利　马士彬）

【京海发电公司全面实现扭亏为盈】 年内，京煤集团在内蒙古开发建设的京海发电公司外拓市场争电量降煤价，内部挖潜降能耗控费用，全面攻坚，持续发力。全年累计发电32.18亿千瓦时，销售水泥15.7万吨，实现营业收入8.37亿元，实现利润1482万元（乌海及周边地区的12家电厂，同期仅两家盈利），超额完成股东下达的利润考核指标，全面实现扭亏增盈目标。该公司全力以赴抓安全、保发电，及时消除运行中发现的设备缺陷，确保机组安全稳定运行。制定实施点检仪使用管理办法，规范点检线路。加大设备维护消缺力度，独立组织完成1号机首次B修。实施技改技革，机组非停同比减少1620小时。优化机组运行方式，修订运行规程和系统图，积极开展小指标竞赛和对标管理，综合厂用电率、发电煤耗等同比大幅下降，设备可靠性、经济运行水平得到大幅提升。多措并举增电量，密切与内蒙古自治区经信委、电网公司协调沟通，千方百计争取计划电量，电力营销工作保持了良好态势。密切关注市场动态，共参与大用户直购电 1.8828 亿千瓦时、置换电量 0.3 亿千瓦时、区外临时交易 0.8 亿千瓦时。强化电量管理，提前制定电量策略，科学安排检修时间，合理调整机组运行方式，并根据电网日计划曲线进行按时段细化分解，超前谋划，及时调整运行方式，提高运行操控质量，稳定设备状态，全力确保电量的稳发、抢发，切实做到“度电必争”。全年共获得奖励电量 775 万千瓦时。该公司千方百计保电煤，抓住有利时机，及时调整进厂煤质结构，建立了供应商信誉评价体系，有效控制入厂煤标煤单价，平均入厂标煤单价同比降低 29 元 / 吨。在保证机组安全运行前提下，加大劣质煤掺烧力度，降低燃料成本，全年掺烧煤泥 11.31 万吨。执行资金计划管理，按需调配资金，通过票据融资手段，减少流动资金贷款 5000 万元。

（迟明军　汪智利）

【节能技术检测中心中标市重点科技项目】 年内，北京节能技术检测中心（为京煤金泰集团直属管理）中标北京大学医学部 2012 年供热系统大修及技术改造工程节能检测项目和固体废弃物制成燃料应用于锅炉燃烧 2 项北京市重点科技项目，与北京国中生物科技有限公司签订合同，成为北京市《适用于燃煤锅炉的垃圾衍生燃料（RDF）生产工艺研究与示范》重点科技课题研究项目协作检测单位。该项目是由市政市容委组织申报，市供热协会、市环境卫生设计科学研究院和北京国中生物科技有限公司协作研究的北京市 2011 年度重点科技项目。

（程林禧　汪智利）

北京金隅集团有限责任公司

【概述】 2012 年，北京金隅集团有限责任公司（简称金隅集团）实现营业收入 400 亿元，同比增长 22.6%；实现利润总额 33.5 亿元，同比增长 3%，取得全面超额完成既定目标并再创历史高位的崭新业绩。

主业经营质量持续提升。水泥及预拌混凝土板块在目标区域的“大十字”战略布局和“地震波式”有序扩张及环保转型取得新成效，区域市场的影响力和领先优势不断巩固增强；强化产业协同和板块联动机制，完善客户服务体系，丰富营销手段，在激烈的市场竞争中增强了话语权；进一步细化管控措施，加强对标管理、成本管理、质量管理和统一物资供应管理，经济运行质量和综合效益水平显著提高；不断加大技术创新力度，加快转型升级步伐，强化水泥窑协同处置城市废弃物的先行优势，同时大力开展“绿色矿山”建设，强化资源储备，可持续发展能力得到增强。新型建材板块努力克服市场需求下降的压力，积极抢抓政策机遇，加快调整营销模式，提升经济运行质量；坚持区域“园区化”发展，大厂现代工业园、窦店科技园管理模式逐步成熟，入园项目建设顺利推进，园区发展集群优势日益凸显；大力发展商贸物流业务，加大业务创新力度，实现商贸物流业务的快速崛起。房地产开发板块深化实施“两个结构”调整和“好水快流”方针，紧紧抓住市场调整机遇，及时优化商品房销售策略，不断加大保障房对接力度，进一步加强项目管控，强化项目质量管理，创新项目开发模式，实现整体稳步发展。地产与物业板块持有型不动产坚持“立足北京、有序拓展”，继续保持在京领先地位；度假休闲业、小区物业管理和出租型物业效益与质量持续提升。

内外部资源整合重组不断深入。一方面坚持实施“走出去”发展战略，加快外部合作拓展，不断优化产业布局，强化区域市场掌控力和领先优势，加快产业链条延伸和战略资源储备，实现了经济总量的快速增长。另一方面持续深化内部整合，增强主业发展能力，实施未上市非经营性资产重组，较好地完成了劣势企业退出和企业压缩层级工作，妥善处理了部分历史问题，对部分企业实施合并重组，进一步优化资源配置效益。

科技创新能力不断增强。金隅中央研究院在建材科研总院正式挂牌成立，通过整合科技创新资源，形成科技创新合力，服务于公司整体发展战略。参与承担国家科技项目 10 项，申请国家专利61项，主编和参编国家、地方标准12项。

节能环保工作稳步推进。进一步强化节能目标责任制，加强用能单位能源计量统计分析，全年节约标准煤6.4万吨，节水33.5万立方米，节电1.2亿度。加大绿色转型技术研发，积极实施科技成果产业化，垃圾飞灰工业化处置、利用水泥窑协同处置污水厂污泥和生活垃圾、氮氧化物减排、固废燃料替代等环保节能新技术实现建设。

融资工作取得创新性进展。积极与相关金融投资机构开展融资合作，拓展二级企业或重点项目的直接融资渠道。引入外部股权资金、投资基金参与股权合作和联合收购项目，拓宽了公司融资渠道，创新了对外并购模式。同时，以较低成本在银行间债券市场发行30亿元债券，提高了直接融资比例，改善了负债结构。

运营管控水平得到提升。内控管理体系建设不断深化，在系统内全面建设覆盖企业业务全过程的内控管理体系，并初见成效。法律风险防范深入有效，加强案件管理和个案指导，案件总数和金额同比下降39%，深入开展了项目法律尽职调查和法律审核，有效降低了法律风险和经营风险。财务资金管理系统扎实，坚持“收支两条线”原则和总部预算资金审批程序，严格执行资金预算，不断完善税收管理，加强税收筹划，税收收益成效显著。国有资产日常管理不断加强，规范了土地房产出租等业务审批手续，强化了对合资参股企业股权管理，加强了对应收账款控降，提高了存货周转率。人力资源管理更加细化，继续强化校企合作，丰富人员培训形式和类别，加强劳动用工和薪酬管理，推进企业人力资源管理信息化建设，不断提升人力资源管理与配置效率。安全生产管理更加深入，开展“平安创建”和“安全生产标准化”活动，实现安全和谐发展。

（徐怀军）

【企业重组】 年内，金隅集团根据市国资委劣势企业退出和压缩管理层级工作的要求，组织完成市国资委下达的19户劣势企业退出和11户企业压缩层级工作任务，基本消除了五级及以下企业。按照集团内部调整整合的需要，加大“调、改、剥、退”工作力度，推进业务趋同企业的整合归并，通过退出、压缩、内部整合等方式，合计完成30户企业的调整整合；实施星牌公司、翔牌公司和西六公司的合并重组，组建金隅节能保温科技公司；通过合并、注销或股权提升等方式压缩管理层级，建机公司、金隅商贸公司和金海燕物业公司的区域性整合工作成效显著，顺利完成原有子企业注销工作，组建区域性分公司，并实现了资产、业务和人员的平稳有序过渡；启动实施集团未上市非经营性资产的深化整合工作，加快非经营性资产向大成公司的并入整合，进一步强化未上市国有资产的集中、统一管理。

（沈 赫）

【建材生产经营】 年内，金隅集团新型建材制造业主营业务收入124.2亿元，同比增长55.9%。其中，国有控股企业完成87.1亿元，同比增长97.1%；非控股企业完成37.1亿元，同比增长5.8%。实现利润3.5亿元，其中国有控股企业实现利润2.2亿元，同比降低2.6%；非控股企业实现利润1.3亿元。

新型建材板块克服不利的外部环境和低迷的市场需求及困难，紧抓国家加快城镇化建设步伐和加大保障性住房建设力度的发展机遇，加快营销模式转型调整步伐，加强企业经济运行质量，探索大宗物资贸易模式，经济总量增幅较大，产业结构更加优化，发展基础更加坚实。天坛家具成为三北地区实木办公家具领军企业；爱乐屋铝木窗通过大厂生产线的高质量建设，成为中高档铝木窗行业世界领先工艺水平企业；通达耐火材料通过产能和市场布局，在全国新型干法水泥窑不定形耐火材料行业中占据领先地位；北京金隅加气混凝土有限责任公司依托集团科研优势已成为全国加气行业技术优势领先企业；金隅涂料3万吨防火涂料产能位居全国防火涂料行业领先地位；金海燕玻璃棉产销规模居全国中高档玻璃棉前三名。

商贸物流业务快速发展，大宗物资贸易业务取得突破性进展。金隅物产上海公司的组建运营和金隅国际物流园的建设，对商贸物流板块的快速高质增长起到良好的促进作用。

（罗小兵）

【水泥及预拌混凝土生产】 年内，北京金隅水泥产能达到4500万吨，产销量（含熟料）3850

万吨，预拌混凝土产能1500万立方米，产销量912万立方米，水泥及预拌混凝土板块实现销售收入145亿元。

优化产业布局，丰富“大十字”战略的内涵，成功收购山西广灵水泥公司熟料生产线，沁阳金隅、宣化金隅、赞皇金隅三期项目相继建成投产，左权金隅项目稳步推进，经济总量进一步放大。

发展混凝土产业，进一步拓展延伸、完善水泥产业链。北京、天津、石家庄混凝土公司通过整合、改造等措施，不断扩大产能规模，继续保持各自区域的领头羊地位；邯郸、沧州区域发展混凝土产业，使金隅水泥产业结构更加合理，区域市场竞争力更加凸显。

开展绿色矿山建设，加大矿山边坡治理、植被恢复、尾矿利用的力度，实现废石“零排放、零污染”，资源利用率达到100%；推进石灰石、砂岩矿产资源整合工作，邯郸、和益、北水等砂石料基地建设项目陆续建成投产，通过砂石料基地建设，公司矿山矿产资源开发利用规模化、集约化程度和资源开发利用水平显著提高。

利用水泥窑协同处置垃圾焚烧飞灰、污水处理厂污泥、燃料替代项目、脱氮脱硝项目等为代表的金隅水泥企业转型和循环经济继续引领水泥行业的发展。

强化对混凝土产业的管控，加强应收账款制度建设，提高盈利能力；拓展物资统一供应管理工作，加强与国有大型煤、电企业的合作，建立多种形式材料基地，发挥集团整体资源优势，实施内部备件资源共享，发挥“团购”的议价优势，控降成本，金隅水泥经营管理水平不断提高。

（谭福生）

【科技创新】 年内，北京金隅集团科技投入6.5亿元，新产品销售收入15.8亿元；承担国家级科技项目10项，获得省部级科技奖励10项，申请专利61项，主编和参编国家及地方标准12项；组织实施重点科技项目15项。

北京建材科研总院研制的RST玻璃棉板外墙外保温新体系，在北京既有建筑节能改造中应用40万平方米，实现综合经济效益3450万元；通达耐火技术公司与武汉科技大学合作开发的新型干法水泥窑高温耐火砖无铬化配套新技术，在国内外多个重点项目中应用，实现销售收入5000万元；金隅涂料公司在国内首次推出的室外超薄型钢结构防火涂料，实现销售收入3000万元；金隅砂浆公司为天安门广场改造工程开发的专用砂浆，应用面积达5万平方米；金隅旭成混凝土开发的低强度等级回填混凝土，中标石家庄铁路客运专线工程，实现销售收入1000万元以上。

北京金隅加气混凝土有限责任公司建成国内第一条以天然气为能源的加气混凝土砌块生产线，产品技术指标达到国内领先水平；北木爱乐屋引进欧洲20万平方米高档节能窗生产线加工设备，达到国际先进水平；金海燕玻璃棉纺丝机国产化技术改造彻底解决纺丝机振动问题，产品性能超过进口产品技术指标；天坛公司龙顺成硬木家具生产线改变了以往作坊式的生产经营模式，极大地提升了传统家具的生产效率；天津振兴水泥公司的3号水泥磨机技术改造，使选粉效率由35%提高到48%，全年增加产能6.8万吨。

琉璃河水泥公司、北京建材科研总院、建都设计院联合开发的水泥窑无害化协同处置垃圾焚烧飞灰技术，在琉璃河水泥公司成功产业化落地；金隅平谷水泥公司、红树林公司实施的水泥窑协同处置污泥项目，为企业实现环保转型进行探索；沁阳金隅水泥公司、宣化金隅水泥公司、四平金隅水泥公司、水泥节能科技公司承担的PVC电石渣替代石灰石产业化技术集成与示范工程，攻克100%替代石灰石的工艺技术难题，实现企业的绿色发展。

（田立柱）

【节能环保】 年内，公司节约标煤6.4万吨，节水33.5万立方米，节电1.2亿度；二氧化硫、烟（粉）尘、COD和氨氮排放量同比分别减少17.5%、5.2%、3.7%和2.2%。

赞皇公司2000吨/天新型干法熟料生产线搬迁技术改造后，产量提升至3500吨/天；邯郸太行4号、5号窑提产节能增效技改后煤耗降低5千克/吨；天津振兴2号水泥磨节能项目完成后年节约电量1016万度；金隅物业环贸分公司实施的环贸中心LEED-EB金级认证综合改造项目，为同类企业节能改造树立新标杆；

凤山温泉度假村污水源热泵技术改造，年产热水3.6万吨，节约标煤62吨。

公司进一步加大力度，投入5613万元实施棚化改造41万立方米，包括北京水泥厂利用原煤均化库改建脱硫石膏储库、陵川金隅水泥公司新建熟料堆棚、博爱金隅水泥公司新建石灰石预均化大棚等。

北京水泥厂、邯郸金隅太行水泥有限责任公司、曲阳金隅水泥有限公司、四平金隅水泥有限公司等20家企业开展清洁生产审核工作，提出清洁生产方案347项。其中，无低费方案302项、中高费方案45项，确定实施的中高费方案40项，实施后年实现经济效益1.2亿元。

四平金隅水泥有限公司、北京金隅加气混凝土有限责任公司、北京金隅砂浆有限公司等15家企业完成了综合利用认定证书换证认定审核工作，使公司资源综合利用认定证书在有效期内的企业达到29家；新开辟了煤矸石、含氰废物、电石渣3种符合国家资源综合利用目录要求的废弃物品类，资源综合利用共2078万吨，产值达到104亿元，减免税额5.7亿元。

（田立柱）

【技术改造】 年内，共实施节能减排技术改造项目34项。其中，北水公司生料磨及煤磨节能改造项目、张家口金隅水泥公司100万吨粉磨节能改造项目、天津振兴水泥公司一线2号水泥磨节能技改项目等重点项目顺利完工；金隅鼎鑫公司生料磨节能改造项目、邯郸金隅1号~5号水泥磨节能技改项目正按计划有序推进，所有企业的物料基本实现了密闭储存，并率先在各地对邯郸金隅、涉县金隅、金隅鼎鑫、太行前景、曲阳金隅、广灵金隅6家企业的熟料生产线进行了脱硝改造，树立了绿色环保的金隅品牌和企业形象。

北水公司荣获“全国循环经济工作先进单位”称号。琉璃河水泥公司、天津振兴水泥公司被国家发展改革委、环保部等4部委授予“全国节能先进集体”荣誉称号。琉璃河水泥公司荣获“国家级信息化和工业化深度融合示范企业（2012年）”称号。

（张 静）

北京一轻控股有限责任公司

【概述】 北京一轻控股有限责任公司（简称一轻控股公司）是经北京市政府授权，按照《公司法》建立的集投融资、控股、参股、资本运作、生产经营、科研、进出口贸易、技术咨询服务为一体的具有法人资格的大型国有独资企业。资产总额201.99亿元，所有者权益119.85亿元，直属企事业单位19家，中外合资企业14家。

2012年，一轻控股公司积极调整优化产业结构，加快转变经济发展方式，努力开拓市场，大力推进自主创新，不断完善科技创新体系，创新营销模式，实施品牌战略、差异化战略和成本领先战略，加大调整、改革、合作、创新的力度，一轻经济稳中有进，各项工作取得积极进展。完成现价工业总产值101.75亿元，实现营业收入130.98亿元，实现利润16.08亿元，在岗职工年人均收入增长10.4%。全面推进以“7+1+3”集团化发展战略为核心的“十二五”规划，调整改革进一步深化，战略性结构调整取得初步成效，科技创新体系不断完善，自主创新能力进一步提高，企业上市工作迈出实质性步伐，要素市场建设取得突破性进展，生产经营、资产经营、资本经营迈出新步伐，重点建设和节能减排项目取得新进展。开展“管控年”活动，认真落实“管控年”工作，集团管控有序推进，管控工作取得明显成效。进一步完善《一轻“十二五”发展规划》，制定下发2012年折子工程。收集分析同行业企业数据资料，开展与国内同行业对标工作。加强食品安全管理。委托食品检测站对6家食品企业的重点产品进行季度质量抽查。组织食品企业参加北京国际食品安全高峰论坛、食品检测技术应用国际论坛。3家食品企业启动了诚信体系建设工作。义利面包公司圆满完成十八大食品供应任务。时代文具公司“金星”笔成为市第十一次党代会专用笔，红星北京特酿、龙徽干红、义利面包、北冰洋汽水等产品成为市第十一次党代会专供产品。一轻产品质量检测中心按期出版《食品工业科技》《中国照明电器》《乐器》《中外乐器信息》杂志，举办“食品工业科技国际论坛”“全国电光源科技研讨会”“广州国际乐器展会”，并积极为社会培训食品管理及检测人员。大豪科技公司研制的“高效多头多功能刺绣机数控系统”被列入国家首批战略性创新产品计划。玻璃研究院“大体积氟化钡晶体的研制”获中国轻工业科技进步三等奖，控股公司“多组织、跨行业集团信息化系统构架”获中国轻工业科技进步优秀奖，资生堂丽源公司获全国轻工业卓越绩效先进企业特别奖，大豪科技公司、金鱼科技公司获全国轻工业卓越绩效先进企业。星海钢琴集团获北京市卓越绩效先进企业称号。星海、大豪荣获“北京知名品牌”称号。

（邱景涛　许林）

【全球高效照明技术合作中心揭牌】 10 月 31 日，由一轻国家电光源质量监督检验中心（北京）(NLTC) 与联合国环境规划署（UNEP）合作成立的全球高效照明技术中心（GELC）在北京揭牌成立，UNEP 全球高效照明技术合作中心（GELC）是一个独立的非营利技术机构，旨在为全球高效照明产品质量控制、开展照明国际标准技术协调、实验室能力建设等提供技术支持及解决方案，加快高效照明技术的转化，应对高效照明技术存在的难题，同时创建信息平台实现全球资源共享。UNEP 全球高效照明技术合作中心（GELC）将围绕高效照明产品检测标准研究、高效照明产品质量控制、实验室能力建设、高效照明技术及人才培训以及建立全球照明技术和产品信息共享及传播平台共 5 个方面开展合作，该中心将以独立第三方形式运作，面向全球提供节能照明技术服务，致力于推动和提高全球高效照明技术的发展，GELC 的建立将对全球照明技术的发展产生积极而深远的作用与影响。

（邱景涛　许林）

【改革与发展】 年内，一轻控股公司企业上市工作迈出实质性步伐。6 月 26 日，大豪科技公司向中国证监会正式报送 IPO 申请，7 月 11 日收到受理通知，9 月 3 日召开证监会发审委与企业见面会，上市审核正在进行。与证券公司研讨并制定《首都酒业整体重组改制方案》和《首都酒业初步整合股权设置方案》。北京国际葡萄酒交易所运作平台搭建完毕，7 月 19 日，酒交所电子交易系统开始上线试运行。开展国际技术交流与合作。国家电光源中心与联合国环境规划署在京正式成立“全球高效照明技术合作中心”。国家电光源中心成功主办由 18 个国家代表参加的“国际电工委员会（TC34）照明技术专家委员会会议”。与大型企业的合作取得新进展。一轻与首旅集团举行《战略合作框架协议》签约仪式。红星股份公司和京泰公司共同与台湾联华食品公司签订在台设立台湾红星股份有限公司的协议，并且获得市发展改革委、市商务委批复。北冰洋汽水保持旺销态势，易拉罐汽水打入华堂、物美、家乐福等大型超市，并且推出了乌梅、枇杷、猕猴桃等新口味汽水。义利食品商业连销店扩展到 19 家。向优势企业优先资源配置。批准北冰洋食品公司、一轻研究院向北冰洋饮料公司增资 5000 万元；义利食品公司向义利食品商业连锁公司增资 500 万元，并出资设立“义利糖果食品有限公司”；玻璃集团向格雷斯海姆公司增资 660 万元；一轻研究院和玻璃集团共同出资组建“北京首量科技有限公司”。稳定发展平台在转型中不断发展。时代文具公司全力保障 G9 商务楼建设，并且实现资产整合、管理增效。红星酿酒集团加强长期投资管理，压缩管理链条，有效盘活存量资产。照明器材公司坚持经营格局转型，变被动为主动，实现稳定发展。

（邱景涛　许林）

【结构调整】 年内，一轻控股公司积极推进国有资本战略性调整。玻璃集团以 1 美元形式成功收购肯堡康斯特公司持有肯堡博美公司 70% 的全部股权，双方股东按约定放弃债权，为玻璃集团主业内部重组创造了条件。百事饮料公司中方 15% 股权转让工作全面完成。探索制订组建一轻资产管理中心、星海钢琴集团精干主业、食品企业整体发展、丽源公司股权调整等方案。完成 11 户压缩管理层级和 3 户劣势企业退出任务，同时自行组织退出企业 4 户。金星制笔公司破产工作全面完成。

（邱景涛　许林）

【信息化建设】 年内，一轻控股公司完成了领导决策支持系统需求调研；人力资源系统正式投入使用；完成财务、资产和人力资源系统的版本升级；一轻大厦机房进入试运行；确定一轻集团版协同OA系统架构方案；完成集团资金管理系统软硬件环境的搭建；总部软件正版化工作通过市级验收。

（邱景涛　许林）

【产品研发】 年内，一轻控股公司新产品试制130项，累计新产品投产280项，实现营业收入9亿元，实现利税3.8亿元。大豪科技公司研发投入比达8.7%，全年推出多项新产品。红星股份公司整合27个老产品，投产上市68个新产品。龙徽公司开发出51款新产品；义利面包公司开发上市近50种新产品；北冰洋饮料公司研发出多种新口味产品；玻璃集团研发新产品91个。日化集团投产上市13种新产品；星海钢琴集团开发投产8款新产品。

（邱景涛　许林）

【科技创新】 年内，一轻控股公司实施科研、技改项目83项，其中研发项目73项、技改项目10项。组织申报市级、国家级支持项目20余项，获资金支持约5800万元，包括一轻研究院“科技创新平台建设项目”“全光纤电流互感器”“北冰洋技改项目”“金鱼高效浓缩洗衣液”等12个项目。京纸集团完成“循环再生文化用纸研发推广项目”的编制，并积极推进环境标志认证。产学研项目获得新成果。一轻研究院对接主业的产品开发项目“钢琴静音演奏系统”通过验收，样琴交付星海钢琴集团并在法兰克福国际乐器展上受到好评。红星股份的“健康因子功能菌在白酒生产中的应用”“白酒风味物质剖析技术应用”项目通过中国轻工业联合会专家鉴定。星海钢琴与石油大学合作研发的“新型高分子材料击弦机”进入中批试生产。组织开展“一级耐水药用玻璃安瓶管”“首都酒业调整产品结构”等市级重点支持项目的调研论证。全年申请专利32项，授权专利23项。参加国标、行标起草58个。

（邱景涛　许林）

【重点项目建设】 年内，一轻大厦项目完成竣工验收，正在办理竣工备案和房产证；龙徽公司原蒸馏车间改造工程已经完成；京纸集团造纸试验厂科研楼项目已正常运营；造纸一厂厂房项目进入招商阶段；南宫纸张仓储基地项目进入验收阶段。时代文具公司G9商务楼项目进入装饰和设备安装阶段。天盛建筑公司承建的眼镜城二期项目完成竣工验收；丽源二期项目已完成1号、2号牙膏车间和公用设施楼的框架结构施工；完成一轻党校会议室装修工程。鸿运大厦全面完成招租工作，龙徽国际红酒会所装修入驻并正式营业。一轻产品质量检测中心办公楼装修改造按计划实施。组织开展了京纸集团南宫仓储基地项目的专项检查。积极协调红星酿酒集团通西基地规划调整问题，与新疆农业厅签订了共同建设“新疆特色农产品北京现代物流中心”的意向书。

（邱景涛　许林）

【节能减排】 年内，一轻控股公司与9家企业签订《“十二五”主要污染物总量减排目标责任书》。金鱼科技公司启动清洁生产审核工作，日化二厂完成燃煤锅炉改造工程，百事饮料公司完成污水处理站改造项目，利乐包装公司完成污水处理站中水回用项目，五星青岛公司完成糖化热能回收工程。

（邱景涛　许林）

【人才队伍建设】 年内，一轻控股公司积极完善技能人才培养体系，优化技能人才结构，加强以首席技师为核心的技能团队建设。在发挥8名首席技师领军作用的同时，全系统新聘大师4名。星海钢琴集团聘请一位在德国施坦威工作多年的专家为星海外聘大师，建立“大师工作室”。一轻高级技校外聘3名国家级玉雕大师。启动第四周期名师带徒活动，新增师徒188对。在第三届北京市职业技能大赛中，全系统902名职工参赛，160人取得职业资格证书。其中，一轻高级技校获得4项第一名，4人获北京市技术能手，3人获最佳操作能手，25人获高级技术能手。推荐2人申报了国务院特殊津贴，1名首席技师被推荐为“全国中华技能大奖”候选人，其工作室被评为市级首席技师工作室并获40万元资助，2名高技能人才获市政府特殊津贴，1人获市级突出贡献奖。博士后工作站1名博士获市优秀人才资助。星海钢琴集团成功举办了亚太经合组织青年技能人才夏令营的参观活动。配合“管控年”工作，举办3期“新网络时代市场营销流程与方法”主题培训班，培训市场营销人员137人；2期“时间管理和执行力”主题培训班，培训中青年专业技术人员145人；3期“打造优秀班组长”主题培训班，培训班组长150人；1期“提升管理技能”主题培训班，培训车间主任20人；3期专项管理培训班，培训管理人员302人。全系统1256名专业技术人员参加继续教育。全年共招收大中专以上毕业生126人。一轻高级技校被批准为国家级高技能人才培训基地、全国技工院校一体化课程教学改革试点校，被北京市人保局批准为技师学院筹设单位，全年开展系统内部培训1100人次。

（邱景涛　许林）

【基础管理】 年内，一轻控股公司完成全系统企事业单位统计年报，控股公司再次被评为“全国轻工行业统计直报先进单位”。修订完善控股公司《国有资产经营管理制度》。编辑出版了《经济发展手册》，指导企业依法办理土地房屋租赁、资产处置等事项。完成全系统企事业单位基本情况专项调查和土地房屋租赁情况调查。完善控股公司《“十二五”节能规划》。加强财务分析和财务管控。制定了控股公司《国有资本经营预算管理办法》《资金管理办法》等一系列管理制度，财务信息化管控的方法和手段进一步扩展和增强。企业年报质量进一步提高，保留意见内容大幅减少。以预算管理为重点，开展了财务大检查，加大内部往来账款的清理力度。一轻资本管理中心项目顺利实施，完成银企互联调试和参数配置，一期8户企业上线前各项准备工作已全部到位。合理归集调配资金，减少整体财务费用支出。组织完成国有资本收益收缴、企业产权年检、事业单位预决算编报等工作。加强预算制企业工资总额管理。完成预算制企业工资清算，以及总部部室述职评价及绩效考核工作。开展全系统收入分配制度执行情况的自查和上报。加强企业经济责任监督，强化内部审计工作。开展企业潜亏和专项资金审计，完成多项离任审计和专项审计，对一轻大厦和酒交所装修改造项目进行了审核。完成大豪科技公司上市有关制度文件的审查。不断完善制度体系，健全议事规则，规范决策程序，突出法律审核把关的重要作用，提高重要决策的法律审核率，实现合同管理的制度化与规范化。进一步强化法律纠纷案件管理工作，新发案件得到有效控制，历史遗留案件结案率明显提高，2011年以前案件已结案180件，结案率达到86%。积极为决策和监督服务。编制上报《董事会2011年度工作报告》《监事会近三年所提问题综合整改情况的报告》《监事会2011年度所提问题整改工作方案》，修订上报《控股公司“三重一大”决策制度实施办法》。加强为外部董事、监事会的服务，协同开展了对11户国有企业制度建设及“三重一大”执行情况的专项检查。3项管理成果获北京市企业管理创新成果奖。

（邱景涛　许林）

【安全维稳】 年内，一轻控股公司与所属单位签订安全维稳目标管理责任书，层层落实安全维稳责任。编制印发了《一轻安全知识手册》。开展“安全月”系列宣传活动，举办安全生产公开课，全年培训各级管理干部以及班组长320余人次。进一步开展安全生产标准化活动，3家企业完成自评和制度完善。实施十八大安全生产“护航”行动，加强十八大、节假日、汛期以及“7·21”极端天气的安全检查，确保全系统未发生重大安全事项。持续开展“打非治违”专项行动，开展全面的隐患排查。全系统召开了两次维稳工作大会、6次重点维稳问题专题会，开展重点矛盾纠纷排查8次，启动维稳战时机制，落实领导包案，化解和缓解一批重点矛盾纠纷，较好地完成了“两会”、市第十一次党代会和十八大期间的安全维稳工作任务。

（邱景涛　许林）

【效能监察】 年内，一轻控股公司以保障企业健康快速发展为目标，扎实推进廉政风险防控管理。建立廉政风险防控台账，实施项目化管理28项，梳理规范重点岗位业务流程150项，168个重点岗位人员进行廉洁承诺。对11家单位进行专项检查。规范效能监察工作，全系统立项40项，结项率为100%，增加经济效益1046.93万元，避免经济损失1383.87万元，提出合理化建议89条，完善制度45项。

（邱景涛　许林）

【企业文化建设】 年内，一轻控股公司成立一轻企业文化建设领导小组，设立企业文化建设办公室，召开一轻企业文化建设动员大会，下发《一轻企业文化建设工作方案》，举办企业文化征集活动和问卷调查。确定符合一轻产业特点的企业愿景、使命、价值观等理念以及一轻新标识，一轻企业文化理念系统、视觉系统基本定型。

（邱景涛　许林）

【群众性创新活动】 年内，全系统共提出合理化建议 1184 条，开展技革项目 164 项，创造经济效益 409 万元，完成急难险重任务 403 项。

（邱景涛　许林）

【荣获低碳建筑设计师推荐品牌企业称号】 年内，在中国建筑设计研究院与中国建筑节能减排产业联盟举办的“十二五低碳建筑·绿色设计暨新技术、新产品应用交流会”上，北京清华阳光能源开发有限公司荣获低碳建筑设计师推荐品牌企业称号。

（邱景涛　许林）

【白酒安全规范通过终审】 年内，由北京红星股份有限公司和中国安全生产科学研究院起草的国家安全生产行业标准《白酒企业安全生产管理规范》正式通过专家组终审，是中国第一部白酒生产企业安全管理的工作标准。

（邱景涛　许林）

【静音钢琴完成验收】 年内，北京一轻研究院首个科研对接主业项目——静音钢琴通过验收，该产品是传统钢琴与现代数码技术的完美结合，填补了国内静音钢琴产品的空白。3 月，首次亮相法兰克福乐器展览会。

（邱景涛　许林）

【酒交所电子交易系统上线运行】 年内，北京国际葡萄酒交易所电子交易系统上线试运营仪式在北京国际葡萄酒交易所大厅举行。北京国际葡萄酒交易所上线仅仅 1 个小时，南非最大的私人酒庄负责人 FFennie Retief 的南非四兄弟葡萄酒就卖出去 500 瓶。北京国际葡萄酒交易所的上线吸引了法国、意大利、美国、阿根廷、南非、澳大利亚等各国葡萄酒庄园和国内经销商的参与。北京市金融工作局副局长柯永果、海淀区常务副区长穆鹏、中国酿酒协会副理事长兼秘书长王琦、法国列级酒庄协会主席 Philippc Casteja、一轻控股公司总经理及北京国际葡萄酒交易所董事长苏志民、北京产权交易所总裁吴汝川、美国瑞星思达控股投资集团董事长兼 CEO John Mance Probandt、北京正源优仕科技有限公司总裁代表刘森共同开启北京国际葡萄酒交易所电子交易系统。北京一轻控股公司、北京产权交易所、中粮酒业、中信国安酒业、海航置业、信达资产等北京国际葡萄酒交易所股东单位领导，瑞星思达、正源优仕、拉菲特城堡等北京国际葡萄酒交易所会员单位代表参加上线仪式。

（邱景涛　许林）

【APEC 青年技能夏令营】 年内，首届亚太经合组织（APEC）青年技能夏令营走进星海集团公司参观交流。该活动是由国家主席胡锦涛倡议，由中国政府举办的面向青年技能人才的活动。夏令营以“技能放飞梦想”为主题，来自美国、俄罗斯、加拿大等 17 个经济体的 99 名营员参加了此次活动。

（邱景涛　许林）

【“星海杯”全国少儿钢琴比赛落幕】 年内，第十四届“星海杯”全国少年儿童钢琴比赛圆满落幕。由国家大剧院、中央音乐学院、北京星海钢琴集团有限公司主办的第十四届“星海杯”全国少年儿童钢琴比赛获奖选手音乐会暨颁奖仪式 10 月 6 日在国家大剧院音乐厅举行。本届比赛共有来自全国 52 个分赛区的 13000 多名琴童报名参赛，其中 432 名选手晋级决赛。经过 3 天角逐，最终产生各组别一、二、三等奖，优秀奖及中国作品奖。

（邱景涛　许林）

【两项科研课题通过国家鉴定】 年内，由北京红星股份有限公司和中国食品发酵工业研究院、中国科学院成都生物研究所共同承担的中国白酒 169 计划“红星二锅头白酒风味物质剖析技术的研究及应用”和“健康因子功能菌在红星二锅头酒生产中的应用研究”两项科研课题通过国家鉴定。专家认为两项课题研究成果在企业生产、研发、技术创新等方面具有较高的推广应用价值，取得了良好的经济效益和社会效益，推动了行业技术进步，达到国际领先水平。

（邱景涛　许林）

【中外名酒拍卖会】 北京国际葡萄酒交易所与北京歌德盈香拍卖有限公司共同举办“遗世佳酿 尊享醇芳——中外名酒拍卖会”在 11 月 17 日举行。本次拍卖会汇集了世界顶级名庄葡萄酒、珍稀烈酒和中国著名白酒3个系列共150个标的。拍卖会当天成交额2400万元。

（邱景涛　许林）

【中华老字号传承创新先进单位】 年内，在人民大会堂举行的中国商业联合会中华老字号工作委员会第五次工作会议上，经中国商业联合会中华老字号工作委员会专家评审组审核，北京红星股份有限公司荣获“中华老字号传承创新先进单位”称号，北京首都酒业有限公司总经理、红星股份董事长于吉广荣获“中华老字号传承优秀掌门人”荣誉称号。

（邱景涛　许林）

【数控系统入选国家战略创新产品】 年内，由北京大豪科技股份有限公司研制的“高效多头多功能刺绣机数控系统”作为国家重点新产品之一被列入国家首批战略性创新产品计划。“高效多头多功能刺绣机数控系统”是全国轻工行业年内唯一入选项目，被全国缝制机械协会评价为“相关行业科研创新的代表性成果之一”。相比传统产品，该产品具有节能、高效和性能稳定的诸多特性。

（邱景涛　许林）

【捷克参赞参访玻璃交易中心】 捷克共和国驻华大使馆商务参赞彼德·瓦夫拉先生一行于7月31日到北京玻璃交易中心进行参观访问。双方就开展合作事宜进行深入友好的交流，在玻璃制造、技术交流、市场开发、信息传播、合作合资等方面具有很大的互补性。彼德·瓦夫拉先生表示，要将北京玻璃集团公司及北京玻璃交易中心的相关推介资料发布到捷克共和国驻华大使馆官方网站和捷克商务官方网站上，促成更多的捷克玻璃制造厂商和经销商进驻北京玻璃交易中心，开展诚挚的合作，共同打造玻璃文化产业。双方就合作开发北京玻璃交易中心，在中国更有效地推广捷克的水晶玻璃制品等议题达成初步共识。

（邱景涛　许林）

【质量控制和技术评价实验室】 年内，为适应新型工业化发展需求，提高我国工业产品质量水平，根据《工业产品质量控制和技术评价实验室管理办法》及《工业产品质量控制和技术评价实验室核定细则（暂行）》，经工业产品质量控制和技术评价实验室专家技术委员会审议，国家工业和信息化部确定了全国首批54家工业产品质量控制和技术评价实验室名单。其中，轻工行业仅4家。北京一轻控股公司推荐的国家电光源质量监督检验中心（北京）位列其中。

（邱景涛　许林）

北京隆达轻工控股有限责任公司

【概述】 北京隆达轻工控股有限责任公司（简称隆达公司）是一家国有控股企业，总资产86亿元，共69家企业，营业收入完成83.7亿元，同比增长1%；主营业务收入完成80.5亿元，同比增长5.1%；利润总额完成2.58亿元，同比增长48%。其中，国有及国有控股企业48家，净资产17.09亿元，职工5440人，营业收入完成38.1亿元，同比增长8.6%；主营业务收入完成36.5亿元，同比增长11.7%；利润总额完成1.19亿元，同比增长2%。

加快经济联合体建设。以母子公司制为基础，通过组建经济联合体，实施“一新一优”企业布局，做专做强二级企业。主要组建了8个经济联合体。雪花与华盾公司经济联合体的组建，包括压缩机、冰箱、突破插件的第二工厂建设、城建隆达置业公司的组建、冰箱现厂址和华盾现厂址的物业经营、华盾公司新厂址建设、绿源股权收购，努力摆脱高耗能、高销售费用的制约；有色所与达博公司经济联合体建设，完成控股经营的第一阶段任务，2个国家级高新技术企业组建的经济联合体，合并口径实现3000万元利润，销售收入8亿元；北厨与东方公司经济联合体的建设，随着东方电器公司的整体改制，经历了从组织重组到产权重组的全过程，实现利润500万元；楠辰与惠鼎公司经济联合体完成合署办公，启动“降三升四”工程，物业经营升级试点、共同共有股权与国有股权的运作运筹中；塑研所与兴业公司经济联合体的组建已经启动；“住宅＋文百＋英特”经济联合体的组建；塑料三厂与乾沣公司经济联合体的建设，在合署办公、制度梳理、遗留问题解决等工作上初见成效，塑料三厂利用文化创意政策的工作正在运筹中；富诚彩印与宝岛公司经济联合体的整体设计启动，处于设备达产、市场开拓、历史遗留问题解决阶段。组建的有色所与达博公司、塑研所与兴业公司经济联合体，获得5000万元国有资本金注入。

加强经营团队建设。围绕隆达公司2012年考核任务，有色公司、印包公司、雪花公司、白菊公司、北厨与东方公司、华盾公司、有色所、达博公司、有色供销公司、塑料三厂与乾沣公司等企业，努力扩大经营规模和盈利能力；合力组建8个经济联合体，破解楠辰公司、印包公司物业经营难题，在北泡公司、东方公司整体改制等工作上，团队凝聚力不断提高；在战略合作和政策利用上，总部部室与企业齐心合力，获得9575万元技改资金注入、政策贴息、老干部政策、农租房确认、土地出让等多项支持。

有序推进创新项目。东方公司、北泡公司立足整体改制，促进企业体制机制创新；有色公司、北厨公司、华盾公司、轻钢公司、英特公司、惠鼎公司立足直接经营，促进经营创新；白菊公司、雪花公司、印包公司、北厨公司立足专项精细管理，促进管理创新；楠辰公司珠市口项目、英特公司、胶印厂、印刷一厂立足经营转型，促进经营模式创新；有色所、塑研所、达博公司、印刷二厂、宝岛公司立足技改项目，促进产品创新；隆达总部、有色所、塑研所、达博公司立足国企优势，促进政策运用创新；白菊公司、北厨公司、达博公司、诺飞公司立足合作伙伴优势，促进盈利模式创新。

（隆达公司）

【白菊获卓越绩效奖】 3月27日，中国轻工业联合会三届二次理事会暨全国轻工行业工作座谈会在长沙召开，北京白菊电器有限公司荣获“2010—2011年度全国轻工业卓越绩效先进企业”奖项。白菊公司在实施卓越绩效管理模式中将卓越绩效管理模式与自身管理模式相结合，宣贯卓越绩效的管理理念，以台账式的管理手段，坚持预算管理，实现了企业经济运行质量提高、绩效优良的成绩。

（隆达公司）

【恩布拉科创新大奖揭晓】 4月12日，在北京新国际展览中心举办首届恩布拉科创新大赛颁奖典礼，西安正安环境技术有限公司的参赛者王陆一凭借球面压缩机荣膺10万美元的创新大奖。这一奖金数额是迄今为止全球创新奖项中最高的奖项金额之一。此次创新大赛于2011年6月启动，以“提升制冷能效”为主题，征集创新制冷解决方案，主要面向高校，为挖掘创新高能效解决方案和优秀人才提供平台。该大赛吸引了100多位来自中国高校的学生和老师，以及行业研究机构和企业的专业人士的参与，共征集59项作品。前15名获奖学生获得进入北京恩布拉科雪花压缩机有限公司实习的机会。

（隆达公司）

【厨房设备公司成立】 年内，隆达公司以实现公司制改造引入股权多元化、挖掘存量资产价值、实现资产优化为目标，对北京厨房设备集团公司（简称北厨集团）实施整体改制。按照隆达公司“十二五”整体改制工作要求，实现集团成功转型，按照国家有关国有企业产权转让的政策来实施重组合资，在资产评估的基础上，北厨集团的全部有效资产扣除改制成本后的净资产出资引入德国专业厨柜生产技术及社会现金资金，将北厨集团由国有集体联营企业改制为投资主体多元化的新公司，名称变更为北京厨房设备有限公司。通过资金注入、资源整合、债务重组的方式，转换经营机制、拓展民用厨具市场。北京厨房设备有限公司全年主营业务收入完成4805万元，同比提高137%；主营业务利润完成507万元，同比增加163%；利润总额完成518万元，同比提高532%。

（隆达公司）

【组建楠辰·惠鼎联合体】 年内，隆达公司按照“十二五”规划和集团管控工作要求，决定组建楠辰·惠鼎联合体。6月28日，北京惠鼎皮业有限公司整体搬迁至鸭子桥楠辰公司办公地集中办公。11月27日，楠辰与惠鼎公司正式实施合署办公，整合了6个经营管理部门，本着“合署办公、职务互兼、分工侧重、核算独立”的原则，共同部署工作，相互推动和促进经营、管理工作开展。在实现整体融合的同时，惠鼎公司腾出的办公用房参与到物业经营之中，达成56万元/年的承租意向，楠辰退管中心搬迁至惠鼎公司五间楼办公地，腾出优势地段房屋已实现年物业收入50万元。全年物业增收258万元，节约降费214万元，解决历史遗留问题涉及资金88万元。通过经济联合，楠辰和惠鼎2家公司主营业务收入16849万元和4768万元，分别同比增长4.1%和55.5%，利润总额86.5万元和21.7万元，分别同比增长21.8%和85.5%。

（楠辰·惠鼎）

【企业转型】 年内，北京市塑料三厂根据老工业厂区的资源优势，按照印包集团公司"十二五"发展规划，打造特色服务业和文化创意产业。利用厂房资源，使简单房屋出租融入文化内涵，告别"瓦片经济"，向文化创意产业转型。截至年底，有20家承租单位入驻，入驻率94%，全年房租收入806万元，比去年增加33万元。

（隆达公司）

【资产经营】 年内，隆达公司所属北泡集团、东方电器公司整体改制方案已经公司董事会通过，资产评估通过市国资委审核。印刷集团与合作方签署《合作意向书》。收购皮革集团共同共有股权整体方案获董事会批准，资产评估完成。隆达公司持有兴业公司股权划转塑料所的整体方案获董事会批准。收购彩印厂职工持股会股权方案，完成资产评估及职代会全部程序，收购方案获董事会批准。绿源公司原水利部持有股权转让完成，新的合作方正在办理股权变动事宜。完成北京轻联富瑞包装物资有限公司劣势企业退出，取得工商注销证明，完成市财政劣势企业退出资金使用的自查。完成北京绿源塑料有限责任公司企业升级。西安秦川北泡钢结构有限公司的股权转让工作完成决策程序。批复13户企业物业经营项目，55份房屋出租合同，出租面积约6万平方米、合同租金收入约4700万元。终结印铁制罐厂原厂址转让项目，完成涉及出让金返还的收尾工作，与开发商签署《项目终结协议》。同时就富佳公司股权转让项目后续工作与兴合公司进行协商，就资金偿还等问题签署《补充协议》，收回资金1236万元。调剂使用隆达系统内流动资金，全年为隆达系统内企业办理承兑汇票贴现服务2.77亿元，提供企业流动资金周转借款7800万元。利用北京市支持科技创新政策，组织总部有关部门为相关企业申请政府和市国资委有关支持项目资金，获得科技成果转化生产力项目资金投入5000万元，其中有色研究所稀贵金属焊料科研成果转化生产力项目获得资金4500万元，塑料研究所氟塑料防腐板材研发成果转化生产力项目获得资金500万元。

（隆达公司）

【产业转型】 年内，隆达公司积极推进产业转型升级，企业发展方式进一步转变。围绕形成产业特色和优势，确定和实施了16个产业转型升级、科技成果转化生产力、改制重组、战略合作、产权调整等相关项目。有色研究所、达博公司、塑料研究所自行研发成果转化生产力的技术改造项目；华盾雪花公司在固安建设塑料新材料产业基地项目；印刷集团与IDG基金公司合作发展创意文化产业项目；有色研究所增持达博公司股权，使隆达公司国有资本在达博公司实现控股地位；胶印厂产业转型，与东城区合作建设文化创意产业园项目；塑料研究所与兴业科技公司建设产业联合体项目。其中，科技创新和技术改造项目5个，总投资约5.6亿元，涉及隆达公司投资约2.6亿元。在投资项目中，90%以上是支持主业发展的项目，90%以上是自主研发成果转化生产力的项目。企业利用自身优势开发拓展了市场和产业领域，探索创新了经营模式。在推进产业转型升级、扭转企业经营困难局面、提高企业内生发展动力上取得了阶段性成果。

（隆达公司）

【重点项目建设】 年内，隆达公司通过对固定资产投入，给所属企业的经营发展、产品结构调整、技术水平和创新能力注入了活力。北京有色金属与稀土应用研究所增资扩产项目，总投资10050万元（其中，国有资本金注入4500万元，企业自筹5550万元），其中固定资产投资7150万元。项目分阶段实施并投产，成为金属焊接材料产业领域高端的新型企业，使企业经营指标和产品研发创新能力有了较大的提升，2012年实现销售收入24406万元、利润1391万元，较2011年度分别增长10.2%、51.6%；2012年实现新产品产值21152万元，申请发明专利6项。北京市塑料研究所"聚偏氟乙烯PVDF系列板材研制及产业化项目"总投资1200万元（其中，国有资本金注入500万元，企业自筹700万元），其中固定资产投资800万元。已完成厚板生产机组等主要设备的订购工作，相关厂房改造等配套辅助工作还在进行中。该项目产品将以其卓越的防腐性能、先进的加工工艺开创防腐材料尤其是复合双层粘贴衬里技术新领域，填补国内空白，可替代进口，节约外汇，降低行业成本。北京印刷集团有限责任公司印刷二厂“彩票生产高端制作成套生产线（三站式）更新改造项目”，总投资4217万元（其中，银行贷款2800万元，企业自筹1417万元），其中固定资产投资4067万元，于9月完工并正式投产，福彩中心正式下达了印制2000万张福利彩票的订单。该生产线采用世界最先进的伺服技术，实现了正背自动套印、自动预套印、二次追印功能；自动化程度高，操作简便，有效减少了准备时间及材料浪费，低能耗，设备耐用率更高，可通过网络对设备进行故障诊断、维护、调试等多方面的优势。该项目设计彩票年产能15亿张。北京宝岛包装印刷有限公司更新多色胶印机项目，总投资1683万元，其中固定资产投资1623万元。淘汰一台老旧对开五色联机上光胶印机，更新引进海德堡对开六色胶印机，项目于12月完成并投入正式生产。该设备满足了企业现有六色印刷产品的加工需求，避免原来印刷六色产品的二次上机现象，提高产品质量和工作效率，降低成本;其加工产品覆盖了日化系列、化妆品、高端非接触类食品包装等多色印刷的高端产品。

（隆达科技发展部）

【节能减排】 年内，隆达控股公司能源管理工作在用能单位节能节水技术改造及综合节能措施上下功夫，企业采取了合理用水、合理用能、躲峰用电、节约用能，提高变压器负荷率、调整变压器负荷、报停部分变压器负荷，淘汰高耗能供、用电设备，供热（水）管网改造，节能照明，变频调速改造等节能措施。隆达公司在产值同比上升10%的情况下，能源消费总量同比下降1507.2吨标准煤，下降率为5.5%，节约能源费用880万元（2012年，隆达公司吨标准煤价格约为5890元）。万元产值能耗0.045吨标煤，比去年同期的0.053吨标煤下降15.1%。用新水843591立方米，万元产值耗新水1.47立方米，比同期（万元产值耗新水1.73立方米）下降15%。其中，印包集团公司对车间、仓库、办公场所的节能进行专项督察，更换了原有照明设备，使用节能灯源，节约办公用纸，及时检查维修上下水管道。印刷二厂通过淘汰老旧的耗能型生产设备，引进新的生产设备，使单位产品节约能耗20%。印包集团公司年耗能6855吨标煤，同比下降24.38%。有色公司设备所配电室淘汰60年代生产的320千伏高能耗变压器，新装2台500千伏低能耗变压器，更新高、低压配电柜及配电线路，节电10%以上；将旧燃油锅炉更换成低谷用电固态蓄能电锅炉，全年取暖费节省4万元。金鹰公司每月可节电6500度。达博公司通过合理安排生产，减少不必要的设备运转，加强生产流程和产品质量管理等措施，使键合金丝产品耗电量由2011年30度/万米下降到2012年的28度/万米，共节约电量46000度，节约电费4.6万元。北京华盾雪花塑料集团有限责任公司投入9万元将2004年、2005年购买的3台空压机组进行大修，节能效果显著，平均节电达42%，年节约电费38.4万元。

（隆达公司）

【干部选拔与监督管理】 年内，隆达公司实施人才优化调整，建立干部选拔任用工作制度和标准，完善细化企业领导人员选拔任用条件及程序、考核激励、监督管理、教育培养等内容。企业领导干部选拔严格按照制度进行，坚持“德才兼备、以德为先”的选人用人原则，坚持民主推荐或公开招聘方式产生人选、预备人选，经过考试竞争、测评公示、组织考察、投票决定等环节确定任用。共任免干部113人次，涉及干部64人。完成了雪花集团公司财务总监和隆达公司审计部部长的竞聘工作。为进一步提高企业领导干部经营管理能力，坚持推动干部交流任职，涉及人员12人次。对所属企业负责人后备干部进行集中性补充调整，二级企业正职后备推荐人选23名，二级企业副职后备推荐人选46名，三级企业正职后备推荐人选40名。选派了11名青年干部在隆达系统内进行挂职锻炼。健全完善干部选拔决策机制，对5名干部的任免全部采用票选办法。

为推进干部工作和监督制度的贯彻执行，制定了《企业领导人管理暂行办法》；修订了

《企业领导人员兼职规定》《任职回避规定》《因私出国（境）管理制度》。坚持抓好各级领导班子的民主测评和干部选拔任用“一报告两评议”工作，隆达二级企业领导班子成员和隆达总部中层干部80余人按规定报告了个人事项。从财务收支、经营决策、个人廉政、从业等方面对3位企业经营者离任进行审计评价。

（隆达公司）

【人才队伍建设】 年内，隆达公司动员和组织优秀科技人员申报优秀人才资助项目，华盾雪花公司、有色所的科技人员获得市委组织部拨付的资助资金11.4万元。完善了劳模评选表彰、培养教育等项制度，下发了《隆达公司加强劳模工作的意见》。评选出26名隆达创新标兵，7个创新班组，8个优秀创新工作室，10个优秀创新成果，有1人获得了“全国五一劳动奖章”称号，2人获得了“首都劳动奖章”称号，1家企业被评为“首都劳动奖状”先进集体。下半年又有6人被评为全国轻工行业劳动模范，1个集体被评为模范集体。为弘扬工人阶级的先进性，下力量编辑了《翘楚精英隆达楷模》一书，记录了隆达公司原3个总公司（二轻、印刷、有色）180名劳动模范的主要事迹和历史贡献。

（隆达公司）

【职工创新工作室】 年内，隆达公司新建职工创新工作室8个，使全系统创新工作室达到20个，扩大了创新工作室覆盖面，参与职工360人。其中，4个为市级创新工作室，有2名科技人员获得了北京市专项资金支持。隆达公司级经济创新项目43项，其中产品、技术创新项目27项，占总立项的62.8%。评选出一批创新标兵，推选出1名“全国五一劳动奖章”获得者、6名全国轻工行业劳动模范。全面推行首席员工制度，确定了隆达公司级首批一线技能型“首席员工”初步人选。9月26~29日，印包设计工作室在由国家教育部、国家科学技术部、国家文化部、北京市政府主办，北京包装技术协会、北京隆达印刷包装集团有限公司联合承办的2012北京国际设计周包装设计专题展会国家图书馆古籍馆亮相。

（隆达公司）

【安全生产和稳定工作】 年内，隆达公司制定《关于加强企业安全生产，保障企业和谐稳定，推动企业健康盈利的指导意见》，对企业生产安全、交通安全及和谐稳定工作提出了明确的意见和操作程序。同时让企业与承租单位签订《北京隆达轻工控股有限责任公司出租房屋安全管理协议书》，使安全生产责任得到了进一步落实。按照“打非治违”工作要求，排查非法违法生产经营行为。对建筑和出租建筑进行统计，做到了底数清情况明。针对“7·12”楠辰皮革公司所属北京市制胶厂楼顶塌陷事故，完成了前期违法建筑拆除工作。积极开展“安全生产月”活动。6月，全系统单位在安全生产月期间组织开展了多种活动，共投入约80万元，进行宣传动员、教育培训、应急演练、隐患整改等系列活动。8月30日，隆达公司开展安全培训，共有66个单位150多人参加。定期组织企业进行矛盾排查工作。做好缠访人员的协调接待工作，努力化解历史遗留问题。共处理信访举报70件，办结的信访件67件。推进农租房腾退工作。隆达公司共1085户农租房，经过几年努力，已解决467户，还有618户未解决。2012年召开了农租房腾退工作会议，对4家二级企业及8家涉及农租房腾退企业，提出了管理及解决要求，配合审计部完成了市审计局对农租房腾退工作专项资金的审计。

（隆达公司）

北京纺织控股有限责任公司

【概述】 2012年，北京纺织控股有限责任公司（简称纺织控股公司）全年完成主营业务收入71.5亿元，主营业务利润10.15亿元，实现利润3.49亿元。北京市辖区纺织服装企业出口创汇前50家（按海关统计）中，纺织控股公司有6家企业位列其中。在2012年中国制造企业500强中，纺织控股公司榜上有名。

截至年底，“十二五”确定的16个项目已有15个开始实施。其中，13个签约项目完成投资2.05亿元，完成进度113.89%。实现销售收入4.72亿元，完成进度119.49%。一批项目获得市国资委5000万元的资金支持。光华集团的城市应急给排水项目在“7·21”抗洪救灾中以其特有优势，发挥重要作用。五洲佳泰的帐篷城以其全面的配套设施和新颖的设计在全国产业用纺织品展览会上获得市场好评。

推进品牌建设。年内，“铜牛”“雪莲”“雷蒙”“天坛”“绿典”“佳泰”等一批著名商标继续发挥品牌效应，扩大品牌的影响力。通过科技创新，2012年纺织控股公司制造业企业新产品实现销售收入74596.39万元，占产品销售收入的28.48%。科技支出10922.21万元，占产品销售收入的4.17%。企业申请专利16项，其中发明专利10项；获得授权16项，其中发明专利8项。光华集团被认定为“2012年国家知识产权局审查员知识更新与实践”基地，顺利通过国家知识产权局联合北京市知识产权局组织的第四批全国企事业知识产权试点单位的考评和验收。

发展现代都市服务业。铜牛信息科技公司通过与苹果公司等合作，提升服务水平拓宽经营渠道，并积极推进在“新三板”上市，形成新亮点。京棉莱锦文化创意产业园也已打造成传统纺织华丽转身的名牌。方恒置业公司在房地产市场调整紧缩的情况下，积极调整发展战略，紧抓发展机遇，提前储备土地资源。

加强制度建设。2012年，纺织控股公司经过广泛调研，根据市国资委的有关要求和企业的实际，制定、修订40项管理制度并汇编成册印发至各单位。为加强财务管理，纺织控股公司印发财务管理有关制度汇编，并在市国资委系统率先形成纺织控股公司国有资本经营预算管理的制度体系，受到市国资委的表扬。同时经过整改、促改各项措施的落实，控股公司绩效评价得分从2006年的52.4分，直至2007~2012年跃升到平均80分以上，在盈利能力、偿债能力、经营增长和资产质量方面均达到行业优良水平，确保了国有资产的保值增值。

（张建国）

【专业技师鉴定资格首次实现零突破】 4~12月，纺织控股公司旗下铜牛集团等企业的26名技术骨干获得破格参加技师培训和鉴定资格。通过理论、实操考试和论文答辩，26人全部获得国家二级（技师）职业资格。这是北京纺织控股公司首批由自己培训并通过资格鉴定的专业技师，至此也实现了细纱、纺织、针织染色工技师零的突破。

（刘富禄）

【节能减排及新技术推广应用与调研】 4月起，纺织控股公司对所属23家重点生产企业及生产园区（高丽营、马驹桥、平谷）开展节能减排新技术推广应用调研工作，同时下发用能设备调查表、污染物排放调查表、新技术应用潜力调查表等。该调研工作通过收集报表及整理、生产企业现场调研、调研报告编写、调研报告审核及定稿4个阶段，最终编写完成《节能减排新技术推广应用调研报告》，约4.4万字。

（陈玉民 王永茂）

【推介跨界发展思路】 5月24日，纺织控股公司技术中心、北京纺织工程协会和北京纺织科学研究所共同举办“文化创意与科技创新——玩儿转创意魔方主题沙龙”，旨在推介“文化创意”与“科技创新”相结合的跨界发展思路。并通过介绍在纺织服装领域及各自领域内跨界创新的实例，获得文化创意与科技创新的共融，同时将其引入产品开发与品牌运作之中。这种以视听展示、创意演绎、零距离交流为特色的分享模式，凸显了动静结合、增强了活动的互动性、独创性和新颖性，使与会者拓展了视野，获得了“走进来＋跨出去”的思路启迪。

（刘晓楠）

【铜牛再显航天品质】 6月16日，“神九”发射成功，铜牛内衣再显航天品质。这是继“神五”“神六”“神七”航天员成功遨游太空之后，铜牛集团为“神九”男女航天员成功研制的航天生理信号测试背心、航天员保暖内衣、航天内衣、航天手套和航天包等。

（纺织控股公司）

【城市应急给排水项目贡献突出】 7月22~23日，纺织控股公司光华集团城市应急给排水工程在北京“7·21”特大暴雨抗洪救灾中发挥重要作用。在京港澳高速出京16.5公里~17.5公里处的排水抢险实战中，连续工作30小时，大流量、长距离的强大排水能力为恢复通车作出了重要贡献，得到了市委、市政府领导的高度评价。

（纺织控股公司）

【2 人获支持资金】 7 月 30 日，纺织控股公司光华纺织集团有限公司杨涛的“大口径纤维增强高压软管的研究及产业化”、清河三羊毛纺集团侯锋的“优化染色、复洗工艺，确保产品质量，降低生产成本，提高纱线可纺性研究”获北京市委组织部《优秀人才培养资助项目》，共获支持资金 10 万元。

（纺织控股公司）

【首届“京纺杯”北京市青年缝纫工技能大赛】 8 月 8 日，由控股公司承办，铜牛集团和大华天坛服装公司协办的首届“京纺杯”北京市青年缝纫工技能大赛正式启动。来自全市相关国企、民企、市属职业院校等 23 家单位的千余名青年踊跃报名，60 名青年选手进入决赛，11 名纺织青年荣获北京市级荣誉，其中大华天坛青年符志涛被授予“北京市技术能手”称号。11 月 4 日，举行了颁奖典礼。

（纺织控股公司）

【铜牛物流基地投入运营】 9 月 11 日，铜牛物流基地投入运营剪彩仪式成功举行。这是铜牛集团在完善销售终端和专卖店视觉营销系统，利用第三方物流和信息化，建立现代化的物流配送体系的重要环节。物流基地的投入运营为铜牛集团自主品牌发展形成了强力支撑，标志着铜牛品牌由基于供应链的生产品牌全面转向基于需求链的商业品牌。

（刘晓楠）

【人才调研】 9~11 月，纺织控股公司为进一步落实“十二五”人才规划，与各企业相关人员组成人才工作调研小组，重点对全行业青年人才进行了摸底调研，对“80 后”青年人才队伍现状有了基本了解，做到基本摸清，并形成《青年人才工作调研报告》。年内，纺织控股公司党委首次对本部各部室负责人后备人选进行了推荐。

（刘 玮）

【公开选拔领导干部】 9~12 月，纺织控股公司按照市国资委公开选拔市属国有企业领导的工作要求，面向北京市公招一名副总经理。共有 13 人报考，其中 5 人为组织推荐的业内优秀中青年。经过网上报名、资格初审、考试测评、组织考察、决定任用等 6 个环节，北京石油化工学院工会常务副主席贠天祥被聘为纺织控股公司副总经理。同时通过公选，由市国资委委派尹国平任纺织控股公司财务总监。

（刘 玮）

【产业用纺织品集体参展亮相】 10 月 2~25 日，纺织控股公司以“科技纺织，让生活更美好”为主题，携系统内 6 家企业整体参加“第十届中国国际产业用纺织品及非织造布展览会”。展示了“十二五”发展规划确定的重点科技创新项目，主要包括高技术产业用纺织品在城市应急给排水和避险系统中的应用及产业化、都市非纺产业用纺织品市场拓展、高性能纤维助剂研发与产业化等一批带动力强、影响面广、投资见效快的项目。展位吸引了大量来自国内外的参观者，其中具有交易意向的客户达到 220 多家，对产品质量和性能给予高度肯定。

（刘晓楠）

【领导班子新老交替】 年内，纺织控股公司领导班子主要负责人等，以及各重点集团党政主要负责人，两级领导班子顺利实现新老交替、平稳过渡和有序衔接。年内，共调整领导班子 40 人（次），涉及领导人员 129 人（次）。其中提拔 16 人，任命、续聘等 75 人（次），解聘免职 31 人（次），退休 9 人。截至年底，14 个二级企业中的 103 名领导班子成员平均年龄为 49.3 岁，大学以上学历占 83.3%。干部队伍整体素质和能力进一步提升，人员结构进一步改善。

（刘 玮）

【效能监察】 年内，纺织控股公司效能监察立项 33 项，完成 33 项，完成率 100%。其中，一级立项 14 项，二级立项 19 项。为企业避免经济损失 237.01 万元，挽回损失 2.8 万元，增效 903.95 万元；提出改进管理建议 61 条，被采纳 55 条；建立和完善规章制度 76 项。举办效能监察工作培训班 18 期，培训人员 235 人次。评比效能监察优秀项目一等奖 1 名、二等奖 2 名、三等奖 3 名，优秀奖 6 名。

（张肖雯）

【企业改革改制】 年内，纺织控股公司共完成企业改革 16 家(不含退出)，其中投资新设 4 家；股权重组 12 家（改制 1 家、股权收购 3 家、增资扩股5家、股权划转3家）。完成劣势企业退出12家（注销8家、转让4家），其中列入市国资委2012年退出计划企业2家（均为注销）。完成列入市国资委2012年压缩管理层级目标企业7家。吸引社会资本9990.49万元，收回国有权益2332.49万元；完成投资27460万元。

雪莲集团公司积极推进援疆和对口帮扶工作，在新疆昌吉市投资设立昌吉雪羚生物科技有限责任公司，注册资本1000万元，雪莲集团公司持有51%股权；在内蒙古自治区赤峰市巴林右旗投资设立内蒙古雪莲羊绒有限公司，注册资本5000万元，雪莲集团公司持有51%股权。毛纺集团公司投资设立北京京兰非织造布有限公司，注册资本1500万元，毛纺集团公司持有60%股权，北京京兰非织造布有限公司持有40%股权。方恒股份公司在承德投资设立全资企业承德方恒辰熙半岛房地产开发有限公司，注册资本10000万元。毛纺集团公司将全民所有制子企业北京溥利毛纺进出口有限公司改制成为国有一人公司北京溥利毛纺进出口有限公司，注册资本967.7万元。

光华集团公司根据园区拆迁实际及企业发展需要，投资7200万元收购北京奥力神新型建材有限公司全部股权，并获得该公司名下全部土地及房屋产权。毛纺集团公司结合园区主业发展，通过北交所挂牌交易和协议收购，各以1元价格分别收购中美联合（北京）制呢有限公司中土畜雪莲股份有限公司持有的40%股权和美国派克公司持有的25%股权，将该公司变更为毛纺集团公司全资子公司，并通过债务重组获得6017万元债务重组收益。铜牛集团公司收购北京铜牛进出口有限公司自然人全部股权，规范职工持股。

纺织控股公司为支持企业发展，对二级企业雪莲集团公司、铜牛集团公司、光华集团公司、毛纺集团公司分别增加投资1000万元、2400万元、2000万元和900万元。控股公司根据发展需要，对方宏置业公司实施股权结构调整，注册资本由2889.20万元增至3683.72万元，其中社会法人增资794.52万元（实际引资7050.49万元），企业由国有控股（51%）调整为国有参股（40%）。

铜牛集团公司将持有北京铜牛信息科技股份有限公司35%的股权无偿划转纺织控股公司，并使北京铜牛信息科技股份有限公司直接提升为二级企业。该公司现已完成进入“新三板”资本市场的全部准备工作，待证监会审批。北京金坛大厦有限公司将持有北京铜牛物业管理有限责任公司33.33%的股权无偿划转铜牛集团公司，北京铜牛物业管理有限责任公司变更为铜牛集团公司全资子企业。北京印染厂将持有北京芙蓉宾馆有限责任公司28%股权无偿划转给光华集团公司。

北京北国服装有限公司、北京鑫洋织带有限公司、北京光华启明烽科技有限公司格尔伯尔服装分公司、北京市九达进出口有限责任公司、北京五洲飞天商贸有限公司、北京铜牛制衣有限公司、北京铜牛金台商贸有限公司、北京辰时纺织机械有限责任公司先后完成工商注销登记。北京鑫海湖商贸有限公司、北京国通宏易投资管理有限公司同时完成国有股权全部转让。

（杨舒　王强）

【重点项目成果】 年内，纺织控股公司荣获“2012年度中国纺织工业联合会产品开发贡献奖”荣誉称号。北京雪莲集团有限公司技术中心和北京雪莲时尚纺织有限公司共同研发的《物理变性聚酯等新型纤维在毛针织领域的产业化应用研究》项目，荣获2012年度中国纺织工业联合会科学技术奖三等奖。北京光华纺织集团有限公司“4.4米涂层设备背涂立刀技术改造”项目，荣获北京市科学技术协会颁发的北京市“金桥工程”项目二等奖。

清河三羊毛纺集团参评产品“紫夜”入围“2013/14秋冬中国流行面料”，同时荣获“2013/14秋冬中国流行面料入围企业”称号，并获得由中国纺织信息中心和国家纺织产品开发中心联合授予的“中国流行面料入围企业”荣誉证书。竹纤维花呢JAT98004－1荣获2012年“维尔佳”新产品评比二等奖。在中国毛纺织行业协会组织的2012年全国毛纺面料优质精品推荐活动中，新清河牌毛涤花呢JA34024－1被评为精品奖，新清河牌羊毛羊绒花呢JBC23001－1、全毛女士呢268247－1、全毛花呢231058－1被评为优质产品奖。

北京大华天坛服装有限公司蒸汽尾气回收

QC 小组被命名为“2012 年度全国纺织行业优秀质量管理小组”；北京铜牛股份有限公司织造车间保全班、印染车间印花班组，北京光华纺织集团有限公司科技发展部试化验室，北京五洲佳泰新型涂层材料有限公司质检部被命名为“2012 年度全国纺织行业质量管理信得过班组”。年内，纺织控股公司“十二五”重大项目中的 13 个签约项目共完成投资 2.05 亿元，实现销售收入 4.72 亿元。铜牛集团“高端户外服装及面料研发”项目的关键技术、产能及质量优势已成为接单的重要竞争力，产品结构升级战略基本实现；铜牛集团“功能性针织产品的深度研发与产业化”项目突出打造铜牛产品特色风格；铜牛集团“提升品牌营销管理，拓展业务发展新模式”项目通过引进经营团队，全面发展电子商务，同时进一步发展服装定制业务，完善了终端和专卖店视觉营销系统；光华集团“高技术产业用纺织品在城市应急给排水和避险系统中的应用及产业化”项目，基本完成全系统的安装、调试，具备市场推广应用的示范演练条件，年内申请专利 3 项，在项目成果产业化方面有较好的表现；雪莲集团“羊绒先进制造能力提升”项目中的“新疆优质超细型绒山羊繁育生产基地建设”已被列为市政府重点援疆的支持项目之一。目前，新疆雪羚公司各项工作正有序推进，高品质纺纱能力扩容完成一期投资建设任务，二期可行性分析和建设方案已经完成；清河三羊毛纺集团“建立精品面料研发营销新体系”项目，更加突出在产品设计、开发方面的引领功能，投入、产出超出预期目标。

（付清云　葛顺顺）

【品牌建设】 年内，纺织控股公司参加复评的“佳泰”绿典棉桃“图形”商标继续蝉联 2011 年度北京市著名商标，有效期自认定之日起 3 年。至此，控股公司“铜牛”“雪莲”“雷蒙”“天坛”“绿典”“佳泰”绿典棉桃“图形”“JINGGUAN”8 个商标被认定为北京市著名商标。

（刘晓楠）

【开展“环境激素”调研与讲座】 年内，纺织控股公司对所属企业生产及产品中“环境激素”的存留现状进行了摸底调研，并在此基础上举办了“环境激素”科普知识讲座。从“环境激素”概念、对人类自身以及环境危害入手，结合服装纺织生产和产品中最易出现残留物的生产工艺和工序，通过深入分析环境激素产生的途径和预防措施，提高相关人员对“环境激素”的认识，以更好地引导企业增强社会责任意识，做好质量管控知识的储备。

（刘晓楠）

【产品销售】 年内，纺织控股公司规模企业产品销售收入完成 26.2 亿元，同比增加 4343 万元，同比增长 17%。其中，铜牛集团完成 7.38 亿元，同比下降 8.7%；雪莲集团完成 3.90 亿元，同比下降 6%；光华集团完成 9.86 亿元，同比增长 12.2%；京棉集团完成 9831.7 万元，同比下降 17.9%；京工集团完成 1.09 亿元，同比增长 6%；毛纺集团完成 1.46 亿元，同比增长 24.5%；大华天坛公司完成 1.35 亿元，同比增长 13.7%。销售收入超亿元的企业有 9 户，其中北京铜牛服装有限公司完成 3.77 亿元，同比下降 0.8%；北京中纺海天染织技术公司完成 2.83 亿元，同比增长 22.1%；北京五洲佳泰新型涂层材料公司完成 2.29 亿元，同比增长 32.2%；雪润（北京）羊绒制品公司完成 1.82 亿元，同比下降 7.7%；北京天彩纺织服装公司完成 1.59 亿元，同比增长 6%；北京京冠毛巾公司完成 1.55 亿元，同比增长 1%；北京大华天坛公司完成 1.35 亿元，同比增长 13.7%；北京铜牛股份公司完成 1.30 亿元，同比下降 41.1%；北京埃姆毛纺公司完成 1.28 亿元，同比下降 1.3%；北京铜牛泰鹰公司完成 1.07 亿元，同比增长 23.2%。

工业出口销售额完成 7.28 亿元，同比下降 19.8%，出口比重为 27.8%，同比下降 7.4 个百分点；内销收入 18.92 亿元，同比增长 13.4%，内销比重为 72.2%，同比增加 7.4 个百分点。

按照产业类别划分，纺织服装产业完成收入 22.16 亿元，同比增加 1335 万元，增长 0.6%。其中，服装业完成收入 11.75 亿元，同比减少 5079 万元，下降 4.2%，所占比重为 53.04%，同比减少 4.2 个百分点；面料业完成收入 4.70 亿元，同比减少 1526 万元，下降 3.1%，所占比重为 21.19%，同比减少 0.82 个百分点；装饰及产业用纺织业完成收入 5.71 亿元，同比增加

7957万元，增长16.2%，所占比重为25.77%，同比增加3.46个百分点。

纱总计销售1893.7吨，同比下降1.6%；布总计销售332.3万米，同比下降5%；精纺毛织品总计销售105.3万米，同比下降50.4%；服装总计销售1518.9万件，同比下降10.2%，其中梭织服装销售1022.2万件，同比下降4.8%，针织服装销售468.9万件，同比下降20.9%；羽绒服装销售8.6万件，同比下降9.5%。

（武小京）

【出口创汇】 年内，纺织控股公司系统17家进出口公司、企业出口创汇（按企业报关统计）2.86亿美元，同比减少1286万美元，下降4.3%。其中，进出口公司创汇2.35亿美元，同比减少852万美元，下降3.5%；进出口企业创汇5091.6万美元，同比减少434万美元，下降7.9%。

出口创汇中，8家进出口公司中4家同比增长，其中北京市金三环纺织进出口公司完成1983万美元，同比增长3.6%；北京光华时代纺织进出口公司完成4006万美元，同比增长18.5%；北京京工服装进出口公司完成4006.2万美元，同比增长3%；北京市纺织品进出口公司完成2779万美元，同比增长21.9%。9家进出口企业中有3家同比增长，其中北京雪润公司完成268.4万美元，同比增长6.9%；北京京冠毛巾公司完成2229.4万美元，同比增长6.6%；北京佐田雷蒙公司完成631万美元，同比增长12.7%。

北京市辖区纺织服装企业出口创汇前50家（按海关统计）排名中，纺织控股公司系统企业进入6家，其中北京市铜牛进出口公司名列第三，北京光华时代纺织进出口公司名列第八，北京京工服装进出口公司名列第九，北京金三环纺织进出口公司名列第十四，北京市顺发进出口公司名列第二十，北京市纺织品进出口公司名列第二十一。

（武小京）

北京工美集团有限责任公司

【概述】 北京工美集团有限责任公司（简称工美集团）是以工艺美术为主业，以传承与弘扬中华民族工艺美术文化、发展文化创意产业为己任，是集工艺美术品设计开发、商业经营、国际贸易、检测鉴定、职业教育、文化交流等为一体的多元化综合性企业集团，是北京乃至全国工艺美术行业的龙头企业。

年内，集团在册职工1509人，拥有企、事业单位27家，其中合资企业8家。具备自营进出口权、黄金批发零售权、珠宝首饰实验室、市级技术研发中心及大师工作室等特殊资质。注册资本4.66亿元。经营性房产总占地面积6万平方米，总建筑面积17.5万平方米。

工美集团经营范围主要包括黄金零售批发、特种工艺、首饰、金属工艺、技术咨询、房地产开发、物业管理等。经营品种包括以玉器、象牙、景泰蓝、雕漆为主的传统工艺美术品及黄金、珠宝首饰、现代工艺礼品、家居装饰品等70余个大类，上万个品种。

截至年底，集团实现营业收入31.36亿元，同比增加10.14亿元，超额完成年度目标，全年实现利润5235万元，完成年度目标的127%。

（李海涛）

【品牌影响力进一步提升】 年内，工美集团研发营销分公司先后承接国家就业创业表彰、国家农村社会保险表彰、教育部两基工作表彰、国家深潜英雄表彰等一系列重大表彰项目的奖章、奖牌任务。该集团旗下握拉菲公司，还承接设计制作了“神舟九号”航天功勋奖章、中国首艘航母辽宁舰正式交接入列奖牌。与此同时，在北京市工商局发布的《2011年度北京市著名商标认定公告》中，握拉菲旗下“金鸽子”品牌榜上有名，进一步提升了工美集团的知名度和企业竞争力。德胜门工美大厦黄金珠宝城获得了由中国商业联合会珠宝首饰鉴定评估中心颁发的“中国黄金珠宝广场第一家”荣誉称号。

（李海涛）

【战略拓展项目落地】 年内，天坛工美大厦作为城南首个传统文化与时尚创意专业商场及“北京礼物”示范店顺利开业。截至年底，“北京礼物”旗下共有12家店面。9月24日，工美聚艺文化创意产业园盛大开园，已有10余家工艺美术知名企业、事业单位及社会团体入驻。10月10日，北京市玉器厂有限责任公司改制挂牌，重新纳入工美集团统一管理。北京工美珠宝投资公司、北京工美国金黄金艺术品有限公司、国礼中心等单位也已全面进入运营阶段。

（李海涛）

【拓展业务领域】 年内，工美集团与香港千亿文化传媒有限公司就电子商务、实体店、海外市场拓展等方面进行全方位合作。“北京礼物”项目与红马(中国)有限公司战略合作协议签订。与中国工艺（集团）公司、中联国际文化发展有限公司合作的中国工艺艺术品交易所项目日趋成熟。与紫金矿业签署合作意向框架书，进一步做大做强“工美黄金”。与航天（北京）科技文化发展有限公司签署战略合作协议，将深度挖掘航天深厚的科技与文化资源，努力开拓新的市场。

（李海涛）

【人才招聘和企业培训】 年内，工美集团共引进各类人员117名，均为文化层次较高、专业技能较强、工作经验丰富且年龄较低的人员。党校、培训中心与各主管部室一起，完成了全集团的16期培训，共计培训1411人次，涵盖领导干部及各类专业人才，培训内容主要有政治理论、管理理论、思想文化和专业知识及技能4个方面。

（李海涛）

华润医药集团有限公司

【概述】 2012年，华润医药集团有限责任公司（简称华润医药）营业收入802亿元，同比增长42.19%。其中工业营业收入149亿元，同比增长19.71%；商业营业收入638亿元，同比增长50.03%。

推进整体战略项目。整体战略项目分三阶段推进，第一阶段涵盖宏观、竞争环境、业务领域分类等；第二阶段侧重于华润医药战略定位、战略选择；第三阶段着重提升路径、组织管控等。经过28次外部专家、官员、学者的访谈，50次内部经理人的访谈，14次战略体系培训会和专题研讨会，形成了大量的工作文件和报告，整体战略项目第一阶段工作基本完成。

推进资产并购和整合工作。公司加快推进并购优质医药产业资源工作。华润医药投资3.06亿元与漳州片仔癀药业股份有限公司成立合资公司，由华润医药控股并开始运营，华润医药在中药资源整合中取得突破。北京紫竹药业有限公司收购中国化工乳胶业务，延伸了紫竹药业在生殖健康领域的产品组合（上海乳胶厂和桂林乳胶厂）。华润三九医药股份有限公司完成对广东顺峰药业的全资收购，扩充了OTC产品线，提升了皮肤用药品类的市场地位。华润医药商业集团有限公司完成对河南洛阳公司、三门峡公司、湖南双舟、广东中健等公司的投资并购。通过并购进一步完善医药流通网络布局，从区域性公司逐渐转变为全国性公司。

加快华润医药内部股权重组。完成紫竹药业股权归集。6月起，华润医药就紫竹股权转让与中国信达进行多次沟通，在11月双方就紫竹药业股权转让事项达成一致，12月完成紫竹药业的股权归集工作并完成紫竹药业工商变更登记工作。紫竹药业成为北京医药集团有限责任公司（简称北药集团）的全资子公司。归集了中国医药研发中心的股权（简称药研中心），北京医药集团将全面控股中国药研中心，为医药研发平台整合奠定基础。转让华达杰瑞股权，通过以上股权转让，及时有效处置了华润医药不良资产，将有限资金投放到更有效的资产中，发挥资金的更大效益。

夯实管理基础。启动首批精益管理试点项目，搭建精益管理体系。各利润中心根据战略解码和对标，筛选试点项目，完成了项目正式立项，在总部和各利润中心两个层面同时开始项目试点，实施华润医药生产性物料集中采购。根据各利润中心物料特点和行业监管要求，首次集中招标确定了“质量规格一致、使用重叠度高、药政要求程序少”的物料选择标准。确定了2种集中采购模式并选定了集采物料：跨区域集采，选取乳糖、PVC药用硬片、铝箔在全国范围内集采；区域集采，根据运输半径限制，选定纸箱在北京区域集采。11月完成华润医药首次集中采购招标，供应商由原来47个下降到13个，各种物料采购价格都有不同程度的下降。探索开展特色产品和服务：华润银行与华润医药集团开展“信付通”业务，与华润双鹤开展票据贴现转化存款业务，与华润三九及上游企业开展“票据池”“信付通”业务，为华润医药集团开展委托贷款业务。利润中心落实产融协同工作常态化。北医股份就上游供应商方面实行名单制管理，为华润银行推荐优质供应商，并协助华润银行对其进行价值链梳理；华润三九将产融协同列入财务部工作计划，通过产融班“三九组行动学习”推动产融协同。

（曹秀琴）

【法安明国内独家经销商】 1月1日起，北京赛科昌盛医药有限责任公司正式成为美国辉瑞生产的法安明（达肝素钠注射液）在中国大陆的独家经销商。法安明是高效安全的抗凝药物，上市以来深受医生及患者好评。在新医改的大形势下，辉瑞公司为更好地适应中国医药市场的发展变化，决定将法安5000IU及7500IU两个剂型的产品在中国大陆地区的进口、分销及市场开拓服务外包给北京赛科药业有限责任公司下属全资子公司北京赛科昌盛医药有限责任公司。

（曹秀琴）

【全国首家获得欧盟GMP双证书企业】 4月4日，华润九新原料药车间接受了法国国家医药保健品安全局（ANSM）欧盟GMP认证专家组为期1周的现场检查。9月，收到头孢无菌原料药欧盟GMP证书，华润九新成为全国首家无菌制剂及无菌原料药全线通过欧盟GMP认证的企业。

（曹秀琴）

【紫竹药业技改项目成果显著】 9月13日，WFE车间第三代避孕药系列产品的产业化及国际化项目职业病防护设施达到竣工验收条件，准予正式投入使用。秦皇岛紫竹WHO预资质认证现场检查于5月11~18日顺利通过。11月20日，WHO官网上正式公布秦皇岛紫竹通过左炔诺孕酮、米非司酮、炔雌醇3个产品的现场检查，这标志着HO预资质认证现场检查完成。零缺陷通过FDA原料药认证现场检查。6月11~15日进行秦皇岛紫竹通过左炔诺孕酮、米非司酮、炔雌醇、雌酚酮、雌二醇以及睾酮，共6个品种的现场检查。12月3日，公司收到官方正式通知，零缺陷通过FDA在2012年秦皇岛紫竹左炔诺孕酮、米非司酮、炔雌醇、雌酚酮、雌二醇以及睾酮，共6个品种的现场检查。紫竹药业秦皇岛紫竹通过了FDA原料药认证现场检查工作，为公司产品销往美国药房制剂市场打通了道路，并为公司申请ANDA打下基础。

（曹秀琴）

【紫竹药业重组项目取得重大进展】 11月30日，紫竹药业完成对中国化工乳胶业务的收购及改制工作，收购了桂林紫竹乳胶制品有限公司、上海金香乳胶制品有限公司100%股权。北京紫竹药业有限公司通过战略重组桂林乳胶厂，将其更名为桂林紫竹乳胶制品有限公司，标志着紫竹药业正式进入安全套领域，实现生殖健康领域新突破。12月19日，桂林紫竹乳胶制品有限公司在广西桂林举行揭牌仪式。

（曹秀琴）

【紫竹药业完成股东间股权收购工作】 12月17日，北京医药集团以挂牌价格为154808万元收购紫竹药业42%的股权。12月24日，紫竹药业公司又在股东间进行股权收购。紫竹药业变更为北京医药集团有限责任公司100%持股的有限责任公司，并完成股权变更工商登记。

（曹秀琴）

【双鹤获国家重点高新技术企业称号】 年内，双鹤药业经国家科技部严格认定，被授予“国家火炬计划重点高新技术企业”称号（证书编号GZ20111100022）。这是国家对双鹤药业科技创新能力的充分认可，同时将对公司提升自主创新能力、发挥示范带动作用提供有力支撑。

（曹秀琴）

【双鹤装备新产品受关注】 年内，在第44届（2012年秋季）全国制药机械博览会上，双鹤装备重点推出新近研发的DPP400铝塑泡罩包装机（塑托机）。该设备最大成型面积390毫米×150毫米、最大成型深度可达35毫米，是目前国内塑托一次成型面积最大的设备。该设备与双鹤装备的多功能装盒机组合成的DPP400

塑托机 –HD80 制托入托—装盒机生产线，首先将西林瓶或安瓿瓶入托后，再继续装入一个大盒，极大地提高了西林瓶、安瓿瓶的机械装盒速度。此设备受到包括成都生物所等全国生物制剂企业的关注，是本次展会的一大亮点。同时也向业内证明双鹤装备的创新能力在国内制药装备行业处于领先地位。

（曹秀琴）

【双鹤药业拓宽业务领域】 年内，根据双鹤药业公司“十二五”期间总体战略规划，为进一步发展心脑血管领域业务，提高心血管疾病的早期预防诊断效率，推进双鹤药业公司国际合作业务的实质性进展。双鹤药业董事会同意公司与美国兰索斯医学成像公司（简称兰索斯公司）就 DEFINITY 混悬型注射剂产品（一款专利超声造影剂产品，可用于冠心病的疾病诊断等）进行合作，并授权经营层与该公司签署合作协议。

根据协议，双鹤药业在 15 年协议期间将作为 DEFINITY 在中国（包括香港和澳门特别行政区）的独家经销商，申请进口药品注册及独家分销该产品。双方还将合作开发该产品新的适应症。在产品年度销售达到一定数量后，双鹤药业享有引进生产技术以实现产品本土化生产的优先谈判权利。本次合作有利于进一步发展心脑血管领域业务，是公司国际合作业务的又一实质性进展。

（曹秀琴）

【为灾区紧急供应药品】 年内，北京医药股份有限公司在“7·21”房山特大暴雨灾害发生后，全力以赴做好灾区急救药品供应准备工作。7 月 22 日下午 3 时，北医股份在半小时内将 200 人份的包含防暑、感冒、止泻等 6 种急救药品送到了房山霞云岭。7 月 23 日早晨，分 2 次及时将配送了近百件的消毒、急救药品送往通州张家湾受灾地区。7 月 25 日早晨，房山城关社区中心主任来电急需 700 袋输液，北京医药股份有限公司社区事业部第一时间将输液送到了房山。7 月 26 日，社区事业部为门头沟急送了 500 支皮炎平软膏。得知房山大暴雨灾害受损严重，北医股份专程来到房山区卫生局，询问灾情，带去了北医股份对灾区人民的问候，为房山区捐赠了 100 件 84 消毒液和急需物资。房山灾区经历了 2 天的停电，破伤风抗毒素以及胰岛素等冷链储藏药品已经无法使用，北京医药公司紧急调剂冷链药品配送，第一时间送至房山灾区。

（曹秀琴）

中国北京同仁堂（集团）有限责任公司

【概述】 中国北京同仁堂（集团）有限责任公司（简称同仁堂集团）是市政府授权经营国有资产的国有独资公司，以中药为主业，集科工贸、产供销为一体的大型中药企业集团。拥有 6 个二级集团、3 个院、2 个储备单位，其中北京同仁堂股份有限公司（简称同仁堂股份）和北京同仁堂科技发展股份有限公司（简称同仁堂科技）是 2 家上市公司，北京同仁堂国药（香港）集团（简称同仁堂国药）、北京同仁堂健康药业集团、北京同仁堂商业投资集团、北京同仁堂药材参茸投资集团等 8 家是中外合资及股份制公司，1 家研究院、1 家中医医院、1 家教育学院。集团业务涉及中药材种植及饮片加工，中成药、普通营养食品、保健食品、传统滋补品、生物制品及化妆品的生产销售、科研开发、出口贸易等方面，年可生产 23 个剂型 1400 余个产品，拥有 83 条通过国家 GMP 认证的生产线。

2012 年，同仁堂集团全面落实“北京同仁堂‘十二五’发展规划”，以构建六大二级集团为载体、建设 8 个专业委员会为抓手，全力推进“专业化、规模化、集团化”进程。落实重点项目建设，加快产业布局调整，转变经济增长方式，向科技要效益。拓展海外市场，扩大同仁堂海外影响力。克服不利因素影响，增强应对市场变化和抵御风险能力。围绕市场需求，加强品种群建设，促进销售上量，更新换代主销品种，增加产品附加值，提升利润空间。实现销售收入、利润总额连续 16 年两位数增长，集团整体投资回报率和出口创汇创历年最高。职工人均增资 4 级，收入稳步提高，增强了企业凝聚力。弘扬企业文化，承担社会责任，积极参与公益活动。全年无重大安全、质量事故。截至年底，同仁堂集团资产总额（汇总）182亿元，同比增长30%；全年实现销售收入（汇总）200亿元，同比增长22.70%；利润总额17亿元，同比增长29.18%；实现利税22.8亿元，同比增长14%；工业总产值82.7亿元（含外埠），同比增长3.89%。

（葛 冰）

【开展海外师承教育】 1月19日，同仁堂集团举行“同仁堂海外师徒传承教育项目启动仪式暨首届拜师会”。会上师徒代表举行了传统、庄重的拜师大礼仪式。该项活动旨在弘扬同仁堂中医药文化，培养海外中医药专业人才，解决同仁堂关键岗位和特殊人才的技术传承问题，实现同仁堂海外发展战略。国家中医药管理局、国家商务部外贸司、中国医药保健品进出口商会、市中医局、市商委、市国资委等有关领导及20余家新闻媒体出席大会。

（葛 冰）

【荣获“北京十大商业品牌”称号】 2月16日，在北京国际饭店举行“第七届北京十大商业品牌”评选活动颁奖典礼。此次评选由《北京日报》社、北京市商业联合会主办，《北京商报》社承办，同仁堂从13个主流业态的数千家候选企业中脱颖而出，获得“北京十大商业品牌”称号。北京市副市长程红出席颁奖盛典，并为同仁堂颁奖。

（葛 冰）

【同仁堂职工艺术团正式启动】 2月16日，北京同仁堂职工艺术团启动仪式举行。成立艺术团旨在通过创作、排练人们喜闻乐见的节目以弘扬同仁堂文化，活跃职工文娱生活，增强企业凝聚力，提升企业影响力。

（葛 冰）

【陈平到国药（香港）集团调研】 3月22日，北京市政协副主席、国家大剧院院长陈平到北京同仁堂国药（香港）集团进行调研。陈平参观了同仁堂香港大埔研发基地和中环药店，听取了同仁堂海外发展情况及未来发展规划的汇报，他强调，面对激烈的市场竞争，同仁堂在海外发展所取得的成就来之不易，要继续支持同仁堂在港澳的发展，彰显同仁堂在中医药行业的龙头作用。市政协，市政府港澳办，同仁堂集团党委书记、董事长，北京同仁堂国药（香港）集团总经理等陪同调研。

（葛 冰）

【主办革命老区光明行活动】 5月4日，北京市政协委员、北京同仁堂革命老区光明行——走进平谷大型公益活动，在北京平谷区大华山镇卫生院启动。10月13日，走进房山大型公益活动在房山区张坊镇卫生院启动。两项活动旨在帮助生活在革命老区贫困白内障患者重见光明，同仁堂集团共出资150万元，为200余名两区贫困白内障患者进行免费手术治疗。北京市政协副主席陈平，秘书长闫仲秋，市政协教文卫体委员会、房山区、平谷区领导，同仁堂集团党委副书记等出席启动仪式。

（葛 冰）

【吉林到同仁堂国药（香港）集团调研】 5月25日，北京市常务副市长吉林视察北京同仁堂国药（香港）集团。吉林参观了同仁堂香港大埔研发基地和中环药店，听取了同仁堂海外发展情况及未来发展规划的汇报。他指出，同仁堂要总结“以医带药，医药结合；文化先行，创新发展”的成功经验，巩固同仁堂在海外的发展成果。市国资委党委书记、主任，同仁堂集团党委书记、董事长，北京同仁堂国药（香港）集团总经理等陪同调研。

（葛 冰）

【参展京交会】 5月28日，同仁堂集团参加2012年首届中国（北京）国际服务贸易交易会（以下简称京交会）全程展览。通过“跨越海外 服务世界”“同修仁德 济世养生”“创造健康 全球共享”“健康发展 跨越发展”4个主题，介绍了同仁堂的历史文化、海外服务贸易和“十二五”发展规划。并作为“老字号”走出去企业的代表参加了京交会现场签约活动，签署了北京同仁堂（马）中医养生保健中心和同仁堂海外健康、养生电视频道2项合作意向书。

（葛 冰）

【梁伟到同仁堂调研】 5月31日，北京市委常委、市人大副主任、市总工会主席梁伟调研同仁堂。梁伟视察了同仁堂中医医院大师工作室、精品药房、同仁堂博物馆和海外药店建设工作。在听取企业负责人汇报后，指出，同仁堂要在保护好金字招牌的同时更好地发展，不断推进文化建设，传承发扬好企业文化；要继续贯彻“善待文化”，特别要关心长时间在海外工作的职工，让他们切实感受到组织的温暖。同仁堂集团党委书记、董事长，总经理等陪同调研。

（葛 冰）

【李克强到京交会同仁堂展位调研】 6月1日，中共中央政治局常委、国务院副总理李克强，中共中央政治局委员、北京市市委书记刘淇，国家卫生部部长陈竺、商务部副部长姜增伟、中医药管理局副局长于文明，北京市市长郭金龙、副市长程红，市委组织部，市商务委、中医管理局等负责同志先后视察了京交会同仁堂展位。同仁堂集团公司副总经理丁永铃向各位领导汇报了同仁堂开展海外服务贸易的情况。

（葛 冰）

【同仁堂集团成立20周年庆典】 7月18日，由同仁堂集团和北京电视台主办的“百草飘香”传统医药与人类健康暨北京同仁堂集团成立20周年主题晚会在世纪剧院举行。晚会以文艺表演的形式，回顾北京同仁堂集团20年探索与实践取得的辉煌成果，并为同仁堂六大二级集团启航。全国政协副主席陈宗兴、北京市市委副书记吉林、卫生部副部长兼国家中医药管理局局长王国强、北京市政协副主席马大龙、市人大原副主任金生官、原副市长胡昭广等老领导，市国资委、卫生局、药监局负责同志及同仁堂集团员工代表1500余人出席并观看演出。该晚会先后在北京、重庆等20余家电视台播出。

（葛 冰）

【举办走向海外20年发展论坛】 7月19日，由同仁堂国药（香港）集团主办的“同仁堂海外发展论坛”在首都大酒店举行。此次论坛以“合作·发展·共赢”为主题，总结了同仁堂集团20年海外发展的成功经验，颁发了“精诚合作”“勇于开拓”“长期合作”“最新合作”“忠诚、无私、激情”5个奖项。国家中医药管理局国际合作司负责同志，同仁堂集团党委书记、董事长、总经理等领导及同仁堂海外合作伙伴百余人出席并参加论坛。

（葛 冰）

【陈凤翔到同仁堂调研】 8月28日，中央对外联络部机关党委书记、常务副部长陈凤翔调研同仁堂。陈凤翔调研了同仁堂博物馆，观看了“品牌、人才、发展”和“迈向海外的同仁堂”宣传片。在听取汇报后指出，同仁堂是民族品牌，同仁堂文化要大力推广和宣传，同时要为同仁堂“走出去”，为中国的民族品牌提供更多的帮助。同仁堂集团总经理等领导陪同调研。

（葛 冰）

【李士祥到同仁堂马来西亚药店调研】 9月19日，北京市委常委、常务副市长李士祥调研北京同仁堂（马）有限公司吉隆坡药店。李士祥参观了吉隆坡药店的岗位柜台和中医诊室，在听取了公司负责人汇报后，指出同仁堂的海外发展一定要按照同仁堂制定的海外发展和品牌战略执行，始终要把品牌发展放在第一位，要将“与同仁堂品牌同生存、共命运”的精神融入到海外的经营和发展之中，要与马来西亚等境外国家和地区电视媒体进行长期合作，多层次、多途径地开展海外中医药文化传播，把同仁堂品牌文化和产品引向更高层次。马中商务理事会董事、北京同仁堂国药（香港）集团负责同志陪同调研。

（葛 冰）

【全国最大的中药材前处理基地建成】 9月26日，全国最大的中药材前处理基地——北京同仁堂股份集团药材前处理分厂在北京生物工程与医药产业基地正式启动投产。该项目是北京同仁堂集团“十二五”规划中首个建成并投产的重点工程项目，总投资2.2亿元，总建设面积3.9万平方米，预计生产规模为每年药材前处理500万千克，提取药材浸膏50万千克，精制饮片100万千克。北京市国资委监事会，大兴区负责同志，同仁堂集团党委书记、董事长，总经理等领导出席。

（葛 冰）

【关爱健康行大型公益活动启动】 12月20日，北京同仁堂关爱健康行——走进革命老区、走进“我的父亲母亲”大型公益活动在京启动。根据计划，同仁堂集团将分期分批地向中国人口福利基金会和北京红十字会捐赠价值860万元的破壁灵芝孢子粉胶囊8800罐。

此项公益活动由中国人口福利基金会、北京市红十字会和同仁堂集团共同主办，国药（香港）集团承办，旨在支持人道救助事业的活动。中国人口福利基金会、北京红十字会、同仁堂集团、国药（香港）集团负责同志及20余家新闻媒体出席启动仪式。

（葛 冰）

【巴戟天寡糖胶囊获准生产】 年内，同仁堂研究院经过多年研发的抗抑郁新药巴戟天寡糖胶囊经过国家食品药品监督管理局审评中心技术审评、认证中心生产现场检查和现场生产样品抽检“三合一”审评，获得北京市药监局新药证书和生产批件。巴戟天寡糖胶囊是通过对巴戟天的深度研究，开发出的一种治疗抑郁症的创新药物。经临床验证其疗效与目前的化学药百忧解相当，安全无毒，填补了中药在治疗抑郁症领域的空白。

（葛 冰）

【搭建龙头企业框架】 年内，同仁堂集团成功组建股份集团、科技发展集团、国药（香港）集团、健康药业集团、商业投资集团、药材参茸投资集团6个二级集团，研究院、中医医院、教育学院3个院，制药公司、生物制品公司2个储备单位，搭建了“发展首都中医药产业”的龙头企业框架。

（葛 冰）

燕山石化

【概述】 燕山石化是隶属于中国石油化工集团公司的特大型石油化工联合企业，其前身为1970年成立的北京石油化工总厂，后曾更名为燕山石油化学总公司、中国石油化工总公司北京燕山石油化工公司、北京燕山石油化工集团有限公司，管理体制多次变化。2012年，燕山石化包括中国石油化工股份公司北京燕山分公司（简称燕山分公司）、中国石化集团北京燕山石油化工有限公司（简称燕化有限公司）、北京东方石油化工有限公司（简称东方石化公司）及保定石油化工厂等企业。燕山石化总部位于北京市房山区燕山岗南路1号。

2012年，燕山石化拥有63套主要生产装置、68套辅助生产装置，原油加工能力超过1000万吨/年，乙烯生产能力超过80万吨/年，可生产94个品种、431个牌号的石油化工产品，是国内第一家生产京标V标准成品油的千万吨级炼油基地，每年为市场提供汽油、柴油、航空煤油以及润滑油、基础油、石蜡、硫磺等多种产品，同时是我国最大的合成橡胶、合成树脂、苯酚丙酮和高品质化工原料生产基地之一。在清洁油品生产、节能减排、合成橡胶新胶种研发等关键领域达到了国内先进水平，形成一批国内“独一无二”“数一数二”的特色高端产品。合成树脂包括低密度聚乙烯、高密度聚乙烯、EVA、聚丙烯以及改性专用树脂等产品，年产量超过100万吨，专用料比例达82%以上。合成橡胶包括顺丁橡胶、SBS、溶聚丁苯橡胶、丁基橡胶等，其中顺丁橡胶荣获国家科技进步奖，连续3次获得国家质量金奖；丁基橡胶、溴化丁基橡胶填补了该领域的国内空白。基本有机化工原料包括乙烯、丙烯、丁二烯、苯酚、丙酮、苯、乙二醇、苯乙烯等多种产品，间苯二甲酸、间二甲苯、1－乙烯等替代进口，畅销全国。

年内，燕山石化累计原油加工总量为1060.37万吨。生产汽油255.22万吨，柴油274.45万吨，航煤144万吨。石油产品轻油收率完成78.91%，综合损失率完成0.49%，原油综合能耗55.41千克标油/吨。乙烯累计完成84.01万吨（含东方石化）；乙烯能耗为579.87千克标油/吨，乙烯收率为31.03%，双烯收率为46.44%。塑料总量累计完成99.67万吨，专用料累计完成77.99万吨，累计专用料比例为83.2%。合成橡胶完成19.83万吨，顺丁橡胶14.46万吨，稀土顺丁橡胶完成635吨，溴化丁基橡胶完成3112吨。苯酚丙酮共33.03万吨，PIA4.50万吨，1－乙烯1.51万吨。东方乙烯产量8.95万吨，丙烯产量4.27万吨，丙烯酸5.37万吨，丁二烯1.35万吨，醋酸乙烯11.83万吨，EVA树脂4.21万吨，VAE乳液10.17万吨。保定石化产重交沥青11.39万吨。

燕山石化公司（含东方、保定）实现营业收入861.74亿元，累计亏损8.46亿元（其中炼油部分盈利2.88亿元，化工部分亏损2.80亿元，有限公司亏损8.54万元），上缴税金92.62亿元。东方石化累计营业收入45.04亿元，累计亏损5.8亿元。保定石化累计营业收入5.02亿元，累计盈利2135万元。

全年增产汽油、航煤，柴汽比降至1.08。成功生产符合欧V标准汽柴油，首次推出98号汽油，产出75号航空汽油，丰富了高端油品品种。增产EVA、三元共聚聚丙烯等高附加值产品，溴化丁基橡胶成套技术“出龙”，稀土顺丁橡胶产出成品，乙丙橡胶中试顺利，橡胶品种更加丰富。聚碳酸酯产出合格产品，间苯二酚小试成功，促进了化学品产业链延伸。合成树脂结构调整加快，成功生产超高分子量聚乙烯、油箱料、VA含量4%~26%全系列EVA、高熔指熔喷料聚丙烯等新产品。

落实绿色低碳战略，搞好清洁生产，推进节能减排，区域环境持续改善，荣获“中华宝钢环境奖”。积极抓好生产优化，推进装置热联合、裂解料分储分炼、芳烃资源整合，炼化一体化收效明显。成立原油采购、炼油、化工优化小组，整体优化能力明显增强。清理厂内小库，降低物资库存。优化储运流程，腾出罐容35万立方米，降低了能耗物耗。

工程建设有序推进。260万吨/年柴油加氢精制装置、化工装置废热深度利用等项目已经建成，9万吨/年丁基橡胶、润滑油加氢、异戊橡胶、碳五分离等项目加快推进。石化新材料产业基地建设有序展开，橡塑公司实现属地纳税。稀土顺丁橡胶装置开车成功，聚碳酸酯装置产出合格产品，芳烃资源整合项目取得实效，科研开发成果显著，重点工程有序推进。经营管理不断深化，信息化建设得到加强，推行安全总监制度，规范倒班运行方式，提高倒班人员待遇。曹妃甸千万吨炼油项目顺利通过中咨公司评审，前期工作稳步开展。东方石化两厂搬迁调整取得进展，方向明确，队伍稳定。保定石化厂实现持续盈利。

（孙　明）

【合理化建议】 2月，燕山石化召开创新成果终审会，通过了职工创新成果表彰决定，对“低负荷——再富氧再生操作法”等3项创新成果予以冠名，同时对55项优秀“招标揭榜”项目和446项优秀创新创效成果给予表彰。多年来，燕山石化“我为公司献一计”合理化建议系统逐渐完善，开始涵盖合理化技术革新、创新创效成果、改善经营措施、职工的小发明小技改等多种形式。5月，开展了“精耕细作创效益，攻坚克难献一计”合理化建议月活动，活动主题包括“提升技术经济指标”“安稳长满优运行”“环境保护、清洁生产”等多个方面。10月底至11月，开展了以“绿色低碳、清洁生产”为主题的合理化建议征集活动。全年共收到合理化建议3.5万余条，人均近2.5条，实施率达到63%以上。

（孙　明）

【获第七届“中华宝钢环境奖”】 4月23日，燕山石化在人民大会堂领取中国环境保护领域最高社会类奖项。作为大型的石油化工企业，控制VOC（挥发性有机化合物的排放浓度）是有效治理PM2.5的重要手段之一。燕山石化在治理VOC排放时，首先把工作重点放在了清洁生产上。从含铅汽油到欧Ⅲ、欧IV，再到硫含量只有10ppm的京标V汽油，在油品升级过程中，始终坚持清洁生产的大方向，通过在原油罐区建成投用循环旋转搅拌系统，对四蒸馏装置西区污水池和压缩机切液线进行改造，并建成油品在线调合装置、火车装油站台油气回收装置等措施，实现了原油掺炼、加工、调合、出厂全过程清洁生产，为社会提供了高效清洁的“绿色”产品，履行了国企的社会责任，从源头避免和减少了污染物的排放，解决了厂区VOC浓度高、恶臭气味大、不健康、不环保的难题。

（孙　明）

【设备管理信息系统全面升级】 4月，燕山石化设备管理信息系统升级工作开始实施，于6月22日在全公司成功上线运行。新系统共实现生产系统1000多个最终用户的R3/NW权限分配。2008年，燕山石化等3家企业作为中国石化集团公司设备管理信息系统试点单位上线试运行后，实现了设备基础资料管理、前期管理、运行管理、维修管理、专业管理及综合管理等方面业务的全面提升。但随着信息化步伐的不断加快，设备管理信息系统原有版本已经不能有效满足生产经营的需求。此次升级，形成了设备档案管理、设备运行管理、设备维修管理、专业管理、综合管理五大模块。把设备中的23个大类748个小类转换为28个大类1037个小类，设备分类更加具体，为设备管理人员进行设备检验管理及专业台账查询提供了方便。同时启用操作工功能，创建操作工用户321个，可对设备故障缺陷进行实时记录，进一步完善了设备基础信息，形成全员设备管理模式。使设备管理信息系统各项功能达到目前国内最先进的水平。

（孙 明）

【率先实现国内京标Ⅴ油品升级】 5月7日，北京市正式发布第五阶段车用汽油和车用柴油标准，决定于5月31日起实施油品升级工作。燕山石化再次担当起国内油品升级的领跑者任务。京标Ⅴ与京标Ⅳ汽油的最大区别，就是硫含量由50ppm降到10ppm以下。按照北京市汽、柴油年需求量300万吨和50万吨计算，每年可减少硫排放约105吨、二氧化硫210吨。按照0.07万平方米树林1年吸收50千克的二氧化硫计算，相当于每年为首都再造280万平方米树林。为确保京标Ⅴ油品的生产，燕山石化于2011年开始着手进行小调试验，研究制定配方，进行京标Ⅴ油品试生产。为做好油品升级工作，从原油采购到产品出厂，加强全流程优化工作，对S-Zorb（汽油吸附脱硫）装置以及硫磺回收等装置进行了升级改造，严控各汽柴油组分馏出口质量。采取特护措施，确保装置稳定运行，紧盯硫含量指标，严把油品生产质量关；做到储罐单进单用、专罐专线，保证了京标Ⅴ油品纯正；加强对MTBE等68项样品组分总硫含量的分析，严把油品出厂质量关；多次与北京石油公司等对接京标Ⅴ油品输送方案，保证了京标Ⅴ油品的顺利出厂。5月31日，第一批京标Ⅴ油品经成品油管线输送至长辛店油库进入首都市场。6月16日，燕山石化京标Ⅴ油品置换工作全部完成，全部替代京标Ⅳ油品生产。

（孙 明）

【援建宁夏农膜项目建成】 5月29日，由中国石化集团公司投资，燕山石化负责建设的援建宁夏吴忠市红寺堡项目可行性研究报告获集团公司批复。为支持宁夏回族自治区吴忠市经济发展和产业结构调整，中国石化集团在宁夏吴忠市红寺堡弘德工业园内，以聚乙烯为原料，投资援建年产3600吨棚膜、2400吨地膜和1800吨内嵌式滴管带生产装置。6月底，燕山石化成立项目部，进驻红寺堡区开展项目管理工作。7月1日，开始进行地基处理。8月4日，开始进行土建开槽。经过6个多月的施工4条地膜生产线、4条滴灌带生产线及其配套设施提前一个半月建成中间交接工作，全面进入投料试车阶段。

（孙 明）

【260万吨/年柴油加氢精制装置建成中交】 6月28日，中国石化重点项目——260万吨/年柴油加氢精制装置建成中交，将进一步增加公司京标Ⅴ柴油在首都成品油市场上的占有份额。该装置所产直馏柴油通过加氢处理可变成优质的低硫柴油调合组分，可年产京标Ⅴ车用柴油230万吨。主要包括260万吨/年柴油加氢精制装置、装置原料罐区、泡沫站、污水提升泵站、外围管廊5部分，总投资约5.4亿元，占地面积2.90万平方米。在2010年10月至2012年6月近20个月的建设周期内，相继完成了场平、土建施工、设备和钢结构安装、图幅管廊配管、设备单机试运、管线打压和伴热保温等工作。消防设施、防火工程、消防报警等配套工程也已同步完成。监理、设计、施工单位分别为中石化四建公司、天钲建筑公司、SEI设计公司、齐鲁监理公司、工程质量监督站等。

（孙 明）

【保定石化厂调和出AH-90道路沥青】 6月初，保定石化厂采用燕山石化糠醛装置减三减四线生产的抽出油、丙烷装置生产的脱油沥青以及西安石化生产的塔河基质沥青3种生产原料，成功调和出道路沥青产品AH-90，并顺利销往山西等省份。这也是该厂自2011年调和出重交道路沥青产品AH-70之后，调和出的又一产品。重交道路沥青产品AH-90是铺设高等级公路的沥青品种，在黏度等性能指标以及适用区域、气候条件等方面均优于AH-70产品。

（孙 明）

【75号航空汽油通过评审】 7月11日，燕山石化召开用制苯抽余油生产75号航空汽油联合化验现场评审会。随着私人飞机拥有量的增加，航空汽油的需求量也会逐步加大。燕山石化芳

烃资源整合后，制苯抽余油的质量非常适合生产航空汽油。该项工作自5月份开始进行试生产工作。经检测各项指标均符合75号航空汽油的质量要求。

（孙 明）

【加工世界各地原油超过80种】 8月3日，炼油一厂四蒸馏装置新增重质油种“金宝原油”，8月16日，再迎轻质油种“福蒂斯”（英国北海公司原油）。炼油一厂面对原油种类的复杂多变，原油劣质化加剧的情况，精心操作，确保装置“吃干榨净”每一滴宝贵的原油。金宝原油密度达907千克/立方米，属于比较难加工的重质原油。该厂提前做好原油预评估，根据原油密度、酸值、产品收率的变化及时进行工艺调整。为避免腐蚀情况加剧，优化三剂注入，确保塔顶含硫污水PH值、铁离子数值正常。同时精细调节电脱盐温度、注水量及混合压差强度，确保原油脱盐后含盐量合格。经过一系列调整，金宝原油在四蒸馏装置加工生产平稳，质量合格。“福蒂斯”油质较轻，轻油收率较高，对增产汽、煤、柴油十分有益。但却因与装置设计不匹配，易给操作带来不利影响。根据“福蒂斯”原油特性，严格控制初馏塔顶压力，密切监测各点工艺参数及初顶泵运行情况，防止机泵超负荷运行。充分利用在线分析监测，确保常顶和常一线等关键产品质量合格。该厂还加强加热炉负荷的监控，确保装置保持安全平稳运行。截至年底，燕山石化加工过的世界各种原油品种已超过80种。

（孙 明）

【首套原油储罐“循环搅拌”系统落户燕山】 8月28日，中国石化首套大型原油储罐“循环搅拌”系统在储运一厂牛口峪原油罐区9903号储罐上正式建成，具备投用条件。该系统可提高原油混调的准确性和稳定性，保证原油加工装置的高效平稳运行；并可通过提高混炼劣质原油比例，增加劣质原油加工量，每年可创造经济效益近300万元。燕山石化采购加工原油品种80余种，各油种的硫含量、酸值、比重及黏度等指标差别较大。在进入原油储罐存储后，会呈现分层现象。为了确保计量准确，操作人员需要进行分层采样、分层计量。同时炼油装置在加工时也需频繁调整工艺参数。此外，牛口峪原油储罐向炼油装置输送原油，一直采用在增压机泵出口端安装静态混合器进行混合搅拌的方式，不能彻底解决不同油种硫含量、酸值等指标差别较大，对后续加工造成的难题。新安装的“循环搅拌”系统，则是在增压机泵出口端铺设专用管线，将原油返送至罐内的3座旋转喷头，旋转喷头通过带压原油的反作用力进行旋转喷射，实现对罐内不同油层、不同油种的均匀搅拌，使罐内原油在酸值、硫含量、比重等指标上趋于一致，搅拌均匀后再输送至炼油装置。

（孙 明）

【生产超高分子量聚乙烯新产品】 9月21日，低压装置成功生产出分子量为150万~350万的低压超高分子量聚乙烯（UHMW–PE）系列产品9100CG、9200CG、9300CG共150吨。经检测，该批产品性能优良，各项指标均达到预期效果，可广泛应用于板材类、管材类、棒材类以及防弹衣制造等领域，产品售价一般要高出普通HDPE产品4000元/吨。东方石化公司因各种原因面临停产，燕山石化将低压超高分子量聚乙烯产品转到化工六厂低压装置进行生产。为确保生产安全顺利进行，化工六厂提前将试产难点、关键点进行逐一分析，对每一步操作进行精心研讨。在试生产过程中，提高对反应釜等关键点的监测频次，采取逐步提升分子量的方式，稳步推进了超高分子量产品的生产。

（孙 明）

【嘉奖果断处置重要设备故障职工】 10月10日，燕山石化总经理罗强到炼油二厂控制室，将1万元的避免事故嘉奖送到了炼油二厂外操人员杜刚和穆欣手里。10月4日18时10分，三催化装置烟机因故障突然报警，自动停机。但内操人员刘玉彬发现，联锁信号虽已经发出，烟机入口切断阀和入口调节阀仍然没有关闭，在监控大屏幕上能够清晰地看到，装置现场已经烟雾弥漫。当班外操杜刚和穆欣第一时间冲到了现场，凭借熟练的操作技能，在催化烟气中找到了液压按钮，迅速关闭了2个入口阀，整个过程仅仅用时2分钟。正是由于内操人员及时发现，外操人员准确判断、果断处理，才使这场烟机停车故障导致的损失得到有效控制，避免了烟机由于入口阀未切断而导致的机体开裂事故和三催化装置的非计划停车。

（孙 明）

【首批京标V98号汽油出厂】 10月30日，燕山石化首次成功生产、调和出1945吨硫含量为5.2ppm的京标V 98号车用汽油。该产品抗爆性更强、燃烧值更高，可以提供更强大的动力，多为进口高档汽车所用。从7月开始，燕山石化根据市场形势变化，积极优化产品结构，着手研究制定京标V98号汽油生产方案。在京标V 92号、95号汽油各项指标的基础上，对脱硫汽油、MTBE、重整汽油、烷基化油等现有汽油组分进行了摸排和筛选，确定京标V98号汽油调和配方。炼油二厂强化工艺指标监测，多举措确保汽油组分质量合格，对内加强班组管理，避免装置出现生产波动；对外加强巡检力度与频次，发现问题及时解决；开好开稳汽油吸附脱硫装置，最大限度降低汽油硫含量；进一步加强连续重整、烷基化等装置反应过程控制，及时调整装置加工负荷和工艺参数，确保生产系统平稳运行。储运一厂提前将用于调和京标V 98号汽油的工艺管线和储罐全部进行了置换。对馏出口质量进行严密监测，严格执行调和方案，确保成品油质量。10月30日，顺利生产、调和出首批京标V 98号车用汽油。11月8日，首批1400余吨京标V 98号车用汽油在储运一厂火车装油站台装车，运往北京石油分公司，正式供应首都成品油市场。

（孙 明）

【产出充油溶聚丁苯橡胶】 12月11日，燕山石化丁苯装置成功产出合格的充油溶聚丁苯橡胶，是中国石化首家生产该产品的企业。该产品具有较强的抗湿滑性、耐磨性、改善加工性能和降低油耗等优点，广泛用于轮胎制品，市场售价较普通溶聚丁苯橡胶每吨高出2000元~3000元。橡胶一厂聚合1200号B-凝聚B-后处理2线工艺生产线长期用于新产品的试生产。积极制定出技术方案，对系统单元严控分析数据，确保硬件设施完好，确保助剂颜色、水值、浓度及纯度等指标的准确性，且质量要符合使用标准。12月6日，丁苯装置聚合单元开车，操作人员精心控制料斗物料加入量，严控反应时间，确保高温偶联能够有足够的时间达到偶联效果。聚合单元开车顺利，胶液门尼等各项指标均达到要求。12月11日，后处理单元开车。由于开车之前脱水挤压机和膨胀干燥机负荷已经过详细计算，充油溶聚丁苯成品胶顺利产出。经分析，其门尼、挥发份等各项指标均达到标准。

（孙 明）

【溴化丁基橡胶成套工业技术通过鉴定】 12月22日，3万吨/年溴化丁基橡胶成套工业技术通过中国石化项目鉴定，12月30日在中国石化“十条龙”科技攻关工作会上宣布项目“出龙”。溴化丁基橡胶是生产汽车无内胎轮胎气密层首选的高分子材料，也是医用瓶塞的最佳选材。之前，世界上只有美国、德国和俄罗斯拥有溴化丁基生产技术和装置。国内只能完全依赖进口。2006年11月，3万吨/年溴化丁基橡胶工业成套技术开发项目列入中国石化技术攻关“十条龙”项目，燕山石化与中国石化工程建设有限公司、北京化工研究院从小试、模试开始进行基础研究，对工艺技术和关键设备开展了系列攻关。成功开发出具有自主知识产权的3万吨/年溴化丁基工业成套技术，工业装置实现了连续生产。同时开发出2个溴化丁基产品牌号，产品质量均达到国外同类产品水平，成功打破了国外产品的垄断地位。

（孙 明）

【炼油装置能耗创历史纪录】 年内，炼油一厂四蒸馏装置能耗同比下降0.43千克标油/吨，焦化装置能耗同比下降1.90千克标油/吨，高压加氢装置能耗同比下降2.05千克标油/吨，二制氢装置能耗同比下降48.26千克标油/吨氢气，各装置累计能耗同比均创历史最好水平。炼油一厂以效益为中心，制作《生产专项增效考核指标卡》，确保指标分解、责任到人。根据RSIM模拟结果及NMR实时在线分析结果，及时进行原油预评估，严格控制减压炉炉温，确保渣油收率控制在22%以下，渣油残炭达到20%以上，最大限度地提高轻油收率。焦化装置通过多种手段，将生焦系数努力控制在1.35以下，增加装置总液收，全力增产汽柴油。焦化装置在机械清焦期间优化开停工步骤，节省蒸汽200吨。高压加氢装置掺炼催化0号柴油、焦化蜡油、北区减三线油，全力增产高附加值产品。制氢装置积极试用焦化干气作原料，拓宽了制氢装置的原料结构，顺利完成了制氢装置PSA系统改造及三废装置余热锅炉更换工作，使制氢装置产氢量达到50000标立/小时以上，三废装置硫磺产量提高至6吨/小时以上，为劣质原油加工提供了保证。同时，该厂积极探索“合同能源管理”节能新模式，完成了集团公司合同能源管理试点项目“无级气量调节”和“乏汽回收”2个项目，年创效达300万元以上。四蒸馏装置引胶厂尾气做燃料项目成功投用，每天可减少装置燃料气消耗2吨。高压加氢装置实施了胺液串联项目，加氢去三废装置的富胺液总量降低了约10吨/小时，节电、节汽效果明显。

（孙　明）

【军用航空煤油质量产量双提升】 年内，燕山石化军用航煤组分同比增长10.8万吨。高压加氢装置承担着生产高品质军用航煤的重要任务，为进一步提升航煤产品质量和稳产高产，该装置在航煤出装置主管线上增上一组过滤器，实现了航煤组分高精度过滤。积极优化高压加氢装置反应系统及分馏系统操作，优化航煤收率至25.5%以上。根据炼油生产专项增效考核指标，将航煤生产列入小指标管理，每月进行考核讲评，以闭环管理的模式激发班组间的工作积极性，有效促进军用航煤组分汽油航煤出厂创新高。

（孙　明）

【石蜡产量完成年计划107%】 年内，燕山石化石蜡总产量达到9.6万吨，完成年度计划的107%。为消除全炼蜡嗅味，对酮苯装置的蜡回收系统进行了网络改造，优化了换热流程，并将汽提塔的温度从150℃左右提高到165℃左右；同时在加氢装置增加了汽提塔的蒸汽量，利用间歇操作消除了因切液对汽提塔产生的影响，有效减少了蜡生产中的杂质。为提高蜡含油，在蒸馏装置对蒸馏的切割条件进行了有效调整，将馏分温度由100℃切到80℃，使蜡组分得到了更好的提纯，蜡含油得到了有效降低。为消除颜色，将重点放在解决腐蚀问题上，在酮苯装置上优化了缓蚀剂流程，加大了缓蚀剂注入量，将原来缓蚀剂的用量由每月0.4吨左右提高到现在的1吨左右，通过酸碱中和，使硫对装置的腐蚀作用得到了减小和减缓，所产蜡的颜色得到了有效改善。

（孙　明）

【营销管理】 年内，燕山石化根据“降低柴汽比，努力增加汽油生产量”的目标，多创效益保增长。全年汽油发运出厂累计达256.5万吨，刷新了250万吨的年出厂最高纪录。航空煤油共计出厂132.6万吨，管输发运出厂达90.3万吨，亦创下管输出厂年度历史新高。燕山石化每天对进度完成情况进行分析和总结，积极协调相关省市及协作单位，实现了产品的平稳有序超量出厂。在汽油出厂方面，首先密切联系油品销售华北分公司，对部分地区的汽油配置计划提前执行，并积极变更和增加外省市汽油计划，保证了汽油铁路运输计划充足。根据内蒙古、河北、山西等地石油公司的实际库存及时安排汽油发运出厂，避免了车辆到站后出现积压现象。随时了解汽油生产及交库动态，确保汽油日请车在70车以上，确保铁路日装车计划全部兑现，保证生产厂生产后路畅通。在航煤出厂方面，积极协调中航油等相关协作单位，减少管输间隙，增大管输批次。根据航煤调合进度提前与中航油公司联系，确保航煤管输时间安排及进度；积极协调中航油、北京石油公司，切实做好航煤管输接油，加大每批次管输量，减少停输间隔时间，大大提高了航煤管输出厂的效率。

（孙　明）

【加强出厂油品计量管理】 年内，燕山石化加强油品计量管理，在汽、柴、煤3条成品油出厂长输管线首端分别安装了计量比对表，对油品出厂流量进行监控，及时与长辛店油库末端计量表数据进行比对，确保每一批次的管输油品计量准确无误。燕山石化汽、柴、煤3条成品油长输管线直输长辛店油库的计量数据，主要依靠安装在长辛店油库内的末端表计进行计量和统计。

（孙　明）

【化工产品结构调整】 年内，燕山石化加大合成树脂产品高附加值产品生产，大量生产盈利能力高的EVA和三元共聚聚丙烯产品。在试生产VA含量为26%的EVA产品时，振动筛上的粒料容易结团，职工只能手工作业。他们对装置进行了技术改造，消除了生产瓶颈，降低职工劳动强度；加强对二高压装置2台关键机组的监护工作，利用在线监测系统降低设备故障率；优化EVA产品结构，继续开发VA含量更高的EVA高端产品。充分利用有限的丙烯资源，通过造粒单元优化操作，针对三元共聚聚丙烯产品质量不稳定、投诉多的问题，实施了质量改进方案。产品整体质量有了很大幅度的提高，市场占有率逐步扩大，月产量达3000吨。通过编制原料丁烯的质量标准，有效提高了原料丁烯的质量。

（孙　明）

【顺丁橡胶超额完成全年生产任务】 年内，燕山石化顺丁橡胶年产量超过14万吨，超额完成全年生产任务。在生产中，橡胶一厂紧跟市场，努力生产高附加值产品，力争做到老产品出效益，新产品创特色。顺丁装置后处理单元开工率是影响顺丁橡胶产量的关键因素，为了确保装置连续稳定生产，该厂努力消除生产瓶颈，提高顺丁橡胶优级品率，消除了困扰企业多时的水胶现象，降低了废胶量，提高了产品质量和产量。投用"稳定热水PH值"技改项目，增加了在线PH值分析仪，职工可根据DCS画面显示的趋势图及时进行判断和调节，使热水PH值持续处于稳定状态，减少了颜色胶的生成和堵料现象的发生，为后处理生产线顺畅吃料提供了保证。同时还发动职工制作了回收胶专用工具，提高了回收效率。全年顺丁橡胶优级品率达90.73%，其中6月优级品率达到93.12%。

（孙　明）

【国内首套稀土顺丁橡胶项目】 年内，中国首套稀土顺丁橡胶项目——3万吨/年稀土/镍系柔性顺丁橡胶项目在燕山石化建成投产，实现了稀土顺丁橡胶国产化。该项目是中国石化"十条龙攻关项目"。产品具有强度高、耐屈挠、低生热、抗湿滑及滚动阻力低等特点，性能优于镍系顺丁橡胶，是发展高性能轮胎和节能轮胎的优选胶种，是生产子午线轮胎、斜交轮胎的适用原料。项目采用燕山石化与北京化工大学共同研究开发的技术，同时可以兼产镍系顺丁橡胶，占地面积2万平方米，由北京玉龙石化工程公司设计，北京燕华工程建设有限公司施工。项目于2011年4月7日开始装置区场平工作，6月3日开始桩基施工，10月9日开始地管施工，12月20日开始安装施工。2012年6月1日开始三查四定，9月11日实现中间交接，进入开车阶段。10月14日，稀土顺丁装置回收单元一次开车成功，原料溶剂油水值在短短8小时之内2次分析合格。10月21日凌晨，聚合单元开始投料。22日凌晨2时30分，后处理单元开车。3时46分，第一块稀土顺丁橡胶产出。10月28日8时，稀土顺丁装置终于产出了第一块通体雪白、门尼指数等重要质量指标全部合格的60牌号橡胶。

（孙　明）

【创精间苯二甲酸产量新纪录】 年内，燕山石化PIA装置累计生产精间苯二甲酸4.6万吨，提前完成全年计划生产任务，刷新了该装置年产量的历史纪录。该装置坚持以市场为主导的经营理念，6月成功进行了PIA装置的72小时标定，通过一系列技改技措项目和工艺管理措施的实施，PIA装置全年非计划停车次数、开工率、负荷率等指标较去年都有了重大进步。仅非计划停工次数一项指标就较上年降低了74%；装置开工率达到96.19%，比上年同期提高12.16%；装置平均负荷率81.94%，同比提高了5.5%。此外，装置能耗比上年同期的历史最好降低了9.92%，再创历史最好水平；醋酸单耗、对二甲苯单耗等物耗指标均保持在历史最好水平。

（孙　明）

【工程建设】 年内，燕山石化在建和新开工项目23个，投资总额达72.7亿元。主要有润滑油、橡胶及合成材料等重点项目。其中，260万吨/年柴油加氢精制、3万吨/年稀土顺丁橡胶、LDPE专用料储存与包装设施改造等5项工程建成中交。9万吨/年丁基橡胶项目，45万吨/年润滑油加氢装置及系统配套工程，东区动力锅炉系统整合改造一期工程，15万吨/年碳五分离项目，3万吨/年异戊橡胶项目，宁夏7500吨/年塑料棚膜、地膜、滴管带援建等一批项目进入设备安装高峰期。在施工中，以创建平安工地和优质工程为抓手，积极开展全员劳动竞赛活动，全年累计实现安全人工时33090379小时，实现了重大火灾、爆炸事故、人身死亡事故、全员重伤率为零的 HSE 管理目标。在质量管理上，狠抓工程项目物资采购工作，加强竣工验收监督工作，确保工程建设始终处于受控状态，实现物资供应合格率 100%，单位工程质量评定合格率 100%，焊接一次合格率 95% 以上。在进度上，加强投资计划与合同管理，实现投资计划完成率和合同履行率 100% 目标。润滑油、橡胶及合成材料重点项目经理部也因此获得了“中石化工程建设先进集体”荣誉称号。

（孙 明）

【苯酚丙酮密闭灌装设施交付使用】 年内，储运二厂罐区装置新建苯酚、丙酮产品出厂灌装及配套设施正式中间交接，投入使用。新灌装设施采用全自动密闭式灌装方式，操作人员只需在操作台上输入相关灌装指令，系统就可自动完成开盖、灌装、计量以及成品桶输出等全部灌装工序。原有的苯酚、丙酮产品灌装设施属于半自动人工灌装方式，灌装计量精度差、故障频繁，且灌装过程中对现场污染较为严重。为提高苯酚、丙酮产品的灌装精度，改善灌装环境，储运二厂于 2011 年底和 2012 年 8 月下旬，分别安装了 1 条苯酚全自动密闭灌装线、2 条丙酮全自动密闭灌装线。主要由鹤管、机械手、输送轨道和称重等部分组成，其灌装计量精度高、稳定性好，并且采用了防泄漏式设计，可杜绝灌装过程中物料跑、冒、滴、漏现象的发生，不仅有效避免物料损失，同时大大降低苯酚、丙酮产品灌装过程中产生的挥发性气体对人体的伤害。

（孙 明）

【完成 EVA 测定国准制】 年内，在 SAC/TC15/SC1（全国塑料标准化技术委员会石化塑料树脂产品分会）七届三次年会暨标准审查会上，燕山石化负责制定的 EVA 试样制备和性能测定国家标准由来自中石化、中石油、技术监督部门和海关商检等 40 位技术专家表决通过，填补了该项国家标准空白。专家们一致认为该标准能有效统一国内各生产企业的 EVA 产品出厂分析项目和分析方法，推动了国内 EVA 产品的良性竞争。燕山石化高度重视高附加值的新产品开发，2011 年 3 月开始试产高附加值 EVA 产品的同时，开始摸索并建立起了 EVA 产品特点的 VA 含量分析方法，并向国家标准委员会申报了试样制备和性能测定的国标制定项目获得批准。已正式向国家标准委员会提交《塑料乙烯—乙酸乙烯酯模塑和挤出材料第 2 部分：试样制备和性能测定》标准报批稿，内容包括 32 项规范性引用文件、EVA 试样制备条件、27 项 EVA 性能表征分析项目。

（孙 明）

【职工业务竞赛】 年内，燕山石化组织开展了炼油工艺等 4 个专业和加氢裂化装置操作工等 8 个工种的业务竞赛，以及变电站值班员和锅炉运行值班员等 2 个工种的班组团体竞赛。共 32 家单位和专业部室（包括东方石化公司和保定石化厂）的 1020 名管理人员及专业技术人员参加了业务竞赛。共选拔 21 人参加了集团公司设备管理等 2 个专业和硫磺回收装置操作工等 3 个工种的业务竞赛，并取得了 5 金 4 银 2 铜的好成绩；在集团公司 2012 年 ERP 应用竞赛中，也取得了 6 金 1 银的好成绩。化工二厂、生产运行保障中心、物资装备中心、教育培训中心、东方石化公司 5 家单位获得了公司授予的“燕山石化公司业务竞赛优秀组织奖”荣誉称号。

（孙 明）

【推广安全总监制度】 年内，燕山石化对 17 家主要生产单位的安全总监进行了任命。安全总监主要负责对本厂生产和检修过程中的现场直接作业环节进行监管，同时对装置危险、危害因素及风险评估执行情况进行监督，对装置进行 HSE 综合检查和隐患排查，审核隐患整改计划，监督事故防范措施落实情况，是生产单位安全监管工作的重要责任人。2011 年 2 月，燕山石化被集团公司确定为首批试点推行安全总监制度的炼化企业，并确定炼油二厂和化工一厂为试点单位。一年多来，在 2 家单位试点运行经验的基础上，决定将“安全总监”制度向 17 家主要生产单位进行推广。

（孙 明）

【信息化工作】 年内，燕山石化持续推进智能化应用，使 ERP、MES 两大核心体系日趋完备，信息化水平迈上新台阶：ERP 系统在总部远程监控中，继续保持全年无通报问题的纪录，在 ERP 竞赛炼化板块中获得团体金牌的好成绩；MES 应用评价综合排名也在总部保持前三名；APC（先进过程控制系统）投用率达到 95% 以上。全面推广"桌面云"，自2011年5月正式启动以来，80%的数据维护工作都可以在数据中心集中完成，大大降低了企业的运维成本。年内，新应用了桌面云服务器自动飘移技术，使桌面云能够根据在线计算机实时负荷情况自动汇集用户，节能效果显著。建设移动办公系统创新智能化管理模式，11月，燕山石化移动办公系统上线运行，在充分保证安全的基础上，实现手机终端与燕山石化信息系统的数据交互。同时，系统所特有的装置预警自动推送功能，可以使授权用户无论在什么地方，都能实时了解到装置的重要报警情况，有效提升了工作效率。搭建职工畅所欲言平台，推动企业稳定和谐发展。3月，开办职工BBS论坛。建立了一套能源优化系统，7月投用以来，经济效益显著提升。8月，全员成本目标管理系统在化工六厂正式上线运行，年内完成化工板块8个生产厂及14家辅助生产单位全员成本目标管理系统的上线实施工作。年内，在对MES、ERP等系统的数据进行整合的基础上，公司自主开发了日利润监控系统和存货管理分析系统，为各生产厂及时掌握本单位的利润完成情况提供了有效依据。存货管理分析系统可综合实时展示物资分类的库存情况、目标库存以及资金占用情况。自存货管理分析系统投入运行以来，库存总额已由年初的3.35亿元下降到了3.14亿元，取得了实质性的效果。

（孙 明）

北京市电力公司

【概述】 北京市电力公司（简称北京电力）是国家电网公司所属的省级电力公司，负责北京地区1.64万平方公里范围内的电网规划建设、运行管理和630余万用电客户的供电服务工作，肩负着为首都党政军机关、重大政治活动和城市运行安全供电的光荣使命。截至年底，北京电力本部设置23个部门，下设16个供电公司、10个业务支撑与实施机构以及3个其他单位。

2012年，北京电力完成售电量792.06亿千瓦时，资产总额达到720.82亿元，城市供电可靠率达到99.985%，当年的电费回收率达到100%。

（吴国健）

【电网概况】 北京电网是高受电比例大型城市电网，是京津唐电网的负荷中心。北京电网是以500千伏为骨架、220千伏为主体、110千伏及以下配网覆盖全北京市的大型城市电网。截至年底，北京地区发电总装机容量达到734.1924万千瓦，全年发电量290.0597亿千瓦时。110千伏及以上变电站351座，变压器868台，变电容量70755.5兆伏安。110千伏及以上架空线路475条，共6335.6千米；110千伏及以上电缆线路778条，共1443.4千米。

北京电网500千伏层面由9座变电站形成扩大双环网结构，西北部和南部分别外扩至河北地区，通过10个500千伏通道与外网联络，220千伏层面由7座500千伏变电站的220千伏母联开关作为分区点，形成6个相对独立的供电分区，各分区之间通过联络线互为备用；110千伏及以下电网除并网线路外，全部开环运行，形成辐射状电网覆盖全市范围。年内，北京电网运行平稳，地区最大负荷1582万千瓦，同比增长1.74%。北京电网冬季负荷创历史新高，达到1574.1万千瓦，同比增长12.3%。

（吴国健）

【人力资源】 年内，北京电力全民制在职职工平均年龄为42.7岁；具有大学专科及以上人员6406人，占比74.7%；副高及以上专业技术资格为852人，占比9.9%；中级专业技术资格1507人，占比17.6%；高级工3587人，占比41.8%。国家电网公司级专家14名。人才当量密度1.0071。以"集约化、扁平化、专业化"为方向，按照"开拓创新、缜密严谨、分步实施"的思路，推进"三集五大"体系建设。"大规划""大建设""大运行""大营销""大检修"体系依次导入，新体系下，机构精简率达到35.8%，"三集五大"体系架构基本建立，并通过国家电网公司专业评估和综合验收。

优化机构设置，初步建立集中、统一、规范的组织体系。压缩本部职能部门数量，由27

个减少为 23 个；整合业务支撑机构，所属单位由 36 个减少为 29 个。精简供电公司内设机构，取消生产、营销工区设置，缩短管理链条。优化岗位设置，编制管理岗位典型目录，完善生产岗位序列，取消序列外岗位设置，统一岗位工作标准，明确岗位任职条件及工作职责。试点专业技术职级体系，建立技术人才职业发展通道，突出关键岗位和核心人才的价值。严格控制各单位管理人员总量。管理人员配置率比"五大"定员水平提高 20.4%。

实现培训分层次、分专业全面覆盖，共组织各类培训考试 2051 期次，92366 人次参加。制定专家人才分级分类管理办法及专家培养管理实施细则。200 名优秀人才进入十大专业人才库，其中 9 人入选国家电网公司首批专业领军人才培养名单。

统一人工成本核算、预算管理体系和投入产出效率预警机制及结果评价体系，实现控制总量、优化结构、提升效率的目标。印发《公司所属单位及其负责人业绩考核办法》《2012 年所属单位及其负责人业绩考核实施细则》《全员绩效管理实施细则（试行）》《全员绩效管理实施方案》，全面规范公司层、所属单位层、部门层、岗位层四层级绩效管理工作。建立公司关键业绩指标、部门重点工作任务指标、一线员工工作积分标准、全体员工职业行为禁区等 4 类量化指标体系，建立业绩考核看板，及时发布业绩指标完成情况。

（吴国健）

【电网建设与发展】 年内，北京电力结合首都"世界城市"建设需求，创新提出"网格化布局、精细化保障、便利化接入"的电网发展思路和远景设想。滚动修改《北京电网"十二五"规划》，完成"2030 年电网发展空间布局规划"和"应急抢修服务网点空间布局规划"，预留变电站 611 座，线路走廊约 1000 千米，布设各级指挥中心、智能监控中心、应急抢修服务网点 406 个，打造"1+4+17+N+X"的应急抢修和服务网络，完成 220 千伏及以下工程可行性研究 64 项，取得 35 千伏及以上输变电工程立项核准 45 项，规划意见书 48 项。

滚动调整"十二五"配电网发展规划，开展未来科技城等 28 个热点发展区域电网规划专题研究，在通州环渤海总部基地、丽泽商务区试点建设高可靠性配网；开展配网"统一规划、集中建设"试点工作。新建 35 千伏及以上变电站 14 座，35 千伏及以上线路 369.38 千米。共批复清洁能源接入申请 31 个，总装机容量 561.49 万千瓦，已接入和待接入的分布式电源达到 28.7 万千瓦。后勤规划入选国家电网公司推广范本。

完成电网基建项目储备 371 项。新开工输变电工程 42 项，新建 35 千伏及以上变电容量 359 万千伏安、线路 326 千米。投产输变电工程 28 项，投产 35 千伏及以上变电容量 285 万千伏安、线路 288.36 千米。完成 35 千伏及以上电力设施迁改工程 13 项，投产电缆 11.65 千米、线路 21.35 千米。新开工充（换）电站 47 座，竣工 37 座。完成重点附属设施工程 5 项 。非生产性工程项目建设，全年安排下达 87 项资金计划。

海淀 500 千伏变电站工程获得国家电网公司"变电工程质量管理流动红旗"；西马 220 千伏变电站工程获得国家电网公司华北区域"变电工程质量管理流动红旗"。14 项 110 千伏及以上输变电工程全部获得国家电网公司优质工程，优质率达到 100%。北京高安屯充换电站获得国家电网公司优秀设计二等奖，北京南站、团河 220 千伏变电站获得国家电网公司优秀设计三等奖，天津永定河 220 千伏变电站获得国家电网公司设计竞赛一等奖。北京电力获得国家电网公司"2012 年度基建技术管理先进单位"称号。

（吴国健）

【经营管理】 年内，北京电力加强经济运行监控，建立"横向统筹平衡、纵向专业审核、全面深入覆盖"的计划管理新模式，向基层单位分解下达综合计划指标 23 项；合理安排电厂年度发电量计划，实际节约购电成本 2.81 亿元。

制定《深化财务集约化管理实施方案》《深化财务集约化管理工作细则》《关于"五大"体系建设期间加强财务管控的意见》《"五大"体系建设财务调整方案》《北京市电力公司全面风险管理与内部控制工作管理办法》《北京市电力公司重大财务事项报告管理办法》等管理制度。

开展以内部利润管理为导向的绩效考核。

加强子公司预算管理，优化指标考核与计分方法。实施财务管控标准流程，固化标准流程224个。完成会计主体撤并，会计主体由34个减少到29个。推进财务与业务的协同融合，集中配置45类业务集成方案，开发完善财务与业务系统接口共计17个。推广内部交易业务协同上线，自主研发全业务单据处理平台，实现业务信息与核算信息线上转换。实现试点单位上门收电费直接缴存工行、农商行一级账户，电费退费全部实现电子支付。建立集中支付“日清日结”管理体系，实现备付、支付、过账和对账的全过程闭环管控；平稳实施35千伏及以上资产的集中管理，开展涉及16家供电公司约40亿元用户资产的评估入账工作。社保资金纳入财务专业化管理。

整合仓库资源，搭建物资公司区域库、二级单位周转库两级仓库管理模式，加强对基层末端的实物管控，形成纵向到底的“一本账”管理。完成物资和非物资采购53.817亿元，节约资金约1.8亿元。

北京电力全年共对外签署经济合同18043份，未发生重大履约纠纷。作为国家电网公司试点单位，实施案件管理信息化工作，起诉状、答辩状等核心法律文书全面上线。在石景山公司试点开展供电公司法律风险防范体系建设，并将试点经验在各供电公司推广。完成《首都经济结构变化与电力公司经营效益关系研究》等9个战略课题、20个专项课题和135个基层课题，《北京市电力公司营销与服务模式优化调研》获得国家电网公司优秀调研成果二等奖，北京电力荣获国家电网公司年度政策研究先进单位荣誉称号。

在国家电网公司发布的2012年度同业对标指标评价结果中，北京电力同业对标综合排名第八，业绩对标排名第七，管理对标排名第八，规划管理专业进入华北区域专业管理标杆，1项典型经验入选国家电网公司典型经验库。构建起覆盖全业务、全流程和全岗位的企业标准体系，建设标准总数7713项。标准体系建设通过国家电网公司“三集五大”建设专业验收。北京电力承担国家电网公司1项重大和3项重要管理创新项目。《依托内控平台，实现安全的全过程信息化管理》获得全国电力行业企业管理创新成果二等奖，《实施“电靓京城”品牌塑造工程，努力提升公司软实力》获得全国电力行业企业管理创新成果三等奖。《重要客户差异化服务保障模式创新与实践》获得全国电力行业企业管理创新成果三等奖。1人获得全国电力行业优秀企业家称号。规范全面质量管理QC小组活动，编制《北京市电力公司全面质量QC小组活动管理标准》。有5个单位QC小组获得全国优秀质量管理小组称号，1个单位班组获得全国质量信得过班组称号。

清理原有规章制度，组织修订337项规章制度，共建成管理制度803项，基本建成全面覆盖、上下一致的规章制度体系，实现与国家电网公司管理制度全面对接。

稳步推进运营监测（控）中心建设工作，开展组织机制、业务体系、场地环境及信息支撑系统建设。建成拥有监测展示、决策会商、独立监测、互动体验、设备控制及设备部署等五大功能分区的运营监测中心。完成运营监测（控）信息支撑系统建设。

北京电力共签订20份购售电合同，合同签订率100%，合同备案率100%。完成电量交易和电费结算，全年累计购电量841.51亿千瓦时，同比增长6.85%。推行购电全周期管理，初步实现购电业务“事前预测、事中监控、事后分析”的全周期管理。

主多分开工作通过国家电网公司验收。初步形成主业与产业的一体化发展格局，形成各具特色、优势互补的产业布局。

（吴国健）

【安全生产】 年内，北京电力树立“大安全”理念，以“安全年”活动为主线，以“大运行”“大检修”体系建设和十八大政治供电保障为核心，统筹开展安全管理、运维检修、调度运行、科技信息、应急建设等各方面工作，成功应对“7·21”“11·4”特大自然灾害，十八大供电保障实现“零闪动”，完成全年安全生产任务，安全生产形势总体保持平稳。

北京电力未发生电网大面积停电事故，未发生误操作事故，未发生重特大设备损坏事故。完成迎峰度夏度冬和防汛任务，完成十八大等重大保电任务201项。公司全面实现政治供电“零闪动”、安全生产“零死亡”目标。连续11

年获得北京市交通安全先进单位。

全年确立“安全年”督办任务330项，逐项落实责任部门和责任人，分阶段推进任务落实；开展专项督查，将落实情况纳入安全审计。修订公司隐患排查治理实施细则和排查标准；依托日常工作开展隐患排查，初步构建风险与隐患排查联动机制；结合安全生产分析会等工作载体开展隐患评估，制定差异化运行管理措施和保障方案。对6000余名生产人员开展业务技能水平考试，实现生产人员安全准入；成立评估专家组，建设承发包安全管理信息系统，对承发包企业的经营资质、安全管理等11个方面进行综合评估，杜绝不合格企业承揽公司工程项目，实现承发包企业的安全准入。

建立外力故障考核机制，加强专业护线管理和电网反外力差异化管控，对重点线路实施环境隐患定点看护和不间断巡视；深化政企、警企合作，加强反外力宣传，推动电力设施保护地方立法工作。

按照“国家电网公司大检修体系建设指导意见”梳理现行92项生产管理制度，绘制82项运维检修业务流程，修编53项运维检修规章制度。制订《输变电设备状态检修工作达标评价细则》，编制状态检测项目带电检测现场工作导则，制定带电检测工作年度计划。修订完善输变电设备投产验收规范和管理要求。修订物资抽检目录，对配电变压器等23种物资修改抽检范围及比例；制订配网状态检修推进方案和实施细则；编制印发《输变电设备差异化运行维护管理标准》，采取差异化的运维管理措施，完善管理制度。

建立健全事故隐患排查治理的长效机制，开展差异化设计和专项改造等措施。组织运维单位深度参与工程设计、设备采购和建设施工全过程，提前进行隐蔽工程随班验收，执行电气设备交接试验规程和验收规范，实现输变电设备“零缺陷”投运。全年累计消除输变电设备缺陷4346件。完成输变配电设备检测50562件。提升状态评价质量，优化检修策略。

加强度夏电网薄弱环节管控；突出运维管理责任，强化检修现场监督检查；将有限运维检修资源优化配置到关键环节和重点部位；下达大修项目（包括运维项目）1421项，下达技改项目422项，下达大型技改项目118项。

开展10千伏电缆不停电作业。组织实施混网线路中电缆、设备短时停电检修作业；研究探索10千伏电缆线路不停电作业工作方法，规范开展北京地区电缆线路不停电作业。

推广应用10千伏电缆OWTS状态检测。实施对电缆接头进行包括OWTS试验在内的4项关键环节管控；对重要客户和保电客户的外电源电缆实施差异化管理，优先实施状态评价管理措施。

完善“无缝隙、无死角”的防汛责任制。修订防汛预案和现场处置方案，组织演练，提升汛期应急处置能力。共安排防汛专项大修项目66项。会同北京市相关部门和单位，推进城市核心区雨水泵站改造和外电源可靠性提升。

（吴国健）

【营销工作】 年内，新增用电客户36.11万户，新增容量809.7万千伏安；完成售电量792.06亿千瓦时，500千伏及以下线损率完成6.49%，同比下降0.05个百分点；节约电力6.67万千瓦，节约电量3.36亿千瓦时。

开展以“改革创新、开拓进取，推动营销服务工作又好又快发展”为主线的营销系列工作。同步推进营销城乡一体化标准制度体系建设。推进“百日攻坚”和规范报装管理，使增供扩销取得明显成效。开展电费一级账户、拓展缴费渠道、加强计量关键业务环节管控，提高营销基础管理水平。

推广热泵项目应用98项，应用面积183.5万平方米；推广电采暖应用增加用电量3.10亿千瓦时；开拓电动汽车充电市场引发增加用电量0.12亿千瓦时。累计受理新增申请容量200.5万千伏安，完成新增接电容量177.58万千伏安，累计结存容量348.98万千伏安，累计消化热点用电需求248.19万千伏安。

推动居民阶梯电价政策出台，制定《北京市电力公司居民阶梯电价政策实施方案》。研究并制定有偿供电服务收费项目、标准及管理办法。落实居民峰谷时段调整等销售电价政策，实施购网电价调整、脱硝电价、垃圾焚烧等电价政策。推进电价集约化和信息化，细化购售电预算管理，研究电价变化趋势和特殊电价政策对北京电力经营影响。

加强电费回收管理，一级账户的电费资金归集50%左右，通过律师函、诉讼等法律手段实施电费催收62例，成功回收电费649.4万元，获得债权1415.2万元。提高反窃电工作，追补电费和违约使用电费共计4421.57万元。

推进智能电能表全过程质量管理，实施贯穿计量设备采购、检定、配送、安装、验收、运行、返修、报废各环节的闭环管理和质量监控。制定《智能电能表安装调试工作规范》《用电信息采集运行维护管理办法》等系列标准规范。安装智能电能表约99.8万具，总采集户数已达200.94万户，采集覆盖率达到29.56%。

全年建成蓄冷空调、地源热泵项目121项，累计增加电量约1.34亿千瓦时。全年查处违约用电、窃电2309起，追补电量2954.37万千瓦时。运用法律手段，回收欠费275.22万元。

推动电动汽车充换电服务网络建设、创新运营模式。建设完成60座充换电站、1080个充电桩。签订电池租赁合同35项和充换电服务合同4项。开工建设集中式换电站4座、分布式充电站16座。选取2万户开展电力光纤到户试点，建成6700户，并配套开展智能小区和电力光纤入户商业运行模式的课题攻关。

完成营销稽查监控大厅建设及营销稽查监控系统上线工作，完成稽查业务培训并同期开展稽查工作。实现对营销关键指标、工作质量和服务质量的实时在线监控。

（吴国健）

【农电工作】 年内，北京电力滚动修编“十二五”农村电网改造升级规划，指导“十二五”期间农村配电网建设。在总结大兴、密云等5个地区试点经验基础上，扩大农网改造实施范围，累计投资8.38亿元。通过分倒路、加装配电变压器等措施，提升农网供电能力和供电质量。

北京地区农电涉及10个远郊区（县）及4个近郊区的部分农村地区，截至年底，北京电力有农村供电所132个，基本实现一镇（乡）一所（含分所），负责194个乡镇、3835个行政村、364.5万农村用电客户的供电服务工作，以及1.98万千米10千伏线路、4.63万台10千伏配电变压器、2.22万千米农村低压线路的运行维护、事故抢修等工作，负责农村安全用电、供电优质服务及农村电气化建设工作。制订北京农电工作评价分工表，对农电常规、重点、综合性工作实行千分制考核。开展农电特色服务，建立农村老弱病残等特殊客户服务档案，在10个远郊区县建立12支供电所共产党员服务支队，开展农电特色服务品牌主题传播。

40个标准化供电所全部达到考核标准。密云溪翁庄供电所被国家电网公司命名为标准化示范供电所。北京电力标准化供电所建设完成率达到100%，其中7个供电所被国家电网公司命名为标准化示范供电所。大兴供电公司被授予国家电网公司一流县供电企业。建设4个农网示范村。昌平、平谷地区有5个配电台区应用新型农网智能化配电设备。

（吴国健）

【科技与信息化】 年内，北京电力完善科技创新体系建设，开展科技发展方向顶层设计。形成以电科院、经研院为核心的技术研究体系，形成配网自动化、状态监测、电动汽车等8个重点技术方向和项目储备。大力开展技术攻关和群众性创新活动，承担的国家级“863”项目、科技支撑项目和22个省部级科技研究项目有序推进，“政治供电技术研究”取得重大进展，无人机在电网巡线和抗灾抢险中深化应用。在电网“零闪动”、设备分析与评价、带电检测等专业领域保持国内领先技术水平。加强试验研究能力建设，北京电力与北汽集团、北京理工大学、北京交通大学、北京工业大学、北京信息科技大学6家单位共同组建的“新能源汽车北京实验室”获得北京市认定。“国家能源主动配电网技术研发中心”通过国家能源局认定评审。城市电网仿真、定制电力等实验室建设取得成效。全年取得专利申请380项，专利授权200项。获得国家电网公司科学技术进步一等奖2项，二、三等奖各1项，获得国家电网公司专利技术三等奖1项。成立28个创新工作室，4个创新工作室获得北京市级职工创新工作室，12项成果获得华北电力工委优秀职工创新成果奖。

推进信息调度能力建设，规范设备台账与运维流程，系统计划停运次数同比减少61%，计划停运时长减少91%，信息系统故障次数同比减少90%，故障时长缩短96%。完成信息化项目74项，电网GIS平台、信息系统等级保护建设与全生命周期安全建设取得阶段性成果。

完成“十八大”信息通信安全保障任务。加强信息通信融合，支撑“三集五大”体系建设，完成105项信息系统适应性调整，获国家电网公司信息化优质项目称号。优化完善一体化信息平台。电网GIS平台、海量实时数据管理平台的研究与应用分别获2012年中国电力行业信息化成果二、三等奖。

（吴国健）

【优质服务】 年内，北京电力继续开展“塑文化、强队伍、铸品质”供电服务提升工程和居民用电服务质量提升专项行动。集约10千伏重要客户和重大项目业扩报装业务，为重要客户提供细致全面的差异化服务。强化95598热线服务能力建设，实现电源信息、客户信息“双向追溯”，推广营业窗口视频监控系统，委托第三方监督机构开展客户服务满意度调查。

全市售电网点达20760个，基本建成城镇“十分钟交费圈”。将116台自助交费终端引入营业网点，开通招商银行、工商银行网上交费服务，在延庆农村地区试点拓展交费便利店。

完成22个保障房项目的外电源工程，建成12座轨道交通配套变电站。编制保障房供电方案257份，将北京市下达的2012年竣工入住的保障性住房涉及的80项供电工程全部送电到表，惠及居民用户8.85万户。完成2.1万户“煤改电”工程。推进老旧小区配电设施改造，解决并实施71处老旧小区用电问题，惠及百姓6.1万户。

推进国家电网首都电力共产党员服务队党建品牌建设，开展“六进三送”活动。共产党员服务队注册队员已达996名，新建党员服务站105个，服务站累计达244个，“爱心卡”用户达1082个，累计开展便民活动1903次，投入“爱心基金”38.44万元，惠及居民、单位共计35万余户。特别是党员服务队在“7·21”特大暴雨和“11·4”雪灾等抢险救灾工作中发挥了重要作用。

开展电力交易服务品质提升专项活动。建设面向发电企业的优质服务窗口，开展北京地区发电企业“电力交易服务咨询日”活动，对不同发电企业探索开展个性化、差异化服务。

编制发布《北京市电力公司2011社会责任实践报告》，公司成为首家发布报告的央企在京分支单位。建立品牌建设与新闻宣传业务运转新机制，品牌建设专业进入一体化管理运作阶段。

以“15333”工程为抓手，推进大兴公司全面试点及其他单位专项试点工程，实现社会责任管理全面覆盖。筹建公司社会责任管理典型案例库，评选出北京电力社会责任“十大典型案例”及“十大感人故事”。形成34个业务工种、共90多个场景的社会责任形象展示图片，形成由289张图片组成的服务国家电网公司的履责形象素材库，为国网系统内首创。

（吴国健）

【获得荣誉】 年内，大兴供电公司、平谷供电公司金海湖供电所获得首都劳动奖状；朝阳供电公司共产党员服务队获得全国能源化学系统工人先锋号；检修分公司长椿街运维队等3个班组获得国家电网公司工人先锋号；1人获得全国五一劳动奖章，2人获得首都劳动奖章，3人获得国家电网公司工人先锋号；获得全国班组安全建设与管理优秀成果二等奖。

工程建设管理效能监察，荣获国家电网公司2012年度效能监察优秀项目一等奖。北京电力在连续3年蝉联北京市政风行风民意测评第一名的基础上，2012年仍被列为免评单位。“电靓京城”主题传播实现北京地区社会及行业媒体100%全覆盖目标。北京电力8位“北京好人”荣获首都文明委颁发的“身边的雷锋”称号，在第八届“中电传媒杯”全国电力行业优秀电视片展评活动推荐的电视作品共有6部获奖。

北京电力继续保持全国文明单位和首都文明单位标兵荣誉称号，荣获中央企业思想政治工作先进单位荣誉。北京电力系统25个单位保持首都文明单位（标兵）称号，其中北京电力所属16个供电公司全部获得2012年首都文明单位（标兵）荣誉称号。

（吴国健）

北京二七轨道交通装备有限责任公司

【概述】 北京二七轨道交通装备有限责任公司（简称二七装备公司）隶属中国北车股份公司。主要经营的项目是开发、设计、制造、修理、销售铁路及城市轨道交通运输设备、电子设备、机械电器设备等。有机械动力设备3000余台（套），占地面积43万平方米，厂房建筑面积16.5万平方米。固定资产原值7.11亿元，净值3.61亿元。从业人员3351人，其中博士5人、硕士98人、本科700人；具有高级专业技术职称149人，中级职称275人。公司行政下设13部3室5中心、13个生产分厂（分公司）。党群系统设有8个职能部室。截至年底，已累计制造各型内燃机车近2400台，配属全国18个铁路局（公司）和路外100多家大型企业，并出口古巴、越南、安哥拉、爱沙尼亚、尼日利亚等国家。公司已达到年生产六轴大功率交流传动电力机车100台，内燃机车新造年产100台，大型养路机械60标准节，内燃机车年修理80台的能力。主要产品有HXD3、HXD3C型7200KW电力机车、DF7系列内燃机车、GK1E和GK31E型内燃机车、铁路大型养路机械LZC−800型路基处理车、GMC96B型钢轨打磨车、多功能作业车、边坡清筛车等。

（胡跃平）

【生产发展与市场营销】 年内，二七装备公司实现销售实现营业收入9.51亿元，净利润-1.94亿元。新造和谐3型电力机车25台，同比减少93%。新造和谐GMC96B型钢轨打磨列车列，和谐LZC−800B型路基处理车4列。路外销售新造内燃机车38台，同比增加8.7%。大修内燃机车72台，同比增加26.32%。配件销售6039万元。新开用户10家，新开率50%。派出售后服务人员347人次；采取发运配件、电话指导、派人现场服务等方式处理机车故障约350件。实现了用户对售后服务“零”投诉。

（胡跃平）

【改革改制】 年内，二七装备公司完成了对工业公司改制方案、职工安置方案进行修订、补充、完善和上报工作。组织召开了工业公司员工大会和创立大会，审议并通过了改制方案、公司章程等事项。新公司的工商注册工作正在进行中。

（胡跃平）

【企业管理】 年内，二七装备公司以产品系列和市场板块为基准，将原有的销售部门改为机车销售部、工程机械销售部、国际贸易部和配件销售部4个职能部门。机车销售部专注于国内内燃机车、电力机车整车、机车修理、售后服务等工作。完成科研管理中心、技术系统、销售系统和科技协管理办公室组织机构的设置、职责的调整，对机车研发中心、工程机械研发中心和工艺研发管理中心的部门职责进行了重新划分，对市场销售部门的职责进行了修订。

按照国资委第29号令《国家出资企业产权登记暂行办法》对登记对象涵盖范围即含原产权登记范围中的纯国有经济成分企业，同时将混合所有制企业再投资企业也纳入登记范围，重新登记的时点等相关要求，向股份公司重新办理了产权占有登记。

（胡跃平）

【质量管理】 年内，二七装备公司通过IRIS（国际铁路行业标准）体系认证，覆盖的产品范围为整车（铁路养护机械和内燃机车）、车体及转向架的设计和开发，整车（铁路养护机械和内燃机车）、车体及转向架的制造和维护。制定《2012年—2013年二七装备公司质量提升工作计划》《HXD3C型电力机车质量工艺提升计划》。围绕国际铁路行业标准（IRIS）和欧洲轨道车辆及部件焊接标准（EN15085），做好技术图纸统一、工装器具完好、问题整改落实3项基础工作；落实油漆、首件鉴定、评审、供应商管控4项重点工作。HXD3C型电力机车质量工艺提升计划中设立8个里程碑节点，13项工作节点，共64条措施，质量保证部按照计划要求组织召开现场协调会和项目例会20次，完成司机室钢结构、车体钢结构、构架钢结构、整车油漆方案、机车布线共8项评审工作。

制定下发了《北京二七轨道交通装备有限责任公司全面推行安全风险管理实施计划》

《2012年安全生产工作计划》，编制下发了《关于劳动防护用品穿戴的通知》，成立安全风险管理办公室，由公司总经理担任组长，组织领导策划公司安全风险工作，并指导实施安全风险管理，对违反安全风险管理实施有关规定的单位以及个人进行考核。下发了《二七装备公司全面推行安全风险管理检查简报》，其中对计划兑现率情况进行了逐一的说明。提出了更加明确的管理要求。公司总经理与公司各单位第一管理者签订了《2012年安全生产责任书》。

（胡跃平）

【人力资源管理】 年内，二七装备公司制定《人工成本预算管理办法》《机车研发中心、工程机械研发中心工资分配办法》和《新产品研发项目考核奖励办法》。招收1名西南交通大学博士，18名硕士，82名本科毕业生；并完成与清华大学、北车股份公司合作建立博士后工作站，引进1名清华大学博士毕业生进站工作。

（胡跃平）

【安全管理】 年内，二七装备公司开展日常检查和专项检查，及时消除事故隐患，在全公司范围内组织开展了以“安全责任，重在落实”“我要安全、我学安全，我会安全”为主题的安全生产月活动。举办“领导干部及安全管理人员企业安全文化建设”培训班。全年共举办公司级安全培训班18期，培训人员924人。投入140万元，完成了铁路道口安全防护栏、重点部位安全监控装置、柴油机试验站烟气自动报警装置、有限空间作业安全装置、高处作业安全设备、上煤道照明改造、移车台自动对轨装置等21项安全技措项目，消除了安全隐患。加强对公司废水、废气、噪声、固废、辐射的管理，实现各项指标达标排放。

（胡跃平）

【完善综合信息管理平台】 年内，二七装备公司建立固定资产投资项目信息系统，解决了公司在固定资产投资项目管理工作上人工记录、制表的弊端。进一步完善综合信息管理平台建设，丰富决策支持系统（BQ）。完成了该报表中11个模块（共计44张报表）的设置，全面涉及公司财务、采购、销售、仓储、生产成本、人力资源等方面。在备料分厂试点进行MES系统实施，为操作人员、管理人员提供计划的执行、跟踪以及所有资源（人、设备、物料、客户需求等）的当前状态，重点解决车间生产问题。在ERP系统中集成PLM和ERP，ERP生产管理（MRP运算）方案确定以及样车模拟测试成本，通过MRP运算得到公司的生产计划、采购计划、委外计划。并以“爱沙尼亚”车为样车完成设计BOM到工艺BOM的转换，通过ERP测试系统完成样车成本的核算。

（胡跃平）

【新产品新技术自主开发】 年内，二七装备公司完成了160千米/时多功能综合作业车样车研制、组装及厂内相关试验，通过相关出厂、型式试验，完成相关认证。

完成190T交流电动轮自卸车整车三维和二维图纸2200余张，借助三维图纸确定了整车质心等重要参数的准确位置，校对了二维图纸设计的正确性。完成了包括车架、货箱在内的592项1358件自制件制造生产，完成整车总装，调试完成下线。

1200立方米边坡清筛机进入国产化制造阶段，完成了前2列30%国产化率，后3列70%国产化率边坡清筛机的组装、调试、综合性能试验、整车交付，铁道部国产化样机评审、生产许可申报等工作。编制完成了《边坡清筛机制动系统综合性能试验大纲》《边坡清筛机制动系统联挂试验大纲及检查记录》《边坡清筛机制动系统国产化工作报告》《边坡清筛机制动系统出厂评审报告》等报告。

完成16头地铁打磨车总体技术方案。完成了首台爱沙尼亚机车机车的设计和制造。完成自制4000马力交流传动调车机车初步总体方案设计。

（胡跃平）

【基本建设】 年内，房山产业园压缩项目投资，重新划分项目一期建设内容，将原规划的磁悬浮列车、城市轨道车辆、轨道养护机械、大功率机车4个项目，调整为轨道交通装备、工程机械和新型机电产业三大板块，新增10项产品。由原来规划用地120万平方米调整至60万平方米，建设周期调整项目主要为18个月，总投资约30亿元。《中国北车北京轨道交通装备产业园项目实施管理办法》《产业园项目一期工程项目暂估价材料、设备管理办法》《产业园项目建设主要时间节点计划》《产业园项目组织机构人员建议名单》《计价协议》项目环境、能源、水土、安全、交通、职业健康等报告全部编制完成。房山工业园03街区01、02、03地块建设用地得到批复。产业园项目一期4个部分单独备案。机车及大养机械、高端轨道客车、磁浮车4个分项备案工作初步完成。

完成03街区北车选址所有86.67万平方米土地围挡；原机车调试联合厂房基础施工及养护、辅助间基础及主体施工均已全部完成，同时项目临水、临电设施建设和项目部9280平方米临时建筑施工也已全部完成。在园区内建设“双核、两区、五大功能带”，实现研发创新、科技服务、综合商务、历史文化、生态环保、生活配套等六大功能。根据规划方案，科技园项目可建设开发用地为75.3万平方米，除去非自有土地部分，总建设用地面积为57.9万平方米，总建筑规模为140.55万平方米。拟分三期建设实施，其中一期建设和改造规模为32.09万平方米，二期建设规模为72.72万平方米，三期建设规模为35.74万平方米。项目总投资约55亿元，实现收入约160亿元。

（胡跃平）

南车二七车辆有限公司

【概述】 南车二七车辆有限公司（简称二七公司）隶属于中国南车股份有限公司，为国内铁路货运平车、平车集装箱两用车和特种平车的制造基地。具备年新造铁路货车4000辆、修理铁路货车3000辆的综合能力，同时拥有年产MT、HM−1型缓冲器2.5万套、交叉支撑装置6万份、轴承保持器300万件的配件生产能力。

2012年年末，公司本部在册人数2894人，其中教授级高级工程师12人，具有高级专业技术职称90人，高级技师86人；设置行政部室22个，党群部门5个，生产车间7个，控股合资企业2个，全资子公司1个；公司固定资产原值4.83亿元，生产用地64万平方米，房屋建筑19.2万平方米；有各类机械动力设备1765台，其中主要生产设备1333台。2012年，在国内经济下行压力加大、国铁市场需求不足、企业经营面临诸多不确定因素的情况下，克服“7·21”特大自然灾害造成的困难，全年完成新造货车2639辆，检修货车2892辆，生产货车配件88359件（套）。

公司通过2012年度测量管理体系监督评审；获南车财务决算管理先进单位；获北京市2011年度“安康杯”竞赛优胜单位；公司工会获全国铁路体育2009~2012年先进单位称号；小区建设规划获政府批准。

（宣传部　企业文化部）

【规划发展】 年内，二七公司积极贯彻“一业为主、多元发展”战略，新产业发展呈现良好前景。在制度建设、团队培养、项目引进、项目孵化上下功夫，新产业运营管理日趋完善。高层救生舱完成产品优化，为市场开拓奠定基础。长纤维风机叶片实现销售。自主研发燃气报警器、四合一室内污染物监测仪。薄膜铂电阻温度传感器实现销售。控股公司以市场为中心，不断提升经营绩效，保持了稳定增长。

（宣传部　企业文化部）

【改革改制】 年内，二七公司全面开展以“对标提高、降本增效，调整结构、做强做优”为主题的管理提升活动，制定了覆盖17个专项提升领域、81项改善提升项目的推进方案，明确了推进机制。根据公司发展规划需要，经研究决定，对货车轴承一般修业务实施外包。7月26日起，调整相关单位职责。推进信息化建设登高计划，强化网络安全和系统优化应用。以风险防范为导向，进一步加强内控和全面风险管理与法律体系建设。

（宣传部　企业文化部）

【经营管理】 年内，二七公司积极筹措资金，加强滚动预算与现金流管理。大幅压缩各项费用，强化开源节流、降本增效力度。通过京周路税务筹划、所得税减免、争取北京工业保增长企业奖励等实现财务创造价值2064万元。公司获南车财务决算管理先进单位。开展轴承一般修等业务外包工作。深入实施三室达标工作。持续推进精益示范区（线）和精益车间建设。全面落实工位制节拍化生产方式，C70E日产稳定保持16辆，KM70首次批产即实现日产4辆，国铁检修车日产达到13辆。深入开展“反违章”等活动，积极推进安全生产标准化建设。设备管理保持国优，继续规范工装管理，为正常生产提供有利保证。

（宣传部　企业文化部）

【科技创新】 年内，二七公司新产品研发工作取得突破。装有自主研发转向架的快运集装箱平车在西南交大牵引动力国家重点实验室创造空车180千米/小时速度后，再创重车220千米/小时最高速度。与瑞典公司签署的柔性货车合作协议使公司获得在国内独家进行二次开发、生产销售权利。载重80吨共用平车通过型式试验。制动管系C形组合式密封圈实现小批量装车运用考验。汽—普两用双层车、关节式运输小汽车双层车、载重70吨级新型结构平车等科技项目取得阶段性进展。研发体系日臻完善。全面实现新产品开发在PLM系统下的三维设计。车辆静强度试验室竣工投用，为公司成为更有竞争力的设计主导单位奠定了更加坚实的基础。完成97项专利申报。载重80吨铁路平车及敞车研制项目获北京市科委重大项目支持。X70、X1K型车获北京市金桥工程项目奖。X70型车等技术成果实现技术转让收益。

（宣传部　企业文化部）

【生产运营】 年内，二七公司面对生产不均衡、原材料供应紧缺、交货期不确定等不利形势，公司生产系统科学制定预案，合理调度挖潜，高效提升产能，为全年任务完成奠定了坚实基础。特别是7月21日北京遭遇了有气象记录以来的特大暴雨袭击，公司被迫停产救灾，企业财产损失巨大。全体员工抗灾自救，灾后10天全部恢复正常生产。同时，公司积极与保险公司洽谈，最终获保险赔款2964万元。

（宣传部　企业文化部）

【市场营销】 年内，二七公司完成铁道部和中铁特货、中铁集装箱等路内大客户招标采购项目。强化自备车市场开拓力度，获得神华集团、平煤能源、锦赤铁路、大同国电4家路外企业600辆自备车，合同总金额2.738亿元，其中KM70型漏斗车首次打开了路外自备车销售市场。适应配件市场自行采购不断扩大趋势，实现配件自销1.53亿元。积极开展应收账款清欠工作，其中3年以上配件应收账款回款比例达到78.57%。

（宣传部　企业文化部）

【基建与技改】 年内，二七公司工艺设计能力明显提升。有效的工艺策划和实施为公司生产能力提升提供技术保障。可视化工艺文件不断细化，岗位标准作业指导书编制卓有成效。新厂修规程得到全面落实。X2H（K）、SQ5厂修通过了CRCC认证，取得维修资质。45名电焊工共获112项次国际焊接资质。科技管理富有成效。主持修订6项、参与制定4项国家或行业标准。为了保证公司小区住宅建设改造工作的顺利完成，11月1日起成立小区住宅建设办公室。该办公室的使命是组织、协调相关部门共同开展、完成小区住宅建设改造工作。

（宣传部　企业文化部）

【人力资源管理】 年内，二七公司继续推进“1213人才建设工程”。加强领导团队建设，参加南车中高层领导培训，补充运营和技术管理类中层领导后备人才24名。选拔公司级管理专家15名、技术专家11名、技能专家15名。1人获“全国技术能手”称号，3人在北京市第三届职业技能大赛中获较好成绩。完善劳务派遣用工管理办法，建立劳务派遣公司定期评价制度，进一步规范劳务派遣用工形式。组织一级培训39项，培训4065人次，组织二级培训93项，培训4773人次。职业技能鉴定站被评为“南车优秀职业技能鉴定站”。进一步完善薪酬体系，e-HR薪酬模块成为工资发放独立信息平台。

（宣传部　企业文化部）

【质量管理】 年内，二七公司完善质量管控体系建设。以72%的高得分率通过IRIS管理体系首次监督审核。搭建产品质量信息管理平台。落实《铁路产品认证管理办法》，深化供应商管理制度建设。按照管理规范化、作业标准化要求，全面开展质量安全风险管理工作，建立健全管控机制，提升应急处理能力。开展制动故障、油漆漏涂和车体欠焊等质量攻关活动。造、修通用敞、平车实现零缺陷商品化交验。新造货车安全质量综合评价排名获全路第三、南车第一的佳绩。继续开展检查员岗位练兵、技术比武等立标树型活动。20人获全国注册质量工程师资格。货车车间120阀检修组装QC小组获铁道部优秀质量管理小组称号。建立售后服务区域负责与重点保障相结合模式，走访范围覆盖全路200多个运用车间，顾客满意度评价得分98.54分。

（宣传部　企业文化部）

北京南口轨道交通机械有限责任公司

【概述】 北京南口轨道交通机械有限责任公司（简称南口机械公司）员工总数1185人，其中具有高级技术职称59人，中级技术职称104人，初级技术职称398人。固定资产原值6.07亿元，净值3.87亿元。公司占地面积47.77万平方米。各类设备943台(套)，其中大型精密设备62台，进口设备53台。

设行政部室11个、党群部门1个，主产品生产单位6个，事业部2个，合资公司2个。全年实现销售收入7.5亿元，同比增长53%。

（陈宗河）

【改制改革】 年内，南口机械公司调整组织机构，市场营销部分为营销一部、营销二部，分别承担轨道、多种经营产品市场营销工作；成立工矿产品事业部；职能分配更加合理，工作效率进一步提高。继续实行公司领导对口包保生产单位基础管理建设工作制度，强化公司领导行政工作执行力。完成存续企业所属和谐市场、佳达公司2家单位注销工作；完成昌南机电设备中心完税工作；存续企业上报资产出售请示得到北车集团正式批复；幼儿园资产核销、俱乐部及存续企业办公楼盘活工作有序推进。

（陈宗河）

【生产经营】 年内，南口机械公司完成主要配件品种121项、产量45.77万件（套）。其中，轨道交通产品完成各型空压机203台、各型主机油泵457台，和谐2型技术引进机车主动齿轮1058个、从动齿轮140个、抱轴箱铸件145个、齿轮箱上箱铸件145个、下箱铸件146个，和谐3型技术引进机车从动齿轮1381个，东风7G型机车主动齿轮151个、从动齿轮32个，韶山4型电力机车从动齿轮108个、伞齿轮72个，各型喷油泵上体装配4212套、下体装配3260套、各型喷油器3135套、各型喷油器偶件2.87万副。

（陈宗河）

【市场开拓】 年内，南口机械公司鼓励生产单位直接介入市场承揽产品定单，加大营销力度，产品订单大幅增加。新开发江苏欧曼压缩机有限公司、太原大汇实业有限公司等16家新的主机产品市场。签订整机营销合同856万元。铁路市场开拓形成销售收入增长点。与西门子公司开展齿轮加工项目合作，全年实现销售收入10余万元，为下一年深度合作奠定了良好基础。成立应收账款管理办公室，应收账款管理工作得到提升，清理长期呆坏账10余万元。

（陈宗河）

【新产品开发】 年内，南口机械公司新产品新技术自主开发能力进一步提升，实现零部件向系统集成系列化转型升级。完成开利公司FF500三转子、20及40立方空压机主机、250千瓦压缩机、NSG195主机、75千瓦压缩机、110千瓦压缩机试制；20立方直联式NSG160主机实现小批量生产；完成阶梯铸铁转子加工、组装试验。天津抽油机齿轮箱实现批量生产。唐山开诚机器人箱体、电控柜箱体试制成功。完成爱沙尼亚机车牵引齿轮图纸、南非城轨从动齿轮图纸、昆明奥配齿轮图纸、大连车轴齿轮箱齿轮产品图纸绘制。完成出口孟加拉齿轮箱、地铁十号线齿轮箱设计及图纸绘制、技术规范编制、现场技术服务、产品试制试验及首件鉴定。完成部分沃德螺旋伞齿轮图纸转化。完成CRH3A动车齿轮箱图纸设计、SS4齿轮弛缓及HX2主动齿轮密封裂纹修复。完成宝石2000HP两档齿轮减速箱零部件计算分析。自主设计道岔产品图纸29套，转化道岔产品图纸15套，其中沈阳有轨电车用59R2槽型轨道岔以及唐山三轨距套线道岔填补国内道岔品种空白；完成时速160公里整组道岔、尖轨、基本轨、护轨认证工作。全年申请技术专利14项，其中发明专利4项、实用新型专利10项。

（陈宗河）

【多元经营】 年内，南口机械公司在拓展宝鸡石油机械公司、济南柴油机公司等工矿产品市场基础上，新开发天津沃德公司矿用齿轮、齿轮箱产品市场，唐山开诚公司机器人箱体、电控柜箱体产品市场，天津机辆装备公司抽油机齿轮箱产品市场，完成矿用提升机、船舶齿轮箱市场调研和产品开发准备工作。实现多元产品销售收入11370.72万元，其中石油机械产品1137.79万元、螺杆转子1838.37万元、螺杆泵主机2628.73万元、风电齿轮箱734.6万元，其他多元产品5031.23万元。完成宝石公司油田机械齿圈1183个，济柴齿轮434个、齿轮轴59个，出口开利公司转子1572对；完成20立方螺杆泵主机329台、43立方65台、81立方22台、62立方56台、直联式28立方50台，螺杆泵主机产品形成系列化。

（陈宗河）

【基本建设与技术改造】 年内，南口机械公司总投资4.2亿元配套大功率机车及200公里以上动车组齿轮箱专业化生产技术改造项目累计完成投资4亿元，完成土建施工1200余平方米，购置设备80余台/套，其中购置进口设备17台/套，获国家免税1400余万元，获国家财政免税贴息补助158万元，获北京市各级财政资金支持2830万元，获国家中央预算内资金支持2376万元。总投资7.8亿元交流传动机车及高速动车组传动装置与风源系统产业化能力提升技术改造项目累计完成投资2.8亿元，购置设备30台/套，厂房改扩建3.5万平方米，完成螺杆压缩机风源系统新增2条生产线、螺杆压缩机试验系统、风电齿轮箱低温冷冻试验系统、城轨齿轮箱组装及试验系统基本建设；大型风电齿轮箱生产、试验系统厂房投入实施，完成相关设备采购、安装调试；7.8亿项目全部完成后可年产轨道交通齿轮箱3000套，风力发电机齿轮箱1150套，螺杆式压缩机主机6200套、整机3700套。全年投入更新改造费用1400万元，其中775万元用于110千伏降压站更新高压电缆、配电控制柜改造，437万元用于热交换站安装节能全自动控制系统。获得北京市和昌平区政府供暖补贴375万元。

（陈宗河）

【企业管理】 年内，南口机械公司内部控制体系建设持续推进，完成70项关键控制点梳理与修订、内部控制制度梳理和发布工作。管理提升活动完成第一阶段工作任务，关闭138项重点管理缺陷。质量管理通过埃尔维质量认证中心监督审核，通过CRCC首批铁路产品认证；未发生特别重大、重大、较大质量事故和一般A、B、C类质量事故；铁路产品质量监督抽查合格率100%。开展“降本增效”工作，采购成本平均降低4%，盘活资产、节约成本费用等共计3300万元。公司实现安全生产1000天，获得中国北车奖励；新编、修订《重特大安全生产事故综合应急预案》《风险评价管理制度》《丙烷站现场处置预案》《安全生产目标责任奖惩管理制度》等32项安全管理制度；轻伤事故率控制在2.6‰指标以内，未发生重伤以上工伤事故。公司新入职员工三级教育率100%，培训新员工162人次；特种作业员工取证、复审200人次，持证上岗率100%；引进技术专家2人，接收高校毕业生84人；参加中国北车教授级高工评审2人，参加中国北车高级工程师、高级政工师评审5人。

（陈宗河）

【风电齿轮箱研发取得突破】 年内，南口机械公司风电齿轮箱产品研发取得突破，2兆瓦风电齿轮箱一次性通过GL认证。完成华创1.5兆瓦风电齿轮箱试制。完成华创1.5兆瓦VRS可变速比齿轮箱设计，实现对发电机恒速输出，节省主机变频系统，解决低电压穿越造成风机脱网问题，相关技术处于国内领先水平。完成久和2兆瓦（77.9速比）齿轮箱设计及2台样机试制；久和2台2兆瓦（83.4速比）齿轮箱样机通过台架型式试验，适用于低风速风力发电机组。完成久和2.5兆瓦齿轮箱设计方案、载荷分析、行星系齿轮排布方案分析、初步校核计算。2兆瓦齿轮箱、1.5兆瓦齿轮箱实现挂机验证。交付内蒙古久和能源科技有限公司2台2兆瓦齿轮箱，交付济南北车风电有限公司18台1.5兆瓦齿轮箱。同济南装备公司签订35台1.5兆瓦风电齿轮箱供货合同。

（陈宗河）

上市公司

北京首钢股份有限公司

【概述】 北京首钢股份有限公司（简称首钢股份，股票代码：000959）是在深圳证券市场上市的股份有限公司，1999年9月发行A股，公司总股本231000万股，其中首钢总公司持有国有法人股196000万股，向社会公开发行社会公众股35000万股，同年12月16日首钢股份(000959)股票上市交易。2003年12月16日，公司发行20亿元可转股债券。同年12月31日，首钢转债（125959）挂牌上市。2005年11月9日，首钢股份完成股权分置改革，首钢总公司持股由196000万股（占总股本的84.85%）减至187589.7328万股（占总股本的81.19%）。2007年2月26日，首钢转债满足赎回条件，4月6日停止交易和转股。尚未转股的4978万元首钢转债，由公司按面值的105%全部赎回，公司总股本由231000万股增至296653万股，有限售条件的流通股比例由81.19%降至63.24%。

首钢股份主营黑色金属冶炼和压延加工，是中国的钢铁联合企业，曾拥有从焦化、烧结、炼铁、炼钢到轧材工序能力配套的生产体系。主营线材、板材及特殊用途钢，产品多次获得国家、部市级优质产品奖，广泛应用于长江三峡、中华世纪坛、北京奥运场馆等国家重点工程，远销美国、日本、瑞士、东南亚等10多个国家和地区。

首钢股份具有完善的法人治理结构，董事会设立战略委员会、审计委员会、提名委员会、薪酬与考核委员会4个专门委员会。董事会、监事会分别设立了日常办事机构董事会办公室和监事会办公室，实行董事会领导下的总经理负责制。首钢股份下设证券部、计财部、生产部、销售部、人事部、机动部、技术质量部和经理办公室等职能部门，还设有物资供应公司和焦化厂、第二炼铁厂、第二炼钢厂、第一线材厂、高速线材厂和钢材深加工6个下属生产厂，以及维检中心、技术中心等生产辅助部门。拥有北京首钢冷轧薄板有限公司、贵州首钢产业投资有限公司等4家子公司。截至2012年年底，公司共有员工2965人。其中，生产人员1824人，行政管理人员574人，工程技术人员189人，服务人员133人。职工平均年龄42.8岁，平均工龄23年。具有大专及以上学历1100人，高级职称78人，中级职称164人。取得职业技能等级的1786人。

（李淑萍）

【资产重组方案获批准】 7月17日，首钢股份第四届董事会第十一次会议审议通过《重大资产置换及发行股份购买资产暨关联交易方案》，首钢股份拟与首钢总公司进行重大资产置换及向首钢总公司发行股份购买资产，以下属的炼铁厂、焦化厂、第二炼钢厂、高速线材厂、第一线材厂的全部资产和负债以及持有的北京首钢嘉华建材有限公司、北京首钢富路仕彩涂板有限公司的全部股权，包括上述相关的土地租赁权价值（作为置出资产）与首钢总公司下属河北省首钢迁安钢铁有限责任公司的全部相关资产（炼铁作业部、炼钢作业部、热轧作业部、冷轧作业部、钢材加工作业部、动力作业部、电力作业部、制氧作业部等全部资产和负债，以及首钢迁钢公司持有的参股公司迁安中化煤化工有限责任公司、迁安首钢恒新冶金科技有限公司、迁安首嘉建材有限公司及迁安中石油昆仑燃气有限公司的全部股权，作为置入资产进行置换。差额部分将由本公司以4.29元/股向首钢总公司发行股份作为对价购买。8月23日，首钢股份2012年度第二次临时股东大会决议通过上述方案。

（李淑萍）

【年度经营】 由于首钢股份位于石景山区的钢铁主流程于2010年年底停产，资产置换工作尚未完成，2012年首钢股份只有第一线材厂和控股子公司北京首钢冷轧薄板有限公司正常生产经营。一线材厂生产能力有限，冷轧公司成为首钢股份钢铁主业的主体。年内，首钢股份营业收入1010338.22万元，同比降低19.28%；营业利润-54709.65万元，同比降低88.40%；利润总额-53490.47万元，同比降低220.61%；归属于上市公司股东的净利润-35709.51万元，同比降低3130.66%。其中，冷轧公司利润总额-59009万元，比上年度减亏19134万元，减亏幅度24.48%。

（李淑萍）

【钢材产量】 全年，首钢股份面对市场，主动压缩产能。钢材产量223.99万吨，同比下降4.13%；顺义冷轧板材产量176.4万吨，同比降低2.67%；一线材精品线材产量49.8万吨。线材综合成材率98.15%,同比提高0.08个百分点，创历史纪录；线材工序能耗完成66.44千克标煤/吨，同比降低1.12千克标煤/吨。

（李淑萍）

【对北汽股份增资】 年内，北汽股份拟对现有股东增发人民币普通股6.16亿股，每股价格6.5元，增资额40.04亿元；增资后，北汽股份总股本为56.16亿股。根据各股东的认购意向（有放弃认购的股东）计算，首钢股份认购数量113130646股，出资额735349199.00元。按此计算，增资后，首钢股份持股数由915618061股增加到1028748707股，持股比例由18.31%增加到18.32%，仍为北汽股份第二大股东。至12月31日，首钢股份已就第一期增资出资551511902.50元。

（李淑萍）

【科技创新】 全年，首钢冷轧公司产品产量176.40万吨，其中连退板产量91.98万吨，镀锌板产量69.03万吨。生产的欧标系列冷轧低碳钢带DC03、DC04、连续热镀锌钢带DX52D+Z（ZF）[DC52D+Z（ZF）]，连续热镀锌/锌铁合金钢带DX53D+Z（ZF）[DC53D+Z（ZF）]，获得中国质量协会冶金工业分会颁发的冶金产品实物质量“金杯奖”，产品的实物质量达到国际水平。检化验中心获得中国合格评定国家认可委员会颁发的“北京首钢冷轧薄板有限公司检化验中心实验室认可证书”。《板材质量一贯制管理体系的构建》荣获北京市第十三届管理创新成果二等奖。一线材厂全年共生产14个规格、42个钢种、104个品种，累计综合成材率98.15%。

（李淑萍）

【公司治理】 年内,首钢股份按照《公司法》《证券法》《上市公司治理准则》《深圳证券交易所股票上市规则》《深圳证券交易所主板上市公司规范运作指引》及其他相关法律、法规和规范性文件要求，继续健全法人治理结构，改善公司治理状况，提升公司治理水平和质量，规范公司运作，维护公司和投资者合法权益。首钢股份修订《公司章程》涉及利润分配的条款；修订《北京首钢股份有限公司内幕信息知情人员登记管理制度》和《北京首钢股份有限公司内幕信息保密制度》；制定《业务招待费开支标准、列支渠道暂行管理办法》及按照北京市人力资源和社会保障局通知转发《关于调整北京市2012最低工资标准的通知》等6项制度。截至年底,首钢股份共建立内控制度277项。其中,公司内部制定218项，转发政府有关部门制度59项。首钢股份治理的实际情况符合中国证监会发布的有关上市公司治理的规范性文件要求。

（李淑萍）

【信息化建设】 1月，冷轧公司CRM客户关系平台系统投入使用；4月，首钢冷轧公司罩退信息化项目建成投入使用；5月，落料线信息化系统建成投入使用；6月，中心机房监控系统投入运行，完成中心房部分设备迁移，降低UPS的供电负载；10月，完成北信源网络安全系统升级测试及应用，用户注册率 99%；11 月，首钢 KPI 经营管理平台建成上线投入使用。

（李淑萍）

【设备管理】 年内，首钢冷轧公司两次设备年修，首次将连退机组更换辐射管纳入年修范围。以设备日常点检和精准点检保障设备运行，通过点检动态评估产线设备运行的可靠性，筛查、诊断潜在故障隐患，通过对设备运行状态进行层层把关和监控，最大限度减少了故障停机和非计划检修次数的发生。按照设备区域，明确点检工程师和点检员的分级责任；对重点及核心设备采取点检员和工程师两级包围式精准“点检”。全年设备综合点检到位率 99%，累计检查出较大设备隐患 40 余项，为生产线顺稳运行提供保障。

（李淑萍）

北汽福田汽车股份有限公司

【概述】 北汽福田汽车股份有限公司（简称福田汽车，股票代码：600166）是在上交所上市的股份公司。1998 年 6 月发行 A 股，截至 2012 年年底，公司总股本 280967.16 万股。其中，北京汽车集团有限公司持 925185972 股，持股比例为 32.93%；北京国有资本经营管理中心持 148313200 股，持股比例为 5.28%。

福田汽车为中国最大的商用车企业，截至 2012 年年底，累计产销汽车 500 多万辆，曾连续两年位居世界商用车销量第一。拥有欧曼、欧辉、奥铃、欧马可、风景、萨普、时代、蒙派克、迷迪、拓陆者等十大品牌产品，在京、鲁、湘、粤等 9 个省市区拥有整车和零部件事业部，研发分支机构分布在中国、日本、德国、中国台湾等国家和地区的大型企业集团，在全球 20 多个国家设有 KD 工厂，产品出口到 80 多个国家和地区。福田汽车品牌价值 428.65 亿元，蝉联商用车领域第一名。

（徐永才）

【年度经营】 年内，福田汽车公司生产汽车 60.64 万辆，同比下滑 1.8%；销售汽车 62.03 万辆（含福田戴姆勒合资公司销量），同比下滑 3.12%，销量排名商用车企业第一。上市公司实现销售收入 409.73 亿元（2012 年 7~12 月，福田戴姆勒合资公司销量相应收入未纳入其中）。其中，中重型卡车销售整体市场下滑，同比下降 27.8%；福田汽车实现销量 95517 辆，较去年同期下滑 12.6%，占有率同比提高 1.0%，销售排名全国第四。轻型卡车（含微卡）销量 493485 辆，继续名列全国第一位，市场占有率 21.8%，较去年基本持平。轻卡类产品结构调整到位，中高端销量较大幅度提升：萨普皮卡销量 33011 辆，同比上升 5.0%；奥铃销量 77275 辆，同比上涨 11.5%。轻型客车销量 19808 辆（不含蒙派克、迷迪），同比下滑 15.6%，行业排名第五位，市场占有率 7.1%。大中型客车销量 4339 辆，较去年同期上升 43.7%，市场占有率为 3.0%。其中，大客车销量 2696 辆，市场占有率 3.6%，同比提升 0.7%。2012 年，公司出口汽车 44349 辆，同比增长 21.9%。

（徐永才）

【法人治理】 7 月，福田汽车修订和完善《募集资金管理制度》。8 月，福田汽车修订《公司章程》，从利润分配方案的审议程序、投票方式等多角度，维护中小股东利益。

（徐永才）

【获得荣誉】 年内，福田汽车获得多项荣誉。1 月，荣获“中国机械工业最具影响力品牌”，该奖项是中国机械行业品牌评选活动中的最高荣誉。7 月 31 日，由中国机械工业企业管理协会主办，机械工业经济管理研究院、世界经理人集团、中国机械网联合承办的第十届“中国机械 500 强暨中国机械品牌 100 强研究报告”发布大会召开，福田汽车位列中国机械百强榜第四名。9 月 27 日，由华声在线、网易财经等主流媒体联袂打造的 2012 中国影响力峰会在北京举行，福田汽车荣获“中国影响力峰会 2012 年度最受信赖企业”。

（徐永才）

【科研创新】 年内，福田汽车研发团队 3600 多人，其中全球招聘的外籍专家 20 余人。研发投入 166081 万元，被国家知识产权局授予专利权

843 件，同比增长 85.68%。其中，模具工厂申请的专利数量和质量连创新高，在同行业处于领先水平。福田汽车节能减排重点试验室通过中国合格评定国家认可委员会（CNAS）实验室认可定期监督现场评审，评审内容涵盖汽车、发动机、非金属材料和汽车零部件等六大领域 46 个小项，包括整车排放（欧标）、电动车性能、发动机排放等多项内容。公司对研发体系的组织架构和管理方式进行优化调整，研发能力系统提升。福田德国研发中心初具规模。公司注重新能源研发，福田汽车拥有纯电动汽车整车控制器的自主知识产权。福田汽车拥有与世界同步的清洁能源技术、替代能源技术和新能源三大绿色能源技术，形成混合动力、纯电动、氢燃料和高效节能发动机四大核心设计制造工程中心。新能源汽车销量居商用车行业前列，是国家新能源商用车推广应用的领军者。公司累计销售新能源汽车 6000 余辆，其中 2012 年销量近 3000 辆，产品涵盖混合动力客车，纯电动客车、环卫车、出租车，LNG 客车、中重卡等，运营状态获得用户认可和赞誉。

（徐永才）

【管理创新】 年内，福田汽车公司以客户为中心，构建新的商业管理模式“1+N”，并在不改变“产业控股集团 +SBU”管理框架下，将管理架构调整为“总部 +BU/SBU”。还开发一级流程，以确保公司规模效应，快速响应市场。福田汽车积极吸收世界先进管理经验，持续推进 10 余年 TPS 管理方式，形成福田汽车独有的 FPS 自主改善的文化和管理方式。公司各汽车品牌由计划管理模式向订单管理模式转变，除欧辉实施 ABC 分类模式外，其余品牌均统一实施“7+3”订单模式，即提前 7 天锁定后 3 天入库计划。

（徐永才）

【客户服务】 年内，福田汽车呼叫中心投入使用，截至年底，共有坐席 133 个，有经过专业培训的客户服务代表近 150 名，是国内商用汽车行业中建立最早、规模最大的自用呼叫中心。呼叫中心为客户提供全天候、全方位、全过程和规范化、亲情化、个性化、专业化的一站式服务。年信息处理能力 200 万条以上，服务范围涵盖福田公司整个汽车产业。自使用以来，呼叫中心呼入总量 750 万通，呼出总量达 900 万通。年内，客户服务满意度超过 84%。

（徐永才）

京东方科技集团股份有限公司

【概述】 2012 年，京东方科技集团股份有限公司（简称京东方，股票代码：000725）深化客户导向机制，加大新产品开发和投放市场力度，加速产线 / 产品结构优化调整，全年营业收入 258 亿元，同比增长 102%；实现税后净利润 2.58 亿元。北京 5 代线、成都 4.5 代线、合肥 6 代线均全年盈利。北京 8.5 代线提前满销满产，良率与边效提高，第四季度实现单季盈利。京东方获得中国专利奖金奖、企业社会责任特别金奖、2012 年中国信息产业年度影响力企业、2012 年中国平板显示产业杰出领袖企业奖，连续 6 年入选中国消费电子领先品牌 10 强，获评金圆桌优秀董事会等诸多奖项。

（吕少辉）

【年度经营】 年内，京东方营业收入较上年同比增长 102%。主营业务按分行业统计，TFT-LCD 行业营业收入 324 亿元，显示光源行业营业收入 19 亿元，显示系统营业收入 23 亿元，其他业务营业收入 5 亿元。分地区统计，中国地区营业收入 142 亿元，亚洲其他国家和地区营业收入 77 亿元，欧洲地区营业收入 21 亿元，美洲地区营业收入 9 亿元，其他国家营业收入 0.3 亿元。

（吕少辉）

【平板显示事业】 年内，京东方各产线均实现满销满产，整体出货量在全球份额跃居第五。中大尺寸面板事业全年销量超 4700 万片，产品出货量占全球市场份额近 9%。其中，32"TV 产品国内市场占有率达 22%。京东方全面推动 36.5"、46"、55" 产品客户端导入，产品尺寸种类不断丰富，产线稼动率不断提高。透明显示产品切入 DID 市场并形成销售，65" 超高清氧化物TFT显示屏、全球最大尺寸超高清110"显示屏亮相深圳高交会。中小尺寸面板事业。全年销量2.4亿片，企划和开发31款新产品及衍生品，产品逐步向3.5"以上中大尺寸、窄边框、超薄化、高分辨率等高附加值智能机转型，保持满稼动率，移动应用事业整体产品毛利率提高。全球制造业各产线产能屡创新高，产品良品率稳居行业前茅；产品结构逐步优化，产线间调整优化的构架和机制基本形成；产线固定费用有效控制，整体竞争力提升。全球供应链强化相关部门深度互动，达到“在产品企划和开发阶段实现二元化”目标，新品BOM成本下降。产品开发，产品应用范围拓展，技术创新能力提高，超级本、偏光式3DTV等产品技术导入量产，55"3D、65"UHD氧化物及110"UHD产品展示得到好评，完成多个新技术项目，标准化工作凸显成效。显示系统品牌事业销售业绩大幅提升，渠道建设逐步多元化，客服网点覆盖面增强，共109款产品入围国家“节能产品惠民工程”。

（吕少辉）

【技术创新】 年内，京东方新增专利申请量突破2500件，同比增长98.6%；累计专利申请数量突破5000件，可使用专利数量突破9000件。推出全球最大尺寸65"超高清氧化物显示屏和110"超高清ADSDS显示屏，成功开发采用氧化物技术的10.1"显示屏、应用喷墨打印技术的17.1氧化物显示屏和55"3D超高清产品。

（吕少辉）

【人才培养】 年内，京东方坚持自主培养为主、外部引进为辅的人才发展模式，强化人才梯队建设，采用强力激发快速成才的人才培养方式，形成人才培养体系，拥有一支高水平的专业化技术人才队伍和跨国经营经验的管理团队。在职员工数量22980人。其中,研发人员1416人，专业技术人员7292人，营销人员438人，管理人员776人，财务人员345人，生产制造人员12001人，其他712人；博士及博士后146人，硕士1928人，本科5169人。

（吕少辉）

【客户合作】 年内，京东方坚持客户导向，与上下游企业稳定合作。京东方与国内主要电视品牌厂以及三星、LG、戴尔、惠普、船井、联想等国内外知名厂商建立了长期稳定的战略合作关系，形成稳定客户群；在原有产业配套基础上，京东方与全球材料及设备厂商深度合作、协同开发，有美国康宁、住友化学、LG化学、东进化学、乐凯偏光片等在内的近百家国内外上游设备与材料制造商为京东方就近配套，形成稳固高效的供应链体系。京东方本土材料国产化率达到60%，设备国产化率达到15%。

（吕少辉）

【产业布局】 年内，京东方建设并成功运营成都4.5代线、北京5代线、合肥6代线、北京8.5代线，保持了业内一流的产品良品率水平。合肥8.5代氧化物TFT-LCD生产线基础建设主体厂房封顶，正在进行内部洁净室装修；鄂尔多斯全球第二条5.5代AM-OLED产线正在建设，LTPS、OLED技术工艺路线均已确定并完成项目基本技术方案检讨。京东方已形成以北京为中心的泛渤海产业基地、以合肥为中心的泛长三角产业基地和以成都为中心的西南产业基地。面板出货量已从全球第六位升至第五位。

（吕少辉）

北京七星华创电子股份有限公司

【概述】 北京七星华创电子股份有限公司（简称七星电子，股票代码：002371）主要从事基础电子产品的研发、生产、销售和技术服务业务，主要产品为集成电路制造设备及电子元器件。七星电子是国内大规模集成电路制造设备的领先企业，也是军工电子元器件研发生产的骨干企业。集成电路设备主要应用于集成电路、太阳能电池、TFT-LCD以及电力电子等行业；电子元器件类产品主要应用于包括航空航天在内的军工行业。

（吕少辉）

【年度经营】 年内，七星电子营业总收入10.1亿元，同比减少12.44%。其中，主营业务完成10亿元，同比减少13.05%；利润总额1.9

亿元，同比增长0.31%；归属于上市公司股东的净利润1.4亿元，同比增长6.19%。集成电路制造设备产品实现收入6.3亿元，同比降低22.36%。在七星电子继续压缩民品规模情况下，电子元器件产品收入3.7亿元，同比增长9.45%。电子元器件中军品比重达到65.85%，同比提高8.87%。营业成本6.1亿元，同比减少20.35%。成本控制以及高毛利率的军工产品业务收入提高使得公司综合毛利率上升，营业利润、利润总额与同期相比略有增长，归属上市公司所有者净利润同比增长6.19%。

（吕少辉）

【产业发展】 年内，七星电子承担的集成电路设备重大科技专项300毫米扩散炉经过客户测试，首台套设备交付客户，并与多家主流半导体集成电路厂商达成供货意向；300毫米质量流量控制器研发完成，进入产业化阶段，同时向燃料电池、LED等市场拓展；65纳米超精细清洗设备研制与产业化项目和45纳米~32纳米LPCVD设备产业化项目研发已完成样机组装，正在进行工艺验证。完成li-ion电池极片AGC控制碾压机、1000型隔膜涂布机以及极片厚度、表面自动检测系统等新产品、新技术的研发，并推向市场实现销售。高精密片式电阻器、钽电容器、电力功率型电阻器和SMD TCXO等电子元器件新产品的产量和销量增长迅速，推动了电子元器件业务增长。

（吕少辉）

【技术创新与新品研发】 年内，七星电子建立以技术中心为研发主体的新产品、新工艺研究开发体系，将产品向太阳能电池（光伏）、TFT–LCD、分立器件以及电力电子等行业拓展，推进新技术和新产品的研发工作。通过承担国家科技重大专项，实施“300毫米90/65纳米立式氧化炉/质量流量控制器研发及产业化”项目、“65纳米超精细清洗设备研制与产业化”项目和“45纳米~32纳米LPCVD设备产业化”项目，提高核心技术和竞争能力。截至年底，七星电子已获授权专利共102项，其中发明专利22项。七星电子被北京市专利局评为“北京市专利示范单位”。

（吕少辉）

北京电子城投资开发股份有限公司

【概述】 北京电子城投资开发股份有限公司（简称电子城，股票代码：600658）以科技产业地产开发为主营业务，作为国家级科技园区和北京市老工业基地改造实验区，开发建设电子城科技园区，成为老工业基地开发建设高科技园区的示范，形成电子城老工业基地独特的城市区位优势和电子信息产业聚集优势。电子城发展战略是以“推动产业结构升级、促进区域经济增长、实现自身可持续发展”为使命，以科技产业地产开发运营为主，同时发展园区配套住宅和商业的开发建设。

（吕少辉）

【签订出售建筑合同】 8月31日，电子城全资子公司电子城分别与北京奇创优胜科技有限公司（简称奇创优胜）、奇智软件（北京）有限公司（简称奇智软件）及奇飞翔艺（北京）软件有限公司（简称奇飞翔艺）签署《购买协议书》。奇创优胜、奇智软件及奇飞翔艺向电子城购买其开发的中关村电子城国际电子总部（简称国际电子总部）3号地2号楼A座及B座地上建筑，标的房屋建筑面积共约6.92万平方米，预估总价款13.84亿元。国际电子总部3号地2号楼B座地上面积约定交付日为2013年2月，A座地上面积约定交付日为2014年2月。

（吕少辉）

【年度经营】 年内，电子城主营收入约14亿元。其中，园区地产销售12亿元，园区地产出租1.1亿元，物业管理0.84亿元。项目拓展工作全面展开，确定了重点推进项目。工程现场管理和施工进度管理加强，推进了电子城IT产业园及国际电子总部项目建设进度，完成了物联网产业园项目规划调整等前期工作。成立了高端项目物业管理部。

（吕少辉）

【股东变动】 年内，经国务院国资委批复，中国证监会核准，电子城原控股股东和智达所持有的公司股票405981375股已于12月21日过户至北京电控。本次股份无偿划转完成后，北京电子控股有限责任公司（简称北京电控）持有公司股票405981375股，占电子城总股本580097402股的69.99%，成为电子城控股股东，北京和智达投资有限公司不再持有电子城股票。本次股份无偿划转不会导致电子城实际控制人发生变化，仍为北京电控。

（吕少辉）

【内控建设】 年内，电子城启动全员参与的内控体系建设工作，成立专门组织机构，制订内控建设工作实施方案，招标选聘了权威内控中介机构。通过半年多的风险调查、构建经营模型、搭建流程框架、全面梳理各项流程等工作，形成以《内部控制管理手册》《内部控制制度手册》《内部控制评价手册》为核心的内控体系。内涵业务流程166个，各类流程文件122个，梳理业务表单104个。

（吕少辉）

北京同仁堂股份有限公司

【概述】 北京同仁堂股份有限公司（简称同仁堂股份，股票代码：600085）系经北京市经济体制改革委员会批准，由中国北京同仁堂（集团）有限责任公司独家发起，以募集方式设立的股份有限公司。1997年5月29日，发行人民币普通股5000万股，同年6月18日成立，注册资本2亿元，股本2亿股，并于同年6月25日在上海证券交易所正式挂牌。1998~2010年，公司通过向全体股东配股、送红股、资本公积金转增股本，总股本达到1302065695股，注册资本为1302065695.00元。

同仁堂股份建立股东大会、董事会、监事会的法人治理结构，设有药材采购部、生产制造部、品质保证部、人力资源部、销售部、进出口业务部、投资管理部、财务部、审计部等部门，拥有北京同仁堂科技发展股份有限公司、北京同仁堂商业投资集团有限公司、北京同仁堂天然药物有限公司、北京同仁堂吉林人参有限责任公司、北京同仁堂陵川党参有限责任公司、北京同仁堂内蒙古甘草黄芪种植基地有限公司等子公司。

同仁堂股份是以中药为主业，集生产、销售、科研、配送为一体的产品公司。在大兴、昌平、通州、亦庄均有生产基地。业务涉及药用动植物的饲养和种植及饮片加工，中成药、保健酒、不含医药作用的营养液及化妆品的生产销售，技术开发与转让、自营和代理各类商品及技术的进出口。拥有538个品种，29种剂型。主要生产剂型有蜜丸、水蜜丸、水丸、胶囊、口服液、酒剂、颗粒剂、散剂等。主要产品有同仁乌鸡白凤系列、同仁牛黄清心丸、同仁大活络丸、安宫牛黄丸、国公酒等，产品行销全国及世界部分地区。2001年通过市科委高新技术企业的审批，成为中药行业高新技术企业。

截至2012年底，母公司在职员工2485人，主要子公司在职员工9917人，总数为12402人。其中，生产人员2503人，销售人员5392人，技术人员2335人，财务人员508人，行政管理人员1664人；大专及以上学历5815人，中等文化学历6587人。母公司及主要子公司需承担费用的离退休职工2798人。

（葛冰）

【年度经营】 年内，同仁堂股份开拓市场，提升管理，深挖潜能，强化管控，确保质量，善用品牌。主导品种销售平均增速10%以上，二、三线品种快速增长。营业收入同比增长22.85%，营业利润同比增长32.90%，综合毛利率增长2.91个百分点。

（葛冰）

【技术创新】 年内，同仁堂股份科研部门坚持围绕“创新、发展”主题，在新品研发、改进工艺、注册申报等方面开展诸多工作。巴戟天寡糖胶囊历经多年的研发与临床实践，取得新药证书与生产批件，目前已组建专门队伍对该品种实施生产及市场转化；6类新药清脑宣窍滴丸总结二期临床研究成果，即将进入三期临床研究工作；8类新药坤宝片临床研究工作顺利结束，将于2013年度开展注册申报工作，完善了工艺环节参数，为开展4期临床做好准备。公司还开展了部分品种的海外注册、生产环节的技术完善、质量控制、濒危原材料的替代性研究等工作。

（葛 冰）

【节能降耗】 年内，同仁堂股份继续推广机械化生产、推动技术创新，前期研发投入的扣壳机、蘸蜡机技术日趋成熟，已在工业基地实现衔接；半自动包装生产线在生产基地推广使用，有效降低人工成本；中药前处理生产基地已经投产，设备及生产线运行情况良好。全年共节水63158吨。

（葛 冰）

【股权投资】 年内，同仁堂股份以现金5100万元与安国一达中药材有限责任公司合资组建北京同仁堂（安国）中药材加工有限责任公司，持有其51%股份。

（葛 冰）

【利润分配】 年内，同仁堂股份股本规模为1302065695股。同仁堂股份按照合并报表实现归属于上市公司股东的净利润570056218.42元，可供股东分配利润为1955071299.21元。

（葛 冰）

北京金风科创风电设备有限公司

【概述】 北京金风科创风电设备有限公司（简称金风科技，股票代码：002202）成立于2006年2月，为新疆金风科技股份有限公司的全资子公司。注册资本金3.5亿元。2007年5月被认定为北京市高新技术企业。主营业务为研发、生产、销售大型风力发电机组及零配件，技术开发、技术转让、技术咨询、技术服务，货物进出口、技术进出口、代理进出口和设备安装。金风科技是中国风电设备研发及制造行业的领军企业和全球领先的风电整体解决方案提供商。拥有自主知识产权的直驱永磁技术，代表着全球风力发电领域最具成长前景的技术路线，是全球最大的直驱永磁风机研制企业。

年内，金风科技销售风电机组台数1625台，销售容量2583.3兆瓦。2012年公司新增装机容量排名全国第一、全球第二，国内新增装机容量2521.5兆瓦，国外新增装机容量为139兆瓦。截至2012年底，金风科技累计装机容量超过1500万兆瓦，在全球的总装机数超过12000台，其中1.5兆瓦机组装机超过8000台，2.5兆瓦机组装机超过200台。

（金风科创）

【获北京鉴衡认证中心认证】 4月，金风科技研制成功的GW93/1500系列超低风速直驱永磁机组，获得北京鉴衡认证中心授予的设计认证证书。GW93/1500系列超低风速直驱永磁机组，叶轮直径93米，额定功率1500千瓦，针对年平均风速为6.5米/秒以下四类超低风速区域（IEC S类风区）专项设计，是国内市场同类产品中叶轮直径最大、发电效率最高、度电成本相对较低的机组产品。该机型在年平均风速5.5米/秒(标准空气密度,瑞利分布)条件下，年发电可达2000标准小时数以上。

（金风科创）

【获中国知识产权倡导者称号】 12月12日，金风科技入选知识产权媒体集团旗下世界知名行业杂志《知识产权资产管理》（IAM），并被授予“中国知识产权倡导者”（China IP Champions）称号。在风电领域，金风科技是唯一一家获此殊荣的风电设备研发和制造企业。此次评选是由《知识产权资产管理》（IAM）杂志举办，评选标准是：依托自身创新能力和知识产权管理战略提高整体产品的竞争力，把自身所拥有的知识产权进行规模市场化并取得卓越的经济效益，是中国企业中创造知识产权价值的领导者。

（金风科创）

【年度经营】 年内，金风科技营业收入超过113.24亿元，同比减少12%。2000年以来一直保持了经营业绩的又好又快发展，资产规模由最初的300万元增长至2012年底的319亿元。

（金风科创）

【获TüV Nord设计认证】 年内，金风科技GW87/1500系列低风速机组在全球首获TüV

Nord 设计认证。GW87/1500 系列低风速机组于 2011 年 7 月量产，2011 年在国内率先获得中国鉴衡认证中心签发的设计认证。国内市场装机容量已超 1GW，其年均发电效率相比同额定功率 82 米叶轮直径机组高出 5% 以上。

（金风科创）

【金风科技亮相亚欧博览会】 在“第二届中国—亚欧博览会”上，金风科技股份有限公司展示了 1.5 兆瓦和 2.5 兆瓦直驱永磁风力发电机组、“一站式”风电服务及风电场投资开发、智能微网、风光互补等在内的“新能源整体解决方案”。

（金风科创）

北京盛通印刷股份有限公司

【概述】 北京盛通印刷股份有限公司（简称盛通印刷，股票代码：002599）成立于2000年11月，注册资金 13200 万元，2011 年 7 月 15 日上市。盛通印刷主要从事全彩出版物综合印刷服务，并定位于出版物和商业印刷的高端市场，主要承印大型高档全彩杂志、豪华都市报、大批量商业宣传资料等快速印品，以及高档彩色精装图书。

（盛通印刷）

【年度经营】 年内，盛通印刷实现营业收入 51564.73 万元，同比增长 7.48%；归属于上市公司股东的净利润 3116.96 万元，同比下降 12.01%。截至 2012 年底，公司有员工 1000 余人。

（盛通印刷）

【基地建设】 盛通印刷公司在开发区内拥有两个现代化印刷生产基地，总建筑面积 6.3 万平方米。生产基地内装备世界一流的印刷设备，印前配有 4 套 CTP 系统，印刷设备拥有高斯 SUNDAY2000/24 商业卷筒纸胶印机、海德堡 M600 卷筒纸胶印机、三菱 16SSS 商业卷筒纸胶印机、海德堡八色平张印刷机、五色印刷机及数台海德堡四色平张印刷机，印后配有马天尼精装联动生产线、马天尼胶装联动生产线和骑马订联动生产线等，包装配有全自动装袋封口机，具备全年全天候连续生产能力。

（盛通印刷）

【获得荣誉】 2007 年、2010 年分别荣获首届和第二届中国出版“政府奖”（印刷复制类），连续 5 年被评为“中国印刷百强企业”。2008~2012 年，被北京质量协会印刷分会授予公司质量管理十佳企业。2009 年，公司承印的彩色期刊品种在中国邮政发行畅销期刊中占比近 20%。2012 年 9 月 18 日，北京盛通印刷股份有限公司被商务部、中宣部、财政部、文化部、广电总局和新闻出版总署联合评定为 2011~2012 年度国家文化出口重点企业。2012 年，公司产品获中华印制大奖金奖荣誉。公司被国家新闻出版总署确定为国家印刷示范企业，被北京市新闻出版局命名为北京市绿色印刷工程标兵示范单位。

（盛通印刷）

【合作单位】 公司已与新华社瞭望周刊社、北青传媒集团、北京桦榭广告有限公司、人民教育出版社、外语教学与研究出版社（外研社）、中国少年儿童新闻出版总社、三联书店出版社、中国地图出版社、中国电力出版社、中国铁道出版社、中国纺织出版社、北京师范大学出版社等几十家大型出版社、传媒公司建立了长期稳固的合作关系，主要承担如《瞭望》《瞭望东方》《环球》《国家财经》《证券市场周刊》《南风窗》《看天下》《理财周刊》《昕薇》《嘉人》《健康之友》《心理月刊》《都市主妇》《商界时尚》《旅伴》《汽车之友》《第五频道》《兵器知识》等上百种大型彩色期刊杂志的长期印刷任务。

（盛通印刷）

北人印刷机械股份有限公司

【概述】 北人印刷机械股份有限公司（简称北人印刷，股票代码：600860）位于北京经济技术开发区，是以生产“北人牌”印刷机而驰名中外的大型印刷机械制造企业，生产印刷机械已有50多年历史，也是中国机械工业500强之一。1993年经国家体改委批准改组为在香港联合交易所H股上市的股份制企业，1994年在上海证券交易所A股上市，是国内首批境外上市的9家企业之一。北人股份公司集开发、设计、生产、销售、服务为一体，生产五大系列120多种不同类型和规格的单张纸胶印机、卷筒纸胶印机、商业轮转机、表格印刷机、柔性版印刷机和凹版印刷机。北人拥有国家经贸委认定成立的国家级技术中心和一级计量单位的计量理化中心。

2012年12月7日，收到《中国证券登记结算有限公司上海分公司过户登记确认书》，原控股股东北人集团因国有股权行政划转，将所持有的本公司20162万股股份无偿划转给京城控股，股份过户相关手续已办理完毕。过户完成后，本公司总股本不变，其中京城控股持有20162万股，占总股本的47.78%，为本公司控股股东。

截至年底，北人印刷在职员工3043人，其中生产人员1594人，销售人员175人，技术人员331人，财务人员53人，行政人员400人，其他400余人；大学本科及以上学历488人，大专754人，中专512人，高中及以下1289人。

（北人印刷）

【印刷机获科技进步奖】 11月，北人印刷机械股份有限公司申报的BEIREN75A卷筒纸平版中型印报机项目，荣获中国印刷及设备器材工业协会科技进步一等奖。BEIREN75A卷筒纸平版中型印报机是由北人印刷机械股份有限公司与日本西研公司合作，成功开发的卷筒纸塔式报纸印刷机，在中国体育报等多家报社使用，结束了高速印报机依靠进口局面。专家认为该机是国内最先进的报纸印刷机，接近国际同类报纸印刷机先进水平。

（北人印刷）

【年度经营】 年内，北人印刷实现营业收入7.48亿元，同比下降6.92％；总资产14.75亿元，同比下降0.70％；归属于上市公司股东的净利润-1.68亿元，同比下降1579.04％；归属于上市公司股东的净资产5.88亿元，同比下降22.26%。

（北人印刷）

【企业荣誉】 “北人牌”印刷机的制造技术紧密地与国际先进技术接轨，拥有技术专利几十项。北人公司生产的对开单色胶印机和对开四色胶印机荣获国家金质奖，对开双色胶印机和对开双面胶印机荣获国家银质奖，通过ISO9001质量体系的认证和欧共体安全标准（GS）及国际电气通用标准（CE）。1996年经国务院批准，北人公司成为首批与清华大学合作开发应用计算机集成制造系统的企业，1999年成为国家高技术研究发展计划CIMS应用工程示范企业。

（北人印刷）

【市场营销】 北人公司拥有覆盖全国的市场销售及服务网络，其中包括单张纸和卷筒纸两个销售体系。在全国设11个办事机构，全国共有60多个经营销售代理分公司和40多个安装调试服务中心，近百个备件销售网点。北人牌印刷设备覆盖中国所有省份和主要城市，出口亚洲、欧洲、北美、南美和非洲等30多个国家和地区。

（北人印刷）

北京当升材料科技股份有限公司

【概述】 北京当升材料科技股份有限公司（简称当升科技，股票代码：300073）成立于2001年，注册资本16000万元，总部位于北京市丰台区南四环西路188号总部基地18区21号。2009年3月完成股份制改制，2010年4月成功在创业板上市，主要股东为北京矿冶研究总院、深圳市创新资本投资有限公司、韩国先进材料技术有限公司以及部分公司高层管理人员和骨干等，其中北京矿冶研究总院为控股股东。

当升科技主要从事钴酸锂、多元材料及锰酸锂等小型锂电、动力锂电正极材料的研发、生产和销售，是国内领先的锂离子电池正极材料专业供应商。客户包括三星SDI、LG化学、三洋能源、索尼、深圳比克和比亚迪等全球前六大锂电巨头，也是全球同时向中、日、韩高端锂电客户提供高品质锂电正极材料的两家供应商之一。2008年，被北京市经济信息化委认定为“北京市企业技术中心”，被北京市科委认定为“北京市高新技术企业”。2010年，入选中关村国家自主创新示范区首批“十百千工程”重点培育企业。2011年，被北京市科学技术委员会认定为“北京市锂电正极材料工程技术研究中心”。2011年被评为北京市专利示范单位。当升科技自主开发的钴酸锂、多元材料和锰酸锂三大系列20余款产品，性能指标处于国内领先、国际先进的地位。其中，“电池级氧化钴”“高密度钴酸锂”“长寿命高安全动力锰酸锂材料”分别于2004年、2007年、2012年被列入国家重点新产品。当升科技还是国内氧化铋和氧化钴电子陶瓷材料的主要供应商。2012年，当升科技研发费用占营业收入比例为5.17%。

公司职工575人，其中20%拥有硕士以上学历。

（陈晓慧　杨婷）

【年度经营】 年内，公司资产总额97070.84万元。营业总收入62612.35万元，净利润1487.3万元，出口创汇4297万美元。

（陈晓慧　杨婷）

【重点项目】 年内，当升科技在北京市大兴区西红门镇建立锂电材料研发中试基地，用于产品开发的小试放大，为产品开发提供了试制平台。位于江苏省海门市的锂电正极材料生产基地开始建设，设计一期工程2013年完成，正极材料及前驱体年产能一万吨。当升科技多元材料进入国际市场，产品在Sony、LG化学等日韩高端电池企业批量应用；高镍多元材料小试在韩国动力电池客户处测试结果良好，即将进入中试验证；高能量密度钴酸锂开发成功，销往宁波维科、华粤宝、海盈等电池企业；球型锰酸锂材料开发成功，获得2012年“国家重点新产品”称号。

（陈晓慧　杨婷）

瑞泰科技股份有限公司

【概述】 瑞泰科技股份有限公司（简称瑞泰科技，股票代码：002066）成立于2001年12月30日，是由中国建筑材料科学研究总院、山东张店水泥股份有限公司、浙江省创业投资集团有限公司、莱州祥云防火隔热材料有限公司、宜兴市耐火材料厂和北京矿冶研究总院作为发起人，以发起方式设立的股份有限公司。2006年8月23日在深圳证券交易所上市。

瑞泰科技是集研发、生产、销售和技术服务为一体的科技型企业，为热工窑炉提供配套耐火材料以及耐火材料合理配置、施工安装等个性化服务。瑞泰科技是国内唯一拥有熔铸氧化铝产品专利和自主知识产权并能规模化生产的企业，有中国最大的熔铸耐火材料生产基地，11条生产线可同时生产熔铸锆刚玉和熔铸氧化铝两大系列5个品种的耐火材料，具备熔铸耐火材料全窑成套和快速供货能力。瑞泰科技出资设立有都江堰瑞泰科技有限公司、安徽瑞泰新材料科技有限公司、河南瑞泰耐火材料科技有限公司、佛山市仁通贸易有限公司、湖南瑞泰硅质耐火材料有限公司、浙江瑞泰耐火材料科技有限公司、郑州瑞泰耐火科技有限公司、华东瑞泰科技有限公司、湖南湘钢瑞泰科技有限公司9家子公司，产品品种有不定形、碱性、铝硅质、铝碳质、镁碳质、铝锆碳质、硅质耐火材料和耐热耐磨材料等。

（陈　珊）

【股本变更】 瑞泰科技2001年成立时，注册资本3500万元。2005年，经国务院国有资产监督管理委员会批准，公司股东在原出资比例基础上增加股本1000万股，变更后的注册资本为人民币4500万元。2006年8月9日，向社会公开发行人民币普通股（A股）1500万股，发行后公司注册资本变更为人民币6000万元。2008年3月28日，公司2007年度股东大会决议，公司由资本公积转增股本3000万元，转增基准日为2007年12月31日，变更后的注册资本为人民币9000万元。根据公司2008年第一次临时股东大会会议决议和中国证监会“关于核准瑞泰科技股份有限公司非公开发行股票的批复”规定，公司非公开发行境内上市人民币普通股2550万股，增加注册资本2550万元，变更后的注册资本为人民币1.155亿元。根据公司2011年度股东会决议和修改后的章程规定，公司申请增加注册资本人民币1.155亿元，由资本公积转增股本，转增基准日期为2012年5月23日，变更后注册资本为人民币2.31亿元。

（陈 珊）

【年度经营】 年内，瑞泰科技整合行业资源，拓展产品品种，进入钢铁行业用耐火材料领域；加大国际市场开拓，出口收入较去年同期增加66.65%；建立健全内控体系，通过提升管理水平，提升效益。公司营业总收入148624.91万元，较上年同期增长6.41%；营业利润512.17万元，同比下降94.09%；实现归属于上市公司股东的净利润347.39万元，同比下降93.93%。

（陈 珊）

【法人治理】 年内，瑞泰科技股份有限公司修订了《公司章程》《投资管理制度》《投资者关系管理制度》《内幕信息知情人管理制度》，新制定了《对外提供财务资助管理制度》《担保管理制度》《银行间债券市场债务融资工具信息披露管理制度》。对公司董事、监事、高管履职行为及公司信息披露行为进行了检查，针对问题制定整改措施，完善公司治理机制。

（陈 珊）

华润双鹤药业股份有限公司

【概述】 北京双鹤药业股份有限公司（简称双鹤药业，股票代码：600062）1997年5月22日在上海证券交易所上市。2012年，北京双鹤药业股份有限公司变更为“华润双鹤药业股份有限公司”。经上海证券交易所核准，公司证券简称自2012年3月27日起变更为“华润双鹤”，证券代码“600062”不变。

公司主营范围包括加工、制造原料药、注射剂、片剂、胶囊剂、颗粒剂、制药机械设备；销售公司自产产品、机械电器设备、技术开发、技术转让、技术服务等。公司主要产品聚焦在大输液、心脑血管、内分泌和儿科等领域；拥有大输液、0号（复方利血平氨苯蝶啶片）、糖适平（格列喹酮片）、利复星（甲磺酸左氧氟沙星）、一君（注射用哌拉西林钠舒巴坦钠）、儿泻康贴膜、珂立苏（注射用牛肺表面活性剂）、盈源〔羟乙基淀粉（200/0.5）氯化钠注射液〕、冠爽（匹伐他汀钙片）、维生素E·C颗粒和小针等多种产品；销售网络深入医院、社区医疗卫生服务站、地县卫生院及药店等终端，产品销售量在全国输液、心脑血管和内分泌三大领域取得领先地位。公司荣获“五一劳动奖状”“中国驰名商标”等荣誉，获得“高新技术企业”“国家火炬计划重点高新技术企业”等称号；重点产品匹伐他汀钙被评为“国家重点新产品”并列入“国家火炬计划项目”，0号荣获中国医药行业“最具贡献度大品种”称号，珂立苏被列入“北京市火炬计划项目”。

为国企首家通过GMP认证的制药企业，公司通过ISO 14001环境管理体系认证。

（陈 珊）

【股本变更】 1997年5月6日，华润双鹤经中国证券监督管理委员会批准，在上海证券交易所上市，发行了人民币普通股4230万股，另向职工配售470万股。发行后，公司注册资本为1.47亿元。1999年，公司向全体股东每10股送2股红股及每10股转增3股，公司1999年度配股1465万股。2000年，公司向全体股东每10股转增3股，公司2001年度配股3359.40万股。2001年末，公司向全体股东每10股转增3股，公司总股本变更为44107.57万股。2006年3月28日，股东会议决议，实施股权登记日在册的公司流通股股东（2006年4月4日），每持有10股流通股获得非流通股股东支付的3.2股股票，非流通股股东支付的股份总数为59477184股，该方案完成后公司的股份总数维持不变。2008年4月29日，根据股东大会决议和中国证券监督管理委员会批准，公司非公开发行股票35337590股，发行后公司总股本变更为476413290股。2008年末，公司以总股本

476413290 股为基础向全体股东每 10 股派送红股 2 股，公司总股本变更为 571695948 股。截至 2012 年 12 月 31 日，全部为无限售条件流通股。2012 年，经国务院国有资产监督管理委员会批准，北京国有资本经营管理中心将其持有的北药集团 1% 的国有股权无偿划转给中国华润总公司。股权划转完成后，中国华润总公司合计持有北药集团 51% 的股权，成为公司的最终控制人。截至 2012 年底，北药集团持有公司的股份为 280820611 股，持股比例为 49.12%。

（陈 珊）

【年度经营】 年内，华润双鹤实现主营业务收入 69.13 亿元，同比增长 9.67%。其中，工业收入 40.37 亿元，同比增长 16.81%，工业比重从 2011 年的 54.82% 提高到 2012 年的 58.39%。商业收入完成 28.76 亿元。在保持收入规模前提下，公司实现内部业务模式的调整和优化，推行精益管理。净利润（归属母公司）完成 6.14 亿元，同比增长 16.15%。其中，工业 5.84 亿元，增长 17.28%。在心脑血管领域，年销售收入与上年同期基本持平，核心产品 0 号收入增长 1%，增长低于往年；替米沙坦、匹伐他汀、豨莶通栓等重点产品实现了较大幅度增长。在大输液领域，年销售收入同比增长 27%。塑瓶在降价条件下实现 13% 销售增长，塑袋输液销售收入同比增长 40%。公司治疗性输液销售收入占输液整体销售收入的 19.36%，同比提升 2.79 个百分点。在内分泌领域，年销售收入同比增长 21%，内分泌支柱产品糖适平在销售价格降价 10% 情况下，收入增长 16%。

在儿科用药领域，销售收入增长 91%。其中，珂立苏拓展新适应症进入围产领域，实现一倍以上增长。

（陈 珊）

【法人治理】 年内，华润双鹤药业股份有限公司修订了《公司章程》《股东大会议事规则》《董事会议事规则》《监事会议事规则》《董事监事薪酬制度（试行）》《总裁工作细则（试行）》《独立董事工作细则》《关联交易管理制度（试行）》《重大信息内部报告制度（试行）》，进一步完善公司治理结构。再次修订《公司章程》，明确了公司分红政策、现金分红比例、利润分配方案的审批程序、调整利润分配政策的条件和审批程序等。公司开展内控体系建设，制订了《2012 年度内控规范实施工作方案》《2012~2015 年内部控制建设发展规划》。公司还聘请北京华鼎方略国际咨询有限公司作为内控建设项目咨询机构，编制了《内部控制手册》，开展风险管理，建立了风险数据库。

（陈 珊）

北矿磁材科技股份有限公司

【概述】 北矿磁材科技股份有限公司（简称北矿磁材，股票代码：600980）成立于 2000 年 9 月，是由北京矿冶研究总院作为主发起人，联合钢铁研究总院、机械科学研究院等 5 家企业共同发起设立的科技型股份有限公司，注册资本金 1.3 亿元。公司于 2004 年 5 月 12 日在上海证券交易所上市。2012 年底，北矿磁材总股本 13000 万股。北矿磁材除母公司外，有二级子公司 3 家，三级子公司 1 家。

北矿磁材以各类黏结、烧结永磁铁氧体磁粉，磁卡用钡铁氧体磁记录磁粉，稀土永磁材料，铁氧体永磁器件，静电显像材料，电磁波吸收材料等具有自主知识产权的高新技术为基础，专注于高性能永磁材料领域开发，科研成果在高性能铁氧体材料领域处于国际或国内领先水平，是首批获得认证的“国家高新技术企业”“中关村国家自主创新示范区创新型企业”。北矿磁材开发的七大类近百种主导产品已覆盖全国并销往欧、美、日、韩等国家，注册有“北矿”牌磁材产品商标。

截至年底，北矿磁材公司有员工 400 余人。其中，工程技术人员 150 人，有职称人员 98 人，教授 10 人，高级工程师 20 人，工程师 39 人，助理工程师 29 人。专业技术人员中除磁学和磁性材料主专业外，还配有机械、化工、仪表、自动化、理化检验等各种相关专业人员。

（王倩 杨婷）

【年度经营】 年内，北矿磁材实现主营业务收入 27491 万元，总资产 3.07 亿元。永磁铁氧体材料产量 5.82 万吨，占国内市场份额的 11%，占世界永磁铁氧体材料市场份额的 8%。其中异性黏结磁粉占国内市场份额的 26%。

（王倩　杨婷）

【技术创新】 年内，北矿磁材公司申请发明专利 7 项，获得专利授权 4 项，完成 2 项行业标准修订工作。截至年底，获得国家、部级及地方各类科研成果 60 余项，专利 30 项（发明专利 13 项），有效授权专利 13 项（发明专利 8 项）。

（王倩　杨婷）

【重点项目】 年内，北矿磁材公司先后承担国家、地方等各类科研项目近 50 项，涉及稀土资源高效利用的异性黏结稀土永磁材料开发和铁氧体产品性能提升的项目，国家铁路客票的磁记录材料制造技术的改进项目，降低能耗、节约水资源技改的示范性生产线建设项目，节能环保的变频空调节能电机用注射磁粉与粒料生产线建设项目，汽车高端电机、步进式电机用高性能烧结永磁铁氧体材料性能提升项目等。

（王倩　杨婷）

北京金自天正智能控制股份有限公司

【概述】 北京金自天正智能控制股份有限公司（简称金自天正，股票代码：600560）是中国钢研科技集团公司冶金自动化研究设计院控股的大型工业自动化综合性高科技企业，是北京市科学技术委员会认定的骨干高新技术企业。公司于 1999 年 12 月 28 日注册成立，2002 年 9 月在上海证券交易所上市，注册资本 2.24 亿元。2012 年底，金自天正总股本为 22364.55 万股。2012 年度向全体股东每 10 股派发现金股利 1.10 元（含税）。公司拥有 5 个控股子公司，分别为上海金自天正信息技术有限公司、山西金自天正科技有限公司、辽宁金自天正智能控制有限公司、成都金自天正智能控制有限公司、北京金自能源科技发展有限公司；1 个涿州分公司。金自天正主要从事工业自动化领域系列产品的研发、生产、销售和承接自动化工程及技术服务等，主要产品有 AriCon（开放式分布控制系统）、AriDrive（电气传动系列产品）、AriSemi（高压大功率晶闸管系列产品）、AriMeter（工业检测仪表系列产品）、AriMes（流程工业制造执行系统软件产品）和冶金流程成套控制系统等。产品广泛应用于冶金、矿山、化工、石油、机械、电力、能源、环保等多个行业，客户遍及全国 29 个省、市、自治区，并出口至澳洲、东南亚、欧洲和非洲等。形成从原料到轧钢的全套冶金生产主流程的自动化成套技术，可以提供炼铁、炼钢、轧钢、企业信息等自动化和信息化的全面解决方案、自动化系统和工程实施，具有大型自动化工程项目三电总承包能力。

（周亚宁　杨婷）

【重点项目】 6 月，金自天正作为牵头承担单位，联合冶金自动化研究设计院、中国科学院电工研究所、北京首钢自动化信息技术有限公司组成产学研用联合体，申报工信部、财政部科技成果转化项目“大功率交直交变频调速系统产业化及电机系统效率优化平台建设”项目，获得财政部批复。

（周亚宁　杨婷）

【年度经营】 年内，金自天正公司总资产 17.97 亿元，总负债 12.47 亿元，销售总收入 12.75 亿元，利润总额 9665 万元，净利润为 8206 万元。截至年底，公司有员工 423 人。其中，本科以上学历 244 人，博士学位 6 人，硕士学位 51 人。

（周亚宁　杨婷）

【技术创新】 年内，金自天正公司在轧钢自动化控制系统工程技术方面开展了“热轧带钢定宽机二级模型”“热连轧带钢板型控制系统”等项目研究。在冶炼自动化控制系统方面开展了“KR 铁水预处理（新工艺）控制系统”“转炉智能投料控制系统”“一级控制系统智能故障检测及远程服务系统”等项目研究。在电力电子及电气传动技术方面，开展了“18 兆伏安大功率 IGCT 变流器研制”“超大容量电力电子变换装备关键技术研究”等项目的研究。在仪器仪表检测技术方面，开展了“高精度电感式纠偏控制系统”“新型高精度轧制力测量系统”等项目研究。2012年，“大型矿井提升系统传动控制理论与关键技术研究”获得教育部科技进步一等奖。

年内，申请受理发明专利14项，实用新型11项。获得授权专利15项，其中发明7项，实用新型8项。完成软件著作权登记11项。截至年底，公司已获授权专利64项，其中发明31项，实用新型33项。软件著作权登记116项。

（周亚宁　杨婷）

【自主创新产品】 年内，金自天正拥有从原料到轧钢的全套冶金生产主流程自动化成套技术，可以提供采矿、炼铁、炼钢、轧钢、企业信息管理等自动化和信息化的全面解决方案。其中，大功率交变频调速系统可应用于轧钢机、矿井提升机等大容量低速运转的生产机械。截至年底，已为冶金、煤炭行业供货300余台套，总装机容量329万千瓦。

（周亚宁　杨婷）

【法人治理】 年内，金自天正公司修订了《内幕信息知情人登记管理制度》，建立了《内部审计制度》。完成了内部控制体系建设工作，发布了《内部控制手册》。

（周亚宁　杨婷）

北京顺鑫农业股份有限公司

【概述】 北京顺鑫农业股份有限公司（简称顺鑫农业，股票代码：000860）是经北京市人民政府批准，由北京市泰丰现代农业发展中心（现改制为北京顺鑫农业发展集团有限公司）独家发起，以社会募集方式设立的股份有限公司。1998年9月3日，经中国证监会批准，顺鑫农业向社会公开发行人民币普通股7亿股，占总股本的25%；北京市泰丰现代农业发展中心以其经评估后的部分经营性净资产3.14亿元投入顺鑫农业，按66.90%的折股率折为国有法人股2.1亿股，占总股本的75%。1998年9月21日，北京市工商行政管理局向顺鑫农业核发企业法人营业执照，顺鑫农业正式设立，设立时注册资本为2.8亿元。1998年11月4日，顺鑫农业股票在深圳证券交易所挂牌上市。2012年底，顺鑫农业总股本43854万股，顺鑫集团持股214854025股，占总股本的48.993%。

顺鑫农业主营业务包括白酒酿造与销售；种猪繁育、生猪屠宰与肉食品加工销售；农产品精细加工与物流配送；农产品市场管理与服务；水利建筑工程施工与房地产开发；高档花卉、果品的种植与销售等。

顺鑫农业内部控制组织架构完整，依照权限划分为股东大会、董事会、总经理、职能部门，各层级之间的控制程序明确，有相应的问责机制。公司建立了董事会专业委员会，分别为董事会战略与投资委员会、董事会薪酬与考核委员会、董事会提名委员会、董事会审计委员会。公司监事会与内部审计部独立工作，对公司生产经营和重大决策进行监督。董事会和监事会分别下设董事会工作办公室和监事会工作办公室，协助董事会和监事会的工作。

截至年底，公司共有在职员工总数7323人。其中，生产人员3794人，销售人员1074人，技术人员1067人，财务人员194人，行政人员1194人；研究生48人，本科846人，大专1633人，高中及以下4796人。

（顺鑫农业）

【年度经营】 年内，顺鑫农业实现营业收入83.42亿元，净利润1.26亿元。白酒酿造与销售业务：酒厂围绕构建亿元市场战略布局，在巩固北京市场的同时，加速对外埠重点市场的开发，呼市、天津、内蒙古、山西、河南、山东及辽宁市场销售收入都同比增长。“牛栏山一号大曲”搭载“神九”科研项目研发、第二届拜师会、纪念酒公证等重要活动，先后在多家电视台及网络媒介展开宣传，提升了品牌影响力；酒厂相继研发了清香、浓香、复合香酒样，利用清香新工艺原酒研发了43度、51度、52度精制清香系列酒。种猪繁育、生猪屠宰与肉食品加工业务：根据毛猪价格走势适时调整库存结构，实现生鲜利润大幅增长。鹏程食品分公司调整熟食产业，扩大台湾烤香肠产品产量，启用了“跳跳乐”“新鹏程”两个品牌主攻中低档市场，形成高中低档产品相互补充的产品结构。改进产品的包装形式和规格，适应市场需求；开发新营销渠道，建立以鹏程生熟肉制品为依托的多种经营门类的连锁专卖店。新建2家现代化养殖基地投产运营，“小店”商标被认定为中国驰名商标，成为国内种猪行业第一件驰名商标。以“屠宰企业开放日”活动为契机，邀请首都市民和新闻媒体参观访问，通过赞助国家体育总局“营养膳食厨艺展示大赛”等活动,提升“鹏程”品牌的影响力。追溯“放心肉”工程，引进“激光灼刻”技术的激光打码取代传统蓝章，保证了猪肉信息的全程联网，实现了一猪一码、精确追溯。农产品精细加工业务：创新食品分公司围绕“打造都市生鲜第一品牌”的发展定位，加快市场开发力度。生鲜加工业务在巩固百胜、吉野家、爱玛客等核心客户基础上，签约必胜客、小肥羊、华堂、和合谷、马兰拉面、比格等连锁企业，销售网络扩大。常温物流业务加快推进四期项目建设，拓展荷美尔、华都、奔驰公司等高端客户，企业盈利能力提高。优质农产品购物网站“我鲜吃”成功上线，增强了企业市场竞争力。顺鑫农业创新食品分公司与北京市标准化研究所签议，作为《新鲜蔬菜初加工及配送操作规范》国家标准的主要起草企业和测试企业参与国家标准的制定工作。农产品市场管理与服务业务：坚持“大物流、大市场、大流通”发展方向，产业体系不断完善。公司所属石门市场优化市场布局，打造进口水果专营区；加大招商力度，市场房屋出租率提升，强化特色经营，水果上市量不断增长；完成北京市、顺义区蔬菜储备任务。2012年石门市场总交易量达到16.6亿公斤，并被北京市发展和改革委员会认定为“全国价格监测定点单位”。建筑施工与房地产开发业务：以“水利与建筑施工”业务为核心，在深挖区内市场基础上，开拓区外市场、外埠市场，取得节水灌溉甲二级企业资质。房地产开发业务对目标客户进行准确定位，加大项目推介力度，加快项目销售进度；继续开拓外埠市场。

（顺鑫农业）

【公司治理】 年内，顺鑫农业制定了各项规章制度。2月23日，公司制定了《北京顺鑫农业股份有限公司董事会秘书工作细则》《北京顺鑫农业股份有限公司对外担保管理办法》《北京顺鑫农业股份有限公司年报信息披露重大差错责任追究制度》《北京顺鑫农业股份有限公司外部信息使用人管理制度》《北京顺鑫农业股份有限公司内幕信息保密制度》《北京顺鑫农业股份有限公司反舞弊制度》《北京顺鑫农业股份有限公司举报投诉和举报人保护制度》《北京顺鑫农业股份有限公司重大风险预警制度》。9月25日，公司制定了《北京顺鑫农业股份有限公司银行间债券市场债务融资工具信息披露管理制度》。

（顺鑫农业）

【技术创新】 年内,公司相继研发了清香、浓香、复合香酒样,利用清香新工艺原酒研发了43度、51度、52度精制清香系列酒；牛栏山酒厂与中国科学院就“牛栏山一号清香型低温大曲”开发科研项目正式签约，双方将共同就搭载“神舟九号”飞船在太空遨游13天的“牛栏山一号”清香型低温大曲中的微生物种群及其酶活性进行跟踪研究。申报专利3项,其中发明专利2项,实用新型专利1项。截至年底，顺鑫农业拥有国家级实验室2家，拥有专利42项，其中发明专利8项。

（顺鑫农业）

【节能减排】 年内，顺鑫农业所属牛栏山酒厂和鹏程食品分公司分别与区政府签订“十二五”时期节能目标责任书，开展了清洁生产审核工作。牛栏山酒厂通过清洁生产审核验收。鹏程食品分公司投资260万元进行节能灯改造；牛栏山酒厂投资对灌装车间照明灯具进行节能灯改造。

（顺鑫农业）

北京东方雨虹防水技术股份有限公司

【概述】 北京东方雨虹防水技术股份有限公司（简称东方雨虹，股票代码：002271）成立于1998年，是亚洲最大的集防水系统设计、防水材料研发、生产、销售和工程施工服务于一体的防水系统服务商。公司于2008年在深圳证券交易所上市，是中国防水行业首家也是唯一一家上市公司。上市当年入选第三届“中小板五十强企业”。

东方雨虹成立以来，主要经济指标保持50%的年均增长率，连续8年在防水行业销售量排名第一，是中高端房地产、建筑企业的首选战略合作品牌，建立了世界唯一一座以防水为主题的博物馆。东方雨虹是国家“火炬计划”重点高新技术企业，拥有业内首家国家级企业技术中心、博士后科研工作站、防水材料北京市重点实验室、先进橡塑防水材料北京市工程实验室，为北京市专利示范单位。公司先后被评为亚洲品牌500强、中国建筑防水行业知名品牌、中国家居产业最具影响力企业、中国房地产500强开发商首选战略合作品牌。“雨虹”商标先后获得“北京市著名商标”“北京名牌产品”“中国驰名商标”。

北京东方雨虹防水技术股份有限公司控股上海东方雨虹、岳阳东方雨虹、广东东方雨虹、四川东方雨虹、锦州东方雨虹、昆明风行防水材料有限公司、徐州卧牛山新型防水材料有限公司、山东天鼎丰非织造布有限公司、北京东方雨虹地矿安全技术有限公司等14家分支机构，在北京顺义、上海金山、湖南岳阳、辽宁锦州、广东惠州、云南昆明、江苏徐州新沂和山东德州临邑建有八大生产基地，总占地面积160多万平方米，拥有世界领先的多功能进口改性沥青防水卷材生产线、冷自粘沥青防水卷材生产线和世界先进的环保防水涂料生产线、无纺布生产线。年产SBS、APP、自粘、高分子等各类防水卷材1.2亿平方米，聚氨酯系列、聚脲系列、丙烯酸系列、水泥基系列、沥青系列等各类涂料15万吨，是亚洲最大的防水材料生产企业。

截至2012年底，公司在册员工2195人，其中技术序列325人，占员工总数的15%。

（东方雨虹）

【年度经营】 年内，东方雨虹集团销售收入29.79亿元，同比增长20.41%。其中，北京公司实现销售收入22.68亿元，占总销售收入的76.15%，上缴税金1.91亿元。防水材料销售和自主承揽的防水工程业务均为行业第一，是行业排名第二位企业的3倍，且高于前5位企业中其他4家企业的总和。

（东方雨虹）

【节能环保】 年内，东方雨虹投入专项资金进行沥青替代品的研发及应用，部分原材料使用天然湖沥青替代石油沥青，节约石油类能源，年节能800吨标煤。

（东方雨虹）

【设备管理】 年内，东方雨虹建立《机械设备维修保养制度》《设备内部借调保养规定》《设备操作规范》《设备使用的安全与防护》《设备管理制度》5项制度，建立运行“预期维保、监测维保、事后维保+小修、项修和大修和日常保养、定期保养、特殊保养”的立体维保体系。基础设施更新改造列入每年的采购计划、预算计划，重点投入“高、新、专、特”核心设备和现代化设施。

（东方雨虹）

北京三元食品股份有限公司

【概述】 北京三元食品股份有限公司（简称三元股份，股票代码：600429）于2003年在上海证券交易所上市。三元股份是以奶业为主、兼营麦当劳快餐的中外合资股份制企业，具有50余年乳品加工历史，产品涵盖巴氏奶系列、超高温灭菌奶系列、酸奶系列、奶粉系列、干酪系列及各种乳饮料、冷食、宫廷乳制品等百余品种，日处理鲜奶1300余吨，在北京大兴拥有以生产和研发为主的乳制品工业园，在内蒙古海拉尔、河北迁安、河北石家庄、天津静海、广西柳州等建有大型生产基地，拥有“三元”“三元及递”“极致”“燕山”等著名商标。

截至2012年底，三元股份在职员工8753人。其中，生产人员3609人，销售人员3095人，技术人员421人，财务人员203人，行政人员665人，后勤等人员760人。具有大专及以上学历2188人。

（赵小平）

【股本变更】 2001年1月12日，经中华人民共和国对外贸易经济合作部批准，三元股份发行人民币普通股4.85亿股，全部由发起人认购。2003年8月4日，三元股份经中国证券监督管理委员会批准，向社会公众发行人民币普通股1.5亿股，于2003年9月15日在上海证券交易所上市。2009年7月24日，三元股份经中国证券监督管理委员会批准，于2009年11月非公开发行人民币普通股2.5亿股。2012年底，公司总股本8.85亿股。其中，北京企业（食品）有限公司〔BEIJING ENTERPRISES（DAIRY）LIMITED〕持36579万股，占41.33%；北京首都农业集团有限公司持23450.1756万股，占26.5%；社会公众股A股持28470.8244万股，占32.17%。北京首都农业集团有限公司持有北京企业（食品）有限公司51.14%的股权，是三元股份实际控制人。

（赵小平）

【年度经营】 年内，三元股份坚守产品质量，开拓市场，推进改革，营业收入35.5亿元，同比增长15.7%；营业利润-5821万元，利润总额1321万元，归属于上市公司股东的净利润3280万元。三元股份合并产量49.75万吨，同比增长11.8%。其中，液态奶产量46.88万吨，同比增长13.5%；固态奶产量2.87万吨，同比下降10.4%。三元股份母公司全年产量24.35万吨，同比增长14.8%。其中，液态奶产量22.23万吨，同比增长17.8%；固态奶产量2.1万吨，同比下降9.8%。

（赵小平）

【法人治理】 年内，三元股份共建立主要内控制度456个。如《三会议事规则》《董事会各专门委员会工作细则》《总经理工作细则》《独立董事工作制度》《董事会秘书工作制度》《关联交易决策制度》《规范与关联方资金往来管理制度》《募集资金管理办法》《对外担保管理办法》《对外投资管理办法》《内幕信息知情人登记管理制度》《薪酬管理制度》等。

（赵小平）

【科技创新】 年内，三元股份上市新品14个，授权发明专利7项，申请发明专利1项，参与制定国家标准1项。主持、承担国家及省部级科研课题15项。获省部级科学技术奖2项，首农集团科技进步奖2项。三元股份入选“国家技术创新示范企业”“北京市第四批专利示范单位”“第一批国家级工程实践教育中心建设单位”；公司技术中心被授予“国家认定企业技术中心”。

（赵小平）

【节能环保】 年内，三元股份加强辅助设施节能降耗、循环利用，开展太阳能发电、浴室太阳能利用、浴室智能卡节水系统、锅炉余热回收等。改进能源管理平台信息系统，健全能源计量器具，控制能源消耗，降低能源使用浪费。三元股份万元产值综合能耗同比下降34.6%，综合能源消耗总量同比节约5761吨标煤；各项环保处理设施运行正常，生产废水、工业噪声、烟尘、固体废物等污染物经处理后全部达到国家和北京市的排放标准。

（赵小平）

【客户服务】 年内，三元股份设立统一的售后服务热线，采取呼叫中心模式，利用客户关系管理系统（CRM）平台，将消费者的每一个咨询和投诉第一时间传递至售后服务部门。客服人员礼貌接听、流畅传递、及时处理并定期对消费者进行回访。

（赵小平）

【设备管理】 年内，三元股份新建工业园投产使用。园区集成国内外最先进生产加工技术及设备，主要有蒸汽直接杀菌系统、单效降膜蒸发器、膜过滤除菌、超洁净灌装等。园区实现瓶装线、常温方包线生产线自动化，建成常温自动立体库系统，提高了整体设备技术水平。

（赵小平）

北京京能清洁能源电力股份有限公司

【概述】 北京京能清洁能源电力股份有限公司（简称清洁能源，股票代码：00579）前身为北京市能源投资公司，系经北京市计委批准，由北京市综合投资公司出资组建的全民所有制企业。经国务院国资委和商务部批准，于2010年整体变更设立为外商投资股份有限公司。2011年12月22日，公司在香港联交所主板上市。截至2012年底，公司总股数约61.50亿股，其中京能集团合并持有内资股约42.17亿股，占总股数的68.58%，为公司控股股东。

清洁能源是北京最大的燃气电力供应商及中国领先的风电运营商，主要从事风电、天然气发电、水电、节能环保和光伏发电等发电业务。在北京市、内蒙古自治区、广西壮族自治区、云南省、四川省、宁夏回族自治区等地投资数十个涵盖风力发电、燃气发电、水力发电、光伏发电等领域的项目，同时推进能源资源综合利用和节能环保等项目，发展垃圾发电、地热与余热资源综合利用、区域供热管网等工程。

（宋 强）

【年度经营】 年内，清洁能源总资产达300.82亿元，较2011年末的272.59亿元增加10.36%；净资产（不含少数股东权益）为91.80亿元，较2011年末的111.11亿元下降17.38%。实现营业收入44.23亿元，较2011年增长0.24%，实现归属于母公司所有者的净利润9.11亿元，同比增加2.45%。

清洁能源运营发电企业装机容量3957.64兆瓦。其中，风电装机1550.75兆瓦，燃气发电装机2028兆瓦，水电装机368.89兆瓦，光伏发电10兆瓦。

（宋 强）

【重点项目】 年内，公司已开工建设项目控股装机容量为1228.4兆瓦，获得中国国家或省级发改委核准批复控股装机容量为1175.5兆瓦，成功实现了集团“容量倍增计划”第一阶段的目标。年内，公司通过加速推进四大热电中心项目建设，全面启动区域能源项目，重点项目如期建设及达标投产，为公司创造了更多利润增长点。

燃气发电及供热板块项目。西南热电中心——京桥二期项目如期顺利投产，燃气发电及供热板块装机容量已达2.028兆瓦；东北热电中心——高安屯项目已进入土建施工阶段；西北热电中心——京西项目在上半年获得核准后，施工建设加快进行，主体钢结构已吊装完成。

区域能源重点项目。京桥一期调峰热源项目、昌平未来城调峰热源及配套管网项目于本年度投产，并已实现向用户供热。首都二机场、昌平科技商务区（“TBD”）项目、通州台湖等项目前期稳步推进，公司可持续发展能力进一步增强。

年内，收购大川和罗能两家位于四川的优质精品中小型水电项目；年底集团自建项目——那邦水电如期保质投产，集团水电装机容量大幅提升，截至年底，装机容量已达368.89兆瓦。

（宋 强）

【获得荣誉】 6月14日，在2011~2012年度公益金周年颁奖典礼中，清洁能源获香港公益金颁发公益荣誉奖，以表扬北京京能清洁能源电力股份有限公司在社会公益方面作出的贡献。

京能清洁能源于2011年香港H股主板上市时积极参与股份代号慈善抽签安排计划，向香港公益金捐赠100万港元善款，彰显了热心慈善事业及关注社会公益的优良企业文化。

（宋 强）

北京首航艾启威节能技术股份有限公司

【概述】 北京首航艾启威节能技术股份有限公司（简称首航节能）是一家以节能环保为宗旨，开发节能技术的股份制企业，也是较早从事电站空冷系统研发、设计、制造、销售、安装、调试、培训等一条龙服务的高新技术型企业。首航节能公司创建于2001年，2012年在深圳证券交易所挂牌上市。公司拥有10余项国家专利，荣获中关村科技园区颁发的“中关村高新技术企业”及北京市科委等部门联合颁发的“高新技术企业”证书。公司董事会设立战略委员会、审计委员会、提名委员会、薪酬与考核委员会4个专门委员会。董事会、监事会分别设立日常办事机构董事会办公室和监事会办公室，实行董事会领导下的总经理负责制。

（邓镇铭）

【股本规模】 经中国证券监督管理委员会核准，

公司首次公开发行人民币普通股 3335 万股，于 2012 年 3 月 27 日在深圳证券交易所挂牌上市，上市后总股本为 13335 万股。2013 年 5 月 2 日，公司进行 2012 年年度权益分派，以 13335 万股为基数进行资本公积金转增股本，向全体股东每 10 股转增 10 股，共计转增 13335 万股，转增后公司总股本将增加至 26670 万股。

（邓镇铭）

【经营情况】 年内，首航节能实现营业总收入 11.93 亿元，同比增长 58.65%；营业利润 1.95 亿元，同比增长 47.57%；利润总额 2.07 亿元，同比增长 55.33%；归属于上市公司股东的净利润 1.76 亿元，同比增长 59.81%。同时，首航节能规模进一步扩大，截至年底，总资产达到 23 亿元，较上年度同期增长 114.25%。首航节能空冷系统订单累计达到 100 余台，其中直冷机组 80 余台，间冷机组 20 台。包括了世界上最大的单机容量百万机组的空冷系统业绩在内的各类机组，实现了电站项目从最大到最小的全系类产品类型，项目所在地覆盖国内三北地区并出口多个国家，客户几乎覆盖国内所有大型发电集团，各个项目进展情况良好，彰显首航节能在电站空冷市场的重要影响力。预计未来首航节能会在海水淡化领域、光热发电领域逐步取得经营业绩。

（邓镇铭）

【技术创新】 年内，首航节能共完成设计项目 13 个。设计团队更加成熟，科技攻坚能力大幅提升，各项设计工作顺利开展，完成了直接空冷和间接空冷的从投标阶段、基本设计阶段、详图设计阶段的绝大部分技术工作。已基本熟悉各专业与业主设计院之间的配合流程以及各专业之间相互配合的流程。公司成立了空冷技术研究所，与华北电力大学共同成立了空冷研究中心，与国内多家科研院所建立了科研合作关系。投资兴建风洞实验室，不断开发高效传热片形及传热系统，取得多项国家专利。公司生产的“直接空冷系统”通过“电能（北京）产品认证中心”进行的审核及产品认证，荣获北京市科委等部门联合认定颁发的“北京市自主创新产品”称号。“大型火电机组空冷系统优化设计与运行关键技术及应用项目”荣获国家科学技术进步二等奖，该奖项是国内空冷行业获得的国家级最高荣誉。公司技术中心在 2013 年被认定为“北京市企业技术中心”，1000 兆瓦超临界机组空冷凝汽器的研发项目荣获科技部批准的“国家火炬计划项目”。这些技术成果为公司研发新产品、开展新项目奠定了坚实的基础。

（邓镇铭）

【法人治理】 年内，首航节能严格按照《公司法》《证券法》《深圳证券交易所中小企业板上市公司规范运作指引》等相关法律法规的要求，不断完善法人治理结构，建立健全内部管理和控制制度，提高公司治理水平。首航节能治理的实际状况符合中国证监会关于上市公司治理的相关规定。建立了相应的管理制度、控制程序，并通过组织机构保障、明确的职责分工、内部审计等保证上述制度和程序得到遵循。首航节能内部控制体系健全有效，各项内部控制活动符合国家有关法律、法规和监管部门的要求，保证了合法经营、经营效率、资产安全及财务报告及相关信息真实完整，为持续健康发展打下了坚实的基础。

（邓镇铭）

北京博晖创新光电技术股份有限公司

【概述】 北京博晖创新光电技术股份有限公司（简称博晖创新，股票代码：300318）成立于 2001 年。2012 年 5 月 23 日，正式在深交所创业板挂牌，成为中关村示范区昌平园第 18 家上市企业。公司在内蒙古已拥有 1 家主板上市企业内蒙君正科技。

2007 年，博晖公司被北京市评为首批 100 家自主创新产品企业，公司研制生产的 BH5100plus 产品、BH7100 产品，被授予北京市自主创新产品证书。2008 年在生命科学园购地 2.93 万平方米，2012 年 4 月底，在此开工建设公司总部，总建筑面积 41697.4 平方米。主要研制、生产、销售用于人体微量元素的原子吸收设备及配套试剂，专注于人体微量元素检测系统的开发及推广，为人体微量元素检验行业的领先企业，拥有多项自主研发专利技术。公司产品市场服务于全国30个省、市、自治区的1000多家医疗机构，是国内最大的人体微量元素检测设备供应商，也是微量元素检测领域唯一的系统集成商。公司主导产品“BH系列原子吸收光谱仪”是国内医疗设备行业具有先进水平的高新技术产品。

公司员工140人，其中科研人员占30%以上。公司通过了ISO 9000、ISO 13485国际质量管理体系认证。

（刘少强）

【股本变更】 博晖公司原总股份为2000万股，注册资本人民币2000万元，2004年增加注册资本人民币1200万元，按2003年末总股本2000万股为基数，向全体股东每10股送6股，共计分配股利1200万元，变更后的注册资本为人民币3200万元。2006年增加注册资本人民币1600万元，按2005年末总股本3200万股为基数，向全体股东每10股送5股，共计分配股利1600万元，变更后的注册资本为人民币4800万元。经2006年第一、二次临时股东大会决议，公司股东变更为杜江涛、杨奇、郝虹、河南平原光电有限公司、杜江虹、梅迎军。根据2008年股东大会决议和修改后章程的规定，增加注册资本人民币2880万元，按2007年末总股本4800万股为基数，向全体股东每10股送6股派1.5元，共计分配股利1600万元，变更后的注册资本为7680万元。根据《中关村科技园区非上市股份有限公司申请股份报价转让试点资格确认办法》的规定和博晖公司2006年第一次临时股东大会审议通过的《关于公司申请进入代办转让系统进行报价转让的议案》，博晖公司向中关村科技园管理委员会递交了公司股份进入代办股份转让系统报价转让的申请。中关村科技园区管理委员会确认公司具备股份报价转让试点企业资格。2007年1月25日，经中国证券业协会确认，报送的挂牌报价文件已经获准备案。2007年2月16日，公司正式进入代办转让系统。根据公司2011年第一次临时股东大会决议，公司申请向社会公开发行人民币普通股A股2560万股，增加注册资本2560万元。博晖公司本次向社会公众发行人民币普通股2560万股，每股面值1元，每股发行价15元。其中，新增注册资本人民币2560万元。社会公众股股东均以货币资金出资。发行后博晖公司注册资本为10240万元。

（刘少强）

【经营情况】 年内，博晖公司主营业务呈现平稳增长态势，实现仪器销售853台，同比增长15.90%，试剂销售1678.35万支，同比增长14.66%；实现主营业务收入11141.72万元，其中仪器及软件收入3152.30万元，同比增长28.43%，实现试剂收入7695.18万元，同比增长11.33%。

（刘少强）

【公司治理】 博晖公司严格按照《公司法》《上市公司信息披露管理办法》《深圳证券交易所创业板股票上市交易规则》等相关法律法规的规定，规范运作。经8月7日第四届董事会第十二次会议审议通过，公司制定了《年报信息披露重大差错责任追究制度》。该制度的建立，完善了公司内部控制，加大了对年报信息披露责任人的问责力度，提高年报信息披露的质量和透明度，增强年报信息披露的真实性、准确性、完整性和及时性。

（刘少强）

协会组织

【概述】 2012年，全市工业行业协会围绕北京工业结构调整，加快转变增长方式，强化服务意识，加强自身建设，开拓思路，创新进取，取得优异成绩。

各协会以多种方式为会员提供服务，为企业搭建沟通交流和融资平台，为会员举办培训班进行政策解读，利用政策争取政府资金支持。北京医药行业协会利用相关奖励政策，调整企业转型升级发展路径，全市260家生物医药企业获得百亿元资金扶持。包装技术协会根据财政部政策申报包装行业高新技术研发资金项目，获得批准6项，共获资助经费598万元。服装纺织行业协会为会员企业融资联保，在走访调研基础上，为3家会员单位出具融资推荐函，共获得银行贷款600万元，缓解了企业资金压力。电源行业协会为解决中小微企业融资难问题，与多家银行合作，成立了北京电源行业投融资服务平台，为多家中小微企业解决了发展所需的流动资金。豆制品协会与国税局协调，争取对以大豆为原料进行初级加工的传统豆制品行业进行政策扶持，降低北京传统豆制品增值税税率方案进入待批。

通过政府购买服务和管理，增强了行业协会参与公共事务服务和管理的积极性，促进了行业协会发展。北京工经联组织行业协会积极参与政府对社会组织“购买管理岗位”的试点工作。经申报，市社会工委审核批准了8家协会的10个岗位被购买。工经联牵头组织相关行业协会、集团公司、企业的专业技术人员等共100余人参与化工、汽车、机电等12项工业产品单位产品能耗限额地方标准的编制任务，部分标准通过二审，报上级批准。承接并完成了“北京工业能耗水耗指导指标”修订工作，指标中包含北京工业六大产业127个小类行业的新上项目准入、运行企业降低消耗、淘汰退出的行业产值能耗和产值水耗的762个指标数据。在市经济信息化委的指导支持下，工经联启动“北京工业行业管理信息服务平台”项目建设，项目重点突出信息服务、政策咨询、技术支撑、人才聚集等内容，项目实施形成政府—行业协会—企业系统的行业服务管理模式。北京表面工程协会（原电镀协会）承担《表面处理（电镀）资质评审及准入管理办法》《鼓励电镀企业进入工业园区管理办法》《表面处理（电镀）行业淘汰落后生产工艺装备和产品的界定标准》3个文件的起草编写工作，已完成初稿并上报工信部。为落实北京市领导对四委、局《关于进一步提高住宅节能标准的请示》批示精神，推进建筑节能工作，由北京建材行业联合会牵头，组织相关协会参与对北京地区新型墙体材料和门窗、保温隔热材料生产及发展情况调研，提交了《发展北京建材产业适应节能达75%标准的发展意见》的报告。家具协会接受市经济信息化委委托，承担“推动都市工业重点工作开展循环经济”的研究课题，邀请专家调研，形成《关于推动都市工业重点工作开展循环经济调研报告》，建议政府积极实施家具以旧换新的补贴政策，受到市经济信息化委领导的肯定。医药行业协会经市经济信息化委批准建立了北京市中小企业公共服务平台，是全市社会组织中第一个被授予建立这一平台的单位。服装纺织行业协会2012年有9家企业的知名品牌列入工信部和中纺联合会确定的111户国家重点跟踪培育的品牌企业名单之列。豆制品协会承担

GB 2711—2003《非发酵性豆制品及面筋卫生标准》修订工作，新修订标准已进入国家卫生部的公示中。金属学会完善专家库建设，已拥有18个专业的近500位专家。

创新思路，积极开展各种活动。工经联组建了“北京博展创意产业联盟”，为行业协会和相关单位搭建了信息交流、相互合作的平台，进一步沟通行业与主管部门的联系渠道。“北京工业旅游联盟”和“北京饮食文化联盟”正在筹建中。服装纺织行业协会举办首届“北京时装设计周”活动，以北京国际时装设计周为背景，组织艺术院校、品牌企业、知名艺术家、设计师、时尚媒体等社会资源，搭建设计师展示和交流平台，吸引了8个国家和地区的55位艺术家作品参展，其中8件作品被嘉德国际拍卖公司竞拍40余万元。在北京建材行业联合会的倡议下，2012年环渤海5省市建材协会开展了环渤海（5省市）地区建材行业最具影响力的评审工作，通过企业自报，协会评审推荐，5省市秘书长联席会综合平衡，网上公示，评出2012年度环渤海地区建材行业十大最具影响力企业，金隅集团排名第一位。针织行业协会提出小展会大市场的经营理念，打造品牌展销会，协会主办的展销会历经近30年，已成为协会品牌。家具行业协会为提高首都居民生活质量，宣传低碳环保，普及绿色建材、家具等知识，按市社会工委决定和要求，开展4次“环保公益行动进社区”活动。向社区居民普及家具基本知识，解答居民提出的关于家具有害物质监测、如何挑选环保家具等问题，深受居民欢迎。食品协会开展企业诚信管理体系评价工作，成立“北京食品协会食品企业诚信建设管理工作委员会”，完成分支机构申报材料的组织和送检，被工信部确定为国家第二批食品工业企业诚信管理体系委托评价机构，正式启动企业诚信管理体系标准评价工作。食品协会举办了主题为“食品安全管理和国际技术合作”高峰论坛，帮助企业提高食品安全意识，提高安全管理水平。玩具协会受市侨办委托，接待菲律宾2012海外华裔青少年北京“语言实践行”——金辉春令营和2012海外华裔青少年北京“寻根之旅——相约北京”春令营的126名营员，还接待了蒙古、日本、英国、美国等21个国家的近90名“热心海外华文教育杰出人士”，参加了由市侨办和北京玩具协会联合组织的北京民俗文化一日游活动。

协会发挥桥梁纽带作用。医药行业协会积极反映行业诉求，针对企业对药品招标采购中的“唯低价中标”等问题，两次向市政府提出对北京市基本药物招标采购工作要“坚持三个原则”“处理好三个关系”“采取三项措施”等建议，部分建议被纳入北京市新的药品招标采购方案。水泥行业协会与企业共商节能环保、绿色经济大计，行业内通过技术改造、采用先进工艺装备等措施，提前完成降低能耗20%的要求。协会注重本行业的对外宣传，50%以上的协会有自己的刊物。

（吴彧）

【北京工业经济联合会】 2012年，北京工业经济联合会（简称工经联）在推进落实“十二五”规划、产业进步、协会建设等方面，组织工业经济领域行业协会开展了多项经济和社会活动。

开展社会活动。组织北京建材行业联合会、北京食品协会、北京电子商会、北京日化协会、北京服装纺织行业协会等20多家行业协会及相关大中型企业举办了“心系群众——北京工业产品保质量、保安全推介进社区”和“社区居民进企业，了解产品质量与安全——把消费主动权和监督权交给老百姓”的双向互动公益活动。向群众介绍和宣传北京工业产品，通过群众监督促进产品质量的提高和安全保证。组织北京汽车行业协会、北京室内装饰协会等10家行业协会参加“北京市社会组织公益年”活动。组织会员单位参观三元牛奶集团、北京经济技术开发区（亦庄）、奥运博物馆等，参加中国工经联举办的“经贸形势报告会”“2012年企业社会责任报告发布会”“中国行业协会发展论坛”等。

组织、携手行业协会参与工业经济活动，完成相关项目和课题。承接“单位产品能源消耗限额地方标准”中的12项工业产品的编制任务。由工经联牵头，组织相关行业协会、集团公司、企业的专业技术人员等共100余人参与工作。项目专业组经过8个多月工作，先后组织18次专家咨询、评审会，参与专家100多人次，按计划完成了调研、编写、专家咨询、专家评审及部分标准的报批工作。承接“北京工业能耗水耗指导指标”修订工作，指标包含北京工业六大产业127个小类行业新上项目准入、运行企业降低消耗、淘汰退出的行业产值能耗和产值水耗的762个数据，已上报市经济信息化委。在市科委支持下，承担“工业企业节能降耗定时监测评价系统研发与示范”项目，通过采集分析大量工业企业能耗状况数据，为企业提供自动化、智能化监测分析工具，为能耗的有效控制和科学管理提供了技术支持。受市社会办委托，承担“北京企业社会责任工作”项目，进行了调研、策划、制订方案等。完成了市经济信息化委关于“推进北京工业协会建设年度发展课题研究”项目。

推进北京工业协会建设。成立北京博展创意产业联盟，北京博展创意产业创新基地揭牌。为行业协会和相关单位搭建信息交流和合作平台，进一步沟通行业系统与主管部门的联系渠道。“北京工业旅游联盟”和“北京饮食文化联盟”正在筹建中，工经联与北京经济管理职业学院签署战略合作协议。配合学院推进国家外专局引进的“美国国际创新职业资格认证”培训项目，内容包含创新关键结构、创新方略、创新过程管理、创新风险管理、持久创新等创新知识体系培训和“国际注册创新管理师（CIP）”“国际注册高级创新管理师（CIM）”“国际注册首席创新官（CCIO）”资格认证。组织行业协会参与政府对社会组织“购买管理岗位”的试点工作，有8家协会的10个岗位被购买。组织各行业协会参与编写2012年版《北京工业年鉴》。

加强协会自身建设。为促进行业协会与政府部门之间、行业与企业之间的沟通，在市经济信息化委的指导和支持下，启动了“北京工业行业管理信息服务平台”项目建设，重点突出信息服务、政策咨询、技术支撑、人才聚集，形成政府—行业协会—企业系统的行业服务管理模式。组织行业协会举办了“工业产品能耗地方标准编制培训班”“行业协会工作联络员培训班”，协助北京医药行业协会举办党建工作培训等。坚持每季度召开行业协会会长、秘书长联席会议，通报介绍北京经济进展情况，特别是工业经济运行情况。在调查研究基础上，推荐并组织6家行业协会进行工作经验介绍。受市经济信息化委委托，工经联主办的《北京工业经济》（双月刊）杂志在2011年四季度试刊基础上，2012年正式出刊（内部刊物），共6期。刊物主要解读政府有关工业发展的政策、规划，介绍北京工业发展动态，展示北京工业发展成果，交流工业发展信息，提出工业经济发展建议。

（北京工业经济联合会）

【北京企业联合会 北京市企业家协会】 2012年，北京企业联合会、北京市企业家协会（简称北京企联）引导企业和企业家促进企业转变经济发展方式，推进企业科技创新和文化创新，工作取得明显进步和成效。

履行企业组织代表职能，维护企业合法权益。北京企联参与了《北京市工资指导线测算方案》《劳动合同法修正案》《特种设备安全法》《环境保护法修正案》《旅游法草案》等立法草案征求意见和修订工作。作为企业代表参加市协调劳动关系三方工作，研究北京市涉及劳动关系问题。通过广播、电视、报刊、互联网等新闻媒体和北京企联每月编辑出版的《劳动关系通讯》，宣传劳动法律法规和先进典型。为落实市政府关于维稳工作格局，继续保持劳动关系和谐稳定的要求，以“签合同、上保险、保工资”为重点，开展全市性专项检查、小企业劳动合同制度实施3年行动计划等活动。运用企业劳动争议协商调解机制，开展推进工资集体协商、签订集体合同工作和区县三方工作的调研与培训，先后到西城区、海淀区、东城区、朝阳区等开展工资集体协商调研。对区（县）三方劳动关系协调开展情况进行调研，了解企业代表的基本情况，组织部分企业人力资源负责人参加为期1周的劳动法律、法规培训。承担市下达的组织独立调解庭调解劳动争议案的任务，先后组织兼职仲裁员参与劳动争议仲裁庭和调解庭处理劳动纠纷案350余件。

开展维权工作，维护北京企联会员企业合法权益。为会员单位免费提供法律咨询，咨询范围涉及终止解除劳动合同、社会保险、工伤待遇、住房公积金、加班费等方面。以“请进来、走出去”方式面向企业开展法律咨询活动，帮助企业解决难题。推进和谐劳动关系单位和工业园区建设，北京市协调劳动关系三方开展了评选和谐劳动关系单位与工业园区工作。

积极开展调查研究工作，完成政府部门委托研究项目。按政府部门要求起草了《企业劳动关系与企业发展问题的探讨研究》报告。与北京关键要素科技公司合作，组织开展了有关国家及地方科技创新政策讲解与辅导。与北京捷盟咨询管理公司合作开展了关于北京市职业经理人队伍的调查研究，撰写了《北京市职业经理人队伍建设情况研究报告》，在中国职业经理人年会期间发布。与北京工美集团、北京金隅集团等合作，开展企业形象策划与宣传问题研究，利用《北京企业》会刊，对合作企业的形象、品牌、产品等进行系列宣传。北京企业联合会申报“枢纽型”社会组织得到市社会工作委员会正式批准，接受了“枢纽型”社会组织牌匾。组织开展两年一度的“双优企业家”评选和表彰活动，表彰了79位优秀企业家。

进行企业管理创新成果评审，全年有41个推荐单位申报成果264项，比上年增加41项。获得北京市奖项成果226项，占申报成果的86%。其中，一等奖成果67项，占获奖成果30%；二等奖成果121项，占获奖成果54%；三等奖成果38项，占获奖成果17%。通过调研和评审，北京市向国家推荐11项管理创新成果，其中7项获得第十九届全国企业管理现代化创新成果奖。

做好职业经理人资格认证工作。北京企联在增强与区县企业联合会、大型企业集团和有关工作机构联系与合作的基础上，重点在招生和培训质量上下功夫。经过培训、考试和综合评价，认证中级和高级职业经理人131人。其中，与北京工业系统人才中心合作，培训认证49人；与昌平区企业联合会合作，培训认证82人。北京企联加强与中国企业联合会合作，配合其开展职业经理人队伍建设调查，完善和调整了职业经理人资格认证技术规范。

以“走进企业”系列活动为主线，先后在顺义区顺鑫农业、天津市清河分局、房山区长阳农场、天津市九汇建国会议中心、丰台区纪家庙文化中心、通州区金福艺农、丰台区环球华韵书画院等组织7次不同主题活动，参加活动会员单位达80多个，吸引了100多位企业家或企业负责人参加。

开展北京公益行2012社会组织公益系列活动。北京企联在昌平区天通苑社区首次举办“让百姓吃得放心，用得放心，知名企业进社区公益活动”。北京牡丹电子集团有限公司、北京顺鑫农业集团有限公司、首都农业集团三元公司等单位派出技术人员现场讲解产品安全使用和食用方法，进行现场咨询答疑。

做好宣传服务工作。精编《北京企业》杂志，对北京金隅集团、北京工美集团、北京医药股份、北京城建路桥集团所属企业安排重点栏目系列宣传；对北京优秀企业家安排突出栏目重点宣传；对北京企联和其他社会组织开展的有关活动及时报道；对有特殊需求的副会长单位编辑专刊或安排重要版面进行宣传。运用“北企联合网”服务会员企业，新会员企业入会在网上展示企业概况；评选出的优秀企业家和评审出的管理创新成果，在网上进行公示。公开出版发行《优秀企业家风采》和《管理创新成果汇编》，并向优秀企业家、管理创新成果获奖单位和会员企业免费发放。

加强自身建设，北京企联完成换届改选工作。

（刘 瑜）

【北京市女企业家协会】 2012年，北京市女企业家协会召开第六届换届大会，做五届期间工作报告，修改了章程，修订、充实、完善9项管理制度，选举产生了第六届理事会班子，实现工作良好开局。

开展主题培训，举办高端培训班，历经4天，10省市的180名女企业家参加。组织20名会员分别参加中国女企协和中国移动集团联手在上海和河南许昌举办的信息化培训班。组织30余名副会长参加《新领军》杂志社举办的第十一届中国企业成长百强揭晓盛典暨第十五届成长中国高峰年会。组织12位会员参加经理人杂志社与相关媒体举办的第六期中国CEO年会。

组织会员100人次参加韩国仁川广域市招商引资推介会、纪念中韩建交20周年妇女友好交流暨招商引资洽谈会以及中国—鸡西中俄文化周交流活动。参加由联合国妇女署、全国妇联和中德贸易可持续发展与企业行为规范项目联合举办的“性别平等和企业社会责任：增强企业竞争力”国际会议。组织200名会员参加由市经济信息化委和市商务委有关领导所作的关于北京地区针对小企业的优惠政策解读。组织100余名会员参加青海经济洽谈会、广西东盟博览会，参观环渤海曹妃甸新区、四川广元女儿节和全国妇联组织的山东潍坊“海内外女企业家（潍坊）投资峰会”等，参加中国女企协举办的“企业可持续发展与企业文化——2012优秀女企业家国际论坛和女企业家企业精品展”。

树立先进典型，弘扬协会文化。表彰16位2011年度北京市优秀女企业家，编辑出版《北京优秀女企业家拾英》专辑。推荐评选北京优秀企业家、北京优秀创业企业家。

配合市妇联建立34个女大学生创业就业基地，举办50个会员企业参加的校企对接招聘会，为女大学生就业提供帮助。协会与中华女子学院联手举办《女企业家进校园系列报告讲座》，得到女大学生的好评，引起人民网、市委讲师团宣讲家网的重视，得到教育部、中国女企业家协会的肯定。

协会网站进行全新改版，各栏目板块可全面接受会员企业投稿，网站从3月20日改版上线，发布会员新闻报道500余篇，《她力量》电子杂志4期，专题视频13集（其中与中华女子学院合作开展的“女企业家进校园系列讲座”7集）。网站首页开辟了4个窗口为会员企业产品及活动作免费宣传。已为部分会员单位免费宣传服务180余天，宣传1万余人次。网站以“飘窗”形式推出新闻性、系列性特色的图文并茂专题报道，初步形成品牌。每一期专题都体现了“及时、深度”特色，如“60位女企业家谈企业文化与企业管理”“女企业家进校园创业系列讲座”“中国经济稳增长与企业家国际视野”“企业家学习十八大精神”等。协会启动京哈女企业家携手行高端培训，网站同期制作发布了《中国经济稳增长与企业家国际视野》专题，发布了新闻，并向人民网发消息；会议结束时发布了4天全程活动的图片（包括10个图集、392张图片），整理并发布了10省市近200位参会企业家的形象照和企业宣传材料；制作并发布新闻视频专题片，提供给哈尔滨电视台。网站访问人群、地域分布，已覆盖全国32个省市和香港、台湾地区。在人民网的支持下，网站域名（bjawe.org.cn）永久链接到人民网、中国日报网、新民网、网易、凤凰网等媒体，协会网站在全球最大搜索引擎谷歌的PR（Page Rank）评级为4，属于受欢迎网站。

协会组织建设工作不断完善、队伍不断壮大，发展会员近50位。2012年北京市女企业家协会被全国妇联授予“巾帼文明岗”，被中国女企业家协会授予“先进集体”，被市妇联、市总工会、人社保障局授予“北京市三八红旗集体”，被北京市民政局授予“北京市社会组织百家示范基地”等荣誉称号。

（张文英）

【北京质量协会】 2012年，北京质量协会重点在电子信息、医药、食品、建材、日化等行业企业继续开展北京知名品牌推选活动。经过企业自愿申报、各区县和经济技术开发区等主管部门推动，有关行业协会推荐，共有81家企业86个产品申报。按照公开、公平、公正的原则和推选程序，最终有26家企业的28个品牌获得北京知名品牌；北京首都机场商贸有限公司、朗姿股份有限公司2家企业获得北京质量奖；北京利达华信电子有限公司、大唐电信科技股份有限公司、北京甘家口大厦有限责任公司、北京红螺食品有限公司、北京星海钢琴集团有限公司共5家企业获得北京市实施卓越绩效模式先进企业荣誉称号。

7月9日，协会主持召开行业协会品牌建设年活动推广工作会议。8月7日，在中国科技会堂举办了品牌培育管理体系推广应用宣贯讲座，全市各区县经济主管部门、行业协会、企业中高层管理人员共130余人参加。9月4日，在北京蓝景丽家广场，举行了“北京市质量月活动启动仪式暨贯彻落实工信部质量品牌建设年北京市工业企业质量信誉和自我声明承诺活动仪式”，北京金隅集团副总经理王肇嘉代表首批百家工业企业宣读了《企业质量信誉和自我声明承诺书》。9月27日，在国家行政学院举办了“北京市企业总裁班名家大讲堂”。协会与长城战略咨询·北京智识企业管理咨询有限公司合作开展了壮大工业品牌课题研究。

北京质量协会和市总工会联合举办了“北京杰出质量人”推选表彰活动。经过企业申报、有关行业协会推荐、征询政府有关监管部门和市消费者协会意见等环节，中国自动化集团有限公司董事长宣瑞国等7人被评为“北京杰出质量人”。

年内，QC（质量管理）小组活动的主题是“以人为本、激发活力、开拓创新”。5月，北京质量协会、市总工会、团市委、市妇联、市科协和北京铁路局共同举办了“北京市第60次质量管理小组成果发表会暨‘京铁杯’冠名赛”。11月，在广西南宁举办了“北京市第61次QC小组成果发表会”，共有219个QC小组成果进行现场发表，50个QC小组成果参加资料评审，参加QC小组成果发表会代表达500多人。共评选出2012年北京市优秀QC小组269个，北京市质量管理小组活动优秀企业19家，北京市质量信得过班组39个，北京市QC小组活动卓越领导者32人，北京市QC小组活动优秀推进者54人。向中国质量协会推荐2012年全国优秀质量管理小组27个，全国质量信得过班组16个，全国质量管理小组活动优秀企业、卓越领导者、优秀推进者各2个。

在开展QC小组活动过程中，举办3期QC小组诊断师考评班，举办诊断师提高班和QC小组与标杆管理应用讲座各1期，共有590余人参加。还组织了优秀质量管理小组代表赴内蒙古交流活动。

年内，继续开展“北京实施用户满意工程先进单位”及“全国用户满意企业、产品、服务、建筑工程”的复评和推荐工作。在企业自愿申报基础上，组织专家对申报企业开展顾客满意度测评和评审，共有24家企业获北京市用户满意企业称号，全市累计已有181家企业获得北京用户满意工程荣誉称号。其中，北京城建集团有限责任公司、北京电力建设公司、北京星海钢琴集团有限公司等7家企业获得全国用户满意企业称号。

加强队伍建设，提高服务意识，强化行为规范。举办5期质量大讲堂，向会员单位提供免费质量培训教育。编辑出版《质量·安全》杂志11期，并向会员单位免费寄送。组织会员单位去广西进行质量学习交流活动，考察学习了桂林漓泉啤酒厂先进的质量管理经验。通过“3·15”和质量月等活动，组织专家到部分会员单位宣传品牌营销理念和先进的质量管理方法。年内，13家企业加入协会。北京质量协会被市民政局评为第一批社会组织示范基地，被中国质量协会评为全国质协系统优秀单位，被市社会组织评估委员会评为5A级社会组织。

（陈永莲）

【北京建材行业联合会】 2012年，全市规模以上（年产值2000万元）建材企业完成工业总产值630亿元，可比产品工业总产值同比增长1.3%；工业增加值135亿元，同比降低5.1%；营业收入680亿元，同比增长3.4%；利润总额30亿元，同比降低12.9%。

发挥协会行业资源优势，积极为政府服务。为落实市领导对四委办局《关于进一步提高住宅节能标准的请示》精神，推进建筑节能工作，由建材联合会牵头，组织开展对北京地区新型墙体材料和门窗、保温隔热材料生产及发展情况的调研，提交了发展北京建材产业适应节能达75%标准的发展意见报告。为贯彻改性沥青防水卷材成套生产设备通用技术要求，提交了“关于建筑防水材料行业准入条件和建筑防水材料行业准入公告管理暂行办法的有关意见”。北京水泥行业协会与市水泥质量监督检验站，按《水泥企业质量管理规程》新增内容要求，完成对主任、质量控制重点岗位204人培训换证；对8家北京水泥企业化验室，进行现场核查。家具协会开展“推动都市工业重点工作开展循环经济”课题调研，形成《关于推动都市工业重点工作开展循环经济调研报告》，建议政府实施家具以旧换新补贴政策，受到市领导表扬。矿业协会参加由中矿联和国土资源局联合组织的对第二批获得国家级“绿色矿山”称号的5个企业的复查，促进了北京市绿色矿山建设。建材联合会、室内装饰协会争取到市社会工委购买“协会管理岗位”的项目，建材联合会秘书长岗位和室内装饰协会办公室主任岗位获得批复并得到市社会建设工作领导小组的资金支持。建材行业联合会积极参与工经联组织的“心系群众——北京工业产品保质量保安全推介进社区”活动，到丰台花园进行现场答疑，受到群众欢迎。建材行业职称评定工作中全市有108人获中级职称，占参评人数的26.5%。市人力社保局、建材行业联合会在北京地区开展5年一次的推荐评选全国建材行业先进集体、先进工作者和劳动模范的评选工作，评出先进集体2个，先进工作者1人，劳动模范14人，已上报中国建材联合会。编纂《北京工业志》中《建材业》和《家具制造业》两章志稿（初稿），已按时上报，联合会修志工作办公室成为全市编修工业志先进单位。完成市住房城乡建设委关于金隅集团房地产开发项目编纂工作，并被录入市住房城乡建设委年鉴。

开展诚信企业评价工作。年内，北京地区共评比27家诚信企业，其中AAA级24家，AA级3家。开展争创名牌产品工作。年内，7家企业为“环渤海地区建材知名品牌”，3家企业为“北京地区建材知名品牌”。环渤海5省市建材协会在北京建材行业联合会倡议下，开展了环渤海（5省市）地区建材行业最具影响力企业的评审工作，评出2012年度环渤海地区建材行业十大最具影响力企业，金隅集团排名第一位。开展科技进步奖评审工作，推动“绿色建材”生产。有20个项目获奖。其中，一等奖2个，二等奖5个，三等奖8个，技艺工法奖5个。向中国建材联合会推荐科技进步奖2项、技术革新奖1项，组织专家完成科技成果鉴定4项。办理绿色证书复审16家，产品33个。在建材产品“质量登录”工作中，6月底完成73家企业的登录工作并发放证书。家具协会在全市家具行业开展创新型企业认证试点工作，制定了《北京家具行业协会创新型企业认证评价细则》，对北京黎明文仪家具有限公司等6家企业现场考评，推荐6家企业为“AAA级创新型企业”。建材行业联合会、水泥行业协会组织企业参加在丹东召开的2012年环渤海地区建材行业5省市水泥高峰论坛。五金门窗幕墙协会召开了塑料门窗保温节能技术交流会，举办了达到北京节能新标准的新型塑料门窗展示会。家具协会联合京津冀三地的家具生产企业、涂料供应商、设备商和原材料制造商，在北京举办了“产业升级，绿色有我——2012年家具行业水性化高峰论坛”，向家具生产企业推广水性涂料的成熟技术、特点及应用，促进企业结构调整、产品升级。化学建材专业委员会、北京市建筑材料质量监督检验站、中国混凝土与水泥制品联合会和北京《混凝土世界》杂志社共同主办了“2012混凝土行业高峰论坛暨第二届全国混凝土配合比设计与质量控制技术交流会”和“混凝土行业高峰论坛”。与大专院校合作，建立产学研联盟。北京家具协会和北京林业大学签订产学研联盟协议，建立产学研示范基地。办好会刊、网站，完成《北京建材》刊物4期，其中为环渤海建材行业协会会长会和环渤海5省市建材行业总结表彰大会出1期特刊。

加强协会自身建设，水泥协会、计量协会完成换届工作。北京家具协会成立执行会长的常设议事机构。

（张惠　凌京玲）

【北京化学工业协会】 2012年，北京化学工业协会根据行业特点，履行协会职责，面向企业做了大量工作。帮助企业做好安全文化建设工作，狠抓各项安全管理工作的落实。为北京普莱克斯气体有限公司等22家危化从业单位提供“安全标准化”咨询服务。组织编制了气体企业和建材企业安全标准化管理体系模板，已发布实施。协助市经济信息化委基础产业处对所辖范围内发证农药制造企业进行安全检查，共检查5家，提出整改意见并督促整改。受市安监局委托，组织起草实验室危险化学品安全管理规范。参与了油库、加油站安全标准化模板的编制、修改与定稿工作。完成113家危化从业单位安全标准化三级达标现场评审。对开发区涉氯企业安全生产基本情况进行调查。针对6家涉氯企业和11家涉氨单位提出了相应整改建议，向市安监局提交了调研报告。

开展专业知识培训，强化企业员工安全意识。由市经济技术开发区安监局和北京化学工业协会在开发区北京电子科技职业学院组织6期开发区危险化学品专业知识及安全管理方面的培训。专业知识包括：危险化学品的辨识和分类，危险化学品特性，丙酮、乙醇、液氯、液氨、汽油、苯、氢等常见的危险化学品介绍；安全管理方面包括：危险化学品安全管理的基本知识，现场安全管理的基本要求，应急管理等。

服务企业。为北京燕化永乐农药有限公司、北京绿叶生物技术开发有限公司等农药生产企业就许可证进行咨询，取得许可证。完成北京燕化永乐农药有限公司、北京北农天风农药有限公司等农药企业批准证书及延期换证现场审核工作和企业资料审查上报工作，部分企业现场产品抽样工作。受市经济信息化委委托，协助完成北京东方化工厂产业结构及布局调整研究报告；协助开展乙烯、高压聚乙烯等3个产品的北京市单位产品能源消耗限额标准的起草工作；帮助204家涉危单位培训944人次并取得危险化学品安全管理知识培训合格证书；协助工经联完成燕山石化原油加工、乙烯、高压聚乙烯的能耗制定工作。协助开发区安监局对入驻开发区企业进行应急管理与咨询工作，初步建立工业园危化安全管理及应急体系，3个试点工业园通过验收。

北京化学工业协会与市人力社保局、市经济信息化委、北京化学工业协会共同成立北京市石油和化学工业先进集体、劳动模范和先进工作者评选工作领导小组，开展化工业劳模评选工作。受市安监局委托负责起草《实验室危险化学品安全管理规范》，完成初稿并报送市安监局审查。组织专家完成20余家危化从业单位应急预案备案前的专家评审工作。完成2家质检科认证的审查、申报（2个A级），取得证书。

（王志宏）

【北京电力行业协会】 2012年，北京电力行业协会以服务会员、服务社会为宗旨，发挥政府和企业的桥梁作用，围绕中心工作、服务大局，适应改革，发挥职能作用，工作有序开展。

受市电力公司委托，规范电力公司的社团组织管理。撰写了《北京市电力公司社团组织管理实施细则》，并入北京市电力公司标准体系。协助市总工会承办北京市第三届职业技能大赛，主要负责电力公司以外的北京地区会员单位参赛工作。

受国家电网人才评价中心委托，在会员单位中开展专业技术资格申报工作。负责申报人员资料的接收、建档以及开展对申报人员进行计算机和英语资格的培训，制定了申报管理办法，设计了工作流程，成立了资格评审办公室，在部分会员单位中开展了专业技术资格认定试点工作。

开展QC成果评审、发布及专业培训工作。组织北京地区供电、发电、修造、施工等电力企业的QC成果评审工作。召开了优秀QC成果发布会，其中20个QC小组获一等奖，32个QC小组获二等奖。推荐优秀QC成果参加全国电力行业优秀QC成果评选，获全国电力行业QC小组活动优秀企业2个，获全国电力行业优秀QC小组5个。同时，举办QC成果报告整理方法及相关知识培训班。

做好《北京电力行业信息》编辑发行工作。为理事单位订阅了《中国电力企业管理》杂志。完成2012年1~4月北京市电力公司大事记编辑和公司网页发布工作。参与北京市第二轮续志工作，指导路灯管理中心、城区供电公司为北京市第二轮续志工作提供相关资料。为北京市地方志编委会、北京市民政局及《中华人民共和国政区大典（北京卷）》编委会提供并撰写北京市电力公司简介等资料。收集、编辑1994~2010年北京市电力公司大事记。完成《中国电力年鉴（2012）》北京市电力公司撰稿任务。

组织专家参与市发展改革委电力办委托的“十八大”电网运行风险评估与控制专项报告的评审工作。组织完成机电产品鉴定工作。完成对北京华瑞通电力工程技术有限公司的产品鉴定。

（李嫚莉）

【北京机电行业协会】 2012年，北京机电行业协会（简称机电协会）应邀参加《数控机床单位产品能源消耗限额》和《中小型交流电动机单位产品能源消耗限额》地方标准的研究和编制工作。与北京工业经济联合会共同组织具有能源管理、产品设计、生产工艺流程和标准化等工作经验的人员组成标准起草工作班子。完成北京市地方标准《数控机床单位产品能源消耗限额》和《中小型交流电动机单位产品能源消耗限额》征求意见稿，上报北京市有关部门。建立北京地区机电行业经济运行监测数据库，将每月跟踪行业经济运行情况按时报送市经济信息化委。

受市发展改革委、中关村科技园区管委会等联合工作组委托，继续承担2012年度中关村科技园区“首台（套）重大技术装备试验、示范项目”的技术评审工作。聘请国家级评估专家、北京市专家顾问团专家与高等院校教授学者等36人，分17个专业组，对38个首台（套）项目进行技术评审，完成项目评审及推荐工作。

受市人力社保局委托，继续承担北京市工程技术系列机械及电气专业中级、高级专业技术资格评审与机电专业工人技师、高级技师职业资格的社会化考评工作。全年获得高级工程师资格人数 259 人，工程师资格人数 798 人；获得社会化职业资格高级技师人数 183 人，技师资格人数 525 人，机械行业特有工种（高低压电器装配工、数控机床装调维修工）考评鉴定合格技师 35 人，高级工 30 人。强化技师职业资格评审机构基础工作，调整充实了机械行业特有工种技能鉴定考评专家库和技师社会化工种职业资格评审专家库，组织推荐 10 余名相关工种的工程师、高级工程师、高级技师考取热处理工、高低压电气装配工、电梯安装工、电梯维修工等特有工种考评员、高级考评员证书，协会相关专职人员考取了考评员证书和质量督导员证书。受市人力社保局委托，为 2012 年北京市开展的第三届职业技能大赛设计决赛实施方案。

开展出口信用保险投保工作。机电协会与中国出口信用保险公司合作，在会员单位中普及出口信用保险及风险控制等管理知识，宣传市政府出台的鼓励企业利用出口信用保险专项扶持资金的优惠政策，促进企业运用出口信用保险工具，把握贸易机会，扩大机电产品出口。

参加北京知名品牌审定和表彰活动。2011 年申报的机电类产品中北京北开电气股份有限公司“北开”牌气体绝缘金属封闭开关设备、北京第二机床厂有限公司“北二”牌外圆磨床被评选为第二届北京知名品牌。机电协会作为北京市质量审定委员会委员，对 2012 年申报北京知名品牌的机电类项目——绿友机械集团股份有限公司“绿友”牌草坪修剪机和北京京仪敬业电工科技有限公司“北低”牌高低压成套开关设备进行了专业评审。机电协会受市工商管理局和中国技术交易所有限公司委托，对 2011 年北京市著名商标认定申请中的 8 个机电类项目进行审核，同意推荐提请复审的 5 个项目和第一次申请的 3 个项目为“北京市著名商标”。

机电协会与中国机械工业联合会合作，在北京机电行业启动开展企业信用等级评价工作。机电协会邀请中国机械工业联合会、商务部中国国际电子商务中心北京国富泰企业征信有限公司（第三方评价机构）的专业人员对企业信用等级评价工作及结果应用进行宣讲。机电协会与中国建筑金属结构协会、北京大学民营经济研究院签订合作意向协议书，在研修、培训以及国际合作信息交流等方面开展合作。

开展考察交流活动。协会理事长带队，组织部分会员单位赴巴西考察交流。利用协会网站加强与会员单位沟通，发布电子期刊为会员单位提供最新宏观政策、市场信息、行业动态等信息服务。全年编辑内部期刊《机电行业市场信息发展动态报告》24 期。举办专业技术资格评审论文辅导培训班2期，培训人数300余人。

（魏人英）

【北京汽车行业协会】 2012 年，北京汽车行业协会（简称汽车协会）加强自身建设、深化重点项目研究，以抓好新项目、提升新水平、打造新格局、做出新成绩为目标，为北京汽车产业发展作出新贡献。

加强协会自身建设，提高服务能力和水平。1 月 18 日，协会召开四届二次常务理事会议暨龙年新春团拜会。会上审议通过了题为《站在新的起点上服务于北京汽车行业发展》的工作报告；作了题为《新能源汽车发展情况调研结果简介》的报告。10 月，召开协会四届三次常务理事会通信会议，审议了《北京汽车行业协会 2012 年上半年工作总结》《关于常务理事变更的议案》《关于发展新会员的议案》。

加强行业交流及调研。协助市经济信息化委到北京三兴、晨光天云等专用车企业调研，并召开专用车企业座谈会。参加了由江苏省汽车行业协会、南京市汽车行业协会在南京联合主办的第十四届省（市）协会联席会议。会上，北京汽车行业协会就为政府、为行业服务的做法及成果作了经验介绍。协会联合北京电子商会会同台湾电机电子工业同业公会共同在台北主办了第十五届京台科技论坛分论坛之一的 2012 年第七届京台汽车电子论坛。主题为“两岸汽车电子技术研究与产业合作”，来自京台两地的 6 位专家进行主题演讲。借首届中国国际商用车展览会在武汉国际博览中心举行之机，协会组织北京华林特装车有限公司、北京三兴汽车有限公司等 7 家专用车企业的有关领导参观了展会。会后，赴被誉为“中国专用车之都”的随州，考察当地专用车企业并进行交流。继续开展北京专用车及新能源汽车调研，先后到北京长安、京西重工、北汽新能源、中信国安盟固利、三兴、晨光天云、华林、凯特、事必达等企业进行调研，了解企业发展情况和存在问题；到延庆、房山等地实地了解纯电动出租车的运营情况；到公交、充电站等了解纯电动车设施建设情况等。全年完成4期《电动汽车发展状况跟踪报告》。协会参与主办2012年陆港两地汽车交流活动，与香港汽车服务业联会等交流；接待台湾车辆同业公会代表团；组织部分会员企业参加陆资赴台投资说明会。

推进行业建设。在中国汽车工业协会指导下，会同沈阳汽车工业协会等单位联合发起成立中国汽车工业协会旅居车（房车）委员会。6月6日，在北京召开了该委员会成立大会暨一届一次会员大会。由市商务委和市出入境检验检疫局联合组织“北京市汽车出口产品质量示范基地建设”项目一期，北汽集团及所属8家企业作为示范区成员企业申请进入，通过国家质检总局验收。协会先后参与编制《北京市汽车出口产品示范基地建设工作手册》、制订验收计划、配合相关单位及北汽集团组织迎检等，使该项目通过市质检局和国家质检总局二级验收。协会组织北汽新能源公司、北汽福田等单位及专家研究了市科委《关于征求〈北京市私人购买纯电动小客车管理办法（试行）〉意见的函》，并给出反馈意见。

推动行业节能减排。继续做好全市重点企业能耗水耗指标的统计工作，积累相关数据，承接市工经联“单位产品能耗限额标准”制定课题。受市经济信息化委、市工经联委托，协会参与“北京市工业产品能耗限额地方标准制定工作”，承担“普通型乘用车单位产品能源消耗限额”“高级乘用车单位产品能源消耗限额”“载货汽车单位产品能源消耗限额”，以及“橡胶轮胎单位产品能源消耗限额”的标准制定。协会会同北京现代、北京奔驰、北汽福田、首创轮胎等企业的专业管理人员组成项目组，历时7个月，形成报批稿。受市节能环保中心委托，承担“重点用能单位节能目标分解研究”中交通运输设备制造企业部分。协会邀请业内专家对8家企业的“十二五”节能目标进行分析研究，对企业的设备、管理进行分析，进行了总体评价。配合第十五届北京国际科技产业博览会组委会，协办了“2012中国能源战略高层论坛”。支持市环保局开展第五阶段大气污染控制措施，参与“京V”机动车地方排放标准及油品标准的制定与实施。支持市质监局和北京标准化研究所开展电动汽车标准研究等工作，代表行业提出建议。为支持和推动北京新能源汽车示范运行，组织北汽新能源公司威旺306电动车产品在会员企业推广示范应用。组织部分会员企业参加2012年上海国际汽车零配件、维修检测诊断设备及服务用品展览会。组织会员单位参加平谷国际陆港推介活动。协办第八届北京国际新能源汽车展。

协助政府开展产业管理服务。完成《北京专用车企业基本情况》资料汇编更新工作。配合市经济信息化委，落实工信部、公安部《关于进一步提高大中型客货车安全技术性能加强车辆〈公告〉管理和注册登记工作的通知》精神和要求，组织召开汽车产业形势分析及政策宣贯会。协助市经济信息化委开展公告管理工作。协助指导有关企业按照有关管理规定，针对改制、更名、迁址等一系列变更事项准备文件，完成上报工作。召开年度统计工作会。完成4个季度北京市汽车行业经济运行报告。完成2011年统计年报编辑印发。支持会员企业申报北京质量奖、北京知名品牌奖等。协会推荐并经市质量审定委员会审议及社会公示的北京中卓时代消防装备科技有限公司“中卓时代”商标的消防车（压缩空气泡沫消防车、抢险救援消防车、大吨位水罐泡沫消防车）获得北京知名品牌奖；北京现代汽车有限公司获得北京市实施卓越绩效模式先进企业奖。协会支持北京中卓时代申报北京市级技术中心，向市经济信息化委出具了推荐函。

开展专项课题研究。完成市经济信息化委委托的《北京市汽车产业发展年度报告2012》（白皮书）、“产业政策专项培训”“公告管理服务”等项目。参与市经济信息化委“北京新能源汽车产业现状与发展思路研究”课题工作。完成市财政局委托的“北京市商用汽车国际竞争力研究报告”课题。完成《中国汽车工业年鉴》中有关北京汽车的相关稿件。组织会员单位完成《北京志·工业志（1999~2010）》中有关汽车部分内容的编写。开展《北京科技志(1991~2010)》中“汽车科技”部分的编写。支持并协助中国汽车工业协会、中国汽车工业咨询委员会开展《中国汽车工业史（1991~2010)》的编辑工作。按时做好每月两期的《北京汽车信息》编写，按时做好每季度的《北京汽车产业经济运行分析报告》。继续按时编写《电动汽车季度跟踪报告》。完成协会和协会众邦公司的年检工作。

（赵小元）

【北京电子商会】 2012年，北京电子商会完成工作计划，社会效益、经济效益比上年提高。

做好政府委托工作。受市经济信息化委委托，协助做好北京电子信息制造业经济运行统计、汇总、分析。完成2011年度中关村管委会委托开展的题为《中关村电子信息制造业百强企业经济运行分析报告》的课题研究，2012年度的课题已经申报立项。组织北京地区第26届中国电子信息百强申报工作，联想控股有限公司、京东方科技集团股份有限公司、紫光股份有限公司等9家企业入围。承办“2011年全国电子信息产业统计年报会审会”，相关部门负责人99人参加会议。

开展海内外交流活动。商会作为“第十五届京台科技论坛汽车电子分论坛”主办单位之一，邀请20多名企业人士参加京台论坛开幕式活动。组织12人赴台参加分论坛及到相关企业考察。组织考察团赴澳大利亚参加国际信息及通信技术展览会（CeBIT AUSTRALIA 2012)，赴台湾地区参加2012年海峡两岸光电周并进行商务考察，组织电子商会赴台考察。

组织会员单位开展活动。组织北京国投文化发展有限公司等企业参加“2012年度高新技术企业资格认定、复审准备与后期维护”专题培训。协助证书即将到期需要进行复审的高新技术企业，进行系列资料的准备和申报工作，搭建了高新技术企业认证服务咨询平台。商会邀请和利时科技集团、北京空港物流基地开发中心、清华同方股份有限公司等13家会员单位的20多名企业高层领导参加中国工业经济联合会主办的“2012年经贸形势报告会”。在市经济信息化委指导下，商会联合北京软件行业协会举办了“小米模式”研讨会，就2011年诞生的国产智能手机“小米手机”的商业模式进行研讨。商会作为“2012北京微电子国际研讨会”协办单位之一，组织北京燕东微电子有限公司、北京电控恒星经贸有限公司等企业的60余名技术人员参会。全年组织会员企业参加中关村讲坛8期。组织会员企业参加企业商标申请及保护专题培训。组织会员单位到京东方亦庄OT工厂参观5代生产线。组织相关企业参加了在丰台花园“心系群众——北京工业产品保质量保安全推介进社区”的社会公益活动。

与北京知识产权局、12330建立合作关系，电子商会成为北京市行业协会的首批司法调解组织，3人成为司法委托调解员。组织2期“零售企业知识产权培训班”，培训对象是会员企业海龙集团的管理及销售人员，请法官及律师授课，100多人参加培训。举办电子卖场知识产权保护工作座谈会，中关村地区5个主要卖场的法务人员参加。在北京知识产权局举办的总结会上，电子商会作了典型发言，题目是“基于海龙电子城转型背景下的电子卖场知识产权保护工作”。

加强商会自身建设。北京电子商会会刊《信息科技与文化》进行改版，商会网站整体调整，质量提高。

（北京电子商会）

【北京医药行业协会】 2012年，北京医药行业协会围绕政策引导、平台支撑两大重点，着力把服务工作落到实处。

多方提供政策服务。搭建企业与政府面对面进行政策沟通的平台，3次组织政策对话会。邀请国家、北京市政府主管部门领导对已出台的产业政策做解读，对即将出台的产业政策先期通报信息，对企业的政策疑虑做面对面答疑。指导企业把握政策关键点，利用相关奖励政策调整企业转型升级发展路径，全市260家生物医药企业获得百亿资金扶持。

反映行业诉求。两次上书市政府，对北京市基本药物招标采购工作提出要“坚持三个原则”“处理好三个关系”“采取三项措施”等建议，部分建议被纳入北京市新的药品招标采购方案。

建立综合服务平台。2月，由市药监局牵头，7个市政府部门组成协调组建立北京生物医药创新促进平台，委托医药行业协会做日常管理和运行，中心任务是为药物创新提供政策与技术支撑。平台已吸纳成员83家。4月，确定了5个在研一类新药，为首批重点支持项目。全年统计在研项目1033项，其中一类新药157项；申报国家重大专项、重大新药创制等国家、地方支持项目68项。12月，市经济信息化委批准在医药行业协会建立北京市中小企业公共服务平台，是全市社会组织中第一个被授予建立平台单位。连同2011年建立的技术转移平台，医药协会为企业服务的平台已达3个。

运用专题立项提升服务档次。医药行业协会的"'用北京药放心'质量体系建设"获工信部品牌建设立项，把围绕质量体系建设的相关服务，包括组团参展全国药交会、药企GMP认证调查研究、新版GMP培训及交流、百千万质量管理示范企业建设等9项任务，全部纳入质量体系建设之中实施。

完成政府委托事项。药监统计完成报表950张，数据8万余条；工业经济统计报送企业161家，包括月报、季报、年报，并按市经济信息化委要求，每月3日前，以快报形式对10个重点监测企业的主要经济指标进行收集、整理、上报；药品流通行业统计111家，采集数据10万余条。全年共受理药品广告初审2824件，受理医疗器械广告481卷。药品安全百千万示范企业创建是市药监局委托的2011~2012年阶段性工作。年初，终审278家为首批示范企业。年底，初审通过第二批示范企业公示708家。其中，药品生产企业20家，药品批发企业35家，药品零售企业287家，器械生产企业86家，器械经营企业209家，保健食品生产企业27家，保健食品经营企业39家，化妆品企业5家。

开展培训、考评工作。全年开办各类培训班73班次，培训各类人员13516人。其中，新版GMP专题培训7班次，受训人员1022人；药品质量管理人员资格上岗培训班14班次，2139人；继续教育培训班41班次，受训9295人；农村药师继续教育培训班11班次，受训人员1060人。全市已有24家企业通过新版GMP认证。医药行业协会被确认为"商务部药品流通行业人才教育培训基地"。受市人力社保局委托，承办了北京市第三届职业技能大赛医药赛区比赛。大赛包括中药调剂员和医药商品购销员2个工种，共有1116人参赛。经初赛、复赛、决赛，决出的两个工种前6名，连同店长、药师各6名，组成北京代表队，参加商务部主办的首届全国药品流通行业岗位技能竞赛。最终北京队的张海鸥、王雪阳分别斩获医药商品购销员和中药调剂员特等奖，鲁娟获药师一等奖。北京队获得医药商品购销员、中药调剂员两个团体单项一等奖，药师团体单项二等奖，以及团体总分二等奖，北京医药行业协会荣获优秀组织奖。建于医药行业协会的北京26（医药）职业技能鉴定所，年内共考评50批次，5138人次，考评人员上报信息准确率达100%；继2011年再次被评为北京市优秀鉴定所。

加强协会自身建设。成立生物医药分会。至此，中药、化药、生物医药、医疗器械、医药商业五大子行业部建立起分会。协会完成换届，并成立了义齿专业委员会。

（杨希民）

【北京服装纺织行业协会】 2012年，北京服装纺织行业协会围绕企业调整产品结构，转变发展方式，推进时装之都建设的中心工作，开拓创新，务实服务，开创协会工作新局面。

推进自主品牌建设，提升品牌社会影响力。主办"北京时装之都品牌展"。组织雷蒙、天坛、红都、造寸、伊里兰、汉狮等新老经典品牌，以"北京时装之都品牌展"整体形象在2012年第20届中国国际服装服饰博览会上亮相。展区内设置长达20米的走秀T台，全面展示北京品牌的时尚感和现代生活方式的新设计理念。在北京桥艺术中心举办了2012年时尚北京·派克兰帝"梦时尚，享未来"主题晚会，用动感活跃的舞台表演形式展示派克兰帝旗下3个专业化童装品牌40多款最新秋冬新品童装。

抓产业链高端，促服装设计产业提升。主办首届"北京时装设计周"活动。以北京国际设计周为背景，组织艺术院校、品牌企业、知名艺术家、设计师、时尚媒体等社会资源，搭建设计师展示和交流平台。北京服装学院、清华美院、中央美院三大艺术院校优秀毕业生作品联演"蓝蓝的天"；以"游戏·家园"为主题的第四届Fashion Art（时尚艺术）展，吸引了8个国家和地区的55位艺术家作品参展，其中8件作品被嘉德国际拍卖公司竞拍40多万元；组织“时尚设计北京24论坛——碎片化时代的设计重组”，参加论坛的设计大师36人，受众1200人次；举办“可穿戴式技术（Wearable Technology）”展览，融合了计算机和高端电子技术的服装和饰品。与北京服装学院进行的《北京服装设计队伍建设的问题研究》完成终稿。组织工艺美术专业技术职称评定。9人通过中级评审，2人通过初级助理评审。举办“编织中的时尚——作家王春燕服装作品展演”和“服饰美学的辩证思考”讲座。主办2012年北京最具文化创意十大时装品牌评选。与北京商业信息咨询中心联合举办“2011年度北京时装之都热销服装品牌发布及授牌活动”，47个品牌获得热销品牌称号，17个品牌获得“营销金牌商业大奖”。开展2012年北京女装、童装和羽绒服系列产品质量推优活动，委托质检部门对企业报验的四大类70件样品检测，其中40件达到优质产品标准，童装和羽绒服优等品率达到100%，综合优等品率为57.1%。

开展对外交流。组织白领、爱慕、赛斯特、顺美、五木、大华、天坛、靓诺、蓝地等9家品牌企业共20人参加中国服装设计师协会组织的赴欧时尚学习考察团。参观考察意大利男装博览会、巴黎时装及配饰展等，在巴黎高等时尚管理学院集中培训，并与意大利时尚工会和法国女装成衣协会及相关企业进行交流。组织铜牛、天坛、天彩3家品牌企业赴台湾参加“2012台北魅力时装品牌展”。

进行市场考察。对密云县太师屯镇服装加工园区、东尚股份公司服装企业生产经营状况进行考察调研，赴南京市六合区服装园和浙江杭州市萧山区面料基地以及5家服装企业调研。

协会与民生银行合作，为3家企业出具融资推荐函，获得银行贷款600万元。主办的“时装之都网”6月改版上线，栏目设置增加了品牌广告宣传板块。起草印发《关于加强协会信息服务平台建设的通知》，建立起会员单位信息员队伍。《时尚北京》杂志文章内容注重高端人物采访。与国内新华网、腾讯、新浪、搜狐等43家网站及中国联通建立合作关系，读者通过微博、手机可在第一时间阅读。与北京市学生统一着装管理服务中心在铜牛股份公司联合主办了“时装之都建设·新功能学生装针织面料企业对接会”。市学装中心、本市25家学生装生产企业代表及顺义、通州等五大区县学装办领导50余人参会。组委会编辑出版《北京市中小学生新功能体育装设计作品集锦》，为学校和用户提供信息和服务。在东城区图书馆会议中心展厅、北京服装学院产业创新园举办2次“北京服装纺织产业链对接会”，产业链供应商和采购商代表100多人参加对接会。拓展职业装加工渠道，考察联系盘锦、西安、内蒙古等地16家相关服装加工单位，并与合作方签订协议，铜牛、绅士、雷蒙3家品牌企业签订了订单加工合作意向书。在光华集团举办“环境激素”相关知识科普讲座，有品牌企业50余人参加讲座。主办电子商务培训讲座，由淘宝网、伟雅俱乐部和维富友软件协办的“北京时尚行业电子商务培训讲座——第三期高端课程”在北大博雅园国际酒店举办，与会企业主管等50余人。举办“2012年服装纺织可持续发展与企业应用对策高级研修班”，19家企业的41名学员参加学习。举办2012年国家服装质量标准宣贯培训班，93人参加。

做好联系、协调、沟通和服务的工作。配合中纺联合会、工信部、市经济信息化委等单位分别在蓝地公司和白领公司组织召开2次“品牌建设座谈会”。针对北京“7·21”特大洪涝灾害给远郊区县服装企业造成的影响，对通州、大兴、门头沟、石景山等区的会员企业进行调查，了解灾情损失和影响，上报政府主管部门。组织30家服装企业填报季度“重点服装企业生产经营状况表”。组织全国服装行业百强企业推荐申报工作，铜牛集团公司、爱慕内衣公司、威克多制衣中心和依文服装服饰公司分别获得2011年度全国服装行业销售收入、利润总额和销售利润率百强企业称号。

（刘建华）

【北京工艺美术行业协会】 2012年，北京工艺美术行业协会（简称京工美协）按照《北京市传统工艺美术保护办法》的要求和协会章程的规定，认真当好市政府与工艺美术会员（单位）联系的桥梁，以“传承、创新、跨界、融合”的原则为指导，各方面工作取得了新突破。

组织建设。2月23日，北京工美文创产业

联盟第二次全体会议在北京饭店贵宾楼长安厅召开。北京工业经济联合会会长金生官、北京工美文创产业联盟常务副主席李进华、市经济信息化委副巡视员张兰青及北京11家协会的秘书长等出席会议。4月16日，北京工美协召开第三届一次会员代表大会，进行换届工作，选出名誉会长于均波、金生官、苟仲文、史绍洁，会长李节，常务副会长李进华。副会长25人，秘书长由副会长王月嘉兼任。6月4日，市人力社保局副局长陈蓓带队到北京工美垡头“工美聚艺园”，召开北京工艺美术人才建设工作调研会。9月~12月7日，市经济信息化委组织开展第七届北京工艺美术大师和民间工艺大师的评审认定工作。认定陈江等87人为第七届北京工艺美术大师和民间工艺大师。11月，经过世界手工艺理事会专家委员会评审，北京中国工艺美术大师宋世义、冯道明、米振雄获得第二届“亚太地区手工艺大师”荣誉称号。

技艺交流活动。2月24~29日，北京工美协副会长朱洪带队，组团20人赴日本大阪、京都、东京等城市的相关企业和博物馆，重点进行了七宝烧、漆器和旅游品开发、包装等方面的学习考察。4月17~26日，北京工美协组团参加在台湾省台北市国际贸易中心举办的“2012海峡两岸文化创意产业展”。17家企业、27名企业领导及工艺美术大师、销售人员赴台，随团带去展卖作品300余件，并与当地同行举行了技艺交流活动。

组织工美企业高管研修班。6月1~23日，北京工美协、中共北京工美集团总公司党校、北京工商大学联合在工商大学举办“北京工艺美术企业高管研修班”，共44人参加。

编辑出版工作。1月，北京工美大师李苍彦、刘锦茹著《彩蛋技法》一书，由北京工艺美术出版社出版发行。2月17日，市经济信息化委与京工美协联合召开了《中国工艺美术全集·北京卷》编撰工作会议，并成立编写工作领导小组、编辑委员会、学术委员会。5月，由市委宣传部拨专款，北京出版集团公司组织的非物质文化遗产丛书系列出版发行。丛书包括北京工艺美术大师曹艳红编著《北京宫毯》，柏德元著《北京金漆镶嵌》，刘守本、杨志刚编著《北京内画鼻烟壶》，李苍彦、李新民编著《景泰蓝》等。9月，李苍彦编著的工艺美术论文集《美的耕耘》由中国文联出版社出版。是年，北京工美协编辑部编辑出版《工艺美术家》杂志4期，《北京工艺美术》信息报6期。

12月11日，“《北京市传统工艺美术保护办法》颁布十周年总结大会”在北京国际饭店举行。北京市副市长苟仲文出席会议并讲话，接见了与会的200多位工艺美术大师及工艺美术工作者，与大家合影留念。会上，为新评的中国工艺美术大师和北京工艺美术大师代表、第二届亚太大师代表和第二批授予的“德艺双馨大师”颁发了荣誉证书。12月20~23日《北京市工艺美术行业发展十年成就展》在第七届中国北京国际文化创意产业博览会上整体亮相。展览在中国国际展览中心举办。共有40余家北京工艺美术企业和60多个大师工作室的代表参展，展出千余件（套）工艺美术作品。展会期间，中央政治局委员、北京市委书记郭金龙，市委副书记、代市长王安顺，市委常委、市委秘书长赵凤桐，市委常委、宣传部部长、副市长鲁炜，副市长程红和市属各委办局的领导亲临展馆，对北京工艺美术行业近年来取得的成绩和展区组织布置给予了高度评价。与此同时，举办“第二届北京工艺美术创新设计大赛”。参加大赛的151名艺徒和59名青年大学生，送展220件（套）作品，经过层层甄选，共有92件（套）作品分别获得不同奖项。

工艺品连获大奖。1月12日，经北京传统工艺美术评审委员会评审，并以公示、再审的方式，评选出珊瑚玉雕《九龙浴佛》、花丝镶嵌《凤冠》、碧玉雕《思想者》为市级珍品，经报市经济信息化委批准后，每件作品分别给予5万元的政府奖励。3月29日，第47届全国工艺品交易会和第七届中国玉石雕精品博览会在江苏省扬州市国际展览中心开幕。在“2012•金凤凰•扬州赛区创新产品设计大奖赛”评比中，北京展团10件作品分获金、银、铜奖。6月15~18日，“2012中国（青岛）工艺美术博览会”在青岛国际会展中心举行。京工美协组织20家企业、28个展位参展。在本届博览会组织的“金凤凰创新产品设计大奖赛”中，北京展团48件作品分获金、银、铜及优秀奖。10月25~29日，“第十二届中国工艺美术大师作品暨国际艺术精品博览会”召开，在“百花杯”评比中，北京工美参评的 53 件作品获奖。

（李苍彦）

【北京食品协会】 2012 年，北京食品协会团结行业力量，坚持“三个服务”，认真履行职能，为推进首都食品产业发展作出新贡献。

围绕都市产业发展，协会组织食品产业升级研讨会，推进首都食品产业优化升级。协助市经济信息化委制订出《促进北京食品产业优化升级，加快经济发展方式转变》方案。配合市经济信息化委推进诚信体系建设，举办 2 期“食品工业企业诚信体系建设标准”宣贯培训班，近 200 家规模以上食品工业企业的诚信管理体系负责人参加培训。协会成立“北京食品协会食品企业诚信建设管理工作委员会”，被工信部确定为国家第二批食品工业企业诚信管理体系委托评价机构。

协会按照第九届“北京礼物”旅游商品大赛要求，组织会员企业参加“北京礼物”评选活动。征集参赛作品，主办参赛作品评比，食品类 39 种产品获奖。其中，金奖 3 名，银奖 2 名，铜奖 5 名，优秀奖 29 名，北京食品协会获得大赛优秀组织奖。协会组织会员单位参与“京交会”“园博会”活动。协会编写完成《北京志 · 工业志》都市产业篇中的《食品工业》章初稿并上报。

协会继续承办第七届中国国际（北京）餐饮 · 食品博览会，展览规模 1 万余平方米，参展企业 350 余家，参展展位 600 余个。组织 26 家重点食品企业赴大连参加“2012 中国东北及环渤海创新型中小企业‘专精特新’产品展洽会”。展团租设 20 个标准摊位，面积 200 平方米，集中展示北京食品行业的最新产品和知名品牌。展期内，北京产品现场交易金额 65 万元；合同成交 11 项，合同金额 548 万元；达成合作意向 22 项，现场签约金额 1570 万元。协会与食品学会合作，共同主办了第五届中国（北京）国际食品安全高峰论坛，主办了第四届食品科技北京论坛。

协会继续组织职业技能竞赛活动，共 369 人参加初赛，110 名选手进入复赛，33 人进入决赛。5 人获得国家一级职业资格证书，6 人获得国家二级职业资格证书，9 人获得国家三级职业资格证书，11 人获国家四级职业资格证书。

服务会员，助力企业。协会参与组织了“2012 中非食品南南合作国际会议”，组织会员参加了“2012 北京国际包装博览会”。协会与北京包装技术协会合作，联合举办了京味特色食品创新包装启动仪式暨中秋月饼包装新品交流会。协会应邀参与北京义利食品公司史的编辑工作，协会刊物《北京食品信息》（月刊）出版 12 期。

履行社会责任，开展社会公益活动。协会与市工经联合作，共同开展了名牌企业及产品进社区、社区百姓进名牌企业的“两门”活动。14 家企业及产品进社区展览展示，丰台区华源一里居民走进“王致和”“龙徽”企业参观。

（北京食品协会）

【北京市开发区协会】 2012 年，北京市开发区协会为政府部门服务，为会员单位服务，加强自身建设，取得新成绩。

协助市经济信息化委做国家新型工业化产业示范基地（简称基地）工作，定期组织报送 7 个示范基地的创建情况，为工信部编制《国家新型工业化产业示范基地巡礼》（简称《巡礼》）提供相关数据、文字、图片等资料。做好《北京工业和开发区投资情况比较分析参考》报送相关部门。为市经济信息化委收集北京市及上海、天津、重庆、河北、山西、内蒙古等地区开发区招商经营数据。做《北京市工业开发区年报》相关工作，《北京工业年鉴》《北京志 · 工业志》相关工作。

组织会员单位参观考察上海漕河泾开发区，共有 7 个单位 12 位代表参加。为新加入中关村科技园的北京石龙经济开发区搭建交流学习平台，到已加入中关村科技园的丰台园、昌平园及电子城参观学习、交流经验。为八达岭经济开发区联系安排赴苏州工业园和南京经济技术开发区参观考察提供服务。全年协会共组织 15 次国内外参会、参展、调研考察活动。

印制《北京市开发区协会》宣传册。完善协会门户网站和服务平台建设。平台访问量 1740881 次，较上年 1560172 次增长 11.58 %。

（市经济信息化委规划布局处）

【北京软件行业协会】 2012 年，北京软件行业协会（简称北京软协）发挥桥梁纽带作用，为政府与企业服务，工作取得成绩。

组织经典活动，创北京软件品牌。北京软协组织用友、数码大方、百度等企业组团参加2012年中国国际软件博览会，搭建北京馆，以“自主技术 服务智慧中国”为主题，设立“中国云——北京祥云”“中国位置——智慧北京”和“中国智造——北京创造”3个主题展区，展示了北京软件和信息服务企业在云计算、北斗导航及工业软件的最新自主技术及应用成果。

双软认定服务，规范双软受理。协会总结2011年双软认定评审过程中遇到的问题，与有关领导沟通，督促企业整改。协会培训部和双软认定服务部每月举办1次~2次“双软认定”培训，授课答疑。针对工业和信息化部起草的《软件企业认定管理办法》征求意见稿，参与起草了征求意见回函。受市经济信息化委委托，草拟并两次修改了软件企业认定地方实施办法。配合市经济信息化委与国税局和地税局沟通协调所得税减免事宜，确保90多家企业没有受到影响。参与北京软件服务平台建设，促进相关服务机构在中关村国家自主创新示范区核心区内搭建北京软件与信息服务业公共服务平台。北京软协作为平台主体运营单位之一，在中关村知识产权大厦和航天桥中关村国家自主创新示范区核心区企业服务中心设立两个咨询与办事大厅，为企业提供软件企业认定和软件产品登记等服务。委托中科软重新开发升级申报系统，进入测试阶段。全年登记软件产品6453件，软件产品续延登记414件，进口软件产品登记301件，新认定软件企业873家，软件企业年审通过3242家。

优化产业环境，加强中小企业服务。协会从投融资、知识产权、人才等方面整合资源，促进中小企业发展，落实市经济信息化委与北京银行签订的软件贷款协议，截至9月25日，企业获得银行贷款6.136亿元。帮助中小企业培养人才，参与建设北京软件公共服务平台，开展人才培训业务，累计举办7次名人大讲堂活动，内容涉及大数据、营改增、软件过程改进等。帮助中小企业享受国家给予软件企业的优惠政策，协会累计举办10次双软认定专题培训，受惠企业1000多家。协会建立知识产权纠纷调解中心，形成软件企业知识产权纠纷调解队伍。承接31件知识产权纠纷案件，并调解成功。协会累计举办34次沙龙活动，内容涉及法务、融资、管理、人力资源等方面；协会成立CEO俱乐部并组织活动3次，就人力成本、区域市场开拓进行专题研讨。成立CTO和HR俱乐部并组织活动两次。协会参与京台论坛、京港论坛，举办京台软件和信息服务业交流会等活动。组织用友、腾讯、乐视等国内知名软件企业赴美国硅谷考察，并参加了在硅谷中心城市圣何西（San Jose）举行的“第三届北京云计算国际高层论坛”。

加强产业研究，奠定产业基础。向政府部门提交了《关于软件企业知识产权保护的建议案》，完成了市经济信息化委委托课题《北京软件和信息服务业发展报告（2011）》，承接编写了《北京地区软件企业和软件产品发展报告（2012）》《北京软件和信息服务业人才发展报告（2012）》《北京软件和信息服务业投资融资发展报告（2012）》。向中宣部提交了《北京地区文化创意产业中软件企业的知识产权情况研究报告》。

建设人才平台，培养高端人才。北京软件服务平台建立培训体系和专家资源库，开发培训产品，开展软件类企业人才培训。

加强立体宣传，新增微博平台。北京软协着力打造平面媒体会刊《北京软件与服务》、协会官方网站、北京软件电子快讯、北京软协短信平台和微博平台。

加强自身建设。协会对下属过程改进分会、投融资委员会等12家分支机构加强监督指导，过程改进分会编制完成《软件成本测算规范》地方标准送审报批，投融资委员会举办3次项目推介会。协会完善秘书处岗位竞聘上岗制度，聘请会计师事务所负责协会财务，聘请律师负责法务和纠纷处理。

（郝峥嵘）

【北京市矿业协会】 2012年，北京市矿业协会开拓思路、创新进取，完成工作目标和任务。

矿业协会在继续推进“绿色矿山”活动中，加大北京市和国家级“绿色矿山”矿山企业的宣传力度，在《北京矿业》杂志每期刊登1个企业开展绿色矿山的活动纪实。参加中矿联和市国土资源局联合组织的对第二批获得国家级

“绿色矿山”称号的5个企业的复查工作。

帮助企业解决难题，反映企业诉求，接待企业来访、咨询9次。对首钢矿业公司大石河矿来京咨询关于老采坑回收资源事宜进行政策解答，对会员单位提出的“应加大对采矿选矿废渣资源综合利用的投入、加大金融政策扶持和协调服务力度”的要求，两次向政府有关部门呈送报告，提出应对废石实行减免增值税优惠政策的意见。

为市政府制定政策提供依据。协会参与了市住房城乡建设委组织的“供北京建筑工程用砂生产基地调研工作会议暨密云矿山企业座谈会”，参加了“关于河北省环首都圈供北京砂石基地建设相关政策研究报告”的专家评审会。协会分支机构矿泉水委员会针对群众反映市场出现假冒矿泉水情况，召开专题会议研究解决对策，并利用电视媒体宣传辨别真假的知识讲座2次。

加强协会间的联系、沟通与协作。参与建材行业联合会关于《废弃矿山资源的综合开发利用》课题调研。参与建材行业联合会组织的“建材产品质量合格登录”工作，使3家企业产品获得建材产品质量合格产品证书。完成《北京志·工业志》相关资料收集工作。落实市工经联布置的征集社会组织LOGO的通知内容，上交了图案和释义。编辑《北京矿业》杂志3期。

（张爱武）

【北京水泥行业协会】 2012年，北京水泥行业协会发挥自身优势，积极参与行业管理。协会配合5省市建材协会在辽宁省丹东市召开2012年环渤海地区建材行业5省市水泥高峰论坛。受市经济信息化委委托，协会与市水泥质量监督检验站共同开展贯彻落实《水泥企业质量管理规程》和《水泥准入》工作，在原化验室合格证管理基础上，按《水泥企业质量管理规程》新增内容要求，完成了对主任、质量控制的重点岗位人员全员培训换证，共204人。建立化验室主任备案管理和企业质量月报、年报上报管理等工作，对北京8家水泥企业化验室进行现场核查，全部达到标准验收。

为企业服务。协会与市水泥质量监督检验站组织召开了贯彻落实《水泥企业质量管理规程》工作总结大会，为8家水泥企业换发了化验室合格证。协助中国水泥协会推荐全国水泥企业优秀总工程师评选工作，北京琉璃河水泥有限公司总工周治平获得全国优秀总工程师称号。推荐企业参加环渤海5省市“诚信企业”和“知名品牌”的评选，18家企业获得环渤海5省市诚信企业称号；金隅水泥、冀东水泥、通达浇注料、鼎鑫水泥、振兴水泥等获得环渤海5省市知名品牌称号。配合北京建材行业联合会完成绿色建材、质量登录、名牌产品等12项工作。

完成协会换届，选举产生以段建国为会长、姚立伟为秘书长的第八届理事会。

（北京水泥行业协会）

【北京家具行业协会】 2012年，北京家具行业协会注重品牌培育，家具行业涌现一批优秀企业，产值过亿的有34家。

协会积极建议家具以旧换新。在市商务委开展“家具以旧换新”试点工作中，协会协助政府部门对参与企业的以旧换新试点予以监督检查。协会开展4次“环保公益行动进社区”活动，向社区居民普及家具基本知识，解答居民提出的关于家具有害物质监测、如何挑选环保家具等，深受居民欢迎。

受市经济信息化委委托，针对“推动都市工业重点工作开展循环经济”课题调研108家企业，形成《关于推动都市工业重点工作开展循环经济调研报告》。根据市政府关于《北京市清洁空气行动计划（2011—2015年大气污染控制措施）》的文件精神，帮助家具企业贯彻执行新法规，联合京津冀三地的家具生产企业、涂料供应商、设备商和原材料制造商，在京举办“产业升级，绿色有我——2012年家具行业水性化高峰论坛”，向家具生产企业推广水性涂料的成熟技术、特点及应用，促进企业结构调整、产品升级。

协会负责北京工艺美术大师（工艺家具类）评审推荐，成立工作组和专家组，制订工作方案，推荐9人。协会征得市经济信息化委同意，在全市家具行业开展创新型企业认证试点工作，推荐6家企业为“AAA级创新型企业”，颁发了证书。

协会加强企业交流与合作，与居然之家共同举办“中国古典家具鉴赏讲座”，与国家林业局联合举办“法务知识培训”，与中国家具协会联合举办“中级营销师培训”等。邀请了国家工商总局商标局、海关总署、市工商局等单位领导为企业进行讲座等。协会组织企业代表分别参加了意大利米兰、日本以及德国科隆家具展。

（郭建强）

【北京室内装饰协会】 2012年，协会制定并实施“调整、巩固、创新、提高”八字工作方针，细化行业标准，实行企业资质年检5个工作日的程序化审批，对取得企业资质的企业，严把年检关。全年共办理入会单位92家，企业资质99个，《施工企业安全生产认可证》37个，培训专业人才282名，认定诚信三星至五星级企业70家。2012年是协会开展评比“北京市室内装饰行业优质工程”活动的第12个年头，共评出25项市优工程。其中，9项工程获北京市室内装饰行业“天坛杯”金银奖。协会多次组织生产厂、商家与装饰公司见面会，为会员承揽工程。协会在昌平龙水路开展了服务京城百姓公益活动，发放《环保家装知识手册》，为群众讲解绿色装修知识，解答装修过程中遇到的疑难问题。

（申振海）

【北京塑料工业协会】 2012年，北京塑料工业协会（简称北京塑协）积极参加政府部门、市工经联和中国塑协活动，做好上情下达工作。

北京塑协参加工经联组织的全市工业和信息服务业运行情况会议9次，向市社团办管理处提交协会发展调查问卷,向市工经联提交《北京工业年鉴》和《北京志·工业志》中北京塑料工业稿件，向中国塑料加工工业协会提交《中国塑料工业年鉴》中北京塑料工业稿件。北京塑协调研房山区、昌平区塑料企业。房山区有塑料企业21家，昌平区塑料企业主营业务收入2000万元以上企业有10家。走访会员单位，帮助企业联系中国塑协医用塑料专委会和EXXON公司的相关技术。完善网站建设，加强与相关协会会员单位的沟通。塑协网站部分改版，全年上传信息、文摘509条。

（北京塑料工业协会）

【北京照明电器协会】 2012年，北京照明电器协会向市民政局社团办购买服务民生项目，开展“扶贫帮困，绿色照明进万家”公益活动。编写印制了《绿色照明点亮生活》的宣传材料，宣传普及绿色照明、节能环保知识。采取以新灯换旧灯形式，开展废旧节能灯回收。市场专业委员会的十里河灯饰城、北四环灯具城、玉泉营灯具市场、万隆汇洋时代广场、万家灯火灯饰城和红星美凯龙北五环店灯饰博览中心分别组成6支志愿者小分队，深入丰台、朝阳、海淀、昌平、石景山、房山和密云的17个社区、3个镇、5个村，对1500多户贫困孤寡、残疾、灾民家庭看望、问候，免费赠送节能照明产品，共免费发放节能灯7693支、高效节能灯具262台、电线45盘，以旧换新回收废旧节能灯、白炽灯、荧光灯管6970支。在此次公益活动中，北京市十里河灯具市场、北京市玉泉营建材装饰市场灯具城、北京市北四环灯具市场、北京万家灯火装饰市场灯具城、北京万隆汇洋灯具灯饰时代广场、北京红星美凯龙北五环店灯饰博览中心、北京正禾阳光节能科技有限公司被评为先进单位，评选出优秀志愿者20名。

推广照明新技术，邀请广告照明产品企业深圳市日上光电有限公司董事长和研发中心总工来京，向会员介绍LED产品在广告照明及城市夜景照明中的应用情况，展示新开发的LED显示产品。开展照明工程和广告照明专业委员会会员企业资质及信用等级评定工作，促进会员企业加强管理，提升诚信水平。开展LED半导体照明相关标准的学习和宣贯，促进会员企业提高产品质量和产品创新。

（常 毅）

【北京电子电器协会】 2012年，北京电子电器协会针对业内中小微企业融资难问题，完成编印《中小企业融资渠道推介手册》。组织并完成中关村管委会支持的“科技政策宣讲系列培训”项目，围绕中关村“1+6”政策解读、技术合同的申报认定与政策优惠、科技项目申报技巧、科技成果转化等内容，先后组织8场次宣讲，700余人次参加培训。举办了“第七十三期中关村创业讲坛”。

完成了中关村示范区支持的“节能环保——电子信息业的商机”系列活动。以网络、会议、走访等方式，在会员企业中开展节能环保系列活动，推介企业节能环保方面的技术、产品，调研企业节能环保需求，组织政企对接、政府采购相关信息沟通交流。活动中累计刊登国家和北京市节能环保文件 42 个；举办了政府支持政策解读暨企业节能环保践行报告会，有 5 家企业介绍了企业节能减排践行成果与经验，企业代表 300 多人参加。调研 300 多家企业节能产品供需情况，总结优选出“零功耗待机”可控电源转换器、新能源光伏供电工程、中小企业能源管理系统等项目。

协会召开“IT 服务外包行业管理系统”研发项目结题验收会议，专家团认为系统达到项目设计任务书要求，应用于中小型 IT 维修服务企业的业务管理尚属先例，具有推广应用价值，为加强和提升 IT 维修服务企业的业务管理、行业监督和自律提供了现代信息化管理手段。协会组织研发的“IT 外包管理平台推广应用”，列入 2012 年中关村示范区支持项目，举办了以“IT 外包服务管理平台推广应用、促进业界发展”为题的沙龙活动。在北京迅维力拓科技公司的支持与配合下，8 月 2 日，“北京市电子产品服务管理平台”开启运行，已有 8 个企业的 120 个维修服务网点使用平台运营业务，收到故障维修量已达 10 万条以上，实现了从报故障到派单、维修进度、数据统计、员工绩效记录与考核、用户设备运行状态分析以及利用平台知识库培训员工等多种功能的全程现代化管理。在平台数据统计分析能力支持下，帮助完成了 2012 年电子产品维修服务行业分析报告。

参加市工商局牵头发起的规范北京市家电维修市场工作，履行行业管理职能与责任。参加市工商行政管理局、市消协、中国家电服务维修协会、北京电子电器协会组成的规范北京市家电维修市场协调小组，研究制定了“关于规范北京市家电维修市场的指导意见”和“规范工作部署”。8 月 2 日，北京电子电器协会在中关村鼎好电子商城召开了规范中关村电子产品服务市场工作部署大会。9 月 20 日，协会与市工商局签订了“北京市工商局关于支持协会参与促进行业健康发展的合作协议书”。

受市商务委委托，组织起草《北京市贯彻落实商务部“家电维修服务业管理办法”的实施办法》（讨论稿）并报送市商务委，开展对重点家电维修服务企业的调查，挑选出 10 家重点企业报市商务委。12 月，接受并完成 66 家典型家电维修服务统计试点企业的数据统计紧急任务。参加《家电服务业国家职业分类大典》修订工作。

组织开展技术交流活动。联合北京电子学会广播电视委员会举办了“构筑家庭数字生活新未来——2012 年北京科技周技术报告与产品演示活动”。召开了“电磁兼容、电磁环境及 RF 技术若干热点问题”报告会。协会组织会员企业分别参观考察了位于环首都经济圈和京津冀经济圈交汇圈内的“百世金谷”产业园区、河北固安工业开发区、京滨工业园。

受中国电子企业协会委托，组织推荐北京市业界企业参加工信部第三届中国电子高峰论坛暨 2012“牡丹杯”全国电子信息行业优秀企业家评选。京东方科技集团股份有限公司董事长王东升、联想（北京）有限公司高级副总裁陈旭东等荣登榜首。参与了工信部办公厅组织的 2012 年家用电器产品“能效之星”评测优选工作。

（北京电子电器协会）

【北京表面工程协会】 2012 年，为拓展协会业务领域，改善行业形象，北京电镀协会更名为北京表面工程协会。

推进清洁生产。全市有 15 家企业委托协会为其提供清洁生产咨询服务。有 5 家电镀企业通过清洁生产专家验收，实现节水 22.7 万吨，节能 1.1 万吨标煤，降低材料消耗 2158 吨，经济效益 939 万元。协会审核咨询服务范围从电镀行业拓展到电子、机械、服务等多行业。

组织企业资质认证，推进电镀行业优化升级。协会启动北京电镀行业资质认证工作，向会员单位印发了北京市电镀行业资质认证实施方案，审定了 24 家企业的资质等级。北京市共有 33 家企业通过电镀生产资质核查。

参与规范性文件起草，配合政府履行行业职能。协会承担了《表面处理（电镀）资质评审及准入管理办法》《鼓励电镀企业进入工业园区管理办法》《表面处理（电镀）行业淘汰落后生产工艺装备和产品的界定标准》的起草编写工作，完成初稿并上报工信部。协会协助中国表面工程协会电镀分会开展了全国电镀行业基础调研。

承担科研课题，参与制定相关标准。协会承担了中国环境规划研究院《电镀行业重金属污染物排放量趋势及企业现场核查细则研究》课题。派专家参加环保部标准司组织的《电镀污染物排放标准（GB 21900—2008)》的实施评估。参加环保部组织的广东省和重庆市电镀污染物排放标准实施情况实地考察并撰写考察报告。协会配合中国表面工程协会电镀分会、清洁生产指导工作委员会撰写完成《电镀园区（集聚区）建设与运营指南》《电镀园区（集聚区）建设与运营规范》（草稿）和《全国电镀示范园区入选条件》。北京市环保局公布《水污染物排放标准》（征求意见稿）后，协会组织人员研究、沟通、洽商，在肯定排放限值应该适度从严的前提下，请有关部门对该标准作出适当修改。

推广新技术，推动企业技术进步。协会组织召开“中国电镀污染综合防治最佳可行技术评估”专题研讨会，为编写“中国电镀污染综合防治最佳可行技术”提供素材。协会组织人员编写完成《中国电镀行业污染综合防治实用技术指南》（初稿），完成了工信部组织的《电镀行业清洁生产技术推行方案》的编写工作，共推荐8项清洁生产技术方案。

开展技术咨询和培训。协会组织或参与多项技术论证或咨询服务。其中，参加工信部组织的无氰电镀新工艺完全取代氰化物电镀的可行性论证，所提意见被工信部产业政策司采纳；参加工信部组织的《金属采选、冶炼及加工处理行业替代品》评审、中国航天三院699厂的污水处理外管线改造项目评审、北京比亚迪汽车公司电镀项目评审、天堂河电镀厂技术改造环境评审、中船重工集团公司388厂改造方案评审及威海某企业电镀车间改造方案评审。协会举办了3期电镀培训班，共60人参加培训。

组织学术交流和考察调研活动。协会参加中国表面工程协会电镀分会组织召开的“全国电镀（表面工程）协会联席会议”，介绍了北京地区电镀行业的情况，会后参观了苏州国际表面处理展，考察了苏州工业园和有关电镀企业。协会组织会员参加中国表面工程协会电镀分会在重庆举办的十一届中国表面工程电镀与精饰学术年会，参加第二届环渤海表面精饰发展论坛和第三届中韩表面处理研讨会。协会接待了香港电镀业商会代表团并组织交流和参观活动。

加强协会自身建设，扩大对外宣传力度。协助中国表面工程协会电镀分会创办《中国电镀》。中国表面处理网10月份上线运行。协会已有“两刊五网”，即《北京电镀通讯》和《中国电镀》两刊，北京电镀网、中国电镀协会网、中国表面工程清洁生产中心网、中国热浸镀网和中国表面处理网五网。

（王新国）

【北京电源行业协会】 2012年，北京电源行业协会进行了换届选举。为解决电源行业中小微企业在发展中融资难和贷款难的问题，协会与众多银行合作，成立了北京电源行业投融资服务平台，为多家电源行业中小微企业解决了企业发展所需的流动资金。协会还组织会员参观体验北汽新能源电动车体验中心，会员通过享受补贴的形式购买了多辆北汽新能源电动车，并参与电动车示范运营。协会与北京京仪敬业电工科技有限公司共同牵头，联合北京地铁车辆装备有限公司、北京北开电气股份有限公司、安泰科技股份有限公司与浙江南都电源动力股份有限公司共同参与开发电池牵引电力机车动力总成项目。协会成立电源行业知识产权保护服务工作站，为会员企业建立举报投诉绿色通道，解答企业知识产权保护咨询，协助企业获得北京12330的专项维权服务。

推动军工开发。协会在北京中国国际贸易中心举办了“2012第二届国防与电源工业军民两用技术交流研讨会暨2012中国国防与电源工业军民结合高新技术装备展览会”。来自解放军总装、总后、海军、空军等军方项目负责人和采购负责人到场参观，并与行业推荐的优秀民品企业进行交流，为电源行业企业参与国防建设提供了平台。

（刘 维）

【北京电器电材行业协会】 2012年，北京电器电材行业协会坚持为政府服务、为行业服务、为企业服务的宗旨，围绕促进行业技术进步，开展了大量工作。

做好委托工作。受北京市第三届职业技能大赛和市经济信息化委第十五届职业技能大赛组委会委托，协会承办了高低压开关板（柜）装配配线工工种的竞赛工作。全行业共500余名选手参赛，经过初赛、复赛、决赛，3 名选手获得国家职业高级技师证书并被授予北京市（行业）技术能手称号，6 名选手获得国家职业技师证书并被授予北京市工业和信息化高级技术能手称号，近百名选手分别获得国家职业高级工、中级工、初级工证书。

产品鉴定工作。鉴定了 6 家企业研发生产的 20 余件产品。对企业在产品研发、技术管理、生产制造等环节给予指导和咨询，受到企业好评。

培训工作。协会开办了高低压电器装配工培训班、工艺培训班、标准化培训班、技术管理培训班，共培训员工 600 余人次。配合职业技能大赛，协会组织有关参赛企业参加由北京市职业技能鉴定中心组织的裁判员和会务员培训班，5 人取得高级裁判员资格证书，8 人取得会务员资格证书。

新产品新技术推广工作。协会联合中国电力科学研究院、国网电科院、森源电力科学研究所组织召开新产品新技术推广交流研讨会，推广介绍多种新产品、新技术和新工艺。就国家智能电网的发展趋势和相关产品的需求及相关标准，与会专家进行了介绍、讲解，对企业在研发和制造过程中的难点及问题进行研讨交流。为使企业参与国家智能电网建设，提供新产品新技术，为企业提供技术支持和技术保障。

协会开办的“电协兴电器电材经营部”，为会员单位供应电器元件和电工材料，提供价格较低的优质产品，并及时提供配套服务、无偿技术咨询。全年为 30 余家企业提供服务。

加强信息交流，办好会刊。《北京电器电材之窗》是协会免费内部季刊，主要刊登本行业产业政策、行业动态、新产品新技术信息等，全年印发 4 期。为配合企业参加国家智能电网建设，刊物加大“智能电网”信息量。

（北京电器电材行业协会）

【北京光机电一体化协会】 2012 年，北京光机电一体化协会发挥桥梁纽带作用，服务企业、服务政府，开展工作。

协会在“2012 年北京科技周”期间，与北京光机电一体化、北京光学学会、北京机械工程学会、北京模具行业协会、北京工业大学科协 5 个单位，在北京工业大学联合举办“第三届首都先进制造应用技术研讨会”。邀请首都制造业多位知名专家作报告，并就实际生产问题与参会代表进行现场交流，组织与会代表参观北京工业大学电机博物馆、激光工程院。在中国国际展览中心，与北京光学学会等 6 个单位共同举办“第九届北京激光高峰论坛”，国内外从事激光技术、产品的专家、学者、企业负责人等 300 余人出席。9 位国内外激光专家作了专题报告。

协会组织专家协助市经济信息化委装备产业处上报北京市数控机床产业现状与发展的报告。协会承接的《北京高端制造装备的定位和发展研究课题》完成并通过验收。

协会组织 10 家会员单位参加了由中国工经联主办、北京工经联组织的“2012 年经贸形势报告会”。协调组织北京银行、京仪孵化器有限公司就有关中小企业贷款办法共同对话。组织会员单位参加中国机电一体化技术应用协会主办的第 6 届工业自动化技术高峰论坛，参加第 16 届国际现代工厂 / 过程自动化技术与装备展览会。

（北京光机电一体化协会）

【北京模具行业协会】 2012 年，北京模具行业协会坚持以服务为宗旨，开拓创新，为促进北京模具产业发展作出贡献。

协会通过市经济信息化委中小企业融资服务平台，采用“集合信托”等优惠贷款方式，帮助企业解决融资贷款难，鼓励和支持企业加大技术改造，争取享受政府扶持政策。组织企业向市科委申报科技型中小企业创新基金项目和现代服务业试点项目，并请专家对申报项目进行咨询，保证申报质量。组织国内外知名软件企业向行业推广先进的 CAD\CAM\CAE 正版软件，保护知识产权。组织汽车模具开发与制造技术研讨会，提高汽车模具制造水平。组织台湾地区计算机成型技术交流会，提高大型、精密等国家重点行业需要的模具先进制造技术。在行业内选择 7 家企业作为 PDM 示范企业，帮助企业构建技术档案资源库、产品设计资源库。协会利用北京模具行业网络化制造服务平台，加大为企业服务功能，增加企业介绍、技术咨询、新技术推广、市场信息、人才交流等板块。引导支持鑫迪模具公司与北京石油化工学院组建产学研合作基地，共同研发具有现代高科技水平的农林业使用的滴灌、微灌设备。培养高素质技能人才队伍，与北京中德培训中心合作，用双元制教学法，总结培训工作经验。全年共培养近100名高技能人才。

（北京模具行业协会）

【北京金属学会】 2012年，北京金属学会提升凝聚力、亲和力，开拓思路，搭建信息、技术交流平台，发挥了协会桥梁纽带作用。

学会主办了“中国钢铁业节能减排关键共性技术高级研讨会”“线棒材工艺技术、装备与应用学术研讨会”“先进轧钢精整及钢材包装技术学术研讨会”等3项重大学术交流活动。参会250人次，征集、出版论文集3册。与地方金属学会联合举办了“2012中国（唐山）绿色钢铁高峰论坛暨冶金设备、节能减排技术推介会”“2012年六省市金属（冶金）学会耐火材料学术交流会暨第十三届全国耐火材料青年学术报告会”“安全环保学术交流会”3项学术交流。组织会员单位及专业分会开展学术交流活动74次，参加人数4585人次。组织开展了第七届冶金年会论文征文评审工作。征集论文214篇，评审出一等奖6篇、二等奖18篇、三等奖41篇以及优秀奖52篇，共117篇论文获奖，对获奖论文颁发获奖证书及奖金。

参加社团评估活动，学会被评为4A级社会组织。成立北京金属学会党建工作小组。编制《北京金属学会会员单位信息交换管理办法》，制定《北京金属学会兼职人员管理办法》。创建《学会简讯》，解读政府有关政策、规划，介绍会员单位技术交流发展动态，展示会员单位科技发展的最新成果。完善专家库建设，北京金属学会形成了拥有18个专业、近500人的专家数据库。

召开北京金属学会第二届理事长及副理事长单位沙龙会议，围绕国家及北京市创新体系及协同创新联盟建设，探讨如何利用北京金属学会平台，发挥会员单位的科技资源优势，创建企业为主体、市场为导向的产、学、研、用相结合的技术创新体系。受市经济信息化委委托，学会组织北京北冶功能材料公司、北京吉泰安新材料公司等会员单位开展了《首钢高端金属材料产业发展研究》咨询服务工作。开展科技周活动，参加了石景山区科协主办的群众性大型科普活动，为全国冶金科技周活动提供展板，宣传首钢京唐生产基地节能减排成果，并向会员单位发放冶金科技周展览光盘，推广科普成果。

（北京金属学会）

【北京针织行业协会】 2012年，北京针织行业协会坚持服务企业的宗旨，积极开展各项工作。

全年共举办5届针织品展销会。其中，清河秋季展销会短短15天时间，接待顾客超过10万人次，销售额近2000万元。协会市场部积极开拓新市场，共同举办了通州区潞河苑北京针织品展销会。协会主办的展销会历经近30年，已成为协会的品牌。积极推动和促进企业转型升级，帮助企业贯彻执行新产品标准，在产品检测上协调链接。对企业在转型中多余的设备、成品、坯布等，在供需上调剂。协会走访慰问会员企业达50%。协会组织2个会员企业参加2012年全国纺织行业“龙星杯”横机工职业技能竞赛，其中一家企业取得团体二等奖。

2012年召开了第六届会员大会，选举了新一届理事会和领导班子。

（北京针织行业协会）

【北京市豆制品协会】 2012年，北京市豆制品协会积极推动行业发展与进步，发挥桥梁纽带作用。

协会申报的社会组织购买公共服务项目《传统豆制品食品安全现状分析及提升食品安全措施研究》，完成项目全部工作并送交市社会工委。“研究报告”共50页，约2.3万字，主要内容包括行业概述、传统豆制品加工过程中的食品安全、传统豆制品销售过程的食品安全、对传统豆制品生产销售监督管理的建议、发挥行业协会作用帮助政府做好食品安全工作、项目研究的后续工作六大部分。协会召开部分豆制品生产企业参加的“传统豆制品食品安全是企业第一责任”座谈会，提出市场存在的问题和建设性意见共12项，经协会整理后向政府相关部门进行报告。协会推动会员企业统一使用协会注册商标，区别于其他企业产品，为消费者提供安全、放心的豆制品。

协会编制《北京市豆制品生产企业规范》《北京市豆制品流通领域销售规范》《北京市豆制品

流通领域食品安全责任》3 项行业规范。编制了《会员企业遵纪守法奖惩办法》及《高级管理人员进出行业规定》。协会召开会员交流联谊大会，围绕企业如何在困境中克服困难、开拓经营，如何寻找出路、稳步发展、壮大企业，如何运用科学发展观促进企业进步，进行交流。

协会应邀参加中国食品工业协会豆制品专业委员会组织起草编写的《豆制品企业良好操作规范》和《豆制品流通规范》标准编写工作，到北京二商集团“豆制品加工技师研修班”授课。

协会积极促进市国税局对以大豆为原料进行初级加工的传统豆制品行业进行政策扶持，降低北京传统豆制品增值税税率。协会呼吁请求修订 GB 2711—2003《非发酵性豆制品及面筋卫生标准》，新修订的标准也已排列在国家卫生部的公示工作中。

协会推荐会员企业“白玉”商标为中国驰名商标，推荐“甜水园”商标参加北京市著名商标评选。组织会员企业参加“2012 经贸形势报告会”等一系列社会活动。

（北京市豆制品协会）

【北京酿酒协会】 2012 年，北京酿酒协会对二锅头酒的保护和发展进行研究和探讨，成立专门研究二锅头酒文化的分支机构。协会组织会员单位开展参观、考察、论坛、技术交流等活动，与北京酒类流通行业协会联合组织会员单位负责人赴贵州董酒股份有限公司、贵州茅台股份有限公司、四川泸州老窖酒业有限公司、四川水井坊酒业有限公司等单位参观考察。协会在“2013 年全国清香类型白酒高峰论坛”准备工作中，先后召开“全国清香类型白酒高峰论坛”秘书处、专家组、董事长联谊等会议，进行企业间食品安全、质量管理、工艺技术等方面的交流及专家在工艺和技术方面的授课。协会组织会员单位参加“中国北京国际食品安全高峰论坛”，与《东方酒业》杂志、北京酒类流通协会共同举办 2012 年市场营销高峰论坛。

协会先后给白酒会员单位发放《北京酿酒协会关于塑化剂风波的几点意见》，给葡萄酒、啤酒、果露酒、配制酒、黄酒等会员单位发放《要求对生产设备及包装物进行整改的函》。

协会配合北京节能和资源综合利用协会制定北京地方标准《白酒单位产品能耗限额及计算方法》，并推荐 5 名专家参加草案审议。协会和部分葡萄酒企业领导参加市经济信息化委就政协委员提议在北京建设葡萄酒基地问题组织的调研，向市经济信息化委作了关于北京酿酒产业运行情况的书面汇报。协会配合北京企业评价协会组织了北京市企业品牌建设状况的调查。

加强自身建设，吸收 2 个企业为协会会员。

（北京酿酒协会）

【北京市饲料工业协会】 2012 年，北京市饲料工业协会围绕饲料安全与质量两大主题，为政府、为会员企业服务，完成工作任务。

饲料安全与质量。5 月 17 日，与 3 家单位联办第二届饲料蛋白源应用新技术研讨会暨蛋白源大会，300 多位来自全国畜牧行业技术人员出席研讨会。9 月 21 日，与 3 家企业联办第二届饲料微生态制剂应用技术研讨会暨微生态制剂大会，来自全国各地的 400 多名畜牧业科研人员及企业技术人员参会。支持北京君德同创农牧科技股份有限公司承办“领先，升级，超越”研讨会暨全程条码跟踪管理示范厂参观活动，近 500 人参加。

北京市科委倡导支持的“首都生物饲料科技创新服务联盟”成立，协会筛选 3 家企业创新项目入库备用。协会接待广东省饲料工业协会 39 人来京考察交流。组织 14 人赴荷兰访问交流，考察 6 家企业，走访 3 家机构，参加 1 次 B2B 企业对接研讨会。推荐企业参加北京市农业局“新型仔猪饲料试验示范”项目、新型生物投入品试验示范项目，2 家企业获得政策补贴，16 家饲料企业初审上报。

为会员企业服务。协会组成北京市企业代表百人方阵，到厦门广电中心为参加“大北农杯”《条例》知识竞赛现场决赛的北京市大北农科技集团股份有限公司代表队加油助威。大北农代表队获二等奖，北京市饲料工业协会获优秀组织奖。组织北京企业参加在福建厦门国际会展中心举办的“2012 年中国饲料工业展览会暨畜牧业科技成果推介会”，北京有 38 家企业参展，共 199 个展位。组织部分副会长、副秘书长单位及中小企业家代表一行 18 人赴安徽考察，与安徽饲料协会座谈交流。支持大北农在宁夏组织农科技园观摩交流会。推荐本市 10 家企业为正式代表、2家企业为特邀代表，参加在湖南株洲召开的“中国饲料工业协会第八届大型企业联谊会暨第六届理事会二次会议”。协会作为主办单位组织召开“第九届中国畜牧饲料科技与经济高层论坛暨中国饲料经济专业委员会第九届学术交流大会”，国内外企业家和专家学者千余名代表参会，本市企业近300人参会。大会举办了首届中国畜牧饲料行业“十大杰出CEO”和“十大杰出CTO”的评选活动，本市有3位优秀企业家当选。在农业局特莱基地举办第14期检化验员鉴定培训，有24个单位的32人参加。

编辑《饲料与畜牧》杂志，全年刊印24期，发表文章450余篇。作者中教授、研究员占30%，博士占40%，硕士占30%。编辑《京秋叶愈红》会刊。

（北京市饲料工业协会）

【北京包装技术协会】 2012年，北京包装技术协会加强产业结构调整的战略研究，完善以产业结构调整为核心的总体规划，明确了三大产业为支柱的主体结构，即“先进包装制造业、现代包装服务业和大宗包装废弃物资源再生产业”。先进包装制造业重点发展绿色包装材料、先进制品工艺、数字印刷装备；现代包装服务业重点发展创意设计、物流包装、系统成套服务；大宗包装废弃物资源再生产业重点发展纸、塑和复合包装物的资源再生材料、技术与装备。协会完成市经济信息化委下达的《发展都市大宗固体废弃物资源再生产业的战略研究》课题，培育一批在国内包装行业有影响力的龙头骨干企业。奥瑞金包装股份有限公司、北京康得新复合材料股份有限公司、北京双燕商标彩印有限公司、北京双鹤制药装备有限责任公司、北京博源包装制品有限公司和北人印刷机械股份有限公司等中国包装百强企业继续担当行业龙头。奥瑞金包装股份有限公司于2012年10月11日在深交所挂牌上市，成为北京市包装行业又一公众公司。该公司年产能达5000吨的“覆膜铁”新型绿色制罐材料项目，经协会推荐中国卓越项目管理大奖评委会审评，获得2012年中国项目管理卓越奖，是国内包装行业首次获此殊荣。协会重点支持发展包装印刷装备制造业，北人印刷机械股份有限公司和北大方正电子有限公司调整企业发展方向，通过自主创新与国际顶级企业的高端合作，加强为包装印刷服务的数字印刷装备开发，达到国内先进水平。北大方正电子持续推动印刷包装行业进步与发展，实现数字喷墨印刷机自主创新，成为中国唯一具有自主知识产权的高端数字喷墨技术提供商，其新产品已被国家药品监督管理局核准，推广用于药品生产包装中的智能型质量监控。

北京包协积极推荐财政部关于申报包装行业高新技术研发资金项目，全年获准6项，共获资助经费598万元。协会组团参加“CHIPF2012北京国际包装博览会”，展示了首都包装产业优势。与北京隆达印刷包装集团有限公司共同举办了主题为“包装，让商品更精彩”的2012年北京国际设计周设计之旅——包装设计专题展会。与食品协会共同组织召开了“北京礼物·京味特色食品创新包装启动仪式暨中秋月饼包装新品交流会”，打造“北京礼物”级的食品创新包装。参与北京市旅游发展委员会联合有关部门组织的第九届“北京礼物”旅游商品征集大赛和“印象·门头沟——第一届门头沟区旅游商品征集大赛”，展示了北京包装产业在文化创意领域的发展水平与实力。

北京包协支持北京市鑫宏鹏纸业有限公司扩大废旧纸塑复合包装物资源再生能力，该公司在原有1万吨处理能力的基础上，又建成1条年消纳处理3万吨废旧纸塑复合包装物的自动化高效能纸塑分离生产线，1条年处理能力8000吨的铝塑分离生产线，1条年产2万吨精制牛皮包装纸生产线，年产5000吨再生塑料颗粒和1000吨再生铝粉生产线。协会积极促进中化集团公司加大对盈创再生资源技术的开发应用投入，并申报了国家863计划应用开发及集成示范重点项目。年内，航天科技集团斥资1亿元，在京成立1家致力于发展资源再生产业的新公司——航天万源实业公司。

（北京包装技术协会）

【北京玩具协会】 2012年，北京玩具协会成为“北京工美文创产业联盟”组织成员单位之一，参加了市工美文创产业联盟会议。配合中国玩具和婴童用品协会，参加诚信企业调研。组织玩具生产企业参加首届中国（北京）国际服务贸易交易会。组织玩具企业参加北京市第三届职工技能大赛，参赛工种是布绒玩具缝纫工，北京凯艺、顺祥和航空航天508所共500多名员工参赛。每季度定期向市经济信息化委上报凯艺、顺祥、华宇、木马、艾尔豪斯、阿普丽佳骨干企业经济运行情况分析报告。北京恒盛天怡贸易有限公司、北京宏基宝利商贸有限公司、北京美之选商贸有限公司获得“2011~2012年度金牌渠道商”奖，凯艺总经理孙书仑获得“2011~2012年度杰出企业家”奖。

积极展示传统民间手工技艺，传承发展北京特色文化。北京玩具协会30多位民间玩具工艺大师、平谷西古村制作的2条巨龙灯彩首次参加北京电视台春节联欢晚会。巨型灯彩首次走进人民大会堂新春联欢晚会。协会与北京德威国际学校联合举办“中国新年游园会活动”，20多个门类的40多位民间工艺大师与该校师生和家长共贺新春佳节。协会会同北京金源燕莎举办“龙年话龙”主题庙会活动，几十位民间工艺大师献艺，如舞龙、舞空竹、百丑闹春等表演，传播了非物质文化遗产。25位民间工艺大师再聚欢乐谷开展“百艺闹春”主题活动。协会率民间工艺大师一行10人应邀前往西城区残疾人综合服务中心，专题座谈民间技艺与助残工作对接事宜。协会在北京市剑桥中学（传承中华民俗文化教育实践基地）举办堆绣、编结、剪纸、泥塑、空竹培训班，130多名学生参加学习。应北京市昌平职业学校邀请，协会组织堆绣、泥人2个门类在该校培训班传授技艺，300余名师生参加。民间艺术家应邀到北京市丰台区第七中学，向师生展示和传授中国结、蛋雕、脸谱、泥塑、毛猴等传统艺术。协会组织47名民间工艺大师到中国传媒大学参加风筝节活动。协会参加北京科技周活动。应市残联之邀，组织蛋雕、毛猴、灯彩、内画壶、堆绣、木版年画、蜡果、玲珑枕等民间工艺大师出席“全国助残日”主题活动启动仪式，与残疾人就业服务中心签署长期合作意向书。协会组织面人、脸谱、竹编、毛猴、风筝近20个门类的老北京民间传统技艺参加第三届中国玩博会。组织十几个门类20多名民间工艺大师参加北海公园“共度中秋国庆、享受良辰美景，静心斋中秋节文化活动”。协会选送会员制作的民间工艺作品参加第九届“北京礼物”旅游商品大赛。栾显文的“葫芦烫画十二生肖”获银奖。

开展国际交往，加强海外传播。受市侨办委托，接待了来自菲律宾的2012海外华裔青少年北京“语言实践行”——金辉春令营和2012海外华裔青少年北京“寻根之旅——相约北京”春令营的126名营员。来自蒙古、日本、英国、美国等21个国家的近90名“热心海外华文教育杰出人士”，参加由市侨办和北京玩具协会联合组织的北京民俗文化一日游活动。协会应邀组织民间工艺大师参加在中华世纪坛数字艺术馆举办的第八届北京国际体育电影周暨米兰国际体育电影展活动。应邀参加了在中国国际展览中心举办的第七届中国北京国际文化创意产业博览会。首次参加广交会展示北京民间传统玩具。

发挥协会优势，为民生工程增砖添瓦。承办市经济信息化委批准的“北京市民间手工艺生产加工基地”服务项目，项目于2011年3月启动，2012年6月结束，已如期完成。深化“传艺进社区”，首个“社区民间手工艺培训基地”在西城区新街口街道挂牌。北京残疾人“非遗传承金蝉猴”制作培训班在大兴培训中心开班，16个区县的32名学员参加学习。受市经济信息化委委托，北京玩具协会承担的“民间手工艺品扩大销售规模，拓展市场渠道”项目开展。

举办“2012北京玩具三十年传承发展成果展暨北京玩具协会成立三十周年纪念”活动。召开第十一届会员大会暨理事会。

（北京玩具协会）

【北京日化协会】 2012年，北京日化协会发挥桥梁纽带作用，为政府与企业服务，工作取得成绩。

举办各种学术研讨活动。全年开展学术交流活动6次。3月28~30日，由北京日化协会协办、国家食品药品监督管理局主办、国康医药器材有限公司承办的“非特殊用途化妆品分类管理国际研讨会”在香港召开，围绕“非特殊用途化妆品分类管理”主题，11位国内外技术专家进行专题讲解和交流，国内外专家90人参会。5月29日，北京日化协会化妆品功效评价专业技术委员会组织召开“2012化妆品品质评价研讨会”，到会36个单位41人。8月28、29日，召开“2012化妆品发展趋势与行政许

2 月 20 日，北京市国防科技工业工作会议召开

9 月 8 日，北京航空航天大学与中国航空工业集团公司协同创新合作协议签署仪式召开

11 月 15 日，中国宜通集团与俄罗斯直升机股份公司签署“在平谷航空产业园区组装生产直升机合作备忘录”

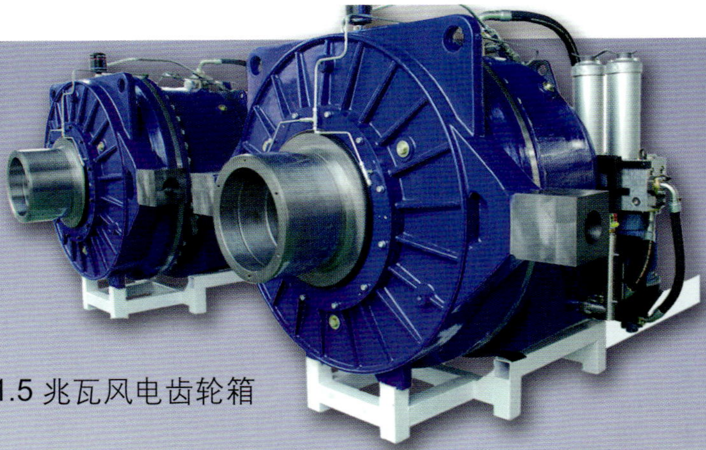

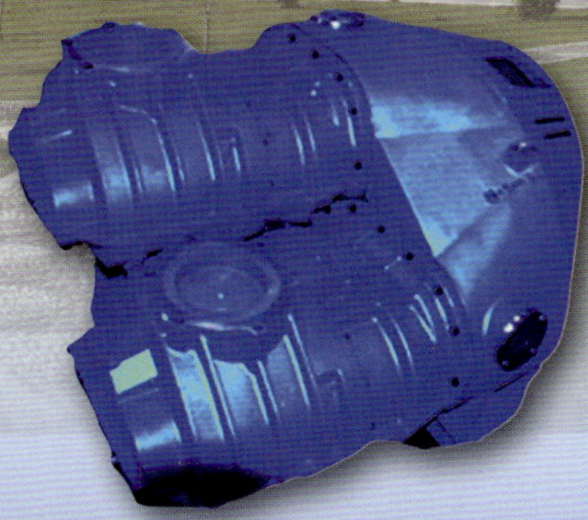

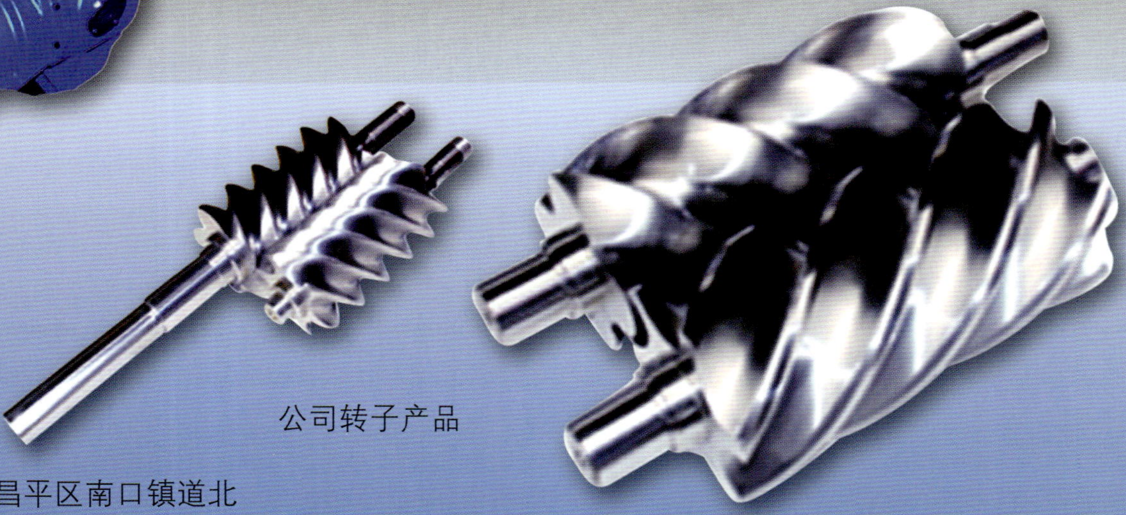

可申报专题研讨会"，30多家企业的代表参会，邀请国家级专家围绕"化妆品行政许可证配方与工艺问题解析""化妆品行政许可证的毒理要求""化妆品行政许可标识要求注意的问题"3个主题进行培训。8月31日，举办"2012年中青年科技工作者学术研讨会"，日化行业企业领导、中青年科技人员50余人参会，科技人员在会上演讲论文6篇。10月28日，北京日化协会民族化妆品企业发展联谊会在上海家化联合股份有限公司举办"2012品牌建设与发展研讨会"，国家食品药品监督管理局、上海市食品药品监督管理局领导及民族化妆品企业领导40人参会。11月30日，在北京创业大厦，北京日化协会和日化协会中医体质与皮肤养生专业技术委员会主办、新时代健康产业集团承办了"第二届中国中医美容与体质养颜学术研讨会"，会上专题演讲10个学术报告，参会200人。12月20日，"2012年度化妆品大讲堂"开讲，参会40余人，特邀北京工商大学2位教授主讲"皮肤的性质特性"和"化妆品的化学反应"。全年收集科技工作者学术论文100余篇。编印了《2011年北京洗涤剂技术与市场研讨会专刊》《第二届中国美容与体质养颜学术研讨会论文集》。

组织社会公益活动及科普。5月19日，在万达广场第十七届北京商业科技周活动中，以"绿色、低碳、安全、健康、美化生活"为主题，组织3个会员单位30余人开展化妆、洗涤、洗发安全使用咨询服务活动，发放2000余份宣传册和各种化妆、洗涤、洗发试用装。4月14~15日，组织新时代健康产业集团、北京绿伞化学股份有限公司、北京章光101科技股份有限公司参加市工经联在丰台花园的"北京工业产品与质量安全"社会公益活动，展出宣传展板6块，发放宣传资料4000余份、产品试用装2000余份，并开展咨询服务。组织专家到朝阳区麦子店、高碑店、南磨房、太阳宫、将台乡、平房乡等社区开展"化妆品及洗涤用品科学使用方法及头发护理知识""中医养生及化妆品使用"科普讲座，现场示范与群众互动，发放宣传资料及产品试用装等。10月，协会在北京市科协组织的北京市全国科普日活动中，获得"2012年北京市全国科普活动特色活动"奖。

发挥协会桥梁纽带作用，为政府和企业服务。在"北京市药品安全百千万活动"中，协会深入5家企业调查了解情况，又有5家化妆品企业申请化妆品生产质量管理示范企业。3月15日，受市药监局保化处委托，组织17个化妆品单位企业召开"关于非特殊用途化妆品分类管理的征求意见座谈会"，征求对非特殊用途化妆品管理意见。开展技术咨询服务，为多家会员单位进行技术咨询与产品检测服务，介绍国内外先进技术和先进经验。3月16日，"绿伞牌"洗衣液和"香兰阁"牌化妆品在北京质量协会召开的知名品牌颁奖典礼上获得北京知名品牌称号。对符合条件的企业品牌推荐参加知名品牌和著名商标评选，参加北京质量协会组织的品牌宣贯培训会，开展技术和经验交流活动。调查规模以上企业经济运营情况、存在问题及需政府支持解决的问题，反映给市经济信息化委都市产业处。

协会网站推进信息化建设，扩大了日化协会知名度。年末，协会会刊《北京日化》累计编辑109期。

（北京日化协会）

【北京市手工业生产合作社联合总社】 2012年，北京市手工业生产合作社联合总社（简称北京联社）取得投资收益996万元，联社净资产增加80万元。北京联社出资企业轻工集团主营业务收入23655万元；同口径计算实现利润1773万元，同比提高10%。2012年全集团13个核算单位无企业亏损。

贯彻联社章程，继续提高会员收入。北京联社按照集体企业条例，按利益共享、风险共担的原则，根据联社章程和2012年联社投资收益情况，决定在2011年度轻工集团利润增长的情况下，对联社系统社员（职工）继续进行效益"分红"，分红数额在去年的基础上又有所提高。联社已连续5年对联社在职会员（职工）进行奖励分红，调动了全体会员的工作积极性。

北京联社积极参与企业管理、支持企业发展。由于联社人员的变动和联社投资企业改制，联社及时对参股企业和改制企业的董事、监事进行调整。年内，联社对投资和改制企业调换和新增董事、监事5人。为帮助企业解决经营资金周转困难，联社提供担保，为持有股权的白菊公司在银行贷款1500万元，为华盾雪花公司在银行贷款2500万元，支持了企业经营和发展，保证了经营指标的顺利完成。

北京联社加强对轻工集团的指导，挖掘资产潜力、调整布局、整合资源、扩大经营规模，增加收益。轻工集团始终坚持以“商业物业”为核心主业，主辅副三业并举的经营定位和经营格局。通过巩固核心主业的平稳运行，商业物业的开发有所突破，服务有所改善，收益有所提高。轻工集团根据2012年形势变化和经营难点、热点，主动调整了贸易部布局，适时调整贸易部2家企业经营布局，实施内外贸统一经营模式。轻工集团全面加强和改善企业经营管理的基础性工作，制定和修订了《物业管理制度》《固定资产管理办法》《关于人力资源管理过程中若干问题的实施意见》等。

加强与各省市联社交流，促进集体经济发展。10月17~19日，北京联社在京主持承办了京、津、沪、渝4市联社主任交流会议。在交流会上4个直辖市联社就发挥自身优势、联社相互间支持、合作方面进行了有益探讨。

（北京市手工业生产合作社联合总社）

【北京工业国际智力交流协会】 2012年，北京工业国际智力交流协会践行“服务政府、服务企业”的工作准则，实施人才培养工程，在引进国外智力、技能竞赛、课题调研等方面取得新成就。

引进国外智力。配合市经济信息化委开展引进国外智力工作，工业系统企业聘请完成引进外国专家项目26个，聘请外国专家158人次；完成出国培训项目6个，出国培训113人次。完成市经济信息化委交办的组团赴德国“中小企业信息化与科技创新培训”项目。

专题调研。完成市政府重点课题“国内重点省市工业和信息化人力资源状况对比分析”及“2012北京工业和信息化人力资源年度发展报告”“北京市经济和信息化系统人员编制与岗位需求情况分析”调研报告。

技能竞赛。组织了由市经济信息化委等14家单位共同举办的北京市第三届职业技能大赛暨第十五届北京市工业和信息化职业技能竞赛。本届大赛，共承办维修电工、电焊工等59个职业工种竞赛，占第三届职业技能大赛竞赛工种总数的30%，涉及工业和信息化系统所属17个工业控股（集团）公司、行业协会以及各区县竞赛组委会，各级竞赛组委会达130余个。组织赛务人员和裁判员培训。201名赛务人员、385名裁判员、166名高级裁判员全部取得北京市技能鉴定中心颁发的合格证书。5~10月，3万余人参加初赛，8000余人参加复赛，2000余人参加决赛。12月6日，在北京市第三届职业技能大赛颁奖典礼上，市经济信息化委赛区57名不同职业冠军能手被授予北京市技术能手称号；32名工作人员被授予先进工作者称号；市经济信息化委、北京汽车集团等8个单位被授予优秀组织单位奖。570名进入决赛工种前十名选手受到表彰，115人取得高级技师资格证书，120人取得技师资格证书。协会编发技能竞赛简报57期。

专题培训。组织了由市经济信息化委与市国资委共同举办的“TRIZ创新理论培训班”，北控、首钢、电控、京城机电、一轻、金隅等6家企业负责产品研发工作的管理、研发、设计人员及技术骨干，共30人参加培训。与市国资委共同举办“维修电工技师培训班”，来自市地铁公司、北汽控股等企业以及部分职业院校的40名学员参加培训。召开了北京工业国际智力交流协会三届三次理事会。

（北京工业国际智力交流协会）

【北京市京郊中小企业发展促进会】 北京市京郊中小企业发展促进会原为北京市乡镇企业协会。7月15日，北京市乡镇企业协会召开第四届理事会换届暨北京市京郊中小企业发展促进会成立大会。促进会第一届理事会有理事296人，常务理事96人，会长1人、副会长44人、监事会7人、专职秘书长1人、兼职副秘书长3人。协会换届后更名为“北京市京郊中小企业发展促进会（简称促进会）”。

促进会组织20家会员企业参加全国部分省市乡镇企业（中小企业）边贸洽谈会。与上海、广东等20余省市乡镇企业（中小企业）协会共组联谊联席会，共谋发展。组织20家京郊中小企业参加内蒙古自治区乡镇企业协会主办的中蒙二连浩特边贸洽谈会，考察了边贸工业园区、边贸投资项目和中俄、中蒙边贸商品市场。

弘扬企业文化，展现企业风采。促进会主办、北京蟹岛集团承办、北京新发地农产品批发市场和华夏银行新发地支行（筹）协办2012年北京国际啤酒节“蟹岛杯”——唱响好声音首届北京市京郊中小企业发展促进会赛歌会，参赛歌手百余名，进入决赛歌手24名。

表彰先进，树立楷模。促进会与北京市企业家协会、首都企业家俱乐部、北京市女企业家协会、北京民营科技实业家协会、北京市青年企业家协会、北京外商投资企业协会、北京市私营个体经济协会联合开展了“2011~2012年北京优秀企业家”“北京优秀创业企业家”评选活动，8位企业家当选“2011~2012年北京优秀企业家”。

依托展会平台开拓企业市场。促进会组织12家会员参加“2012中国东北及环渤海地区中小企业‘专精特新’产品技术展览洽谈会”。组织企业参与“专精特新”品牌展示和交易、科技成果项目推介、大小企业配套产业链招商合作、科研院所和设备供应商的交流、投融资机构与科技型中小企业对接等活动。促进会组织13家京郊中小企业参加在浙江义乌举办的第六届中国中小企业节，与来自全国的同业朋友联谊交流，拓展发展空间。

（北京市京郊中小企业发展促进会）

【北京市中小企业国际合作协会】 2012年，北京市中小企业国际合作协会为企业服务，为政府服务，发挥桥梁纽带作用。

协会组织北京天利海香精香料有限公司、北京玉器二厂等会员单位参加中国工业经济联合会召开的“2012年经济贸易报告会”。协会围绕中小企业发展中遇到的问题，多次邀请银行部门举办专题讲座，为企业发展环境创造空间。

加强国际国内交流合作。组织红星酿酒股份有限公司、红螺食品集团、牵手果蔬食品股份有限公司、永利国际旅行社有限公司参加由拉脱维亚投资贸易署和中国中小企业国际合作协会联合主办的中国—拉脱维亚企业家洽谈会。组织会员单位参加印度尼西亚大使馆举办的“印度尼西亚旅游投资论坛会”，参加中国东盟中心举办的“2012年中国越南经贸投资与旅游合作论坛”，参加由中国国际贸易、国际商务交流中心与东方拓展文化协会暨集团、北京国际经济研究中心（国际商报）共同举办的“外交官经济论坛——东盟研讨会”，参加了约旦驻华大使馆举行的“约旦：走进中东市场的门户研讨会”。协会出席了国际金融公司在济南召开的在华业务发展研讨会，对“中国—东盟自贸区”的建立进行了广泛宣传。组织会员单位参加由北京工业经济联合会组织的三元食品公司参观活动。

积极服务北京稻香村食品有限公司技术改造，支持北京汇通诺尔机电有限公司建立新的生产线，推荐北京安然环保工程有限公司“超微气泡装置及双循环微气泡扩散系统”发明专利。多次邀请银行、财政部门及有关区县企业参观考察中小企业。

（北京市中小企业国际合作协会）

【北京中关村高新技术企业协会】 北京中关村高新技术企业协会（简称高企协）是1991年由园区高新技术企业自愿组成的社会团体。由海淀园管委会出资主办，经北京市科学技术委员会批准并作为业务主管部门，在北京市社会团体登记管理办公室登记注册。经过二十几年的发展，高企协会员已达到7600多家，会员业务领域涵盖了电子信息技术、生物工程、新医药、新材料、节能环保、光机电一体化等主要高新技术领域。高企协已经成为中关村地区规模最大、组织机构最健全、影响力最大的5A级社会组织之一。特色服务包括组织各类有助于企业发展的培训和讲座；开展融资推介、版权代理、医疗体检、人才引进等专业性服务；提供工商注册代理、新技术企业资格认定、新技术企业复核、黄卡产品申报等中介服务；组建了“医疗器械分会”“新材料分会”“中文语言资源分会”等其他分会，积极推进产业发展；创办了协会刊物《今日中关村》和协会网站——助新网；组建“企业家活动中心”，开展“企业家沙龙”活动；提供政策管理咨询服务，解决企业经营中具体困难。

（王 锦）

【北京中关村生物工程和新医药企业协会】 北京中关村生物工程和新医药企业协会（简称协会）成立于2000年10月21日，是由北京四通天坛生物技术有限公司、北京北大未名生物工程集团、北京双鹤现代医药技术有限责任公司、北京生物技术和新医药产业促进中心等 14 家企业、机构共同发起成立的非营利性社会团体法人。成员包括中关村科技园区（一区七园）内生物工程和新医药企业及区外优秀业内企业。特色服务有团结区内外生物工程和新医药企业及关注生物工程和新医药产业发展的其他专业机构，促进中关村科技园区生物工程和新医药产业的发展，增进企业之间、企业与政府之间以及与其他经济组织之间的交流与合作，反映企业呼声，维护企业合法权益，实现行业自律。开展“一企一策”式企业服务工作；以 ABO 联盟为核心的生物医药研发服务工作；以“成果驿站”为平台科技成果转化工作。

（王　锦）

【北京中关村科技园区昌平园高新技术企业协会】　昌平园高新技术企业协会成立于 2002 年 7 月，由中关村科技园区昌平园内的高新技术企业、相关单位、机构、人士自愿联合发起成立，是经北京市昌平区社会团体管理办公室依法核准登记的非营利性社会团体法人。现有会员企业 113 家，分布在电子信息、生物医药、环境科学、新材料开发和先进制造等产业。特色服务有发挥协会作用，积极为会员单位服务。对高企协会员就相关专业知识进行培训，使其了解并真正享受相关优惠政策。组织投资公司和科技型中小企业见面会，帮助中小企业扩大融资渠道。运用协会与政府联系紧密的特点，为会员单位提供政策资讯。积极为企业与高等院校和科研院所牵线搭桥，以求共同发展。组织企业参加各类洽谈会、研讨会，为企业的发展提供契机。加强交流，广泛合作，促进会员单位共同发展。加强国家和地方各种优惠政策的宣传。组织会员单位的高层管理人员和相关人士就 WTO 的规则进行学习、讨论，积极推进企业的国际化进程。举办丰富多彩的活动，积极为会员的身心健康提供服务，并为会员提供交流机会。

（王　锦）

企　业

【北京市珐琅厂有限责任公司】 前身是北京市珐琅厂，创建于1956年1月，郭沫若为其题写厂名，是全国景泰蓝行业中唯一的一家中华老字号，集研发制作、工艺展示、参观购物为一体，是国家级非物质文化遗产景泰蓝制作技艺保护传承基地，2011年11月被文化部评定为国家级非物质文化遗产——景泰蓝制作技艺生产性保护示范基地。该公司是北京市重点外事接待单位，全国工业旅游示范点，全国旅游产品、民族用品定点生产企业，北京市工艺美术院校实习培训基地，2002年11月转制。

公司占地面积2.38万平方米，建筑面积2.42万平方米。在职、退休职工1148人。2012年，在足额上缴120万元国有资产占用费基础上，实现利润296.94万元，实现税金443.71万元。建厂56年来，企业培养了国家级、市级工艺美术大师、高级工艺美术师、工程师、高级技师等众多专业技术人才和管理人才，形成了景泰蓝行业内独有的3支队伍，即优秀的设计队伍、过硬的制作队伍和专业的管理队伍。企业的京珐牌景泰蓝享誉国内外市场，并形成知名的京珐品牌，被评为北京市著名商标。其产品多次荣获国家、部、市级金奖和大奖。中南海、人民大会堂、钓鱼台国宾馆、首都机场专机楼等重要场所都有京珐牌景泰蓝作品。

地址：东城区永定门外安乐林路10号
邮编：100075
电话：67211677
网址：www.bjflc.com
电子邮箱：jtl@bjflc.com
法定代表人：衣福成

（苗永生）

【精进电动科技（北京）有限公司】 成立于2008年，致力于新能源汽车“三电”核心技术之一的驱动电机系统的研发和规模化生产。产品包括电动汽车、混合动力汽车、插电混合动力汽车等新能源汽车的驱动电机系统。目前精进电动已在为全球范围的客户开发多款电动汽车及混合动力、插电混合动力电机，并且将投入生产。公司总部位于北京，在北京拥有一个具有国际先进水平的新能源汽车电机研发、生产中心。同时，公司在上海嘉定投资建造了中国第一个大批量生产高性能电动汽车电机的现代化工厂，已于2010年底完成一期工程，并在2011年正式投入生产。产能达到每年10万台。二期工程正在建设中。公司管理层具有丰富的技术和管理经验，并有一支高水平、事业心强的开发团队，其中很多人具有海外留学、工作经验。公司电机采用内置永磁磁阻式同步电机。精进电动的核心技术使精进电动的电机具有转矩密度高、转速范围宽、调速性能好和低振动噪音等特点。

地址：朝阳区将台路5号普天实业科技园内A5座
邮编：100016
电话：64338799
网址：www.jjecn.com
电子邮箱：inquires@jjecn.com
法定代表人：余　平

（陈　珊）

【北京七星飞行电子有限公司】（简称七星飞行）是一家综合类电子元器件制造企业，公司性质为国有控股。其前身是国营第798厂，1957年建成投产，是国内最早且最具规模的军用磁性材料、瓷介电容器生产厂。2000年10月，随着国有企业改革的深入，北京电子控股有限责任公司(原北京市电子办)将原700厂、706厂、707厂、718厂、797厂及798厂整合重组，成立了北京七星华电科技集团有限公司及北京七星华创电子股份有限公司，撤销了原单位的建制。798厂的微电子事业部（厚薄膜混合集成电路分厂）并入北京七星华创电子股份有限公司，其余分厂及部门组成了北京七星飞行电子有限公司，隶属北京七星华电科技集团有限公司。公司现有资产总额23308.51万元，注册资金1100万元。现有员工总数523人。公司主要生产软磁铁氧体元件、金属磁粉心、电感器变压器、独石电容器、陶瓷电容器、高功率电容器、EMI元件等产品，产品广泛应用于航天、航空、兵器、船舶、电子等领域。

地址：朝阳区酒仙桥路4号

邮编：100015

电话：84599453

网址：www.798.com.cn/index.aspx

法定代表人：赵义恒

（陈 珊）

【北京真视通科技股份有限公司】 成立于2000年，该公司是一家具有强大研发、服务、创新能力的多媒体视讯综合解决方案提供商，拥有信息系统集成一级资质、音视频工程特级资质及建筑智能化工程设计与施工等多项资质的国家级高新技术企业。该公司拥有一支融咨询、设计、施工、运维一体的专业团队，主营业务为面向能源、政府、金融、交通、教育、医疗等领域的大中型客户提供领先的多媒体视讯综合解决方案。公司的多媒体视讯综合解决方案以满足用户对多媒体视讯系统的个性化需求为目标，提供全方位服务，包括方案咨询、规划设计、定制开发、设备提供、系统集成及增值服务等。公司自成立以来，成功地为数以百计的重要客户提供多媒体视讯综合解决方案，其中公司服务的政府部门客户有财政部、农业部、交通运输部、海关总署、国家安监总局等20多个部委、机关；公司服务的中央企业客户有中石油、中石化、中国航天、中国航空等30多家大型企业。在技术研发方面，公司于2012年被批准为北京市级技术中心，当年申请并被受理发明专利8项，取得软件著作权登记12项，软件产品登记10项，并通过CMMI3的国际认证。2012年，实现总收入超过6亿元，公司在职员工400人，企业总资产近4亿元。

地址：丰台区科学城航丰路9号10层1002号

邮编：100029

电话：59220168

传真：82250289

网址：www.bjzst.cn

电子邮箱：zzst@zzstworld.com

法定代表人：胡小周

（杨 婷）

【北京航天斯达新技术装备公司】 成立于1992年，是中国航天科技集团公司第一研究院第七〇二研究所全资子公司，具有国家高新技术企业资格，已通过ISO9000质量体系认证。公司注册资金1000万元,科研生产面积1万平方米，从业人员210人，其中中高级技术人员104人。主要从事振动测试设备系统、机电一体化系统产品、数据采集分析系统产品、系统集成产品的研制、生产和销售，同时提供环境可靠性试验技术服务。该公司拥有雄厚的技术实力和优秀的研发队伍，具有振动测试设备、液体灌装设备、钞票裁切检封自动线、数据采集分析系统产品、系统集成产品等多种系列产品，相关技术处于国内领先、世界先进水平，荣获国家专利30多项。该公司为航空、航天、船舶、兵器、铁路、印钞总公司、石油化工、高等院校、运输、金融等企事业单位提供了大量的高新技术设备。同时，公司建立了完备的设计、生产、销售、服务体系。2012年，完成营业收入40651万元，同比增长40%；利润4602万元，同比增长10%。

地址：丰台区南大红门路1号

邮编：100076

电话：88523489

传真：88521890

网址：www.ht702.com

电子邮箱：machen_kw@sina.com

法定代表人：徐宏利

（杨 婷）

【北京华林特装车有限公司】（简称华林公司）成立于1993年10月，是北京环境卫生工程集团有限公司的全资子公司，专门生产销售城市环卫车辆。企业注册资本3000万元，占地面积27173平方米、建筑面积14237平方米，车间面积10686平方米，现有技术人员20名，其中中高级技术职称人员16名，本科及以上学历占92%。华林公司已通过ISO9001质量体系认证。主要产品包括压缩式垃圾车、餐厨车、洒水车、车厢可卸式垃圾车和纯电动环卫车五大类70多种车型。产品覆盖全国大部分省、市、地区，并且出口古巴、缅甸等国。公司以“净化环境，美化城市”为宗旨，视产品质量为生命，以诚信为最高理念，始终以融入环卫事业、立志于用户满意为宗旨，以建成行业龙头企业为目标，在行业内享有较高的声誉。2012年，生产改装车458辆，销售车895辆，实现利润总额1860万元，净利润1380万元。

地址：丰台区东老庄106号
邮编：100070
电话：83628258
传真：83628258
网址：www.bjhltzc.com
电子邮箱：hualin@besg.com.cn
法定代表人：刘志国

（杨 婷）

【北京元六鸿远电子技术有限公司】（简称元六鸿远）成立于1992年，前身是北京市无线电元件六厂，后经改制成为民营企业，于2001年落户于中关村科技园区丰台园。该公司是以研发、生产、经营电容器等电子元器件为主营业务的国家级高新技术企业，13个分支机构遍布全国11个省市。现有员工400人，大专以上学历占64.8%。公司一直致力于多层瓷介电容器领域的深入研究，已拥有2条世界最先进的生产线和1个瓷料研究中心，能够进行多层瓷介电容器产品的自主生产；国军标产品质量等级已达到6级，在行业内处于领先水平；与中国运载火箭技术研究院、天津大学合作成立“瓷介电容器可靠性联合实验室”，深入开展多层瓷介电容器产品真正国产化和提高产品可靠性的研究。作为一家立志报效国家的企业，元六鸿远已承接并圆满完成了全部“神舟”系列载人航天飞行工程、“嫦娥”工程、“天宫一号”工程以及诸多航天、航空、兵器等国家重点工程配套任务，多次获得国家总装备部、工信部、航天科技集团、航天科工集团、中国运载火箭技术研究院等单位的表彰和立功嘉奖。2012年，该公司整体销售额达到3.69亿元，纳税额3550万元，连续多年年均增长率保持在30%以上。

地址：丰台科技园区海鹰路1号院
邮编：100070
电话：52270500－628
传真：52270557
网址：www.yldz.com.cn
电子邮箱：zrx@yldz.com.cn
法定代表人：郑 红

（杨 婷）

【北京北方车辆集团有限公司】 成立于1946年，是中国兵器工业集团公司直属大型一类、国家二级军民结合型企业，已通过ISO9001质量体系认证。该集团公司具有较强的铸、锻、模、焊、压、涂等综合机加能力和技术开发能力，为中国的国防现代化建设和经济发展作出了突出贡献。公司自成立以来，从修理到仿制、自行设计制造，现已拥有八大系列70余种变型车，多次荣获国家科技进步奖，是世界知名的三大特种车族之一。近年来，北方车辆集团通过不断深化改革，形成了军民结合、配套齐全、适应市场的产品结构，具备了强大的科研开发能力、雄厚的技术力量、完善的生产经营管理体系和严格健全的质量保证体系，适应市场竞争的能力显著增强。该集团公司的民品主要有ZF变速箱、高级座椅、特种防护车、房车、折臂攻丝机、客运索道、前后桥、高压重型液压缸、扭力轴等。北方客车先后研制开发了旅游客车、卧铺客车、商务用车及机场摆渡车、电视转播车等专用车辆，共四大系列40余种高档车型，产品涵盖8.0米~13.7米全系列车型，广泛用于旅游、客运、电视转播、机场摆渡等领域，已成为国内高速客运和旅游用车的首选品牌。2012年，该集团公司实现工业总产值35亿元，同比增长16.7%。

地址：丰台区朱家坟五里五号
邮编：100072
电话：83807350
传真：83876659
网址：www.bj-north.com.cn
电子邮箱：norveco@126.com

法定代表人：陈树清

（杨 婷）

【北京中丽制机工程技术有限公司】 成立于2005年1月5日，同年入驻光机电基地，占地面积8.53万平方米，建筑面积7.1万平方米，注册资金1.1亿，拥有员工1045人。公司为中国纺织科学研究院控股的化纤机械工程公司，属高新技术企业，具有国家建设部颁发的甲级工程设计资质。公司是国内最大的现代化化纤机械制造基地之一，引进了世界先进水平的各类加工中心、数控车床等制造加工设备，建立了国内一流的现代化化纤成套设备生产线和组装线。拥有涤纶、丙纶、锦纶民用丝、工业用丝、差别化等产品的熔体直接纺和切片纺及非织造布的纺丝工艺、工程大型成套技术和装置，各种规格的高速卷绕头技术和制造装置，同时还生产塑料机械设备及其他棉纺、化纤成套设备用电气控制柜和多种规格喷丝板等，产品远销亚洲、美洲、欧洲及全国30多个省市的上百家企业，市场占有率居行业前列。2012年，实现产值12.2亿元，税金4000万元。

地址：通州区中关村科技园通州园光机电一体化产业基地兴光四街3号
邮编：101111
电话：65987905
传真：65987907
网址：www.ctamp.com.cn
法定代表人：仝文奇

（张大江）

【北京维通利电气有限公司】 创建于1994年，占地4万平方米，经营面积1.2万平方米，旗下包括北京正北元电器公司、北京人民电气科技公司2个公司，拥有员工924人，于2011年整体迁入聚富苑产业园区。公司专业生产各类高中低压电器配套的铜、铝导电软硬连接件；产品多达六大系列3000多种，产品品质具备国际同类产品高质量水平。目前，公司已成为国内最具技术实力、生产规模、品牌知名度的铜、铝导电连接件的专业制造企业，为国内外300多家电气制造企业提供配套服务，并与ABB、GE、SIEMENS、AREVA、SCHNEIDER、EATON等世界500强企业建立了长期战略合作关系。2012年，实现产值3.2亿元，税收1803万元。

地址：通州区于家务聚富南路8号
邮编：101105
电话：81556123
传真：81556135
网址：www.beijingvictory.com.cn
法定代表人：黄浩云

（张大江）

【福耀集团北京福通安全玻璃有限公司】 成立于2003年，是福耀集团的下属子公司，投资总额5000万美元，其中注册资本3000万美元，出资方为福耀玻璃工业集团股份有限公司和福耀（香港）有限公司，主要产品为交通工具用安全玻璃、建筑装饰用安全玻璃、其他工业技术安全玻璃。公司规划占地20万平方米，总建筑面积12万平方米，建筑物主要包括：主厂房7万平方米，库房约2万平方米，其他附属设施2.7万平方米。生产能力达到年生产汽车玻璃80万套的配套规模，主要为北京及临近的华北地区各大汽车厂配套服务，包括北京现代汽车公司、北京吉普汽车公司、北京奔驰汽车公司、北汽福田汽车公司、天津一汽丰田汽车公司、郑州日产汽车公司等。2012年，实现产值9.3亿元，税金6200万元。

地址：通州区张家湾镇皇木厂村东
邮编：101113
电话：61502777
传真：61502666
网址：www.fuyaogroup.com
法定代表人：曹德旺

（张大江）

【北京博格华纳汽车传动器有限公司】 公司于2001年2月由美国博格华纳传动系统公司和北京汽车工业控股有限公司共同投资组建，后由于两大股东业务整合，分别变更为博格华纳汽车亚洲有限公司和北京海纳川汽车部件股份有限公司。公司的主要产品是分动箱、智能扭矩管理器、电动汽车电子桥、自动变速器电磁阀等。公司主要客户包括国内自主品牌的汽车厂，如长城、北汽、上汽、一汽、广汽等大型汽车集团；国际知名汽车厂商，如通用、福特等。公司研发的产品注重提高燃油的经济性、提高汽车的安全性及舒适度、降低污染排放、提高动力性能。

公司占地面积3.33万平方米，建筑面积1.6万平方米。分动器年生产能力为单班9万台，电磁阀年生产能力180万只。2012年，实现产值5亿元，税收9500万元。

地址：通州区潞城镇食品工业园
邮编：101117
电话：69561500
传真：69561515
网址：www.bghn.chinaepu.com
法定代表人：谭 胜

（张大江）

【北京四环制药有限公司】 成立于1995年，前身为中国军事医学科学院建设的“北京四环制药二厂”。公司是在原北京四环制药二厂基础上改制、1999年转化的股份制企业，并于2002年更名为“北京四环制药有限公司”。公司先后取得了北京高新技术企业证书、中关村高新技术企业证书、G20工程奖，并且被通州区评为纳税千万元企业，连续3次被市税务局评为纳税信用A级企业，通州绿卡企业，被授予北京市医药行业企业监事单位。公司集小容量注射剂、冻干粉针剂、口服固体制剂、原料药的生产与研发于一体，现有55个批准文号。截至年底，研发项目58个，获得专利31个。2012年，公司产值12.4亿元，同比增长41%；营业收入9亿元，同比增长19%；实现税收1亿元，同比增长100%。

地址：通州区张家湾镇开发区光华路
邮编：101114
电话：61563014
传真：61564074
网址：www.sihuanpharm.com.cn
法定代表人：车冯升

（张大江）

【蒙牛乳业（北京）有限责任公司】 2003年成立，是一家生产乳制品为主的大型企业。该公司于2002年9月26日入驻潞城镇食品工业园区，总占地面积11.33万平方米，总投资5.3亿元。公司分两期建设，其中一期占地面积9.33万平方米，投资3.3亿元，主要生产低温酸奶产品，日处理鲜牛奶500吨，产品种类300多种；二期总投资2亿元，对现有低温生产车间进行改造，主要用于低温液体奶产品和冰淇淋产品的仓储周转。新建一座1万平方米的多功能办公大楼，主要用于集团总部营销部门、北京销售事业本部和连锁事业本部人员办公。超过三分之一的集团管理、营销、研发等部门人员集中在此办公，提供劳动就业岗位1900余个，吸纳本地劳动力500人。2012年，实现产值16亿元，税收1.4亿元。

地址：通州区潞城镇食品工业园
邮编：101100
电话：61526611
传真：61526633
网址：www.mengniu.com.cn
法定代表人：丁 圣

（张大江）

【中生北控生物科技股份有限公司】（简称中生公司）成立于1988年，是由中国科学院创办并控股的高新技术企业，以蛋白质产业为主业，主要从事体外诊断产品的研发、生产和销售。2006年，中生公司在香港联交所上市（股票代码：08247）。中生公司是目前国内体外诊断产业中历史最悠久、市场份额最多、制造规模最大、净化设施最先进、信息化程度最高的龙头企业。中生公司自成立以来，首创中国“酶法诊断单、双试剂”系列产品，并多次承担国家“863计划”、国家科技支撑计划、国家高技术产业示范工程等一系列国家科技任务。先后成功开发肝功类、血脂类、肾功类、心肌类、特种蛋白类、微量元素类和糖代谢类等120多种注册产品及300多个规格的检测试剂盒。经过20多年的发展，公司已成为拥有12个子公司的集团化企业，产品遍及IVD行业的各个分支，涵盖生化诊断系列产品、免疫诊断系列产品、分子诊断系列产品、血球诊断系列产品、医用临床营养诊断产品以及相关分析仪器等领域。目前，公司已有500多家代理商和销售商，拥有该行业75%以上的用户，销售网络覆盖全国。该公司2008年被评为北京市经营管理信息化集成应用示范企业，2009年被认定为北京市企业技术中心，中生北控生物科技股份有限公司被认定为“北京市著名商标”，2010年被认定为“创新型企业”，2011年被认定为“国家火炬计划重点高新技术企业”。2012年，销售收入14281万元，实现利润5766万元，实现利税2292万元，资产总额 33686 万元，所有者权益 31110 万元。
地址：昌平科技园区超前路 27 号
邮编：102200
电话：80107541
传真：80117026
网址：www.zhongsheng.com.cn
电子邮箱：office@zhongsheng.com.cn
法定代表人：吴乐斌

（刘少强）

【北京康得新复合材料股份有限公司】 成立于 1998 年 12 月，是致力于高分子复合膜材料的研发、生产和销售的高科技上市公司。公司拥有预涂膜和光学膜两大业务板块，建立了北京、张家港、泗水、杭州四大生产基地的集团化、产业集群化的经营平台，是全球预涂膜产业的领导企业、中国光学膜的龙头企业。2010 年登陆深圳中小板。公司是《双向拉伸聚丙烯（BOPP）预涂膜》和《纸质印刷品覆膜过程控制及检测方法》2 项国家行业标准的主要起草单位，绿色印刷标准的参编单位。公司在北京及张家港预涂膜生产基地建成投产了 10 条具有国际先进水平的预涂膜生产线，2012 年产能达到 4.4 万吨。产品包含 BOPP、PET、Nylon、可降解膜四大系列 39 个品种。产品销往全球 55 个国家和地区，已成为世界预涂膜行业的领导者。公司通过了 ISO 9000 及 ISO 14000 国际质量体系和环境体系认证。预涂膜产品通过了 ISO 14025 环境标志国际标准Ⅲ型认证，通过了欧盟 SGS/ROHS ASTM、玩具类 HR4040/QSOP 重金属等多项国际检测认证，产品质量达到国际先进水平，符合国际环保要求。2012 年，销售收入 72024 万元，实现利润 12639 万元，实现利税 5829 万元，资产总额 443587 万元，所有者权益 270741 万元。
地址：昌平科技园区振兴路 26 号
邮编：102200
电话：89710777
传真：80107261
网址：www.kdxfilm.com
电子邮箱：wukj@kdxfilm.com
法定代表人：钟 玉

（刘少强）

【北京速原中天科技股份公司】 成立于 1991 年，注册资本 600 万元，是以制药业用真空冷冻干燥机为主的，集真空低温冻干设备研发、设计、生产、服务为一体的实体企业，为国内第一家自行设计和生产高标准药用冻干机并以此替代进口同类设备的专业厂商，属国家级高新技术企业，并于 2012 年 6 月 8 日成功登陆新三板。公司充分消化、吸收国际一流冻干机生产厂家的设计、制造经验，选用世界名牌厂家生产的冷冻机、制冷元件、真空泵、真空仪表等关键部件，精心设计和制造了高档次的冻干机，其中自动控制技术、板层制造技术、溶媒全自动捕集技术、全自动超低温处理设备均属于国内先进水平，所制造的冻干机其技术性能指标均已达到进口冻干机的标准，符合新版 GMP 和 FDA 的有关标准。近年来，公司科研团队积极研发符合新版 GMP 标准的冻干机控制系统，现已申请计算机软件著作权 6 项；对冻干机的制作技术和工艺，公司研发人员也积极进行改进和优化，获得 5 项实用新型专利和 1 项外观设计专利。2012 年，销售收入 1998 万元，实现利润 151 万元，实现利税 174 万元，资产总额 2732 万元，所有者权益 799 万元。
地址：昌平区马池口镇乃干屯村南
邮编：102202
电话：69783211
传真：60707108
网址：www.dongganji.com.cn
电子邮箱：sygf5179@163.com
法定代表人：时 庆

（刘少强）

【北京红牛维他命饮料有限公司】（简称红牛饮料）成立于 1997 年，是中泰合资企业“红牛维他命饮料有限公司”的北京总部。该公司注册资金 5602 万美元，占地面积 5.9 万平方米，职工总数 374 人，固定资产总额 8331 万元，配有 3 条灌装生产线，年生产能力 8 亿罐红牛饮料。

“红牛”产品生产工艺独特，从设计、选料、制造的配置到质量管理等各个环节都严格按照国际管理规范进行；严格按照 GMP（食品行业良好作业规范）和 SSOP（食品卫生操作标准）管理规范进行布局、配置和操作。1998 年至今，先后取得了 ISO9001：2000（质量管理体系）认证、ISO 14001：2004（环境管理体系）

认证、HACCP（危害分析与关键控制点）认证，并获得标准化良好行为AAAA级证书、国家出入境检验检疫局颁发的检疫卫生注册证、安全饮品证书、全国工业产品生产许可证、清真食品证书。先后被评为“中国食品工业杰出外商投资企业”“中国企业诚信建设示范单位”“中国食品工业百强企业”“中国食品工业饮料行业十强”“北京市外商投资花园式工厂”。2012年，生产红牛饮料7亿罐，完成产值18.3亿元，销售收入18.9亿元，实现利润1.1亿元，上缴税金2.7亿元。

地址：怀柔区雁栖经济开发区88号
邮编：101400
电话：61669833
传真：61667355
网址：www.redbullchina.com
电子邮箱：wangjianjun8113@sina.com
法定代表人：严 彬

（姜学昆）

【北京福斯汽车电线有限公司】（简称福斯汽车电线）成立于2000年，注册资金2000万元，占地面积1万平方米，职工总数238人，固定资产总额2816万元。主要生产、销售车辆用电线，年产能100万公里，具有国际先进的汽车电线制造设备和加工手段，是国内汽车电线行业的龙头企业。2005年，福斯汽车主持起草的《汽车用薄壁低压电线》QC/T730–2005行业标准于2005年7月由国家发展改革委批准颁布执行，成为首部由民营企业起草的汽车行业国家标准，结束了中国长期没有薄壁汽车电线标准的历史。2008年公司受国家发展改革委委托，负责3项行业标准的起草与制定，并已通过国家有关部门的审批。目前，由企业负责起草的汽车行业标准电动车辆驱动用电力电缆标准正在进行中。2008年，“福斯”被北京市工商局认定为“北京市著名商标”，连续6年被认定为“北京市高新技术企业”，连续多年被评为“北京市纳税信用A级企业”。企业营销网络主要分布在东北、华北、华东、华中、华南、西南等地区，产品行销于上海、长春、重庆、沈阳、广州等城市并间接出口。2012年，福斯汽车电线共生产汽车电线90万公里，完成产值14.6亿元，销售收入13.9亿元，实现利润3981万元，上缴税金2053万元。

地址：怀柔区雁栖经济开发区雁栖大街39号
邮编：101407
电话：61667841
传真：61665861
网址：www.bj-force.com
电子邮箱：business@bj-force.com
法定代表人：霍 焰

（姜学昆）

【北京统一饮品有限公司】（简称统一饮品）2001年成立，是一家台商独资企业，注册资本2950万美元，占地面积10万平方米，职工总数3093人，固定资产总额6.5亿元。以饮料生产为主，现有果汁、茶、综饮、水四大系列产品（48个SKU），其中统一鲜橙多及统一茶饮料已成为市场的知名品牌。经营区域涵盖北京、天津、河北、山西和内蒙古自治区等省区。现设有PET热充填线2条、PET无菌灌装线1条、TP生产线2条，可生产250毫升的TP包和450毫升、560毫升、1500毫升、2000毫升的PET瓶等多种包装规格的饮料；方便面生产线5条。企业于2002年3月通过ISO9000认证，2004年通过QS认证，2005年9月通过HACCP及ISO 9001、ISO 2000认证，多次荣获北京市“重点企业”“全国饮料行业百强企业”“先进技术企业”等多项荣誉称号。2012年，统一饮品共生产各类饮料4607万箱，方便面2780万箱，完成产值19.1亿元，销售收入22.1亿元，实现利润1176万元，上缴税金1.3亿元。

地址：怀柔区开放路70号
邮编：101400
电话：89681966
传真：89681990
网址：www.uni-president.com.cn
电子邮箱：jianhuali@pec.com.cn
法定代表人：罗智先

（姜学昆）

【北京卓文时尚纺织股份有限公司】 2004年11月在延庆经济开发区注册成立。2012年，北京雪莲时尚纺织有限公司整体变更为北京卓文时尚纺织股份有限公司（以下简称公司）。公司股本总额7500万元，其中北京时尚纺织品有限公司持有5626万股，占总股本比例75%；凯欣（香港）有限公司持有 1875 万股，占总股本比例 25%。公司主要从事生产加工、制造羊绒、羊毛、棉、麻、丝及混纺针织服装制品及国内市场品牌营销，即中高档针织服装的 ODM 与 OBM 业务。公司具有针织成衣全套生产流程及先进的生产设备，拥有近 1900 台（套）的编织横机、缝合机，现有员工 510 人，具备年出品针织制品 1800 万件的生产能力。公司先后通过 ISO9001：2000 质量管理体系认证、ISO14001：2000 环境管理体系认证和 28001-2001 职业健康安全管理体系认证。公司是中国最大的对欧出口毛衫的 ODM 厂商。依据中国纺织品进出口商会统计，公司对欧盟出口毛衫位列全国第 1 位。中国纺织工业协会测评，公司位列 2011~2012 年度中国纺织服装行业出口百强企业第 44 位，位列 2011~2012 年度中国纺织服装企业竞争力 500 强第 181 位。年内，在北京海关统计的北京市纺织服装出口企业中排名第 1 位。同时被中国纺织品进出口商会评为企业信用评价 AAA 级信用企业。公司以“思诺芙德”为品牌，以设计研发为中心，主动开拓国内市场，现已进入北京、天津、西安等 20 余家商场。2009 年，“思诺芙德”品牌被北京市工商局认定为“北京市著名商标”，年内，通过北京市工商行政管理局复评。12 月，“思诺芙德”品牌被国家工商行政管理总局商标局认定为“中国驰名商标”。2008~2012 年连续 5 年荣登全国毛针织服装优质精品榜，2009~2012 年连续 4 年获得年度优秀创意设计奖项，2008~2011 年被授予“北京时装之都北京市十大热销服装品牌”称号，2009~2011 年被北京服装纺织行业协会授予“北京十大最具潜力时装品牌”称号。2012 年，公司出口各类针织毛衫 1677 万件，主营业务收入 91356 万元，出口收入 13096 万美元。

地址：延庆经济技术开发区二区（百莲路 5 号）
邮编：102100
电话：61116037
传真：52025181
网址：www.snowforte.com
电子邮箱：lee@joywin.cc
法定代表人：李卫东

（宋　强）

【北京星昊医药股份有限公司】 成立于 2000 年 10 月，原星昊现代医药开发有限公司，总部位于北京经济技术开发区，2007 年 2 月整体改制为北京星昊医药股份有限公司，是以药品研发、生产和销售一体化经营的研发驱动型企业。公司于 2007 年 8 月在深圳证券交易所中关村三板挂牌，证券代码为 430017。资产总额约 3 亿元，员工总数近 300 人。公司一直专注于对药物的研发，通过与高校、科研院所及国内外医药企业的广泛合作，积累了丰富的药品研发与产业化经验，掌握了多项核心技术和核心工艺，并将技术产业化。公司致力于把深厚的技术积累逐步应用到产品生产与上市销售中，使企业发展成为以研发驱动生产、生产反哺研发的大型医药企业。星昊医药成立之初，从事新药研发业务，2004 年，在国家及北京市产业政策的鼓舞下，公司将研制的新产品自行产业化。截至 2005 年底，共有片剂、胶囊剂、冻干粉针、水针，原料和头孢粉针 6 条生产线陆续通过 GMP 认证。公司下辖 5 家全资子公司。其主导产品醋酸奥曲肽排名全国前 5 名；复方消化酶属国内独家产品，在国内市场占有率超过 50%。2012 年，销售收入 2.02 亿元，实现利润 6409 万元，股东净利润 5210 万元，资产总额 4.49 亿元。

地址：北京经济技术开发区中和街 18 号
电话：67888388　67887158
传真：67875630
电子邮箱：xhyy3203@126.com

（星昊医药）

【京珠盛世集团公司】（简称京珠盛世）位于北京经济技术开发区，是由香港盛氏投资公司、京珠盛世服饰有限公司、北京盛氏雅丽服装有限公司、北京工嘉投资有限公司和北京旁沃数控设备有限公司于 2007 年共同组建的集团公司。是一家主营业务为服装研发、设计、生产与贸易，以及集产业投资为一体的综合型企业，公司注册资金约 1 亿元。京珠盛世现有员工 1000 余人，其中拥有近百人的专业研发设计队伍和高素质的管理团队，并与意大利、法国等国家的顶级设计机构合作。为提高企业的业务水平和管理能力，企业定期邀请各专业专家进行内部培训，组织专人到国外考察学习，派送优秀的员工到高校深造。目前，公司旗下拥有3个服饰品牌：Decently、JEPEN.SUN、THINKPACE。主要产品有羽绒服、棉服、尼克服、风衣、滑雪服、登山服、冲锋衣等。经过多年的市场积累和拓展，具有完全自主知识产权的三大服饰品牌在欧洲多个国家形成了完善的销售体系和网络，拥有大批忠实的消费者，树立了良好的口碑和品牌形象。自2008年京珠盛世进驻开发区后，三大品牌的销售总量更是逐年稳步提高，仅2010年的销售总量就达60万件。

地址：北京经济技术开发区地盛北路5号
邮编：100176
电话：67855588 67855599
传真：67855588-8400
网址：www.jzssgroup.com

（京珠盛世）

【北京瑞驰拓维科技有限公司】 成立于2003年，是一家专业研发、生产各种陶瓷研磨介质和大型湿法研磨设备的高科技企业。卧盘式砂磨机HDM系列（筒体容积从20升~1200升）主要用于化纤钛白粉的分散、技术陶瓷原料、钛白粉生产、非金属矿等领域。离心卧式砂磨机HZM系列主要用于喷绘油墨（Jet–Ink）、芯片抛光液（CMP）、电子陶瓷（MLCC）、细胞破碎（Cell–Disruption）等领域。公司拥有一支高素质的研发、设计、生产、销售团队，逐步建立了软硬件设施先进的实验室和高规格的生产车间，生产国内外急需、科技含量高、附加值高的纳米超细研磨设备及与之配套的研磨介质。公司还生产各种特殊陶瓷研磨介质，如氧化锆、碳化硅、碳化硼、氮化硅等。公司生产的研磨珠和砂磨机不但在国内销售，并且出口到欧洲、韩国和印度等国家，改变了超细研磨设备被德国、瑞士、日本、美国等大集团公司垄断的局面。该公司在北京、上海、西安等城市建立了基本覆盖全国的销售服务网点。

地址：北京经济技术开发区荣华南路君安国际2号楼105室
邮编：100176
电话：67863702 67863464
传真：67860723
网址：www.retschtopway.com.cn

（瑞驰拓维）

【北京龙源冷却技术有限公司】 成立于2006年6月，是中国国电集团所属国电科技环保集团有限公司的控股子公司，公司以发电厂空冷系统设计、空冷系统核心设备制造、成套设备供货、施工安装服务为主营业务，是具有大型机组空冷系统总承包（EMPC）能力的专业化企业。公司现有员工600余人，其中电站空冷系统的设计人员和生产技术管理人员约200人，大学以上学历占95%以上，拥有由国内知名空冷专家为首的一批具有博士、硕士学历和高级职称的专业技术队伍。公司的空冷系统核心设备——空冷散热器生产基地占地3.47万平方米，拥有一批经验丰富、技术过硬的管理人员和操作人员。公司引进了国际先进水平的生产线，其中核心生产设备可控气氛钎焊炉和翅片加工机均从德国原装进口，设备性能稳定、生产效率高、工艺先进，在国内同行制造业中处于领先水平，拥有的直接、间接空冷散热器生产线，满负荷生产年产可满足近12台600兆瓦空冷机组空冷散热器的设备供应。2012年，通过美国ASME认证及IASACI72标准质量管理认证，获选中关村“十百千”重点培养企业。

地址：北京经济技术开发区同济南路11号
邮编：100176
电话：87859777 87859717
传真：87859911
网址：www.bjlylq.com.cn

（龙 源）

【贵州首黔资源开发有限公司】 （简称首黔公司）2009年1月16日注册成立，由首钢、盘江煤电、黔桂发电、水钢共同投资，在六盘水市盘县盘北工业园区建设煤（焦、化）钢电一体化循环经济工业基地。以低成本差异化竞争、建设绿色高科技的示范工厂为目标，一期规划投资120亿元~150亿元，由首钢国际工程公司总承包，建设特殊钢短流程工艺生产线，并实现煤、焦、化、电等能源资源转换。2012年，完成一期200万吨焦化场平工程。

地址：贵州省六盘水市盘县鸡场坪
邮编：553525
电话：0858-2182327
法定代表人：韩 庆

（首黔公司）

【秦皇岛首秦金属材料有限公司】 （简称首秦

公司）2003年3月注册成立，是由香港首长国际企业有限公司、秦皇岛首钢板材有限公司、韩国现代重工业株式会社、首钢总公司投资建立的中外合资企业，4家股东的持股比例分别为52%、24%、20%、4%。2003年5月动工，2006年10月4300毫米宽厚板生产线投产。厂区占地面积180万平方米，生产船板、海洋工程用钢、管线钢、桥梁板、容器和低温容器板、高层建筑用钢、高强板、储油罐用钢、水电工程用钢、风电工程用钢、耐磨钢、高炉围板等12个系列300多个品种，用于装备制造、建筑、石油化工、交通运输、水利电力等领域。2012年，首秦公司产铁250.81万吨，产钢245.13万吨。

地址：河北省秦皇岛市抚宁县杜庄乡

邮编：066326

电话：0335-6089862

法定代表人：王 毅

（首秦公司）

【北京天海工业有限公司】（简称北京天海）成立于1992年8月，是北京京城机电控股有限责任公司旗下的专业生产气体储运装备的企业。北京天海目前拥有6个专业气瓶生产基地、1个汽车底盘改装基地和1个美国公司，生产的工业气瓶产品在国内市场占有率第一，世界第三，现已出口40余个国家和地区。北京天海拥有美国DOT、德国TUV、加拿大TC等34个国际产品认证，可提供800余个品种和规格的产品，属北京市高新技术企业。北京天海将发挥现有优势，重点专注天然气产业发展机遇，建立完善的瓶、罐、车、站高端产业链，以制造安全的气体储运装备为使命，努力成为跻身全球气体储运装备行业最前列的公司。

地址：朝阳区天盈北路9号

邮编：100121

电话：67383444

传真：67367022

网址：www.btic.cn

法定代表人：王平生

（刘赫第）

【北京机电院高技术股份有限公司】（简称机电院股份公司）是北京市转制企业的成功典范，前身是北京市最大的科研院所，公司于2002年由北京京城机电控股有限责任公司、北京控股有限公司等共同发起成立。作为“中国环保产业骨干企业”，机电院股份公司致力于环保固废、污水、资源化综合利用等领域的设计开发、生产制造、工程总包及投资运营服务。秉承雄厚的技术研发优势，公司拥有环境工程固废甲级及废气、废水乙级设计资质；工业固废、生活垃圾（甲级）、污水环境保护设施运营资质；国际总包经营资格等完善的行业资质；拥有近50项国家专利、千余项科研成果及遍布国内外的多项工程业绩。在生活垃圾综合处置、危险废物处置、污泥处置、污水处理、餐厨垃圾处置、环保生物技术、废旧金属拆解及资源化利用等领域，形成独特的核心技术，在国内省级危险废物集中处置领域拥有70%以上的市场份额，居国内领军地位，在业内享有“固废处置专家”的美誉，连年被评为国内“固废影响力企业”及“优秀工程技术公司”。同时，机电院股份公司作为国家环保部认定的国家环境保护污泥处置与资源化利用工程技术中心的依托单位，也肩负着北京市企业技术中心、固体废物处理处置科技创新研发基地等环保行业的重要角色。

地址：朝阳区工体北路4号

邮编：100027

电话：85235260

传真：85236086

网址：www.bmei.net.cn

法定代表人：任亚光

（刘赫第）

【北京京城工业物流有限公司】（简称京城工业物流）成立于2003年，是一家以工业原材料采购、物流加工、配送、国际贸易为主要业务，直接为工业制造业用户服务并提供工业物流解决方案的专业化工业物流公司。京城工业物流由北京京城机电控股有限公司及瑞士ILB国际物流有限公司共同出资组建，承继了其前身北京机械设备进出口公司和北京中都兴物资公司的营销网络及渠道，同时引进了ILB国际物流有限公司的操作及管理方法。公司拥有先进的工业物流技术、管理理念和各种物流设施，包括先进的ERP系统和电子商务交易平台。业务范围涵盖大宗物料的集中采购、仓储、配送，工业辅料的集中采购及定时定位配送，工序性零部件的下料加工和国际贸易、进出口咨询、代理、通关等。京城工业物流以成为生产性服务业示范企业为目标，致力于工业物流平台的建设和发展，通过世界范围的供应和销售网络，整合供应链整体资源，优化供应链整体效益，为工业制造业用户提供专业的工业物流服务。
地址：西城区德胜门内大街西海东沿甲一号
邮编：100035
电话：64032545
传真：64012355
网址：www.bj-gis.com
法定代表人：阮忠奎

（刘赫第）

【北京京仪敬业电工科技有限公司】 是在整合原机械工业部所属两家重点企业北京低压电器厂（建于1956年）和北京市微电机总厂（建于1962年）基础上依照“产权清晰，权责明确，政企分开，管理科学”的现代企业制度改制而成。公司历史悠久，实力雄厚，在业内具有较高的品牌知名度和良好的客户美誉度，是中国低压电器协会和中国分马力电机协会副理事长单位。集团主要产品有北低牌系列低压电器、高低压配电设备、自动控制设备、电力控制设备、三环牌系列分马力电机、罩极电机、控制微电机和为国防服务的自动控制系统等。公司长期以来一直致力于提供节能、环保、智能化的电气自动化领域综合解决方案。分别从德国、法国、瑞典、日本等国引进了多项先进技术，与ABB公司、美国斯普拉格公司等建立了合资企业，生产低压电器、低压无功功率补偿装置、谐波滤波设备、配电设备自动化集中监控、智能型变频节电设备、节能高效电机等机电一体化节能、智能产品。产品广泛应用于工业、农业、国防、公共设施等领域，并远销德国、美国、法国、日本、东南亚等20余个国家和地区，深获客户好评。
地址：丰台区右安门外滨河路2号
邮编：100069
电话：66175725
传真：66176306
网址：www.jydg.cn
法定代表人：杨睦民

（付宗义）

【北京远东仪表有限公司】 前身是北京电表厂，成立于1960年，1994年成立北京远东仪表有限公司，是北京市具备承接工业控制仪表、楼宇自动化控制系统项目、环保工程项目、电工仪表、防雷等产品的高新技术企业。专注于自动化领域，以客户为导向不断加强同客户的沟通，为客户提供自动化领域全方位解决方案。公司不断加强与国际先进仪表企业的合作，与美国艾默生电气公司、颇尔公司建立了长期的战略合作关系，现已发展成为美国艾默生公司的全球供应商。公司主要产品包括3051、3051S、1151系列智能压力变送器，智能一体化温度变送器，安全栅，彩色无纸记录仪，隔离器，火焰检测系统，SIXNET、DCS、SCADA系统集成产品，浪涌保护器，ARR系列避雷器，电阻表，精密电表，静电系电压表，电源装置，电度表等。公司产品在石油、石化、化工、电力、冶金、轻工、环保、建材等行业广泛应用，如上海石化、玉门油田、北京化工厂、大庆石化、马钢、本钢等，受到用户一致好评。
地址：东城区和平里北街6号
邮编：100013
电话：64214101
传真：64211304
网址：www.bjfeic.com
法定代表人：秦海波

（付宗义）

【北京京仪椿树整流器有限责任公司】 成立于1960年，是国内最早生产电力电子半导体器件和电力电子变流装置的企业，80年代和90年代两次引进英国马可尼Marconi（现为Dynex半导体公司）的快速恢复二极管（FRD）、晶闸管（SCR）、GTO、GTR制造技术和关键设备。公司是集科研、开发、生产、经营和技术服务为一体的高新技术企业，国内变流行业的骨干企业。2000年3月，公司通过ISO9001质量体系认证，2003年成为英国Dynex（丹尼斯）半导体公司的中国销售代理，2006年成为瑞士CT-Concept驱动器公司的中国代理商，专为Dynex和其他公司的IGBT提供驱动器。2006年，公司成为法国ALSTOM公司的中国合格供应商。公司的ZKR300A-500A/600V-2500V大功率快速软恢复二极管和IGDF 1000A/12V新型高效节能环保电镀电源分别在 2005 年 12 月和 2007 年 3 月通过北京市科委的技术鉴定，其中 ZKR300A－500A/600V－2500V 大功率快速软恢复二极管被评为北京市自主创新产品，并具有独立的知识产权，已申请了发明专利。

地址：丰台区三顷地甲 3 号
邮编：100040
电话：88680221
传真：88681988
网址：www.chunshu.com
法定代表人：刘 军

（付宗义）

【北京布莱迪工程技术有限公司】 成立于 2008 年 1 月，是一家测压、测温仪表专业生产厂家。公司成立以来，一直致力于研制和生产在石油化工、化纤、冶金、食品、制药、精细化工、科研等行业使用的各种特殊用途的测压、测温仪表。现可生产包括不锈钢防腐、耐震、微压、差压、各类化学密封及压力传感器，压力开关等具有电信号输出等的近 20 多个系列的测压测温产品；压力测量范围最高到 250 兆帕斯卡，最小可到 500 帕斯卡；机械式精密表精度做到 0.25%，电子式仪表精度可达万分之五以上。公司具有生产规格品种多、加工工艺精良的特点。特别是在微小压力的测量，单、双膜合微压表的制造，化学密封及世界先进的等离子、激光、无氧焊接工艺在产品上的应用方面更具特色。公司的部分产品完成了“UL、CE”安全认证。1998 年，通过 ISO9001 质量体系认证；是北京市外商投资的先进技术企业；并自 2002 起一直是北京市的高新技术企业。公司产品在国内销售市场不断扩大的同时，其产品还远销到了以东南亚、欧洲、北美洲为主的境外 20 多个国家和地区。

地址：朝阳区南三环成寿寺路甲 135 号
邮编：100164
电话：67633541
传真：67633536
网址：www.brighty.com.cn
法定代表人：王 军

（付宗义）

【北京博飞仪器股份有限公司】 由中国光学行业著名企业北京光学仪器厂以其雄厚的技术研发、加工制造和市场网络等优质资产投入，于 1998 年发起设立。博飞浓缩了中国测绘仪器的发展历程。1958 年，北京市光学仪器厂成立，此后 40 年间坚持产品技术创新，各种型号、等级的光学经纬仪、水准仪、垂准仪、测距仪、GPS 接收机、电子经纬仪、全站仪等产品源源不断地研制推出，成为中国光机电一体化测绘仪器生产营销基地。博飞公司集北京光学仪器厂优势之大成，专业从事大地测量仪器、建筑施工仪器与测绘技术系统集成的研制、生产和营销。大力采用高新技术，重点发展了电子经纬仪、全站仪、GPS 接收机等高新技术光电子产品，构建现代工程测量数字化测绘技术体系，创立了中国行业名牌“博飞 BOIF ”。

地址：北京经济技术开发区兴业街 2 号
邮编：100176
电话：67816781
传真：67816789
网址：www.boif.com
法定代表人：孙建军

（付宗义）

【北京华腾橡塑乳胶制品有限公司】 由原北京橡胶六厂、七厂、北京乳胶厂等国有企业先后合并改制而来。2002 年 12 月，由北京橡胶塑料制品厂与北京乳胶厂合并改制，隶属于北京化学工业集团有限责任公司。公司经营范围包括乳胶制品、橡胶制品生产加工，乳胶、橡胶制品生产设备的加工、安装，进出口业务等。公司占地面积 15 万平方米，现有员工 2500 人，资产总额为 40560 万元，净资产为 22893 万元，是华北地区最大的橡胶制品企业之一。2012 年，公司完成营业收入 7.74 亿元，实现利润总额 1142 万元。产品结构构成中乳胶手套类占 40%，橡胶板类占 35.4%，橡胶制品类占 11%，橡胶雨裤靴鞋类占 13.6%。产品技术水平在国内同行业处于领先水平。公司下属合资企业有 2 家，分别为北京宜刚鞋业有限公司（主要生产、销售各类劳动防护鞋类产品）和北京瑞京乳胶制品有限公司（主要生产医用乳胶手套）。

公司具有独立的研发中心和实验中心，具有较强的科研开发能力和技术检测手段，企业产品中自有技术、自主研发的新产品占主导地位。企业产品注册商标有鲸鱼牌、盾牌、星际牌、复佳牌、雪莲牌，其中鲸鱼牌、雪莲牌获得北京市著名商标称号，6种产品获得北京市优质产品称号。工厂生产无污染物排放，环保达标，工业卫生、劳动保护和消防设施齐全。公司获得中关村高新技术企业证书，为中国航天“神舟”系列飞船生产配套产品，多次荣获国家载人航天工程办公室、中国航天科技集团颁发的协作单位荣誉证书。公司产品销往全国各地，其中乳胶制品、胶板、钓鱼靴、雨鞋等产品销往北美、南美、欧洲、东亚、西亚等世界各地40多个国家和地区。公司已通过ISO9001: 2000质量管理体系认证和ISO14001环境管理体系认证。乳胶手套还通过欧盟CE认证、美国FDA认证。

地址：通州区台湖镇北神树村东光机电一体化产业基地兴光五街6号
邮编：101111
电话：81501488
传真：81501488
网址：www.bjlatex.com
法定代表人：董宝印

（徐博非）

【北京市工业技师学院】 始建于1974年，2002年经北京市政府批准晋升为技师学院，是一所国家重点、北京示范的高技能人才队伍建设的重要基地，是面向首都现代制造业企业职工开展技师和高级技师提升培训与研修、考核与评价的重要平台。学院现占地10万平方米，建筑面积8万余平方米，专业设备资产3亿元。开设数控、汽车、环保与生物制药、机电、计算机五大类近20个专业，其中数控加工和汽车维修2个专业经国家人力资源和社会保障部批准，成为全国首批院校化学制式技师培养试点专业。目前，学院专兼职教职工260人，硕、博学历以上教师24人，占专任教师15.58%；高级职称占教师总数的22%。在校生4000余人，并常年面向企业开展各类社会培训。学院认真贯彻“高端引领、多元办学、内涵发展”的技工院校办学方针，坚持“企业的需求就是学院办学目标”的办学理念，质量立校、特色兴校、人才强校，办学优势明显，办学业绩突出，呈现出蓬勃的生机与活力。目前，学院是全国重点技工院校、国家级高技能人才培训基地、国家中等职业教育示范学校、全国技工院校师资培训基地、全国技工院校一体化教学改革试点牵头校。世界技能大赛数控车、数控铣项目国家队集训基地，是北京市首批职业技能培训公共实训基地。曾连续多年荣获北京市技工教育教学先进单位、首都文明单位等荣誉称号。

地址：朝阳区化工路甲1号
邮编：100023
电话：67387521
传真：67374060
网址：www.bitc.org.cn
电子邮箱：bitc116@sohu.com
法定代表人：童华强

（徐博非）

【北京市化学工业研究院】 隶属于北京化学工业集团有限责任公司，1958年10月成立，地处中关村科技园核心区，科研力量雄厚，拥有一批由各类专业技术人才和专家组成的科研队伍及经验丰富、技艺精湛的高素质技术工人，经过50余年的技术积淀，形成了一套完整的生产和技术创新体系，拥有国家通用工程塑料工程技术研究中心、北京市塑料合金技术实验室及北京市高分子材料质量监督检验站等一批资质机构。作为首家完成PBT工程塑料研究与开发和商业运行的科研院所，化研院始终致力于高分子材料、精细化工等领域的研究与开发，是国内最早从事工程塑料研究和生产的科研院所，积累了大量工程塑料合成与共混改性的专有技术和实际经验；工程塑料领域的持续创新能力较强，近期化研院以工程塑料的高性能化、功能化、低成本化、无卤化为开发重点，取得了多种技术突破，获得授权专利6项；同时有数十名包括博士、硕士及各级专业技师组成的技术团队，具备提供完整的工程塑料应用开发和设计能力，能够提供完整系统的设计和技术支持。具备完善的ISO9001、TS16949、ISO14001、OHSAS18000质量、环境及职业健康管理体系，产品取得UL认证（E97523），获得SONY公司的GP认证和施耐德公司的双绿认证。

地址：海淀区中关村北大街123号华腾科技大厦
邮编：100084
电话：62567814
传真：62643390

网址：www.bciri.com.cn
电子邮箱：yjyyb@bciri.com.cn
法定代表人：杨传忠

（徐博非）

【长沟峪煤矿】 成立于1962年9月21日，原名为京西矿务局长沟峪煤矿，当时设计年生产煤炭能力30万吨，固定资产655万元，员工1300人。2002年底，该矿改制，更名为北京昊华能源股份有限公司长沟峪煤矿，当年产煤127万吨，为历史最高年产量。2006年已发展成国家中型矿井。该矿井田面积2570万平方米，矿井开拓方式为平硐加暗斜井；集中地板运输巷加采区石门开拓煤层群方式；采煤方法以柔性掩护采煤法为主；提升方式在暗斜井主井采用强力胶带运输机，在副井采用串车、架空人车运送人员；通风方式为边界对角式机械通风；排水方式为集中泵房分水平多级排水与水平硐排水两种。煤矿属低瓦斯矿井，煤尘无爆炸和自燃现象。所采煤炭为侏罗纪无烟煤，产品有末煤（1毫米~13毫米）、特供混中（13毫米~40毫米）、特供中块（40毫米~80毫米）和混煤4个品种，具有低灰、低磷、低氮、低灰分、高发热量（27.60兆焦／千克）、高稳定性特点，为结晶环保优质无烟煤，由京煤集团注册有“京局洁”商标，主要用于钢铁冶炼、制碱、建材等工业，并出口日本、韩国、巴西等国家。自1962年建矿至2012年，该矿累计生产煤炭4033.6万吨。该矿曾多次获得“全国模范职工之家”“北京市先进基层党组织”“北京市思想政治工作优秀单位”“北京市双十佳企业”等荣誉称号。

地址：房山区周口店镇
邮编：102451
电话：69307041
传真：69307041
法定代表人：董永站

（汪智利　马士彬）

【北京金泰集团有限公司】（简称金泰集团公司）2001年11月28日，成立北京金泰恒业有限责任公司。2009年11月28日，更名为北京金泰集团有限公司，是由北京京煤集团有限责任公司全资控股的国有企业集团，注册资本8.42亿元，净资产19.5亿元。该公司秉承“服务城市、服务生活”的企业宗旨，致力于建设卓越的现代城市服务业运营商，产业涵盖燃料经营、汽车贸易、钢贸物流、旅游饭店、物业经营、厨房设备、节能环保、旅游地产等多种服务行业，经营网点覆盖北京、辐射全国，逐步形成“以现代物流业为主导，以旅游饭店业和物业经营业为支撑”的战略格局。2012年，金泰集团公司围绕创新发展主题，坚持稳中求实、实中求质、质中求进，倡导对标、反思、复盘、否定的创新理念，践行草根创新、制度创新、管理创新和服务创新的金泰创新价值金字塔体系，以稳健提升、调整优化、务实拓展、强化基础为关键，不断提升企业核心竞争力，资产总额达到79亿元，实现营业收入100.28亿元，利润9200万元。现代物流业积极应对环境变化，收入逆势上扬。燃料物流创新思维，强化对标管理，扩大开放合作，加强政府项目对接，较好地克服了燃料价格持续下滑的影响，全年收入及利润创历史新高。交易型物流主动优化发展策略，初步形成了以钢贸物流供应链为核心、以电子商务平台为依托的经营体系。全年实现收入14.44亿元。汽贸物流加快专业经营步伐，不断克服汽车限购政策的影响，调整发展节奏，创新营销策略，奥迪、雪铁龙、标致品牌整车销售5522台。支撑产业强化内涵式发展，提升经济效益。旅游饭店业不断优化商业模式，扩大机票销售规模，全年实现收入25亿元。物业经营业强化专业协作。房屋平均租金水平不断提升，出租率高位运行，物业服务拓展外部市场，规模不断扩大，全年实现收入5.8亿元。新兴产业优化发展路径，彰显经营活力。海南南燕湾项目顺利开工。金泰商务大厦实现开业运营；厨房设备扩大商品批发和工程配货业务，增加代理进口商品的品种；节能监测完成北京市发改委、北京市东城区79家政府部门、事业单位节能服务和供热计量改造工作；饮品经营批发启动了“金泰统一之友”连锁销售终端和饮品电子商务销售平台；金泰菜篮子农副产品经营获得政府支持，经营规模达到12家；超市经营联手永辉超市合作共赢；稻香村加盟经营、四合院宾馆、敬老院、餐饮服务等业务积极创新思维谋求发展，加强营销开拓市场，提高收入，创造效益。

地址：西城区广安门内登莱胡同4号

邮编：100053
电话：63542233
网址：www.bjjtjt.com
电子邮箱：jingliban@bjjtjt.com
法定代表人：周建裕

（程林禧）

【北京金隅红树林环保技术有限责任公司】 成立于1999年4月，隶属于北京金隅集团（股份）公司，是北京市最大的工业危险废物专业处置单位，国内首家利用水泥窑开展工业废物处置的环保型企业。

公司是城市环境治理整体解决方案的服务提供商，同时开展城市工业废物无害化处置、废物资源化综合利用、生活污泥处置、生活垃圾处置、污染土处置等一揽子解决城市环境问题的业务。依托金隅环保示范线和金隅在京水泥生产线，可完成来自工业企业、大专院校实验室、研究院所的30大类危险废物的处置任务，年处置能力10万吨，在北京工业废物处置市场中位于领先地位；主导设计了国内首条利用水泥窑余热干化及最终处置生活污泥工艺线，年处置污泥能力17万吨。截至年底，红树林公司服务的客户已超过2000家，累计处置工业废物近38万吨，污染土超过60万吨。

围绕减少社会废物排放总量，促进制造业企业可持续发展，不断拓展资源综合利用领域，大力发展危废处置、污染土壤修复与处置、节能管理与服务三大核心业务，积极培育环境技术咨询、工程总承包2项业务。经过多年的不懈探索与创新，公司确立了现场服务体系架构，形成了保姆式驻厂服务、钟点工式上门服务和环境应急服务3种服务模式，基本满足了北京地区危险废物和工业废物的各种处置需求，为产废单位、政府提供了多元化的服务形式，构建了环保服务的盈利新模式。十多年来，红树林公司努力向社会各界提供先进技术和专业服务，成为“城市环境治理整体解决方案服务提供商”。2012年，销售收入21407万元，实现利润4821万元，实现利税4856万元，资产总额186011万元，所有者权益154622万元。

地址：朝阳区东土城路甲14号建达大厦23层
邮编：100013
电话：64216668
传真：85271840
网址：www.bbmghsl.com
电子邮箱：hongshulin1@bbmg.com.cn
法定代表人：郑宝金

（高 艳）

【北京市塑料研究所】 成立于1964年，隶属北京隆达公司，是从事塑料加工成型技术及其应用开发方面研究的科技型企业，其研发和生产业务涉及工业、农业、化工、电子、交通以及航空航天、船舶、核工业、国防军工等众多领域。在科研方面，建所40多年来独立承担并完成了国家“六五”“七五”“八五”“九五”和“863计划”等高技术含量的科研课题数十项，重点军工配套科研课题近百项以及众多的技术服务性横向课题，取得了大批科研成果，获得了国家级科技进步奖、部（市）级科技进步奖等奖项近50项。2000年，研究所转制成为科技型企业，并通过ISO9001质量体系认证。2009年10月，公司进入高新技术企业行列。在生产经营方面，依靠高新技术成果商品化与常规产品的加工形成互相支持和互相补充的态势。2012年，再一次被评为高新技术企业。主要产品有硅片花篮承载器、聚偏氟乙烯（PVDF）板材及其织物复合板、耐酸碱腐蚀的实验室用器具、塑料板材（PP、PE、ABS等）、耐腐蚀的方槽及板、棒型材（PTFE、PVDF等）、绝缘、耐腐蚀的管材及波纹管、耐腐蚀防粘薄膜及其压敏胶膜、过滤材料、多线切割机用金属线导向轮、聚四氟乙烯旋塞阀衬套等。2012年，销售收入2439万元，实现利润58万元，实现利税425万元，资产总额5405万元，所有者权益1472万元。

地址：西城区旧鼓楼大街47号
邮编：100009
电话：64034448
传真：64057549
网址：www.slyjs.com.cn
电子邮箱：SLYJS@public.bta.net.cn
法定代表人：庄 甦

（塑料所）

【北京隆达印刷包装集团有限公司】 由北京印刷集团有限责任公司和北京轻联包装集团有限公司于2004年重组成立，是北京隆达轻工控股有限责任公司所属的核心企业集团。集团公司现有6家分公司、8家控股公司、2家参股公司、5家管理公司，拥有资产13亿元。产品结构以出版印务、安全印务、包装印务、物流物业以及高仿真复制字画为主体，其中包装装潢、彩色期刊、商业票据、彩票、证书等产品在市场中占有较大份额。在“科技北京、绿色北京、人文北京”的都市定位引领下，通过了ISO9001质量管理体系、ISO14001环境管理体系、GB/T 28001职业健康安全体系、GB/T22080信息安全管理体系认证。率先取得了QS食品包装生产许可证和中国环境标志产品认证。2012年，实现销售收入8.6亿元，利润总额2228万元。

地址：西城区佟麟阁路36号
邮编：100031
电话：51813160
传真：51813055
电子邮箱：office@bjpp.cn
法定代表人：粟国锦

（隆达印包）

【北京印刷集团有限责任公司印刷二厂】 始建于1949年5月，位于CBD国际商务中心区的一家国有独资综合性印刷企业，隶属于北京印刷集团有限责任公司。企业占地面积2.2万平方米，建筑面积3.8万平方米，员工人数430人，资产总额1.2亿元。是民政部福利彩票发行管理中心定点生产彩票的国有企业，是国土资源部定点承印全国新版土地证的唯一厂家。是中央国家机关、中央直属机关、北京市行政事业单位2013年印刷定点采购企业。2012年，印刷二厂主营销售利润同比增加538万元，同比提高49.0%；营业利润同比增加225万元，同比提高58.4%；利润总额同比增加220万元，同比提高57.4%。

地址：朝阳区建外郎家园10号
邮编：100022
电话：85891631 85897613
传真：85893400
网址：www.printing2nd.com.cn
电子邮箱：printing2nd@yahoo.com.cn
法定代表人：粟国锦
厂长：尹秋生

（印刷二厂）

【北京京海纸制品有限责任公司】 成立于1996年，是隶属于北京市民政工业总公司的福利企业。企业坐落于北京市朝阳区定福庄东路，占地6.67万平方米，在职员工300余人，是年产值5000万元的一家综合性的专业包装生产企业。目前，已形成专业生产彩色纸箱、纸盒，三、五、七层纸箱、纸盒，防潮纸箱、手提袋及异形模切。业务涉及各行各业，广泛用于化妆品行业、日用化学品行业、工业化工行业、汽车制造业、农业养殖行业、电子行业、军品包装行业、食品行业、礼品行业、文化教育行业、药品行业等。企业拥有充足的厂、库房及设备基础，纸箱全部采用先进的瓦楞纸板生产线（三层、五层、七层），自动印刷开槽机（三色、四色）、自动压线机、平压压痕切线机、自动贴面机、单面瓦楞机组、自动钉箱机、粘盒机和自动切纸机等各类先进的生产设备。企业纸板全部经过各种精密的检测仪器进行检测，主要有电脑抗压仪、纸板耐破强度测试仪、纸板边压测试仪、胶合测试仪、纸板挺度仪等，能更好地保证产品的质量。企业拥有纸品包装业丰富的生产管理经验和技术人才。2004年，企业取得了国际质量体系认证，同时也取得了各种相关的资质证明，如印刷许可证、商品条码印刷许可证、出口商品质量检验备案登记证等。2003~2011年，企业被北京市民政工业总公司评为先进企业；2003~2011年，企业被北京市民政局评为文明企业。2012年，完成工业总产值2451万元，占年初计划的61.3%；完成销售收入2613.3万元，占年初计划的65.3%。

地址：朝阳区定福庄东路1号
邮编：100024
电话：65487182 65487181 65488635
传真：65488332
电子邮箱：jinghaichang2003@yahoo.com.cn
总经理：虎来宝

（王志）

【北京北科合作仪器厂】（简称BBK®）成立于1985年，是隶属于北京市民政工业总公司的福利企业。企业是辐射仪表的专业生产厂，主要产品是X射线测厚仪。高速、高精度X射线测厚仪是企业主导产品，适用于冶金行业冷轧、热轧、平整、精整等生产线。企业奉行“诚信、品质、服务”的核心价值观，致力打造精品测厚仪。经过多年自主研发，已经完全掌握了核心技术，产品质量、性能达到国外同类产品水平。与国外仪表相比，性能价格比值高，供货及时，服务到位，受到用户的一致好评。产品已覆盖多条连轧线和可逆轧线。企业产品曾获国家技术装备一等奖，国家“七五”科技攻关奖，1996年获部级科技进步三等奖，2004年获北京科技创新工程奖。企业拥有自主知识产权，X射线测厚仪获国家发明专利1项，实用新型专利3项。2012年，实际完成工业总产值1230万元；实现销售收入1200万元，利润126万元；职工收入同比增长17%，顺利完成了全年生产经营指标。

地址：东城区北池子大街49号
邮编：100006
电话：65255353
传真：65284178
网址：www.bbk2000.com
电子邮箱：xing@bbk2000.com
厂长：邢 红

（王 志）

【同方股份有限公司】（简称同方股份）成立于1997年，注册资本198770万元，位于北京市海淀区，是清华控股有限公司控股的企业。同方股份以“科技服务社会”为宗旨，密切依托清华大学的科研实力与人才平台，紧紧围绕“技术＋资本”“合作＋发展”“品牌化＋国际化”的发展战略，大力弘扬“承担、探索、超越，忠诚、责任与价值等同”的企业文化，在信息、能源环境两大产业方向上不断探索、创新，形成了以计算机、数字城市、物联网应用、微电子与射频技术、多媒体、半导体与照明、知识网络、军工、数字电视、环境科技、安防系统、建筑节能等十二大主干产业集群，孵化并培育了一批优质产业公司。目前，“清华同方”品牌价值已超过550亿元。同方股份历年均入选“中国科技100强”“中国电子信息百强”“守信企业”。2008年11月，首度上榜世界品牌500强。拥有专利和软件著作权2000余项。2012年，销售收入2234268万元，实现利润84372万元，实现利税61377万元，资产总额3370205万元，所有者权益909239万元。

地址：海淀区清华同方科技广场A座29层
邮编：100083
电话：82399988
传真：82399765
网址：www.thtf.com.cn
电子邮箱：600100@thtf.com.cn
法定代表人：荣泳霖

（清华控股有限公司）

【启迪控股股份有限公司】（简称启迪股份）成立于2000年，注册资本72576万元，其前身是成立于1994年8月的清华科技园发展中心，位于北京市海淀区，是清华控股有限公司控股的企业。启迪股份全面承担清华科技园的开发、建设、经营与管理。作为启迪股份的旗舰产品，清华科技园北京主园区是目前世界上单体最大的大学科技园，已经成为清华大学社会服务功能的重要平台，成为推动区域自主创新的重要平台，成为中国乃至世界科技园行业的知名品牌。在“致力于成为科技服务业的中国引领者和全球典范”这一总体目标下，启迪股份在科技服务领域逐步形成了覆盖地产、投资、服务、金融、传播、培训等多位一体的业务架构，已经成为拥有丰富经验和智慧、具备全面业务能力的科技服务提供商。2012年，销售收入59258万元，实现利润9310万元，实现利税7151万元，资产总额750901万元，所有者权益207532万元。

地址：海淀区清华科技园创新大厦A座14层
邮编：100084
电话：62785888
传真：62772777
网址：www.tuspark.com
电子邮箱：tuspark@tuspark.com
法定代表人：梅 萌

（清华控股有限公司）

【紫光股份有限公司】（简称紫光股份）成立于1999年，注册资本20608万元，位于北京市海淀区，是清华控股有限公司控股的企业。公司业务领域广泛覆盖信息电子产业的主流方向，主干产业包括以数字影像产品为代表的自主品牌信息电子产品；覆盖教育、新闻出版、交通、各类政府机构等多领域的软件与系统集成业务。公司主要产品为紫光扫描仪、紫光数字影像行业解决方案、紫光光盘、紫光餐饮信息化管理解决方案、电子政务行业解决方案等，以及紫光 MES 系统、Web2.0 建站平台 -OSPod、紫光电子档案、企业级开发中间件 EPOD、紫光 Perfect OA 等。获得的资质包括公路交通工程专业承包通信、监控、收费综合系统工程资质，建筑智能化专项工程设计甲级资质，计算机信息系统集成企业资质证书（一级），涉及国家秘密的计算机信息系统集成资质证书（甲级），安防工程企业资质证书（一级）等十多项。获得国家 520 户重点企业、国家“863”计划成果产业化基地、全国电子信息“百强”企业、全国高新技术“百强”企业等多项荣誉。产品先后获得国家技术发明奖、科技进步奖、重大技术装备成果奖、北京市科技进步奖和北京市名牌产品等。2012 年，销售收入 653382 万元，实现利润 8910 万元，实现利税 6303 万元，资产总额 269173 万元，所有者权益 94478 万元。

地址：海淀区清华大学东门紫光大厦 9 层
邮编：100084
电话：62789898
传真：62786008
网址：www.unis.cn
法定代表人：徐井宏

（清华控股有限公司）

【博奥生物有限公司暨生物芯片北京国家工程研究中心】（简称博奥生物）成立于 2000 年，注册资本 37650 万元，位于北京市昌平区，是清华控股有限公司控股的企业。博奥生物在科技部“863”计划和卫生部传染病重大专项等项目支持下，初步构建起中国生物芯片的核心技术平台和产业链，研制出生物芯片、配套仪器、试剂耗材和软件数据库、生物芯片服务 5 个系列 60 余项产品，其中多种生物芯片产品属国际首创。获得“药品生产企业许可证”“医疗器械生产企业许可证”“医疗器械经营企业许可证”和 ISO 9001、ISO 13485 质量管理体系认证。LuxScan ™ 10K 激光共聚焦扫描仪、晶芯 ® 分枝杆菌菌种鉴定基因芯片、遗传性耳聋检测基因芯片和结核耐药检测基因芯片试剂盒等 14 项产品分别获国家和北京市自主创新产品证书。截至年底，公司累计获得国内外授权专利 172 项，专利实施率达 55%。临床诊断产品获得国家食品药品监督管理局医疗器械证书 28 个、欧盟 CE 认证证书 27 个。2007 年，“系统化生物芯片和相关仪器设备的研制及应用”成果获国家技术发明奖二等奖。公司起草的 6 项生物芯片临床诊断行业标准和 5 项国家标准已获批发布。公司的生物芯片产品除在国内临床和科研获得广泛应用之外，还出口到北美、欧洲、亚洲、中东等 20 余个国家和地区。2012 年，销售收入 22149 万元，实现利润 1096 万元，实现利税 3975 万元，资产总额 59871 万元，所有者权益 47074 万元。

地址：昌平区生命科学园路 18 号
邮编：102206
电话：80726868
传真：80726898
网址：cn.capitalbio.com
电子邮箱：yunzhang@capitalbio.com
法定代表人：周立业

（清华控股有限公司）

【北京清华阳光能源开发有限责任公司】（简称阳光能源）成立于 1994 年，注册资本 15359 万元，位于北京市昌平区，是清华控股有限公司控股的企业。公司主要业务领域为太阳能光热，同时涉及光电、热泵和节能节水产品。阳光能源拥有自主知识产权的全玻璃真空太阳集热管生产基地和国内首条太阳能热水器自动化生产线，具备年产 1000 万支集热管和 30 万台热水器的生产能力。目前，阳光能源已通过质量管理体系、职业健康安全管理体系、环境管理体系、CCC 强制认证，是目前业内少数获得金太阳认证、通过环境标志认证（十环认证）并纳入政府绿色采购清单的企业，部分产品通过“EN12975”标准，并获欧洲 Solar KEYMARK 标准认证。公司先后获得“国家发明奖”与“科学技术进步奖”，产品连续 6 年获得北京名牌产品称号，并被建设部推荐为“国家康居示范工程选用产品”。2009 年阳光能源成为首批中关村国家自主创新示范区创新型企业。阳光能源是中国太阳能热利用产业的行业奠基人、产业推动者和标准制定者。“清华阳光”牌太阳能热水器以“性能卓越、功能完备、质量可靠、性价比高”的优势，深得广大用户青睐。2012 年，销售收入 2.18 亿元，实现利润 -1400 万元，实现利税1580万元，资产总额5.28亿元，所有者权益2.8亿元。

地址：昌平区马池口镇埝头工业区清华阳光公司

邮编：102202

电话：60751678

传真：60758801

网址：www.thsolar.com

法定代表人：李艳和

（清华控股有限公司）

【北京辰安科技股份有限公司】（简称辰安科技）成立于2005年，注册资本6000万元，公司总部位于北京，是清控创业投资有限公司（清华控股全资子公司）控股的企业。辰安科技在公共安全领域具有多年的研究经验和技术积累，紧密结合国家需要，以国家应急体系建设为导向，在国家巨灾应急技术装备、城市公共安全、工业生产安全、危险化学品安全、人居环境安全、关键基础设施安全、核与辐射安全等众多公共安全领域，拥有独立自主的知识产权和核心技术；在应急平台关键技术系统与装备方面，拥有完整的独立自主知识产权和核心技术。辰安科技的产品和服务包括公共安全综合应急、监测监控、预防预警、救援指挥相关系统和装备，取得了近百项软件著作权和国内外专利，并荣获“国家科学技术进步一等奖”。公司获得“高新技术企业认证”“软件企业认定”“ISO9001质量体系认证”“乙级测绘资质”、信息系统集成资质（二级）、CMMI三级、软件能力成熟度等级三级等多项资质证书。2012年，销售收入1.73亿元，实现利润3428万元，实现利税5230万元，资产总额3.17亿元，所有者权益1.72亿元。

地址：海淀区上地信息路甲28号科实大厦C座11层

邮编：100086

电话：62980171

传真：82899315

网址：www.gsafety.com

法定代表人：王 忠

（清华控股有限公司）

【北京理工雷科电子信息技术有限公司】 成立于2009年，注册资金2000万元，其中北京理工大学持有30%的股份，毛二可院士及其技术和管理团队持有52%的股份，其他战略投资者共同持有18%的股份。理工雷科是在中关村国家自主创新示范区体制机制改革先行先试的政策指引下成立的学科性创新公司，是中关村国家自主创新示范区建设以来第一个获准实施科技成果入股股权激励的单位。主要从事北京理工大学雷达技术研究所的科研成果转化和产业化。公司设立专门的生产制造部，由生产、计划、工艺、库管等岗位构成，具备成熟的产品生产、检验一套完整的管理体系和流程，并按质量管理体系要求建立了公司质量管理体系，已通过国军标质量管理体系认证。公司主营业务为新体制雷达、高速实时信号处理、航天遥感、卫星导航、数据采集、模拟仿真等。公司的核心管理团队4人（毛二可院士、龙腾教授、戴斌董事长、刘峰总经理），教师25人（24人拥有博士学位），其中70%以上为研发人员，研发水平在业内领先，已拥有多项发明专利及软件著作权。公司已获得国军标质量管理体系认证、国家二级保密资质，是北京市高新技术企业、中关村高新技术企业、中关村新锐企业十强、瞪羚企业。年内，公司获得国家重大科技成果转化项目、北京市高新技术成果转化项目、北京科委战略性新兴产业培育项目、北京市科委北京市科技新星计划的经费支持和奖励。年内，北京理工雷科公司实现销售收入7459.36万元，实现利润1445.30万元，实现利税658.56万元，资产总额8708.27万元，所有者权益4837.97万元。

地址：海淀区中关村南大街9号理工科技大厦12层

邮编：100081

电话：68429855

传真：68429855-8004

网址：www.radartech.cn

电子邮箱：mayan@racobit.com

法定代表人：戴 斌

（张 瑛）

【北京理工华创电动车技术有限公司】（简称理工华创公司）成立于2010年，注册资金1000万元，是北京理工大学参股的学科性、窗口型公司。依托北京理工大学电动车辆国家工程实验室，主要业务范围包括电动车辆整车及关键零部件开发和测试、动力系统平台及关键部件的生产和销售、节能与新能源汽车/运营系统的推广和技术咨询，产品及系统保障服务等。公司得到国家相关部委、北京市的认可和支持，2011 年由市发展改革委授权筹建“电动汽车北京市工程研究中心”，并已得到北京市政府产业化股权资金支持。公司具有较为完整的组织架构，包括公司总部、技术中心、产品中心、营销中心及北京西山、顺义 2 个产品试制和工程化基地等，拥有强大技术研发和生产协调能力，其产品和服务为整车企业提供了有力支撑。技术中心的主要骨干是车辆工程、汽车电子、电力电子、机械制造、自动控制等领域的知名专家，形成了跨学科优势。同时还拥有一批经验丰富的工程师和高级技术工人，保障了技术成果的工程化和产业化的顺利实施。公司拥有数控铣床、数控车床、数控剪板机、数控折弯机、CO_2 气体保护焊机、等离子切割机、大型摇臂转床、线切割机、冲床、高压线束生产线、大型充电机、可调交直流两用电源、大型车辆举升机 / 试验台以及 AMT 测试系统、双电机测控系统平台、网络仿真系统、Car-maker 动力系统仿真平台等生产试验设备 30 余台（套），具备相关电动汽车动力总成及零部件的试验能力和整车及零部件产品试制、标定、组合能力。公司主要经营的产品有电动车动力系统中关键零部件整车控制器及 AMT 机械自动变速系统、高压电动部件如高压控制柜、高压线束、高压控制器等，可批量生产以上相关零部件，定制测试设备。公司主持的中国波兰电动公交车及系统推广项目被列为北京市和科技部重点国际交流和输出项目，“系列化纯电动专用车关键技术及产业化”项目成果达到国际先进水平。2012 年，公司承担了北京市科委项目 4 项及国家科技支撑计划 1 项，实现项目金额 1117 万元；主营业务收入 1447 万元，比 2011 年增长了 599 万元，同比增长 70.64%；实现利润 238.47 万元。

地址：海淀区中关村南大街 9 号理工科技大厦
邮编：100080
电话：68910955
传真：68944475
网址：www.huachuangev.com
电子邮箱：huachuang@huachuangev.com
法定代表人：林 程

（张 瑛）

【北京矿大节能科技有限公司】 成立于 2006 年 8 月，位于中国矿业大学（北京）国家科技园内，是中国矿业大学（北京）科技成果转化、国家高新技术产业化重点扶持的高新技术企业。公司首创回收矿井总回风、矿井排水、坑口电厂冷却水、洗浴废水、煤矿冻结孔等煤矿低温热能，用于建筑物供暖（包括夏季空调）、井筒防冻、洗浴热水的技术及成套装备，在全矿区范围内实现“高碳行业低碳运行，产煤不烧煤”。公司共拥有专利 31 项，2009 年、2010 年获得三项煤炭工业科技成果一等奖，在 2011 年第二届节能中国宣传表彰活动中荣获中国节能协会颁发的“2011 节能中国十大新技术应用奖”和“2011 节能中国优秀示范单位奖”2 项大奖。2012 年，获国家科技中小型企业创新基金支持以及年度中国煤炭工业协会科学技术奖等。9 月 6 日开工建设的北京矿大节能科技有限公司研发生产基地位于房山区窦店北京高端制造业园区，规划建设项目计划总投资约 2 亿元，规划建筑面积 29626 平方米，计划新建 4 个厂房、3 个实验楼和 1 个研发中心，用于建设煤矿安全和节能减排级实验室，研发生产矿山安全和节能减排系列设备产品。年内，实现销售总额 6000 万元，利润 600 万元。

地址：海淀区学院路丁 11 号宝源商务公寓 A2 座 1~2 层
邮编：100083
电话：51734715
网址：www.cumtec.com
电子邮箱：kdjn@cumtec.com
法定代表人：王建学

（李春林）

【北京天宏海阔科技有限公司】（原北京北航天宏科技有限公司）成立于 2002 年 7 月 10 日，注册资本 1950 万元，是北京航空航天大学控股、北京市中关村科技园参股的高新技术 IT 企业，由北京航空航天大学的产业管理集团——北京北航天华科技（集团）有限公司（注册资金 2.4 亿元）以董事会的形式代表北京航空航天大学行使资产管理职能。目前，天宏海阔公司已经逐步形成以软硬件研发为公司的发展基础，以电子政务整体解决方案、系统集成及建筑智能化、工业测控系统为重点业务的经营模式。

2012年，销售收入1335.78万元，利润-83.41万元，税金26.88万元，资产总额64.68万元，所有者权益457.38万元。

地址：海淀区学院路37号北航工训中心东202室
邮编：100191
电话：82317377
传真：82316647
法定代表人：庞宏冰

（贾立胜）

【北京北航精密机电有限公司】（原北京中航设备改造研制厂）成立于1984年，是北京北航资产管理公司控股企业、北京市高科技企业。北京北航精密机电有限公司在北京航空航天大学科研成果的基础上研制和生产各类液体静压、动静压轴承精密主轴单元。该产品既可与精密机床配套又可用于旧机床的改造和精化，现有外圆磨床、平面磨床、轴承专用磨床、金刚镗床、数控机床等产品。产品在全国上百家企业的设备上使用，取得了很好的效果，创造了良好的社会和经济效益。公司在密云工业开发区建立了主轴单元的专业化生产基地，在门头沟建立了液体静压、动静压混合轴承主轴功能部件研发中心，为产品的专业化生产提供了可靠的保证。公司被列为中关村高新技术企业，2008年被列为北京市高新技术企业。2012年，销售收入937万元，实现利润155万元，实现利税222万元，资产总额3915万元，所有者权益3841万元。

地址：北京航空航天大学校内6号楼438室
邮编：100191
电话：82316358
传真：82316358-14
网址：www.bhjm.cn
法定代表人：刘树春

（贾立胜）

【北京科大科技园有限公司】 2003年成立，注册资本1000万元，负责全面运营北京科技大学科技园，公司投资设有北京科大天工科技服务有限公司、北京科大分析检验中心有限公司、北京科大方兴科技孵化器有限责任公司等全资、控股、参股公司10家。目前，北京科技大学科技园已有入园企业144家，注册资本超过3亿元，员工总数超过4000人，孵化场地面积12万平方米。2005年，北京科大科技园被教育部、科技部认定为国家级大学科技园；2006年，科大方兴孵化器被认定为“国家级科技企业孵化器”；2008年，北京科大科技园被科技部认定为首批“创业投资引导资金服务机构”；2009年，科大方兴孵化器成为“团中央青年就业创业见习基地”“北京市高新技术产业专业孵化基地”和“北京市高新技术产业专业孵化基地”，科大分析检验中心成为“首都科技条件平台研发实验服务基地”，北京科大科技园被授予海淀区产学研合作示范基地称号；2012年，中关村高端人才创业基地落户北京科技大学，北京科大科技园被认定为“北京市战略性新兴产业孵育基地”和“北京市小企业创业基地”，新材料技术转移中心被科技部认定为国家级技术转移中心。年内，主营业务收入100万元，实现利润17.6万元，实现利税34.1万元，资产总额2730.7万元，所有者权益1664.3万元。

地址：北京市海淀区学院路30号
邮编：100083
电话：62333978
传真：62316722
网址：www.ustbsp.cn
法定代表人：刘俊友

（张宏伟）

（本栏目责任编审：王东维）

产品

【振动台系列产品】 北京航天斯达新技术装备公司研制产品。振动台是航天、航空、铁路、船舶等行业产品研制必需的可靠性试验设备，拥有多项国家专利，为国内大型军、民产品研制提供技术保障。振动试验设备包括：电动振动台（推力从10牛到700千牛）、功率放大器（功率从50伏安到1000千伏安）、水平滑台（台面最大尺寸4.5米 ×4.5米）、多轴向振动试验系统及多点激振试验系统、冲击响应谱试验机、综合试验系统（温、湿、振动三综合、离心振动等环境试验系统）等，其中总推力70吨的双台并激试验系统、感应式振动台、大型空气弹簧隔振气浮地基、多轴振动试验系统及配套液压球头、高电压输出的IGBT功率放大器等产品填补国内空白，已在航天、航空、汽车、船舶、电子等各行业得到广泛应用，特别是为国内的大运载、大飞机、轨道交通、探月工程、各类卫星等军品研制起到了重要的技术支撑作用。

振动台系列产品

地址：丰台区南大红门路1号
邮编：100076
电话：88523489
传真：88521890
网址：www.ht702.com
电子邮箱：machen_kw@sina.com
法定代表人：徐宏利

（杨 婷）

【灌装设备系列产品】 北京航天斯达新技术装备公司研制。该灌装设备产品包括1升~5升、10升~20升和200升三大系列，每个设备系列分为防爆灌装线和非防爆灌装线，可根据需要实现手动线、半自动线和全自动线，灌装主机包括称重式、容积式、称重容积混合式等，可灌装润滑油、润滑脂、涂料、油漆、沥青、苯酚、醋酸、磷酸、饮料等多种物料，能够全自动开纸箱、装箱、封箱、捆扎和码垛，在涂料灌装设备行业具有明显的技术优势。2012年灌装生产线首次实现了出口。典型产品——YGZX-1-24-4L型减量称重式全自动灌装机采用上称重灌装方式，上桶方便、易于定位、灌装精度高、速度快、适用物料范围广，具有较高推广价值；YGZX-1-2-20L系列直线容积式灌装生产线是针对涂料、油漆等液体类工业原料开发的灌装填充设备，具有易操作、易清洗、易维护、精度高、生产速度快、不滴漏等特点，此设备适应性很强，可用于自动化程度高的集成工厂及自动化程度较低的小型工厂。

灌装设备系列产品

地址：丰台区南大红门路1号
邮编：100076
电话：88523489
传真：88521890
网址：www.ht702.com
电子邮箱：machen_kw@sina.com
法定代表人：徐宏利

（杨 婷）

【BFC6120系列客车】 北京北方华德尼奥普兰客车股份有限公司研制。该车型在秉承德国NEOPLAN客车先进制造工艺基础上，大量采用国产优质零部件，实现了配置多样化、设计人性化、性价比更优化的特点。公司根据不同用户的车辆使用情况和所在城市车流量等特点，对车辆底盘配置进行合理优化，现可选配玉柴、潍柴、大宇不同型号发动机，全方位满足购车用户需求。全承载车身结构更优化，整车质量更轻，油耗成本更低廉。座位数可根据用户不同需求进行选择，最大可配置55座大容量成员空间，满足高峰期运输效率。该车兼顾满足城际运输、城市旅游、中长途运输、机关团体用车，并可根据个性化需求改装会议车、防暴车、电视转播车、采血车等特种车辆。BFC6120系列客车承接国内外政务活动及重大赛事，备受世界瞩目。曾被选为驻港、澳部队用车；全国两会会议指定用车，第十一届亚运会、北京2008奥运会、广东亚运会接待专用车等。该系列车型已全方位覆盖客运、旅游、政府公务、城际运输用车需求，销量一直稳居国内12米豪华大型座位客车前列。

BFC6120系列客车

地址：丰台区朱家坟五里5号
邮编：100072
电话：83807309
传真：83866275
网址：www.northbus.com.cn
电子邮箱：bfyx618@163.com
法定代表人：陈树清

（杨 婷）

【HLT5165GSSEV纯电动洒水车】 北京华林特装车有限公司根据市场需求开发的新能源环卫新产品，采用福田BJ1163EV1纯电动二类底盘，配装80QZF–60/90N专用水泵。功能有前喷洒、侧喷洒、后喷壶、后部上下喷雾、高压喷枪和水龙带高压出水口（可与消防车对接，辅助灭火）。本车水路系统配置顺畅实用，水泵出水分为两路，一路向前通往前喷、侧喷，两个前喷洒喷头用来冲刷路面及洒水作业，侧喷用来冲刷路牙，都有自己专用的球阀开关，可以在驾驶室内由气动阀直接控制。另一路通向后部的高压喷枪、后喷壶，其中的高压枪用来浇灌路边树木或用来打药；后喷壶用来作为道路喷洒作业，由驾驶室内的气动阀直接控制。该车型外型美观大方，将电池箱全部覆盖在罐体椭圆形外观下面，保证了前后外形的一致性，同时电池箱两侧各有一个活门可开启，以备快速更换电池。该车适用于一般的园林绿化保洁、环卫喷洒降尘和中水转运等作业。

HLT5165GSSEV纯电动洒水车

地址：丰台区东老庄106号
邮编：100070
电话：83628258
传真：83628258
网址：www.bjhltzc.com
电子邮箱：hualin@besg.com.cn
法定代表人：刘志国

（杨 婷）

【茵莲清肝颗粒】 北京亚东生物制药有限公司与北京大学、中国医学科学院、北京药物分析研究所等数家顶级权威中医药研究机构的共同合作下，历时8年研制而成。是国内独家产品，国家级新药，国家中药保护品种，国家重点新产品，北京市高新技术成果转化项目，拥有发明专利证书，专利号ZL2004100913590。该产品具有清热解毒、调和肝脾的功用，对急性甲型肝炎、乙型病毒性肝炎、急性肝损伤等有极好的疗效。

茵莲清肝颗粒

地址：昌平区科技园区振兴路8号
邮编：102200
电话：51660661
传真：51660661
网址：www.bjyadong.com
电子邮箱：zhichan@bjyadong.com.cn
法定代表人：赵敏姿

（刘少强）

【胸腺蛋白口服溶液】（商品名：欣洛维）修正药业集团北京修正制药有限公司生产的国家一类新药，拥有独立自主知识产权及3项国家发明专利，是国内消化性溃疡治疗领域唯一的国家一类新药，可直接促进消化道黏膜的内皮细胞、成纤维细胞的增殖，对消化道黏膜的炎症、糜烂、溃疡等各种损伤均具有良好的修复作用。体外细胞培养试验证明该产品对内皮及成纤维细胞有促增殖作用；动物实验研究表明，该产品能直接对不同因素所致的胃溃疡模型有明显的预防和治疗作用，其特点是通过增强胃黏膜 Na^{+}-K^{+}-ATPase活力和提高胃黏液细胞功能、增加胃黏膜前列腺素合成及降低血浆内皮素水平等机制，达到保护和营养胃黏膜、促进其损伤修复的作用。

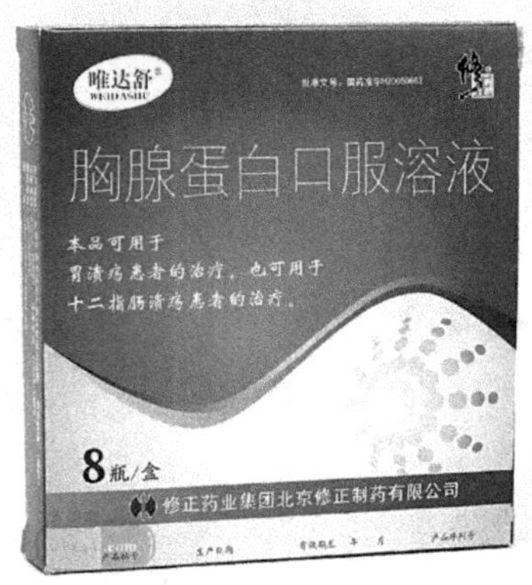

胸腺蛋白口服溶液

地址：昌平区宏福创业园23号
邮编：102209
电话：81786096
传真：81786096
网址：www.china-xiuzheng.com
电子邮箱：lidianhui@yeah.net
法人代表人：修涞贵

（刘少强）

【塑化剂检测试纸条试剂盒】 北京勤邦生物技术有限公司推出的最新产品，具有可定性，定量检测白酒样本中邻苯二甲酸二丁酯和邻苯二甲酸二异丁酯的残留量；灵敏度为0.02毫克/千克，检测限为0.1毫克/千克；检测回收率稳定，变异系数小于10%，与国标检测方法检测结果吻合；高通量检测，可同时测定42个样本，检测方法简单，样本可直接稀释检测；操作时间短，仅需75分钟，能最大限度地减少操作误差和工作强度，是快速筛查的最佳选择。

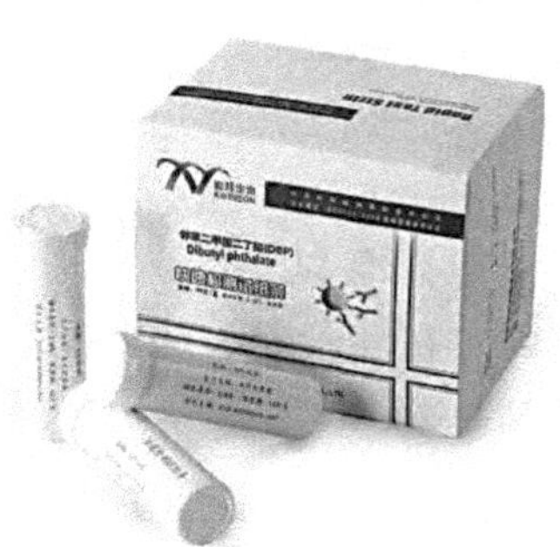

塑化剂检测试纸条试剂盒

地址：昌平区回龙观国际信息产业基地高新四街8号
邮编：102206
电话：80700520
传真：80700525
网址：www.kwinbon.com
电子邮箱：info@kwinbon.com
法人代表：何方洋

（刘少强）

【东明精密模具】 北京东明兴业科技有限公司专门为国内外知名企业（如小米、松下、三洋、丰田等）提供移动通信产品配件及汽车零配件的精密注塑模具和精密冲压模具。东明模具零件的加工精度可达到 ±0.002 毫米，成型超薄塑件壁厚仅为 0.18 毫米 ~0.25 毫米。在模具制造中采用瑞典的 3R 电极装卡系统，实现高效率、高精度的加工。万级洁净度模具抛光室，使型芯制造的光洁度能够满足客户的更高要求。东明模具得到世界知名客户的高度评价，多个项目获得国家发明专利，同时也获得北京市和国家的荣誉。“手机配件精密注塑模具”被国家科学技术部、商务部、国家环境保护局授予国家重点新产品证书；“手机超薄电池壳注塑模”“超薄注塑模具”“手机 B 壳多种大面积嵌件注塑模具”等项目多次获得中国模具行业“精模奖”一等奖；“卫星通信手机天线管的精密成型模具”获怀柔科学技术进步一等奖。东明公司多次被北京市模具协会评为先进模具企业。

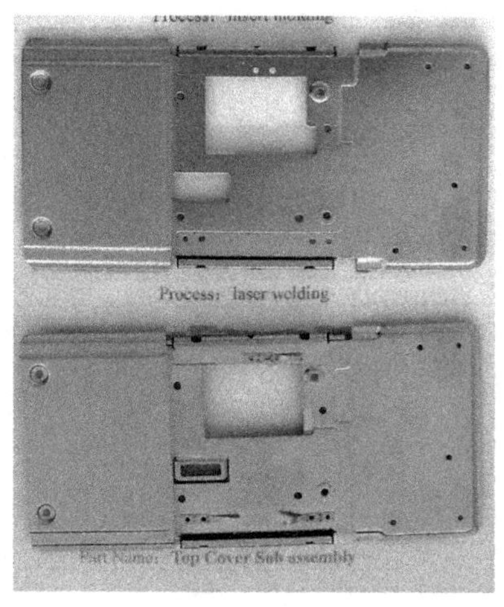

东明精密模具

地址：怀柔区雁栖经济开发区
邮编：101407
电话：61665518
传真：61667191
网址：www.bjdmc.com
电子邮箱：dmzb@bjdmc.com
法定代表人：王玉林

（姜学昆）

【水煮型速食面】 金田麦水煮型速食面是一种将中国传统的手拉、手擀面技术应用于工业化大生产的面条类食品。水煮型速食面精选进口和国产优质小麦制粉，面粉加水经真空和面，水煮而成，经过调整酸度、密封包装、巴氏杀菌三道关键工艺保质，含水量高，真正做到了“鲜”与“湿”，不经油炸，脂肪含量低，维生素等营养成分不完全被破坏。水煮型速食面不添加任何防腐剂，在常温条件下保质期能在 10

水煮型速食面

个月以上，具有安全、营养、美味、便捷四大特点，因此又被称为 LL 面、长寿面，即货架期长的面。金田麦水煮型速食面在常温条件下储运，只需 1 分钟 ~2 分钟开水焯或者微波炉加热后即可食用，可汤、可炒、可拌、可涮火锅，或者作为打底料入菜品。近几年，水煮型速食面被越来越多的国内消费者认可和喜爱，在国内通过商超、流通和快餐业三条渠道并行，典型产品为乌冬面和米线。

地址：怀柔雁栖经济开发区雁栖北二街 12 号
邮编：101407
电话：61668620
传真：61667349
网址：www.jtm-food.com
电子邮箱：emma.liu@jtm-food.com
法定代表人：陈海泉

（姜学昆）

【纽利味裹浆裹粉系统】 纽利味食品（北京）有限公司主要提供腌料、香辛料、裹浆粉、日式面包屑、饼干粉等产品，并组成全套的客户化产品设计和技术服务，广泛应用于加工肉类、海产品、蔬菜、水果以及冷冻食品等。纽利味裹浆裹粉系统将面包屑技术同面粉和功能性原

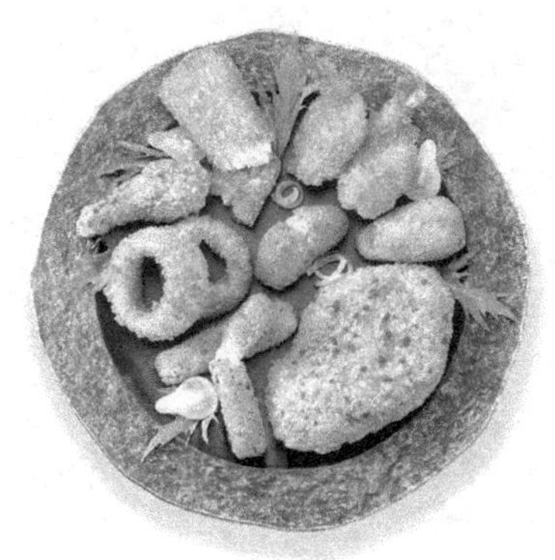
纽利味裹浆裹粉产品

料相结合，为产品提供一个无限的裹涂空间，创造出感官、风味和咬感特征。此外，其系统能够增加机器和手工加工中的重要性能特征，提供出品率和增重率的控制，使产品具有弹性，满足加工、销售和最终准备使用的要求。

地址：怀柔雁栖工业开发区雁栖北二街11号
邮编：101407
电话：61666868-601
传真：61666888
网址：www.newlywedsfoods.cn
电子邮箱：windyguan@newlywedsfoods.cn
法定代表人：约翰西里

（姜学昆）

【输液袋用聚丙烯接口及组合盖】 北京奥星恒迅包装科技有限公司研发而成，一举斩获五项实用新型和外观专利，成为国内输液袋包装市场主流产品。较国内外现有产品，其优越之处在于：加药塞增加隔膜，解决了胶塞和药液接触的问题，加药塞和输药塞中心孔距较大，解决了加药不便问题，加药塞高度足够，保证了在加药时钢针不会刺穿软袋或者刺伤使用人员；采用加药和输药分开设计，加药和输药有工序标记指示，既能让使用者更方便地使用，又可以避免在一个头上加药和输药造成胶屑或塑料屑；盖子采用一体成型，内盖为压合形式，不存在焊接不牢、容易掰开的问题。新式搬折切痕处结构设计合理，切痕灭菌后不会开裂；同时，该产品的全塑料设计、穿刺力较好于同类产品等特性，有效解决了落屑问题；在药液残留问题上，该产品通过对加药塞部分结构的改善，比现有双管产品药液残留少40%。该产品受到医药行业一致好评，被中国医药包装协会评为优秀奖。

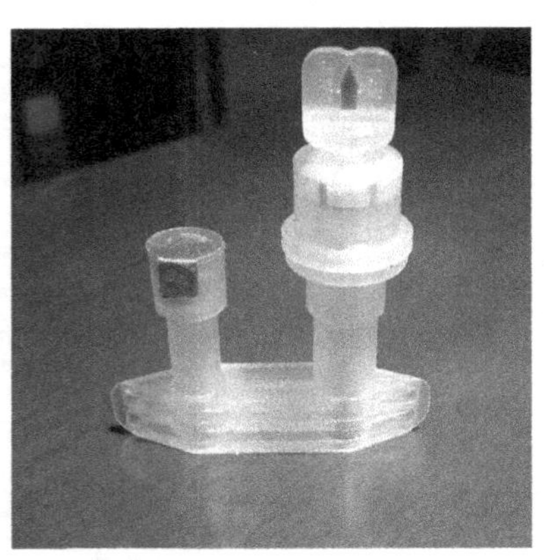

输液袋用聚丙烯接口及输液袋用聚丙烯组合盖

地址：怀柔雁栖经济开发区雁栖河西路3号
邮编：101407
电话：61669540
传真：61665014
网址：www.austarpmc.com
电子邮箱：wyh20080412@sina.com
法定代表人：何国强

（姜学昆）

【红螺茯苓夹饼】 茯苓夹饼是清朝宫廷御医专门制作的御膳，用茯苓、白面、芝麻、蜂蜜、桂花、核桃仁、松子、瓜子等做原料精制而成，具有保健延寿的作用。北京红螺食品有限公司根据传统食品文化的内涵，在原有茯苓夹饼宫廷配方的基础上，又增加了枸杞、红果、板栗、绿茶等品种，使茯苓夹饼的营养价值有了新的提高，口味也由原来的单一味道，变为现在的酸、甜、苦、辣、咸等30多种口味。如今，红螺茯苓夹饼是一种地地道道的药膳，含有人体所需的蛋白质和多种维生素，营养丰富，口味鲜美，具有滋养肝肾、补气润肠、健身减肥、抗衰延年之功效，本品长期食用，可增强体力，养颜护肤，亦是馈赠亲友的佳品。2012年，红螺茯苓饼荣获“全球食品工业大奖”荣誉称号。

红螺茯苓夹饼

地址：怀柔区庙城镇郑重庄村631号
邮编：101401
电话：60692542
传真：60692286
网址：www.hljt.com.cn
电子邮箱：hljt2286@sina.com
法定代表人：李效华

（姜学昆）

【御食园北京烤鸭】 御食园食品科研人员将连续式真空冷冻干燥技术、智能烤炉技术、真空充氮包装技术、高温杀菌技术等综合应用于传统烤鸭生产研发而成。并相继研发出冷冻干燥烤鸭片、酱制烤鸭、速溶方便鸭汤、酱制鸭骨、酱制鸭杂、烤制鸭杂、烤鸭肉脯、保质期长的荷叶饼、冷冻干燥蔬菜条等系列产品。通过将这些产品予以组合包装，形成了新品总数达60余件的御食园全要素系列北京烤鸭产品。由御食园工艺制备的北京烤鸭系列产品，在不添加任何防腐剂的情况下，烤鸭鲜、香、脆、嫩的口感和品质可连续保存两个月，满足了消费者携带各地的消费需求；同时，由于同一产品包装内荷叶饼、调味酱、蔬菜、鸭汤等各项元素全部具备，品质保证与保质期同步延长，作为完整意义上的北京烤鸭，实现了可长期贮存、便携、即买即食等超市化、休闲化旅游产品特质。目前，御食园北京烤鸭加工工艺和产品包装分获国家发明专利和外观专利授权，达国内领先水平。

御食园北京烤鸭

地址：怀柔雁栖经济开发区乐园大街31号
邮编：101407
电话：61668198
传真：61668195
网址：www.yushiyuan.com
电子邮箱：ysyxzb2009@163.com
法定代表人：曹振兴

（姜学昆）

【移动指挥系统车——警务工作站】 北京中冀福庆专用车有限公司自主研发的新产品项目，于2012年9月完成产品开发。该警务工作站是一辆具有独立性、机动性的移动指挥系统车。全车分为设备区、工作区、休息区、生活区。设备区包含通信机柜和配电柜，车内外视频监控，指挥调度，移动警务核查，警灯警报，远程通信传输，车辆平衡，交直流配电，照明、供水、温度控制。工作区设有视频监控终端，移动警务核查、比对终端，会议办公等设施，可供12名警员进行会议、办公使用。休息间设有双人床、资料柜、衣柜、枪柜等设施。生活间设有卫生、洗浴、厨具等设施。警务工作站产品在2012年十八大期间作为唐山市警用保障能力用车，产品受到唐山市公安局的高度评价。

移动指挥系统车——警务工作站

地址：怀柔区杨宋镇凤翔科技开发区二园9号
邮编：101400
电话：61675258
传真：61675308
电子邮箱：zhang956439092@foxmail.com
法定代表人：刘广荣

（姜学昆）

【等离子刻蚀机】 北京北方微电子基地设备工艺研究中心有限责任公司研制。等离子干法刻蚀技术是利用等离子体进行薄膜微细加工的技术。在典型的干法刻蚀工艺过程中，一种或多种气体原子或分子混合于反应腔室中，在外部能量作用下（如射频、微波等）形成等离子体：一方面等离子体中的活性基团与待刻蚀表面材料发生化学反应，生成可挥发产物；另一方面等离子体中的离子在偏压的作用下被引导和加速，实现对刻蚀表面进行定向的腐蚀和加速腐

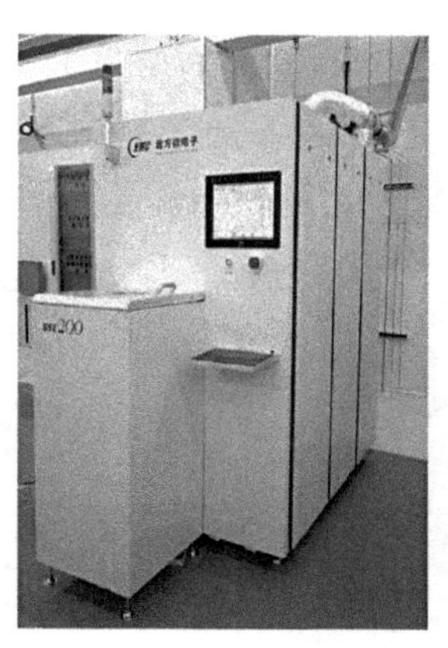

北方微电子蚀刻机

蚀。干法刻蚀工艺过程是化学反应作用和物理轰击作用的结合。相比于传统的湿法刻蚀技术，干法刻蚀技术由于具有良好的各向异性和工艺可控性已被广泛应用于微电子产品制造领域，如今更是逐渐扩展到 LED、封装等泛 IC 领域。北京北方微电子基地设备工艺研究中心有限责任公司凭借在半导体领域十余年的干法刻蚀产品开发经验和工艺技术，为集成电路、半导体照明、微机电系统、先进封装、光波导等领域提供各种类型的生产和研发的刻蚀系统，满足客户多种制造工艺需求。

地址：北京经济技术开发区文昌大道 8 号
邮编：100176
电话：57846999（总机）
传真：57846777
网址：www.bj-nmc.cn
电子邮箱：sales@bj-nmc.cn
法定代表人：王 岩

（北方微电子）

【大尺寸 AMOLED 显示屏】 京东方科技集团成功研发出全球首款融合了氧化物 TFT 背板技术和喷墨打印技术的 17 英寸 AMOLED 显示屏，及国内首款 17 英寸利用氧化物 TFT 和真空蒸镀技术制备的 AMOLED 显示屏。作为半导体显示屏的一种，AMOLED 具有广泛的市场空间和应用前景，而大尺寸 AMOLED 技术和产品的研发是该显示技术发展的关键突破点。氧化物 TFT 即 Oxide TFT 背板技术，是 AMOLED 新型半导体显示产品开发制造中的关键技术之一。京东方将真空蒸镀技术与氧化物 TFT 技术相结合，其实现方式相对容易，成膜速率及效率高，是大尺寸 AMOLED 产品最可能实现量产的技术方向之一。而将喷墨打印技术与氧化物 TFT 技术相融合，具有降低成本、提高生产效率等优点，被认为是未来大尺寸 AMOLED 显示产品大规模市场化的重要技术方向。

京东方显示屏

地址：北京经济技术开发区西环中路 8 号
邮编：100176
电话：67837899
网址：www.boe.com.cn
电子邮箱：sdtsales@boe.com.cn
法定代表人：王东升

（京东方）

【多晶硅定向生长凝固炉】 北京京运通科技股份有限公司报送的“JZ-460/660 多晶硅定向生长凝固炉”研究成果获得国家能源科学技术进步三等奖。JZ-460/660 多晶硅定向生长凝固炉采用国内技术，产品设计创新，技术领先，质量稳定；装料量大，提高了产能；更趋完善的设计使温场合理，提高了良品率；硅液溢流自动保护措施确保了设备的安全性；应用 CP 与 PLC 等控技术，实现了全程自动化；参数自动

多晶硅定向生长凝固炉

存储结合多种控制模式，增强了设备可控性；工艺技术方案具有先进性和实用性，同时具备良好的安全性和经济合理性。该产品在单台产能、装料数量、硅锭尺寸、热场控制等方面均超过国外产品。该项炉型的一次性投料可达 460 千克~660 千克，一次性投料重量等指标达到世界先进水平，投料重量水平对于节省单位多晶硅锭能耗具有重要意义。

地址：北京经济技术开发区经海四路 158 号
邮编：100176
电话：80803016
传真：61568947
网址：www.jingyuntong.com
电子邮箱：jyt@jytcorp.com
法定代表人：冯焕培

（京运通）

【浮动式前制动钳】 首钢京西重工有限公司产品。京西重工制动器产品处于国际领先水平。在中国上海和美国拥有基础制动器和控制制动器基础研发和应用研发中心，拥有世界级工程研发能力和研发队伍并拥有数百项专利。京西重工（上海）具有前后卡钳的开发、试验验证能力，以满足不同整车厂客户对制动系统的要求。卡钳产品尺寸 32 毫米 ~64 毫米。京西重工设计的卡钳具有良好的燃油经济性、更长的摩擦片寿命和轻量化设计的特点。集成式后卡钳及行车制动和驻车制动于一身，同时兼具盘式刹车的优点。产品处于领先水平，受到客户好评。

浮动式前制动钳

地址：石景山区石景山路 31 号盛景国际大厦 C 座 7 层

邮编：100043

电话：57537313

电子邮箱：meng.li@bwigroup.com

法定代表人：方建一

（京西重工）

【集装箱用热连轧钢板和钢带】 首钢迁钢公司产品。迁钢公司自 2007 年开始试制耐候钢 SPA-H 产品，经过五年的研制和开发，形成了规格系列化、稳定批量生产的局面。1580 毫米热轧生产线投产后，迁钢公司实现了 1.6 毫米 ~6.0 毫米集装箱全系列配套供货能力，薄规格比例达到 60%，处于国内领先水平。1.6 毫米薄规格生产技术获得首钢科学技术进步一等奖；实现低 Ni 集装箱生产技术，获得首钢科学技术进步三等奖。迁钢公司耐候钢 SPA-H 以优良的质量、满意的售后服务，2009 年和 2012 年获得中国钢铁协会颁发的“冶金产品实物质量金杯奖”。成为中集集团、盛狮集团、新华昌集团、中海集团和马士基集团稳定的供应商。

集装箱用热连轧钢板和钢带

地址：河北迁安市杨店子镇

邮编：064404

电话：0315-7703039

传真：0315-7703011

电子邮箱：bgs@sgqg.com.cn

总经理：靳 伟

（杨国光）

【冷成型用热连轧低碳带钢】 首钢迁钢公司产品。2007 年 1 月迁钢公司进行 SPHC 的试制工作，试制工作一次完成，产品的力学性能和表面质量均达到用户使用要求。2007 年 10 月，迁钢公司为顺义冷轧 1850 毫米冷轧线供料。2009 年 1 月开始汽车板认证，首钢 SPHC 产品进入汽车行业。随着 SPHC 质量的提升和产量的扩大，迁钢公司 SPHC 热轧板卷开始对外销售，产品质量稳定，获得了市场用户的认可。稳定供货给山东冠洲、广州 JFE、衡水薄板等外销知名的客户，2012 年市场占有率 7%。2012 年获得中国钢铁协会颁发的“冶金产品实物质量金杯奖”。

冷成型用热连轧低碳带钢

地址：河北迁安市杨店子镇

邮编：064404

电话：0315-7703039

传真：0315-7703011

电子邮箱：bgs@sgqg.com.cn

总经理：靳 伟

（杨国光）

【焊接气瓶用热轧钢带】 首钢迁钢公司产品。迁钢公司自 2009 年取得焊瓶钢生产许可证，产品规格范围涵盖 2.0 毫米 ~14.0 毫米。产品受到市场认可，获得用户好评，产量逐年增加。

焊接气瓶用热轧钢带

2011 年产量 9.8 万吨，2012 年产量 9.9 万吨，市场占有率 35%，稳居行业第一。迁钢公司生产的 HP295 产品的实物质量处于国内领先水平，用户满意度较高。产品覆盖全国市场，广泛应用于各类气瓶设备中。产品自成功试制以来，为迁钢公司创造了巨大经济效益和社会效益。

地址：河北迁安市杨店子镇
邮编：064404
电话：0315-7703039
传真：0315-7703011
电子邮箱：bgs@sgqg.com.cn
总经理：靳 伟

（杨国光）

【BVTM 系列立式龙门铣车复合机床】 北京北一机床股份有限公司产品。该机床是在引进、消化、吸收国际先进技术的基础上，根据市场需求与企业战略规划，自主开发重型 φ2500 毫米～φ13500 毫米大规格超重型立式龙门车铣复合加工中心系列产品。该产品技术特点：配置自动换刀与附件头更换技术；大行程车铣复合功能的全钢滑枕；各向进给采用全静压导轨，配备有高速、高精度、大扭矩车、铣双模式驱动的大规格数控转台，大容量可升降盘式刀库，能够实现车铣复合加工。该机床具有高刚性、大扭矩、高精度、功能丰富、资源配置合理等优越性能，技术水平属国际先进。该机床具有加工高质、高效等特点。该机床 2011 年 12 月研制成功，实现公司的立式龙门铣车复合加工中心机床制造技术从无到有，不仅提升了公司的技术创新能力，而且扩展了北一重型机床产品的市场覆盖面，提高了市场竞争力。与国内其他厂商相比，机床的进给速度、精度水平以及功能配置都具有较大的优势。目前，本系列产品已累计销售 14 台，其中，销往国外 2 台。

BVTM 系列立式龙门铣车复合机床

地址：顺义区双河大街 16 号
邮编：101300
电话：89496161-6690
传真：89451869
网址：www.byjc.com.cn
电子邮箱：wanghong@byjc.com.cn

（昂登华）

【CDPW600－V 型机动车用焊接绝热气瓶】 北京天海工业有限公司目前最新型号的车用 LNG 气瓶，于 2012 年 3 月完成设计开发工作，现在已全面推向市场。经过多年的经验积累，北京天海有着国内一流的 LNG 气瓶研发、制造水平，作为天海公司最新型号的产品，CDPW600－V 型 LNG 气瓶具有如下特点：（1）气瓶的喷淋加液和防止过量充装的装置均获得了国家专利，保证了气瓶的安全性能以及充液性能；（2）采用带有复合支撑棒的双层强旋管前端支撑结构，现已申请国家专利。该支撑结构采用不锈钢强旋管和少量的复合材料支撑棒进行组合，具有极高的强度。同时由于采用双层强旋管辅以复合材料支撑棒，保证其具有良好的绝热保温性能。该结构以不锈钢为主，具有较好的经济性；（3）采用冷轧板作为承压件原材料，冷轧板具有强度高、不易变形等优点。此外，该型号气瓶所采用的阀门仪表，均为国外进口，质量及性能均优于国内同行业产品；（4）天海公司的 LNG 车用气瓶严格按照 ISO/TS 16949:2002，ISO9001:2000 质量管理体系进行生产，接受《气瓶安全监察规程》的监督，确保产品质量稳定可靠。CDPW600－V 型机动车用焊接绝气瓶主要用于公交车、长途客车、卡车以及工程车等，已投入市场超过 3000 台，以北京市场为主，逐步推向全国。在北京市主要用于公交车，一辆柴油公交车的尾气排放相当于 50 辆小汽车的尾气排放，而 LNG 汽车与燃油汽车相比，CO_2（二氧化碳）下降20%左右，NOX（氮氧化合物）下降30%左右,CO（一氧化碳）下降90%左右，HC（碳氢化合物）降低70%左右，且LNG汽车尾气不含有铅尘、硫化物以及苯类等有害物质。该类产品的推广，对节能减排、改善大气环境、降低PM2.5意义重大。

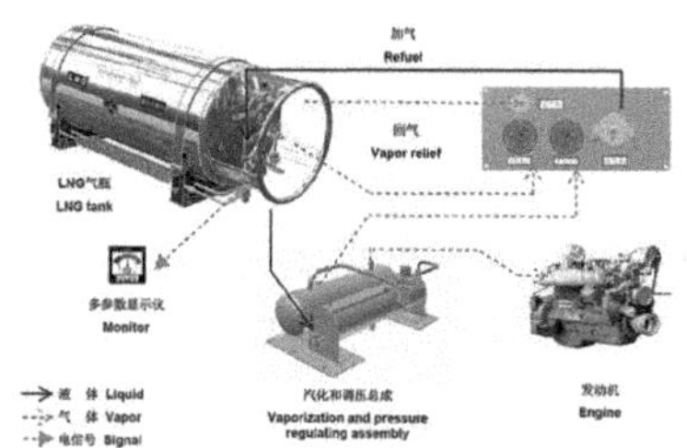

CDPW600-V型LNG气瓶供气系统

地址：朝阳区天盈北路9号
电话：67383444
传真：67367022
网址：www.btic.cn
电子邮箱：world@btic.com.cn
法定代表人：王平生

（昂登华）

【污泥水热干化处理系统】 北京机电院高技术股份有限公司产品。性能特点：以“水热+机械脱水”为主，包含蒸汽热解反应釜、机械脱水、供气系统、干燥段尾气处理系统、脱出液处理系统。温度在190℃、保持时间30分钟，在24小时的自然风干条件下污泥的含水率可以降至20%以下。成果价值：国内首家污泥水热干化处理项目及相关研究，自主开发出符合中国污泥特性的工艺流程，形成多项自主知识产权，处于国内行业领先水平。安全：不会产生粉尘，无爆炸；节能：与传统热力干化方法相比，工艺总能耗降低30%~50%；环保：形成的工艺路线，环境二次污染小，资源化利用高；资源化利用：干化完成除臭杀菌过程，形成的产品可以制备成燃料或者作为园林绿化用、填埋覆盖土或者土地改良土；经济及社会效益：污泥水热干化技术的成功开发，填补了国内污泥水热干化技术的空白，在青岛、呼市示范工程项目的建设，积极响应政策号召，实现了污泥的“减量化、无害化、资源化”，有效减少污泥量，降低环境污染，保证环境的可持续发展。

地址：朝阳区工体北路4号

污泥水热干化反应釜

邮编：100027
电话：85236805
传真：65023278
网址：www.bmei.net.cn
电子邮箱：lujinqi@bmei.net.cn
法定代表人：任亚光

（昂登华）

【QY55H汽车起重机】 是由北京京城重工机械有限责任公司研发、制造的具有国际先进水平的汽车起重机。该产品技术先进，外形美观，使用方便，可较好满足各界用户的需求。QY55H汽车起重机具有以下特点：底盘动力强劲。卓越的动力系统、传动系统合理匹配，舒适的操纵系统使操纵者真切感受到技术给我们带来的便捷；五节伸缩式主臂行业最长，采用国际先进的U形截面和优质高钢材，有效地降低了自重，增加了吊臂的强度和刚度，防止产生局部应力，使整机的承载能力大幅度地提升；二节折叠式副臂的设计更扩展了作业高度及作业范围；H型支腿具有两种伸缩长度，能在狭小空间下作业，配备第5支腿保证全车360°回转，增加了工作的环境适应性，支腿跨距行业最长，使整车的稳定性超强；液压系统为液控先导技术，合理分配各机构所需流量，操纵平稳；力矩限制系统有过载保护，全面的钢丝绳过卷、过放功能；自动记录、存储过载作业的工况参数、时间；采用真彩液晶显示器，内置高清晰显示屏，直观操控；PLC控制技术使

QY55H汽车起重机产品外观图

电器控制系统更简洁、稳定、可靠、耐用。该产品填补了国内该级别汽车起重机的多项空白，得到客户的好评。

地址：北京市通州区台湖镇星湖工业园创业园路2号

邮编：101116

电话：61539900

传真：61539200

网址：www.jchic.com

法定代表人：苏杰

（昂登华）

【HD-VSO80 泵】 由北京华德液压工业集团有限公司自主研发的低噪音通轴式轴向柱塞变量泵，具有恒压变量功能，带有排量指示装置和压力保护装置，具有低噪音、高频响等特点，是液压系统的动力元件。该产品现应用于船舶减摇鳍液压系统，也可应用于各种开式液压系统中。该产品经国家液压元件质量监督检验中心监测，各项性能指标符合国家及行业相关技术标准。低噪音产品性能参数达到或优于国外产品。产品实现批量生产，打破了国外产品的垄断地位，满足国内在军工、能源、环保各种重大装备工程机械等方面发展的需要。该产品为国内独家生产，现已实现销售收入近300万元。该产品在船舶行业的市场需求量较大，且经济效益高。HD-VSO80 低噪音通轴式轴向柱塞变量泵产品技术领先，各项新技术的应用能够促进各项新产品的成功研制，提高产品性能。该产品应用范围广、市场需求量大，具有较好的市场前景。该产品的成功研制及批量产品，丰富了华德液压的产品系列，填补了该类产品的国内空白，推进了液压元件国产化进程，具有较高的社会及经济效益。

HD-VSO80 泵

地址：北京经济技术开发区同济北路5号

邮编：100176

电话：67870485

传真：67872665

电子邮箱：huadejishu@163.com

法定代表人：杜旭东

（昂登华）

【雪莲牌乳胶手套系列产品】 由北京华腾橡塑乳胶制品有限公司研发生产的以家用手套、丁腈高洁净手套、干箱手套、工业手套等形成的系列产品，应用于电子信息、医疗、生物制药及光电技术领域。丁腈高洁净乳胶手套产、销量及出口量均为国内第一，产品销往美国、德国、日本等发达国家。企业是美国霍尼维尔公司洁净手套中国指定供应商。瑞京雪莲商标乳胶医用手套包括外科和检查手套，为特殊用途乳胶制品，通过 CE、FDA 认证。 所有洁净乳胶产品分别在两个洁净间检验包装，洁净间为全封闭设计，经北京医药环境保护劳动保护中心洁净室空气洁净度检测达到“万级”水平。目前国内也仅有几间这一级别的洁净室。

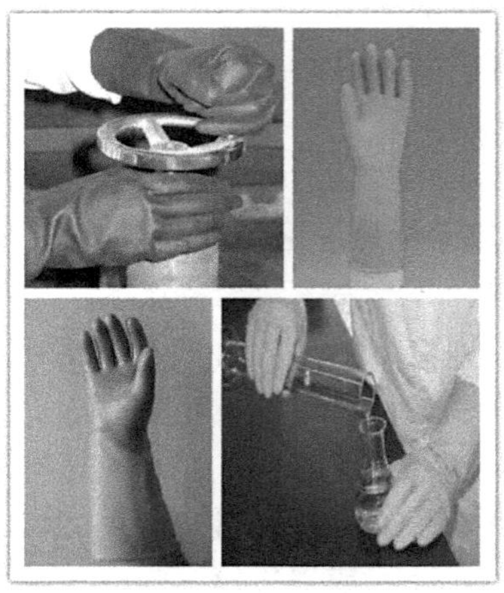

雪莲牌乳胶手套系列产品

地址：通州区台湖镇北神树村东光机电一体化产业基地兴光五街6号

邮编：101111

电话：81501488

网址：www.rubberchina.com

电子邮箱：bjlatex@rubber.com

法定代表人：董宝印

（徐博非）

【橡胶鞋类系列产品】 由北京华腾橡塑乳胶制品有限公司所属北京宜刚鞋业有限公司和三分厂生产，主要产品有：耐25000伏高压绝缘靴、透明氯丁靴、耐酸碱靴、防雷靴、防锯靴、阻燃靴、防寒充气靴、羊绒皮鞋里靴、双面氯丁发泡鞋、食品厂专用耐油劳保靴、民用时尚雨鞋等。与解放军总后军研所合作开发的军用靴

橡胶鞋类系列产品

鞋应用于军需供应保障；与总后军需装备研究所、武警总部合作开发抢险救援靴满足消防、森林武警、边防部队使用要求，可批量生产。目前公司正在为英国HUNTER公司、德国彪马公司、美国COACH公司等国际大企业合作开发特种靴鞋。

地址：通州区台湖镇北神树村东光机电一体化产业基地兴光五街6号
邮编：101111
电话：81501374
网址：www.rubberchina.com
电子邮箱：patcus@vip.163.com
法定代表人：董宝印

（徐博非）

【无卤阻燃聚对苯二甲酸丁二醇酯】 由北京市化学工业研究院研发生产。无卤无红磷阻燃产品符合欧盟对电子电器用塑料的法规要求，产品不含氯溴锑等污染环境物质。成型加工周期短、低翘曲、不析出。符合欧盟无卤产品要求，

无卤阻燃聚对苯二甲酸丁二醇酯产品

产品应用于日本索尼、DELL、联想等客户，主要用于出口。

地址：海淀区中关村北大街123号华腾科技大厦
邮编：100084
电话：62567814
传真：62643390
网址：www.bciri.com.cn
电子邮箱：yjyyb@bciri.com.cn
法定代表人：杨传忠

（徐博非）

【生活污泥资源化再利用处置技术开发与应用】 2012年，金隅红树林环保技术有限责任公司与金隅平谷水泥有限公司联合开发的生活污泥资源化再利用处置技术在平谷水泥有限公司建成并投产。利用水泥窑协同处置生活污泥，可有效分解污泥中的有害物质，不易生成二恶英，SO_2排放量小，处理能力大。该项目设计处置生活污泥最大能力为120吨/天。项目设计充分吸取其他污泥项目经验，结合考虑平谷水泥公司现状，项目主体设备均采用进口设备，运转率及设备稳定性较高，项目整体水平达到国内先进水准。

生活污泥处置系统外观

生活污泥填埋或郊区倾倒，容易造成二次污染，对当地人民的正常生活存在潜在威胁，破坏当地的生态环境。该项目建成后，彻底解决了平谷地区每年4万吨生活污泥的污染问题，为平谷区的节能环保及地区财政工作再作贡献，为金隅集团环保产业发展添砖加瓦。利用水泥窑协同处置城市生活污泥，只需有针对性地建设污泥接收、储存及输送系统，减少了项目投资，缩短了建设周期；同时污泥中的有机物可以替代一部分燃煤增加热值，无机物焚烧后的余渣作为水泥熟料的一部分加以利用，增加了企业的经济效益，真正实现高效、节能、环保。

地址：朝阳区东土城路甲 14 号建达大厦 23 层
邮编：100013
电话：64216668
传真：85271840
网址：www.bbmghsl.com/
电子邮箱：hongshulin1@bbmg.com.cn
法定代表人：郑宝金

（高 艳）

【铝焊料】 北京诺飞有色金属材料有限公司的重点产品。该产品按产品形式分为直丝和盘丝两种。按合金品种分为常规焊材、特种焊材、喷涂丝及高纯铝等。常规焊材包括 ER1050、ER1060、ER1070、ER1100、ER3003、RR4043、ER4047E、R5356、ER5183 等。特种焊材包括 2319、2325、5B06、5A56、LF14 等。产品采用连续的拉丝工艺，使产品具有更为光滑光亮的表面；采用丝材表面表层两次刮削工艺可去除表层的氧化皮、气孔夹杂等，在焊接时几乎没有飞溅和焊珠；独特的焊丝表面清洗工艺，让用户使用前无须经过化学清洗，可直接用于焊接生产。产品广泛应用于航天、军工、电力、铁路等领域。

铝焊料

地址：通州区中关村科技园区金桥科技产业基地景盛北一街 9 号
邮编：101102
电话：60595121
传真：60595121
网址：www.nfmetal.net
法定代表人：胡智信

（刘 元）

【铝合金抽拉梯系列产品】 北京市东方电器公司产品，公司自 2002 年开始生产出口型铝合金梯具，产品全部通过 EN131、ANSI 产品认证，并于 2010 年通过 ISO9000 质量体系认证；产品有洗车台、脚手架、多用梯、抽拉梯四大种类两个系列（欧美）15 个规格。产品选用定制高强度高精度工业铝型材和高品质的钢质与塑料配件，通过下料、冲压、焊接、铆接等工序加工而成。2006 年出口美国抽拉梯 5 万余台；

铝合金抽拉梯系列产品

2008 年公司结合国外多种铰链的优缺点，成功研制具有完全知识产权的铰链制品，2012 年应用该铰链生产的抽拉梯出口加拿大达 10 万余台，全年销售收入 4007 万元，利润总额 261 万元。

地址：门头沟区永安路 7 号
邮编：102308
电话 / 传真：69805931
电子邮箱：dflt2005@sina.com
法定代表人：荣喜元

（东方电器）

【BS1200 型边坡清筛车】 北京二七轨道交通装备有限责任公司与美国 Loram 公司合作，通过引进技术开发生产的高效率大型养路设备。该机用于完成线路边坡的清筛作业，总长约 45 米，最大作业效率 1200m³/h，可自行完成挖掘—输送—筛分—回填—整形全工序过程，通过降低边坡道碴的含污率，增强道床排水能力，减少道床板结、翻浆冒泥等病害，有效延长线路的大修周期。

BS1200 型边坡清筛车

地址：丰台区长辛店杨公庄 1 号
邮编：100072
电话：83306001 83306066

网址：www.27rail.com.cn
电子邮箱：webmaster@27rail.com.cn
market@27rail.com.cn
法定代表人：杨永林

（胡跃平）

【EQ190AC 矿用电动轮自卸车】 中国北车北京二七轨道交通装备有限责任公司拥有完全自主知识产权的交流传动非公路用重型车辆，处于国内领先地位。EQ190AC 型矿用电动轮自卸车，2012 年 11 月 27 日成功下线。采用 16 缸康明斯柴油机，总功率超过 2000 马力，百公里油耗近 900 升，油箱容量高达 2700 升。该车总长达到 14 米，车身宽度近 7 米，货箱举升后总高达到 13 米，有效装载质量 190 吨，满载重量 320 吨。整车首次采用三级轮边减速技术、复合摆臂式独立悬架技术、八立柱翻车 / 落物保护结构（ROPS/FOPS）驾驶室、二级举升液压油缸技术，同时采取了具有铸焊结合特征的车架制造工艺，提高了车架的使用寿命和抗疲劳强度。矿用电动轮自卸车是机、电、液一体化高科技产品，现已形成年产 30 台生产能力，带动了相关机、电、液产业的发展，并实现大型矿车的国产化。

EQ190AC 矿用电动轮自卸车

地址：丰台区长辛店杨公庄 1 号
邮编：100072
电话：83307607 83306001
传真：83307650
网址：www.27rail.com/cn/index.aspx
电子邮箱：aceaugust@126.com
webmaster@27rail.com.cn
法定代表人：杨永林

（杨婷 胡跃平）

【暖意系列产品】 北京铜牛集团公司研发生产的舒适系列针织内衣产品。精选素有“合成羊毛”美誉的抗起球腈纶与竹纤维混纺而成，面料手感柔软丰满，质地轻盈，天然抗菌。该系列产品款式简约实用、细节处理精致，受到广大消费者的欢迎。通过暖意系列产品的研制，促进了企业产品结构调整，提升了自主品牌产品的档次和水平，提高了铜牛品牌的市场竞争能力。

暖意系列产品

地址：朝阳区金台里甲 9 号
邮编：100026
电话：65025221
传真：65004430
网址：www.topnew.cn
法定代表人：张为民

（付清云）

【大口径聚氨酯输液软管成套技术开发及应用】 北京五洲燕阳特种纺织品有限公司自主研发项目。本项目完成了大口径聚氨酯输液软管成套技术的研究，包括设备、生产工艺及系列产品。解决了聚氨酯输液软管高承压、大长度和大口径软管的成型等关键技术难题，形成了“斜纹双经双纬”编织工艺、“一次挤出、两面成型”挤出工艺、“共挤出”工艺、密封性及爆破压力检测装置、“特定性设计方法”等 5 项核心技术，申请专利 7 项，已授权 6 项，制定企业标准 1 项，

大口径聚氨酯输液软管

形成了具有自主知识产权的大口径聚氨酯输液软管成套生产技术。项目实施地极大地提高了我国防灾、减灾、城市应急给排水的能力和水平，带动了纺织产业向高技术领域的转移。2012 年，销售收入 2500 万元，利润 780 万元，税金 510 万元。系列产品已应用于消防、电力、城市应急供排水系统、矿山抢险救援系统等领域。相关产品已纳入政府采购范围，并远销国外，经济、社会效益显著。

地址：大兴区瀛海镇工业区南二路 2 号
邮编：100076
电话：69276013 69278223 69278233
传真：69278250
网址：www.yanyang.com.cn
电子邮箱：yanyangcn@vip.sina.com
法定代表人：石尧巽

（付清云）

【物理变性聚酯等新型纤维在毛针织领域的产业化应用研究】 北京雪莲集团有限公司技术中心和北京雪莲时尚纺织有限公司共同研发项目。该项目是应用物理变性聚酯纤维、不锈钢导电短纤维、铜离子络合导电改性腈纶、牛奶蛋白纤维、PBT/PET 共混聚酯纤维及竹浆纤维等新型纤维与羊绒、棉、兔绒等天然纤维组合，开发了芯网结构轻薄质地可机洗羊绒衫、永久型抗静电抗辐射羊绒衫、智能调温羊绒衫、多纤维组合紧密纺羊绒内衣等新产品。新产品具有轻薄、可机洗、抗静电、抗辐射、手感好、不易起球等特点，更好地满足了消费者对于羊绒

雪莲集团功能性羊绒衫

服装的护理要求和健康功能性要求。产品出口到欧盟和美国，并投放国内市场。2012 年，新增销售收入 11035.3 万元，新增利润 482.5 万元，新增所得税收 226.2 万元。

地址：朝阳区松榆南路 107 号
邮编：100122
电话：87311901
传真：87311900
网址：www.snowlotusgroup.com
法定代表人：孟 泽

（付清云）

【X 射线测厚仪系列】 北京北科合作仪器厂产品。D900H−X70、D900H−X70J 系列是专门为带钢厚度连续测量而设计制造的；D900H−X100、D900H−X100J 系列适用于黑色及有色金属行业，适用于连轧机和可逆轧机，用于板带厚度大范围 / 一段式测量；D900H−X160R 适用于黑色及有色金属行业，用于板带厚度的精确测量，并可参与 AGC 控制。该 X 射线测厚仪系列产品精度高、响应时间快、操作简单、性价比优越，供货及时，服务到位。

X 射线测厚仪系列

地址：东城区北池子大街 49 号
邮编：100006
电话：65255353
传真：65284178
网址：www.bbk2000.com
电子邮箱：xing@bbk2000.com
厂长：邢 红

（王 志）

【北大法宝—在线 V5 版】 北京北大英华科技有限公司生产研发的产品。完成时间是 2010 年，该产品目前已经取得销售收入 4666.51 万元，净利润 1258.27 万元，缴税总额 1093.15 万元，出口创汇 75 万美元。产品特色：产品拥有完整而权威的法律信息资源，全面涵盖中国法律信息各个方面；在全国率先采用“法条联想型数据库”，不仅能直接印证法规案例中引用的法律法规和司法解释及其条款，还可链接到相关的所有法律法规、司法解释、案例和裁判文

书以及法学文献等，在方便用户查到法条的同时，更进一步帮助用户理解、研究、利用法条，创造了全新的立体化的法律信息展现体系；“北大法宝”采用了国内最先进、成熟的搜索算法，检索速度快、结果精确，数据膨胀率低，实现数亿汉字的秒级检索，拥有先进而高效的检索

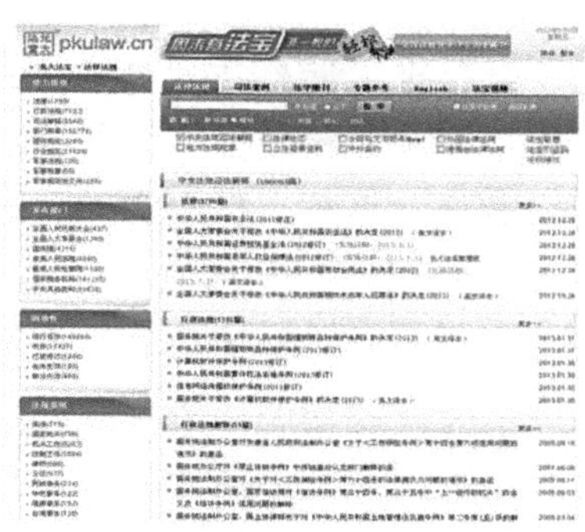

北大法宝－在线V5版

技术；具有稳定而广泛的用户群体，完善而快捷的售后服务。成果价值：在节能环保方面，该产品将国内外法律法规130万篇信息电子化，法律人可以不再购买纸质的书籍、法律单本来学习和了解法律法规内容及相关知识；案例数据库将全国各地法院的裁判文书电子化，律师团队、法官可以不用查阅资料室的卷宗，通过该产品就能轻松实现阅读、检索和相关知识的链接。产品的成功运行使得法律行业信息实现电子化、智能化，既减少用纸，又减少了人工的耗费。同时该产品增加100多个就业岗位，为北京各大高校计算机、数学和法律专业毕业生提供更多的就业机会和发展空间。

地址：海淀区中关村大街27号中关村大厦9层

邮编：10080

电话：82668266

传真：82668268

网址：www.chinalawinfo.com

电子邮箱：admin@cihnalawinfo.com

法定代表人：李 鸣

（姜宏 唐世亮）

【Open-VPX高速实时信号处理平台】 理工雷科历时两年研制生产的产品。公司于2012年成功完成全系列Open-VPX产品平台的各项研制任务。该产品主要基于ANSI/VITA 65-2010标准研制，适用于高速实时处理、通信、高速实时采集存储、图像处理等领域。其系统基于全交换网络，可实现平台内部任意节点之间的高速实时互联。Open-VPX平台基于多功能背板组成，其主要功能模块包括处理模块、系统控制模块、交换模块、接口模块、AD模块、DA模块、存储模块。产品平台具有传输带宽大、处理速度高、缓存大、存储容量大、采集频率高等特点，在信号处理领域各项指标均达到国内甚至国际前列。其每一种模块均符合VITA 65规范，并且每一种模块具有一系列产品选型。可以根据系统的功耗、规模、结构等选择不同种类的模块，如结构可选择3U或者6U，处理模块可选择T201处理平台或者C6678处理平台等。此产品基于可重构、可编程、可动态扩展的系统架构快速构建系统平台，缩短系统研发周期，降低成本，提高系统可靠性、可维修性。目前，该产品平台已经用于雷达、声呐、图像等处理领域，并经过复杂环境的验证，在国内处理平台领域中得到广泛应用。2012年，该产品已经为理工雷科公司带来近千万元的收入。

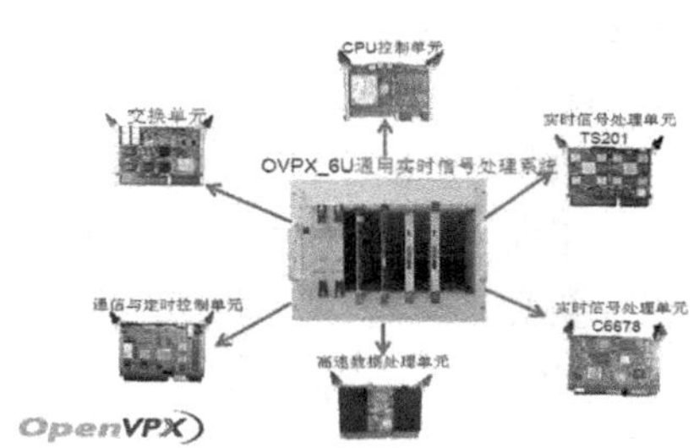

某雷达综合处理平台图

地址：海淀区中关村南大街9号理工科技大厦12层

邮编：100081

电话：68429855

传真：68429855-8004

网址：www.radartech.cn

电子邮箱：mayan@racobit.com

法定代表人：戴 斌

（张 瑛）

【晶芯®九项遗传性耳聋基因检测试剂盒（微阵列芯片法）】 博奥生物有限公司联合中国人民解放军总医院、清华大学等多家单位共同研究开发的国内外首款可用于临床诊断的遗传性耳聋基因检测芯片。该款产品于2009年9月获得SFDA医疗器械证书，是国内外唯一获得国家主管部门审批通过的遗传性耳聋基因检测芯片

产品。2010年获得国家重点新产品证书，2012年获得中关村国家自主创新示范区新技术新产品（服务）认定。该产品的研发基于临床需求，

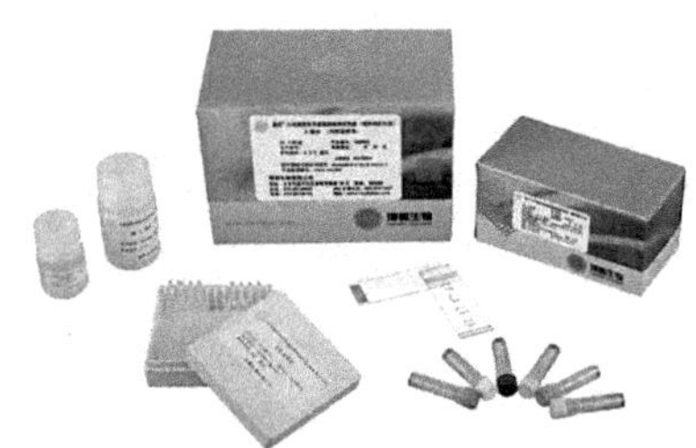

晶芯®九项遗传性耳聋基因检测试剂盒（微阵列芯片法）

是转化医学的经典案例，拥有完全自主知识产权，填补了国内外对遗传性耳聋基因检测的空白，开创了国内外遗传病检测的新方法，相关技术水平处于国际领先地位，具备非常广阔的市场应用前景。2011年，由北京市残联、北京市卫生局、北京市人口和计划生育委员会、中关村管委会联合开展的“北京市高危人群致聋基因筛查项目”，此项目的致聋基因筛查工作主要使用的就是九项遗传性耳聋基因检测芯片。2012年，同样使用九项遗传性耳聋基因检测芯片作为主要检测工具的新生儿致聋基因筛查项目纳入2012年北京市为民办实事工程，全年成功为近20万新生儿进行了致聋基因筛查。

地址：昌平区生命科学园路18号

邮编：102206

电话：80726868

传真：80726898

网址：www.capitalbio.com

电子邮箱：zhfli@capitalbio.com

法定代表人：周立业

（清华控股有限公司）

【国家应急平台体系关键技术系统与装备研究、集成和应用】 北京辰安科技股份有限公司联合清华大学共同完成，获2010年度国家科技进步奖一等奖。项目在政府部门和地方现有系统的基础上，研究应急平台体系的方法理论、总体构架、方案设计、技术标准、模型算法、系统软件、技术装备及其综合集成，提出了公共安全“三角形”理论模型，设计了应急平台体系总体方案；研发了事件链、预案链综合预测预警和决策支撑技术；构建了应急平台体系软件系统和数据库；建立了跨领域、跨层级、跨地域的“应急一张图”多方协同会商模式；研制出成套化现场应急装备；在人才、学科和国际化等方面显著提升了我国在公共安全应急领域的技术实力和国际影响力。该产品实际应用于政府、企业等应急日常管理与突发事件处置，在一系列重大突发事件应对中效果突出。辰安科技于2006年生产研发的突发公共事件应急平台以公共安全科技和信息技术为支撑，以应急管理流程为主线，是软硬件相结合的突发公共事件应急保障技术系统，是实施应急预案的工具。该产品具备风险分析、信息报告、监测监控、预测预警、综合研判、辅助决策、综合协调与总结评估等功能。能动态生成优化的综合协调方案和资源调配方案，形成实施应急预案的可视化实战指南。在监测监控、快速预警、事故预测分析、预案优化、决策调度和事故处置等环节上提供了科学支撑和技术支持，从而为决策指挥提供科学依据。该产品适用在各级政府部门及企业的应急管理工作，可根据用户的实际需求进行建设，易于推广，能有效提升应急管理水平，大大降低各种突发公共安全事件带来的损失，为保障公众生命、财产安全作出贡献，具有广阔的经济效益和重要的社会效益。

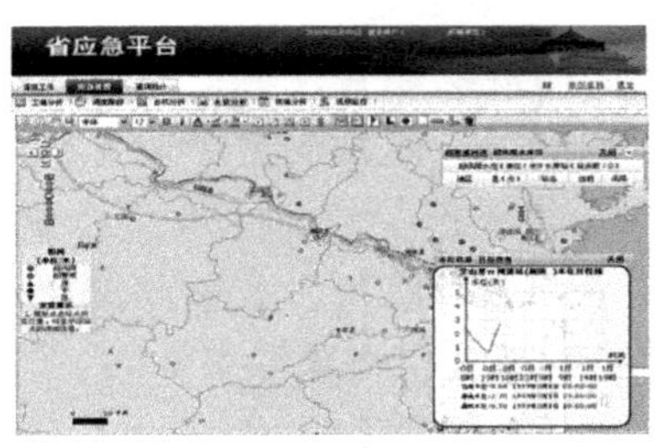

突发公共事件应急平台

地址：海淀区上地信息路甲28号科实大厦C座11层

邮编：100086

电话：62980171

传真：82899315

网址：www.gsafety.com

法定代表人：王 忠

（清华控股有限公司）

【壁挂式太阳能热水系统】 北京清华阳光公司自主研发的产品，完成时间为2011年。阳台壁挂太阳能热水系统利用预埋支架将集热器固定在建筑阳台外侧，整齐布置与建筑融为一体，

贮热水箱采用壁挂方式固定在阳台侧墙上，集热系统采用横置式U型铜管结构或平板集热器；循环介质采用防冻液，高寒地区照常使用；贮热水箱采用蓝金刚搪瓷双内胆结构，防腐性能卓越，间接换热方式保证水质纯净，顶水式供水方式提高用水舒适度，一体化智能控制器配合辅助能源提供24小时全天候供水。阳台壁挂系统更适合高层建筑安装，补充了太阳能热水器市场的多元结构。2012年，公司销售壁挂式太阳能热水系统1万台左右，销售收入约7000万元，上缴国家税收280万元左右。节约标准煤3000吨，减少CO_2排放5040吨。按15年使用寿命计算，可节约标准煤4.5万吨，减少CO_2排放7.56万吨。

壁挂式太阳能热水系统

地址：昌平区马池口镇埝头工业区清华阳光公司
邮编：102202
电话：60751678
传真：60758801
网址：www.thsolar.com
法定代表人：李艳和

（清华控股有限公司）

【CPC集热器】 北京清华阳光公司自主研发的产品，完成时间为2011年12月，采用清华阳光自主研发的中温应用全玻璃真空集热管及反射率很高的CPC反射板，工作温度在80℃~150℃。主要应用于太阳能工农业生产用热，如海水淡化、印染、工业烘干等领域。我国在太阳能热利用领域已经有很好的产业基础，但主要集中应用于太阳能热水系统。未来规模化太阳能热利用重要领域主要有太阳能工农业加热，因此CPC集热器在工农业热加工领域可广泛推广应用。公司年销售CPC集热器2万台左右，销售收入约8000万元，上缴国家税收320万左右。每年可节约标准煤6000吨，减少CO_2排放1008吨。按15年使用寿命计算，可节约标准煤9万吨，减少CO_2排放1.5万吨。

CPC真空管太阳能集热器

地址：昌平区马池口镇埝头工业区清华阳光公司
邮编：102202
电话：60751678
传真：60758801
网址：www.thsolar.com
法定代表人：李艳和

（清华控股有限公司）

【全玻璃热管真空太阳集热管】 北京清华阳光能源开发有限责任公司自主研发的产品，完成时间为2011年。全玻璃热管真空太阳集热管具有多项自主知识产权，将集热器件（全玻璃真空太阳集热管）和传热器件（热管）巧妙结合在一起，解决了长期困扰太阳能热利用界的非承压直插式热水器使用时结垢、冬季冻裂、可靠性不高等难题，使太阳能热水器产品走向了可靠性较高、性能优良的新一代。公司推出的高效相变全玻璃热管真空太阳热水系统利用太阳能，属于可再生能源，符合国家利用再生能源政策。该产品由于管内无水，不会结垢，不会冻裂，解决了冬季太阳能热水器的使用安全性、可靠性问题，甚至在高寒地区也可以正常使用，因此具有很高的推广价值。公司年销售全玻璃热管真空太阳热水系统3万台左右，销售收入约5000万元，上缴国家税收200万元左右。每年可节约标准煤7200吨，

全玻璃热管真空太阳集热管

减少 CO_2 排放 15120 吨。按 15 年使用寿命计算，可节约标准煤 10.8 万吨，减少 CO_2 排放 22.68 万吨。

地址：昌平区马池口镇埝头工业区清华阳光公司
邮编：102202
电话：60751678
传真：60758801
网址：www. thsolar.com
法定代表人：李艳和

（清华控股有限公司）

【紫光“U 点 100%”餐饮信息化管理系统】 紫光股份有限公司研发的产品，完成时间是 2012 年 4 月。本系统包括营业管理、会员管理、进销存管理、数据中心、无线点菜等功能模块，涵盖餐饮企业运营各个环节，满足了餐饮企业的信息化管理需求。系统支持平板电脑 (Android、IOS、Windows8 系统)、触摸屏、点菜宝、打印机等设备，具有强大的实用性、兼容性、扩展性、稳定性和安全性等特点。本系统能够提升餐饮企业整体形象，提高工作效率，降低运营成本，经营数据自动统计分析。目前整套系统已应用于包括中餐厅、西餐厅等各类餐饮企业。该系统以平板电脑、触摸屏及无线点菜器作为服务终端，以网络作为传输渠道，以餐饮信息化管理软件作为管理平台，帮助餐饮企业完成“精细化、流程化、规模化经营”的转型，走上做强、做大、持续发展之路。

紫光“U 点 100%”餐饮信息化管理系统

地址：海淀区清华大学东门紫光大厦 9 层
邮编：100084
电话：62789898
传真：62786008
网址：www.unis.cn
法定代表人：徐井宏

（清华控股有限公司）

【紫光高速扫描仪】 紫光股份有限公司生产研发的产品。紫光高速扫描仪从 2009 年开始研发投入，全系列产品于 2011 年 12 月正式上市。紫光高速扫描仪产品性能优良，借助 Unis SmartImage Center（紫光影像中心）的各种应用特点，可以高效、简捷地完成所有文档影像的数字化。紫光影像中心软件是一款集采集、应用于一身的多功能影像平台系统，可以实现

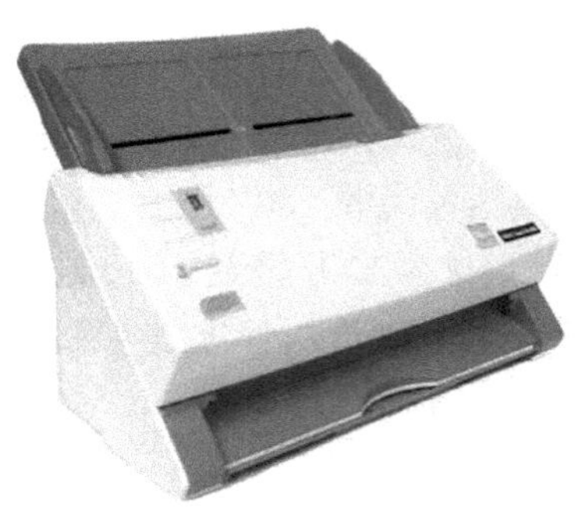

紫光高速扫描仪 UNISCAN Q400

多模式 OCR、智能裁切纠偏、双层 PDF、添加水印和签章、条码识别、图像合并、图像输出品质自行设定等应用功能，还可根据用户的需要生成 BMP、JPG、TIF、PNG、PDF 等多种文件格式，也能将多张影像合并为多页 PDF、多页 TIFF 成为一份文件，而满足不同的办公需要，更好地提高客户的工作效率。紫光扫描仪作为业内知名扫描仪产品及解决方案供应商，已经连续十五年在国内市场销量遥遥领先。随着紫光高速扫描仪全系列产品线布局的逐步完善，紫光扫描仪已由单一经营扫描仪输入产品向经营数字化输入产品转变，紫光扫描仪将继续通过对市场的探索，对用户需求的了解，以及对产品适用性的调整，为中国本土用户提供更加优质的扫描仪产品和数字化影像服务。

地址：海淀区清华大学东门紫光大厦 9 层
邮编：100084
电话：62789898
传真：62786008
网址：www.unis.cn
法定代表人：徐井宏

（清华控股有限公司）

【哺乳母猪复合预混料】 北京北农大动物科技有限责任公司生产研发的产品。该产品根据哺乳母猪营养代谢的特点，平衡饲料中维生素、微量元素、氨基酸等多种营养物质比例。产品

具有以下特点：母猪奶水充足，减少母猪哺乳期失重；添加甜菜碱，降低饲料成本的同时具有良好的诱食效果，提高哺乳母猪的采食量和泌乳量；母猪奶水质量好，提高乳猪免疫力，乳猪均匀度和成活率高；促进母猪断奶后提早发情，缩短空怀期，快速补充和恢复母猪体力；添加植酸酶，减少磷的排放，减少环境污染；添加小苏打，提高饲料转化率，减少母猪便秘。该产品于2012年获得国家发明专利证书，专利号为200910090357.2。该产品能更好地满足哺乳母猪的营养需要，仔猪生长速度较快，断奶体重大，断奶成活率高；此外哺乳母猪体况好，断奶后可以及时发情，提高了哺乳母猪饲料的消化率和转化率，显著提高养殖效益。

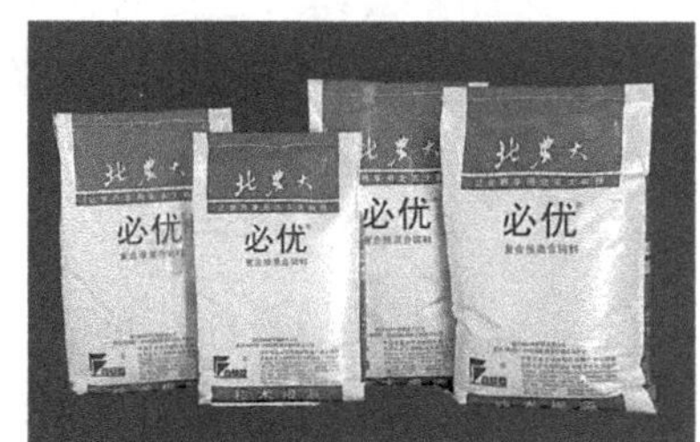

哺乳母猪复合预混料

地址：海淀区学清路甲38号金码大酒店803-816室
邮编：100083
电话：82839898
传真：82839898
网址：www.bau.cn
电子邮箱：wjs@bau.cn
法定代表人：张庆才

（王 正）

【BIFT-COLLECTIONS服饰】 北京服装学院服饰时尚设计产业创新园自主时尚服饰品牌，BIFT-Collection精选成衣系列是具有人文精神的原创服装设计作品，依托中关村—北服时尚产业创新园BIFTPARK提供的平台，包容并蓄，互益共生，用独到的、有前瞻性的眼光聚焦，

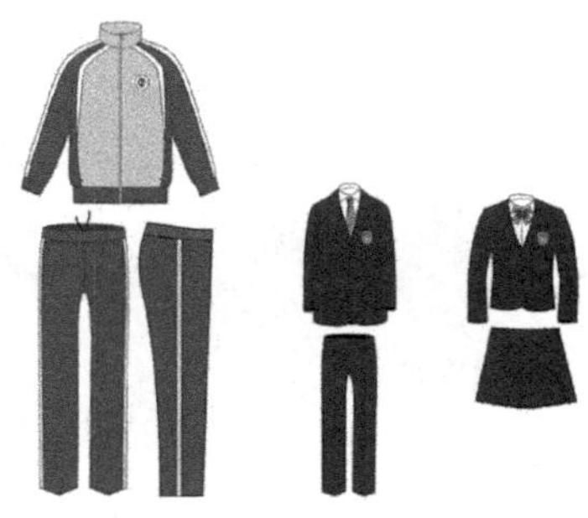

初中春秋卫衣　北理工学生制服

BIFTCOLLECTIONS

biftcollectionlogo服饰

开拓设计师产品细分市场，完成了中国服装行业的一个高端符号。北服创新园时尚产品设计中心为世界旅游城市联合会设计并制作的嘉宾服装、工作人员服装和志愿者服装，以功能性旅游休闲服装概念为主导，款式设计以隐藏口袋设计为主要元素，上装为轻薄型防风雨连帽尼龙夹克，多口袋设计隐蔽内敛的同时可存放各类旅游配件；裤装以及内穿Polo都巧妙地满足了户外活动需求。为北京理工附属中学设计的新校服，采用现代技术的棉涤混纺面料，具有透气、抗菌、弹性大、色牢度和耐磨性高的优点；款式设计和颜色搭配新颖时尚。

地址：朝阳区樱花东街甲2号北京服装学院服饰时尚设计产业创新园
邮编：100029
电话：64520943
传真：64520942
网址：www.biftpark.com
电子邮箱：info@biftpark.com　cxy@bift.edu.cn
法定代表人：王 琪

（闫 燕）

（本栏目责任编审：王东维）

人　物

2012年北京市工业主要领导干部

本名单中，区县和相关部门只列主管工业的领导，市属控股（集团）公司（包括部分中央在京工业企业）只列党、政副职领导。领导任职、离任时间以上级组织部门上年年末前批文为准。

市、委、局、办领导

北京市人民政府副市长（主管工业）

苟仲文

北京市经济和信息化委员会
（北京市国防科学技术工业办公室）

党组书记 李　平
主　　任 靳　伟（5月任职）
副 主 任 靳　伟（5月离任）
梁　胜
熊　梦
姜贵平（女）
李　洪
王学军
万新恒
童腾飞
樊　健（2月任职）
毛东军（2月任职）
纪检组组长 张国栋
委　　员 刘京辉（女）（4月任职）
杨旭明
樊　健（2月离任）
任世强（12月任职）
副巡视员 邹　彤（女）
姜毅群（女）（5月离任）
张兰青（女）
副 局 级 陈志峰
汪进军
王颖光

北京市无线电管理局

局　　长 陆恭超（2011年4月任职）

区、县及其他单位领导

东城区

常务副区长 徐　熙
主管副区长 许　汇（2011年12月任职）
发展改革委主任 许　汇（2011年12月离任）
产业和投资促进局局长 李照宏

西城区

主管副区长 苏　东
发展改革委主任 吴向阳

朝阳区

常务副区长 吴桂英（女）（11月离任）
甘靖中（11月离任）
发展改革委主任 常树奇

海淀区

副 区 长 孟景伟
经济信息化办主任 何建吾（10月任职）

丰台区

常务副区长　张　婕（女）
经济信息化委主任　吴神赋

石景山区

副　区　长　李　艳（女）
经济信息化委主任　李元涛

门头沟区

副　区　长　张满仓
经济信息化委主任　李国庆

房山区

副　区　长　马继业
经济信息化委主任　赵永祥

通州区

副　区　长　崔志成
经济信息化委主任　陈国庆

顺义区

常务副区长　林向阳（2011年12月离任）
副　区　长　盛德利（2011年12月任职）
经济信息化委主任　吴建国（2月离任）
郭振江（2月任职）

大兴区

副　区　长　绳立成（2011年10月离任）
喻华锋（2011年10月任职）
经济信息化委主任　刘士忠

昌平区

常务副区长　周云帆
经济信息化委主任　王志刚

平谷区

副　区　长　李宝峰（1月离任）
底志欣（1月任职）
经济信息化委主任　崔东辉

怀柔区

副　区　长　张　勇
经济信息化委主任　周怀明

密云县

常务副县长　王稳东
主管副县长　郭　鹏（1月任职）
经济信息化委主任　姜　博

延庆县

副　县　长　刘　兵
经济信息化委主任　孙自广

北京市工商业联合会

主　　席　程　红（女）
第一副主席　吴　杰（7月离任）
郑默杰（女）（7月任职）
常务副主席　郑默杰（女）（7月离任）
副　主　席　张卫江
李燕平（7月离任）
王克林（7月离任）
余运高（7月任职）
郑勇男
王爱民（7月任职）
王　蓓（女）（7月任职）
王子华（7月任职）
王长田
王幼君（7月任职）
尹卫东（7月任职）
刘振东（7月任职）
齐向东（7月任职）
安　庭（7月任职）
李玉立（7月任职）
李璟瑜（7月任职）
吴　双（女）（7月任职）
张宝全　陈东升
陈进忠（7月任职）
郃武淳（7月任职）
周一晨（7月任职）
周明德（7月任职）
赵　勇（7月任职）
赵瑞海（7月任职）
秦升益（7月任职）
秦剑锋（7月任职）
夏　敏　徐生恒
郭　为
张征宇（7月离任）
张杰庭（7月离任）
张大中（7月离任）
聂启明（7月离任）
王小兰（女）（7月离任）
严望佳（女）（7月离任）
胡克勤（7月离任）
刘迎建（7月离任）
叶　青（7月离任）

陈立群（7月离任）
李少华（7月离任）
刘　彬（7月离任）

中关村科技园区管理委员会

主　　　任　郭　洪
副　主　任　李石柱（2月离任）
杨建华
宣　鸿（4月任职）
廖国华
王汝芳　于凤英（女）

李稻葵（挂职）
白智勇（挂职，5月任职）
周国林（挂职，8月任职）

北京经济技术开发区管理委员会

主　　　任　张伯旭
副　主　任　赵昕昕　高言杰
王合生　绳立成
程　京
袁立洪（6月任职）

国有及国有控股公司领导

首钢总公司

董　事　长　朱继民（6月离任）
王青海（6月任职）
副董事长　王青海（6月离任）
总　经　理　王青海（8月离任）
徐　凝（8月任职）
常务副总经理　徐　凝（8月离任）
副总经理　王　毅
刘水洋（2月离任）
张功焰（10月任职）
白　新　孙永刚
孙伟伟（女）　强　伟
赵民革（5月任职）
党委书记　朱继民（6月离任）
王青海（6月任职）
党委副书记　王青海（6月离任）
徐　凝（8月任职）
姜兴宏　许建国

中国石化集团北京燕山石油化工有限公司

董　事　长　王永健
总　经　理　罗　强
副总经理　李　刚
党委书记　王永健
党委副书记　罗　强　许　光

中国石化股份公司北京燕山分公司

总　经　理　罗　强
副总经理　华　炜
马程华（12月离任）
李清河

北京电子控股有限责任公司

董　事　长　王　岩
副董事长　王东升
总　经　理　赵炳弟
副总经理　吴文学　袁汉元
缪国平　谢小明
张劲松
党委书记　王　岩
党委副书记　江玉崑
张岳明（7月任职）

北京京城机电控股有限责任公司

董　事　长　任亚光
总　经　理　仇　明
副总经理　王国华　阮忠奎
蒋自力　王　军
党委书记　任亚光
党委副书记　仇　明　赵　莹

北京京仪集团有限责任公司

董　事　长　侯子波
总　经　理　史红民
副总经理　傅之威　李　晓
刘世华　崔　健
黄林祥
李英龙（9月任职）
高玉清（9月任职）
党委书记　侯子波
党委副书记　史红民
张　华（1月任职）
邢莉萍（女）（1月任职）

北京汽车集团有限公司

董事长 徐和谊
副董事长 吕振清
代总经理 张夕勇
副总经理 张夕勇（12月离任）
韩永贵
张 健（4月任职）
马童立 蔡速平 叶正茂
张 欣（4月任职）
陈 江
党委书记 徐和谊
党委副书记 李志立

北京二七轨道交通装备有限责任公司

董事长 杨永林
副董事长 刘晓平 王东明
总经理 杨永林
副总经理 孙建军 闫建华
马建勋 高维寅
刘纯义（4月离任）
李海滨
荣海锋（4月任职）
张志宏（3月任职）
党委书记 刘晓平
党委副书记 杨少波（3月离任）
王玉麟（3月任职）

南车二七车辆有限公司

执行董事 史硕致（2007年6月任职）
总经理 史硕致（12月离任）
兰 叶（12月任职）
副总经理 杜向东
饶 庶（12月离任）
杨瑞欣（4月离任）
安 卫 戴志勇
孙 斌
贾春亮（4月任职）
党委书记 饶 庶（12月离任）
史硕致（12月任职）
党委副书记 史硕致（12月离任）
兰 叶（12月任职）
胡朝晖（女）

北京南口轨道交通机械有限责任公司

董事长 孙 凯
副董事长 张秀臣
总经理 孙 凯
副总经理 谢传军（3月离任）
耿 刚 樊学军
武德全 王 珩
党委书记 张秀臣
党委副书记 孙 凯
曾建平

北京化学工业集团有限责任公司

董事长 项大北
总经理 刘文超
副总经理 费广泰（11月离任）
吕德明 张 建 孙绍刚
苏建军 何燕卿
党委书记 项大北
党委副书记 刘文超 张荣立

北京金隅集团有限责任公司

董事长 蒋卫平
副董事长 段建国（7月离任）
王建国（7月任职）
党委书记 蒋卫平
党委副书记 段建国（7月离任）
吴 东（7月任职）
石喜军（7月任职）

北京京煤集团有限责任公司

董事长 付合年
总经理 阚 兴
副总经理 孙德刚 周建裕
潘振芳（11月离任）
肖志军
党委书记 付合年
党委副书记 阚 兴 常海波

北京市电力公司

总经理 朱长林
副总经理 田 博 常世平 郑 林
李百顺 刘润生 安建强
党委书记 田 博
党委副书记 朱长林

北京一轻控股有限责任公司

董 事 长 张金钢
副 董 事 长 郭秀健（女）
总 经 理 苏志民
副 总 经 理 彭 林 王旭东
杜罗坤 张学清
党 委 书 记 张金钢
党委副书记 郭秀健（女） 苏志民

北京隆达轻工控股有限责任公司

董 事 长 李 玎（女）
总 经 理 张德华
副 总 经 理 粟国锦 董 淳
李文宽（6月任职）
党 委 书 记 李 玎（女）
党委副书记 张德华 战 英（女）

北京纺织控股有限责任公司

董 事 长 杨文华（6月离任）
吴 立（6月任职）
总 经 理 龙云泽（11月离任）
李学彬（11月任职）
常务副总经理 李学彬（11月离任）
副 总 经 理 林士昌（7月离任）
顾伟达 赵宏晔
吴鹤立（7月任职）
党 委 书 记 杨文华（6月离任）
吴 立（6月任职）
党委副书记 龙云泽（11月离任）
李学彬（11月任职）
王玉川

中国北京同仁堂（集团）有限责任公司

董 事 长 殷顺海
副 董 事 长 梅 群
总 经 理 梅 群
副 总 经 理 丁永玲（女）
张庆增（回族）
马保健（女）
顾海鸥
党 委 书 记 殷顺海
党委副书记 梅 群 王 泉 陆建国

北京同仁堂股份有限公司

董 事 长 顾海鸥（3月离任）
梅 群（3月任职）
副 董 事 长 殷顺海（5月离任）
梅 群（3月离任）
丁永铃（女）（5月任职）
总 经 理 高振坤
常务副总经理 谢占忠
副 总 经 理 李济柱（5月离任）
刘向光 朱共培
宋卫清（女）
张建勋
李兴毅（5月任职）
党 委 书 记 谢占忠（11月离任）
侯德英（女）（11月任职）

北京工美集团有限责任公司

董 事 长 李 节
副 董 事 长 高颖维（女）
总 经 理 曹胜龙
副 总 经 理 王 健 孟繁民
党 委 书 记 李 节
党委副书记 曹胜龙 杨中俊

北京市民政工业总公司

总 经 理 姜 武
党 委 书 记 姜 武

京工人物

【于吉广——全国轻工业劳动模范】 于吉广，男，1957年11月出生，汉族，中共党员，研究生学历，高级经济师、高级政工师，现任北京首都酒业有限公司副董事长、总经理，北京红星股份有限公司董事长、党委书记。

于吉广团结和带领“红星”广大干部员工坚持走质量效益型的发展道路，使“红星”品牌影响力逐步提升，企业核心竞争力显著提高，实现了企业持续健康发展。他为企业制定了“以一流的产品、一流的质量、一流的服务，满足消费者需求”的发展方针，制定并实施“控规模、上结构”的产品经营战略，使“红星二锅头”形成普通、特制、精品、珍品、珍藏五大系列产品群。2011年，红星的净利润同比增长28.3%；中高档产品销量占总销量比例达到9.58%，同比增长3.95个百分点。在企业经营上，于吉广带领企业实施低成本扩张战略，在全国范围内优化资源配置，构建了立足北京、辐射全国，“两头在内、中间在外”的生产经营新模式，打造了“多地经营、多地生产、多地储存”的新格局。红星拥有2家分公司，6家全资子公司，3个外埠区域配送中心。“红星”年销售白酒近11万吨，销售收入20多亿元，上缴税金5亿多元。市场综合占有率连续多年居全国白酒企业前3位，自2009年始连续3年产品销量位列同类产品第一位，企业在“十一五”期间实现国有资产保值增值率111.84%。红星的经营业绩年年突破，2005~2011年，“红星”累计向国家上缴税金近30亿元。红星在全国各地设立子企业与分支机构，也促进了地方经济繁荣，提供了大量就业机会。于吉广所秉持的产品质量观是服务社会，让老百姓喝上放心酒，“红星二锅头”远销几十个国家和地区，在历次国家质量抽检中均为合格产品。于吉广以实际行动践行服务社会的宗旨，在援助地震和大旱灾区、救助失学儿童等社会公益事业面前，他率先垂范，带领企业职工积极捐款捐物。在公司净资产规模不断扩大的同时，股东权益也得到很好回报，企业连年超额完成指标任务，年年为股东分红。他认真贯彻执行职工代表大会、厂务公开等各项保护职工权益制度，保障职工的参与权、监督权、知情权。他重视职工在岗培训，“十一五”期间，红星各类培训累计实现14571人次。在他的建议和关注下，公司工会先后开展了“职工生日慰问”“互助专项救助”等多项“惠民”活动。“红星”先后获得全国五一劳动奖状、北京市和谐劳动关系企业、北京市经济技术创新优秀企业、北京市学习型先进企业等荣誉称号。于吉广2012年获得全国轻工业劳动模范称号。他曾荣获北京市优秀创业企业家、北京市优秀共产党员、中国酿酒大师等多项个人奖励和荣誉称号。

（一轻控股公司）

【王辉——汽车维修技术专家】 王辉，男，1981年3月出生，汉族，中共党员，2003年3参加工作，现任北京金泰开元汽车销售服务有限公司经理，东风雪铁龙技术专家。

王辉，当过兵，部队的军旅生活造就了他特有的军人气质，工作起来一丝不苟。自2003年3月进入北京金泰开元汽车销售服务有限公司以来，他先后从事过维修工、维修组班长、

备件计划员、维修业务接待、维修部经理等工作。维修汽车是一项技术性很强的工作，王辉从一名普通维修工做起，主动请教师傅，同时

还刻苦钻研书本知识，做到理论联系实际，在长期的维修工作中，他的技术水平得到了提高，很快成为单位中的佼佼者。2004年，王辉被东风雪铁龙授予技术专家资格。他作为东风雪铁龙授予技术专家代表，在北京广播电台汽车服务热线等多个有影响的节目中做嘉宾访谈，凭着丰富的汽车专业知识和多年的维修经验，为广大汽车爱好者解答难题，受到普遍称赞。同时受网易汽车频道、新浪汽车频道、中国汽车网等邀请，作为网上视频直播修车栏目特邀嘉宾，为广大汽车用户答疑解惑，帮助了解掌握更多的用车常识，提升了金泰开元企业知名度，为企业售后服务作出了贡献。汽车维修竞争，就是服务的竞争。提高员工专业技术水平，是维修部门的当务之急。为客户提供高效优质的服务，是企业参与竞争的有效手段。王辉在维修人员中开展形式多样的技能培训，每周至少一次的维修讲座和技术交流是必不可少的。他把自己掌握的技术知识与大家共同分享。他还派员工外出学习，不断补充新的知识，开阔员工的眼界。他鼓励员工参加同行交流和技术比武，提高员工的竞争意识和业务水平。这些使维修人员的专业技能有了较大提高，综合素质有了质的飞跃。作为技术专家，王辉十分注重自身素质的培养和提高，他多次代表单位参加东风雪铁龙公司举办的技术比武活动，先后获得东风雪铁龙全国技术专家交流会技术案例交流第二名、东风雪铁龙技术专家比武一等奖等多项成绩。王辉带领部门员工开展合理化建议活动，广泛征求客户意见，结合季节变化开展“春季告知客户外出活动多,行车注意安全”“夏季空调清洗打折活动”“秋季免费加充氮气”“冬季优惠加装防冻液”等四季主题活动，受到了广大车友的好评。在王辉和大家的共同努力下，金泰4S店争取到了东风雪铁龙华北地区技术咨询权，东风雪铁龙总部客户服务中心接收到的华北地区所有关于技术咨询的电话，都会转到金泰店，由王辉及他所带领的技术小组负责解答。王辉还受东风雪铁龙厂家委托，负责雪铁龙品牌事故车辆维修案例库的搜集编写工作，受到一致好评。在单位，他带领员工进行技术革新，根据日常工作中存在的工具不好使等问题，对现有的一些工具进行改造，自制一些操作简单、使用方便的维修工具，提高了工作效率和维修水平。王辉是金泰开元的技术专家，更是东风雪铁龙品牌的技术专家。在参加东风雪铁龙技术比武中，王辉获得“东风雪铁龙全国技术专家交流会技术案例交流”第二名、“2007年东风雪铁龙技术专家比武”一等奖。2005年5月，售后服务部业务重组，王辉靠他过硬的技术和扎实的专业知识，被任命为维修部经理。作为部门经理，王辉首先抓制度建设，抓工作考核，先后建立实施了班前会制度、周一例会制度、培训制度、工具备件出入制度、质量检查制度等10余项行之有效的管理制度,并从德、能、勤、绩等方面考核员工，将管理渗透到服务的每一个环节，将员工的个人收入同工作量和客户满意度挂钩。同时,在部门还设立了“贡献奖”，对维修车间当月产值前3名的员工进行奖励，极大地调动了员工的积极性，形成了“创一流服务、比一流贡献”的良好氛围。如今，在金泰开元汽车销售服务公司，王辉带出的团队个个成为单位的技术骨干，先后有3名员工取得了技术专家资格。2007年和2008年，王辉带领的团队在东风雪铁龙技术比武大赛中，先后获得东风雪铁龙全国维修服务顾问亚军1次、季军2次，维修技能比赛区域冠军、双人保养囊括全国前两名等荣誉。2007~2009年，连续3年被东风雪铁龙公司授予“服务质量全国十强”企业。2000年，王辉荣获北京市劳动模范。2008年获得全国技术比武一等奖，2010年被评为北京市劳动模范。

（汪智利　马士彬）

【王春洪——技术研发能手】 王春洪，男，1978年1月出生，汉族，中国共产党员，工学博士学历，工程师，北京七星华创电子股份有限公司集成电路工艺设备研发中心技术经理。

2007年8月，集成电路工艺设备研发中心成立，承担国家科技重大专项“极大规模集成电路制造装备及成套工艺”攻关任务，王春洪在项目中负责软件团队的组织和软件项目管理，对软件系统进行需求分析与设计开发，提高了设备自动化、信息化、智能化水平，建立了软件开发过程和管理的一套系统方法，促进了企业软件开发的标准化。在国家重大专项“300毫米90/65纳米立式氧化炉研发及产业化”项目中，王春洪作为软件团队负责人，组织开展控制软件系统研究开发，引进国外软件产品，结合国内软件业发展情况，深入分析研究，激励团队创新思想，自主开发控制软件，实现设

备自动化运行，填补了300毫米标准设备控制软件的空白，为后续项目研发奠定了基础，公司率先成为符合半导体生产线自动化要求的国内设备供应商。他规范软件开发过程和管理方法，依据公司特点建立ISO9000软件开发质量管理体系，制定了设备控制软件发展规划。研发过程中，半导体设备调度算法和硅片加工工艺都非常复杂，每次工艺过程都需要对硅片的传输优化，要对每片硅片的信息记录跟踪；每个工艺步骤都需要对各类子系统进行控制，要有相应的故障处理机制，以保证设备的安全。王春洪及其团队善于学习，勇于创新，每天工作十多个小时，每周不少于6个工作日，攻克了大大小小几十个问题。设备测试阶段，Beta机要进行连续72小时测试，王春洪坚持在工作第一线，随时观察、记录运行状态，发现问题及时解决，在整个测试过程中仅休息3个小时。王春洪及其团队通过深入研究分析、刻苦攻关，自主研发一套稳定的工艺过程控制算法，出色完成开发任务，设备正式交付给中芯国际，并按照客户要求进行了严格测试。王春洪注重团队建设和项目管理，摸索和实施软件项目管理方法，对研发项目的流程、文档、代码等进行规范管理。他针对软件技术人员建立培训流程，培养起一支具有较高技术水平的软件研发队伍。2010年被评为北京电控2009年度优秀共产党员，2012年获得首都劳动奖章。

（吕少辉）

【王家恒——移动用TFT-LCD产业带头人】

王家恒，男，出生于1969年2月，汉族，中国共产党员，现任京东方集团联席运营官，是京东方科技集团股份有限公司（简称京东方）移动用TFT-LCD（薄膜晶体管液晶显示器件）产业带头人，国内TFT-LCD产业知名专家。

2007年，王家恒担任京东方成都第4.5代TFT-LCD生产线技术带头人和项目建设负责人，带领几十名中国工程师和运营管理人员投入TFT-LCD建设。面对国内缺乏TFT专业人才和经验的窘况，王家恒凭借坚定的信念和扎实的技术管理经验，带领大家勇挑重担，不辞辛苦、埋头苦干，对引进的TFT-LCD技术消化、吸收、再创新，克服“汶川”地震影响，按期完成4.5代线项目建设。2009年10月，4.5代线正式量产。全球金融危机发生后，TFT面板价格急剧下降，面板厂商开工不足，全面亏损。面对这样的挑战，王家恒不畏艰难，逆流而上，在公司广泛开展技术创新，提高良品率，降低成本，丰富产品线，提高了单基板收益。从2010年4月起，经营扭亏为盈，成功实现4.5代线从项目建设到运营的转型，成为国内从量产到盈利速度最快的4.5代线。2010年10月，王家恒兼管京东方第5代TFT-LCD生产线。5代线是京东方于2003年引进韩国技术建设的第一条TFT-LCD生产线，主要生产14寸~23.6寸的液晶显示屏。由于受金融危机影响，5代线面临市场萎缩、单价持续下跌、产品品种单一和开工严重不足的困境。王家恒带领技术部门人员一起进行生产线设计优化、设备调整改

造等，进行很多重要的、开创性的技术改进，为5代线对应小尺寸（移动显示）生产打下坚实基础。王家恒非常关注产品品质，在他的带领下，通过工艺技术的强化与创新，产线综合良率持续提高，Loss维持在较低水平。王家恒

十分重视新产品的企划与开发，5 代线在 2011 年企划开发新品达十几种。其中，采用世界领先水平的 ADS 技术产品，大幅增加技术附加值，实现 5 代线月度现金流为正，经营业绩大幅提升。经过一年多努力，5 代线产品覆盖了从 1.8 英寸 ~17 英寸各尺寸显示产品，增强了 5 代线应对市场能力。王家恒注重人才队伍建设，培养了大批技术能手和业务骨干，员工从刚成立的几十人，发展到在岗员工 3000 多人。其中，博士 5 名，硕士 85 名，本科 329 名，海外专家 20 多名。2012 年，王家恒获得首都劳动奖章。

（吕少辉）

【石太平——基因研究领域的耕耘者】 石太平，男，1976 年出生，博士研究生，北京诺赛基因组研究中心有限公司专业技术人员。

2003 年 6 月毕业于北京师范大学生物化学与分子生物学系，2003 年 7 月进入北方中心工作，一直从事人类重要生理活性及具有药物开发前景的功能基因研究工作，独立负责功能基因筛选平台的建立及基因功能研究，先后参与承担多项国家自然基金、国家“863”重大专项课题以及国家“重大新药创制”等课题。他带领课题组在国内首次建立高通量、高内涵的人类功能基因筛选及应用技术平台，开展了上千基因的功能筛选。他在组织实施重大科技项目的研究工作中思路活跃，具有独立组织和领导创新性研究的工作能力，良好的科研道德作风和协作精神，治学态度求实严谨，培养了一批从事该领域研究的科研人员。他在多家核心刊物发表 44 篇高水平的学术研究论文，其中 SCI 收录论文 34 篇，影响因子总和已达 117.66。同时申请了 25 项国家发明专利，获得 5 项国家发明专利授权。他在 2008 年当选北京市“科技新星（A 类）”，2010 年进入新世纪百千万人才工程“北京市级人选”，2012 年荣获首都劳动奖章。

（王玉婵）

【石军令——视责任如泰山的领军人】 石军令，汉族，辽宁省丹东人，1979 年 8 月出生，中共党员，2002 年大学毕业来到金泰集团燃料公司燃油配送中心工作，先后担任业务员、安全员、业务主管，现任金泰集团燃料公司燃油配送中心经理。

石军令刚到燃油配送中心时，主要从事成品油销售工作，一干就是 10 余年，从一名常年奔波在外的业务员到责任重于山的安全员，从储运主管到燃油配送中心经理。10 年磨砺，金泰燃油配送中心在他的带领下，遵循“诚信是基石、共赢是关键、保供是责任”的信条。他视责任如泰山，全面掌握了燃油储、配、调、销等市场运作规律，细化了燃油配送业务流程，规范健全了管理制度，扩大了网点建设，增加了撬装加油站经营业务，打开了外埠终端市场，成品油经营品种逐步扩大，销售额快速增长。在保障首都冬季采暖成品油供应和推进企业燃油业务持续快速发展等方面付出了艰苦的努力。

履行保供职能，在“诚”字上下功夫。近年来，随着北京城区采暖改用清洁能源推进速度的加快，北京市场油品价格和存量波动较大，自 2007 年冬季供暖期以来，一度出现间接性“油荒”现象。加之成品油配送货源组织难度大、资金用量多等原因，给燃油配送中心经营带来很大的压力。为确保北京采暖燃油市场供应，他与业务部门的同事，反复向油品供应方讲明北京市场保供的政治责任。在成品油资源严重紧张的情况下，中石化和中石油资源供应方深深感到北京市保供的重要性，做出金泰燃油配送中心资源需求必保的承诺。为确保资源供应更加稳固，他先后又与中化集团、北京石化公司、中油首汽油料公司、中航油集团等供油企业建立了稳定的合作关系，实现了多渠道资源供应，确保了市政府冬季供暖燃油应急保障工作到位。为保障城区内住宅小区和企事业单位的采暖用油，他们克服运力上的困难，牢记责任，用真情、真诚服务用户。由于城区内的一些单位地处狭窄的胡同里，油罐车根本开不进去，他们就根据用户的需求，量小的就把油先抽到油桶里，然后再逐桶提到用户的储油罐。用量大的，他们就在油罐车上接上输油管送到用户指定的位置，最长的油管有 200 余米，为保证输油安全，每隔 4、5 米就要站一名职工，时刻坚守，确保输油管线的安全。西城区内的一所幼儿园，地处胡同深处，一个冬季仅需几吨采暖油，幼儿园由于场地有限没有储油罐，一次只进几十升油，几家燃油配送单位都因为交通不便、用量小、不安全等原因推辞。金泰燃油配送中心却毫无任何附加条件地承担下来，每次都用小桶提到幼儿园的锅炉房，一点点加入到锅炉内，而且一送就是 4 年。幼儿园老师感激地对他们说："这冬天孩子们暖乎乎的多亏了你们了，替家长谢谢各位师傅了。"

扩展经营外延，在"新"字上求发展。撬装加油站由于技术难度高、安全责任重等原因，多是由中石化和中石油进行经营。他通过周密市场调研，并拜访大量业内人士，首先理顺了配送中心的业务旧账，细化工作流程，制定完善业务制度，组织编写了"进销存"软件，使燃油配送中心的管理日趋规范化。同时加强市内业务网点的建设，将原来松散的业务关系整合为 8 个配送业务部和 1 个直销业务部。再与撬装加油装置生产商及运输单位洽商达成合作意向，在去年年末与京西国宾运输公司撬装加油站建设项目投入使用。仅此，每年为配送中心新增销售柴油 1200 吨，收入 1000 余万元。

展宽外埠燃油业务销售，开辟多品种经营新渠道。煤油夏储是油品经营中回报率较高的项目，但由于煤油经营涉及仓储要求高、货源组织难度大、资金用量多、操作时间跨度大等问题，一直是燃油配送中心难以涉足的领域。经过石军令与配送中心业务人员的多方努力，最终与天津大港燃料公司达成合作储备 2800 吨煤油项目，这项年销售收入就达 2000 余万元，获利 20 余万元。之后开展的成品油小额批发业务，使成品油批发稳定在每年 20000 吨左右，与天津华润万家、唐山渤海铝业、廊坊喜之郎食品等 110 多家企业建立起紧密的经营协作关系。自 2007 年他担任燃油配送中心经理至今的 5 年中，配送中心成品油销售由过去的年 2.5 万吨上升到现在的 5.3 万吨，销售收入由 1.3 亿元增长到 3.8 亿元。在企业经营发展与创效能力上实现了新突破。

规范安全流程，在"责"字上做到位。燃油配送工作危险等级高，仓储要求严，安全职责不可有丝毫的松懈。配送中心承担着市内一些中小学、幼儿园、医疗系统、宾馆饭店、政府机关的燃油配送任务，这些单位又大多紧邻居民密集区域，安全责任巨大。他针对配送业务的各项流程和各岗位要求，学习查阅了大量安全管理资料、法规和专业技术知识，用了半年多的时间，编制出危险化学品经营运输管理《安全手册》，规范和完善了整个燃油配送过程的各项安全操作流程，确保了燃油配送过程的万无一失，自开展成品油配送业务至今 10 年来，未发生一起安全责任事故。《安全手册》得到了北京市通州区安监部门、消防部门、交通运输部门的充分肯定，并在通州区危险化学品经营运输单位加以推广。2012 年，石军令荣获首都劳动奖章。

（刘超法　程林禧）

【杨柱强——勇挑重担的劳动模范】 杨柱强，男，1976 年 2 月出生，中国共产党员，本科，工程师，现任北京华腾大搪设备有限公司研发中心副主任。北京华腾大搪设备有限公司是生产搪玻璃产品的企业，杨柱强在单位一直从事科研开发工作。

2003 年，公司从匈牙利兰帕特公司引进先进搪玻璃生产技术，但与国内基础工业有差距，导致公司大型产品的制造存在问题，国内的大型搪玻璃市场几乎被外资产品垄断。2006 年，杨柱强承担了公司重新确定大型产品制造工艺课题。为获得第一手资料，他连续 3 个昼夜在高温生产一线与工人共同操作。在对引进搪烧工艺进行深入研究之后，他大胆提出"分段分工艺搪烧"思路，把引进技术与公司实际情况结合，经多次试验，最终制定出科学合理的搪烧工艺，使大型搪玻璃产品制造规范化，提高了生产效率，确立了企业在大型搪玻璃产品市场的主导地位。2007 年，他主持了国内首台 50 立方米大型搪玻璃储罐的研究试制工作，国内没有制造此类大型产品先例，很多经验数据都需要自己去摸索收集。大型产品的试制会耗费相当大的电能，他合理安排制造时间，白天研究方案，夜间利用“低谷电”降低试制成本。通过多次观察研究试验，最终取得成功，奠定了企业研发超大型搪玻璃设备的基础，确立了企业在国内同行业领军地位。2009~2011 年，以他为主要技术负责人的草甘膦专用釉项目组，克服了人手少、资料匮乏、设备简陋等困难，不等不靠，开动脑筋想办法，创造发明了“瓷釉两步熔制法”，通过采用两步熔制瓷釉的工艺，彻底解决了瓷釉耐酸耐碱性能指标不能同时达标的问题，瓷面的外观质量得到提升。经过近两年的艰苦试验和研究，研制出专门用于农药草甘膦生产工艺的“草甘膦专用瓷釉”，这是国内搪玻璃行业首次针对某一项特殊工艺而生产的专用釉，取得良好的经济效益和社会效益。2012 年，杨柱强荣获首都劳动奖章。

（徐博非）

【陈强——青年岗位的操作能手】 陈强，男，1979 年 9 月出生，汉族，中国共产党员，大学本科学历，工程师，现任北京京棉集团巨龙纺织有限公司总经理。

陈强作为纺织专业毕业的大学生，热爱纺织事业，一心扑在工作上，刻苦钻研纺织技术，不断攻克技术难关，为公司的发展作出了突出贡献。巨龙公司为开拓纺织市场，从德国购进 3 台当时世界上最先进的气流纺纱设备（AUTO360 气流纺纱机），且设备的安装调试全部由设备生产厂商负责。陈强作为巨龙公司委派的配合人员之一，参加了厂家培训课程学习。他把这项工作看作学习取经的好机会，在设备安装、调试及使用过程中，从不放过任何工作环节和细节，坚持每天写工作日记，及时总结安装工程师讲述的工作经验，积极主动的学习精神和一丝不苟的工作态度，得到了安装工程师的高度认可。经过从理论到实践的几个回合，他很快掌握了国际上最先进的赐莱福 360 气流纺机的工作原理、操作方法、设备维护、保养检修、参数设定、工艺调整以及故障排除等关键技术，保证了设备正常的维护、保养，还编写了《纺纱设备的平、揩车操作法》，为引进设备早日投产作出了贡献。在设备运行初期，由于其他检修人员还不能独立处理设备上出现的问题，所以经常请陈强去解决。他随叫随到，并将掌握的知识毫无保留地传授给检修人员，并对检修人员实操培训，使他们能够早日胜任检修岗位要求。陈强善于探索、发现和总结生产的进展和效益情况，还与有关研发技术人员开展《新型高档转杯纺纱开发及应用研究》。他发挥青年人敢想敢干、勇于创新的精神，以科学的态度，反复试验、论证，开发出“羊绒 / 真丝高档气流纱”新产品，在 2007 年全国棉纺织、色织、印染产品开发年会上获得优秀创新奖，还申报了“纺制动物短毛绒的方法”“段染毛纺纱的纺制方法”2 项发明专利。2008 年又继续开发了棉 / 精梳落毛气流纱、珍珠粘胶气流纱等新产品，其中棉 / 精梳落毛的气流纱达到批量生产条件。截至 2009 年年底，他开发的新品种已有二十几个。其中，纺部的涤 / 涤热熔的气流纺纱实现量产，织部的金属丝抗静电布、双层布、仿竹节布等几个品种实现量产，提高了企业新产品竞争力。陈强研发改进的新产品运用在公司生产中，获得的产值占公司总产值的 52%。陈强担任京棉巨龙公司总经理一职后，努力学习管理知识，又从技术人员成长为知市场、懂经营、会管理的综合型高级管理人员。陈强 2007 年荣获北京市青年岗位能手，2008 年荣获全国青年岗位操作能手，并被纺织控股公司评为经济技术标兵，2009 年被评为京棉集团操作技术两届创新标兵，2010 年被评为北京市劳动模范。

（李 颖）

【胡传忠——不负众望的带头人】 胡传忠，男，1969年10月出生，汉族，中国共产党员，硕士研究生，1993年清华大学机械工程系毕业参加工作，历任北京天海工业有限公司处长、副总工、技术质量部副部长、副总经理、常务副总经理，现任北京天海工业有限公司总经理、党委书记，全国气瓶标准化技术委员会副秘书长。

胡传忠大学毕业20年来，先后从事产品研发、技术管理、行政管理和党务等方面的工作。他坚持技术创新，不断增强企业的发展后劲，使企业产品从最初的2种发展到近800个品种规格，始终引领国内压力容器行业的发展方向。在他的领导下，天海公司取得美国DOT、欧共体EEC、德国TUV等34个国际认证，成为国内同行业中唯一一家能生产具有世界先进水平的气瓶产品企业，而且拥有自主知识产权的设计、具有世界先进水平的气瓶制造设备及全套生产线。北京天海公司集团化建设速度不断加快，已发展为拥有6个专业气瓶生产基地、1个专用汽车制造基地和1个美国子公司的集团化公司。2011年，面对金融危机的影响和行业竞争的挑战，胡传忠带领全体党员和员工努力拼搏，团结奋进，产量突破300万支大关；公司主要经济技术指标连续16年位居全国同行业之首，保持了全国同行业排头兵地位。胡传忠2001年被评为北京京城机电控股有限公司经济技术创新标兵，2008年被中国发展战略学研究会经济战略专业委员会、中国工业合作协会、中国国际职业经理人协会授予“中国优秀职业经理人”称号，2010年被北京企业联合会评为“北京优秀企业家”，2012年荣获首都劳动奖章。

（张文杰）

【秦涛——全国技术能手】 秦涛，男，1970年4月出生，汉族，中共党员，1989年12月参加工作，2007年晋升为车工高级技师，现为首钢矿业公司机械厂机加工分厂车工。

2007年，秦涛参加北京市数控技能大赛夺得第一名，被授予首都劳动奖章并晋升为高级技师。2005~2008年连续被评为首钢劳动模范和北京市经济技术创新标兵；2008年参加全国职工数控技能大赛获得车工组第四名，被授予“全国技术能手”称号；2009年被评为全国钢铁行业劳动模范、首钢总公司级技能操作专家。2010年被评为北京市劳动模范。他刻苦学习、自我超越。在工作中先后自学《机械基础》《金属切削加工手册》等技术书籍和培训教材，并向师傅和技术人员请教，逐渐掌握并精通C630、1.25米立车、1.6米立车等车床的操作。2001年，获得矿业公司车工技术比赛“技术能手”称号；2003年参加首钢技术比赛获得车工组第三名。2001年秦涛所在的机加工分厂购进数控车床，秦涛先后学习《数控加工工艺》《数控工艺培训教程》，边摸索、边实践，凭借超人的毅力和刻苦的钻研精神，终于掌握数控机床操作的技术，成为机械厂第一个操作数控机床的人。几年来有4篇数控加工论文被杂志刊登，其中《G90或G94的另外用途》被编入《中国工业年鉴》C卷中。2007年，首钢迁钢2160轧机从德国进口的轧辊端头安装不上，外国专家称备件没有问题。秦涛在数控立车上进行检测，发现备件的同轴度超出技术要求0.06毫米，两处内径尺寸小0.08毫米，外国专家终于承认是备件问题，由秦涛对备件各部尺寸进行修复，保证了2160轧机安装工作进行。秦涛采用倒面接刀法，选用圆弧刀，然后用包络法，解决6.3米数控立式车床在加工大型卷扬过程中的卡壳问题，创经济效益6万元。2006年5月，轧球机轧辊频繁发生问题，急需解决加工轧辊精度问题，秦涛想出用螺旋升角和变螺距求顶宽的方法，根据计算数据，演变出另外一套变螺距，成功加工出一对轧辊，解决了生产急需。中心油孔的轴类零件，在镗床上加工，费时费力，容易发生尺寸过深造成钻头折断现象。针对此难题，秦涛利用业余时间自费到北京购买技术资料，向首钢

技校老师请教，经过反复摸索，采用 G90 指令，编制出深孔加工程序，彻底解决了钻头折断问题，提高了工作效率。2009 年，秦涛全年累计完成工时 6885 小时，完成计划工时的 329.7 %，相当于 1 个人干 3 个人工作量，相当于用 1 年的时间完成 3 年工作量，被工友们称为“走在时间前面的人”。工件一级品率 98%，项目兑现率 100%，设备完好率 100%，全年未发生任何大小安全、设备、人身事故。秦涛全年义务加班 40 余个，完成 26 项急件加工任务，起到模范表率作用。他设计的 2145 球磨机筒体两端面加工的专用工装，避免二次装卡加工精度难以保证的问题，提高工效近 3 倍，每台节约加工成本约 5000 元；利用数控 1.6 米立车解决修复报废铜油环的难题，创效益 5000 余元；利用数控 CAK6163 车床，开发烧结机喷油嘴的加工，年创效益 8 万余元。两年来，“秦涛学习团队”共完成课题 20 个，创效益 131 万元。2009 年，秦涛自行设计制作工装 6 件，创最佳操作法 2 套，改进工艺 4 项。先后解决 7 个变螺距组成的球型螺纹的轧辊问题、迁钢 2160 轧机轧辊端头修复问题、大卷扬加工问题等 16 个加工难题。对四立电铲支轮程序加工等 10 余个数控程序进行改进，保证了产品质量，提高了加工效率。秦涛用他的坚守和勤奋证明，一个没有数控背景的操作工，同样可以成为数控机床高手。2010 年，秦涛获得首都学习之星称号。

（李淑萍）

【康成勇——踏实肯干的农民轮换工】 康成勇，男，1968 年 11 月出生，汉族，中共党员，大学文化，现任京煤集团昊华能源公司大安山煤矿采煤一段段长。

1988 年 10 月，康成勇告别生他养他的四川省仪陇县家乡农村，来到北京，在京西大安山煤矿当上一名农民轮换工，在矿井中从事采煤工作。他勤奋努力，虚心好学，很快适应了岗位环境，掌握了工作本领，能够独立上岗操作。他要求进步，积极参加煤矿组织的各种活动，热心公益事业，充满青年人的朝气。他虽然是外地来京的打工者，但他把北京煤矿当成自己的家，把繁重的井下体力劳动当成了锻炼自己的熔炉。一同从四川来煤矿工作的农民轮换工，有的嫌井下工作艰苦危险，辞职不干了；有的嫌矿山偏僻、收入少，另择“高枝”了；还有的原以为到北京是去城市工作，没想到却是钻入了矿山的大山沟，心理落差大，经常口出烦言。康成勇却一笑置之，坚定地扎根矿山，满腔热情地踏实工作。入矿第二年，他就被段领导选拔为采掘班长，同时兼任段团支部

书记。身上的担子重了，工作多了，他毫不叫苦，决心接受组织的考验，不辜负领导和同事的信任。他深知，班长是班里的主心骨，能够带好一班人不是容易的事。尤其是在煤矿井下生产，安全为天，既要完成生产任务，多出煤，出好煤，还要保证大家的生命安全，不能出生产事故。班长的责任重于泰山。因此，在井下工作一天的他，回到宿舍也舍不得休息，挤出时间，潜心学习煤矿安全生产管理知识和岗位操作技能，不断充实自己、提高自己。在危重的工作面前，他勇挑重担。在艰苦的工作环境，冲锋在前。他每月出勤都在 28 天以上，砍柱、打眼、支护、攉煤，娴熟的操作技能让工友们十分钦佩；学习、培训、开会、娱乐，班组的生活安排得井井有条。“横不攀，竖不比，踏踏实实管自己”是他生活处世的座右铭；“喊破嗓子不如干出样子”是他当班长的管理之道。1990~1993 年，他带领的班组产煤、进尺任务月月超额，安全质量走在全段前列。1991 年 11 月，康成勇作为优秀团员，被煤矿团组织首批推荐加入中国共产党。从此，他要求自己更加严格，工作更加努力。一次，处理大面积冒顶的隐患，康成勇为了工友的安全，让大家退后，自己一个人站在 3 米多高的层台上打支撑，码木垛，连续奋战 15 个小时。做完支护后，他双手磨出十多个血泡，全身瘫软，被工友们背出了井口。可第二天，他又准时出现在了井下抢修冒顶工作的队伍中。1994 年夏，康成勇所在

的采煤队遇到了意想不到的困难，由于地质条件复杂，煤层储量发生变化，顶板来压，地下水突出，煤炭产量急剧下降。亏产的阴影笼罩在工友的心头，影响了工作的斗志和士气。关键时刻，康成勇带头，在段里临时组建了一支青年突击队，连续多次突击抢修巷道，在极其艰苦的条件下，用11天实现产量翻番。青年突击队的行动鼓舞了全段员工，士气大振。当年，全段提前1个月完成全年产煤任务。2002年9月，康成勇被煤矿首批选拔到辽宁工程技术大学采矿工程系学习。两年后，他以优异的成绩毕业，取得了大专文凭。回到矿山后，煤矿任命他担任考核办主任，成为煤矿管理人员。2005年11月，煤矿又任命他担任一段段长。一段是当时全矿编制最大的采掘段，全段在册职工约300人，年生产原煤达25万吨左右，几乎占全矿总产量的五分之一。一段的工作面位于后槽煤层，出产的无烟煤质量上乘，但煤层松软，有冲击地压，很容易塌冒，而且有毒有害气体含量相对较高，稍有不慎就会发生窒息事故。面对这一情况，康成勇没有退却，知难而上。他把组织的信任当成工作的动力，走马上任，决心在一段干出个样子。他深入矿井，察看工作面布置，查找地质资料，与工友们分析困难原因，制订施工方案。首先进行了工作面的通风系统改造，将自然通风变为机械通风，解决了工作面空气不流通问题。在采煤方法上，用排炮式落煤方式代替台阶式，解决了单倾斜煤层功效低问题。他按照矿上的部署，给煤层注水，释放压力，减少了粉尘。一段很快出现新气象，在复杂工作面情况下，实现了安全生产。康成勇将多年的工作经验和系统的理论学习相结合，积极进行采煤工艺改革和技术创新，使一段成为煤矿技术革新的排头兵和试验基地。一段试验成功的柔掩阶梯采煤法和煤层注水等新工艺，在全矿推广应用。一段的团队管理规范、安全绩效走在全矿前列。二十多年来，康成勇所在班组段队，多次被煤矿和公司评为先进单位。康成永多次被矿和公司评为优秀青年、青年岗位能手、新长征突击手、优秀共产党员、先进工作者。2007年，他被京煤集团评为“感动京煤的十佳员工”。2008年5月，获得北京市“五一”劳动奖章，2010年5月被评为北京市劳动模范。

（汪智利　马士彬）

【董宝全——企业转型中的“工人专家”】 董宝全，男，1962年3月出生，汉族，大专文化，中共党员，高级技工。现任北京有色金属与稀土应用研究所制造部副主任兼制造部贵金属班、拉丝班班长。

1980年，董宝全来到北京有色金属与稀土应用研究所（简称有色研究所）工作，32年间，他从最初的轧制工、检验工、研发课题组辅助人员到贵金属班研发生产的负责人、轧制班班长、拉丝班班长、制造部副部长，一直扎根生产一线，其工作经历涵盖了有色研究所生产车间的各个班组。他信守的一条原则是，干一个岗位就要尽职尽责把工作干好。伴随着企业转型，2000年他进入研发中心，开始接触科研课题开发工作，从基层的实际操作者，转变为用自身的实际经验给研发项目提供试制数据。2008年，有色研究所成立贵金属班，他担任班长。贵金属班主要负责金、铂、丝材、箔带材和溅射靶材的研发和生产，是有色研究所研制合一的试点。截至2012年，贵金属班研制开发金基新产品10余种，工艺创新4项，仅铂、钯产品就达到400余公斤。董宝全在工作中刻苦钻研，勇于攻关。销售人员反映金铜合金丝材

的社会需求量很大，产品附加值很高，但生产工艺复杂，对设备要求苛刻，有色研究所一直未能研制成功。董宝全得知后，与一名老专家一起，用了大半年时间，查资料，摸索生产工艺，经历多次失败，终于研制出符合用户要求的成品。在该产品投产后又逐步改进生产工艺，攻克加工过程中容易断丝的难题，形成金铜合金丝材整套加工工艺，结束了有色研究所不能生产金铜合金的历史。2006年，55所军工课题

中的关键焊接材料——微波通道焊接材料锡锗砷国外禁运，导致课题一度停滞，请求有色研究所帮助。有色研究所成立专门课题组，董宝全和课题组的成员一起，查阅资料，不分昼夜，加班加点调研国外金锗砷生产技术状况，研究探索锡锗砷的加工机理，经过大量的熔铸、压力加工、冲制、设备改造等试验，试制出了合格的优质金锗砷产品。利用这套技术方法制备的金锗砷焊料的焊接性能达到国外同等水平，实现了锡锗砷焊料国产化，替代了进口产品，《锡锗砷合金及其制备方法和应用》申请了国家专利并获得授权。董宝全的班组多次为有关单位试制研究项目的基础材料，帮助有关单位解决许多研究项目中的问题。其中，为13所、上海空间等微电子企业提供替代进口的金砷溅射靶材，至今有色研究所仍为该产品的国内唯一生产企业。董宝全带领班组与相关部门密切配合，试制运载火箭箱体焊接用的380系列焊丝中的免清洗轴装光亮焊丝，从清洗液到拉拔模具，多次研究改进，终于突破380系列焊丝表面清洗上光关卡，达到客户要求，形成有色研究所380系列光亮丝新工艺。董宝全先后开发出金铜、金铜镍、金砷等新产品10余项，工艺创新获得4项国家专利，贵金属年销售额5300多万元。2012年，董宝全荣获全国“五一”劳动奖章。

（隆达工会）

【强和春——首都劳动奖章获得者】 强和春，男，1963年出生，现任北京京精医疗设备有限公司部门经理。

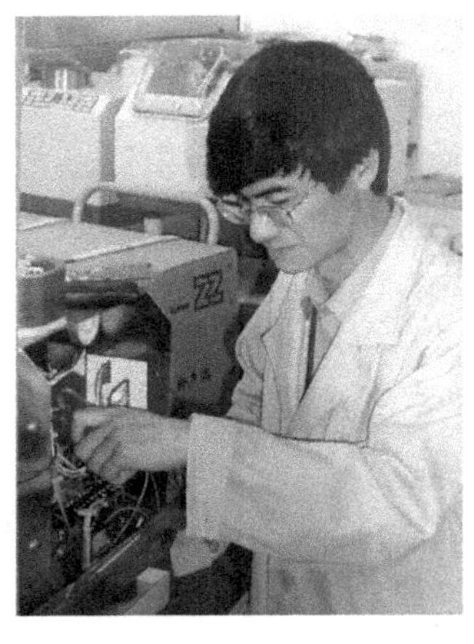

强和春负责公司血液回收机的售后维修工作已有十余年。他根据用户反馈的信息，对设备的组装生产、零部件加工和采购提出很多合理化建议，多条被公司采纳，为公司节约了数万元费用支出。他把自身掌握的机电维修知识和经验技术无私提供，耐心细致地讲解传授给维修部员工，提高了员工的维修技能。遇上设备使用过程（进行手术时）中出现的突发情况，他得知后主动用电话等方式指导客户进行应急处置，保障手术的顺利进行。2008年，汶川地震期间，他积极报名参加救援小分队前往求助一线，每天到使用设备的医院安装测试设备，对操作人员进行培训，解答客户提出的问题。在完成西安设备的安装培训之后，他不顾连日劳累又前往四川华西医院进行设备维护，马不停蹄地巡检了四川省其他22个城市的32台在用设备，保证了设备在救灾工作中正常发挥作用。在灾区工作期间，他经常是饥一顿饱一顿，但他把个人的利益、安危置之度外，想的是帮助灾区人民。强和春在平凡的工作岗位上兢兢业业、任劳任怨、埋头苦干，总是以最大的努力，尽心、尽职、尽责地完成好自己的本职工作。2012年他荣获首都劳动奖章。

（王玉婵）

法规政策文件

国务院关于促进企业技术改造的指导意见

国发〔2012〕44号

各省、自治区、直辖市人民政府，国务院各部委、各直属机构：

技术改造是企业采用新技术、新工艺、新设备、新材料对现有设施、工艺条件及生产服务等进行改造提升，淘汰落后产能，实现内涵式发展的投资活动，是实现技术进步、提高生产效率、推进节能减排、促进安全生产的重要途径。促进企业技术改造，对优化投资结构、培育消费需求、推动自主创新、加快结构调整、促进产业升级具有重要意义，是推进工业转变发展方式、实现科学发展的重要举措。长期以来，各地区、各部门、广大企业积极贯彻落实党中央、国务院决策部署，大力实施企业技术改造，取得明显成效，行业技术水平得到大幅提升，企业综合竞争能力大大增强，技术改造对推动我国工业持续健康发展发挥了重要作用。当前，我国经济发展内外部环境正在发生深刻变化，新时期、新形势对技术改造提出了更高的要求，企业技术改造工作尚存在认识有待深化、长效机制亟待建立、投资方向缺乏有效引导、管理体制需要进一步理顺等问题，必须采取切实措施，抓紧研究解决。现就进一步加快促进企业技术改造提出如下指导意见：

一、总体要求

以邓小平理论和“三个代表”重要思想为指导，深入贯彻落实科学发展观，以加快转变经济发展方式为主线，以促进工业转型升级、提升产业竞争力为主攻方向，以企业为主体、市场为导向、创新为动力，完善政策，加强管理，增强企业技术创新能力，加快创新成果产业化，加速改造提升传统产业，培育发展新兴产业，全面提升工业发展的质量和效益。

新时期企业技术改造工作要紧紧围绕工业发展的新要求，更加注重促进技术创新能力的增强和创新成果的产业化，提升产业核心竞争力；更加注重节能降耗减排治污，促进绿色发展；更加注重信息技术的集成应用，推进信息化与工业化深度融合；更加注重产业公共服务能力建设，夯实产业基础；更加注重产业转移和集聚发展，优化产业布局。

促进企业技术改造，要坚持市场主导与政府引导相结合，技术创新与技术改造相结合，改造传统产业与发展新兴产业相结合，突出重点与全面提升相结合。到2015年，技术改造投资占工业投资的比重明显提高，企业自主创新能力明显提升，工业新产品产值率明显提高，先进产能比重、资源能源利用效率、清洁生产和企业安全水平显著提高，推动企业技术改造的政策环境和体制机制更加健全，重点行业和骨干企业信息化应用达到国际先进水平。

二、重点任务

（一）推进技术创新和科技成果产业化。针对关键领域和薄弱环节，突破一批共性关键技术，加快先进技术的产业化应用，提高基础原材料和基础零部件、重大装备和核心技术的国内保障能力，提高技术标准研究制定水平，促进技术创新能力提升。鼓励和支持企业技术中心、工程实验室、科技重大基础设施等创新载体的改造提升，培育一批研发基础好、知识产权多、行业带动性强的技术创新示范企业，加强开放合作，增强企业创新能力。推动建立以企业为主体，产学研用相结合的协同创新体系，积极探索以技术标准引领产业发展、围绕创新成果进行创业等模式，促进科研与生产紧密结合，充分发挥市场主体的创造性和积极性，加快科技成果产业化。

（二）提高装备水平。加快淘汰落后工艺技术和设备，推广应用自动化、数字化、网络化、智能化等先进制造系统、智能制造设备及大型成套技术装备。支持重点企业瞄准世界前沿技术，加快装备升级改造，推动关键领域的技术装备达到国际先进水平。实施装备创新工程，不断提高装备制造业技术水平。

（三）促进绿色发展。实施提升工业能效、清洁生产、资源综合利用等技术改造。加快推广国内外先进节能、节水、节材技术和工艺，推广工业产品绿色设计研发系统，提高能源资源利用效率。提高成熟适用清洁生产技术普及率。加强重金属和危险化学品污染防治。支持工业废物、废旧产品和材料回收利用以及低品位、共伴生矿产资源综合利用，积极发展循环经济和再制造产业。培育一批资源节约型、环境友好型示范企业。

（四）优化产品结构。加快产品升级换代，提高产品技术含量和附加值。推进精益制造，改进工艺流程，加强过程控制，提高制造水平。完善检验检测手段，推行先进质量管理，提高产品质量。发展先进产能，增加产品品种，提高新产品贡献率。加强品牌建设，培育一批国际知名品牌。

（五）推进信息化与工业化融合。深化信息技术在研发设计、生产制造、营销管理、回收再利用等产品生命周期各环节的应用，加快推广应用现代生产管理系统等关键共性技术，支持企业普及制造执行、资源计划、客户关系等管理信息系统的应用和综合集成。推进信息技术在工业产品上的嵌入式应用，提高工业产品的智能化水平。支持面向企业、区域和行业的信息服务平台建设。

（六）深化军民结合。提升总体设计、总装测试和系统集成等核心能力，推动核能、船舶、飞机、电子信息、民爆器材等军民结合型产业发展。发挥军工技术优势，引导与军工技术同源或工艺相近的节能环保、新材料、新能源、安防反恐装备等新兴产业发展。支持军民两用技术产业化和相互转化，鼓励在国防科技工业领域应用先进成熟的民用技术装备。

（七）促进安全生产。实施高风险工业产品、生产工艺和装备的技术改造，加强工业控制系统安全保障。加快安全生产管理与监测预警系统、应急处理系统、危险品生产储运设备设施等技术装备的升级换代，提高工业企业本质安全水平。

（八）提升产业集聚水平。鼓励产业集聚发展，引导企业、项目、要素向现有园区和基地集中，推动龙头企业及配套企业的协同改造，支持研发设计、生产制造、营销服务等环节的全产业链技术改造，促进工业布局向产业配套、专业化协作、要素集约高效、生态环保的方向发展。

（九）加强公共服务平台建设。支持重点工业园区的研发设计、质量认证、试验检测、信息服务、资源综合利用等公共服务平台的升级改造。整合相关资源，面向重点行业建设一批产业技术创新和服务平台、质量安全技术示范平台、企业诚信信息管理平台、综合信息服务平台等。加大对中小企业实施技术改造的支持力度，建立和完善一批中小企业公共服务平台和生产力促进中心。

三、保障措施

（一）强化政策规划引导。科学制定重点行业和领域发展规划，完善重点行业产业政策，加强规划和产业政策对技术改造工作的引导。研究制定技术改造投资指南，发布年度重点项目导向计划。完善工业技术标准体系，在重点行业、重点领域开展工业产品安全、能效、环保、卫生和可靠性达标等改造行动，健全对技术改造的激励和约束机制。

（二）加大财政支持力度。发挥政府投资对社会投资的引导作用，中央及地方财政进一步加大支持力度，增加技改投入，重点支持工业转型升级重点领域、关键环节的技术改造。不断创新和优化资金管理方式，灵活运用多种支持形式，提高财政资金的使用效益。

（三）完善税收优惠政策。用好现行有关税收优惠政策支持企业技术改造，包括增值税一般纳税人购进或者自制机器设备发生的增值税进项税额可按规定从销项税额中抵扣；企业所得税法规定的固定资产加速折旧，购置用于环境保护、节能节水、安全生产等专用设备的投资额可按一定比例实行税额抵免，研发费用加计扣除所得税，技术转让减免企业所得税，被认定为高新技术企业的享受企业所得税优惠；对从事国家鼓励发展的项目所需、国内不能生产的先进设备，在规定范围内免征进口关税；对国内企业为生产国家支持发展的重大技术装备而确有必要进口的关键零部件及原材料，享受进口税收优惠等。稳步推进营业税改征增值税改革，逐步将转让技术专利、商标、品牌等无形资产纳入增值税征收范围，支持企业技术改造。

（四）拓宽融资渠道。加强信贷政策与产业政策的协调配合，引导金融机构加大对企业技术改造的融资支持力度。大力推动金融产品和服务方式创新，发展适合企业技术改造资金需求特点的金融产品和服务模式。鼓励金融机构提高项目筛选、评估、定价、风险控制等综合服务能力，对技术改造项目提供多元化融资便利，通过财政贴息、知识产权质押等方式加大对技术改造项目的信贷投入，有针对性地支持国家重点和符合产业升级方向的技术改造项目。支持企业采用融资租赁等方式开展技术改造，积极引导和支持企业通过上市融资、发行公司债券、企业债券和中期票据等方式，扩大企业技术改造直接融资规模。规范发展产业投资基金、股权投资基金，引导民间资金支持企业技术改造。

（五）健全管理机制。建立职责明确、科学高效的企业技术改造工作管理机制，优化工作流程，提高技术改造工作管理水平。建立健全全国统一的工业技术改造投资统计体系，加强企业技术改造投资的监测、分析和信息发布工作。着眼企业的发展需要，强化职业教育，为企业技术改造和产业升级培养高素质的技能型人才。完善技术改造项目管理制度，建立投资效果考核机制，加强投资效益分析评价和政府投资项目的监督检查。

各地区、各部门要进一步统一思想，深刻认识促进企业技术改造的重要性和紧迫性，进一步加强组织领导，切实加大工作力度。各省（区、市）人民政府要把促进企业技术改造纳入政府重要议事日程，结合实际加快出台具体措施办法，并抓好落实。国务院有关部门要加强协调配合，强化工作指导和督促检查，保证各项政策措施落到实处。要进一步发挥行业协会的桥梁纽带作用，充分调动广大企业的积极性和主动性，形成合力，共同开创企业技术改造工作的新局面。

二〇一二年九月一日

国务院办公厅关于转发
人力资源社会保障部、财政部、国资委关于加强
企业技能人才队伍建设意见的通知

国办发〔2012〕34号

各省、自治区、直辖市人民政府，国务院各部委、各直属机构：

人力资源社会保障部、财政部、国资委《关于加强企业技能人才队伍建设的意见》已经国务院同意，现转发给你们，请认真贯彻执行。

二〇一二年六月十三日

附件：

关于加强企业技能人才队伍建设的意见
（人力资源社会保障部、财政部、国资委）

企业技能人才是我国人才队伍的重要组成部分，是推动经济社会发展的重要力量。加强企业技能人才队伍建设，是增强企业核心竞争力、推动产业转型升级和提升企业创新能力的内在要求，是加快经济发展方式转变、促进产业结构调整的有效手段，是深入实施人才强国战略和科教兴国战略、建设人力资源强国的重要内容。为贯彻落实《国家中长期人才发展规划纲要（2010—2020年）》等要求，全面提升企业技能人才队伍的整体素质，现就加强企业技能人才队伍建设提出如下意见：

一、指导思想和主要任务

（一）指导思想。深入贯彻落实科学发展观，全面实施人才强企战略，以服务产业转型升级为主线，以增强企业核心竞争力为目的，坚持服务企业、尊重劳动、提升技能、终身培训的原则，建立健全企业技能人才队伍建设工作机制和政策措施，形成有利于技能人才成长和发挥作用的制度环境和社会氛围，为促进企业发展提供强有力的技能人才支持。

（二）主要任务。当前和今后一个时期，企业技能人才队伍建设的主要任务是：充分发挥企业主体作用，健全企业职工培训制度，完善企业技能人才培养、评价和激励的政策措施，建设技能精湛、素质优良、结构合理的企业技能人才队伍，在企业中初步形成初级、中级、高级技能劳动者队伍梯次发展和比例结构基本合理的格局，使技能人才规模、结构、素质更好地满足产业结构优化升级和企业发展需求。

二、健全企业职工培训制度

（三）创新企业职工培训方式。根据企业技能岗位要求和职工提升技能水平的需要，统筹利用各类教育培训资源，以企业职工培训机构、职业院校为载体，进一步深化企校合作，大力开展岗前培训、在岗技能提升培训和高技能人才培训，探索建立企业新型学徒制度，通过学校教育培养、企业岗位培训、个人自学提高等方式，不断提高企业职工的职业素养、技能水平和创新能力。“十二五”期间，力争使企业所有技能岗位职工都得到至少一次职业培训，为企业发展提供强有力的技能人才支撑。

（四）大力开展岗前培训。企业应结合岗位技能的要求，根据先培训后上岗的原则，对新录用和转岗的职工，通过自主培训或委托培训等方式，开展以基本技能、安全知识、操作规程、规章制度及从业素质为主要内容的岗前培训。鼓励企业加强与以培养后备技术工人为目标的职业院校合作，开展订单式培训和定岗培训，增强培训的针对性和有效性。各地应贯彻落实《国务院关于加强职典培训促进就业的意见》（国发〔2010〕36号）的要求，完善职业培训补贴直补企业的政策措施，对符合条件的，按规定给予企业相应的培训费补贴。

（五）加强在岗技能提升培训。企业应结合技术进步和产业升级对职工技能水平的要求，通过在岗培训、脱产培训、业务研修、岗位练兵等多种方式，对技能岗位职工开展技能提升培训，加快提升职工的技能水平。各地应探索实行企业在职职工就读职业院校的弹性学制、学分制政策，对于完成规定培训课程和学时的，经考核合格，可以获得职业院校毕业证书。要把岗位练兵作为提升职工技能水平的重要手段，在全国广泛开展企业职工岗位练兵活动，大力营造学技能、比贡献的良好氛围。职工在岗位练兵活动中的表现，可作为晋升职业资格和参评全国技术能手等相关荣誉称号的重要依据。

（六）推动企业高技能人才培训。企业应通过建立高技能人才培养企校合作制度、技师研修制度等方式，大力培养高技能人才。鼓励企业高技能人才参加科研机构的科技攻关和企业技术改造，支持企业建设技能大师工作室，开展关键工艺攻关、技能研习和创新以及技能传承等活动，各级财政部门应给予资金扶持。鼓励各地结合区域经济发展、产业振兴和新兴战略性产业发展的需要，依托大型骨干企业（集团）建设示范性高技能人才培训基地，加强高技能人才培养。对参加技师、高级技师培训并获得相应技能人员职业资格证书的企业在岗职工，按规定给予一定的培训费补贴，补贴资金由地方政府和企业共同负担，政府负担的补贴资金从就业专项资金中列支，中央财政通过就业专项转移支付资金，对地方给予适当补助。

（七）探索建立企业新型学徒制度。选择有条件的企业开展新型学徒试点，采取“企校双制、工学一体”的模式，通过企校合作培养与企业以师带徒相结合的方式，对拟录用或新录用的员工开展学徒培训。企业应与职业院校或职业培训机构签订合作协议，明确学徒培训的形式、内容、期限、双方责任等具体内容，确保学徒在企业工作的同时，有一定时间到学校参加系统的专业知识和技能学习。企业应选派优秀的技能人才担任师傅，与学徒签订培训协议，明确培养目标、培训内容与期限、考核办法、学徒工资和师徒津贴等内容。企业可根据实际情况确定学徒期限，学徒期应不少于 1 年。各地应制定支持企业建立新型学徒制度的政策措施，对符合企业岗前培训补贴条件的，按规定享受企业岗前培训费补贴政策。企业新型学徒制度试点办法将由人力资源社会保障部会同有关部门另行制定。

三、创新企业技能人才评价机制

（八）完善技能人才多元评价方式。积极推进企业技能人才评价试点，健全以职业能力为导向、以工作业绩为重点、注重职业道德和职业知识水平的企业技能人才评价体系。在国家职业标准的统一框架基础上，企业可根据其生产技术、工艺装备和产品类型等不同要求，采取考核鉴定、考评结合、业绩评审等灵活多样的方式，重点评价企业职工执行操作规程、解决生产问题、完成工作任务的能力，并按有关规定晋升相应职业资格。对于在企业生产一线掌握高超技能、业绩突出的职工，可破格或越级参加技师、高级技师考评。

（九）畅通企业技能人才职业生涯发展通道。逐步建立培训考核与使用相结合、业绩贡献与待遇相联系的企业用人制度。鼓励企业畅通技能人才职业生涯发展通道，拓宽企业职工成才发展空间。制定高技能人才与工程技术人才职业发展贯通办法，选择部分工程技术类专业开展试点，具体办法由人力资源社会保障部会同有关部门另行制定。鼓励企业建立和完善技术带头人制度，在关键岗位、核心技术领域探索设立“首席技师”，享受高层次人才的相关待遇。

四、健全企业技能人才激励机制

（十）推动企业开展技能竞赛活动。推动企业广泛开展形式多样的群众性技术比武、技能竞赛活动，激励企业职工学技术、练技能、钻业务。进一步规范全国性职业技能竞赛活动，对企业开展的符合职业技能竞赛组织实施要求的技能竞赛活动，可纳入政府组织的职业技能竞赛计划。对在职业技能竞赛中取得优异成绩的选手，按照规定给予奖励，对符合条件的竞赛获奖者晋升职业资格。做好世界技能大赛组织参赛工作，大力选拔企业优秀青年技能人才参赛，为青年技能人才脱颖而出创造条件。鼓励有条件的企业组织优秀技能人才与国际知名企业开展技术技能交流活动。

（十一）完善企业技能人才激励政策。企业对聘用的高技能人才可实行协议工资、项目工资、年薪制等收入分配方式，引导工资分配向技能人才倾斜。具备条件的企业，应积极探索为包括生产、服务一线的高技能人才在内的各类人才建立企业年金制度和补充医疗保险。鼓励企业建立高技能人才技能职务津贴和特殊岗位津贴制度。企业在与职业院校毕业生协商确定初次就业待遇水平时，对取得高级工以上技能人员职业资格证书的可按不低于大专毕业生待遇水平确定。要重视提高技能人才的社会地位，为技能人才参与企业和社会管理创造条件。要切实落实高技能人才享受政府特殊津贴的政策。各大中城市可根据当地紧缺急需技能人才情况，研究制定高技能人才落户政策，具体办法由各地人民政府制定。

（十二）开展企业技能人才表彰奖励工作。按照国家有关规定，探索建立以政府奖励为导向、企业奖励为主体、社会奖励为补充的高技能人才奖励制度，对企业杰出技能人才给予崇高荣誉并实行重奖。鼓励企业根据市场需求和经营情况，建立并完善对技能人才的奖励办法，对优秀高技能人才实行特殊奖励政策。对于职工个人所取得的、有一定价值的工艺创新和科技发明等，按照国家有关规定给予表彰奖励，对于技能人才的绝技绝活、特殊操作方法，可以其姓名进行命名，支持通过申请专利、采取保密措施等方式获得知识产权保护，激发广大企业职工提升技能、钻研业务的主动性和创造力。

五、切实做好组织实施工作

（十三）加强组织领导。各地区、各有关部门要进一步提高对加强企业技能人才队伍建设重要性的认识，加强组织领导，健全工作机制，完善政策措施。要进一步增强责任感和紧迫感，把企业技能人才培养作为促进产业升级和地区经济发展的一项重要内容，将企业技能人才工作纳入本地区、本部门人才工作规划统一进行部署。各级国有企业主管部门要加强对国有企业技能人才工作的组织领导，充分发挥国有企业特别是中央企业在高技能人才培养中的典型示范作用。企业要建立职工培训档案，记录职工参加职业培训情况，要将技能人才队伍建设情况作为企业经营管理者业绩考核内容，定期向职工代表大会报告。

（十四）发挥行业主管部门和行业组织作用。行业主管部门和行业组织要做好本行业技能人才需求预测，指导本行业企业完善职工培训制度，落实技能人才队伍建设相关政策措施。鼓励相关行业协会通过开展智力援助和提供专家咨询、技术指导、人才培训、劳务输出、对口帮扶等形式的服务，加强不同地域、不同所有制、不同规模企业和行业间的技能交流、信息互通，促进资源薄弱地区、行业、企业职工的技能水平提升。

（十五）落实经费政策。企业要按照财政部等部门《关于印发〈关于企业职工教育经费提取与使用管理的意见〉的通知》（财建〔2006〕317号）要求，足额提取并合理使用企业职工教育经费，职工教育经费的60%以上应用于一线职工的教育和培训，重点投向职工岗前培训、在岗技能提升培训、高技能人才培训和职业技能鉴定等。对自身没有能力开展职工培训以及尚未开展高技能人才培训的企业，县级以上地方人民政府可依法对其职工教育经费实行统筹，统筹部分纳入本地区就业专项资金，由人力资源社会保障部门会同有关部门，利用当地公共职业培训实训基地或委托指定培训机构，统一组织培训服务。

（十六）加强基础工作。各地区、各有关部门要加强对企业技能人才队伍现状、职工培训进展情况以及企业培训资源等方面的统计、调查。建立企业岗位技能培训的实时监测、统计和报告制度。密切跟踪企业新技术新职业发展需求，促进国家职业标准与企业岗位要求更加紧密结合。加快做好职业标准的补充、修订和完善工作，加快开发符合企业职工培训和技能人才培养需要的教材及教学辅导材料。

（十七）加大宣传力度。要创新宣传方式，充分运用各类新闻媒体，采取群众喜闻乐见的形式，通过集中宣传与日常宣传相结合的方式，深入持久地开展宣传活动。要强化典型示范，突出导向作用，大力宣传各地加强企业职工培训和技能人才队伍建设的政策措施，大力宣传企业职工培训的特色做法和先进工作经验，大力宣传技能人才典型，在全社会树立尊重劳动、崇尚技能、鼓励创造的社会风尚。

国务院办公厅转发安全监管总局等部门关于依法做好金属非金属矿山整顿工作意见的通知

国办发〔2012〕54号

各省、自治区、直辖市人民政府，国务院各部委、各直属机构：

安全监管总局、发展改革委、工业和信息化部、公安部、财政部、国土资源部、环境保护部、工商总局、电监会《关于依法做好金属非金属矿山整顿工作的意见》已经国务院同意，现转发给你们，请认真贯彻执行。

二〇一二年十一月四日

关于依法做好金属非金属矿山整顿工作的意见

近年来，各地区、各有关部门持续开展金属非金属矿山（含尾矿库，以下统称矿山）整顿和矿产资源开发整合等工作，取得了明显成效。“十一五”期间，全国矿山事故起数和死亡人数分别下降47%和45%。但是全国矿山数量多、规模小、分布散、基础差的状况尚未得到根本改善，生产安全事故仍然多发，安全生产形势依然严峻。根据《国务院关于坚持科学发展安全发展促进安全生产形势持续稳定好转的意见》（国发〔2011〕40号）等一系列文件精神，学习借鉴煤矿整顿工作经验，为从根本上改善矿山安全生产条件，降低事故总量，决定于2012—2015年组织开展矿山整顿攻坚战，现就有关事项提出如下意见：

一、总体要求和目标任务

（一）总体要求。深入贯彻落实科学发展观，大力实施安全发展战略，按照严格依法、淘汰落后、标本兼治、稳步推进的原则，统筹采取“关闭、整合、整改、提升”等措施，依法取缔和关闭无证开采、不具备安全生产条件和破坏生态、污染环境等各类矿山尤其是小矿山，全面提高矿山安全生产水平和安全保障能力，促进矿山安全生产形势持续稳定好转。

（二）目标任务。到2015年底，无证开采等非法违法行为得到有效制止，不符合产业政策、安全保障能力低下的小型矿山得到依法整顿关闭，浪费破坏矿产资源、严重污染环境等行为得到有效遏制，小型矿山数量有较大幅度减少，安全基础工作进一步加强，矿山安全生产条件进一步改善，矿山规模化、机械化、标准化、信息化、科学化水平进一步提高，生产安全事故持续下降，较大、重大事故得到有效遏制，努力杜绝特别重大事故。

二、矿山整顿重点

（一）对存在非法违法开采行为的矿山依法予以取缔关闭：

1. 未依法取得采矿许可证、工商营业执照、安全生产许可证等证照，擅自从事矿产资源开采的；

2. 关闭后擅自恢复生产的；

3. 存在持勘查许可证采矿、越界开采等违法行为，且拒不整改的；

4. 违反建设项目安全设施、污染治理设施“三同时”（同时设计、同时施工、同时投入生产和使用）规定，拒不执行安全环保监管指令、逾期未完善相关手续的；

5. 采矿许可证和安全生产许可证到期未提出延期换证申请，经限期整改仍不申请办理延期换证手续的。

（二）对限期停产整改后仍不具备安全生产条件的矿山依法予以关闭：

1. 存在重大安全和环境隐患，且整改无望的；

2. 技术装备落后、安全生产和环境保护得不到保障的；

3. 小型露天矿山无正规设计或不按设计规范建设、应采用而未采用中深孔爆破、未实行机械铲装和机械二次破碎，以及未实行分台阶（分层）开采的；

4. 相邻小型露天采石场开采范围之间最小距离不符合有关规定的；

5. 地下矿山井下生产系统尤其是通风系统不完善、未实行机械通风，以及采场管理混乱的；

6. 尾矿库危库、险库未按要求治理或治理后仍不符合安全环保要求，以及未经审批擅自回采尾矿的；

7. 地下矿山在规定期限内未完成安全避险“六大系统”（监测监控系统、人员定位系统、紧急避险系统、压风自救系统、供水施救系统和通信联络系统）建设的；

8. 三等以上尾矿库在规定期限内未安装在线安全监控系统的；

9. 在规定期限内未完成安全生产标准化建设的；

10. 发生较大以上生产安全责任事故或次生较大以上突发环境事件的。

（三）对工艺、技术、装备落后，不符合产业发展政策的矿山限期予以关闭：

1. 一个矿体存在多个开采主体、不符合矿产资源规划和矿业权设置方案，已经纳入资源整合范围要求进行关闭的；

2. 不符合国家或地方政府规定的有关矿种最小开采规模、最低服务年限的；

3. 使用国家或地方政府明令淘汰的落后工艺、技术和装备，在规定期限内未整改的；

4. 独立选矿厂无固定、合法矿石来源的；

5. 砖瓦用黏土、页岩等资源开采不符合国家关于保护土地资源、保护环境相关政策的。

三、矿山整顿标准

1. 吊销或注销采矿许可证、安全生产许可证、工商营业执照等相关证照。

2. 拆除供电、供水、通风、提升、运输等直接用于生产的设施和设备。

3. 地下矿山要炸毁或填实矿井井筒，露天矿山要恢复生态环境或治理边坡，尾矿库要履行闭库程序。

4. 消除重大安全、地质灾害和环境隐患，地表设立明显警示标志。

5. 清理收缴矿山留存的民用爆炸物品和危险化学品。

6. 妥善安排关闭矿山的从业人员。

四、工作要求

（一）抓紧制订工作方案。各省级人民政府要结合本地区经济社会发展规划和安全生产规划，组织制订 2012—2015 年矿山整顿关闭工作方案，并于 2012 年 12 月 31 日前报送国务院安全生产委员会办公室备案。工作方案应明确整顿关闭工作目标、方法步骤和配套的政策措施等，细化关闭矿山的范围和对象，将整顿关闭任务指标逐年分解到市、县。

（二）完善联合执法机制。地方各级人民政府要建立专门的组织和协调机制，细化落实各有关部门工作责任，建立健全联合执法工作机制，采取有力有效措施，努力推动整顿关闭工作顺利实施。国务院安全生产委员会有关成员单位要按照职责分工，加强协调配合，研究提出有关政策措施，协商解决存在的问题，积极指导和推进矿山整顿关闭工作。

（三）狠抓整顿工作效果。对决定关闭的矿山，由县级以上地方人民政府组织有关部门依法实施关闭，并组织验收。各有关部门要对照整顿关闭标准，严格履行工作职责和关闭程序，认真落实吊销证照、拆除设备设施、炸毁井筒等各项工作措施，确保关闭到位。要积极探索矿山整顿关闭工作常态化措施和手段，防止已关闭矿山死灰复燃，巩固整顿关闭工作成果。要依照相关法律法规，妥善解决整顿关闭工作中的突出问题，确保社会和谐稳定。

（四）加强社会监督和督导检查。要加强宣传引导和社会监督，按照确定的矿山关闭计划，分期分批将关闭对象在当地主流媒体进行公告，同时设立举报电话、举报信箱，鼓励广大群众积极举报非法违法开采、存在重大安全隐患仍冒险作业等违法行为。加大督促检查力度，强化责任落实，对不认真履行职责，工作中互相推诿，导致不能按计划完成整顿关闭工作任务或仍然存在非法违法矿山的，要依法依规严肃追究相关责任人的责任。

国务院办公厅关于深化电煤市场化改革的指导意见

国办发〔2012〕57号

各省、自治区、直辖市人民政府，国务院各部委、各直属机构：

为深入贯彻落实党的十八大精神，加快完善社会主义市场经济体制，更大程度更广范围发挥市场在资源配置中的基础性作用，形成科学合理的电煤运行和调节机制，保障电煤稳定供应，促进经济持续健康发展，经国务院同意，现就深化电煤市场化改革提出以下指导意见：

一、抓住有利时机深化电煤市场化改革

煤炭是我国的基础能源，占一次能源生产和消费的70%左右。电煤是煤炭消费的主体，占消费总量的一半以上。深化电煤市场化改革，搞好产运需衔接，对保障电煤稳定供应和电力正常生产，满足经济发展和群众生活需求具有十分重要的意义。上世纪90年代以来，我国煤炭订货市场化改革不断推进，价格逐步放开，对纳入订货范围的电煤实行政府指导价和重点合同管理，对保障经济发展曾经发挥了积极的作用。但由于重点合同电煤与市场煤在资源供给、运力配置和价格水平上存在着明显差异，限制了市场机制作用的发挥，造成不公平竞争，合同签订时纠纷不断，执行中兑现率偏低，不利于煤炭的稳定供应，越来越不适应社会主义市场经济发展的要求，改革势在必行。今年以来，煤炭供需形势出现了近年来少有的宽松局面，重点合同电煤与市场煤价差明显缩小，一些地方还出现倒挂，电力企业经营状况有所改善，改革的条件基本成熟。为此，应抓住当前有利时机，坚定不移地推进改革。

二、主要任务

电煤市场化改革是能源领域的一项重要改革。要坚持市场化取向，充分发挥市场在配置煤炭资源中的基础性作用，以取消重点电煤合同、实施电煤价格并轨为核心，逐步形成合理的电煤运行和调节机制，实现煤炭、电力行业持续健康发展，保障经济社会发展和人民生活的能源需求。

（一）建立电煤产运需衔接新机制。自2013年起，取消重点合同，取消电煤价格双轨制，发展改革委不再下达年度跨省区煤炭铁路运力配置意向框架。煤炭企业和电力企业自主衔接签订合同，自主协商确定价格。鼓励双方签订中长期合同。地方各级人民政府对煤电企业正常经营活动不得干预。委托煤炭工业协会对合同的签订和执行情况进行汇总。运输部门要组织好运力衔接，对落实运力的合同由发展改革委、铁道部、交通运输部备案。

（二）加强煤炭市场建设。加快健全区域煤炭市场，逐步培育和建立全国煤炭交易市场，形成以全国煤炭交易中心为主体、区域煤炭市场为补充，与我国社会主义市场经济体制相适应的统一开放、竞争有序的煤炭交易市场体系，为实施电煤市场化改革提供比较完善的市场载体。煤炭工业协会在发展改革委指导下做好衔接协调，研究制定交易规则，培育和发展全国煤炭交易市场体系。

（三）完善煤电价格联动机制。继续实施并不断完善煤电价格联动机制，当电煤价格波动幅度超过5%时，以年度为周期，相应调整上网电价，同时将电力企业消纳煤价波动的比例由30%调整为 10%。鉴于当前重点合同电煤与市场煤价格接近，此次电煤价格并轨后上网电价总体暂不作调整，对个别问题视情况个别解决。

（四）推进电煤运输市场化改革。铁道部、交通运输部要加强对有关路局、港航企业的指导，完善煤炭运力交易市场，依据煤炭供需双方签订的合同和运输能力，合理配置运力并保持相对稳定，对大中型煤电企业签订的中长期电煤合同适当优先保障运输。对签订虚假合同、造成运力浪费或不兑现运力、影响资源配置的行为要依法依规加大惩罚力度。铁道部要周密制定电煤铁路运输管理办法，进一步建立公开公平的运力配置机制。

（五）推进电力市场化改革。鼓励煤电联营，增强互保能力。改进发电调度方式，在坚持优先调度节能环保高效机组的基础上，逐步增加经济调度因素，同等条件下对发电价格低的机组优先安排上网，促进企业改善管理、降低能耗和提高技术水平，为实行竞价上网改革探索经验。

三、完善调控监管体系

依法加强和改善市场调控监管，创造公平公正的市场竞争环境。制定电煤价格异常波动的应对预案，在电煤价格出现非正常波动时，依据价格法有关规定采取临时干预措施。充分利用国内国外两个市场、两种资源，加强煤炭进出口调节，促进供需平衡。加强煤炭应急储备建设，完善供应保障应急预案。加强煤炭经营监管和电煤合同履行检查，规范流通秩序，进一步清理和取消不合理收费，严肃查处乱涨价、乱收费以及串通涨价等违法行为。煤炭、电力行业协会要加强与政府部门的沟通配合，加强企业诚信体系建设，做好行业自律工作。

四、切实加强组织协调

电煤市场化改革涉及重大利益调整，社会关注度高。各地区、各有关部门要统一思想，提高认识，增强大局观念，加强协调配合，形成工作合力。发展改革委要会同有关部门充分发挥煤电油气运保障工作部际协调机制作用，及时协调解决电煤市场化改革中的重大问题，指导做好煤炭产运需衔接工作。同时，继续加强对电价形成机制改革、电力体制改革、煤炭期货市场建设等重大问题研究。

二〇一二年十二月二十日

北京市人民政府贯彻落实《国务院关于加强食品安全工作决定》的意见

京政发〔2012〕29 号

各区、县人民政府，市政府各委、办、局，各市属机构：

食品安全是重大的民生问题，关系人民群众身体健康和生命安全，关系社会和谐稳定。北京作为首都，更加突显做好这项工作的重要性和紧迫性。2012 年 6 月，国务院印发了《关于加强食品安全工作的决定》（国发〔2012〕20 号，以下简称《决定》），明确了加强食品安全工作的指导思想、总体要求、工作目标和具体措施。为进一步加强本市食品安全工作，现就贯彻落实《决定》提出以下意见：

一、认真贯彻《决定》的有关要求，进一步加强首都食品安全工作

《决定》充分体现了党中央、国务院对保障人民群众根本利益的高度重视和对食品安全工作常抓不懈的坚强决心，是指导当前和今后一个时期食品安全工作的纲领性文件，意义重大，影响深远。全市各有关部门、各区县政府和广大食品生产经营者要进一步提高对食品安全工作复杂性、重要性和紧迫性的认识，准确把握《决定》的精髓要义，认真落实《决定》提出的任务措施，确保各项目标的完成。要深刻理解和把握首都食品安全形势，坚持“以市场换安全、以安全拓市场”的理念，以市场准入制度为切入点，以科学防控食品安全输入型风险和系统性风险为重点，坚持统一协调与分工负责相结合、集中治理整顿与严格日常监管相结合、加强政府监管与落实企业主体责任相结合、执法监督与社会监督相结合，着力建设较为完备的安全食品供给体系和现代化的食品安全保障体系。

通过不懈努力，用3年左右的时间，使本市食品安全治理整顿工作取得明显成效，违法犯罪行为得到有效遏制，薄弱环节得到及时治理，风险隐患得到有效防控。用5年左右的时间，使本市管理体制机制、监管组织网络和责任体系进一步健全，食品安全法规标准进一步完善，检验检测、风险监测等技术支撑体系更加科学完善，全社会食品安全和预防风险意识显著增强，生产经营者的食品安全管理水平和诚信意识普遍增强，政府、企业、行业组织、消费者和媒体共同参与的监管工作格局基本形成，食品安全总体水平得到较大幅度提高。

二、加强对食品安全工作的组织领导

（一）加强组织领导。各区县政府统一负责本区县的食品安全工作。各区县政府及乡镇政府、街道办事处要把食品安全工作摆上重要议事日程，主要负责同志亲自抓，切实加强统一领导、组织协调和工作指导，完善食品安全监管工作体系。要认真分析评估本辖区食品安全状况，及时采取有针对性的措施，解决食品安全重点难点问题，主动预防和有效控制风险隐患，守住不发生区域性、系统性食品安全风险的底线，确保辖区内不发生重特大食品安全事故。要进一步加强市、区县、街乡三级食品安全综合协调机制建设，完善协调议事规则，充实人员力量。

（二）完善考核评价体系，严格责任追究。以群众满意度作为评价考核食品安全工作的出发点和关键尺度，以食品安全总体水平的提高和食品生产经营秩序的切实改善作为衡量食品安全工作的客观标准，进一步健全完善市、区县两级食品安全考核评价体系，并将考核评价结果列为对区县、街乡工作进行绩效考评和领导干部综合考核评价的重要内容。市监察局、市政府督查室、市食品办要完善联合督查工作制度，加强对市各有关部门、各区县政府的监督指导和督促检查。首都文明办、市爱卫办要将食品安全工作纳入文明城区、卫生区县创建体系。对在食品安全工作中取得显著成绩的单位和个人，要给予表彰。要落实食品安全责任追究制，加大行政问责力度，对发生重特大食品安全事故和区域性食品违法生产经营现象长期得不到解决的地方，要依法追究相关负责人的责任。

三、构建安全食品保障供给体系，严格食品市场准入

（一）加强跨区域联动协作机制建设。加强与进京食品主要供应省区市的协作，落实信息共享、案件协作、问题食品处置、检测互认、食品溯源等联动协作机制，带动进京食品生产基地提升组织化、标准化、集约化程度和源头控制水平。推动食用农产品协作基地建设，形成稳定可靠的食品供应来源，保障进京食品质量安全。

（二）加强本市食品生产基地建设，推动食品产业优化升级。推进本市食用农产品标准化生产和标准化基地的规模化、集约化建设。培育乳制品、保健食品、畜禽产品等食品产业集团，强化产业集聚效应。延伸食品制造产业链，建立产供销配套的原料基地和现代市场营销网络，增强首都安全食品产业的辐射带动作用。鼓励餐饮业发展连锁经营、集中采购、统一配送和网络营销。规范食品加工小作坊的生产经营行为。推进农副产品市场和社区菜市场的升级改造和规范化、标准化建设，大力发展食品物流配送体系。推进餐饮服务食品安全示范工程建设。

（三）加大产销对接力度。支持引导本市大型食品物流配送企业、连锁餐饮企业、较大规模集体用餐单位与外埠优质食品生产企业实施产销对接。各区县政府和有关部门要积极组织引进外埠优质食品进入市场、商场、超市和社区便利店，扩大安全食品在首都市场的占有率和控制力。

（四）严格首都食品市场准入。归集国家食品安全标准以及对规模化、标准化食用农产品基地和食品生产企业的有关技术要求，形成首都食品市场准入技术规范。加强对准入技术规范的宣传贯彻力度，严格外埠进京食品的准入要求，形成“产地要准出、销地要准入、质量可溯源、风险可控制”的全程监控链条。

四、进一步健全食品安全监管体系，加大监管力度

（一）完善食品安全监管体制，明确部门分工，消除监管盲点。进一步健全科学合理、职能清晰、权责一致的部门监管分工，加强综合协调，完善监管制度，优化监管方式，强化食用农产品、食品生产加工、流通、餐饮服务和进出口等环节监管和职责衔接，形成相互衔接、运转高效的监管格局。针对食品生产经营新业态以及存在监管空白、边界不清的领域，市食品办要会同市编办、市政府法制办等部门及时明确部门分工，纳入监管。各区县政府也要结合本区县实际及时制定并采取相应措施，发挥监管合力，堵塞监管漏洞。

（二）强化基层食品安全管理工作体系。明确街乡负责食品安全工作的职能科室，同一区县各街乡负责食品安全工作的职能科室应当相对统一，并确保具有一定专业素质和能力的管理人员到位。完善街乡食品安全管理制度，将食品安全作为创新社会管理的重要基础性工作，纳入网格化管理，与有关行政管理派出机构密切协作，落实风险隐患排查、信息报告、协助执法、宣传教育等职责。加强对食品安全监督员、协管员、信息员、志愿者的管理，监管任务较重、监管情况较复杂的地区要设置食品安全专职监督员和协管员队伍。

（三）加强食用农产品生产环节监管。完善食用农产品质量安全监管体系，加快推进乡镇农产品质量安全监管公共服务机构建设，创建农产品质量安全监管示范区县和示范乡镇。加强对食用农产品种植养殖活动的规范指导，严格落实生产记录制度。强化宣传培训和安全生产技术推广，建立产地准出、市场准入和包装标识管理制度。规范奶源生产和收购环节。健全畜禽疫病防控体系，完善畜禽产品检验检疫制度和无害化处理补贴政策，严防病死病害畜禽进入屠宰加工环节。加强对食用农产品的例行监测和产地环境监测，加大产地环境治理力度，大力推进农业投入品连锁配送体系建设。

（四）加强食品生产经营监管。严格实施食品生产经营许可制度，不能持续达到食品安全条件、整改后仍不符合要求的生产经营单位，依法撤销其相关许可。严格规范新资源食品、食品添加剂、食品相关产品生产经营活动。加强对农产品批发商、经纪人的管理，强化农产品运输、仓储等过程的质量安全监管。严格进口食品检验检疫，加强对进出口食品生产企业、进口商、代理商的备案和监管，健全信誉记录。完善食品退市、召回、销毁和临近保质期食品专区销售等管理制度，防止不合格食品回流食品生产经营环节。依法严厉查处伪造冒用认证证书和标志、食品和保健食品虚假宣传以及在商标、包装和标签标识等方面的违法行为。深入推进餐饮服务单位量化分级管理和监督检查结果公示制度。完善餐厨废弃油脂日常监管制度，建立统一专业化收运、定点无害化处理和资源化利用的餐厨废弃油脂处置体系。

（五）深入开展食品安全治理整顿。加强对食用农产品和食品生产经营各环节的整治，重点排查和治理带有行业共性的隐患和“潜规则”问题。加大对食品生产经营单位的监督管理力度，完善监督抽检、执法检查、日常巡查和现场检查制度。以城乡结合部、农村、旅游景区周边、交通枢纽周边、学校周边等为重点区域，以食品生产加工小作坊、食品摊贩、小餐饮单位、小集贸市场、学校食堂、建筑工地食堂等为重点场所，深入排查风险隐患，严厉打击违法生产经营活动。区县政府要加大对无证照餐饮现象和食品经营活动的综合治理力度，研究建立长效监管机制，促进食品生产经营秩序和食品安全状况的持续好转。

（六）严厉打击食品安全违法犯罪行为。保持严厉打击食品安全违法犯罪的高压态势，依法从严处罚违法违规企业及有关人员，对涉嫌犯罪的案件，要及时移送立案，追究刑事责任。各级公安机关食品案件侦查队伍要充分发挥作用，对隐蔽性强、危害大、涉嫌犯罪的案件提前介入。研究建立食品安全监管部门与司法机关的衔接机制，依法追究违法犯罪分子刑事责任。加强案件查处监督，对久拖不结、查处不力的重大案件，由市食品办会同市公安局挂牌督办。

五、落实食品生产经营单位的主体责任

（一）强化食品生产经营单位安全管理。食品生产经营单位要按照有关规定配备专、兼职食品安全管理人员，建立健全并严格落实进货查验、出厂检验、索证验票、购销台账记录等各项管理制度。

规模以上生产企业和相应的经营单位要设置食品安全管理机构，明确分管负责人，由有关监管部门纳入信用管理。食品生产经营单位应建立与其生产经营食品品种、数量相适应的自检制度，强化原料采购、生产加工、成品出厂、储存运输等各个环节的自主检测能力。要建立健全 GMP（良好生产规范）、HACCP（危害分析与关键控制点）等质量安全管理体系，建立健全追溯制度，不断改善食品安全保障条件。餐饮服务单位要按照标准配置油水分离器、隔油池等设施。要严格落实食品安全事故报告制度，向社会公布本单位食品安全信息必须真实、准确、及时。单位负责人、关键岗位人员要统一接受培训，并定期组织本单位食品从业人员培训，实行先培训后上岗。

（二）落实企业负责人的责任。食品和食用农产品生产经营企业法定代表人或主要负责人对食品安全负首要责任，企业质量安全主管人员对食品安全负直接责任。要建立健全从业人员岗位责任制，逐级落实责任，加强全员、全过程的食品安全管理。严格落实食品交易场所开办者、食品展销会等集中交易活动举办者、网络平台经营者的食品安全管理制度。对违法违规企业，依法从严追究其负责人的责任。

（三）落实不符合安全标准的食品处置责任。食品生产经营者要严格落实不符合食品安全标准的食品召回和下架退市制度，并及时采取补救、无害化处理、销毁等措施，处置情况要及时向监管部门报告。对不执行上述要求的，监管部门要责令其限期执行；拒不执行的，要加大处罚力度，直至停产停业整改、吊销证照。食品经营者要建立并执行临近保质期食品的消费提示制度，严禁更换包装和日期再行销售。在高风险食品生产加工领域以及大型集体用餐服务单位探索推行食品安全责任保险制度。

二○一二年九月二十五日

北京市人民政府关于进一步支持小型微型企业发展的意见

京政发〔2012〕40号

各区、县人民政府，市政府各委、办、局，各市属机构：

为贯彻落实《国务院关于进一步支持小型微型企业健康发展的意见》（国发〔2012〕14号）精神，切实解决小型微型企业经营和发展中遇到的突出问题，优化发展环境，促进小型微型企业健康发展，现结合本市实际，提出如下意见：

一、充分认识促进小型微型企业发展的重大意义

1. 高度重视促进小型微型企业发展工作。小型微型企业是数量最大、最具活力的企业群体，是建设中国特色世界城市的重要基础，是落实“人文北京、科技北京、绿色北京”战略、推动全市经济社会发展的重要力量，在稳定就业，促进经济增长、科技创新与社会和谐稳定等方面具有不可替代的作用。市有关部门、单位和各区县政府要高度重视促进小型微型企业发展工作，充分认清此项工作的复杂性和长期性，加强政策研究，努力形成合力，切实解决小型微型企业发展中的诸多矛盾和问题，创造良好的发展环境，共同促进小型微型企业健康发展。（牵头单位：市经济信息化委；参与单位：市促进中小企业发展工作领导小组成员单位和各区县政府）

二、加大对小型微型企业的财税支持力度

2. 增强财政专项资金支持作用。将现有的北京市中小企业发展专项资金由每年5亿元增至8亿元，使用重点向小型微型企业倾斜。建立科学的中小企业发展专项资金统筹协商机制，提高资金使用效率，重点支持小企业创业基地建设和中小企业公共服务体系建设、创新融资、科技创新、结构

调整、民生服务、稳定就业等方面工作，逐步提高用于改善中小企业服务环境方面的资金比例。

设立北京市中小企业发展基金，主要用于引导社会资本等各类资金支持初创期、成长期的小型微型企业。基金规模初期定为20亿元。基金来源为财政等多渠道筹措，今后采取基金收益充实本金、吸收社会资本参股等方式逐步扩大基金规模。（牵头单位：市财政局、市经济信息化委；参与单位：市发展改革委、市科委、市商务委）

3. 加强对小型微型企业产品的政府采购。落实国家政府采购支持小型微型企业发展的各项政策，制定实施细则。预算金额在300万元（含）以下的政府采购项目，应当从小型微型企业采购；预算金额超过300万元的政府采购项目，在同等条件下优先从小型微型企业采购。无法从小型微型企业获取货物、工程和服务的，可从大型中型企业采购。（牵头单位：市财政局、市发展改革委、各区县政府；参与单位：市经济信息化委、市科委、市商务委）

4. 落实小型微型企业税收优惠政策。认真贯彻落实国家各项扶持小型微型企业发展的税收优惠政策。优化管理流程，加强对小型微型企业纳税工作的政策宣传和服务指导，完善相关政策，健全服务监督制度，强化权益保护，严格执行纳税服务投诉管理办法，及时公正地解决小型微型企业在享受优惠政策和服务措施等方面的合理诉求，确保各项税收政策和服务措施落实到位。（牵头单位：市财政局、市国税局、市地税局；参与单位：市发展改革委、市科委、市经济信息化委、市商务委）

5. 减免清理部分涉企收费。落实中央及本市财政、价格主管部门已公布取消的、部分免征的行政事业性收费。深入开展治理乱收费、乱摊派、变相增加企业负担等行为。建立投诉举报机制，设立投诉举报热线，接受中小企业对各类侵犯其合法权益行为的投诉、举报。（牵头单位：市发展改革委、市经济信息化委；参与单位：市财政局、市监察局、市审计局）

三、缓解小型微型企业融资困难

6. 落实金融扶持政策。引导金融机构制定实施细则，贯彻落实国家出台的一系列支持小型微型企业发展的金融政策措施，增强政策措施的可操作性。加快中小型金融机构建设；根据小型微型企业分布特点，促进金融机构合理布局；推出新的适合小型微型企业的金融服务产品，不断拓宽融资渠道，为小型微型企业提供差异化金融服务；加大政策宣传力度，帮助小型微型企业充分享受金融扶持政策。（牵头单位：人民银行营业管理部、北京银监局；参与单位：市金融局、市经济信息化委、市财政局、市发展改革委）

7. 完善市、区县两级投融资服务体系。发挥政府主导作用，整合社会服务资源，形成银行融资、集合融资、融资租赁、创业投资、上市融资等全方位的投融资服务体系，强化对小型微型企业的融资服务。形成以市中小企业投融资服务平台为核心，16个区县投融资服务平台为支撑，在京金融服务机构参与的中小企业投融资服务体系。（牵头单位：市经济信息化委；参与单位：市财政局、人民银行营业管理部、北京银监局、北京保监局、北京证监局、市金融局、各区县政府）

8. 创新小型微型企业融资产品。稳步推进小型微型企业集合债券、集合票据、集合信托、短期融资券和中小企业私募债券等创新融资产品，扩大发行规模和范围。支持小型微型企业采取融资租赁、知识产权质押、仓单质押、商铺经营权质押、商业信用保险保单质押、商业保理等多种方式融资。鼓励金融机构围绕小型微型企业的生产周期、市场特征及企业不同发展阶段，创新适用金融产品。（牵头单位：市经济信息化委、市财政局；参与单位：北京银监局、北京保监局、人民银行营业管理部、市金融局）

9. 完善小型微型企业信用担保体系。促进担保机构健康发展，鼓励其为小型微型企业提供低费率担保服务。创新担保业务品种，加大对小型微型企业的融资担保力度。综合运用资本注入、风险控制、资金补偿和考核奖励等多种方式，提高担保机构对中小企业特别是小型微型企业的融资担保能力，扩大对小型微型企业的担保规模。逐步提高再担保资金使用效益。（牵头单位：市财政局、市金融局；参与单位：市经济信息化委）

10. 拓宽小型微型企业融资渠道。完善小型微型企业创业投资扶持机制，鼓励更多创业投资机构与中小企业创业投资引导基金合作，引导民间资金进入创业投资领域，鼓励有条件的区县设立创业投资引导基金。支持各类股权投资、担保、典当、产权交易等机构利用新型融资手段，多渠道扩充小型微型企业资金来源。鼓励小型微型企业运用商业保险机制转移经营风险，辅助融资。（牵头单位：市财政局、市经济信息化委；参与单位：市发展改革委、市金融局、各区县政府）

11. 积极发展小额贷款公司。鼓励各类社会资本在本市设立小额贷款公司。鼓励小额贷款公司增强服务能力，创新服务模式。支持内控机制完善、资产优良、社会效益突出的小额贷款公司增资扩股。（牵头单位：市金融局、市财政局；参与单位：市经济信息化委、人民银行营业管理部）

12. 加大对小型微型企业的信贷支持。商业银行应努力实现对小型微型企业贷款增速不低于全部贷款平均增速，增量高于上年同期水平，并重点加大对单户授信总额在500万元（含）以下小型微型企业的信贷支持。结合实际情况制定小型微型企业贷款不良率的容忍度，推动客户经理拓展小型微型企业业务。合理确定中小企业贷款利率，对小型微型企业适当降低利率上浮幅度。规范小型微型企业金融服务收费。除银团贷款外，商业银行不得对小型微型企业贷款收取承诺费、资金管理费；严格限制对小型微型企业收取财务顾问费、咨询费等费用。（牵头单位：人民银行营业管理部、北京银监局；参与单位：市经济信息化委、市金融局）

四、推动小型微型企业分类发展、创新发展

13. 实施小型微型企业分类发展战略。建立并定期发布鼓励产业分类发展指导目录，支持小型微型企业从事科技、文化等符合首都城市功能定位和资源禀赋条件的产业，推进产业结构调整，提升自主创新能力，促进小型微型企业健康发展。在政策和资金方面向有利于保障民生、稳定就业、科技创新及符合北京产业政策的小型微型企业倾斜。（牵头单位：市经济信息化委、市发展改革委、市财政局；参与单位：市科委、市商务委、市人力社保局、市环保局）

14. 加大技术创新支持力度。充分利用市科技型中小企业技术创新资金，重点支持小型微型企业技术改造、结构调整和产业升级，引导小型微型企业向“专、精、特、新”方向发展，加快从要素驱动向创新驱动的转变。鼓励各类技术服务机构、技术市场和研究院所为小型微型企业提供优质服务，促进技术创新要素向小型微型企业集聚流动。支持科技企业孵化器、大学科技园等小型微型企业创业服务机构为小型微型企业创新创业提供市场化、专业化服务。引导和支持小型微型企业与高等院校、研究机构开展技术合作，定期组织开展技术交流活动，共建产学研联合体，组建技术创新联盟。鼓励高等院校、研究机构筛选可转化和可产业化的科研成果，向小型微型企业推介，促进科技成果转化。市级各类科技计划在同等条件下对科技型小型微型企业的项目予以优先立项和支持。（牵头单位：市科委、市教委；参与单位：市经济信息化委、市发展改革委、中关村管委会）

15. 推动科技服务平台建设。推动面向中小企业的公共科技基础条件平台、行业技术创新平台和成果转化平台建设，充分发挥首都科技条件平台作用，支持高等院校、科研院所、企业技术中心、工程技术研究中心及各类公共技术服务平台开放科技资源，向中小企业开放共享实验室，为小型微型企业产品研制、技术开发提供便捷优惠的服务。（牵头单位：市科委、市教委；参与单位：市经济信息化委、市发展改革委）

16. 发挥中关村国家自主创新示范区辐射带动作用。对示范区出现的新型企业孵化模式、科技投入机制、融资支持方式等进行总结，对示范区试点的人才、科技、财税、土地等政策进行评估，尽快将一些实施效果好、适于推广的政策措施扩大惠及范围，支持全市小型微型企业创新创业。（牵头单位：中关村管委会；参加单位：市经济信息化委、市科委、市教委、市人力社保局）

五、支持小型微型企业开拓市场

17. 积极拓展国际市场。利用各类专项资金，支持小型微型企业参加新产品和新技术推介活动，支持拥有自主知识产权、自主品牌的中小企业积极开拓国际市场。鼓励和引导企业通过认证，应用先进标准和管理方法，促进国际互认，提高产品质量和管理水平。对小型微型企业在境外投资设厂、建立营销渠道产生的前期费用、启动资金、贷款等方面给予支持。鼓励小型微型外贸企业投保出口信用保险，并按有关规定给予保费补贴。（牵头单位：市商务委、市财政局、市经济信息化委；参与单位：市质监局、市知识产权局、北京保监局）

18. 搭建交流合作平台。发挥本市电视、网络、报纸等媒体资源优势，为小型微型企业品牌、产品搭建推广平台。建立大型中型企业和小型微型企业之间的供需交流平台，鼓励大型中型企业与小型微型企业合作配套，建立稳定的产销协作关系，引导企业加强配套协作和产业集聚。支持在京龙头企业延伸产业链条，带动小型微型企业发展，优先支持为在京大企业配套的小型微型企业技术改造。支持小型微型企业抱团开拓市场。（牵头单位：市委宣传部、市国资委、市商务委、市经济信息化委；参与单位：市财政局、市工商联）

六、鼓励创办小型微型企业

19. 适当放宽小型微型企业登记注册条件。支持符合法律法规规定条件的各类人员自主创业，以多种形式设立市场主体，进入法律法规未明确禁止准入的行业和领域。鼓励投资者依法以股权、债权、知识产权等非货币形式评估作价出资和增资，支持以不需要办理权属登记的自有技术作为公司股东的首次出资。（牵头单位：市工商局；参与单位：市知识产权局）

20. 健全创业服务体系。建立市、区县、乡镇（街道）一体化的创业服务体系，根据城乡创业者的需求，引入社会优势创业服务资源，以购买服务的方式组织开展创业项目开发、方案设计、风险评估、开业指导、企业诊断、融资服务、创业扶持等“一条龙”的专业化服务。建立创业信息和政策发布平台，搭建创业者交流互助的有效渠道。充分发挥中小企业服务机构、高校毕业生就业指导机构和各类创业咨询服务机构的作用，共同做好创业服务工作。建立由企业家、创业者、专家学者及政府部门工作人员共同组成的创业服务指导专家队伍，为创业人员提供咨询服务和业务指导。（牵头单位：市人力社保局；参与单位：市教委、市经济信息化委）

21. 加大创业培训力度。逐步将有创业愿望和培训需求的劳动者全部纳入创业培训对象范围，实现创业培训全覆盖。鼓励和引导社会各类优质教育培训资源参与创业培训。通过案例剖析、知识讲座、互动教学、模拟训练和导师帮扶等多种培训方式，增强创业培训的针对性和实用性。鼓励新登记注册 2 年以内的创业企业的法定代表人或主要负责人参加创业培训，提高创业成功率；对参加培训的创业者，按有关政策规定给予职业培训补贴。（牵头单位：市人力社保局；参与单位：市教委、市经济信息化委）

22. 支持小型微型企业吸纳大学生就业。对小型微型企业新招用毕业年度的北京生源高校毕业生，签订 1 年以上劳动合同并按时足额缴纳社会保险费的，给予 1 年的社会保险补贴，政策执行期限截至 2014 年。（牵头单位：市人力社保局；参与单位：市经济信息化委）

七、拓展小型微型企业发展空间

23. 提高工业土地使用效率。对于已按协议方式出让的工业用地，在出让期限内，受让人在符合规划、不改变土地用途的前提下增加容积率的，经核准后，不再增收土地价款。对于已按招拍挂方式出让的工业用地，在出让期限内，受让人在符合规划、不改变土地用途的前提下增加容积率的，招拍挂文件和出让合同相关条款有约定的，按相关约定办理；没有约定的，经核准后，不再增收土地价款。（牵头单位：市国土局、市规划委、市住房城乡建设委；参与单位：市经济信息化委、各区县政府）

24. 保障小企业创业基地用地。市和区县规划、土地等部门在制订土地利用年度计划和城乡建设规划时，充分考虑小企业创业基地建设用地需求，优先安排小企业创业基地用地指标，为小型微型企业预留发展空间。对现有园区内闲置厂房、仓库进行摸底排查，向急需解决用地的小型微型企业提供租赁信息。（牵头单位：市规划委、市住房城乡建设委、市国土局；参与单位：市经济信息化委、各区县政府）

25. 支持小企业创业基地建设。鼓励重点产业集聚区和功能区建设配套小企业创业基地，鼓励小型微型企业入园发展。支持各类投资主体投资建设小企业创业基地和标准厂房，出租给小型微型企业使用。鼓励各类专业服务机构进驻小企业创业基地提供服务。“十二五”期间，支持建设100家功能完备、运作规范、业绩突出的小企业创业基地。对符合有关规定的小企业创业基地给予政策和资金支持，搭建发展平台和空间载体，降低小型微型企业创新创业成本。（牵头单位：市国土局、市规划委、市财政局、市经济信息化委；参与单位：市环保局、各区县政府）

26. 研究解决镇村小型微型企业聚集区用地问题。在符合相关规划要求的前提下，探索集体建设用地支持小型微型企业、小企业创业基地建设发展的新模式，有序开展试点工作。研究解决符合本市产业发展政策且经济效益、社会效益较好的农民就业基地、工业大院的规划、用地等遗留问题。（牵头单位：市国土局、市规划委、市经济信息化委；参与单位：市环保局、各区县政府）

八、加强中小企业服务体系建设

27. 加快中小企业公共服务平台网络建设。对各部门面向中小企业的服务职能进行研究和整合，加快建设功能完备、统一规范、政策集成、高效便利的中小企业服务平台。在中关村国家自主创新示范区展示中心的会议中心建设1万平方米的市级公共服务平台，设立服务大厅，汇聚服务资源，建设分布式呼叫中心、共享数据资源中心、服务体系运营管理系统和北京中小企业网在线服务系统，形成综合共享的信息服务体系。建设16个区县和多个产业集群平台。实现市级平台网络统一运作、16个区县和多个重点产业集群全覆盖，带动社会各类服务平台、机构为中小企业开展服务。“十二五”期间，重点培育认定100家北京市中小企业公共服务平台，对服务业绩突出、示范作用显著的服务平台建设项目和服务项目给予政策和资金支持。支持国家级和市级中小企业公共服务平台向小型微型企业提供公益或低收费的相关服务。（牵头单位：市经济信息化委、市财政局；参与单位：各区县政府）

28. 建立小型微型企业法律服务体系。市和区县司法行政部门会同中小企业工作主管部门及行业协会、商会，组织法律服务机构和专业人员为小型微型企业提供法律服务，为符合法定条件的小型微型企业从业人员提供法律援助。设立法律服务热线，拓展“12348”专线业务，为切实维护小型微型企业合法权益提供法律保障。（牵头单位：市司法局、市经济信息化委；参与单位：市工商联、各区县政府）

29. 鼓励行业协会、商会等社会组织参与中小企业服务体系建设。引导行业协会、商会等吸纳小型微型企业参加行业组织，为小型微型企业提供行业信息发布、咨询指导、宣传培训、政策建议、权益保障等服务，并加强行业自律。（牵头单位：市民政局；参与单位：市经济信息化委、市科委、市商务委、市工商联）

九、提高小型微型企业经营管理水平

30. 实施中小企业信息化应用推广工程。引导中小企业利用信息技术提高研发、生产、管理、营销和服务水平。推进中小企业信息化管理、电子商务知识普及。推动大型IT企业、中小企业信息化应用服务商在“十二五”期间免费为本市优秀中小企业建设网站超过2万家；扶持4万家小型微型企业开展网络营销；对6万家小型微型企业进行培训，培养互联网营销领域专业人才。（牵头单位：市经济信息化委；参与单位：市商务委、市人力社保局）

31. 加大人才培训力度。开展小型微型企业信息化管理、现代企业管理制度、企业发展战略、企业管理案例、市场开拓、安全生产、小企业会计准则、劳动关系、质量认证、质量管理方法、食品安全、节能减排、小型微型企业素质提升等系列主题培训，每年培训10万人次。充分整合社会资源，逐步建立起政府认定、企业自主选择培训机构、公益与市场相结合的日常培训体系。（牵头单位：市经济信息化委；参与单位：市促进中小企业发展工作领导小组成员单位、各区县政府）

32. 实施中小企业知识产权推进工程。积极培育具有自主知识产权优势的中小企业聚集区，同时发挥聚集区的辐射、带动作用，进一步提升中小企业聚集区知识产权保护能力和自主创新能力。开展中小企业知识产权问题会诊，针对中小企业聚集区企业共性和个性问题，提供知识产权解决方案。加强知识产权知识普及，提高中小企业知识产权创造、运用、保护和管理水平，整体带动本市

中小企业自主知识产权水平的提高。(牵头单位:市知识产权局;参与单位:市经济信息化委、市科委)

十、加强小型微型企业工作协同推进

33. 加大舆论宣传力度。积极引导市属新闻媒体大力宣传扶持小型微型企业的政策措施,鼓励其免费设立中小企业宣传专栏、专刊、专题,增强报道力度,成为小型微型企业政策宣传的主要渠道和重要平台。创造有利于小型微型企业发展的舆论环境和文化氛围,增强小型微型企业的发展信心。(牵头单位:市委宣传部、市经济信息化委;参与单位:市促进中小企业发展工作领导小组成员单位、各区县政府)

34. 加大政策措施落实力度。各区县要于2012年底前组建完成促进中小企业发展工作领导小组;2013年6月底前设立中小企业发展专项资金,建立健全中小企业服务中心,确保中小企业服务机构、人员、办公场所落实;2013年底前建成面积不少于1000平方米的中小企业公共服务平台。(牵头单位:各区县政府;参与单位:市经济信息化委、市财政局)

35. 完善中小企业统计监测体系。统计及有关部门要进一步加强对小型微型企业的调查统计工作,继续完善小型微型企业统计调查、监测分析制度,定期发布统计数据及报告。(牵头单位:国家统计局北京调查总队、市统计局;参与单位:市经济信息化委、市工商局、市人力社保局、市质监局)

36. 加强协调监督。充分发挥市促进中小企业发展工作领导小组的统筹规划、组织领导和政策协调作用,明确部门分工和责任,确保工作落到实处。(牵头单位:市经济信息化委;参与单位:市促进中小企业发展工作领导小组成员单位和各区县政府)

各区县政府和市有关部门、单位要切实抓好本意见的贯彻落实,尽快制定配套实施办法。

二〇一二年十一月三十日

北京市人民政府办公厅印发
关于进一步加强企业生产经营建设
上下游环节安全生产工作指导意见的通知

京政办发〔2012〕5号

各区、县人民政府,市政府各委、办、局,各市属机构:

《关于进一步加强企业生产经营建设上下游环节安全生产工作的指导意见》已经市政府同意,现印发给你们,请结合实际认真贯彻落实。

二〇一二年二月二十四日

关于进一步加强企业生产经营建设
上下游环节安全生产工作的指导意见

为认真贯彻国务院《关于进一步加强企业安全生产工作的通知》(国发〔2010〕23号)精神,进一步明确和规范企业生产经营建设上下游环节的安全生产责任和权利,推进企业安全生产主体责任的落实,严厉查处非法违法生产经营建设行为,有效预防生产安全事故,依据《中华人民共和国安全生产法》《北京市安全生产条例》等法律法规和有关规定,现就本市企业生产经营建设上下游环节的安全生产工作，特别是企业在原材料采购、产品销售、货物运输以及发包承揽建设工程等活动中的安全生产管理工作，提出以下意见：

一、加强生产经营建设上下游环节安全生产管理，是企业安全生产工作的重要内容。积极行使监督权、举报权，自觉抵制供应链上下游企业安全生产非法违法行为，是企业依法履行安全生产主体责任的必然要求，也是其应当承担的社会责任。

二、企业采购剧毒化学品、易制毒化学品等危险化学品时，必须依法履行有关审批手续，查验供应链上游企业（向本企业提供产品和服务的企业）的生产经营资格、相应资质及产品合格证明。

企业采购特种设备、消防产品、耐火建筑材料、劳动防护用品等可能产生较大安全生产风险的设备和原材料时，一般应查验供应链上游企业的生产经营资格、相应资质及产品合格证明。

企业采购其他设备和原材料等产品时，可以查验供应链上游企业的生产经营资格、相应资质和产品合格证明，确保其符合国家、行业或地方有关标准要求。

企业有权拒绝采购不具备生产经营资格、相应资质或安全生产条件不符合国家规定的供应链上游企业的产品、服务，并立即向相关部门举报。

三、企业应当承租符合国家有关安全生产标准的厂房、设备、生产作业场所用于生产经营。承租前一般应对出租企业的生产经营资格、相应资质及产品合格证明进行查验，特别应对设备设施是否符合有关安全生产标准、厂房等建（构）筑物以及生产作业场所的使用性质等相应资质是否符合相关要求进行查验，并按照有关规定与出租企业签订专门的安全生产管理协议，明确各自的安全生产责任。

四、企业托运危险化学品时，应查验承运企业的专业运输资质，可签订专门的安全生产管理协议，明确各自的安全生产责任。

企业托运其他设备和原材料时，一般应查验承运企业的生产经营资格和相应资质，选择具备相应资质、符合安全生产条件的企业从事运输活动。

五、企业组织加工承揽性合作项目时，一般应查验合作企业的生产经营资格和相应资质，签订安全生产管理协议，明确各自的安全生产责任。对不具备安全生产条件或相应资质的，有权拒绝与其合作或终止合作。

六、建设单位组织项目招标时，一般应查验投标人的生产经营资格和相应资质，签订安全生产管理协议，明确各自的安全生产责任。同时应严格按照国家有关规定，认真履行相关部门的审批、立项手续，严格履行建设项目安全设施“三同时”程序，确保安全设施与主体工程同时设计、同时施工、同时投入生产和使用。

七、本市各级机关、事业单位和团体组织实施政府采购时，不得将参加政府采购活动前3年内在经营活动中有重大安全生产违法记录的企业列为供应商。政府采购及企业集中采购时，一般应把供应企业是否列入安全生产警示名单作为重要参考依据。

八、企业销售剧毒化学品、易制毒化学品等危险化学品时，必须依法履行有关审批手续，查验供应链下游企业（向本企业购买产品和服务的企业）的生产经营资格和相应资质，并按照相关规定予以登记备案。

企业销售或出租可能产生较大安全生产风险的设备和原材料时，一般应查验供应链下游企业的生产经营资格和相应资质，按照有关规定签订安全生产管理协议，并向购买方提出必要的安全生产建议，提供必要的操作培训等服务。

企业销售或出租其他设备和原材料时，可以查验下游企业的生产经营资格和相应资质，确保其符合国家、行业或地方有关标准要求。

九、提供危险化学品运输服务的企业，必须按照有关规定从事运输服务工作。

十、企业参与项目投标时，一般应了解招标人依法履行有关审批手续的情况，确保建设项目符合相关安全生产规定。

十一、企业发现所购销的产品存在缺陷或事故隐患时，应及时向供应链上下游相关企业通报，采取有效措施，预防生产安全事故。

十二、各区县政府要切实加强对安全生产工作的领导，支持、督促各有关部门严格依法履行监管责任，严格市场准入，严格执法检查。同时要充分发挥社会力量的监督作用，采取有力措施落实本意见的要求，进一步规范企业生产经营建设上下游环节的安全生产行为，督促其严格落实安全生产主体责任，严厉查处非法、违法生产经营建设活动。

十三、各级规划、建设、国土资源、公安、工商、环保、交通、农业、质监、安全生产、消防、投资等主管部门，要严格有关审批、核准、备案工作，加大执法检查力度。对存在违法生产经营建设行为的单位，一律依法责令停产整顿，并严格落实监管措施；对非法生产经营建设和经停产整顿仍未达到要求的单位，一律依法关闭取缔；对非法违法生产经营建设涉及的有关单位和责任人，一律依法严肃处理。

北京市人民政府办公厅
转发市食品办关于进一步明确部分领域
食品安全监管职责补充意见的通知

京政办发〔2012〕18号

各区、县人民政府，市政府各委、办、局，各市属机构：

市食品办《关于进一步明确部分领域食品安全监管职责的补充意见》已经市政府同意，现转发给你们，请认真贯彻执行。

二〇一二年四月六日

关于进一步明确部分领域食品安全监管职责的补充意见

（市食品办　二〇一二年三月）

《中华人民共和国食品安全法》及《中华人民共和国食品安全法实施条例》施行后，市政府办公厅转发了市食品办《关于进一步明确部分领域食品安全监管职责的意见》（京政办发〔2009〕95号，以下简称《意见》），对于贯彻食品安全法律、法规，提高食品安全管理水平起到了积极作用。为完善食品安全监管机制，解决食品安全监管工作中出现的涉及有关部门监管职责的新情况、新问题，参照相关法律、法规等规定，现就进一步明确部分领域食品安全监管职责提出如下补充意见：

一、市卫生行政部门负责依法组织制定、公布食品安全地方标准，负责食品生产企业制定的食品安全企业标准备案工作。市食品办和质量监督部门不再负责组织制定、公布食品安全地方标准以及食品生产企业标准备案工作。

二、集体用餐配送单位、中央厨房、甜品站由卫生行政部门负责监管。集体用餐配送单位、中央厨房将其加工制作的食品成品或半成品外销给其他企业或单位的行为，由卫生行政部门负责监管。从事食用农产品分拣、清洗、切割、冷冻、包装、配制等行为，由农业行政部门负责监管。其余食品生产加工企业由质量监督部门负责监管。

三、在夜市从事餐饮服务经营的行为，由卫生行政部门负责监管。

四、利用未经过安全性评估的新的食品原料从事食用农产品种植养殖、食品生产加工、流通和餐饮服务的行为，分别由农业行政、质量监督、工商行政管理、卫生行政等有关部门负责监管。

五、在从事经营服务的住宿场所内从事预包装食品销售的行为，或在食品生产加工企业住所或经营场所销售非自产的预包装食品的行为，由工商行政管理部门负责监管。

六、在农业生产环节生产豆芽以及其他芽苗菜的行为，由农业行政部门负责监管；以工厂化形式生产豆芽以及其他芽苗菜的行为，由质量监督部门负责监管；批发市场、商品交易市场内豆芽以及其他芽苗菜生产、销售行为，由工商行政管理部门负责监管。

七、生产销售未取得保健食品批号而声称具有特定保健功能的食品的行为，由药品监督管理部门负责监管；对使用国家卫生行政部门公布的可用于保健食品的物品制造未取得保健食品批号且未声称具有特定保健功能的食品，分别由质量监督、工商行政管理、卫生行政部门负责生产加工、流通、餐饮服务环节的监管。药品监督管理部门负责协助认定食品中是否使用了可用于保健食品的物品。

八、商务部门负责加强生猪屠宰的行业管理，督促屠宰企业落实质量安全管理的相关制度；农业行政部门牵头负责“瘦肉精”监管工作，在生猪养殖、收购、贩运、定点屠宰环节实施对“瘦肉精”的检验、认定和查处；卫生行政部门不再负责提出生猪屠宰企业设立的卫生规范和条件。

九、《意见》所规定的“商场、超市、有形市场内现场制售食品行为”包括承租商场、超市、有形市场场地、柜台从事食品现场制售的行为，由工商行政管理部门负责监管。在与商场、超市、有形市场无承租关系的其他场所从事现场制售食品行为以及在商场、超市、有形市场范围内从事餐饮服务的行为，由卫生行政部门负责监管。

十、北京出入境检验检疫局负责机场地区的国境口岸区域食品生产经营单位的监督管理，具体包括：机场航站楼内食品生产经营单位；为国境口岸服务的涉外宾馆、饭店、餐饮企业、俱乐部；为出境、入境交通工具提供饮食、服务的单位；其他为国境口岸服务的食品生产经营单位。

北京市人民政府办公厅转发市知识产权局等部门关于加强知识产权工作推动战略性新兴产业发展实施意见的通知

京政办发〔2012〕56号

各区、县人民政府，市政府各委、办、局，各市属机构：

经市政府同意，现将市知识产权局等部门《关于加强知识产权工作推动战略性新兴产业发展的实施意见》转发给你们，请认真贯彻执行。

二〇一二年十二月十四日

关于加强知识产权工作推动战略性新兴产业发展的实施意见

为全面贯彻落实《国务院办公厅转发知识产权局等部门关于加强战略性新兴产业知识产权工作若干意见的通知》(国办发〔2012〕28号)、《中共北京市委北京市人民政府关于深化科技体制改革加快首都创新体系建设的意见》(京发〔2012〕12号）和《北京市人民政府关于印发北京市加快培育和发展战略性新兴产业实施意见的通知》（京政发〔2011〕38号）等文件精神，落实市第十一次党代会提出的“在2020年率先形成科技创新、文化创新‘双轮驱动’的发展格局，初步建成有世界影响力的科技文化创新之城”的奋斗目标，充分发挥知识产权工作在推动战略性新兴产业发展方面的重要作用，结合当前本市知识产权工作的总体部署，特制定本实施意见。

一、总体要求和工作目标

（一）总体要求。深入贯彻落实科学发展观，准确把握市场需求变化和技术发展趋势，坚持政府引导和市场机制相结合、统筹规划和重点突破相结合、先行先试和辐射带动相结合的原则，重点加强新一代信息技术、生物、节能环保、新材料、新能源汽车、新能源、航空航天、高端装备制造等战略性新兴产业知识产权工作。

（二）工作目标。在全面落实市政府关于实施首都知识产权战略的意见和北京市“十二五”时期知识产权（专利）事业发展规划的基础上，到2015年，本市战略性新兴产业发明专利拥有量和专利国际申请量分别比2010年翻一番。知识产权对战略性新兴产业支撑作用不断增强，形成2至3个在全球具有主导权的产业集群。

二、促进知识产权创造，夯实战略性新兴产业发展基础

（一）探索建立面向战略性新兴产业的知识产权数据支撑平台。搜集有关国际组织和相关国家、地区关于知识产权保护的政策、法律和管理等方面动态信息；汇集本市专利保护案件信息并进行综合统计分析，为政府制定政策提供知识产权信息服务。引导和帮助有条件的战略性新兴产业建立知识产权数据资源支持系统。

（二）开展战略性新兴产业“专利创造高成长企业”扶植专项工作。在本市扶植一批年专利申请数量快速增长、专利质量稳步提升、专利布局架构合理、专利运用更加有效的专利创造高成长性企业。实施知识产权“领先”工程，做好重大项目在京落地对接工作，把战略性新兴产业领先企业丰富的科研资源转化为现实生产力。

（三）推进战略性新兴产业企业专利试点、示范、联盟等工作向纵深发展。引导企业在生产经营中“注重专利风险防范、注重专利合理借鉴、注重专利科学布局、注重专利障碍排除、注重专利价值实现”，运用知识产权规则和策略实现企业利益最大化。组建战略性新兴产业重点企业知识产权联盟，提高和扩充联盟企业的创新转化能力，共建行业标准，共同抵御涉及行业性的专利风险。鼓励支持战略性新兴产业重点企业实行知识产权战略与企业生产经营发展战略相结合，制定和实施切实可行的知识产权战略。推动实施战略性新兴产业“集体出海”知识产权全程跟踪专项工作，帮助战略性新兴产业企业提高海外知识产权风险规避、海外专利组合布局、重点区域市场进入、关键竞争对手专利监测、安全运营保障等知识产权高端博弈的水平。

（四）发挥首都资源优势，提升战略性新兴产业知识产权综合能力。在本市战略性新兴产业重点企业开展发明专利实质审查、巡回审查，切实服务于战略性新兴产业创新主体的发展需求。利用中关村知识产权大厦知识产权服务集成优势，建设战略性新兴产业知识产权绿色通道，在企业申请文件齐备的条件下，5个工作日内完成出具发明专利优先审查证明和无知识产权违法行为证明工作。

（五）探索建立重大经济活动知识产权评议制度。在中关村国家自主创新示范区、北京经济技术开发区等战略性新兴产业聚集区域开展重大经济活动知识产权评议试点工作。充分利用知识产权数据支撑平台开展检索分析、战略规划、申请布局等知识产权高端服务。

三、形成完善的知识产权运用体系，实现战略性新兴产业知识产权价值

（一）构建知识产权质押贷款政策支撑体系。建立和完善前端贴息支持、后端质权处置保障的质押贷款双向政策，通过降低企业融资成本和降低银行风险预期，努力扩大知识产权质押贷款规模。继续开展中关村国家知识产权制度示范园区知识产权质押贷款贴息专项资金有关工作，支持中关村企业利用知识产权获得质押融资，降低融资成本。

（二）深入开展知识产权投融资试点工作。组建由政府引导、金融机构和知识产权中介服务机构共同参与的知识产权投融资服务联盟，构建资源共享的知识产权服务共同体，面向战略性新兴产业提供知识产权评估、知识产权转让交易、知识产权项目融资等服务。

（三）开展中关村国家自主创新示范区知识产权投资孵化工作。积极发挥北京知识产权运营管理公司的引导作用，支持、引导社会资本加大对战略性新兴产业前沿技术和可专利化优秀创意成果的投资孵化力度，探索知识产权投资孵化新模式。

（四）开展中关村国家自主创新示范区专利保险试点工作。坚持“政府引导、商业对接、有效协作、专业运作”的原则，加强战略性新兴产业需求分析、整合专利保险相关服务资源、推动相关政策支持等，在战略性新兴产业率先开展专利保险试点工作；加强专利保险服务体系建设，搭建企业和保险金融服务机构对接平台，引导企业运用市场化手段加强专利保护，为战略性新兴产业发展提供风险保障。

（五）深入推进中关村国家商标战略实施示范区建设工作。构建有利于示范区商标战略实施的法制环境、政策环境和市场环境，全面提升中关村示范区商标注册、使用、保护和管理水平，帮助企业不断提高自主创新能力和品牌价值，推动示范区战略性新兴产业科技创新品牌建设发展。

四、加强知识产权管理水平，加大战略性新兴产业竞争优势

（一）大力推进知识产权战略共同体建设专项工作。积极引导和促成利益关联的企业、高等院校、科研机构、专家团队和行业协会等构建战略性新兴产业知识产权战略共同体，构建产业上、下游知识产权战略资源支撑与市场扩展体系。以战略共同体为载体，形成对内合理共享资源的合作机制和对外集中应对涉外知识产权纠纷的集体维权机制。

（二）开展战略性新兴产业知识产权标准化管理体系运用试点工作。通过构建完备的知识产权管理制度和知识产权标准化管理体系，促进战略性新兴产业知识产权管理的规范化、系统化和制度化，使战略性新兴产业依托知识产权创造、管理和有效运用，在市场竞争中持续发展。

（三）加强涉农战略性新兴产业商标法律宣传。引导相关企业进行农产品商标、农业服务商标、地理标志证明商标、集体商标的注册，促进农产品质量提高，保证食品安全，提高农产品附加值，增强市场竞争力。大力推行“公司 + 商标 + 农户”的产业化经营模式，进一步提高农民进入市场的组织化程度，充分发挥商标在新兴农业现代化、规模化中的作用。加大战略性新兴产业地理标志工作的指导力度，帮扶企业及早对具有经济潜力的地理标志产品进行商标注册。切实履行行政监管职能，督促证明商标所有人认真履行管理义务，加强对地理标志产品专用标志使用情况的检查，充分保障地理标志发挥证明作用，维护市场信誉，促进具有地方特色的自然、人文资源转化为现实生产力，推动区域经济发展。

（四）建立战略性新兴产业知识产权教育实训基地。通过在教育培训中强化产权意识，注重解决知识产权方面的实际问题，为企业培养一批“懂管理、会管理、能管理”的知识产权管理实务人才，提升战略性新兴产业知识产权创造、运用、保护、管理和应对知识产权争端的综合能力。

（五）加快建设战略性新兴产业的企业知识产权专家队伍。从知识产权工作开展较为深入的战略性新兴产业优质企业中，优选出一批实战经验丰富、业务素质高、表达能力强、实例积累多的知识产权高端管理人员，组建企业知识产权专家团，开展系列巡讲活动，加强企业自我教育，引导其快速提升知识产权管理能力和综合实务操作能力。

五、加大知识产权保护力度，优化战略性新兴产业发展环境

（一）健全知识产权保护公共平台服务内容。不断完善举报投诉、维权援助、志愿服务、纠纷调解、人才培训、公益宣传等平台服务内容，继续深化战略性新兴产业知识产权保护服务。积极引导战略性新兴产业行业组织建立知识产权保护工作机制，指导行业组织帮助企业提升保护知识产权的能力。

（二）建立知识产权执法协作协调系统。加强部门之间执法信息共享，认真落实工作通报、案件协办、联合执法、定期会商等制度，通过新闻发布会和沟通对话会实现信息互通，加快司法委托调解信息化建设。针对战略性新兴产业知识产权保护现状，在重点环节、重点领域认真开展知识产权执法专项行动，集中打击知识产权违法行为。

（三）建立流通领域知识产权预防监控体系。开发知识产权及专利监测工具，收集整理知识产权信息状况，对商品的生产、流通、销售等环节进行跟踪监测、定期检索，实现实时动态管理，为执法部门提供信息线索和证据。

（四）建立战略性新兴产业维权援助工作新机制。加强与战略性新兴产业行业组织、重点企业、研发机构的协作，进驻战略性新兴产业大型展会，指导和帮助行业协会或展会主办方设立知识产权保护办公室，加强专利商品检查工作，完善战略性新兴产业专业市场的知识产权保护措施。建立战略性新兴产业维权援助专家库，帮助知识产权服务机构加强与战略性新兴产业的合作，建立广泛参与的维权援助服务体系。

六、发挥知识产权服务优势，支持战略性新兴产业快速发展

（一）鼓励知识产权服务机构发挥专业服务优势，拓展新型服务业态。引导战略性新兴产业实施知识产权战略，推进创优建设和品牌建设；支持优质专利、商标、版权等知识产权服务机构向中关村国家自主创新示范区等战略性新兴产业发展重点地区聚集。推动形成“立足北京、辐射全国，专业化、规模化、规范化、国际化发展”的知识产权代理服务新型业态。

（二）引导知识产权服务机构为本市战略性新兴产业知识产权转化、运用服务。支持技术交易机构在战略性新兴产业开展专利技术交易、商标许可转让和知识产权质权处置服务；支持评估机构为知识产权质押贷款提供评估服务；支持知识产权服务机构为各种形式的知识产权提供托管服务。鼓励知识产权服务机构优先为本市战略性新兴产业的相关企业提供知识产权预警和应急救助服务，积极参与其海外并购的知识产权咨询和尽职调查工作，以及为相关企业提供股票上市前的知识产权辅导和核查服务。建立和完善知识产权服务机构考评体系，对其进行分级分类管理，促进知识产权服务机构不断提升服务质量和服务能力。

（三）加强知识产权服务信息资源共享。整合政府部门、企业、科研院所、高等院校和信息分析机构的信息资源，加快北京市知识产权公共信息服务平台建设，实现专业服务与需求信息的有效对接。每年选择一批战略性新兴产业企业，为其提供个性化的信息服务，提高信息服务平台使用效率和效果。

（四）加大知识产权服务人才培养力度。通过多种形式的交流与培训活动，不断提高知识产权服务机构从业人员的职业素养和专业技能；将知识产权实务引入学历教育体系，培养知识产权专业服务人才；大力引进服务本市战略性新兴产业的知识产权高级人才。推动建立北京专利代理人协会，进一步提高全市知识产权服务机构的管理水平和服务能力。

七、加强国际合作，支持战略性新兴产业参与国际竞争

（一）积极为战略性新兴产业企业“走出去”做好服务。学习借鉴发达国家经验，支持和指导本市战略性新兴产业的企业和研发机构到市场目的国部署知识产权，促进企业在国外申请专利、注册商标；建立本市战略性新兴产业在主要市场目的国的专业服务机构名录，举办企业与专业服务机构对接推介活动，支持战略性新兴产业企业、研发机构、知识产权服务机构等与国外知名企业、研究机构开展交流合作，进一步提高企业和研发机构在国外获取知识产权的效率。

（二）加强国际知识产权人才交流。支持企业选派知识产权管理人员到国外进行培训，帮助企业储备能够应对未来知识产权竞争和挑战的高级人才。

（三）加大国外知识产权维权援助力度。建立战略性新兴产业对外贸易知识产权保护机制，完善相关知识产权预警应急机制，加强对外向型企业知识产权保护宣传培训工作，提高其在海外知识产权风险规避、海外专利组合布局、重点区域市场进入、关键竞争对手专利监测和安全运营保障等方面的知识产权高端博弈水平。

八、加强组织领导，推动政策落实

（一）加强组织领导。在北京市知识产权联席会议建立战略性新兴产业知识产权工作组，由市知识产权局具体组织落实相关工作。各区县要建立相应协调机制，将战略性新兴产业知识产权工作纳入本地区重要工作议程，统筹配置资源，推动各项政策措施落实。

（二）创新工作模式。各区县和有关部门要结合战略性新兴产业发展实际，积极探索、稳步推进战略性新兴产业知识产权管理模式创新，实现常态化、规范化管理。要充分发挥行业协会作用，拓展知识产权服务渠道，创新服务模式。

（三）用好优惠支持政策。加强政策集成，促进知识产权政策与有关财税政策的衔接配套。完善知识产权资助和费用减免政策，加大对战略性新兴产业的支持力度。探索资金来源多元化的模式，确保战略性新兴产业知识产权各项工作顺利开展。

北京市人民政府办公厅印发关于进一步促进本市老旧机动车淘汰更新方案（2013—2014年）的通知

京政办发〔2012〕59号

各区、县人民政府，市政府各委、办、局，各市属机构：

《关于进一步促进本市老旧机动车淘汰更新方案（2013—2014年）》已经市政府同意，现印发给你们，请认真贯彻实施。

北京市人民政府办公厅

二〇一二年十二月二十四日

关于进一步促进本市老旧机动车淘汰更新方案（2013—2014年）

为落实《北京市人民政府关于印发2012—2020年大气污染治理措施的通知》（京政发〔2012〕10号）要求，加快推进本市老旧机动车淘汰更新，进一步减少机动车排放污染，持续改善首都空气质量，特制订本方案。

本方案所称老旧机动车是指使用6年及以上的载客汽车、载货汽车和专项作业车（不含黄标车）。

一、工作思路、目标和实施方式

（一）工作思路

以削减机动车排放污染物总量、改善空气质量为目标，创新工作机制，依托市场交易平台，通过经济鼓励和强化监管相结合的方式，促进老旧机动车淘汰更新，优化机动车存量结构。

（二）工作目标

在完成“十二五”期间淘汰老旧机动车70万辆目标的基础上，到2020年再淘汰90万辆老旧机动车。

（三）实施方式

对淘汰老旧机动车的车主给予政府补助，引导汽车生产企业对淘汰老旧机动车并更换新车的车主给予企业奖励。通过第三方交易办理平台，为车主办理政府补助和企业奖励凭证发放工作。

二、政府补助、企业奖励范围和标准

（一）政府补助范围和标准

1. 补助范围。对淘汰（转出本市和提前报废）老旧机动车的车主发放政府补助，重点淘汰国家第三阶段及之前排放标准的车辆。其中转出车辆需要定期参加机动车检验且检验结果合格。摩托车和低速载货汽车，以及在京中央国家机关、本市各级党政机关和各级财政供养单位车辆的淘汰，不享受政府补助。

2. 补助标准。补助标准按照机动车车型和使用年限区别确定，2013 年 1 月 1 日至 2014 年 12 月 31 日期间转出本市或报废的老旧机动车政府补助标准见附件 1。对于 2011 年 8 月 1 日至 2012 年 12 月 31 日期间转出本市或报废的老旧机动车，政府补助按照《北京市人民政府办公厅关于印发进一步促进本市老旧机动车淘汰更新方案的通知》（京政办发〔2011〕42 号）规定的标准执行，车主申请政府补助和企业奖励的截止日期为 2013 年 1 月 31 日，逾期不予办理。

老旧机动车转出时间以公安交管部门提供的车辆档案转出时间为准，报废时间以公安交管部门提供的车辆档案注销时间为准。

（二）企业奖励范围和标准

1. 奖励范围。淘汰老旧机动车的车主在更换新车时，以企业奖励凭证冲抵车款方式获得企业奖励，企业奖励新车车型必须是第三方交易办理平台公示车型。企业奖励车辆不包括摩托车及低速载货汽车。

2. 奖励标准。企业奖励标准由各汽车生产企业按照平均标准不低于政府补助额度的原则自行确定，并根据客、货机动车以及销售价格划分档次。企业奖励建议标准见附件 1。各企业在第三方交易办理平台内公布的新车销售价格应为市场指导价格。

为促进和鼓励本市新能源汽车发展，对于淘汰更新购置新能源汽车的，按照市财政局、市科委、市市政市容委和市发展改革委发布的《北京市纯电动汽车示范推广市级补助暂行办法》等规定执行，同时为鼓励生产和销售新能源汽车，企业奖励标准不受上述建议标准的限制，可由汽车生产企业自行确定。

三、具体实施办法

（一）第三方交易办理平台

根据相关授权，由第三方依托已搭建的交易办理平台，通过网络信息管理系统和业务办理网点，负责审核老旧机动车淘汰更新有关信息，对符合条件的车主办理政府补助和发放企业奖励凭证，并提供相关服务。交易办理平台功能及第三方工作职责见附件 2。

（二）淘汰车辆政府补助、更新车辆企业奖励申领程序

车主完成老旧机动车淘汰后，通过网络信息管理系统或业务办理网点申请获得企业奖励凭证，更换新车时使用企业奖励凭证在汽车销售单位兑现企业奖励，新车注册登记后，再回交易办理平台办理政府补助。如车主承诺只淘汰老旧机动车，不购置在交易办理平台上公示的新车，通过交易办理平台审核后办理政府补助。政府补助、企业奖励申领办理工作流程见附件 3。

（三）交易办理平台费用

政府购买第三方交易办理平台提供的服务；交易办理平台日常运行费用由第三方向汽车生产企业提供服务所收取的交易费用支付，交易费用建议为 100 元 / 车。

四、组织机构及职责分工

（一）组织机构

市老旧机动车更新淘汰工作协调小组（以下简称协调小组）负责统筹协调和布置相关工作。协调小组组长由市政府分管副市长担任；成员单位包括市发展改革委、市经济信息化委、市财政局、市环保局、市交通委、市商务委、市国资委、市工商局、市金融局、市公安局公安交通管理局和各区县政府。协调小组下设办公室，办公室设在市环保局，负责监督指导第三方交易办理平台日常工作。

（二）职责分工

1. 市发展改革委负责监督老旧机动车交易费用收费执行情况。

2. 市经济信息化委负责推进汽车工业产业结构调整，监测、分析汽车产业经济运行态势。

3. 市财政局负责监督审核老旧机动车是否属于财政供养；配合相关部门制订政府补助资金方案，拨付政府补助资金；监管交易办理平台政府补助资金办理情况。

4. 市环保局负责全程监督管理交易办理平台工作。根据污染减排计划，制定年度淘汰老旧机动车目标；会同市财政局制定淘汰老旧机动车政府补助额度；监督审核车辆环保标志和新车环保目录；统计分析老旧机动车淘汰等相关数据；严格车辆排放检测。

5. 市交通委负责加强“绿色车队”建设和使用，督促营运老旧机动车加快淘汰更新；审核营运车辆是否符合相关能耗标准。

6. 市商务委负责监督报废车辆解体回收有关信息审核；规范机动车报废行为；指导报废解体企业完善服务功能，提高服务质量和效率，方便车主交车和办理相关手续；协调商务部制定机动车强制报废标准规定。

7. 市国资委负责监管交易办理平台的国有资产和企业运行情况；会同市金融局共同监管交易办理平台资金。

8. 市工商局负责规范二手机动车交易行为；加强对二手机动车交易市场交易秩序的监管；指导二手机动车交易市场提供优质高效的老旧机动车过户服务。

9. 市金融局负责引导和规范交易办理平台相关交易行为，协调相关金融机构加强对交易办理平台资金的监管。

10. 市公安局公安交通管理局负责监督审核老旧机动车淘汰更新及参加年检情况；及时提供老旧机动车淘汰更新明细信息，并协助市环保局统计分析老旧机动车数据；对转出老旧机动车再转回本市的，若不退还政府补助资金将不予重新办理登记注册手续；严格老旧机动车安全检测。

11. 各区县政府负责制定本行政区域内老旧机动车淘汰任务目标，宣传动员车主及时淘汰老旧机动车，督办淘汰进度。

五、工作要求

（一）各有关部门要按照职责分工积极工作，密切配合，及时解决工作中遇到的各种问题，并监督指导交易办理平台运行。

（二）各有关部门要充分利用媒体，通过多种渠道开展政策宣传，让群众充分了解老旧机动车淘汰更新政策。要继续加强对机动车安全和尾气排放的执法检查，提高车辆维护保养水平。

（三）第三方交易办理平台必须本着公开、公平原则，不断完善交易办理平台工作程序，提高服务质量，及时总结经验，为建立完全市场交易模式创造条件。

（四）各汽车生产企业要不断提高产品质量，认真履行企业奖励承诺，监督汽车销售单位及时兑现企业奖励，防止欺诈行为发生。

附件1：

政府补助和企业奖励建议标准

（2013年1月1日—2014年12月31日）

一、政府补助标准

转出老旧机动车补助标准（单位：元／车）

车辆类型＼车辆使用时间		6—8年	8年以上
载客汽车	微型	3000	2500
	小型	4500	4000
	中型	4000	3500
	大型	14000	12000
载货汽车	微型	2500	—
	轻型	3000	2500
	中型	7000	5000
	重型	10000	8000

报废老旧机动车补助标准（单位：元／车）

车辆类型＼车辆使用时间		6—10年	10年以上
载客汽车	微型	3500	3000
	小型	7000	6500
	中型	6500	6000
	大型	16500	14500
载货汽车	微型	3000	—
	轻型	5500	5000
	中型	9500	7500
	重型	12500	10500

注：6—8年、6—10年、8年以上、10年以上是指机动车登记注册之日起至办理淘汰手续之日止。

二、企业奖励建议标准

不同价位客车企业奖励建议标准（单位：元／车）

车辆价格	10万及以下	10万—15万（含）	15万—20万（含）	20万—30万（含）	30万以上
奖励标准	1000—3000	2000—6000	2500—7500	3000—9000	5000—15000

不同价位货车企业奖励建议标准（单位：元／车）

车辆价格	10万及以下	10万—15万（含）	15万—20万（含）	20万以上
奖励标准	1000—4000	1000—6000	1500—7500	2000—15000

注：新能源汽车企业奖励标准不受此建议标准限制。

附件 2：

交易办理平台功能及第三方工作职责

依托第三方（北京环境交易所）搭建的交易办理平台，通过“北京市老旧机动车淘汰更新管理信息系统”（以下简称平台信息系统）和若干个业务办理网点，方便车主办理相关手续。交易办理平台功能及第三方工作职责如下：

一、交易办理平台功能

（一）基本功能

按照市政府各有关部门授权，通过平台信息系统为车主审核办理政府补助及企业奖励凭证。

（二）服务功能

实时发布新车奖励信息，提供老旧机动车处置渠道信息和实物处置、金融产品等服务，增强汽车生产企业与老旧机动车车主间的信息沟通，提高办理便利性，吸引更多汽车生产企业及老旧机动车车主积极参与，促进二手车交易及新车销售。

1. 信息发布。通过平台信息系统，以政策介绍、办理手续、新车奖励、老旧机动车处置等内容为主，为老旧机动车车主、汽车生产企业、二手机动车经营经纪公司、汽车报废解体企业提供信息服务，吸引更多汽车生产企业和老旧机动车车主参与。

2. 二手机动车转出。为车主提供老旧机动车转出“一条龙”服务，包括实时详细的二手车处置信息、公平透明的老旧机动车转出模式和快捷迅速的办理手续。

3. 报废解体。吸收本市具有正规回收资质的报废汽车拆解企业参与，为通过平台信息系统报废解体老旧机动车的车主，提供便利快捷的老旧机动车报废解体服务，缩短小客车指标置换获取时间。

4. 新车销售。汽车生产企业为淘汰更新老旧机动车的车主提供新车介绍和企业奖励信息，更换新车“一条龙”服务（具体模式各企业自行确定），缩短淘汰老旧机动车车主申请小客车指标及更换新车手续办理时间。

5. 金融产品。提供金融产品，更换新车的车主可获得优惠贷款贴息和贷款担保服务。

二、第三方工作职责

提供办公场所和人员、软硬件设备等相关条件。通过平台信息系统和业务办理网点，为淘汰老旧机动车的车主办理政府补助和企业奖励凭证，监督企业奖励资金发放。同时提供信息发布、实物处置、金融产品等服务。

受环保、公安交管、商务和财政等部门委托，负责审核车辆环保标志、车辆参检信息和淘汰更新情况，以及车辆是否属于财政供养。审核交易办理平台新车销售价格是否与汽车生产企业市场指导价一致。

附件 3：

政府补助、企业奖励申领办理工作流程

一、车主须提交的材料

（一）车主身份证（原件和复印件）或单位组织机构代码证书（原件和复印件）；

（二）由委托代理人办理申领手续的，还须提供车主委托书或单位法人委托书、代理人身份证（原件和复印件）。

二、淘汰老旧机动车并更换新车工作流程

（一）车主淘汰老旧机动车（转出本市或送交具有正规资质的解体厂报废）。

（二）车主通过平台信息系统或业务办理网点查看相关信息，选择在交易办理平台公示的奖励车型。

（三）车主向平台信息系统或业务办理网点提出淘汰老旧机动车政府补助、企业奖励申请。

（四）通过审核的车主可通过平台信息系统自行打印或在业务办理网点领取企业奖励凭证。

（五）车主在更换新车时，凭企业奖励凭证申请企业奖励。各汽车生产企业利用平台信息系统在汽车销售单位查询核实并发放企业承诺奖励，车主予以确认。

（六）车主持新车发票等相关材料向业务办理网点申领政府补助。审核合格后，政府补助资金划拨至以车主名义设立的开户银行账户（单位）或指定银行活期储蓄账户（个人）。

（七）每月末交易办理平台向汽车生产企业提交月度报表，汽车生产企业支付交易办理平台交易费用。

具体流程见下图：

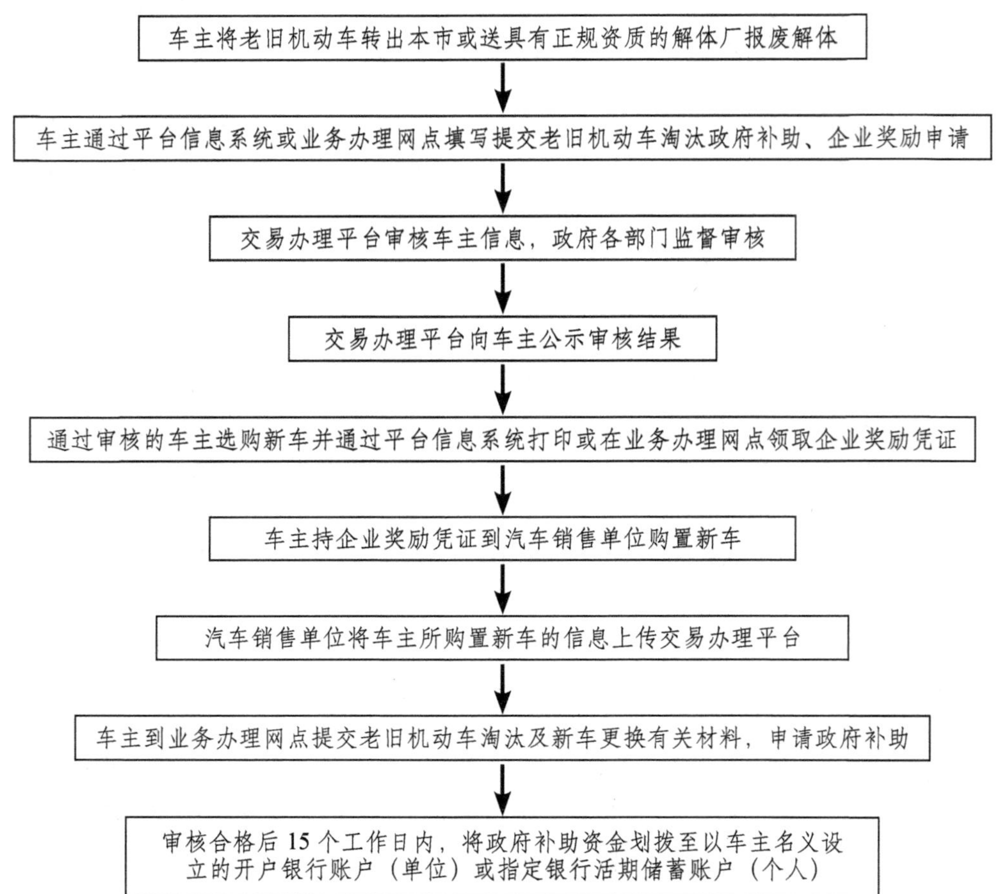

三、淘汰老旧机动车工作流程

（一）车主淘汰老旧机动车（转出本市或送交具有正规资质的解体厂报废解体）。

（二）车主向平台信息系统或业务办理网点提出淘汰老旧机动车政府补助申请。

（三）车主持相关材料通过业务办理网点申领政府补助。审核合格后，政府补助资金划拨至以车主名义设立的开户银行账户（单位）或指定银行活期储蓄账户（个人）。

已淘汰老旧机动车并领取过政府补助的车主，如另行购置新车，不再享受企业奖励，交易办理平台也不再受理车主其他申请事项。

具体流程见下图：

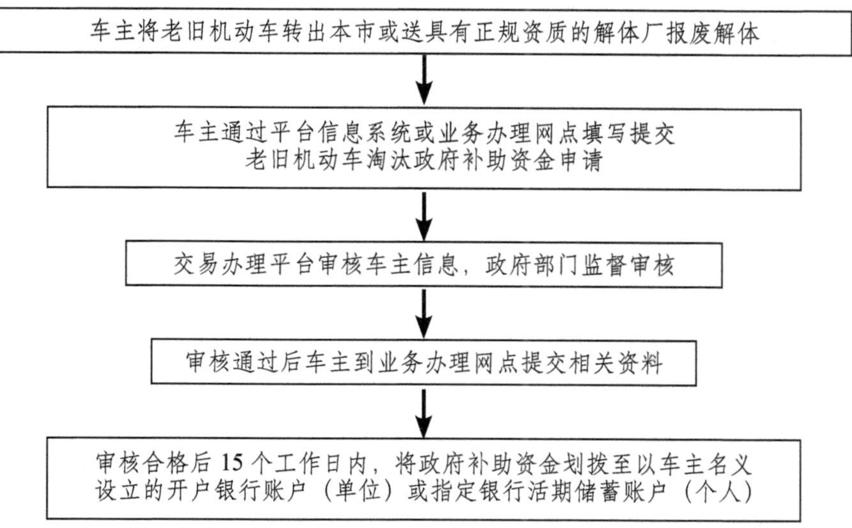

北京市经济和信息化委员会关于印发《北京市镇村企业2012年工作要点》的通知

京经信委发〔2012〕1号

各有关区（县）镇村企业主管部门：

现将《北京市镇村企业2012年工作要点》印发给你们，请结合实际，抓好各项工作。

特此通知。

二〇一二年二月二日

北京市镇村企业2012年工作要点

2012年，全市镇村企业工作的总体要求是：全面贯彻党的十七届六中全会、中央经济工作会、市委十届十次会、全市经济和信息化工作会精神，牢牢把握“稳中求进”的总基调，大力践行“北京精神”，全力推进科技创新和文化创新“双轮驱动”，着力推进镇村企业发展和改革。总体工作任务是：镇村企业营业收入增长8%以上，实现稳定增长、优化结构、提高效益的预期目标，推动镇村企业又好又快发展。重点做好以下工作：

一、做好企业运行调度

1.作好镇村企业数据统计和运行分析工作，全面深化镇村企业总量、结构分析，提高镇村企业运行分析质量，增强镇村企业运行分析成果的科学性、指导性和针对性。

2.深入调查研究，加强交流沟通，强化基层统计队伍建设，提高镇村企业统计队伍素质。

3.依据国际国内形势和首都发展情况，结合镇村企业运行态势，及时准时把握镇村企业运行过程中出现的趋势性、苗头性问题，加强运行调度，及时采取措施，妥善解决问题，确保镇村企业稳定增长。

二、促进产业聚集发展

4.促进聚集发展。加强规划统筹，强化产业引导，完善项目对接，促进镇村企业向镇村产业基地集中集聚，节约、集约使用资源，提高资源配置效率和效益。

5．加强牵手对接。探索建立工作机制，加强镇村产业基地与国家级、市级、区级等各类开发区实现对接，以产业配套为重点，积极开展“牵手工程”，促进相互融合，实现共同发展。

6．强化动态管理。按照管理规范、运转高效原则，建立资源共享机制，制定、落实企业入区标准，出台效能评价体系，强化公共服务体系建设，切实加强镇村产业基地动态管理。

三、推动结构转型升级

7．深入宣传政策。深入宣传国家、北京市有关国民经济和社会发展的产业政策，使镇村企业深入把握鼓励类、限制类、禁止类产业目录，切实发挥产业政策对镇村企业发展的引导、约束作用。

8．促进转型升级。结合城乡建设、节能减排、淘汰落后产能等重要机遇，深化产业研究，推动产业转型。强化政策引导，促进内生驱动，大力发展战略性新兴产业，改造提升都市型传统产业。

9．推动项目建设。积极引导固定资产投资，做好新建、改建、扩建项目落地。加大招商引资力度，增强镇村企业发展后劲，促进企业持续发展。

四、积极开拓产品市场

10．深化“农超对接”“农商直供”等工作，探索“农超对接”“农商直供”等长效机制，开辟新的方式，拓展新的渠道，在更大范围、更高层次帮助企业拓展市场，促使更多企业受益。

11．组织企业参加各种形式的国内、国际贸易投资洽谈会、展销展览会，促使企业深入开拓市场，加强对外合作，拓展新型空间，提高市场占有份额。

12．积极搭建平台，宣传中小微企业政府采购政策，按照法定程序，帮助中小微类型的镇村企业的商品和服务进入政府采购范围。

五、深化企业体制改革

13．加强形势分析，搭建合作平台，推动企业加大资产整合力度，提高资源配置效率和效益。加强政策指导，注重典型示范，推动企业深化产权制度改革，引导个人独资、合伙企业、个体工商户实现企业公司制改革。加强实地指导，推广典型经验，指导企业完善法人治理结构，提高企业治理水平。

14．加强行业协会建设，强化行业自律，维护企业利益。积极与各级乡镇企业协会合作，指导协会发挥更大作用。

15．加强企业信用体系建设。指导企业不断强化信用体系建设，提高镇村企业整体信用水平。

六、继续提升企业素质

16．加大企业经营管理人员培训力度，提高企业改制上市、品牌建设、市场开拓、产业升级等重要领域的意识和能力。积极推进镇村企业职业技能开发，加快镇村企业职业技能培训与鉴定体系建设。

17．积极帮助镇村企业招聘人员、选聘人才，支持引进吸收海外人才，培育和储备适用人才资源，进一步创造留住人才、用好人才的工作环境和生活环境，解决镇村企业人才持续发展问题。积极支持信息服务、市场开拓、人才培训、管理咨询和法律服务等各类适合镇村企业发展的创业辅导机构建设，开展示范性创业培训，提高创业者的创业能力和水平。

18. 继续强化镇村企业信息化培训，依托专业机构和专业人才，通过各种形式提升镇村企业信息化意识和水平，提高镇村企业综合运用信息技术的能力。

七、切实加强品牌建设

19．以实施名牌战略为突破，支持企业申报“中国驰名商标”“中国名牌产品”等各类品牌，大力培育品牌企业，提高企业品牌化经营水平。

20. 深入总结镇村企业品牌建设的典型经验，加大对外宣传力度，提高镇村企业、企业产品的知名度、美誉度。

21. 引入品牌管理经验，积极培育“带乡村”“带农户”“综合性”“专业化”“合作建”等镇村产业基地发展模式，实现镇村产业聚集区品牌化经营。

八、优化企业发展环境

22．优化企业融资服务环境。支持举办银企合作活动，解决银行、企业信息对称、渠道对接问题。加强与担保、信托公司的沟通合作，帮助企业解决贷款担保问题。加强与证券公司、投资银行的合作，推介、做好企业上市辅导，促使更多企业实现上市融资。

23．加强政策服务环境建设。加强政策宣传，强化政策解读，研究制定有关政策，积极落实相关政策措施，着力解决镇村企业遗留问题与现行政策之间的对接。

24．加强科技服务体系建设。鼓励镇村产业聚集区建设科技服务平台。支持镇村企业集中力量开展科技研发、转化、推广。建设镇村企业技术转移和交流服务平台。增强企业技术创新和研发能力，形成企业的核心技术和自主知识产权。

关于印发
《北京市小企业创业基地管理暂行办法》的通知

京经信委发〔2012〕23 号

各区县中小企业工作主管部门、各有关单位：

为落实《北京市人民政府关于贯彻国务院进一步促进中小企业发展若干意见的实施意见》（京政发〔2011〕17 号）精神，引导、促进小企业创业基地建设，特制定《北京市小企业创业基地管理暂行办法》。现予印发，请遵照执行。

附件：北京市小企业创业基地管理暂行办法

二〇一二年三月十四日

附件：

北京市小企业创业基地管理暂行办法

第一章 总 则

第一条 为贯彻落实《北京市人民政府关于贯彻国务院进一步促进中小企业发展若干意见的实施意见》（京政发〔2011〕17 号）、国家五部委《关于加快推进中小企业服务体系建设的指导意见》（工信部联企业〔2011〕575 号）精神，健全我市小企业社会化服务体系，推进小型、微型企业创业基地建设，改善创业环境，鼓励小型、微型企业集聚发展，特制定本办法。

第二条 北京市小企业创业基地（以下简称创业基地）是指经北京市经济和信息化委员会（以下简称市经济信息化委）认定，由具备独立法人资格的机构经营管理，为小型、微型企业创业提供孵育空间和服务的场所。创业基地应具有完善的基础设施和配套服务，提供人才、法律、市场、融资、政策、技术、管理、信息、政务代理等创业辅导服务。

第三条 市经济信息化委负责创业基地的认定、组织和管理工作。各区县中小企业工作主管部门负责创业基地的推荐工作，并指导本地区创业基地建设与管理。

第四条 创业基地认定工作遵循公平、公开、公正的原则，原则上每年认定一次。

第五条 对本市有关部门认定的科技孵化基地、文化创意产业聚集区、农民就业基地、大学科技园等相关场所，符合本办法认定条件的，优先认定为创业基地。

第二章　创业基地的条件

第六条　申报创业基地必须同时符合以下条件：

（一）运营主体具有独立法人资格，且注册地在本市，成立时间两年以上，经营和信用状况良好，管理规范，具有滚动孵化小型、微型企业成长的功能。

（二）基地建设立项手续完备，符合本市产业政策和发展规划，具有明确的发展方向、产业定位和完善的管理制度。

（三）基地拥有完整的运营管理团队，管理人员大专以上学历的占 50%（含）以上。

（四）基地能够为创业小型、微型企业提供相关创业服务，且企业服务满意度不低于 80%。

（五）楼宇型基地的建筑总面积在 5000 平方米以上；生产型基地的厂房总面积在 20000 平方米以上；综合型基地建筑总面积在 20000 平方米以上。

基地内基础设施和相应的公共服务配套空间较为完善，且公共创业服务面积不低于 500 平方米。

（六）楼宇型基地入驻（注册地及办公场所均在基地内）小型、微型企业不少于 60 户，生产型基地入驻小型、微型企业不少于 30 户，综合型基地入驻小型、微型企业不少于 50 户。

（七）基地内入驻小型、微型企业数量比重不低于 80%。

第三章　创业基地的申报和认定

第七条　申报创业基地的单位，应提交下列材料：

（一）北京市小企业创业基地认定申请表（见附件 1）；

（二）基地运营单位法人证书或营业执照副本、组织机构代码证复印件、土地使用权证和房屋所有权证（或租赁合同）复印件；

（三）基地基本情况介绍，包括历史沿革、经营范围、人员与组织机构、厂房场地、基地发展投资等情况；

（四）基地入驻企业名录（见附件 2）、创业企业名录（见附件 3）及营业执照副本复印件（分年度，最少两年）；

（五）基地提供服务及经营情况，包括为入驻企业提供信息、培训、技术、人才、咨询和后勤等服务及厂房租金优惠情况等；

（六）具有资质的第三方审计机构出具的上一年度基地收支情况的专项审计报告；

（七）基地未来发展思路或规划等相关资料；

（八）通过政府相关部门认定的证明材料；

（九）获得政府扶持的情况；

（十）对申报材料真实性的声明（见附件 4）。

第八条　创业基地的申报遵循公开征集、自愿申报的原则。各区县中小企业工作主管部门对申报材料的真实性、完整性进行初审，对所推荐创业基地的基础设施、运营情况、服务业绩进行测评，出具推荐意见，填写《北京市小企业创业基地推荐表》（见附件 5），并附被推荐基地的申请材料，报市经济信息化委。

第九条　市经济信息化委组织专家对申报材料进行评审（必要的进行现场考察）。评审结果在市经济信息化委门户网站公示 15 个工作日。

第十条　经评审合格并公示的创业基地，市经济信息化委审核认定，授予“北京市小企业创业基地”称号。

第十一条　创业基地的申报和评审工作于每年 2 月 1 日至 3 月 15 日集中办理。

第四章　创业基地的管理

第十二条　各区县中小企业工作主管部门和创业基地运营主体应做好对基地内企业经济运行情况的跟踪和相关数据的统计上报等监测、管理和服务工作。

第十三条　市经济信息化委对创业基地实行动态管理，定期对创业基地运营情况进行评估，每两年进行一次复核，复核与年度申报同时进行。创业基地运营主体应将上年度工作总结、本年度工作计划、基地收支专项审计报告以及《北京市小企业创业基地年度运营情况测评表》（见附件6）报区县中小企业工作主管部门，经汇总后于每年3月15日前报市经济信息化委。市经济信息化委组织对创业基地进行测评，并根据创业基地运营情况和测评结果确定复核结果。对经复核达不到标准的，限期整改，仍达不到要求的，撤销北京市小企业创业基地称号，所涉及的政府专项资金按有关规定执行。

第十四条　创业基地或其运营管理机构遇有更改名称、地址、法定代表人等重大变更事项的，应在更改完成后十个工作日内报市经济信息化委备案。

第十五条　各区县中小企业工作主管部门将创业基地工作纳入当地中小企业发展工作计划，鼓励创业基地的建设和发展。

第十六条　市经济信息化委对业绩突出且效果良好、入驻企业满意率较高的创业基地，提供必要的政策支持。

第五章　附　则

第十七条　本办法由市经济信息化委负责解释。

第十八条　本办法自发布之日起执行。

关于印发
《北京市中小企业公共服务平台管理暂行办法》的通知

京经信委发〔2012〕24号

各区县中小企业工作主管部门、各有关单位：

为落实《北京市人民政府关于贯彻国务院进一步促进中小企业发展若干意见的实施意见》（京政发〔2011〕17号）精神，促进中小企业公共服务平台建设，特制定《北京市中小企业公共服务平台管理暂行办法》。现予印发，请遵照执行。

附件：北京市中小企业公共服务平台管理暂行办法

二〇一二年三月十四日

附件：

北京市中小企业公共服务平台管理暂行办法

第一章 总 则

第一条 为贯彻落实《北京市人民政府关于贯彻国务院进一步促进中小企业发展若干意见的实施意见》(京政发〔2011〕17号)、国家五部委《关于加快推进中小企业服务体系建设的指导意见》(工信部联企业〔2011〕575号)精神，推动北京市中小企业公共服务平台建设，促进中小企业又好又快发展，根据《国家中小企业公共服务示范平台管理暂行办法》(工信部企业〔2010〕240号)，结合本市实际，制定本办法。

第二条 北京市中小企业公共服务平台（以下简称服务平台）是指经北京市经济和信息化委员会（以下简称市经济信息化委）认定，由法人单位建设和运营，为中小企业提供各类公共服务，业绩突出、公信度高、服务面广，对社会服务资源起带动作用的服务机构。

第三条 服务平台为中小企业提供信息、投融资、技术和质量、创业、培训、管理、法律、市场开拓等在内的公共服务。

第四条 服务平台要按照“政府引导、市场化运作，面向产业、服务企业，资源共享、注重实效”的原则运作，努力创新服务模式，提高服务质量，带动社会服务资源。

第五条 市经济信息化委负责服务平台的认定、组织和管理工作。各区县中小企业工作主管部门负责区域性服务平台的推荐工作，并协助市经济信息化委实施管理。

第六条 服务平台的认定遵循公开、公正、公平的原则，原则上每年认定一次。

第二章 服务平台认定条件

第七条 根据服务内容，服务平台分为综合类、专业类两类。综合类服务平台是指具有多种服务功能、满足中小企业多种公共需求的综合性平台。专业类服务平台是指某一方面服务功能突出、主要满足中小企业某一种公共需求的专业性平台。服务平台除应满足一般条件外，还应根据其不同类别满足特定条件。

第八条 根据服务地域或行业范围，服务平台可分为全市性服务平台、区域性服务平台和行业性服务平台。

第九条 符合以下条件的服务机构可以申请认定为服务平台：

（一）依法设立、运营两年以上的独立法人单位，资产总额不低于人民币200万元，财务收支和信用状况良好，经营规范，具有良好的发展前景和可持续发展能力。

（二）主要面向本市范围内的中小企业或中小企业集聚的区域、行业提供服务，服务的区域或行业对本市经济发展具有一定的影响力。

（三）服务功能完善，公共服务特色突出。从业人数不少于10人，其中大专及以上学历和中级及以上技术职称专业人员的比例不低于60%，有固定的经营服务场所和必要的服务设施、仪器设备等。

（四）服务具有公共性、开放性和资源共享性，对社会服务资源具有带动作用。

（五）年服务中小企业不少于100家，近两年服务企业数量稳定增长，用户满意度在80%以上，服务业绩突出。

（六）有完善的管理制度、健全的服务流程和服务质量保证措施；有明确的发展规划、年度目标和品牌建设方案；有良好的商业信誉，近两年在运营中无不良记录。

由事业单位、社团法人主办，服务业绩突出、示范带动作用明显的平台，上述条件（一）中资产总额可放宽至不低于人民币 100 万元，（三）中从业人数可放宽至不少于 6 人。

第十条 服务平台除符合本办法第九条的规定外，还应满足以下条件：

（一）综合类服务平台所从事的服务类别不少于本管理办法第三条规定的服务类别中的 3 项。

（二）专业类服务平台要在专业服务领域内有一定的声誉和品牌影响力，从业人员中具有所从事专业领域相关工作经验的人员比例不低于 70%。

第三章 服务平台的申报和认定

第十一条 服务平台的申报遵循公开征集、自愿申报的原则。区域性服务平台由各区县中小企业工作主管部门对申报材料的真实性、完整性进行初审，对所推荐服务平台的运营情况、服务业绩，以及其对社会资源的带动性进行测评，填写《北京市中小企业公共服务平台推荐表》（见附件 1），并附被推荐服务平台的申报材料，报市经济信息化委。

全市性、行业性服务平台由市经济信息化委直接受理申报。

第十二条 申报服务平台的单位需提交以下材料：

（一）北京市中小企业公共服务平台申请报告（见附件 2）；

（二）法人证书或营业执照副本、组织机构代码证书复印件；

（三）具有资质的第三方审计机构出具的上一年度服务收支情况的专项审计报告；

（四）主要服务设施、软件或仪器设备清单（见附件 3）；

（五）主要管理人员和专业技术人员名单、职称及从业经验情况（见附件 4）；

（六）签订服务协议的中小企业名单和服务中小企业成效的评价；

（七）发展规划或年度运营计划；

（八）能够证明符合申报条件的其他材料；

（九）对申报材料的真实性声明（见附件 5）。

第十三条 市经济信息化委收到上述材料后，组织专家进行评审。评审结果在市经济信息化委门户网站公示 15 个工作日。对经评审合格并公示的服务平台，由市经济信息化委认定为“北京市中小企业公共服务平台”。

第十四条 服务平台的申报和评审工作于每年 2 月 1 日至 3 月 15 日的工作日集中办理。

第四章 服务平台的管理

第十五条 区县中小企业工作主管部门协助市经济信息化委对服务平台实施管理。

第十六条 服务平台应主动开展面向中小企业的公益性服务，及时发布服务信息，自觉接受社会监督。服务平台要积极承担政府部门委托的各项任务，及时向政府部门反馈信息。

第十七条 市经济信息化委对服务平台实行动态管理，每年复核一次。全市性、行业性服务平台应于每年 3 月 15 日前将上年度运营总结、服务收支专项审计报告、《北京市中小企业公共服务平台年度运营情况测评表》（见附件 6）及本年度运营计划报市经济信息化委。区域性服务平台应及时向所在区县中小企业工作主管部门上报上述资料，由所在区县中小企业工作主管部门汇总后于每年 3 月 15 日前集中上报市经济信息化委。

市经济信息化委组织对服务平台进行测评，并根据服务平台运营情况和测评结果确定复核结果。对经复核合格的服务平台予以确认，对不合格的发布公告，撤销认定。

第十八条 市经济信息化委不定期组织对服务平台进行现场抽查。如发现弄虚作假，对已经认定的服务平台，除撤销其服务平台称号外，涉及财政资金的按有关规定处理。

第十九条 市经济信息化委对服务业绩突出、社会反映良好、符合要求的服务平台，予以政策支持并推荐申报“国家中小企业公共服务示范平台”，申请国家有关政策支持。

第五章 附 则

第二十条 本办法由市经济信息化委负责解释。

第二十一条 本办法自发布之日起施行。

北京市经济和信息化委员会 北京市财政局 北京市统计局关于印发《北京市工业企业流动资金贷款贴息政策实施细则》的通知

京经信委发〔2012〕102号

各有关单位：

为保证北京工业经济稳定增长，促进工业产业结构调整，我市拟实施对工业企业流动资金贷款增量部分予以贴息的政策，以引导和支持企业吸引银行贷款，鼓励企业开拓市场，扩大规模。为规范贴息资金使用，市经济信息化委、市财政局、市统计局共同制定了《北京市工业企业流动资金贷款贴息政策实施细则》，现印发给你们，请遵照执行。

附件：北京市工业企业流动资金贷款贴息政策实施细则

二〇一二年九月二十七日

附件：

北京市工业企业流动资金贷款贴息政策实施细则

为促进本市工业经济平稳健康发展，增强实体经济竞争力，拟对工业企业流动资金贷款增量部分给予贴息政策支持。为规范贴息资金使用，特制定本实施细则。

一、适用范围

同时满足以下条件的工业企业可申请流动资金贷款贴息：

（一）在本市工商管理部门登记注册、主要生产经营活动和结算在本市、纳入本市工业统计范围的规模以上企业；

（二）企业工业总产值保持增长或降幅低于上年，且单位产值能耗指标低于上年；

（三）企业主营业务范围符合本市产业政策、中长期工业发展规划、产业布局规划等有关规定；

（四）企业流动资金贷款相比上一年度增量500万元（含）以上，且发生贷款均与银行正式签订流动资金借款合同。

二、测算方法和贴息标准

对一般企业符合条件的流动资金贷款增量部分给予1%至3%的贴息支持，最高支持额度原则不超过500万元。对本市工业经济平稳增长作出突出贡献的企业可提高贴息比例和最高支持额度。

流动资金贷款增量指企业申请贴息年度的流动资金贷款总量相对于上一年度增长的部分。流动资金贷款总量计算公式如下：

$$流动资金贷款总量 = \Sigma\ 流动资金贷款实际发生额 * \frac{当年贷款存续时间（天）}{365}$$

三、申报要求

（一）申报主体：由符合本细则规定条件的企业提出书面申请。

（二）受理时间：企业可于每年2月15日至2月28日，申请上一年度贷款增量的贴息，逾期不予受理。

（三）材料报送地点：北京市经济和信息化委员会规划处（地址：北京市朝阳区惠新东街6号院3号楼528房间）。

（四）申报材料：以下书面材料一式一份，并加盖企业公章：

1.《企业流动资金借款明细表》《企业流动资金贷款贴息申请表》（同时报送电子版）；

2.经年审的企业法人营业执照（副本）；

3.企业税务登记证；

4.企业近三年度审计财务报告（如不能提供贴息年度审计财务报告，可提供同期财务报表）；

5.企业前两年所有存续借款和新发生借款所涉及的与银行签订的借款合同（含固定资产借款合同和流动资金借款合同）。借款合同需提供原件和复印件，原件经审查后返还企业；

6.上述借款合同项下涉及的每一笔借款资金到位凭证和还款凭证，即由银行出具的收款回单和还款回单（简称银行回单）；

7.由银行出具的企业基本信用信息报告详细版及《贷款业务明细表》（各银行均可通过人民银行征信管理系统查询打印），要求报告出具时间在申报年度的2月1日至2月28日之间。

（五）其他说明：为便于企业自行测算流动资金贷款增量，每年2月1日至2月28日期间，企业可在北京市经济和信息化委员会门户网站（www.bjeit.gov.cn）自行下载“流动资金贷款增量测算表”。

四、资金审批和拨付程序

（一）由北京市经济和信息化委员会、北京市财政局和北京市统计局共同委托中介机构对企业申报材料进行审查。

（二）资金审批和拨付程序根据相关资金管理规定执行。

（三）企业收到贴息资金后，按照现行企业会计准则规定作账务处理。

五、资金来源和资金使用

（一）贴息资金来源为北京市工业发展资金。

（二）贴息资金可用于支付银行利息或企业其他生产经营活动支出。

六、监督管理

（一）北京市经济和信息化委员会、北京市财政局、北京市统计局负责对贴息资金的使用进行监督、检查和跟踪。

（二）如出现企业弄虚作假申请或违反规定使用贴息资金的，根据《财政违法行为处罚处分条例》等国家相关法律、法规，进行处罚、处分。

七、附则

（一）本实施细则由北京市经济和信息化委员会、北京市财政局、北京市统计局负责解释。

（二）本实施细则自发布之日起执行。

北京市经济和信息化委员会
转发工业和信息化部关于印发稀土企业准入公告
管理暂行办法的通知

京经信委发〔2012〕122 号

各有关单位：

按照工业和信息化部《关于印发稀土企业准入公告管理暂行办法的通知》（工信部原〔2012〕377 号，以下简称《通知》）要求，为进一步加强我市稀土行业管理，做好企业准入工作，现将《通知》转发给你们，请遵照执行，并就有关工作事项通知如下：

一、市经济信息化委负责受理本市稀土行业准入公告申请，会同市环保局、市安全监管局对申请准入公告企业的申请材料进行审查，提出初审意见，及时将企业申报材料及初审意见报送工业和信息化部。

二、申请准入公告的企业需向市经济信息化委提出申请，按要求提交相关申请材料，并对申请材料的真实性负责。

三、市经济信息化委将会同有关部门，对公告企业保持准入条件的情况定期进行监督检查，并将监督检查结果及时报送工业和信息化部。

附件：工业和信息化部《关于印发稀土企业准入公告管理暂行办法的通知》（工信部原〔2012〕377 号）

二〇一二年十月十五日

附件：

工业和信息化部关于印发
《稀土企业准入公告管理暂行办法》的通知

工信部原〔2012〕377 号

各省、自治区、直辖市及计划单列市、新疆生产建设兵团工业主管部门：

为进一步加强和改善稀土行业管理，促进稀土产业结构调整、淘汰落后和产业升级，我部商环境保护部、安全监管总局等部门研究制定了《稀土企业准入公告管理暂行办法》。现印发给你们，并就有关事项通知如下：

一、各省、自治区、直辖市工业主管部门负责受理本地区稀土行业准入公告申请，并会同省级相关部门按照本办法规定的工作程序和要求，对申请公告企业提供的材料对照《稀土行业准入条件》进行核实，将核实意见和企业填报资料（一式六份）报送我部。

二、我部组织专家对申报材料复核、重点抽查和公示后，以工业和信息化部公告形式发布符合准入条件的企业名单。

三、负责此项工作的省级工业主管部门要加强协调，严格把关，认真组织好本地区稀土企业准入管理工作，对于工作中出现的问题，及时向我部报告。

附件：1. 稀土企业准入公告管理暂行办法
　　　2. 稀土企业准入公告申请书（略）

工业和信息化部
二〇一二年七月二十六日

附件1：

稀土企业准入公告管理暂行办法

第一章　总 则

第一条　为加强稀土行业准入管理，发挥先进企业的示范和引导作用，推进稀土产业结构调整，依据《稀土行业准入条件》（以下简称《准入条件》），制定本办法。

第二条　本办法适用于中华人民共和国境内（香港、澳门、台湾地区除外）所有的稀土矿山开发、冶炼分离和金属冶炼企业。

第三条　工业和信息化部、各省、自治区、直辖市稀土行业主管部门对稀土企业实行有进有出的动态准入管理，各级行业协会协助做好公告管理相关工作。

第二章　申请与核实

第四条　申请准入公告的稀土企业，应具备以下条件：

（一）具有独立法人资格；

（二）符合国家产业政策和相关发展规划的要求；

（三）符合《准入条件》有关规定的要求；

（四）稀土矿山开发、冶炼分离、金属冶炼建设项目立项申请、土地使用权取得、环境影响评价、节能审查、排污许可、竣工环保验收、安全生产“三同时”、职业卫生“三同时”等手续符合建设项目管理程序要求，产污强度等环保指标达到清洁生产相关标准和规定的要求；稀土矿山开发项目必须具有依法办理的采矿许可证、安全生产许可证、爆破物品和危化品使用许可证等。

（五）稀土企业不得继续使用《产业结构调整指导目录》、《部分工业行业淘汰落后生产工艺装备和产品指导目录》中规定应淘汰的落后工艺、技术、装备及生产落后产品。

（六）稀土企业安全生产条件符合有关标准、规定，依法履行各项安全生产行政许可手续。

第五条　符合本办法第四条所列条件的稀土企业可向本地区省级稀土行业主管部门提出准入公告申请，填报《稀土企业准入公告申请书》及相关情况（见附件）。准入公告申请书应对本企业符合《准入条件》中规定的企业布局、生产规模、工艺装备、能源消耗、资源综合利用、环境保护、安全生产、职业病危害防治等方面要求做出详细说明，并提供企业营业执照、环境保护部门对项目环境影响评价报告的批复文件、建设项目竣工环保验收意见、排污许可证、环境污染物监测报告、项目核准文件、采矿许可证、安全生产许可证、安全生产评价备案表等文件的复印件。

第六条　各省、自治区、直辖市稀土行业主管部门负责受理本地区企业的准入公告申请，会同省级环保、安全监管等部门依照《准入条件》要求，组织对本地区申请准入公告的稀土企业相关情况进行审查，提出初审意见，并将初审意见和企业申请材料报送工业和信息化部。中央计划单列企业提出自审意见，并将相关材料直接报送工业和信息化部。

第三章　复核与公告

第七条　工业和信息化部负责对稀土企业准入公告申请材料和初审意见的复核。自收到各地报送的申请材料 3 个月内，组织有关方面完成对申请材料和初审意见的复核及现场核实，并在征得环境保护部等有关部门同意后，确定符合《准入条件》的企业名单，向社会公示，以工业和信息化部公告形式予以公布。

第四章　监督管理

第八条　申请准入公告的稀土企业应如实填报各项申请材料。进入公告名单的稀土企业（以下简称公告企业）要严格按照《准入条件》的要求组织生产经营活动。

第九条　各省、自治区、直辖市稀土行业主管部门会同省级有关部门，对公告企业保持《准入条件》的情况定期进行监督检查，并将监督检查结果及时报工业和信息化部。

第十条　欢迎和鼓励社会监督。任何单位或个人发现正在申请准入公告或已公告的稀土企业有不符合本办法有关规定或《准入条件》有关要求的，可向稀土行业主管部门投诉或举报。

第十一条　公告企业有下列情况之一的，各省级稀土行业主管部门要责令其限期整改，拒不整改或者整改不合格的，报请工业和信息化部撤销其公告资格：

（一）不能保持《准入条件》的；

（二）填报相关资料有弄虚作假行为的；

（三）拒绝接受监督检查的；

（四）发生较大及以上安全生产和环境污染事故，或有重大环境违法行为的。

因前款规定被撤销公告资格的稀土企业，经整改合格 2 年后方可重新提出准入公告申请。

第五章　附　则

第十二条　本办法由工业和信息化部负责解释。

第十三条　本办法自 2012 年 7 月 26 日起施行。

北京市经济和信息化委员会关于转发《工业和信息化部关于印发废钢铁加工行业准入公告管理暂行办法》的通知

京经信委发〔2012〕136 号

各有关企业：

按照工业和信息化部《关于印发废钢铁加工行业准入公告管理暂行办法的通知》（工信部节〔2012〕493 号，以下简称《通知》）要求，为进一步规范我市废钢铁加工行业发展，提高废钢铁综合利用水平，现将《通知》转发给你们，请遵照执行，并就有关工作事项通知如下：

一、市经济信息化委负责受理本市废钢铁加工行业准入公告申请，会同市有关部门对申请准入公告企业的申请材料进行审查，提出初审意见，并将企业申报材料及初审意见报送工业和信息化部。

二、申请准入公告的企业需向市经济信息化委提出申请，并按照工业和信息化部《通知》要求提交相关申请材料。企业要对申请材料的真实性负责。

三、市经济信息化委将会同市有关部门，对公告企业保持准入条件的情况定期进行监督检查，并将监督检查结果报送工业和信息化部。

附件：工业和信息化部《关于印发废钢铁加工行业准入公告管理暂行办法的通知》（工信部节〔2012〕493号）

二〇一二年十一月二十日

附件：

工业和信息化部关于印发废钢铁加工行业准入公告管理暂行办法的通知

工信部节〔2012〕493号

各省、自治区、直辖市工业和信息化主管部门：

为落实《废钢铁加工行业准入条件》（工业和信息化部公告2012年第47号），规范废钢铁加工行业发展，提高废钢铁综合利用水平，实现钢铁产业节能减排，我部组织制定了《废钢铁加工行业准入公告管理暂行办法》，现印发你们，请遵照执行。

请及时将本地区2012年度符合《废钢铁加工行业准入条件》和《废钢铁加工行业准入公告管理暂行办法》的企业申请材料和审核意见于2012年11月23日前报工业和信息化部。

二〇一二年十月二十九日

废钢铁加工行业准入公告管理暂行办法

第一章　总　则

第一条　为加强废钢铁加工行业准入管理工作，规范废钢铁加工行业发展，提升行业发展水平，依据《废钢铁加工行业准入条件》（以下简称《准入条件》），制定本办法。

第二条　本办法适用于中华人民共和国境内（香港、澳门、台湾地区除外）所有废钢铁加工配送企业。

第三条　工业和信息化部及各地方工业和信息化主管部门负责对符合《准入条件》的企业实行动态管理，相关行业协会负责协助做好公告管理相关工作。

第二章　申请和核实

第四条　申请公告的废钢铁加工配送企业，应当具备以下条件：

（一）具有独立法人资格；

（二）符合国家产业政策和行业发展规划的要求；

（三）符合《准入条件》中有关规定的要求；

（四）企业建设项目的立项申请、土地使用权取得、环境影响评价、竣工环境保护验收、环境保护“三同时”等手续符合相关法律法规规定和建设项目管理程序要求；

（五）企业不生产、销售和使用《产业结构调整指导目录》中明令淘汰的落后工艺、技术、装备及产品；

（六）安全生产条件符合有关标准、规定，依法履行各项安全生产行政许可手续。

第五条 符合本办法第四条所列条件的现有废钢铁加工配送企业可向本地区省级工业和信息化主管部门提出公告申请，如实填报《废钢铁加工行业准入公告申请书》（以下简称《申请书》）及相关报表（见附件）。公告申请书应对申请企业是否符合《准入条件》中企业布局和建设要求、规模、工艺和装备、产品质量、能源消耗和资源综合利用、环境保护、人员培训、安全生产、职业健康和社会责任等方面要求做出详细说明。

第六条 同一个企业法人拥有多个位于不同地址的厂区或生产车间的，每个厂区或生产车间需要单独填写《申请书》（见附件），并在申请准入审查时同时提交。

第七条 各省、自治区、直辖市工业和信息化主管部门会同有关部门依照第四条有关要求，对申请公告企业的相关情况进行核实并提出具体审核意见，于每年 3 月 31 日和 9 月 30 日前将符合准入条件要求的企业申请材料和审核意见报工业和信息化部。

第三章 复核与公告

第八条 工业和信息化部收到申请材料后，组织相关行业协会和专家，依据第四条有关要求，对各地报送的企业材料及审核意见进行复审和现场核实，确定符合准入要求的企业名单。同一个企业法人拥有的多个位于不同地址的厂区或生产车间必须都达到第四条有关要求，该企业才可被列入符合准入要求的企业名单。

第九条 经复核符合准入要求的企业，在工业和信息化部网站上进行公示（10 个工作日）。对公示期间有异议的企业，工业和信息化部将组织进一步核实有关情况，对无异议的企业，每年 6 月 30 日和 12 月 31 日前以工业和信息化部公告方式予以发布。

第四章 监督管理

第十条 进入公告名单的企业要严格按照《准入条件》的要求组织生产经营活动。各省、自治区、直辖市工业和信息化主管部门及相关行业协会会同省级有关部门，对公告企业进行监督检查，并将监督检查结果于每年 4 月 30 日前报送工业和信息化部。

第十一条 欢迎和鼓励社会监督。任何单位或个人发现申请公告企业或已公告企业有不符合本办法有关规定的，可向工业和信息化部投诉或举报。

第十二条 有下列情况之一的，各省、自治区、直辖市工业和信息化主管部门要责令企业限期整改，对拒不整改或整改不合格的企业，报请工业和信息化部撤销其公告资格：

（一）不能保持《准入条件》要求的；

（二）填报相关材料有弄虚作假行为的；

（三）拒绝接受监督检查的；

（四）发生较大生产安全和环境污染事故，或有重大环境违法行为的；

（五）有其他严重违法行为的。

因前款规定被撤销公告资格的企业，经整改合格 2 年后方可重新提出准入公告申请。

工业和信息化部撤销公告资格应提前告知企业，听取企业的陈述和申辩。

第五章 附 则

第十三条 本办法由工业和信息化部负责解释。

第十四条 本办法自 2012 年 11 月 10 日起施行。

工业数据

2012年北京市工业

项　　目	企业单位个数（个）	#亏损企业	工　业总产值（当年价格）	工　业增加值	工　业销售产值（当年价格）
合　计	3692	623	155962123	30333223	154466492
在合计中：					
中央企业	242	29	53748291	10197715	53681057
地方企业	3450	594	102213833	20135507	100785435
在合计中：					
内资企业	2767	418	97361379	18498001	96478273
国有企业	108	23	19003282	4586815	18962410
集体企业	63	9	383180	106882	375687
股份合作企业	77	18	469620	108984	465076
联营企业	3		13517	4228	13153
有限责任公司	1261	219	46539541	7463587	45988371
股份有限公司	212	26	22783953	4551032	22776552
私营企业	1043	123	8168287	1676472	7897024
其他企业					
港澳台商投资企业	240	53	11232295	1827176	10899577
港澳台合资经营	130	26	3680808	969095	3591906
港澳台合作经营	9	3	53648	18357	53380
港澳台商独资企业	92	22	6441392	715626	6221494
港澳台商投资股份有限公司	9	2	1056446	124098	1032796
外商投资企业	685	152	47368450	10008046	47088643
中外合资经营	276	48	28564936	6229668	28443179
中外合作经营	14	3	219132	84450	224581
外资（独资）企业	379	98	17752991	3380873	17568077
外商投资股份有限公司	16	3	831391	313054	852807
在合计中：					
农村企业	97	17	888849	193168	868785
在合计中：					
国家控股	790	154	90858999	17721617	90695706
集体控股	159	24	2852968	611346	2698746
私人控股	1960	262	20236517	4604162	19583112
港澳台控股	178	45	8915281	1310858	8657403
外商控股	587	136	32879770	6026540	32601237
在合计中：					
轻工业	1264	230	24021367	6813352	23162532
重工业	2428	393	131940756	23519871	131303960
在合计中：					
大型企业	166	24	90946981	18354579	90499246
中型企业	610	99	31448706	6641636	30823293
小型企业	2748	463	32683751	5228824	32245306

企业主要经济指标

单位：万元

	从业人员平均人数（人）	资产负债				
#出口交货值		资产总计	流动资产合计	长期投资合计	固定资产合计	固定资产原价
15165151	1201482	286131557	115547666	64238145	59455870	102771932
453768	220807	136255748	32852330	42091958	29442756	53634707
14711383	980675	149875809	82695337	22146187	30013114	49137225
2950714	804243	230302815	79478499	59963845	48216944	80326557
40388	65782	104136962	18270042	37627951	20938933	35961739
11896	10093	424298	301204	21199	90159	160322
31897	11467	557103	404048	10972	116985	175198
3937	397	21491	15990	827	4312	8798
1213324	384474	75363708	34013277	10887982	20897585	32373806
1198594	195236	40375569	19950791	10825915	4733014	9528903
450679	136794	9423684	6523147	589001	1435956	2117789
1584272	98216	13986355	10194350	1100048	1897468	3650838
356441	46965	3893283	2202662	200276	1200529	2385242
	1163	182679	158790	713	14826	28099
1150221	40126	5319968	4128407	296478	582096	1045435
77610	9962	4590425	3704491	602580	100018	192062
10630164	299023	41842386	25874818	3174252	9341458	18794538
7248831	135113	21757419	13945438	1473268	4077038	7885596
61339	6655	316159	235434	40	60230	141453
3251939	145975	17645885	10675359	988568	4935398	10245308
68056	11280	2122922	1018587	712376	268793	522180
45535	19085	1001007	719651	22225	209998	364242
2361982	530917	215983076	67432219	59239741	47518069	80677201
170301	33524	3620768	2677458	257295	455493	779313
1036045	316010	29847593	20849045	2786855	3791252	5569049
1331853	73450	8318970	6086261	480048	1158632	1985363
10254713	244431	27888975	18132855	1439106	6482136	13671303
1939542	380758	31759574	19397967	2775555	6388182	12982700
13225609	820724	254371982	96149700	61462590	53067689	89789232
10671210	537652	203908585	64356977	54101682	45472429	79559664
2685635	333821	42448968	25015620	6253034	7760262	13167996
1745064	325792	38931736	25545312	3845065	6101655	9842422

2012年北京市工业

项目	资产负债 负债总计	#流动负债合计	#长期负债合计	所有者权益合计	#实收资本
合计	148372202	92098814	55558552	137746559	69216227
在合计中：					
中央企业	69579315	32850390	36725076	66676432	34250293
地方企业	78792887	59248424	18833475	71070127	34965934
在合计中：					
内资企业	117679930	65035477	52325484	112614257	55290314
国有企业	51108410	17270226	33828199	53028408	21310232
集体企业	259612	230804	26382	164684	45971
股份合作企业	401395	358517	38592	155676	80799
联营企业	10923	6884	1233	10568	2277
有限责任公司	42614484	28074514	14302349	32745670	24786018
股份有限公司	17991280	14152284	3798764	22383469	7013633
私营企业	5293826	4942248	329964	4125782	2051384
其他企业					
港澳台商投资企业	8334086	7513833	787349	5648523	2797087
港澳台合资经营	1999855	1782321	186828	1890118	1106304
港澳台合作经营	21808	19412	2396	160872	44779
港澳台商独资企业	3647600	3528265	117137	1671942	935631
港澳台商投资股份有限公司	2664823	2183836	480987	1925591	710373
外商投资企业	22358186	19549504	2445719	19483779	11128827
中外合资经营	12278914	11029953	1201260	9478094	5569602
中外合作经营	188206	173258	14948	127953	151408
外资（独资）企业	9419283	7975204	1128816	8226593	4694405
外商投资股份有限公司	471784	371089	100695	1651139	713411
在合计中：					
农村企业	643822	563657	56860	357184	172479
在合计中：					
国家控股	110611809	57792388	52627445	105368509	54059938
集体控股	2105643	1922572	124750	1515123	580706
私人控股	15353632	14041343	1207315	14487096	5763194
港澳台控股	5229663	4967565	229194	3087776	1637754
外商控股	14890379	13199006	1364716	12998584	7069532
在合计中：					
轻工业	16360084	14147817	2139536	15394953	7986660
重工业	132012118	77950997	53419016	122351606	61229567
在合计中：					
大型企业	105915653	55259155	50494053	97992928	43063434
中型企业	20944611	17677105	2893755	21501370	15869273
小型企业	21041869	18725849	2142148	17880089	10003720

企业主要经济指标（续表）

单位：万元

利润及分配						应交增值税
主营业务收入	主营业务成本	营业费用	主营业务税金及附加	营业利润	利润总额	
169051357	143074099	7558018	2635845	10930046	12678868	4557614
55729379	50295503	417585	1269798	4048601	4272484	1217696
113321977	92778596	7140433	1366047	6881444	8406384	3339918
105091720	91408570	2872468	1663832	6650751	8229470	2611501
19282320	16535390	154612	431429	3438811	3542171	640570
378288	320999	12493	4280	13697	19480	18614
510716	423948	31630	3374	9958	20007	16426
13196	9314	417	90	1763	1761	772
51855516	47452118	1010316	181626	1530813	2134589	931242
24835066	20110454	1160595	1008627	1243403	2011674	754263
8216620	6556349	502405	34405	412306	499790	249615
14551195	12089710	1331827	50316	539455	595120	381362
3848072	3042537	235632	22816	305641	325515	145571
69411	52337	6476	429	1759	2115	3614
9433007	7959130	1018845	23975	193066	215245	196701
1200706	1035706	70875	3096	38990	52245	35477
49408442	39575818	3353723	921697	3739839	3854278	1564751
29152406	23534945	1363857	839619	2464143	2553271	911396
361114	298193	38427	1022	5373	9914	8059
19040242	15176838	1877710	75245	1096920	1110219	596329
854681	565842	73730	5812	173403	180875	48967
892921	755453	33372	4083	36875	61468	32604
97753049	85840775	2129505	2341140	6466277	7839276	2469420
2859151	2352698	142494	18284	128553	172564	90592
21071274	15907435	1476493	110253	1709951	1950371	726512
11940045	9957769	1171211	38533	354429	390069	281714
35025580	28686045	2613513	126466	2240811	2292033	980518
26339336	18340291	3729737	488090	1882014	2104455	1303452
142712020	124733808	3828281	2147755	9048032	10574414	3254163
99566010	85291045	4390153	2116902	7082669	8076730	2646261
33598264	27325029	1696312	356118	2093114	2517870	1018874
34953613	29619745	1443605	159835	1728771	2055660	872502

2012年北京市工业企业

项目	企业单位个数（个）	#亏损企业	工业总产值（当年价格）	工业增加值	工业销售产值（当年价格）
合计	3692	623	155962123	30333223	154466492
煤炭开采和洗选业	6	1	8114922	649859	8143016
石油和天然气开采业	1		43816	32323	43816
黑色金属矿采选业	7		1725739	452004	1719072
非金属矿采选业	3		16986	4120	16677
开采辅助活动	5		2422379	1259728	2411905
农副食品加工业	135	30	3496368	347272	3441284
食品制造业	122	26	2450772	418458	2392163
酒、饮料和精制茶制造业	42	11	2128080	618553	2105858
烟草制品业	1		455037	346121	451771
纺织业	35	5	373862	45232	359189
纺织服装、服饰业	170	35	1545488	562330	1410771
皮革、毛皮、羽毛及其制品和制鞋业	20	2	118160	18974	118670
木材加工和木、竹、藤、棕、草制品业	21	3	116970	18609	118014
家具制造业	66	10	692334	168407	653605
造纸和纸制品业	45	7	628095	190459	621889
印刷和记录媒介复制业	125	27	1203673	499687	1210687
文教、工美、体育和娱乐用品制造业	36	6	802247	119849	808613
石油加工、炼焦和核燃料加工业	24	1	8863394	1261781	8948171
化学原料和化学制品制造业	220	31	3458832	561243	3421718
医药制造业	175	22	5433353	2221857	5118651
化学纤维制造业	3		15432	7738	17529
橡胶和塑料制品业	126	23	1100145	223709	1094613
非金属矿物制品业	266	41	4611240	794990	4551401
黑色金属冶炼和压延加工业	31	8	1621909	72499	1624865
有色金属冶炼和压延加工业	43	10	866905	158045	868606
金属制品业	238	42	2991437	617907	2897248
通用设备制造业	259	37	5247449	1301908	5161871
专用设备制造业	302	39	5103239	1304070	4861505
汽车制造业	209	39	25214885	5126489	25259437
铁路、船舶、航空航天和其他运输设备制造业	66	5	2001808	534871	2035940
电气机械和器材制造业	270	48	6696846	1248404	6559476
计算机、通信和其他电子设备制造业	300	58	20548734	2436391	20246340
仪器仪表制造业	170	21	2243373	595731	2233501
其他制造业	27	5	562451	126300	477007
废弃资源综合利用业	9	4	78631	19833	77278
金属制品、机械和设备修理业	13	2	360351	151942	397255
电力、热力生产和供应业	62	18	30180551	5360431	30168635
燃气生产和供应业	20	3	2014071	315608	2008534
水的生产和供应业	19	3	412161	139492	409912

主要经济指标（按行业分）

单位：万元

#出口交货值	从业人员平均人数（人）	资产负债				
		资产总计	流动资产合计	长期投资合计	固定资产合计	固定资产原价
15165151	1201482	286131557	115547666	64238145	59455870	102771932
199196	16179	2279872	1104409	1074066	68723	198110
	644	438497	49378	2047	10991	15765
	21205	19323977	6245976	6564617	3600046	4259559
	283	45289	34261	3643	2855	4104
132152	31552	5929403	3057828	465674	1383126	2478473
97682	35132	2959541	2073930	191917	438209	655799
156539	52310	2969417	1853152	245869	680437	1126567
4943	33329	3706420	1795134	911869	654113	1279376
12370	940	358481	205986	2814	138908	210797
48814	6278	563732	366531	73051	100459	171418
353870	55993	1677939	1254828	71607	225827	376003
34954	2811	93001	77444	208	10705	17145
8202	3001	150724	78364	38	59386	101850
46897	15734	781900	493775	16674	157963	219140
41637	6222	640992	371884	1953	182038	333957
13334	28631	1938323	1051159	58453	685948	1466818
94168	8475	917174	734608	19214	89167	151318
	17215	3058428	1534917	135042	846465	2760357
119519	37494	5512241	2969035	465167	1293195	2599766
85984	63711	7672222	4830866	798159	1022169	1647286
7220	540	34493	14982		15901	20932
127837	21138	1543037	896280	264404	300037	534240
167659	60753	7849979	5396328	776498	1167600	2056151
179238	10496	2704858	647207	465906	917754	2006452
356605	6353	735392	505470	34350	109674	188207
225483	44646	4179213	2648646	459777	693027	1166203
834888	58904	7927681	5855984	588142	1081225	1747680
685178	71266	9926109	7006834	990293	1258328	1828842
480021	119618	23124885	12851697	2587929	4396375	6417450
10129	33235	4032688	2878068	100816	617683	1065076
610842	63411	11344498	9195780	671521	830540	3071956
9763661	140406	25579405	14750633	4545208	4948400	8790224
150831	32313	3657379	2777855	266398	284489	494108
25969	8723	1145845	673309	82985	269844	452014
	922	123508	55719	2619	54275	72581
79890	6972	454167	245745	6873	184618	321648
9440	64092	112725281	17055999	40046158	27017032	47088497
	10682	3346977	864970	878525	1212256	1598988
	9873	4678592	1042700	367663	2446085	3777075

2012年北京市工业企业

项目	资产负债			所有者权益	#实收资本
	负债总计	#流动负债合计	#长期负债合计		
合计	148372202	92098814	55558552	137746559	69216227
煤炭开采和洗选业	898473	883143	15331	1381398	593401
石油和天然气开采业	243965	183767	60198	194532	98004
黑色金属矿采选业	10679956	2977222	7702734	8643629	2839764
非金属矿采选业	25012	25012		20277	5650
开采辅助活动	2665819	2228143	437676	3263584	2764224
农副食品加工业	1807924	1588522	216366	1151562	492624
食品制造业	1994981	1818401	149506	974435	963045
酒、饮料和精制茶制造业	1788816	1611548	175737	1917605	858369
烟草制品业	117579	117490	89	240902	92976
纺织业	300841	236418	64374	262891	229992
纺织服装、服饰业	1055843	952455	91876	622095	330411
皮革、毛皮、羽毛及其制品和制鞋业	58717	57460	1257	34284	13593
木材加工和木、竹、藤、棕、草制品业	90364	89794	570	60360	70249
家具制造业	492956	433843	56970	288637	168483
造纸和纸制品业	318144	295207	22937	322339	202480
印刷和记录媒介复制业	798834	690519	102869	1139488	707371
文教、工美、体育和娱乐用品制造业	573195	525901	47228	342536	213845
石油加工、炼焦和核燃料加工业	1919799	1915105	4694	1138628	103744
化学原料和化学制品制造业	3083106	2483326	596409	2426907	1652397
医药制造业	3562520	3045167	507852	4109307	1550629
化学纤维制造业	9964	4122	5843	24519	9800
橡胶和塑料制品业	802936	686979	113294	739195	393975
非金属矿物制品业	4560403	4200768	320532	3285960	1663639
黑色金属冶炼和压延加工业	1592089	719807	870092	1112768	658397
有色金属冶炼和压延加工业	299006	259621	37863	436386	172328
金属制品业	2170598	1924511	239857	2008568	955344
通用设备制造业	3716972	3497494	217321	4210639	1794373
专用设备制造业	5561998	5137836	422005	4364093	1657185
汽车制造业	13067521	10767678	2265017	10056994	4737250
铁路、船舶、航空航天和其他运输设备制造业	2634715	2274754	358011	1397156	551052
电气机械和器材制造业	6776818	5916474	825055	4567290	2495786
计算机、通信和其他电子设备制造业	12772910	10092662	2215510	12805726	7480594
仪器仪表制造业	1921378	1789875	125319	1735569	622518
其他制造业	440337	313243	127086	705508	290552
废弃资源综合利用业	76877	50404	26473	46631	21132
金属制品、机械和设备修理业	256479	253539	2295	197688	142927
电力、热力生产和供应业	56106826	20365715	35698291	56618455	28634237
燃气生产和供应业	1149813	942124	207689	2197145	574891
水的生产和供应业	1977719	742768	1226327	2700873	2409003

主要经济指标（按行业分）（续表）

单位：万元

利润及分配						应交增值税
主营业务收入	主营业务成本	营业费用	主营业务税金及附加	营业利润	利润总额	
169051357	143074099	7558018	2635845	10930046	12678868	4557614
8133256	7736868	73796	33949	297239	304970	96768
29021	16641		448	6540	13170	5308
5133982	4685730	4410	20467	816109	806836	125911
30192	25660	1158	245	2135	14146	1237
2404952	2218280	9665	37696	67648	88854	62890
3832406	3339715	204852	46823	84390	109600	48315
3692191	2426242	860614	23550	161022	169345	196191
2285891	1579565	398365	93803	75684	88764	140696
448964	160194	12675	213197	33403	33689	48317
485176	438089	8423	1491	13012	15292	6426
1627088	1124468	212122	9134	127156	130374	78504
133071	116908	4162	233	5265	4586	2705
130284	117417	8495	512	−3550	−1610	4814
639154	508492	54853	3381	21083	36417	24719
732222	590649	22112	3027	91525	103300	26826
1289169	978257	39220	9034	117384	125719	69069
963228	879840	30996	1845	15905	17987	27102
9195391	8123014	70921	766553	1110	42581	152720
3605506	2965239	293274	20429	24372	41653	119071
5257178	2397364	1470748	53260	829155	861306	449793
17472	13306	635	102	1190	1459	897
1290725	1106591	45586	4769	50898	57035	35471
4868126	4113501	217210	22402	171392	311417	96341
1731204	1701319	46890	3058	−44327	−40880	16240
896872	743757	11497	34802	65386	70380	25525
3224628	2682878	109592	14627	193599	219045	70991
5586852	4416523	288906	25413	475454	506731	196051
5705025	4254821	358450	37789	510658	560011	230269
25689049	21295333	1017515	828815	1626485	2252218	782072
2196623	1743682	47523	8398	156276	179913	65582
6675140	5441470	336580	23304	428717	459491	201803
24685294	21899647	1055505	54878	766014	921869	291485
2623272	1895875	178679	17086	267940	299846	110736
639075	492121	13747	2815	59617	63210	15197
78708	61323	8217	487	620	6431	4007
398141	298898	6032	3607	15964	20465	16930
30213357	28216885	7164	207614	3243707	3495108	662680
2019620	1813726	24802	4417	208693	246077	32626
463855	453815	2629	2390	−54821	42068	15330

2012年北京市国有及国有

项　　目	企业单位个数（个）	#亏损企业	工业总产值（当年价格）	工业增加值	工业销售产值（当年价格）
合 计	790	154	90858999	17721617	90695706
在合计中：					
中央企业	227	28	53561232	10154602	53492712
地方企业	563	126	37297767	7567015	37202994
在合计中：					
轻工业	212	39	7093307	2279905	6901538
重工业	578	115	83765692	15441712	83794168
在合计中：					
大型企业	86	13	62122268	13833562	62218954
中型企业	217	42	15344007	2602592	15096446
小型企业	469	96	13232662	1267706	13220090

2012年北京市国有及国有控股

项　　目	资产负债				
	负债总计	#流动负债合计	#长期负债合计	所有者权益合计	#实收资本
合 计	110611809	57792388	52627445	105368509	54059938
在合计中：					
中央企业	69491320	32764820	36725073	66611093	34220071
地方企业	41120489	25027568	15902372	38757416	19839867
在合计中：					
轻工业	6286669	4850137	1427350	7140207	3264367
重工业	104325140	52942251	51200094	98228302	50795571
在合计中：					
大型企业	92993043	43602673	49259408	87728903	38529049
中型企业	10385162	8397148	1958903	11635917	11580872
小型企业	7166508	5738291	1397598	5899493	3852981

控股工业企业主要经济指标

单位：万元

#出口交货值	从业人员平均人数(人)	资产负债				
		资产总计	流动资产合计	长期投资合计	固定资产合计	固定资产原价
2361982	530917	215983076	67432219	59239741	47518069	80677201
445806	218083	136102414	32726422	42091258	29420655	53585984
1916176	312834	79880662	34705797	17148483	18097414	27091218
186928	107983	13427017	7248596	1695264	2921015	5485955
2175054	422934	202556059	60183623	57544477	44597054	75191247
1696602	340172	180721947	49198591	52389749	40828446	69515517
303451	124216	22022232	11027435	4550196	4368094	7446695
357681	65934	13067605	7105753	2294796	2283860	3659190

工业企业主要经济指标（续表）

单位：万元

利润及分配						应交增值税
主营业务收入	主营业务成本	营业费用	主营业务税金及附加	营业利润	利润总额	
97753049	85840775	2129505	2341140	6466277	7839276	2469420
55537322	50142586	411137	1268784	4032340	4255642	1210024
42215727	35698189	1718368	1072356	2433937	3583633	1259396
7879393	5856839	560727	366274	518797	673002	379534
89873657	79983937	1568778	1974866	5947480	7166273	2089886
66993738	58293586	1482016	2004523	5490834	6435983	1884846
16370589	14415003	353494	269673	456276	740200	344008
14218456	12984454	287821	66043	505344	646529	236147

2012年北京市国有及国有控股

项　　目	企业单位个数（个）	#亏损企业	工业总产值（当年价格）	工业增加值	工业销售产值（当年价格）
合计	790	154	90858999	17721617	90695706
煤炭开采和洗选业	4		8112907	649662	8139616
石油和天然气开采业	1		43816	32323	43816
黑色金属矿采选业	4		1657503	428241	1652933
开采辅助活动	3		2302922	1233892	2302922
农副食品加工业	24	6	1747733	176039	1719865
食品制造业	16	4	459734	91816	446727
酒、饮料和精制茶制造业	10	2	677498	265675	687740
烟草制品业	1		455037	346121	451771
纺织业	17	4	127913	18978	122054
纺织服装、服饰业	11	3	73005	16981	80377
皮革、毛皮、羽毛及其制品和制鞋业	3		19549	3661	19700
木材加工和木、竹、藤、棕、草制品业	2	2	8331	646	8139
家具制造业	5	2	61231	16417	48949
造纸和纸制品业	4		40618	5400	40274
印刷和记录媒介复制业	37	9	563947	281775	563124
文教、工美、体育和娱乐用品制造业	7	1	342832	60828	367676
石油加工、炼焦和核燃料加工业	8	1	8427973	1203116	8515155
化学原料和化学制品制造业	39	13	1414838	29918	1395510
医药制造业	34	2	1411537	681996	1340940
化学纤维制造业	2		12942	7279	14461
橡胶和塑料制品业	15	2	211488	43750	206994
非金属矿物制品业	65	14	1471873	259577	1447889
黑色金属冶炼和压延加工业	7	3	992631	−8520	998672
有色金属冶炼和压延加工业	13	4	524612	104502	539068
金属制品业	30	6	1095987	238465	1064924
通用设备制造业	45	14	888014	214649	897751
专用设备制造业	60	7	1998699	463572	1911499
汽车制造业	36	8	16702586	3768003	16829691
铁路、船舶、航空航天和其他运输设备制造业	30	3	1651386	426214	1666896
电气机械和器材制造业	33	7	1520797	64540	1489657
计算机、通信和其他电子设备制造业	83	12	3428017	638743	3309732
仪器仪表制造业	48	4	883433	205482	899364
其他制造业	11	1	470467	104320	385809
废弃资源综合利用业	3	1	33135	16762	33170
金属制品、机械和设备修理业	2		304020	124988	342004
电力、热力生产和供应业	50	14	30072357	5360368	30070994
燃气生产和供应业	11	3	268440	23678	262902
水的生产和供应业	16	2	379193	121759	376944

工业企业主要经济指标（按行业分）

单位：万元

	从业人员平均人数（人）	资产负债				
#出口交货值		资产总计	流动资产合计	长期投资合计	固定资产合计	固定资产原价
2361982	530917	215983076	67432219	59239741	47518069	80677201
					47518069	
199196	16093	2271552	1096403	1074066	68588	197457
	644	438497	49378	2047	10991	15765
	20015	19246596	6203996	6563923	3568484	4216111
132152	30964	5615823	2869401	389270	1356957	2444088
9347	13096	1620277	1215602	67582	188653	270568
10842	12128	646829	252945	215011	148404	218056
3567	13237	2054411	999913	661668	221589	553527
12370	940	358481	205986	2814	138908	210797
26889	4231	362687	210476	57257	74936	115205
34333	4184	102560	67509	26	26356	48224
14122	731	9888	9017	88	770	1376
	535	31808	16960	38	8053	14722
3516	1801	127326	61798	3563	31037	46441
	423	73240	50467		11047	17403
1250	13908	979180	499316	20697	367411	857932
9485	2591	535557	450763	2777	40725	62780
	15578	2915884	1424531	134912	826612	2724054
4877	13326	3208642	1445644	281969	824487	1748733
39024	19252	2897507	1693966	394758	352098	631308
7220	488	30242	11374		15395	20000
41236	4925	268080	154847	12861	78018	128973
40968	24034	3063450	1929742	329083	550070	972931
116153	5267	2251240	303971	461051	854122	1850693
267738	3329	436535	304444	17174	69584	116725
154532	15423	1707842	848355	287066	335034	529370
45627	16265	2230867	1588482	265154	250802	441569
82819	29853	4974352	3282710	642370	770649	1095394
249412	71403	16506024	8489762	2425204	2903507	4213348
6871	28438	3445329	2403776	67985	557978	978216
61876	13848	5234366	4529204	368953	143058	271273
674447	34216	12268154	4914837	3958180	2679630	3776008
23377	11496	1112811	875941	38140	105480	181330
	6937	1053982	611031	77805	249591	418733
	413	75436	26435	816	42091	58846
79297	5980	355773	171762		172581	298539
9440	62437	112574341	16986340	40045363	26947630	47002044
	3175	290852	171097	3036	104643	188186
	9313	4606659	1004040	367038	2422102	3740480

2012 年北京市国有及国有控股

项目	资产负债				
	负债总计	# 流动负债合计	# 长期负债合计	所有者权益合计	# 实收资本
合计	110611809	57792388	52627445	105368509	54059938
煤炭开采和洗选业	892927	877596	15331	1378625	591325
石油和天然气开采业	243965	183767	60198	194532	98004
黑色金属矿采选业	10641749	2941484	7700264	8604847	2837699
开采辅助活动	2481149	2074914	406235	3134674	2664359
农副食品加工业	1119156	955357	163799	501121	166218
食品制造业	355635	280988	74256	291194	206979
酒、饮料和精制茶制造业	872645	812267	60377	1181767	202935
烟草制品业	117579	117490	89	240902	92976
纺织业	184676	121473	63202	178012	175019
纺织服装、服饰业	95385	94089	1296	7176	54863
皮革、毛皮、羽毛及其制品和制鞋业	4513	4513		5376	1319
木材加工和木、竹、藤、棕、草制品业	22092	21909	184	9716	6456
家具制造业	106149	82470	23679	21177	16057
造纸和纸制品业	38468	28425	10043	34772	9685
印刷和记录媒介复制业	349549	280654	68730	629630	438426
文教、工美、体育和娱乐用品制造	366176	344857	21319	169380	137839
石油加工、炼焦和核燃料加工业	1875894	1871454	4440	1039990	81887
化学原料和化学制品制造业	2114789	1595889	517877	1092700	1066963
医药制造业	1101796	779246	322549	1795571	584744
化学纤维制造业	7152	2648	4504	23090	9200
橡胶和塑料制品业	164896	156023	8874	103184	84347
非金属矿物制品业	1789894	1653370	134080	1272118	753603
黑色金属冶炼和压延加工业	1271258	420389	850868	979983	574438
有色金属冶炼和压延加工业	129036	117849	11187	307499	112967
金属制品业	874700	699904	174174	833142	416547
通用设备制造业	1268038	1169806	98232	962828	552189
专用设备制造业	2810877	2470074	340638	2163470	873676
汽车制造业	9224681	7155036	2039904	7281342	3375753
铁路、船舶、航空航天和其他运输设备制造业	2358692	2003771	354921	1086637	448142
电气机械和器材制造业	3386512	2801745	584767	1847854	1021631
计算机、通信和其他电子设备制造业	4975284	3455109	1398525	7292869	4634388
仪器仪表制造业	642207	582306	59254	470603	232893
其他制造业	401663	276702	124961	652319	262695
废弃资源综合利用业	47608	25658	21950	27829	7682
金属制品、机械和设备修理业	210577	208363	2214	145196	125507
电力、热力生产和供应业	55975285	20279441	35669344	56599056	28617827
燃气生产和供应业	142145	129902	12243	148688	136559
水的生产和供应业	1947016	715454	1222938	2659643	2386144

工业企业主要经济指标（按行业分）（续表）

单位：万元

利润及分配						应交增值税
主营业务收入	主营业务成本	营业费用	主营业务税金及附加	营业利润	利润总额	
97753049	85840775	2129505	2341140	6466277	7839276	2469420
8122273	7725871	73585	33914	297856	305405	96509
29021	16641		448	6540	13170	5308
5070453	4636836	3764	18610	812031	802299	121588
2283408	2135715	15	36232	58457	78184	59320
2012104	1750313	112567	44872	31439	38197	31725
517486	388001	99392	1828	−603	3026	17370
790575	562890	60425	75817	43936	49300	56999
448964	160194	12675	213197	33403	33689	48317
163152	141142	2462	1022	−156	1706	3046
108407	100158	1711	545	−5690	−5571	3826
19699	17210	527	14	1630	1652	209
13184	12324	1758	81	−958	−451	700
59534	43589	11947	441	−6455	7307	3301
95139	90145	791	77	1995	2002	767
628361	453071	12496	5400	70040	74873	39886
438318	407350	13953	942	−895	−85	19729
8762406	7754106	48451	763611	−27372	13214	145964
1422572	1363959	39112	5092	−138032	−132697	25649
1368728	728150	175919	14542	331564	341906	107801
14189	10737	357	87	1151	1420	769
282254	243986	8201	1345	11490	13668	7374
1617001	1395415	66639	8733	42713	123414	36341
1080054	1099778	31159	1608	−55668	−53960	5270
545604	442087	5634	33913	47927	50951	19545
1270816	1095308	20781	4001	65120	83154	18864
996013	802022	37535	7100	34757	43705	46008
2412404	1892822	118096	15136	150663	168252	93649
16934930	13571591	853970	804208	1106176	1716714	573212
1802298	1475634	21347	5618	104829	125298	41009
1548515	1412583	80643	637	7663	23752	26839
4187143	3600471	151042	19896	156923	243319	65940
973672	779040	36856	5874	59982	70402	35661
548610	423764	7749	2147	54036	56522	11819
32838	17891	7635	379	815	4543	3039
341114	265861	1997	2983	2929	6039	12465
30113849	28105400	4742	207464	3268193	3494098	662472
266813	284017	2365	1414	−41450	5351	8201
431152	434704	1210	1913	−60701	35508	12931

2012年北京市股份制工业

项目	企业单位个数（个）	# 亏损企业	工业总产值（当年价格）	工业增加值	工业销售产值（当年价格）
合计	1473	245	69323493	12014619	68764923
在合计中：					
中央企业	157	20	34734901	5432738	34676369
地方企业	1316	225	34588592	6581882	34088554
在合计中：					
轻工业	463	72	8802216	2413859	8437709
重工业	1010	173	60521277	9600761	60327214
在合计中：					
大型企业	80	14	34564398	6956371	34575145
中型企业	292	47	16457198	2732920	16063324
小型企业	1053	174	17981124	2279512	17800376

2012年北京市股份制工业

项目	资产负债			所有者权益合计	# 实收资本
	负债总计	# 流动负债合计	# 长期负债合计		
合计	60605765	42226798	18101113	55129139	31799651
在合计中：					
中央企业	18348456	15500229	2848161	13880562	12333177
地方企业	42257309	26726569	15252953	41248577	19466474
在合计中：					
轻工业	7808943	6232284	1526206	7783486	3724851
重工业	52796822	35994514	16574907	47345653	28074799
在合计中：					
大型企业	38446212	23057070	15256440	33217665	15709631
中型企业	11978929	9996249	1922593	13285287	11288655
小型企业	10027415	9034521	909001	8502519	4704736

企业主要经济指标

单位：万元

#出口交货值	从业人员平均人数（人）	资产负债				
		资产总计	流动资产合计	长期投资合计	固定资产合计	固定资产原价
2411918	579710	115739277	53964067	21713897	25630599	41902709
312763	160236	32229018	15046100	4376333	8203189	16849679
2099156	419474	83510259	38917968	17337564	17427410	25053030
230680	145279	15592503	8868078	1574432	3219003	5505540
2181238	434431	100146775	45095989	20139465	22411597	36397170
1501387	287106	71663878	27360730	14844408	19093544	31613291
413258	158176	25265437	14011293	5067596	3894347	5972873
485276	132978	18533085	12386085	1782109	2619981	4271075

企业主要经济指标（续表）

单位：万元

利润及分配						应交增值税
主营业务收入	主营业务成本	营业费用	主营业务税金及附加	营业利润	利润总额	
76690581	67562571	2170911	1190253	2774217	4146262	1685505
36287088	33719933	306425	866953	489316	689363	556658
40403493	33842639	1864486	323300	2284901	3456900	1128847
9747703	7267304	875212	127564	749426	915625	412196
66942878	60295267	1295698	1062689	2024791	3230638	1273309
39301074	35149113	952933	1033148	1082920	2004649	915337
17711279	15134223	636068	62514	843909	1097356	383119
19336991	16982541	572654	93218	820087	1016181	378906

2012 年北京市股份制工业

项目	企业单位个数（个）	# 亏损企业	工业总产值（当年价格）	工业增加值	工业销售产值（当年价格）
合计	1473	245	69323493	12014619	68764923
煤炭开采和洗选业	6	1	8114922	649859	8143016
石油和天然气开采业	1		43816	32323	43816
黑色金属矿采选业	5		1682836	436073	1678204
非金属矿采选业	1		6709	2909	6709
开采辅助活动	3		2302922	1233892	2302922
农副食品加工业	60	13	2009209	223595	1973022
食品制造业	41	10	631583	124124	615542
酒、饮料和精制茶制造业	11	5	164056	76591	160681
纺织业	19	3	245796	25386	240119
纺织服装、服饰业	41	7	459978	187617	427947
皮革、毛皮、羽毛及其制品和制鞋业	8	1	41691	3917	41019
木材加工和木、竹、藤、棕、草制品业	6	2	16836	1354	17862
家具制造业	18	4	148610	33557	136169
造纸和纸制品业	16	2	89153	10033	89870
印刷和记录媒介复制业	40	4	545969	268861	542089
文教、工美、体育和娱乐用品制造业	15	1	621280	79676	635254
石油加工、炼焦和核燃料加工业	10	1	8335063	1205514	8428121
化学原料和化学制品制造业	78	13	1472239	120213	1485330
医药制造业	92	9	2252804	1006389	2114781
化学纤维制造业	2		12942	7279	14461
橡胶和塑料制品业	39	9	404776	60586	401409
非金属矿物制品业	134	17	3122710	496737	3081675
黑色金属冶炼和压延加工业	18	6	1099421	23794	1107134
有色金属冶炼和压延加工业	17	6	634351	122071	635322
金属制品业	75	14	1385762	297798	1317837
通用设备制造业	84	19	1031149	224032	1036895
专用设备制造业	108	11	2507860	653339	2362954
汽车制造业	66	16	5544227	569826	5702488
铁路、船舶、航空航天和其他运输设备制造业	37	3	1241942	284599	1268538
电气机械和器材制造业	118	19	3364207	499807	3213970
计算机、通信和其他电子设备制造业	142	19	3691409	808669	3567885
仪器仪表制造业	82	10	1214440	340282	1187113
其他制造业	12	2	387966	66705	303569
废弃资源综合利用业	4	2	33729	7663	32457
金属制品、机械和设备修理业	5	2	24801	11785	23870
电力、热力生产和供应业	36	10	13777413	1657415	13767470
燃气生产和供应业	10	3	298212	52062	298212
水的生产和供应业	13	1	360706	108287	359195

企业主要经济指标（按行业分）

单位：万元

#出口交货值	从业人员平均人数（人）	资产负债				
		资产总计	流动资产合计	长期投资合计	固定资产合计	固定资产原价
2411918	579710	115739277	53964067	21713897	25630599	41902709
199196	16179	2279872	1104409	1074066	68723	198110
	644	438497	49378	2047	10991	15765
	20272	19271536	6217977	6564617	3576830	4226669
	190	40940	31956	3618	1541	2514
132152	30964	5615823	2869401	389270	1356957	2444088
2259	17471	2257142	1608627	185901	256791	345589
40207	16418	1089713	561669	230478	212774	297117
1477	3928	502505	310482	6204	115117	155452
20432	4227	466245	294692	72968	77957	117763
52653	17709	642820	433348	42985	84839	147626
17887	754	20332	18373	88	1612	2833
	666	45949	24772	38	11741	18961
6332	4899	243926	136566	5863	51548	77182
	1745	98790	54142		37147	48939
3549	11443	846590	420088	20171	327171	688844
14951	4462	725784	577754	16164	70975	118462
	15460	2849416	1389424	134992	807768	2704629
9345	16931	3357820	1717770	371974	642922	1528780
41917	33397	4681590	2642664	744943	629712	1024246
7220	488	30242	11374		15395	20000
55787	7799	825762	421624	250680	120295	190515
107275	39438	5587049	3921682	575980	774468	1317325
120362	7555	2369881	378670	461275	878681	1911262
284052	4269	541341	349314	28018	84450	145379
133200	18890	1918648	1114487	281068	328351	507262
31138	20856	2767725	1850228	442244	326972	517092
171718	35039	5068697	3643677	438254	577074	886391
278976	57745	9894839	4396836	2482096	1323536	1751973
8064	20319	2300471	1738733	73462	352166	605893
52294	28043	5343475	4213207	362258	393289	616013
574601	46594	13728364	6135163	4284484	2590909	3004427
35434	17417	2162827	1588689	220458	169664	280888
	5543	873192	475754	80699	209215	334594
	553	71503	19340	1803	42459	50951
	686	59997	38132	6873	9584	16334
9440	40293	12055332	2136034	1487992	6681232	11868753
	1706	165829	113412	5841	35805	53143
	8718	4498815	954220	364029	2373939	3660948

2012 年北京市股份制工业

项目	资产负债			所有者权益合计	# 实收资本
	负债总计	# 流动负债合计	# 长期负债合计		
合计	60605765	42226798	18101113	55129139	31799651
煤炭开采和洗选业	898473	883143	15331	1381398	593401
石油和天然气开采业	243965	183767	60198	194532	98004
黑色金属矿采选业	10649273	2948659	7700614	8622263	2839154
非金属矿采选业	23387	23387		17553	3600
开采辅助活动	2481149	2074914	406235	3134674	2664359
农副食品加工业	1383002	1180481	201569	874140	310206
食品制造业	698795	555878	116713	390918	247267
酒、饮料和精制茶制造业	268021	239715	26906	234484	113507
纺织业	244025	180773	63202	222220	197514
纺织服装、服饰业	346447	324946	17632	296373	148826
皮革、毛皮、羽毛及其制品和制鞋业	11282	11282		9049	4520
木材加工和木、竹、藤、棕、草制品业	32045	31847	198	13904	10614
家具制造业	193423	157865	33443	50444	38627
造纸和纸制品业	57688	55158	2530	41102	35557
印刷和记录媒介复制业	289247	268908	16059	557342	354510
文教、工美、体育和娱乐用品制造业	475426	428507	46919	250358	186443
石油加工、炼焦和核燃料加工业	1836163	1831468	4694	1013253	58694
化学原料和化学制品制造业	2108378	1692976	414061	1248260	1047346
医药制造业	1953597	1572506	371935	2727982	923010
化学纤维制造业	7152	2648	4504	23090	9200
橡胶和塑料制品业	417991	313275	102290	407771	182517
非金属矿物制品业	3396876	3085625	278376	2187997	994063
黑色金属冶炼和压延加工业	1353192	496945	856065	1016689	589788
有色金属冶炼和压延加工业	209608	175390	34218	331733	125988
金属制品业	1077648	906323	169230	840999	352450
通用设备制造业	1147145	1037588	109557	1620511	728589
专用设备制造业	2967471	2772832	193850	2101224	857838
汽车制造业	5442081	3649006	1792806	4452757	1885648
铁路、船舶、航空航天和其他运输设备制造业	1442248	1274888	165415	857406	376243
电气机械和器材制造业	3493768	3201787	267608	1849640	1255957
计算机、通信和其他电子设备制造业	5166632	3634483	1412806	8561767	4484538
仪器仪表制造业	1030113	957462	71903	1132712	381849
其他制造业	307670	203702	103968	565522	188436
废弃资源综合利用业	49306	22942	26364	22197	17650
金属制品、机械和设备修理业	35156	34430	81	24841	6215
电力、热力生产和供应业	6840724	5007404	1790526	5214608	7108699
燃气生产和供应业	120240	119869	370	45571	32390
水的生产和供应业	1906959	684021	1222938	2591856	2346438

企业主要经济指标（按行业分）（续表）

单位：万元

利润及分配						应交增值税
主营业务收入	主营业务成本	营业费用	主营业务税金及附加	营业利润	利润总额	
76690581	67562571	2170911	1190253	2774217	4146262	1685505
8133256	7736868	73796	33949	297239	304970	96768
29021	16641		448	6540	13170	5308
5094949	4654193	4178	19422	814958	805262	122384
19559	17192	171	204	1603	13614	982
2283408	2135715	15	36232	58457	78184	59320
2227922	1885646	128671	45428	69551	80671	35777
758516	582452	117613	2780	10263	15142	26462
268948	210706	9015	36234	-6031	-3673	13261
349070	317727	3571	1054	9370	11258	3334
546078	336543	86981	4350	61277	62664	34834
42560	37558	1974	69	1626	1884	733
24676	22726	2220	98	-775	-268	908
148394	118256	17835	784	-6780	8438	6727
122160	113090	3052	209	-241	-506	1952
595043	426592	10856	4230	80435	83686	36294
782245	731118	21958	1287	7423	8892	22895
8674810	7678942	42812	763679	-27399	13235	144046
1600695	1455294	60584	6499	-90425	-79975	36664
2160982	1062545	380117	20973	495416	513273	166763
14189	10737	357	87	1151	1420	769
533586	467338	15357	1826	16452	20701	10845
3379729	2884250	125993	15996	116005	227367	54948
1194330	1198084	33258	2096	-51460	-48722	9375
647814	533226	6901	33905	50842	54040	20779
1396105	1177294	26454	7749	75838	95033	29686
1141195	882267	64202	6133	61640	78243	44085
2637843	1932346	155096	21531	243775	256457	106625
5949044	5437778	277411	32964	-138231	450520	106823
1383811	1163944	25719	4563	62473	81259	32474
3284315	2735133	158050	13527	117635	149912	89668
4905497	3846755	226619	24295	400516	497562	123935
1321755	949527	70997	8688	145785	167325	57923
437454	336601	8913	2369	41278	43436	12157
32308	29191	663	180	-2530	2270	1434
25646	14887	3143	252	5058	6037	2220
13832437	13726853	3556	32801	-105878	86521	144929
298585	273382	2498	1610	12028	12472	9542
412647	423179	307	1752	-60670	34487	11880

2012 年北京市港澳台及外商投资

项 目	企业单位个数(个)	# 亏损企业	工业总产值(当年价格)	工业增加值	工业销售产值(当年价格)
合 计	925	205	58600745	11835222	57988219
在合计中:					
中央企业	23	2	1304761	354647	1339853
地方企业	902	203	57295983	11480575	56648367
在合计中:					
轻工业	338	89	10413095	2989712	10040975
重工业	587	116	48187650	8845509	47947245
在合计中:					
大型企业	71	10	39021566	7246921	38657295
中型企业	200	37	11762897	2868961	11617553
小型企业	622	149	7588582	1687423	7486710

2012 年北京市港澳台及外商投资

项 目	资产负债			所有者权益合计	# 实收资本
	负债总计	# 流动负债合计	# 长期负债合计		
合 计	30692272	27063337	3233068	25132302	13925913
在合计中:					
中央企业	1496874	1212907	282445	1471742	945010
地方企业	29195398	25850429	2950624	23660560	12980904
在合计中:					
轻工业	5466411	5179037	280069	4699184	3295626
重工业	25225861	21884299	2953000	20433118	10630287
在合计中:					
大型企业	17865090	16145661	1689688	13299024	6726660
中型企业	7004188	5966446	726035	6274630	3831893
小型企业	5727737	4870974	804686	5420263	3265320

工业企业主要经济指标

单位：万元

#出口交货值	从业人员平均人数（人）	资产负债				
		资产总计	流动资产合计	长期投资合计	固定资产合计	固定资产原价
12214436	397239	55828742	36069168	4274300	11238927	22445375
102801	15105	2968617	1137185	845975	803054	1833669
12111635	382134	52860125	34931983	3428325	10435872	20611706
1487697	149382	10167894	6989310	408599	2031315	5484074
10726740	247857	45660847	29079858	3865701	9207612	16961302
9131252	202747	31164118	20644537	1701607	6242058	13335311
2080198	115189	13280192	8342125	964378	3098420	5861972
963582	78361	11150791	6931761	1608065	1831815	3150620

工业企业主要经济指标（续表）

单位：万元

利润及分配						应交增值税
主营业务收入	主营业务成本	营业费用	主营业务税金及附加	营业利润	利润总额	
63959636	51665529	4685550	972013	4279295	4449398	1946113
1570951	1293082	39266	7543	73939	92221	69101
62388686	50372447	4646284	964470	4205355	4357178	1877012
11682213	7396162	2521732	95147	875487	895650	678441
52277423	44269367	2163818	876866	3403807	3553748	1267673
42904661	35087693	3337786	871046	2532537	2605327	1172511
12529476	9742560	862609	64183	1096166	1148834	479099
8292802	6626420	475637	35936	653898	698887	288836

2012 年北京市港澳台及外商投资

项目	企业单位个数（个）	#亏损企业	工业总产值（当年价格）	工业增加值	工业销售产值（当年价格）
合计	925	205	58600745	11835222	57988219
开采辅助活动	2		119457	25836	108982
农副食品加工业	28	9	601722	83898	582366
食品制造业	45	12	1586560	244615	1549100
酒、饮料和精制茶制造业	24	6	1432517	362029	1412023
纺织业	9	2	96258	15744	88237
纺织服装、服饰业	38	11	419568	127131	380850
皮革、毛皮、羽毛及其制品和制鞋业	2		33284	7680	33400
木材加工和木、竹、藤、棕、草制品业	3	1	38348	2215	38566
家具制造业	13	2	238391	59826	220432
造纸和纸制品业	17	4	488382	172451	480124
印刷和记录媒介复制业	25	9	263639	96885	273143
文教、工美、体育和娱乐用品制造业	14	4	148354	36043	139139
石油加工、炼焦和核燃料加工业	4		395971	53393	395093
化学原料和化学制品制造业	53	10	1139072	303054	1098751
医药制造业	32	6	2720538	1084435	2573955
橡胶和塑料制品业	30	9	397915	116140	396241
非金属矿物制品业	35	7	599503	170762	588693
黑色金属冶炼和压延加工业	5		462538	48142	450254
有色金属冶炼和压延加工业	7	2	44047	12982	43485
金属制品业	41	10	819227	191012	815088
通用设备制造业	98	12	3437933	870323	3413932
专用设备制造业	89	19	1590071	380998	1553770
汽车制造业	107	20	19376367	4503986	19301642
铁路、船舶、航空航天和其他运输设备制造业	9	2	124469	36238	125763
电气机械和器材制造业	46	10	2455997	629339	2483128
计算机、通信和其他电子设备制造业	87	28	16313127	1474254	16136405
仪器仪表制造业	37	7	663024	137078	675101
其他制造业	8	3	33958	8682	33263
金属制品、机械和设备修理业	5		321211	133082	359194
电力、热力生产和供应业	4		584404	155506	583208
燃气生产和供应业	7		1639872	281803	1639872
水的生产和供应业	1		15020	9659	15020

工业企业主要经济指标（按行业分）

单位：万元

# 出口交货值	从业人员平均人数（人）	资产负债				
		资产总计	流动资产合计	长期投资合计	固定资产合计	固定资产原价
12214436	397239	55828742	36069168	4274300	11238927	22445375
	588	313580	188426	76405	26168	34386
72955	11295	413389	260201	1536	115085	210214
107800	29610	1674909	1159955	13960	422545	765170
1376	20166	1514376	732803	249250	364434	715242
28232	1481	73579	51385	83	19735	48934
233222	16494	400639	340631	6741	44272	89531
8300	908	33417	24940		4196	6887
8130	388	48464	12072		36346	65289
24916	4143	197761	141339	25	43913	61284
41637	3575	419124	266680	1503	121332	260069
5287	5469	411915	251953	13884	131198	282447
65147	3297	142532	120361	300	13676	24880
	1246	112352	88751		14749	27283
58984	11721	1324678	731605	21707	484884	782212
35552	23408	2372222	1822836	28431	278016	466762
61353	7421	462461	300368	5215	132621	260843
44171	9970	831279	552199	38656	195140	420951
51835	2120	260460	217785	3061	21828	61870
16069	698	57362	43533		11885	22551
69715	9110	1191979	845512	105581	178002	364412
746841	27000	4197384	3309160	54648	641453	1066631
430678	17906	2844431	2079983	392959	245852	400164
194335	57393	12959905	8275416	86272	3015308	4581981
2065	948	128050	112640	588	11967	19364
548777	22730	4746205	4076718	248935	282602	2257158
9169364	84758	11126965	8079900	203485	2305134	5694161
88638	7073	909203	755381	15456	58813	125074
19169	1088	31842	17664		11085	21671
79890	6053	377549	192716		173350	302117
	1402	3194182	331609	1834050	707646	1569053
	7380	3026381	673945	871568	1110072	1413458
	400	30170	10702		15622	23329

2012 年北京市港澳台及外商投资

项目	资产负债				
	负债总计	# 流动负债合计	# 长期负债合计	所有者权益合计	# 实收资本
合计	30692272	27063337	3233068	25132302	13925913
开采辅助活动	184670	153229	31441	128910	99865
农副食品加工业	269178	261777	5606	144211	130813
食品制造业	1169179	1141133	27176	505729	675409
酒、饮料和精制茶制造业业	876644	766307	110337	637732	731045
纺织业	39659	39659		33920	30060
纺织服装、服饰业	266892	255544	7062	133748	92741
皮革、毛皮、羽毛及其制品和制鞋业	17269	16012	1257	16148	3158
木材加工和木、竹、藤、棕、草制品业	10431	10431		38033	45735
家具制造业	108728	108238	491	89032	36340
造纸和纸制品业	182034	177665	4369	236581	143406
印刷和记录媒介复制业	119381	110207	9153	292534	178598
文教、工美、体育和娱乐用品制造业	65086	65066	20	77446	15612
石油加工、炼焦和核燃料加工业	31548	31548		80804	11673
化学原料和化学制品制造业	568752	422182	145598	754915	465440
医药制造业	1233050	1158469	74412	1139172	521023
橡胶和塑料制品业	237139	234259	2880	224546	155562
非金属矿物制品业	374046	367660	5677	455795	271637
黑色金属冶炼和压延加工业	168694	154667	14027	91766	47946
有色金属冶炼和压延加工业	11901	10379		45461	25162
金属制品业	483078	453654	25299	708858	266159
通用设备制造业	2046362	1953614	92722	2151021	920224
专用设备制造业	1636285	1473698	161534	1208142	463754
汽车制造业	7454278	6952334	468398	5505259	2811819
铁路、船舶、航空航天和其他运输设备制造企业	77023	77023		51026	23879
电气机械和器材制造业	2560418	2161324	399094	2185786	889371
计算机、通信和其他电子设备制造业	7286496	6161659	783508	3840465	2866735
仪器仪表制造业	542182	519726	17020	367010	165717
其他制造业	11816	11808		20026	16091
金属制品、机械和设备修理业	215407	213193	2214	162141	135812
电力、热力生产和供应业	1446841	801514	645327	1747340	1236598
燃气生产和供应业	991970	796524	195446	2034411	431472
水的生产和供应业	5836	2836	3000	24334	17059

工业企业主要经济指标（按行业分）（续表）

单位：万元

利润及分配						应交增值税
主营业务收入	主营业务成本	营业费用	主营业务税金及附加	营业利润	利润总额	
63959636	51665529	4685550	972013	4279295	4449398	1946113
121544	82566	9651	1464	9191	10670	3570
673893	580931	50648	1059	4756	7664	8647
2680497	1633547	724998	19809	142442	144324	160414
1488779	1009962	331026	20528	36044	43400	85937
101929	89820	3349	271	2623	3017	2093
448093	329204	45960	1488	29358	29653	12405
46424	41436	460	89	2647	2778	958
39024	38889	2766	173	−4242	-2869	1386
178576	131700	22039	1253	7590	7806	7771
516831	389957	18088	2721	88602	100664	23624
279663	212513	13571	2006	28069	28114	16180
143639	117110	6996	446	8052	8421	3559
395458	335000	21137	2759	27682	28402	6107
1119852	760528	197679	11644	70557	73786	63452
2663404	1072138	1036165	29243	287320	296638	255284
432564	350264	20252	2064	27554	28511	18452
592440	470351	30411	4042	41624	50521	25613
469864	438856	11341	839	12025	12459	6089
42209	33377	993	114	4232	4240	1311
1018686	816675	56422	3437	84384	87619	27490
3669754	2942222	185249	14473	337817	350655	121350
1935952	1496425	129585	8622	167175	190136	77607
19478233	15628078	733102	795214	1759154	1795277	669848
136370	97151	10316	829	17981	17824	10058
2607068	2052978	139741	6954	295331	286242	91520
19178926	17634930	782978	26933	318983	365642	141473
865899	644966	76062	5015	79378	80063	30657
34248	28217	1967	169	-1146	-93	1016
358304	276163	2333	3197	7739	10873	13447
583392	487974		2232	143572	153421	34876
1643105	1431550	20269	2725	241098	231575	22269
15020	10055		204	1703	1965	1652

2012 年北京市大中型

项目	企业单位个数（个）	#亏损企业	工业总产值（当年价格）	工业增加值	工业销售产值（当年价格）
合计	776	123	122395688	24996215	121322539
在合计中：					
中央企业	112	13	47398206	9729187	47323835
地方企业	664	110	74997481	15267028	73998704
在总计中：					
内资企业	505	76	71611225	14880333	71047691
国有企业	44	8	18448007	4482038	18412031
集体企业	7		111363	55119	111691
股份合作企业	2	1	89483	52915	81282
联营企业					
有限责任公司	260	43	30036972	5609430	29640582
股份有限公司	112	18	20984625	4079860	20997888
私营企业	80	6	1940775	600972	1804218
港澳台商投资企业	74	15	9406031	1321823	9092430
港澳台合资经营	37	6	2669263	641235	2596158
港澳台合作经营	1	1	7098	1657	7289
港澳台商独资企业	28	6	5690836	561757	5471885
港澳台商投资股份有限公司	8	2	1038835	117174	1017098
外商投资企业	197	32	41378432	8794058	41182419
中外合资经营	82	9	26138356	5728802	26060246
中外合作经营	4	2	156515	68493	163484
外资（独资）企业	102	20	14344974	2699169	14209905
外商投资股份有限公司	9	1	738587	297594	748783
在合计中：					
农村企业	15	2	376076	82894	367397
在合计中：					
轻工业	286	54	16268225	5017313	15597374
重工业	490	69	106127463	19978902	105725165
在合计中：					
大型企业	166	24	90946981	18354579	90499246
中型企业	610	99	31448706	6641636	30823293

工业企业主要经济指标

单位：万元

	从业人员平均人数（人）	资产负债				
#出口交货值		资产总计	流动资产合计	长期投资合计	固定资产合计	固定资产原价
13356845	871473	246357552	89372597	60354716	53232691	92727661
412359	203728	132065016	30170554	41496022	28858951	52517741
12944486	667745	114292537	59202043	18858694	24373741	40209919
2145395	553537	201913243	60385935	57688732	43892213	73530378
39997	56943	102488893	17413975	37523307	20418257	35222215
7240	4021	121697	90030	1823	29649	64186
13925	3118	91539	60386	1504	27354	31237
992963	265668	60710435	24131604	9846608	18581971	28506409
921682	179614	36218880	17240419	10065396	4405920	9079755
169589	44173	2281800	1449521	250094	429062	626576
1351347	77887	11115746	8125449	965615	1413387	2801239
243293	34251	2362226	1153547	158225	890738	1835829
	404	1831	1655		176	970
1045251	33446	4178987	3280552	206916	422771	773009
62802	9786	4572703	3689696	600474	99702	191431
9860103	240049	33328563	20861213	1700370	7927091	16396044
6934931	110216	16854312	11593436	85898	3347335	6669291
50000	5748	249876	190136		42160	103781
2810910	113794	14198958	8134007	912096	4278689	9118566
64262	10291	2025417	943634	702376	258908	504406
27861	9115	356733	257493	2710	78970	136680
1298810	260344	21626847	12520242	2357958	4456210	9801018
12058035	611129	224730705	76852355	57996758	48776481	82926643
10671210	537652	203908585	64356977	54101682	45472429	79559664
2685635	333821	42448968	25015620	6253034	7760262	13167996

2012 年北京市大中型

项　目	资产负债			所有者权益合计	# 实收资本
	负债总计	# 流动负债合　计	# 长期负债合　计		
合　计	126860264	72936260	53387808	119494297	58932707
在合计中：					
中央企业	67290098	30774040	36515892	64774917	33105199
地方企业	59570165	42162220	16871916	54719381	25827508
在总计中：					
内资企业	101990986	50824154	50972086	99920643	48374154
国有企业	50348175	16728516	33619558	52140717	20977670
集体企业	59085	56965	2120	62613	12653
股份合作企业	56487	24547	31939	35052	4800
联营企业					
有限责任公司	33828805	20185887	13485074	26880409	20878115
股份有限公司	16596336	12867432	3693959	19622542	6120171
私营企业	1102099	960807	139435	1179310	380746
港澳台商投资企业	7006939	6284331	722606	4107435	1936714
港澳台合资经营	1282953	1146199	136753	1077911	663865
港澳台合作经营	965	965		866	1768
港澳台商独资企业	3061645	2956590	105053	1117342	565208
港澳台商投资股份有限公司	2661377	2180577	480799	1911316	705873
外商投资企业	17862339	15827775	1693117	15466220	8621840
中外合资经营	9674154	9105930	537531	7180158	3993430
中外合作经营	150631	138166	12466	99245	135774
外资（独资）企业	7610486	6256663	1043071	6588468	3800640
外商投资股份有限公司	427067	327017	100050	1598350	691996
在合计中：					
农村企业	218242	192519	4906	138491	57589
在合计中：					
轻工业	10831283	9073772	1742952	10794201	5153186
重工业	116028981	63862489	51644856	108700096	53779521
在合计中：					
大型企业	105915653	55259155	50494053	97992928	43063434
中型企业	20944611	17677105	2893755	21501370	15869273

工业企业主要经济指标（续表）

单位：万元

利润及分配						应交增值税
主营业务收入	主营业务成本	营业费用	主营业务税金及附加	营业利润	利润总额	
133164274	112616074	6086465	2473020	9175783	10594600	3665135
48892733	43928414	289950	1255452	3832093	4045682	1123844
84271541	68687660	5796515	1217568	5343689	6548918	2541291
77730136	67785822	1886070	1537792	5547080	6840439	2013525
18608759	15972852	121564	428373	3424253	3508759	620755
113102	88837	2314	1873	7540	7772	10153
88845	56513	13195	643	11071	11220	6406
34418711	31831254	526143	133695	989887	1417832	617649
22593641	18452082	1062858	961967	936941	1684173	680806
1907078	1384284	159996	11241	177388	210682	77756
12426579	10450605	1197439	39548	353716	395215	291709
2739247	2230964	153891	16091	186293	193235	86671
7289	5765	1112	56	−49	−51	470
8496681	7186690	973450	20437	133408	154760	169133
1183362	1027187	68986	2964	34064	47271	35435
43007558	34379647	3002956	895681	3274987	3358946	1359901
26627898	21496046	1236758	828127	2233145	2301480	827117
300174	247440	36358	757	1964	2958	5468
15333077	12160203	1664051	61338	870897	878021	481428
746409	475958	65790	5458	168981	176487	45888
373190	318180	13389	1992	12572	23484	11452
17767685	11481479	3167508	448372	1385561	1554112	1014641
115396589	101134595	2918957	2024649	7790221	9040488	2650495
99566010	85291045	4390153	2116902	7082669	8076730	2646261
33598264	27325029	1696312	356118	2093114	2517870	1018874

2012年北京市大中型工业

项目	企业单位个数（个）	#亏损企业	工业总产值（当年价格）	工业增加值	工业销售产值（当年价格）
合计	776	123	122395688	24996215	121322539
煤炭开采和洗选业	1		477842	460051	504551
石油和天然气开采业	1		43816	32323	43816
黑色金属矿采选业	6		1700406	444171	1693800
开采辅助活动	4		2412413	1254225	2402413
农副食品加工业	28	9	2265293	249105	2216946
食品制造业	39	8	1846647	280917	1792044
酒、饮料和精制茶制造业	15	4	1872285	550961	1858346
烟草制品业	1		455037	346121	451771
纺织业	4	1	27968	3726	23532
纺织服装、服饰业	53	14	1038080	453087	930724
皮革、毛皮、羽毛及其制品和制鞋业	3		45156	10057	45720
木材加工和木、竹、藤、棕、草制品业	3	1	24180	9345	24391
家具制造业	11		386792	118319	355918
造纸和纸制品业	4		365051	138021	363666
印刷和记录媒介复制业	23	3	634221	284794	640374
文教、工美、体育和娱乐用品制造业	6	1	286008	34818	270367
石油加工、炼焦和核燃料加工业	5	1	8672050	1249992	8764682
化学原料和化学制品制造业	22	4	1578637	328440	1581812
医药制造业	44	4	4329942	1833038	4081606
化学纤维制造业	1		10622	5963	11744
橡胶和塑料制品业	16	3	405376	91614	406588
非金属矿物制品业	44	4	2528057	510813	2479402
黑色金属冶炼和压延加工业	7	1	1083955	15692	1091299
有色金属冶炼和压延加工业	5	1	213255	32463	198776
金属制品业	35	3	1550356	349430	1520510
通用设备制造业	47	7	3652583	956615	3596036
专用设备制造业	50	8	2985581	674195	2832722
汽车制造业	61	9	23194368	4748549	23278761
铁路、船舶、航空航天和其他运输设备制造业	19	2	1475496	388350	1473228
电气机械和器材制造业	50	10	4740790	934508	4638947
计算机、通信和其他电子设备制造业	87	13	18328376	1987208	18056412
仪器仪表制造业	34	2	1145467	308100	1133653
其他制造业	8	1	461506	100914	377339
金属制品、机械和设备修理业	1		299206	124197	337190
电力、热力生产和供应业	30	9	29800073	5302508	29789637
燃气生产和供应业	3		1720048	282570	1714510
水的生产和供应业	5		338750	101012	339308

企业主要经济指标（按行业分）

单位：万元

#出口交货值	从业人员平均人数（人）	资产负债				
		资产总计	流动资产合计	长期投资	固定资产合计	固定资产原价
13356845	871473	246357552	89372597	60354716	53232691	92727661
199196	15699	928373	300344	546633	55641	174902
	644	438497	49378	2047	10991	15765
	20948	19299037	6231995	6563923	3591700	4249001
132152	31439	5916313	3047995	465674	1380007	2473727
38770	24103	2194882	1539665	171336	282912	422217
98822	41710	2149904	1273468	219977	537557	885937
4404	29292	2990006	1373495	832529	504415	1055797
12370	940	358481	205986	2814	138908	210797
2984	2262	206742	127481	25648	45703	74129
266800	40010	1063300	800789	40090	135975	231019
8300	1323	47971	38398		5290	9151
72	1702	46673	24373	38	14770	24928
24666	9633	427459	229818	16494	108214	137897
3127	1729	263341	170944		65886	163788
8451	15299	927722	461325	16601	377720	825286
33993	4296	243874	145109	11870	57189	99694
	16142	2896407	1430381	134912	810505	2703471
53511	21492	3123396	1531908	306110	707204	1715457
61172	45847	5819415	3617842	727889	690020	1141465
7220	409	27176	8821		14930	18790
90296	9876	743196	372298	240434	106545	192325
137033	35866	4694892	3134863	653857	672336	1186442
163656	7595	2328888	360127	462769	867330	1904912
86923	2952	288531	181718	17113	50181	84529
184172	23349	2471156	1416268	363616	428482	705998
633377	36454	5540619	4084485	419091	805334	1321958
520061	41677	5712030	4043548	706143	638359	1056178
417880	100845	21363042	11556682	2535286	4096728	5962093
1377	27310	3143933	2161519	66265	507596	916479
575223	39829	8416805	7013910	547939	518288	2597490
9454430	113934	21910865	12158738	4118604	4610544	8225987
47673	16110	1812795	1319588	118827	153124	287152
	6605	1042570	600857	77793	248475	416236
79297	5909	333087	163465		169622	293298
9440	60602	109748030	16535593	38752949	26380046	45897591
	9626	3072546	761998	827002	1121539	1475132
	8015	4365600	897427	362446	2322625	3570644

2012 年北京市大中型工业

项　　目	资产负债			所有者权益	# 实收资本
	负债总计	# 流动负债合计	# 长期负债合计		
合计	126860264	72936260	53387808	119494297	58932707
煤炭开采和洗选业	240323	239054	1269	688050	120000
石油和天然气开采业	243965	183767	60198	194532	98004
黑色金属矿采选业	10672432	2970048	7702384	8626214	2838309
开采辅助活动	2661823	2224148	437676	3254490	2758525
农副食品加工业	1281981	1096566	185414	912901	346693
食品制造业	1397466	1312399	84247	752439	781669
酒、饮料和精制茶制造业	1486167	1336085	148682	1503840	586724
烟草制品业	117579	117490	89	240902	92976
纺织业	85896	24951	60946	120845	90747
纺织服装、服饰业	619356	562883	53582	443944	190589
皮革、毛皮、羽毛及其制品和制鞋业	26684	25427	1257	21287	5158
木材加工和木、竹、藤、棕、草制品业	39406	39223	184	7266	10956
家具制造业	267715	220765	44835	159745	52420
造纸和纸制品业	123782	123782		139558	49292
印刷和记录媒介复制业	302923	276298	22581	624799	392240
文教、工美、体育和娱乐用品制造	124946	84290	40656	118929	79013
石油加工、炼焦和核燃料加工业	1845970	1842430	3540	1050436	59895
化学原料和化学制品制造业	1882665	1465774	416890	1238995	916976
医药制造业	2752503	2285666	463551	3066911	1008509
化学纤维制造业	6211	1707	4504	20966	8000
橡胶和塑料制品业	369732	273246	96486	372688	139942
非金属矿物制品业	2547887	2265235	251530	2147005	868131
黑色金属冶炼和压延加工业	1309654	452755	856899	1019234	597314
有色金属冶炼和压延加工业	91027	82505	8522	197504	73258
金属制品业	1179142	984253	194889	1292014	513354
通用设备制造业	2438791	2254133	184656	3101760	1241015
专用设备制造业	3574389	3295705	278684	2137640	922814
汽车制造业	12080404	9820541	2229815	9282638	4350809
铁路、船舶、航空航天和其他运输设备制造业	2179617	1842609	337007	964317	380738
电气机械和器材制造业	5090137	4527025	539976	3326667	1628816
计算机、通信和其他电子设备制造业	11027861	8537226	2079832	10883000	6554893
仪器仪表制造业	971726	872054	99672	841059	290921
其他制造业	394827	269866	124961	647743	260917
金属制品、机械和设备修理业	205600	203385	2214	127487	110166
电力、热力生产和供应业	54351666	19383322	34941819	55396364	27729802
燃气生产和供应业	1029682	825978	203705	2042863	483200
水的生产和供应业	1838330	613672	1224658	2527270	2299924

企业主要经济指标（按行业分）（续表）

单位：万元

利润及分配						本年应交增值税
主营业务收入	主营业务成本	营业费用	主营业务税金及附加	营业利润	利润总额	
133164274	112616074	6086465	2473020	9175783	10594600	3665135
504551	291746	14506	29880	123989	125042	61120
29021	16641		448	6540	13170	5308
5109485	4668373	3995	19655	813182	803873	125115
2395460	2213890	9323	37538	64794	85943	62890
2476464	2100521	152236	45845	66877	78016	39444
2993981	1886800	803067	20498	125468	132602	167238
1927619	1294247	366043	85949	59295	69821	128033
448964	160194	12675	213197	33403	33689	48317
40407	32880	342	532	−811	−931	1649
1059068	651314	166356	7271	123064	125303	63071
58745	50355	1631	134	3240	3350	1339
31617	25375	3086	199	−9	450	2188
324563	242794	34509	2424	15761	31263	17063
386571	278575	14248	2473	82642	94847	17030
664069	503594	14924	4633	55233	59911	37651
352905	327676	8177	713	6154	6689	3519
9006442	7961521	59437	766033	−2247	38790	149014
1571391	1244482	189815	14030	−40262	−35475	68797
4190589	1785281	1311059	45023	670819	696411	377068
11471	8875	277	53	781	998	479
435531	361339	15877	1707	19667	21399	13921
2741970	2274103	107789	16887	149169	203243	62863
1170095	1165344	40144	2216	−50274	−48003	7737
212841	179055	4284	668	11569	13814	2380
1745499	1422954	57867	6360	133101	153781	38235
3826119	3038627	180266	18105	363254	385800	143725
3307475	2536571	206946	20444	245155	280458	128142
23582391	19501801	973013	822596	1485285	2107216	724852
1601642	1319437	16566	4719	85010	103013	33391
4701507	3805117	252041	14890	382124	400408	144528
22114692	19824680	940860	43046	644945	769554	223404
1341119	973315	94410	9427	136298	153755	56808
536614	414933	7205	2033	53719	55941	11274
336128	261972	1619	2950	2623	5641	12229
29818096	27845393	3595	205183	3172383	3363526	646981
1717173	1546719	17973	3550	188618	226328	26305
392002	399581	307	1713	−54773	34967	12029

2012 年北京市工业

项　　目	工业经济效益综合指数	企　业亏损面	总资产贡献率	资产保值增值率	资　产负债率	流动资产周转率(次)
合计	253.53	16.87	7.98	109.67	51.85	1.59
在合计中：						
中央企业	379.08	11.98	6.10	104.54	51.07	1.83
地方企业	227.72	17.22	9.72	114.96	52.57	1.50
在合计中：						
内资企业	236.41	15.11	6.48	108.72	51.10	1.44
国有企业	559.28	21.3	5.64	111.95	49.08	1.15
集体企业	145.45	14.29	10.63	110.69	61.19	1.35
股份合作企业	130.09	23.38	8.37	115.12	72.05	1.31
联营企业	204.35	0	15.60	132.05	50.82	1.06
有限责任公司	197.01	17.37	4.94	95.61	56.55	1.65
股份有限公司	249.83	12.26	10.98	120.96	44.56	1.36
私营企业	173.28	11.79	9.83	130.22	56.18	1.42
其他企业						
港澳台商投资企业	198.45	22.08	8.07	110.06	59.59	1.51
港澳台合资经营	244.11	20.00	14.04	112.28	51.37	1.82
港澳台合作经营	157.59	33.33	3.60	101.19	11.94	0.45
港澳台商独资企业	188.29	23.91	8.94	119.41	68.56	2.61
港澳台商投资股份有限公司	138.3	22.22	2.58	101.89	58.05	0.32
外商投资企业	327.04	22.19	16.32	115.40	53.43	2.10
中外合资经营	420.03	17.39	21.27	118.17	56.44	2.29
中外合作经营	153.49	21.43	5.74	100.00	59.53	1.61
外资（独资）企业	243.09	25.86	10.86	109.89	53.38	1.95
外商投资股份有限公司	339.77	18.75	12.79	132.19	22.22	1.02
在合计中：						
农村企业	149.57	17.53	10.87	108.42	64.32	1.33
在合计中：						
国家控股	302.09	19.49	6.93	106.73	51.21	1.55
集体控股	200.6	15.09	8.52	108.73	58.15	1.12
私人控股	200.55	13.37	11.01	130.01	51.44	1.14
港澳台控股	187.73	25.28	9.26	112.37	62.86	2.18
外商控股	261.27	23.17	12.76	114.88	53.39	2.13
在合计中：						
轻工业	221.31	18.20	13.73	112.63	51.51	1.46
重工业	272.64	16.19	7.27	109.31	51.90	1.62
在合计中：						
大型企业	310.75	14.46	7.47	115.59	51.94	1.69
中型企业	218.90	16.23	9.25	84.66	49.34	1.45
小型企业	193.29	16.85	9.13	118.32	54.05	1.49

企业主要经济分析指标

单位：%

成本费用利润率	全员劳动生产率（元／人）	产品销售率	增加值率	人均销售收入（元）	流动比率（倍）	速动比率（倍）
7.91	252465	99.04	19.45	1407024	1.25	1.03
8.01	461838	99.87	18.97	2523896	1.00	0.85
7.86	205323	98.60	19.70	1155551	1.40	1.12
8.16	230005	99.09	19.00	1306716	1.22	1.02
19.7	697275	99.78	24.14	2931246	1.06	0.99
5.32	105897	98.04	27.89	374802	1.31	0.89
4.01	95041	99.03	23.21	445379	1.13	0.76
15.2	106504	97.30	31.28	332380	2.32	1.77
4.17	194125	98.82	16.04	1348739	1.21	0.99
8.74	233104	99.97	19.97	1272054	1.41	1.14
6.40	122555	96.68	20.52	600656	1.32	0.97
4.21	186036	97.04	16.27	1481550	1.36	1.05
9.19	206344	97.58	26.33	819349	1.24	0.95
3.13	157845	99.50	34.22	596823	8.18	7.41
2.32	178345	96.59	11.11	2350846	1.17	0.95
4.24	124571	97.76	11.75	1205286	1.70	1.23
8.52	334692	99.41	21.13	1652329	1.32	1.05
9.81	461071	99.57	21.81	2157631	1.26	1.01
2.85	126897	102.49	38.54	542620	1.36	1.00
6.12	231606	98.96	19.04	1304350	1.34	1.04
24.94	277530	102.58	37.65	757696	2.74	2.39
7.18	101214	97.74	21.73	467865	1.28	0.90
8.41	333793	99.82	19.50	1841212	1.17	0.99
6.31	182361	94.59	21.43	852867	1.39	1.05
10.05	145697	96.77	22.75	666791	1.48	1.16
3.35	178469	97.11	14.70	1625602	1.23	0.99
6.95	246554	99.15	18.33	1432943	1.37	1.07
8.66	178942	96.42	28.36	691761	1.37	1.02
7.78	286575	99.52	17.83	1738855	1.23	1.03
8.56	341384	99.51	20.18	1851867	1.16	0.99
7.99	198958	98.01	21.12	1006475	1.42	1.11
6.14	160496	98.66	16.00	1072881	1.36	1.04

2012 年北京市规模以下工业企业主要指标

项　　目	企业个数（个）	从业人员（人）	工业总产值（当年价格，万元）
合　计	28108	319971	7091233
法人工业企业	18838	270799	6696755
个体经营工业单位	9270	49172	394478

2012 年北京现代制造业情况

单位：万元

项　　目	工业增加值（当年价格）
合　计	13034969
电子信息业产业	2323550
机电产业	2469544
交通运输设备制造业	5610239
医药产业	2386838
其他产业	244798

2012 年北京高技术产业情况

单位：万元

项　　目	工业总产值（现价）
合　计	3031.6
按登记注册类型分	
国　有	52.8
集　体	0.8
股份合作企业	3.9
联营企业	0.6
有限责任公司	467.7
股份有限公司	313.8
私营企业	130.3
港澳台商投资	550.9
外商投资	1510.7
其　他	
按高新技术领域分	
核燃料加工	0.0
信息化学品制造	0.5
医药制造业	543.3
航空航天器制造	74.7
电子及通信设备制造业	1627.7
电子计算机及办公设备制造业	455.1
医疗设备及仪器仪表制造业	329.2

2012年北京市主要工业产品生产总量

主要工业品名称	本年生产量
原煤（万吨）	4930888.0
发电量（万千瓦小时）	2908214.0
精制食用植物油（吨）	39934.9
白酒（折65度，商品量）（千升）	241214.0
啤酒（千升）	1661659.0
卷烟（万支）	1985682.0
纱（万吨）	0.3
布（万米）	351.3
家具（万件）	720.1
汽油（万吨）	261.9
柴油（万吨）	319.1
焦炭（万吨）	
氢氧化钠（烧碱）（折100%）（万吨）	3.8
农用氮、磷、钾化学肥料（折纯）（吨）	
乙烯（万吨）	84.0
初级形态的塑料（塑料树脂及共聚物）（万吨）	108.7
合成橡胶（万吨）	19.8
合成洗涤剂（万吨）	9.1
化学纤维（万吨）	0.1
硫酸（万吨）	
交流电动机（万千瓦）	117.1
机制纸及纸板（万吨）	11.3
化学药品原药（化学原料药）（万吨）	0.1
橡胶轮胎外胎（条）	4276100.0
水泥（万吨）	874.5
平板玻璃（重量箱）	
生铁（万吨）	
粗钢（万吨）	2.6
钢材（万吨）	253.8
金属切削机床（台）	18887.0
汽车（万辆）	167.0
载货汽车（万辆）	60.0
轿车（万辆）	78.5
家用电冰箱（万台）	80.4
房间空气调节器（台）	
程控交换机（线）	8396245.0
移动通信手持机（手机）（万台）	19949.3
微型计算机设备（万台）	1074.5
集成电路（万块）	319408.0
家用摄录像机（台）	
照相机（万台）	18.2

2012年北京市上市公司

单位名称	主要财务指标						
	净利润	净利润增长率（%）	净利润现金含量（%）	资产负债比率（%）	每股收益（元）	每股净资产（元）	净资产收益率（%）
同方股份有限公司	60636.88	−14.28	143.86	66.6	0.3051	4.5743	6.67
蓝星化工新材料股份有限公司	−103926	−1552.31	−50.33	89.1	−1.99	3.6349	−54.7
航天信息股份有限公司	101799.6	3.13	119.6	24.23	1.1	5.8633	18.8
北京大北农科技集团股份有限公司	67511	34.01	102.93	24.96	0.84	5.07	16.61
安泰科技股份有限公司	7549.43	−75.99	774.24	39	0.0876	3.8459	2.28
华锐风电科技（集团）股份有限公司	−58267.1	−197.3	71.34	57.05	−0.14	3.06	−4.73
北京四方继保自动化股份有限公司	29460.8	35.97	4.04	32.45	0.73	7.0934	10.21
北京佳讯飞鸿电气股份有限公司	1797.83	−64.26	117.51	17.45	0.14	5.6017	2.55
北京中创信测科技股份有限公司	−4501.95	−309.53	−49.81	25.47	−0.325	3.2223	−10.08
北京汇冠新技术股份有限公司	1232.07	−45.58	−30.33	6.7	0.22	5.353	4.22
北京航天长峰股份有限公司	2193.95	−34.41	−740.69	39.55	0.0662	2.342	2.82
北京科锐配电自动化股份有限公司	8015.37	−7.05	88.64	31.5	0.37	4.5763	8.02
有研半导体材料股份有限公司	−12386	−2066.72	−16.83	40.91	−0.57	2.9538	−19.28
北京双鹭药业股份有限公司	48101.11	−8.08	82.87	4.74	1.2635	5.3589	23.58
北京钢研高纳科技股份有限公司	7048.43	9.46	91.2	10.84	0.3325	4.5023	7.61
北京北斗星通导航技术股份有限公司	4611.14	20.81	146.49	44.41	0.25	3.711	6.85
北京数码视讯科技股份有限公司	26769.51	31.08	58.69	5.05	0.8	7.5207	10.59
北京双杰电气股份有限公司	5567.39	11.91	33.71	44.24	0.65	3.34	19.32
利亚德光电股份有限公司	5821.38	3.66	−137.9	30.31	0.62	6.6505	10.62
北京塞尔瑟斯仪表科技股份有限公司	98	−33.78	−54.41	35.67	0.07	1.3	5.01
北京石竹科技股份有限公司	48.34	−76.88	−280.1	56.44	0.05	1.05	5.12
北京三聚环保新材料股份有限公司	18006.02	89.41	−21.72	44.51	0.46	3.3473	13.83
北京合纵科技股份有限公司	6953.56	26.15	170.39	54.28	0.85	3.43	24.65
北京旋极信息技术股份有限公司	4689.03	9.84	14.74	13.19	0.93	9.7165	8.62
北京合众思壮科技股份有限公司	−5513.08	−223.86	6.94	7.67	−0.2945	7.4574	−3.95
华油惠博普科技股份有限公司	9572.9	4.17	85.76	21.59	0.32	4.036	7.81
北京同有飞骥科技股份有限公司	2939.64	−29.19	21.18	13.12	0.52	7.7894	6.29
紫光股份有限公司	7231.56	68.05	−179.61	56.23	0.351	4.5845	7.65
北京君德同创农牧科技股份有限公司	85.35	−63.94	37.13	31.13	0.1	2.51	3.82
北京福星晓程电子科技股份有限公司	8315.12	4.84	41.37	5.07	0.76	10.4567	7.41
北京康斯特仪表科技股份有限公司	2452.67	5.37	89.54	29.66	0.8015	3.93	20.38
北京中讯四方科技股份有限公司	924.1	16.22	−169.44	29.54	0.36	3.07	11.58
北京泰诚信测控技术股份有限公司	1669.17	64.86	−27.18	39.17	1.11	3.25	34.29
北京海兰信数据科技股份有限公司	−1329.68	−154.24	−6.7	11.42	−0.13	5.466	−2.31
北京碧水源科技股份有限公司	56246.28	63.26	62.04	23.05	1.02	7.0207	14.49
大恒新纪元科技股份有限公司	7289.42	−32.01	71.84	44.42	0.1669	3.1882	5.23
北京彩讯科技股份有限公司	1228.82	−16.69	−1.66	43.9	0.322	2.81	11.47

工业企业主要经济指标（1）

单位：万元

资产与负债									
资产总额	负债总额	流动负债	货币资金	应收账款	其他应收款	股东权益	股东权益比率（%）	流动比率（倍）	速动比率（倍）
3370205	2244802	1863074	409989.5	455979.8	61249.59	909239	26.97	0.9571	0.6424
1858768	1656243	1203924	93466.64	110858.2	29143.82	190001.1	10.22	0.464	0.3371
819910.9	198714.3	193617.1	463693.4	68851.64	10025.74	541414.7	66.03	3.5815	3.1726
570801.6	142523.2	130594.8	176344	14484.7	3884.85	406551.2	71.22	2.5627	1.6568
761226.6	296880.3	163874.8	140946.4	68897.09	6501.09	331824.1	43.59	2.504	1.8427
2867654	1636213	1295140	513366.2	978812.3	6559.56	1231441	42.94	1.9441	1.2661
427026.7	138611.5	125716.7	96917.93	158285.8	5360.35	288415.2	67.54	2.7312	2.2007
90931.6	15874.72	11424.72	41890.35	16906.8	572.06	70581.84	77.62	6.7274	6.0744
59952.46	15273.22	12243.78	20328.06	12345.99	318.84	44656.12	74.48	4.1865	2.8498
31693.02	2124.93	2124.93	18333.3	2091.02	505.18	29568.09	93.29	12.4469	10.3095
136373.2	53940.98	52429.7	42583.11	30495.89	2570.8	77665.42	56.95	2.0256	1.6137
148875.8	46909.23	46767	60719.66	35464.47	2209.02	99892.44	67.09	2.6843	2.2708
108737	44491.48	40734.28	14048.36	9324.01	286.59	64245.49	59.08	1.1736	0.7353
221670.2	10517.04	9222.04	66088.62	27484.42	1411.4	204011.8	92.03	16.2202	15.6016
108989.8	11821.15	9624.68	50548.21	9466.32	29.79	95443.45	87.57	8.7288	7.8468
143993.4	63951.05	47751.03	25657.3	26481.49	667.66	67355.7	46.77	1.6467	1.3138
268414.8	13567.79	9576.74	157494.8	38388.67	2676.88	252697	94.14	22.6111	21.7179
51683.17	22868.91	20890.26	8016.8	22728.86	1152.79	28814.26	55.75	1.9779	1.6653
95439.68	28934.24	28934.24	29916.63	30424.4	1221.5	66505.44	69.68	2.9287	2.1667
3042.1	1085.17	1085.17	94.58	574.97	32.05	1956.93	64.32	2.4996	0.9944
2167.57	1223.44	1195.44	981.47	455.8	26.29	944.13	43.55	1.7307	1.3415
243733.3	108492.9	104700.3	76810.34	62200.81	1345.99	130237	53.43	1.7432	1.514
62484.06	33921.79	33758.41	21712.54	16467.5	2244.53	28212.68	45.15	1.5913	1.2215
63614.79	8396.8	8396.8	47351.12	7267.46	1042.23	54412.21	85.53	7.2907	6.8179
156502	12015.74	10119.33	59904.84	16801.4	1792.4	139601.7	89.2	9.4983	8.0807
157307.9	33972.53	33972.53	57546.03	32773.82	1318.77	122593.1	77.93	3.0783	2.8312
53795.17	7058.5	6288.13	36544.92	7474.45	289	46736.67	86.87	7.5254	7.2097
269173.1	151361.4	145455.2	45706.28	66130.1	5074	94478.39	35.09	1.2441	0.9193
3242.51	1009.64	609.64	411.08	334.74	161.71	2232.87	68.86	2.6774	2.1998
123252.2	6255.1	6255.1	59270.56	13178.65	1909.8	114605.3	92.98	16.3028	12.9794
17110.14	5074.9	4974.9	4385.7	2930.04	1840.17	12035.24	70.33	2.9092	2.5868
11323.88	3345.29	3345.29	1345.7	3760.61	45.05	7978.59	70.45	2.7093	2.358
8003.1	3135.3	3135.3	2090.44	2443.47	240.09	4867.8	60.82	2.4085	1.7853
72925.99	8334	7390.4	27339.22	14517.66	321.67	57531.69	78.89	8.0196	6.8471
526046.3	121270.9	116277.8	190416.8	65064.61	3895.29	388145.2	73.78	2.4079	2.2975
321573.4	142851.5	139216	69719.33	33929.98	6067.83	139259.9	43.3	1.5604	0.933
19097.14	8384.05	6284.05	2133.9	4422.44	273.1	10713.09	56.09	2.4051	1.5301

2012年北京市上市公司

单位名称	利润构成与盈利能力						
	主营业务收入	经营费用	管理费用	财务费用	营业利润	投资收益	营业外收支净额
同方股份有限公司	2234268	126918.9	134193.2	69033.06	66516.64	53598.27	36259.89
蓝星化工新材料股份有限公司	908416.4	21143.49	59605.38	44366.78	−110662	635.67	3949.41
航天信息股份有限公司	1452531	29831.04	73628.52	−4320.72	146826.1	1067.93	13194.65
北京大北农科技集团股份有限公司	1063957	92769.04	56799.48	−3096.76	80668.49	455.06	3485.4
安泰科技股份有限公司	381870.5	9949.33	25354.84	6786.54	9522.53	−646.08	3557.32
华锐风电科技（集团）股份有限公司	401814.5	68671.26	37413.9	11592.34	−76100.5	1688.6	8241.77
北京四方继保自动化股份有限公司	234870	36320.56	37426.86	−2268	26875.98	−192.81	9866.89
北京佳讯飞鸿电气股份有限公司	35344.67	2762.21	7220.19	−566.42	447.92		1465.53
北京中创信测科技股份有限公司	24781.87	3045.35	8642.63	−419.89	−5037.98	25.05	971.76
北京汇冠新技术股份有限公司	14136.97	1504.84	3174.91	−494.04	1050.56		377.97
北京航天长峰股份有限公司	87899	3821.71	11916.21	−983.46	3925.09	1175.54	678.89
北京科锐配电自动化股份有限公司	112412.1	13014.01	8038.45	−418.28	9423.14		682.12
有研半导体材料股份有限公司	40899.96	813.62	4365.17	2201.34	−12767	819.01	5.82
北京双鹭药业股份有限公司	100701.8	3476.69	11158.73	−1142.95	55509.02	2643.16	524.91
北京钢研高纳科技股份有限公司	45584.11	100.49	4580.35	−1582.14	8035.14		35.8
北京北斗星通导航技术股份有限公司	56954.63	5798.19	9506.57	1426.43	1876.55	78.09	5664.89
北京数码视讯科技股份有限公司	52481.97	7662.97	14940.81	−6739.81	22757.93	234.34	6822.33
北京双杰电气股份有限公司	36901.61	3339.45	3611.62	211.58	6201.43		308.66
利亚德光电股份有限公司	56895.5	5645.33	6358.21	−66.55	5950.17		713.08
北京塞尔瑟斯仪表科技股份有限公司	3022.3	599.61	994.26	0.76	−48.49		165.44
北京石竹科技股份有限公司	3235.11	371.39	705.56	6.4	69.81		
北京三聚环保新材料股份有限公司	80857	6347.28	7637.73	4849.31	16910.17	−27.2	4913.25
北京合纵科技股份有限公司	51665.05	5698.77	4708.1	527.54	8068.89		151.36
北京旋极信息技术股份有限公司	28179.69	2701.52	2725.88	−484.35	5040.75	−178.29	570.06
北京合众思壮科技股份有限公司	41497.96	4838.48	17004.9	−1383.72	−7749.38	−6.95	1350.92
华油惠博普科技股份有限公司	51001.58	2229.35	7129.41	−1035.09	11060.22	−40.06	315.71
北京同有飞骥科技股份有限公司	20099.06	1754.57	2523.3	−781.17	3323.3		64.71
紫光股份有限公司	653382.3	8590.37	5878.85	3364.27	11188.83	3995.85	410.07
北京君德同创农牧科技股份有限公司	3339.6	635.17	589.31	56.13	109.52		0.08
北京福星晓程电子科技股份有限公司	29255.62	1099	5720.68	−1022.92	9216.26		401.2
北京康斯特仪表科技股份有限公司	10453.44	2847.74	1795.98	213.86	2269.48		584.31
北京中讯四方科技股份有限公司	8023.45	417.55	1053.94	112.14	1007.27		67.53
北京泰诚信测控技术股份有限公司	6610.48	414.04	1361.91	−31.36	1587.63		435.39
北京海兰信数据科技股份有限公司	25779.13	2759.95	6009.73	−456.57	−2779.07		1177.39
北京碧水源科技股份有限公司	177154.6	2711.99	13591.01	−3934.82	69215.39	10993.76	602.06
大恒新纪元科技股份有限公司	382946.2	21283.25	28311.95	2230.75	8024.4	4333.82	3418.33
北京彩讯科技股份有限公司	17577.54	3062	1766.22	310.99	1194.15	−	257.15

工业企业主要经济指标（1）（续表）

单位：万元

利润构成与盈利能力				经营与发展能力							
利润总额	所得税	净利润	净资产收益率(%)	存货周转率(%)	应收账款周转率（%）	总资产周转率(%)	主营业务收入增长率（%）	营业利润增长率(%)	税后利润增长率(%)	净资产增长率(%)	总资产增长率(%)
102776.5	18404.3	60636.88	6.67	3.49	5.15	0.7	6.58	−21.95	−14.28	6.51	11.7
−106713	−2931.81	−103926	−54.7	4.63	9.47	0.5	−20.27	−401.45	−1552.31	−35.51	2.7
160020.8	23574.37	101799.6	18.8	16.1	26.26	1.88	25.87	2.2	3.13	13.08	13.53
84153.88	13452.14	67511	16.61	7.79	92.61	2.04	35.77	33.39	34.01	16.84	20.5
13079.84	3558.05	7549.43	2.28	2.63	5.62	0.53	−15.71	−78.07	−75.99	0.59	9.96
−67858.7	−9591.64	−58267.1	−4.73	0.43	0.39	0.13	−57.73	−337.25	−197.3	−10.01	−15.89
36742.87	7282.07	29460.8	10.21	2.37	1.8	0.6	39.25	58.02	35.97	9.21	21.17
1913.45	115.62	1797.83	2.55								
−4066.22	436.79	−4501.95	−10.08	0.75	2.09	0.39	−3.73	−229.8	−309.53	−8.94	−11.93
1428.53	196.46	1232.07	4.22								
4603.98	1392.68	2193.95	2.82	3.32	3.59	0.69	−13.17	−12.8	−34.41	3.21	13.56
10105.26	1680.14	8015.37	8.02	4.11	3.58	0.78	21.88	−10.45	−7.05	5.06	7.52
−12761.2	−375.16	−12386	−19.28	2.12	4.58	0.36	−31.62	−2391.49	−2066.72	−16.15	−10.15
56033.94	8036.08	48101.11	23.58	5.43	4.15	0.51	61.69	−6.39	−8.08	25.62	27.67
8070.94	1157.28	7048.43	7.61								
7541.44	1941.49	4611.14	6.85	2.77	2.05	0.42	17.48	−57.48	20.81	4.93	15.64
29580.26	2658.54	26769.51	10.59								
6510.09	942.7	5567.39	19.32	3.14	2.03	0.87	19.7	10.1	11.91	78.72	57.08
6663.24	841.86	5821.38	10.62								
116.95	18.95	98	5.01								
69.81	21.48	48.34	5.12								
21823.42	3816.67	18006.02	13.83								
8220.25	1270.4	6953.56	24.65	2.88	3.21	0.96	43.38	26.04	26.15	25.43	38.96
5610.81	830.25	4689.03	8.62								
−6398.46	−592.24	−5513.08	−3.95	1.75	2.43	0.26	−5.96	−294.71	−223.86	−5.47	−7.03
11375.93	1773.23	9572.9	7.81	3.84	1.78	0.35	26.25	6.84	4.17	5.53	18.26
3388.01	448.37	2939.64	6.29								
11598.9	2689.17	7231.56	7.65	15.51	12.37	2.71	22.92	100.73	68.05	17.96	26.3
109.6	24.24	85.35	3.82	6.35	11.05	1.15	1.06	−48.52	−63.94	59.49	26.97
9617.46	834.96	8315.12	7.41								
2853.78	401.11	2452.67	20.38	1.95	4.02	0.66	3.77	−13.41	5.37	25.58	19.26
1074.8	150.7	924.1	11.58	3.22	2.8	0.78	58.04	23.73	16.22	13.64	21.33
2023.02	353.85	1669.17	34.29	1.83	3.3	0.84	15.61	43.03	64.86	52.18	3.07
−1601.68	62.11	−1329.68	−2.31								
69817.45	10240.88	56246.28	14.49								
11442.73	1833.23	7289.42	5.23	3.61	11.27	1.18	−6.24	−10.04	−32.01	2.87	−2.02
1451.3	222.48	1228.82	11.47	2.27	4.57	0.99	10.29	−27.05	−16.69	11.09	15.13

2012年北京市上市公司

单位名称	主要财务指标						
	净利润	净利润增长率（%）	净利润现金含量（%）	资产负债比率（%）	每股收益（元）	每股净资产（元）	净资产收益率（%）
北汽福田汽车股份有限公司	1228.82	−16.69	−1.66	43.9	0.322	2.81	11.47
北京动力源科技股份有限公司	1904.09	485.07	5.39	62.51	0.073	1.9008	3.88
中牧实业股份有限公司	23455.52	−46.66	−14.79	27.49	0.6014	4.9625	12.12
北京当升材料科技股份有限公司	1487.28	2112.55	997.82	13.07	0.093	5.2739	1.76
北京金自天正智能控制股份有限公司	7889.57	11.44	227.85	68.71	0.35	2.9728	11.87
北矿磁材科技股份有限公司	−1938.81	22.63	7.93	17.51	−0.1491	1.8619	−8.01
北京高盟新材料股份有限公司	5919.47	34.89	−14.19	8.32	0.55	6.9727	7.95
北京鼎汉技术股份有限公司	1195.34	−83.1	−353.94	11.8	0.0771	4.69	1.65
国投中鲁果汁股份有限公司	3312.31	−26.02	−541.72	53.22	0.1263	3.8221	3.31
北京嘉寓门窗幕墙股份有限公司	5507.71	−4.5	−179.31	46.96	0.25	5.594	4.53
北京顺鑫农业股份有限公司	12582.13	−58.99	−224.53	76.07	0.2869	6.58	4.36
北京江河幕墙股份有限公司	47849.63	40.61	−50.25	63.61	0.85	7.9994	10.68
北京东方雨虹防水技术股份有限公司	18866.27	80.48	203.45	55.27	0.55	3.623	15.16
四环药业股份有限公司	521.92	384.64	60.6	55.37	0.056	0.6116	9.15
经纬纺织机械股份有限公司	43024.28	−12.33	416.43	48.12	0.7	6.678	9.15
北京同仁堂科技发展股份有限公司	57005.62	30.13	153.31	42.03	0.438	3.0558	14.33
北京盛通印刷股份有限公司	3116.96	−12.01	240.11	36.06	0.24	4.3005	5.49
北京天坛生物制品股份有限公司	30491.17	30.66	141.68	63.02	0.59	3.0148	19.62
北人印刷机械股份有限公司	−16835.8	−1579.04	28	59.15	−0.4	1.3933	−28.63
北方导航控制技术股份有限公司	1200.91	4	2381.42	31.16	0.02	2.881	0.56
北京利德曼生化股份有限公司	9828.71	36.79	58.86	32.66	0.67	4.95	12.92
北京京运通科技股份有限公司	7588.33	−83.29	477.77	18.3	0.09	4.2307	2.09
舒泰神（北京）生物制药股份有限公司	16023.84	53.69	56.28	13.4	1.2	9.3015	12.91
北京京运通硅材料设备有限公司	7588.33	−83.29	477.77	18.3	0.09	4.2307	2.09
北京星昊医药股份有限公司	5441.77	33.29	48.97	13.71	0.92	6.54	14.03
北京德鑫泉物联网科技股份有限公司	2268.82	25.49	71.78	48.13	0.5245	1.69	31.04
北京三元食品股份有限公司	3280.18	−27.02	606.42	46.31	0.0371	2.039	1.82
北京威卡威汽车零部件股份有限公司	37188.81	21	111.76	7.69	0.64	4.28	14.48
北京首航艾启威节能技术股份有限公司	17620.27	59.82	−107.98	26.51	1.41	12.403	10.65
奥瑞金包装股份有限公司	40487.71	27.65	102.57	37.76	1.62	9.68	13.64
京东方科技集团股份有限公司	25813.34	−53.97	1196.62	47.44	0.019	1.9145	1
北京七星华创电子股份有限公司	14116.07	6.19	−15.47	48.52	0.88	9.8734	8.12
瑞泰科技股份有限公司	347.39	−93.93	−4728.76	64.36	0.015	2.5664	0.59
华润双鹤药业股份有限公司	61440.82	16.14	64.46	27.67	1.0747	8.14	13.2
北京万东医疗装备股份有限公司	3225.7	−19.13	203.83	40.87	0.149	2.94	5.07
北新集团建材股份有限公司	67677.22	29.48	167.55	52.63	1.177	6.1331	19.19
北京京能热电股份有限公司	161485.7	55.65	193.9	60.58	0.83	4.4645	18.57

工业企业主要经济指标（2）

单位：万元

资产与负债									
资产总额	负债总额	流动负债	货币资金	应收账款	其他应收款	股东权益	股东权益比率（%）	流动比率（倍）	速动比率（倍）
19097.14	8384.05	6284.05	2133.9	4422.44	273.1	10713.09	56.09	2.4051	1.5301
130983.7	81889.52	78189.52	11485.23	57804.69	4778.12	49016.3	37.42	1.307	0.9913
300922.4	82725.5	71070.47	54332.4	35995.82	11112.92	193538.1	64.31	2.271	1.7187
97070.84	12688.25	12030.25	28756.81	11954.02	717.86	84382.59	86.92	5.3738	4.1952
217144.6	149209.7	148072.6	36613.26	28945.14	1678.92	66485.59	30.61	1.3371	0.8682
30660.4	5370.46	4124.74	3305	3071.45	34.52	24204.35	78.94	3.3887	1.7743
81227.35	6758.74	5510.91	39722.38	12336.33	224.17	74468.61	91.67	12.4112	11.1194
82016.39	9679.06	9467.96	22213.51	30776.25	699.19	72237.73	88.07	6.656	6.1629
252300	134298.5	133451.3	25312.92	20093.46	5510.81	100220.4	39.72	1.3768	0.388
229104.1	107601.5	99511.5	45132.99	35761.08	5073.5	121502.6	53.03	1.8526	1.0414
1247960	949371.4	758983.6	230700.2	16241.14	3876.89	288557.4	23.12	1.1288	0.4167
1244205	791474.6	685928.4	245535	489310.1	23697.77	447966.6	36	1.6273	1.1541
281135.7	155401.2	155401.2	41687.5	89701	3933.46	124458.4	44.26	1.2957	0.9628
13787.49	7635.41	7235.41	1094.58	760.5	265.76	5701.29	41.35	0.6066	0.3339
1555349	748490.6	608838.8	654874	69877	28395.07	470215.5	30.23	1.8338	1.59
966792.7	406354.6	289880.1	364006.3	32210.81	4970.3	397883.4	41.15	2.7874	1.518
88788.82	32021.61	31064.27	15094.11	14750.35	154.21	56767.21	63.93	1.372	1.008
480605.1	302890	161129.4	40925.44	30366.93	6863.44	155400.6	32.33	0.9803	0.5016
147503.9	87249.21	84015.12	18115.43	19226.52	1858.69	58798.83	39.86	0.9939	0.5134
362939.8	113104.1	102358.4	48472.17	46590.28	2439.97	214539.7	59.11	1.8692	1.3263
113018.9	36916.97	12523.81	43219.9	11983.92	228.69	76101.96	67.33	4.7916	4.5482
446470.3	81705.98	74180.34	162817.4	39112.35	6217.56	363743.3	81.47	4.5488	4.0318
143296.2	19214.78	15748	80461.7	13235.81	350.71	124081.4	86.59	7.0874	6.9357
446470.3	81705.98	74180.34	162817.4	39112.35	6217.56	363743.3	81.47	4.5488	4.0318
44941.02	6165.32	4605.93	10320.77	2359.81	130.75	38775.7	86.28	4.4076	3.5391
14092.01	6783.38	4312.88	4388.4	4822.18	48.39	7308.64	51.86	3.156	2.3989
364564.1	168857.6	118578.3	40783.61	21233.96	1502.34	180448.5	49.49	0.8061	0.5931
284170.5	21873.57	21873.57	148928.5	18805.35	2.87	256752.7	90.35	10.0997	8.4408
230028.7	61001.82	61001.82	74065.43	69504.92	2218.58	165393.6	71.9	3.2039	2.7617
477339.2	180288.7	164426.2	157810	86782.78	855.59	296867.9	62.19	1.9772	1.6764
6710536	3184055	1241463	1521185	519604.1	45908.24	2588696	38.57	2.0807	1.8657
358024.3	173740	73030.68	58860.27	52903.59	1373.14	173869.9	48.56	2.322	1.718
294631.7	189633.2	171519.5	22176.1	67745.07	2015.46	59283.54	20.12	1.0788	0.707
650777.6	180104.1	168229.5	100471.4	88691.59	9713.92	465360.6	71.5	2.3132	1.8501
109043.4	44572.59	42602.59	23656.1	21948.53	1582.46	63636.93	58.35	1.703	1.183
941831.4	495698.7	388696.3	65976.27	21688.8	3777.43	352745.6	37.45	0.656	0.3434
2860175	1732871	656889.6	90277.6	122496	44141.89	869402.7	30.39	0.498	0.44

2012 年北京市上市公司

单位名称	利润构成与盈利能力						
	主营业务收入	经营费用	管理费用	财务费用	营业利润	投资收益	营业外收支净额
北汽福田汽车股份有限公司	17577.54	3062	1766.22	310.99	1194.15		257.15
北京动力源科技股份有限公司	77263.81	10174.72	8832.78	2323.24	516.7	−43.06	1520.74
中牧实业股份有限公司	310899.3	30821.67	26810.08	−340.06	28339.88	4143.49	677.44
北京当升材料科技股份有限公司	62612.35	872.14	3146.54	−501.76	340.62	133.13	1333.45
北京金自天正智能控制股份有限公司	127538.3	2155.65	8586.33	−550.9	9835.17	92.95	−169.43
北矿磁材科技股份有限公司	27490.72	1223.73	2950.71	421.89	−2404.04	912.95	−21.26
北京高盟新材料股份有限公司	42896.67	2930.36	3130.86	−1099.96	5962.1		1002.97
北京鼎汉技术股份有限公司	27232.6	5062.52	3002.11	−487.29	776.72		646.68
国投中鲁果汁股份有限公司	149946.8	9663.66	7158.2	4399.83	3726.46	1048.96	1838.85
北京嘉寓门窗幕墙股份有限公司	110979	4617.4	6598.03	1194.45	4788.98	59.14	1413.32
北京顺鑫农业股份有限公司	834195.5	75306.17	51548.97	22012.31	20500.17	501.65	6.01
北京江河幕墙股份有限公司	898920.5	16598.57	75141.63	8173.96	53486.64	−18.79	2033.4
北京东方雨虹防水技术股份有限公司	297857	30799.61	24355.86	6674.82	19174.7		3088.94
四环药业股份有限公司	5823.98	782.76	870.13	23.53	557.26	35	3.84
经纬纺织机械股份有限公司	506193	19246.83	218317.6	14014.99	178905.2	7312.81	10644.71
北京同仁堂科技发展股份有限公司	750403.2	140333.9	67637.03	852.06	104931.1	775.29	2714.25
北京盛通印刷股份有限公司	51564.73	2266.89	3519.59	106.19	3743.48	4.82	410.98
北京天坛生物制品股份有限公司	150235.1	17066.54	22566.72	3570.62	41964.99	831.38	2544.56
北人印刷机械股份有限公司	74825.44	6966.67	17334.95	1415.23	−17487.9	−91.83	544.39
北方导航控制技术股份有限公司	104335.4	4667.89	19394.66	2168.53	3991.96	1001.8	1598.84
北京利德曼生化股份有限公司	31727.38	3487.41	4499.76	34.11	11104.9		377.34
北京京运通科技股份有限公司	56853.3	1049.65	9813.45	−4124.7	5020.51	1141.79	3385.7
舒泰神（北京）生物制药股份有限公司	55615.31	29064.88	5898.91	−2822.79	19364.85	−248.09	60.36
北京京运通硅材料设备有限公司	56853.3	1049.65	9813.45	−4124.7	5020.51	1141.79	3385.7
北京星昊医药股份有限公司	20228.44	1359.96	2345.62	408.93	6367.65	228.17	41.38
北京德鑫泉物联网科技股份有限公司	8599.89	816.38	1300.51	236.49	2036.52		583.02
北京三元食品股份有限公司	355296.4	70289.03	17116.5	5415.88	−5820.83	8953.95	7142.07
北京威卡威汽车零部件股份有限公司	165999.4	7168.93	8616.18	−2739.9	53374.24	1439.01	155.77
北京首航艾启威节能技术股份有限公司	119314.6	2669.24	8162.65	−1284.07	19488.75		1248.91
奥瑞金包装股份有限公司	350643.3	5928.98	22521.14	9987.37	48968.38	2.5	2603.94
京东方科技集团股份有限公司	2577158	65128.72	222417.1	29189.32	−72417.5	−547.53	91022.68
北京七星华创电子股份有限公司	101224.4	4190.09	13272	658.04	18598.34		722.27
瑞泰科技股份有限公司	148624.9	9361.37	15112.75	7913.32	512.18		2581.14
华润双鹤药业股份有限公司	698932.3	112240.4	43786.59	197.59	73127.15	5235.67	3148.63
北京万东医疗装备股份有限公司	69034.62	8987.06	7913.84	862.73	3282.93	−4.56	630.92
北新集团建材股份有限公司	668515.8	25162.42	35468.3	14980.85	99892	597.7	4984.13
北京京能热电股份有限公司	1008158		35427.22	96716.67	227444.5	100470.9	3102.69

工业企业主要经济指标（2）（续表）

单位：万元

利润构成与盈利能力				经营与发展能力							
利润总额	所得税	净利润	净资产收益率（%）	存货周转率（%）	应收账款周转率（%）	总资产周转率（%）	主营业务收入增长率（%）	营业利润增长率（%）	税后利润增长率（%）	净资产增长率（%）	总资产增长率（%）
1451.3	222.48	1228.82	11.47	2.27	4.57	0.99	10.29	−27.05	−16.69	11.09	15.13
2037.44	127.8	1904.09	3.88	1.74	1.44	0.61	11.2	123.51	485.07	0.68	8.75
29017.33	4758.45	23455.52	12.12	5.76	12.28	1.07	2.63	−45.9	−46.66	4.03	7.53
1674.08	186.8	1487.28	1.76								
9665.74	1459.1	7889.57	11.87	1.53	4.46	0.6	11.02	25.78	11.44	11.78	3.09
−2425.3	−2.07	−1938.81	−8.01	3.29	8.29	0.8	−4.93	28	22.63	−7.72	−19.09
6965.08	1045.6	5919.47	7.95								
1423.4	372.99	1195.34	1.65								
5565.31	499.84	3312.31	3.31	1.02	11.21	0.65	30.98	−53.93	−26.02	1.46	22.04
6202.3	694.58	5507.71	4.53								
20506.18	7446.08	12582.13	4.36	1.26	56.92	0.73	10.04	−45.77	−58.99	1.09	20.77
55520.04	7956.53	47849.63	10.68	2.82	2.27	0.89	55.99	40.98	40.61	8.95	60.42
22263.64	3134.02	18866.27	15.16	3.94	3.68	1.16	20.41	127.98	80.48	14.36	20.84
561.11	28.68	521.92	9.15	1.9	8.78	0.43		354.91	384.64	10.07	4.05
189549.9	51337.11	43024.28	9.15	2.8	8.62	0.35	−30.39	17.66	−12.33	38.36	19.92
107645.4	19784.01	57005.62	14.33	1.23	24.3	0.88	22.84	32.9	30.13	14.43	31.89
4154.46	1037.51	3116.96	5.49	4.26	3.71	0.58	7.48	−16.92	−12.01	1.8	0.65
44509.56	7513.97	30491.17	19.62	0.91	5.83	0.37	7.74	26.39	30.66	20.56	49.06
−16943.5	271.1	−16835.8	−28.63	1.49	4.2	0.51	−6.91	−494.11	−1579.04	−22.26	−0.7
5590.8	1751.36	1200.91	0.56	1.39	1.94	0.28	−24.75	77.62	4	0.7	−2.43
11482.24	1653.53	9828.71	12.92								
8406.21	1017.16	7588.33	2.09	1.08	1.06	0.13	−67.97	−89.73	−83.29	−1.43	−1.77
19425.21	3401.37	16023.84	12.91								
8406.21	1017.16	7588.33	2.09	1.08	1.06	0.13	−67.97	−89.73	−83.29	−1.43	−1.77
6409.04	965.64	5441.77	14.03	2.53	6.96	0.55	19.2	38.83	33.29	131.17	55.81
2619.54	350.72	2268.82	31.04	1.28	2.12	0.75	45.86	0.01	25.49	43.36	58.85
1321.24	921.35	3280.18	1.82	10.82	17.32	1	15.72	43.62	−27.02	1.85	5.46
53530.01	12909.22	37188.81	14.48	3.16	10.3	0.82	18.41	13.61	21	210.8	133.03
20737.65	3170.51	17620.27	10.65	2.89	2.33	0.71	58.65	47.6	59.82	231.9	114.25
51572.32	11198.4	40487.71	13.64	6.01	4.68	0.93	23.42	26.87	27.65	198.16	71.82
18605.2	166.89	25813.34	1	9.53	6.64	0.38	102.26	−561.53	−53.97	1.17	−2.41
19320.61	2618.78	14116.07	8.12	1.26	2.39	0.31	−12.43	0.07	6.19	73.57	25.49
3093.32	1389.27	347.39	0.59	2	2.54	0.58	6.41	−94.09	−93.93	−2.29	33.69
76275.79	13221.07	61440.82	13.2	6.3	7.56	1.11	9.49	11.6	16.14	9.29	7.08
3913.86	552.91	3225.7	5.07	2.16	3.24	0.66	17.24	−11.89	−19.13	5.33	7.5
104876.1	11369.87	67677.22	19.19	4.28	35.16	0.75	11.99	33.66	29.48	16.96	10.61
230547.2	22730.86	161485.7	18.57	21.75	9.32	0.34	17.88	39.34	55.65	12.27	−7.02

2012 年北京市上市公司

单位名称	主要财务指标						
	净利润	净利润增长率（%）	净利润现金含量（%）	资产负债比率（%）	每股收益（元）	每股净资产（元）	净资产收益率（%）
北京合康亿盛变频科技股份有限公司	13505.37	4.95	24.67	15.84	0.4	4.4379	9
北京东土科技股份有限公司	4480.8	18.42	50.88	8.58	1.031	7.2465	11.55
北京联飞翔科技股份有限公司	1853.93	68.75	27.52	31.19	0.25	2.2	11.22
北京梅泰诺通信技术股份有限公司	3362.59	21.29	−358.24	30.66	0.24	5.676	4.31

2012 年北京市上市公司

单位名称	利润构成与盈利能力						
	主营业务收入	经营费用	管理费用	财务费用	营业利润	投资收益	营业外收支净额
北京合康亿盛变频科技股份有限公司	70256.58	8772.44	4256.21	−714.77	12039.58	428.6	3998
北京东土科技股份有限公司	16464.43	2967.38	3891.01	−63.16	3719.2		1286.56
北京联飞翔科技股份有限公司	10809.85	189.94	1137.71	261	1798.08		358.96
北京梅泰诺通信技术股份有限公司	43825.06	369.6	5585.19	883.62	2967.91	68.1	1807.77

工业企业主要经济指标（3）

单位：万元

资产与负债									
资产总额	负债总额	流动负债	货币资金	应收账款	其　他 应收款	股东权益	股东权益 比率（%）	流动比率 （倍）	速动比率 （倍）
179554.2	28448.94	28448.94	41265.2	55641.41	1377	150064.2	83.57	4.8124	3.6513
42420.31	3642.27	3642.27	32024.55	5587.13	169.97	38778.04	91.41	11.301	10.7572
25746.88	8031.03	6061.03	1226.37	3627.46	220.48	16529.07	64.19	1.5944	0.985
115543.1	35425.52	35425.52	23211.21	34786.68	1085.53	77962.76	67.47	2.5427	1.8058

工业企业主要经济指标（3）（续表）

单位：万元

<table>
<tr><th colspan="4">利润构成与盈利能力</th><th colspan="8">经营与发展能力</th></tr>
<tr><th>利润总额</th><th>所得税</th><th>净利润</th><th>净资产收益率（%）</th><th>存货周转率（%）</th><th>应收账款周转率（%）</th><th>总资产周转率（%）</th><th>主营业务收入增长率（%）</th><th>营业利润增长率（%）</th><th>税后利润增长率（%）</th><th>净资产增长率（%）</th><th>总资产增长率（%）</th></tr>
<tr><td>16037.58</td><td>2421.62</td><td>13505.37</td><td>9</td><td rowspan="4">2.52</td><td rowspan="4">3.58</td><td rowspan="4">0.47</td><td rowspan="4">39.24</td><td rowspan="4">111.75</td><td rowspan="4">68.75</td><td rowspan="4">12.1</td><td rowspan="4">29.36</td></tr>
<tr><td>5005.76</td><td>524.96</td><td>4480.8</td><td>11.55</td></tr>
<tr><td>2157.05</td><td>205.19</td><td>1853.93</td><td>11.22</td></tr>
<tr><td>4775.68</td><td>584.73</td><td>3362.59</td><td>4.31</td></tr>
</table>

2012年北京市工业能源消费总量和

项　　目	能源消费总量（万吨标准煤）	煤　炭	焦　炭	汽　油	煤油
合　计	7177.68	2269.89	32.27	415.90	443.33
农、林、牧、渔业	100.75	44.60		5.05	
采矿业	195.12	47.34	27.73	0.91	
煤炭开采和洗选业	6.44	1.34		0.07	
石油和天然气开采业	0.77			0.01	
黑色金属矿采选业	150.94	44.53	27.73	0.13	
有色金属矿采选业					
非金属矿采选业	1.81	0.14		0.03	
开采辅助活动	35.16	1.33		0.67	
其他采矿业					
制造业	1640.46	391.77	4.54	16.71	0.13
农副食品加工业	30.85	17.66		0.54	
食品制造业	32.70	7.89		0.62	
酒、饮料和精制茶制造业	46.09	30.76		0.36	
烟草制品业	2.40	0.01		0.01	
纺织业	8.86	4.30		0.12	
纺织服装、服饰业	22.65	13.83		0.80	
皮革、毛皮、羽毛及其制品和制鞋业	1.39	0.38		0.08	
木材加工和木、竹、藤、棕、草制品业	5.49	0.66		0.14	
家具制造业	8.52	2.12		0.50	
造纸和纸制品业	15.31	8.66		0.36	
印刷和记录媒介复制业	30.29	3.80		0.90	0.01
文教、工美、体育和娱乐用品制造业	5.89	1.76		0.19	
石油加工、炼焦和核燃料加工业	564.68	3.29		0.05	
化学原料和化学制品制造业	158.36	71.24	0.01	0.98	
医药制造业	33.05	11.95		0.53	
化学纤维制造业	1.72	0.03		0.02	
橡胶和塑料制品业	34.65	8.21		0.62	
非金属矿物制品业	235.20	152.13	2.15	0.98	

注：各行业能源总消费量为各行业终端消费量与各行业分摊的损失量和加工转换损失量之和，不等于分品种能源消费量（标准煤）的合计。

主要能源品种消费量（按行业分）

单位：万吨

柴油	燃料油	液化石油气	天然气（亿立方米）	热力（万百万千焦）	电力（亿千瓦时）
215.82	78.16	45.67	92.07	17065.92	911.94
3.81		0.07	0.01		18.14
25.88	0.01	0.04	0.32	165.57	19.40
0.10				1.16	1.72
			0.06		0.26
4.41	0.01		0.24	162.85	16.34
0.56				1.51	0.24
20.81		0.04	0.02	0.05	0.84
18.25	73.90	4.45	9.88	4439.60	175.62
0.46	0.03	0.05	0.12	47.06	3.97
0.53		0.25	0.45	101.72	4.86
0.59		0.01	0.09	102.38	5.46
			0.12		0.26
0.03		0.02	0.03	18.97	1.35
0.23		0.03	0.03	35.25	2.09
0.01				1.96	0.19
0.08			0.02	1.05	1.11
0.10	0.01	0.02	0.01	14.32	1.38
0.19	0.01	0.02	0.06	8.71	1.95
0.23		0.03	0.30	75.78	5.92
0.04		0.02	0.04	26.88	0.71
0.08	67.12	2.66	2.62	1594.33	17.38
0.86	3.51	0.25	0.29	1113.76	17.02
0.30		0.02	0.35	113.07	4.87
			0.02	9.52	0.37
0.25		0.11	0.09	84.78	7.25
10.00	3.18	0.11	0.98	33.17	21.45

2012 年北京市工业能源消费总量和

项　　目	能源消费总量（万吨标准煤）	煤　炭	焦　炭	汽　油	煤　油
黑色金属冶炼及压延加工业	32.23	1.31	0.79	0.09	0.00
有色金属冶炼及压延加工业	8.47	1.32	0.06	0.11	0.00
金属制品业	37.66	6.78	0.06	1.13	0.00
通用设备制造业	38.37	6.65	0.91	1.16	0.02
专用设备制造业	26.03	5.14	0.03	1.03	0.00
汽车制造业	98.84	9.15	0.46	1.78	0.03
铁路、船舶、航空航天和其他运输设备制造业	17.46	11.48	0.02	0.22	0.00
电气机械和器材制造业	28.95	6.65	0.02	1.18	0.00
计算机、通信和其他电子设备制造业	82.79	0.68		0.70	0.00
仪器仪表制造业	8.97	0.65		0.62	0.00
其他制造业	6.52	0.08		0.13	0.00
废弃资源综合利用业	1.59	0.38	0.00	0.02	0.00
金属制品、机械和设备修理业	14.48	2.82	0.03	0.74	0.07
电力、燃气及水的生产和供应业	440.08	1213.97		1.77	0.00
电力、热力生产和供应业	400.38	1213.53		1.35	
燃气生产和供应业	10.92	0.00		0.23	
水的生产和供应业	28.78	0.44		0.19	0.00
建筑业	150.45	11.85	0.00	9.61	
批发和零售业	221.68	11.53		26.00	
交通运输、仓储和邮政业	1235.05	15.86		44.03	442.79
住宿和餐饮业	262.34	27.77		1.77	
信息传输、软件和信息技术服务业	129.64	1.14		3.96	0.00
金融业	54.26	0.96		2.54	
房地产业	411.54	90.02		4.46	
租赁和商务服务业	196.26	44.50		10.61	
科学研究和技术服务业	163.92	14.48		9.40	0.41
水利、环境和公共设施管理业	46.51	4.16		2.05	0.00
居民服务、修理和其他服务业	47.13	16.84		1.50	0.00
教　育	222.87	33.30		3.45	
卫生和社会工作	74.05	10.26		1.07	
文化、体育和娱乐业	71.47	2.60		2.03	0.00
公共管理、社会保障和社会组织	115.35	14.71		8.71	
生活消费	1398.75	272.23		260.27	
城　镇	1115.44	62.23		252.35	
乡　村	283.31	210.00		7.92	

主要能源品种消费量（按行业分）（续表）

单位：万吨

柴 油	燃料油	液 化 石油气	天然气 （亿立方米）	热 力 （万百万千焦）	电 力 （亿千瓦时）
0.39	0.00	0.02	0.91	13.13	5.86
0.05	0.00	0.01	0.01	19.41	2.05
0.48	0.00	0.51	0.44	46.43	6.56
0.56	0.00	0.10	0.19	143.71	6.16
0.31	0.01	0.01	0.12	106.44	4.54
1.71	0.03	0.12	1.88	185.36	18.15
0.23		0.01	0.05	112.74	2.24
0.09		0.03	0.15	95.12	4.86
0.09		0.02	0.28	217.16	23.37
0.04		0.00	0.06	55.16	1.27
0.10		0.01	0.02	37.11	0.90
0.05		0.00	0.00	1.42	0.35
0.17		0.01	0.15	23.70	1.72
1.07	1.99	3.94	34.98	285.37	102.13
0.91	1.99	0.05	34.49	253.71	92.42
0.06		3.88	0.43	6.68	0.80
0.10		0.01	0.06	24.98	8.91
26.80	0.00	0.71	0.49	125.62	25.89
6.09	0.03	0.63	0.62	690.58	45.27
117.34	1.28	0.34	8.22	663.38	69.11
0.94	0.03	14.07	4.67	653.59	43.62
0.44		0.04	0.14	317.93	37.24
0.24		0.04	0.10	254.27	13.42
1.45	0.89	0.37	8.21	1332.85	60.29
2.92	0.01	0.20	2.03	722.34	30.63
1.49		0.13	3.07	782.88	23.40
4.42	0.00	0.15	0.20	41.03	9.88
0.84	0.01	0.15	0.91	110.15	5.04
1.76		0.47	3.97	1618.13	27.02
0.23		0.18	1.14	379.87	11.59
0.40		0.23	0.85	393.30	13.76
0.89	0.01	0.36	0.72	688.46	18.66
0.56		19.10	11.54	3401.00	161.83
		11.21	11.27	3401.00	137.09
0.56		7.89	0.27		24.74

附 录

北京市第二十七届企业管理现代化创新成果获奖名单（226项）

序号	成果名称	企业名称
	一等奖67项	
1	传统水泥企业实现绿色与可持续发展的战略转型实践	北京水泥厂有限责任公司
2	以“中国服务”为战略目标构建企业服务品牌文化管理体系	北京贵友大厦有限公司
3	大型购物中心信息化服务管理体系的构建与实施	北京新燕莎商业有限公司
4	复式收费工作管理体系的构建与实施	北京市首都公路发展集团有限公司
5	“适需服务”管理体系的创建与实施	北京市首都公路发展集团有限公司
6	首都高速公路建设项目管理信息系统的构建与实施	北京市首发高速公路建设管理有限责任公司
7	产品销售“量价图模型”的创建与应用	北京东方石油化工有限公司
8	京水集团企业文化理念行为体系的再造	北京市自来水集团有限责任公司
9	非经营性资产的接收管理与企业经营结合的管理实践	北京房地集团有限公司
10	基于战略转型的企业文化建设	北京牡丹电子集团有限责任公司
11	鸟巢自主品牌发展模式的构建与管理	国家体育场有限责任公司
12	商业零售企业收款方式的变革与创新——北京当代商城行业首推“移动收银”	北京当代商城有限责任公司
13	名药支撑市场 名医创造信任 名店铸就品牌	北京同仁堂国药（香港）集团有限公司
14	中华老字号“品牌、产品、市场”三位一体发展体系的构建与实施	北京同仁堂科技发展股份有限公司
15	两限房项目开发成本管理与实施	北京建工四建房地产开发有限公司
16	房地产项目开发流程管理“关键路径控制方法”的创建与应用	北京首都开发股份有限公司
17	构建适应房地产控股集团的全面预算管理体系	北京首都开发控股（集团）有限公司
18	北京市轨道交通地下空间资源开发的创新与实践	北京京投轨道交通资产经营管理有限公司
19	北京市城市轨道交通新线试运行评估工作创新与实践	北京轨道交通路网管理有限公司
20	采矿业信息化安全生产管理体系的构建与实施	北京昊华能源股份有限公司大安山煤矿

续表

序号	成果名称	企业名称
21	保障性住房标准化建设管理体系的构建与实施	北京丽富房地产开发有限公司 北京京西建筑勘探设计院有限公司
22	以品牌战略为主导高新尖产品研发创新管理机制的构建与实施	中国石油化工股份有限公司北京燕山分公司化工二厂
23	大型能源投资集团“三位一体”标准化管理体系的构建与实施	北京能源投资（集团）有限公司
24	大型能源投资集团财务公司资金管控模式的创新与实践	京能集团财务有限公司
25	“四必须”流程化安全管理创新实践	北京京能热电股份有限公司
26	大型能源集团燃料集团化管理创新系统的构建与运行	北京京能电力燃料有限公司
27	多热源大型供热系统优化调度管理	北京市热力集团有限责任公司
28	“三专”一“综合”设备管理模式在发电企业的实践	内蒙古岱海发电有限责任公司
29	电力企业经营绩效考评体系的创新与实施	山西漳山发电有限责任公司
30	传统冷冻冷藏企业网络化管理新模式的构建	北京二商集团有限责任公司西郊食品冷冻厂
31	“健力”牌禽蛋全产业链质量控制体系的构建与实施	北京市禽蛋公司
32	轨道交通动车调试管理体系的建立与实施	北京市轨道交通建设管理有限公司
33	运用现代化信息手段 实现向高效运营方式的转变	北京市地铁运营有限公司运营二分公司
34	“三位一体”安全风险预警体系的构建与实施	大唐国际发电股份有限公司 北京高井热电厂
35	突破生产瓶颈的预案管理创新与实践	北京现代汽车有限公司
36	加速优秀人才脱颖而出的职位与任职资格管理体系	北汽福田汽车股份有限公司
37	汽车金融服务订单流程系统开发与管理	北汽福田汽车股份有限公司
38	大型自主品牌车企一体化采供体系的构建与实施	北京汽车股份有限公司
39	整车研发工作流程管理的创新与实践	北京汽车股份有限公司
40	汽车研发自主创新知识产权管理实践	北京汽车股份有限公司
41	创新融资方式实现低成本的海外收购	北京汽车集团有限公司
42	跨地域集团型水务（供水）企业标准化营销客服管理体系的构建与实施	北京首创股份有限公司
43	证券行业信息系统安全治理新模式	首创证券有限责任公司
44	房地产企业全成本管理体系的构建与实施	首创置业股份有限公司
45	能源装备企业技术创新管理体系的建设与运行	北京巴布科克·威尔科克斯有限公司
46	以战略为引领的绩效管理体系的构建与实施	北京京城华德液压工业有限责任公司
47	连锁百货企业经营管理体系的完善与创新	北京王府井百货（集团）股份有限公司
48	一轻信息化系统的建设与实践——多组织、跨行业大型信息化系统的建设与实践	北京一轻控股有限责任公司
49	以客户需求为导向的办公楼交房标准创新	金融街重庆置业有限公司
50	基于实现企业管控目标的流程体系建设	北京市燃气集团有限责任公司企管计划部
51	质量管理信息系统建设	北京京仪世纪电子股份有限公司

续表

序号	成果名称	企业名称
52	精益型企业的质量管理体系构建与实施	北京远东仪表有限公司
53	BOT 业务风险管控系统的构建与应用	北控水务集团有限公司
54	提升北京鸭生产整体食品安全的精细化管理体系的构建与实施	北京金星鸭业中心
55	大型建筑企业全面管控体系的构建与实施	中建三局第二建设工程有限责任公司
56	以提升旅客满意度为目标 创新铁路客运管理体系	北京铁路局
57	污水处理企业多元综合服务管控模式的构建与实践	北京城市排水集团有限责任公司高碑店污水处理厂
58	以客户需求为导向的房地产“情景营销”战略的构建与实施	北京城建投资发展股份有限公司
59	基于战略导向的施工企业全面预算信息化管理构建与实施	北京首钢建设集团有限公司
60	基于“三网融合”的首钢集团电信服务模式的构建与实施	北京首钢自动化信息技术有限公司
61	首钢节能环保产业化体系的构建与实践	首钢总公司能源环保产业事业部
62	面向多品种小批量制造企业 生产信息管理系统的构建与实施	首钢矿业公司
63	基于网格化管理的家庭宽带市场拓展模式	中国移动北京公司西区分公司
64	构建“网络运维生态圈”，实现网络质量的快速持续提升	中国移动通信集团北京有限公司
65	以人才强企为核心的人力资源管理体系的构建	北京光华纺织集团有限公司
66	前门地区古都风貌修缮保护“三位一体”管理模式的构建与实施	北京天街控股集团有限公司
67	老字号企业精细化管理体系的构建与实施	北京便宜坊烤鸭集团有限公司
	二等奖 121 项	
1	加大管理创新实现马家楼垃圾转运站处理能力提升和工艺优化	北京环境卫生工程集团有限公司二清分公司
2	住宅产品标准管理体系的构建与实施	北京金隅大成开发有限公司
3	高速公路联网收费的构建与实施	北京市首都公路发展集团有限公司
4	高速公路运营安全风险管理体系的构建与实施	北京市首都公路发展集团有限公司
5	提升高速公路服务水平 打造首都路产服务品牌	北京市首都公路发展集团有限公司
6	以全寿命周期为创新理念的高速公路养护管理体系	北京市首都公路发展集团有限公司
7	高速公路机电系统维护维修 综合管理平台的构建与应用	北京云星宇交通工程有限公司
8	“三位一体”质量监督制度有力保障工程建设质量	北京市首都公路发展集团有限公司
9	成品油销售企业构建“五位一体”督导管理体系	中国石油化工股份有限公司北京石油分公司
10	企业内控管理体系的构建与创新	北京东方石油化工有限公司
11	开拓创新突破装置瓶颈 节能降耗优化生产运行	北京东方石油化工有限公司化工四厂
12	化工企业整体搬迁再创业管理创新实践	北京东方石油化工有限公司有机化工厂
13	创新营销理念 助推产品升级换代 践行绿色环保 提升企业品牌价值	北京东方石油化工有限公司销售中心
14	转变观念 变废为宝 实现企业节能减排双丰收	北京东方石油化工有限公司东方化工厂
15	水费账务信息管理系统的构建与实践	北京市自来水集团有限责任公司

续表

序号	成果名称	企业名称
16	水厂安全生产标准化管理体系的建立与实施	北京市自来水集团有限责任公司第三水厂
17	土地一级开发中企业廉政风险监控体系的构建与探索	北京新奥集团有限公司
18	奥林匹克公园中心区基于云计算平台的设备设施管理体系	北京市新奥物业管理有限公司
19	出口信用风险管理的创新与实践	北京市服装进出口股份有限公司
20	供应链环境下物流企业仓储融资监管服务创新与实践	北京阳光国际货运有限公司
21	非典型性商业工业房地产项目经营管理模式的构建与运行	北京兆维电子（集团）有限责任公司兆维实业总公司
22	构建政务网站整体运营维护服务创新	首都信息发展股份有限公司
23	票务运营管理平台的构建与实施	北京文化体育科技有限公司
24	城市轨道交通工程测量管理信息系统的构建与实施	北京城建勘测设计研究院有限责任公司
25	自动化监测系统在企业管理中的运用	北京城建勘测设计研究院有限责任公司
26	践行科学发展观　节能减排创效益	北京翠微大厦股份有限公司
27	蘸蜡系统应用所带来的生产方式和管理方式的变革	北京同仁堂股份有限公司
28	资金集中管理体系的构建与实施	北京建工四建工程建设有限公司
29	以风险防控为核心的施工企业合同管理	北京建工四建工程建设有限公司
30	工程质量检测企业实行绩效考核的实践	北京思建新创工程质量检测有限公司
31	GPS 系统在混凝土企业精细化管理中的应用	北京建工新型建材有限责任公司
32	整合品牌资源　建立集团化物业服务标准体系	北京首开鸿城实业有限公司
33	数据化分析　差异化服务　扭转限购影响下的销售颓势	北京金泰集团有限公司汽车贸易分公司
34	整合资源建设金泰之家酒店连锁经营体系	北京金泰恒业国际旅游有限公司
35	打造“文化＋体验”四合院酒店经营管理体系	北京金泰集团有限公司西城分公司
36	基于石化老企业社区特点　推进企业主导型安全社区建设	中国石化集团北京燕山石油化工有限公司
37	基于“实”训的本质安全培训管理体系构建	中国石化集团北京燕山石油化工有限公司教育培训中心
38	预知维修管理思想应用于炼油系统加工劣质原油装置的防腐管理	中国石油化工股份有限公司　北京燕山分公司炼油二厂
39	创新“模拟市场核算”领域建立石化产品检验分析成本核算体系	中国石油化工股份有限公司　北京燕山分公司质量监督检验中心
40	财务公司流动性管控平衡的管理与实践	京能集团财务有限公司
41	建立优质的客户服务管理体系	北京市热力集团有限责任公司
42	发电企业员工能力素质提升体系建设与实施	内蒙古岱海发电有限责任公司
43	以精细化研讨会为中心的四个管理体系建设促进企业可持续发展	内蒙古京科发电有限公司
44	从火力发电厂基建到生产全过程 6S 管理的实施	内蒙古京泰发电有限责任公司
45	发电企业全生命周期燃料管理模式的构建与实施	山西漳山发电有限责任公司
46	生物质燃料精细化管理在生物质发电厂的应用	山东京能生物质发电有限公司
47	以创新企业文化建设为载体，助推企业发展	北京市东方友谊食品配送公司
48	以文化科普建设展企业形象、促公司发展	北京二商王致和食品有限公司

续表

序号	成果名称	企业名称
49	完善蔬菜产业化经营、建立社区综合市场、拓展蔬菜供应链终端	北京市菜蔬公司
50	轨道交通工程合同履约过程评价体系的建立与实践——以土建施工为例	北京市轨道交通建设管理有限公司
51	以矩阵式管控模型为核心的企业财务风险管控体系的构建与实施	北京市地铁运营有限公司资源管理与经营事业总部
52	地铁工程施工风险分析与防范管理	北京地铁监理公司
53	地铁集团化管理模式下的财务管理构建与实施	北京市地铁运营有限公司运营一分公司
54	创建自主培训管理体系 实现车辆维修标准化	北京市地铁运营有限公司运营四分公司
55	合理“离散”——突显业绩考核激励机制	大唐国际发电股份有限公司 北京高井热电厂
56	双机检修进度控制的科学管理	大唐国际发电股份有限公司 北京高井热电厂
57	“01234”消防安全管理模式的构建与实施	大唐国际发电股份有限公司北京高井热电厂
58	北京奔驰班组长选拔、晋升机制与梯队建设创新	北京现代汽车有限公司
59	浪遏飞舟 激流勇进——树中高级轿车全新里程碑	北京现代汽车有限公司
60	整车合资企业完善供应商选定基础框架——培育本土供应商，实现二次飞跃的实践与创新	北京现代汽车有限公司
61	汽车制造企业国际化人才培养模式创新与实践	北汽福田汽车股份有限公司
62	质量监督评审在发动机整机中的应用	北汽福田汽车股份有限公司
63	商用车生产物流模式创新	北汽福田汽车股份有限公司
64	尺寸工程管理的创新与实践	北京汽车股份有限公司
65	大型股份制企业内部控制体系建设的实践与创新	北京汽车股份有限公司
66	基于虚拟组织理论的职工创新平台在推广 CAE 仿真技术中的实践与创新	北京汽车股份有限公司
67	企业知识管理创新体系的建立与实施	北京汽车股份有限公司
68	通过组织再造支撑自主品牌乘用车业务跨越式发展战略	北京汽车股份有限公司
69	心灵契约式的研发部门员工绩效激励与管理	北京汽车股份有限公司
70	新能源特色整车验证创新管理	北京汽车新能源汽车有限公司
71	基于产业链延伸战略的农业装备企业创新型管理整合	北京嘉源易润工程技术股份有限公司
72	基于行动学习范式的组织学习机制创新	北京首创股份有限公司
73	以现金池管控体系为核心的集团化资金管理	北京首创股份有限公司
74	六西格玛管理方法的推广及应用	北京巴布科克·威尔科克斯有限公司
75	零缺陷质量管理工具的构建与应用	北京北开电气股份有限公司
76	基于大型环保装备研发项目生命周期的诊断式过程管理	北京机电院高技术股份有限公司
77	企业薪酬激励机制的建立与优化	北京机电院高技术股份有限公司
78	创新劳务派遣用工管理实践	北京一轻日用化学有限公司

续表

序号	成果名称	企业名称
79	自主创新研发体系的构建与实践	北京金鱼科技股份有限公司
80	创新核心业务信息化 提升公司核心竞争力	长城人寿保险股份有限公司
81	审计工作标准化规范化创新	北京金融街投资（集团）有限公司
82	住宅项目精细内验及阳光交付的管理创新	金融街控股股份有限公司
83	资金收支及预测管理模型	金融街控股股份有限公司
84	基于OA平台扩展实现企业运营预算与控制——OA费用管理	金融街控股股份有限公司
85	创建信息管理平台 优化购物中心二次装修的全过程管理	北京金融街购物中心有限公司
86	保障房建设工程“三位一体”安全综合管控模式	北京华融金晖置业有限公司
87	网络环境下档案信息资源整合利用的构建与实践	北京市燃气集团有限责任公司档案馆
88	北京燃气执行文化的构建与实施	北京市燃气集团有限责任公司
89	引入专业仪表运行维护机制 提高企业销售经济效益	北京市燃气集团有限责任公司
90	燃气管网网格化无差别运行模式的构建与实施	北京市燃气集团有限责任公司第二分公司
91	建立“双师双带”定向培养机制 加速人才培养	北京市燃气集团有限责任公司第三分公司
92	地下燃气管网泄漏抢修工作一体化管理	北京市燃气集团有限责任公司第四分公司
93	实施安全案例管理 提升企业安全执行力的创新与实践	北京市燃气集团有限责任公司第五分公司
94	以提升企业综合效益为目的的目标管理实践	北京市燃气集团有限责任公司第五分公司
95	站队建设“望闻问切”四诊对标管理法	北京绿源达压缩天然气有限公司
96	燃气工程项目预结算互审机制的建立与实施	北京市燃气集团有限责任公司工程建设管理分公司
97	创建有效沟通机制 促进企业良性发展	北京市燃气集团有限责任公司高压管网分公司
98	技术管理创新是推动企业发展的源动力	北京京仪椿树整流器有限责任公司
99	北控水务集团市值管理体系的创建与实施	北控水务集团有限公司
100	科研创新管理的新途径——北控磁浮科研创新管理实践	北京控股磁悬浮技术发展有限公司
101	基于资源整合基础上的农场管控体系再造	北京市西郊农场
102	Cobb500祖代肉种鸡饲养方案技术创新与应用	北京家禽育种有限公司
103	蛋种鸡现代化、规模化、标准化生产管理体系构建	北京市华都峪口禽业有限责任公司
104	基于标准化的建筑企业信息化管理创新与实施	中建三局第二建设工程有限责任公司
105	基于精品设计和成本控制的房地产项目开发创新在北京城建·熙城项目中的应用	北京城建投资发展股份有限公司
106	冶金企业大型危险化学品设备设施拆除的精细化安全管理	首钢总公司安全处
107	大型钢铁企业开发矿产资源与节约资源并重 实现可持续发展的实践	首钢总公司
108	首钢发展文化创意产业的实践与效果	首钢总公司发展研究院
109	创新能源与环境管理体系 提升能源与环境管理水平	首钢京唐钢铁联合有限责任公司
110	学习型企业导向下员工自主学习平台的建设与管理	首钢京唐钢铁联合有限责任公司

续表

序号	成果名称	企业名称
111	引领跨地区企业管控水平持续提升的设备管理综合评价体系的构建与实施	首钢总公司设备部
112	基于“模块化”理论 TS16949 体系的建立与实施	北京首钢冷轧薄板有限公司
113	精益求精求创新 指标进步促发展	北京首钢股份有限公司第一线材厂
114	首钢北京地区产业转型发展的设计与实践	首钢总公司高端产业开发部
115	培养高技能人才的网络培训体系建设	河北省首钢迁安钢铁有限责任公司
116	校企融合助推企业高技能人才培养的实践	首钢培训中心
117	MES 功能完善系统优化	秦皇岛首秦金属材料有限公司
118	电信行业成本精细化管理创新成果	中国移动通信集团北京公司
119	搭建“小区域”营销指标管理体系 提升营业厅营销效能	中国移动通信集团北京有限公司
120	版权交易综合服务体系的建设与实施	北京东方雍和国际版权交易中心有限公司
121	品牌创新 产业升级 助力盛锡福腾飞	北京盛锡福帽业有限责任公司
	三等奖 38 项	
1	以节能减排为核心的多功能洗扫车 产品开发管理体系的构建与实施	北京市清洁机械厂有限公司
2	培养 T 字形人才 促进企业快速发展	北京市首都公路发展集团有限公司
3	合理控制设备运行时间，降低隧道运行成本	北京市首都公路发展集团有限公司
4	借助高速公路智能管理平台进行养护作业劳动定额管理	北京首发公路养护工程有限公司
5	“三定一选”加油站特许经营管理	中国石油化工股份有限公司北京石油分公司
6	大型广场花岗岩铺装工程质量管理	北京新奥集团有限公司
7	矩阵式组织结构在电厂防“非停”中的运用	内蒙古岱海发电有限责任公司
8	发电厂运行值班管理思路的创新设计与实践应用	内蒙古京科发电有限公司
9	电力企业岗位角色转换及互补的模式与实践	内蒙古京科发电有限公司
10	差异化管理策略实施与应用	内蒙古京隆发电有限责任公司
11	在不间断运营的条件下实现对地铁换乘通道的改造实施	北京市地铁运营有限公司
12	立足自主培训 构建学习型地铁站区	北京市地铁运营有限公司运营三分公司
13	北京奔驰班组长选拔、晋升机制与梯队建设创新	北京奔驰汽车有限公司
14	危机管理的机制创新与重要应用——“扁平式”应急预案及危机全面解决方案	北京现代汽车有限公司
15	创新质量保证体系 提升发动机品质	北京北内柴油机有限责任公司
16	构建纯电动汽车零部件供应链体系的实施	北京汽车股份有限公司
17	自主品牌“三维矩阵”质量管理实践	北京汽车股份有限公司
18	EPC 工程总承包企业的采购管理	北京机电院高技术股份有限公司
19	酒店固定资产信息化管理应用	北京金昊房地产开发有限公司
20	应用建筑信息化模型（BIM）提高项目管理水平	金融街控股股份有限公司
21	引入测评系统 提升招聘质量	金融街控股股份有限公司

续表

序号	成果名称	企业名称
22	景观设计及工程施工一体化管理	金融街重庆置业有限公司
23	计划综合管控体系的建立和管理	北京华融金晖置业有限公司
24	全面预算管理工作创新	北京华融金晖置业有限公司
25	放映机氙灯高可靠性触发技术改造创新	北京首都华融影院有限责任公司
26	企业劳动人事管理法律风险防范实践创新	北京华融基础设施投资有限责任公司
27	房源管理系统在土地一级开发企业中的应用与探索	北京华融基础设施投资有限责任公司
28	征收条例对拓展工作的影响分析及创新思路研究	北京华融基础设施投资有限责任公司
29	探索产学研用合作新模式 加速企业研发中心能力建设	北京市燃气集团有限责任公司研究院
30	延续管网信息化建设 构建生产运行管理系统	北京市燃气集团有限责任公司运营调度中心
31	闸井智能监控系统的管理与应用	北京市燃气集团有限责任公司第四分公司
32	以利润考核为核心的绩效管理体系	北京市煤气工程有限公司
33	加强宣传队伍建设 创新企业宣传工作	北京市燃气集团有限责任公司
34	实施流程化管理推进管理升级	北京首钢国际工程技术有限公司
35	动态调整产品结构 实现产品综合竞争力	首钢总公司生产部
36	首钢合营公司高管人员管理体系的构建与实施	首钢总公司资本运营部
37	加快传统服务业管理方式转变的无线企业网建设	北京首钢实业有限公司
38	打造服务型劳务派遣管理体系 构建和谐稳定劳动关系	中国移动通信集团北京有限公司

北京市第二十七届企业管理现代化创新成果优秀组织单位名单（10家）

序号	企业名称
1	首钢总公司
2	北京京城机电控股有限责任公司
3	北京市首都公路发展集团有限公司
4	北京首都创业集团有限公司
5	北京首都旅游集团有限责任公司
6	北京能源投资（集团）有限公司
7	北京汽车集团有限公司
8	北京对外经贸控股有限责任公司
9	中国移动通信集团北京有限公司
10	中国石油化工股份有限公司北京燕山分公司

注：以上排名不分先后

北京市第十五批企业技术中心认定名单

根据《北京市企业技术中心认定评价管理办法》，结合企业的综合实力、技术创新体系建设与运行机制、技术中心基本条件、技术创新活动成果等，经专家评审及北京市企业技术中心认定指导小组审定，同意北京榆构有限公司等47家企业的技术中心通过北京市第十五批认定。具体名单如下（排名不分先后）：

序号	企业名称	序号	企业名称
1	北京榆构有限公司	25	北京恒华伟业科技股份有限公司
2	多维联合集团有限公司	26	北京科蓝软件系统有限公司
3	北京京磁强磁材料有限公司	27	北京东方国信科技股份有限公司
4	北大先行科技产业有限公司	28	北京数字政通科技股份有限公司
5	北京首钢吉泰安新材料有限公司	29	能通科技股份有限公司
6	燕开电气股份有限公司	30	北京海鑫科金高科技股份有限公司
7	北京首航艾启威节能技术股份有限公司	31	北京拓尔思信息技术股份有限公司
8	钢研纳克检测技术有限公司	32	北京海兰信数据科技股份有限公司
9	北京博纳电气有限公司	33	北京飞利信科技股份有限公司
10	中煤电气有限公司	34	北京北纬通信科技股份有限公司
11	北京诚益通控制工程科技股份有限公司	35	大唐软件技术股份有限公司
12	北京京仪椿树整流器有限责任公司	36	北京真视通科技股份有限公司
13	能科节能技术股份有限公司	37	北京南天软件有限公司
14	北京福斯汽车电线有限公司	38	北京世纪瑞尔技术股份有限公司
15	北京天坛股份有限公司	39	北京东方雨虹防水工程有限公司
16	北京勤邦生物技术有限公司	40	北京国电清新环保技术股份有限公司
17	北京澄通光电股份有限公司	41	北京特希达科技有限公司
18	北京长城电子装备有限责任公司	42	中交第四公路工程局有限公司
19	北京主导时代科技有限公司	43	北京市第三建筑工程有限公司
20	北京牡丹电子集团有限责任公司	44	中国中元国际工程公司
21	北京煜邦电力技术有限公司	45	中国新兴保信建设总公司
22	北京华环电子股份有限公司	46	中国水电建设集团铁路建设有限公司
23	北京紫光华宇软件股份有限公司	47	北京城建建设工程有限公司
24	北京首钢自动化信息技术有限公司		

北京市工业企业部分发明授权专利

申请号	发明名称	专利权人名称	专利权人地址
2011104099826	一种具有原油降解功能的菌及适用于低温和盐碱地区的原油污染土壤的生物修复剂	中国石油天然气股份有限公司	东城区东直门北大街9号中国石油大厦
2011103865207	一种美白淡斑亮肤组合物、含有该组合物的护肤品及制备方法	宝健（中国）日用品有限公司	大兴区西环南路16号
2011103594756	一种超高强度海洋工程结构用钢板及其生产方法	首钢总公司	石景山区石景山路68号
2011103593522	一种用于轧钢厂物料信息化管理的监控方法	北京首钢自动化信息技术有限公司	石景山区石门路1号
2011103349839	一种船板表面耐海岸大气腐蚀氧化铁皮的控制方法	首钢总公司	石景山区石景山路68号
201110324167X	一种具有滋阴助阳、培元固本功效的中药组合物	北京同仁堂天然药物有限公司	大兴区北京经济技术开发区西环南路8号B1-202室
2011103241542	一种具有益肾填精、补气养血功效的中药组合物	北京同仁堂天然药物有限公司	大兴区北京经济技术开发区西环南路8号B1-202室
2011103069999	一种基于公安领域知识本体模型的信息搜索方法	中国软件与技术服务股份有限公司	海淀区学院南路55号（中软大厦）
2011102829627	一种低温韧性优良的X100管线钢板及其制备方法	首钢总公司	石景山区石景山路68号
2011102827903	镀锌通信塔架用钢及其生产方法	首钢总公司	石景山区石景山路68号
2011102822172	一种高硅低氧洁净钢的冶炼方法	首钢总公司	石景山区石景山路68号
2011102792660	一种门极可关断晶闸管用水冷散热器	北京金自天正智能控制股份有限公司	丰台区科学城富丰路6号
2011102776899	一种铁铬铝蓝色表面处理的方法	北京首钢吉泰安新材料有限公司	昌平区沙河镇富生路9号
2011102656844	聚对苯二甲酸1，3-丙二醇酯连续生产系统	中国石油天然气集团公司	东城区东直门北大街9号中国石油大厦
2011102352872	一种脱磷转炉的自动控制方法	北京首钢自动化信息技术有限公司	石景山区石门路1号
2011102311478	数据库查询方法及智能卡	北京握奇数据系统有限公司	朝阳区东直门外西八间房万红西街2号燕东商务花园
2011102214853	一种早期断奶乳猪饲料	北京大北农科技集团股份有限公司	海淀区中关村大街27号中关村大厦14层大北农集团
2011102144649	一种冶炼低硅冷镦钢的方法	首钢总公司	石景山区石景山路68号
2011102088121	一种含油污泥制备超级活性炭的方法	中国石油天然气集团公司	东城区东直门北大街9号中国石油大厦

续表

申请号	发明名称	专利权人名称	专利权人地址
2011102035069	一种提高立体测绘相机图像定位精度的辅助数据处理方法	航天东方红卫星有限公司	北京市5616信箱
2011101918642	钢质气瓶热旋压收口机主轴轴承密封结构	北京天海工业有限公司	朝阳区天盈北路9号
2011101911446	一种连续制造碳纤维或石墨纤维增强金属基复合材料的方法及其生产装置	蓝星（北京）化工机械有限公司	大兴区经济技术开发区兴业街5号
2011101910636	一份式拉挤用高性能环氧树脂组合物	蓝星（北京）化工机械有限公司	大兴区经济技术开发区兴业街5号
2011101824221	超低碳超细冷镦钢丝金相样品制备和组织显示方法	首钢总公司	石景山区石景山路68号
2011101821153	一种烧结过程中铁矿粉同化程度的测量方法	首钢总公司	石景山区石景山路68号
201110180718X	一种含B中碳非调质钢及生产方法	首钢总公司	石景山区石景山路68号
2011101803615	一种处理湿式氧化法脱硫废液的方法	首钢总公司	石景山区石景山路68号
2011101803333	一种改善钢坯加热质量的加热设备及使用方法	首钢总公司	石景山区石景山路68号
2011101775278	一种罐体输送车	北京市三一重机有限公司	昌平区沙河镇辛庄桥北清路三一产业园
2011101773412	降低流体脉动冲击的机构、双缸换向泵送系统及混凝土泵	北京市三一重机有限公司	昌平区沙河镇辛庄桥北清路三一产业园
2011101772335	文件展现装置和文件展现方法	用友软件股份有限公司	海淀区北清路68号用友软件园
2011101710625	利用油泥热解残渣制备新型采油废水吸附剂的方法	中国石油天然气集团公司	东城区东直门北大街9号中国石油大厦
2011101700712	一种通过前瞻取舍任务的方法	航天东方红卫星有限公司	北京市5616信箱
2011101700553	一种成像质量优先的任务调度方法	航天东方红卫星有限公司	北京市5616信箱
2011101698267	工业化生产奶酪干的加工设备及方法	北京三元食品股份有限公司	海淀区西二旗中路29号
2011101644178	挡火板装置及钢轨打磨车	北京二七轨道交通装备有限责任公司	丰台区长辛店杨公庄1号
2011101509316	一种生产低碳、低磷钢的转炉供氧枪位控制方法	首钢总公司	石景山区石景山路68号
2011101499920	一种在冷轧酸洗工艺中判定酸洗速度的方法	首钢总公司	石景山区石景山路68号
2011101499598	一种结构用高强钢S550GD+Z的生产方法	首钢总公司	石景山区石景山路68号

续表

申请号	发明名称	专利权人名称	专利权人地址
201110149793X	采用连续退火机组生产 SPA-H 高强度耐候钢的方法	首钢总公司	石景山区石景山路 68 号
201110149779X	一种铸余渣钢处理用渣罐隔板的生产方法	首钢总公司	石景山区石景山路 68 号
2011101409252	短小芽孢杆菌及其饲料添加剂、预混料和饲料防霉剂	北京大北农科技集团股份有限公司	海淀区中关村大街 27 号中关村大厦 14 层大北农集团
2011101293415	一种基于成像质量预估的任务预处理方法	航天东方红卫星有限公司	北京市 5616 信箱
2011101293275	一种对实传任务的预处理方法	航天东方红卫星有限公司	北京市 5616 信箱
2011101214983	扭矩测量装置	北京市三一重机有限公司	昌平区沙河镇辛庄桥北清路三一产业园
2011101184530	大型低温液态烃储罐的氮气吹扫方法	中国石油天然气集团公司	东城区东直门北大街 9 号
2011101165559	一种饲用乳酸菌高密度发酵培养基及其发酵方法	北京大北农科技集团股份有限公司	海淀区中关村大街 27 号中关村大厦 14 层大北农集团
2011101127716	一种风机偏航角度计算方法及计算系统	三一电气有限责任公司	昌平区回龙观北清路三一产业园
2011101038229	四物胶囊的制备方法及应用	悦康药业集团有限公司	大兴区亦庄经济技术开发区宏达中路 6 号
2011100912988	一种烧结中使用硼铁矿粉的方法	首钢总公司	石景山区石景山路 68 号
2011100912973	智能型加球机	首钢总公司	石景山区石景山路 68 号
201110091223X	一种热轧超低碳钢盘条轧后冷却工艺控制方法	首钢总公司	石景山区石景山路 68 号
201110089385X	一种鼓式制动器的开启方法及专用开启工具	中国石油化工集团公司	朝阳区朝阳门北大街 22 号
201110082453X	含伸缩梁的整顶梁液压支架	中煤北京煤矿机械有限责任公司	房山区矿机路 1 号
2011100801345	一种海底管线用 X70 热轧中厚板的生产方法	首钢总公司	石景山区石景山路 68 号
2011100798234	一种 610MPa 高强度高韧性厚钢板制备方法	首钢总公司	石景山区石景山路 68 号
2011100781695	一种食用组合物及其制备方法与应用	北京同仁堂国际药业有限公司	北京经济技术开发区西环南路 8 号 201 室
2011100758167	一种减少高碳钢盘条心部马氏体组织的方法	首钢总公司	石景山区石景山路 68 号
2011100723204	高致病性猪繁殖与呼吸综合征病毒单克隆抗体及其制备	北京大北农科技集团股份有限公司	海淀区中关村大街 27 号中关村大厦 14 层大北农集团
2011100594966	多视图浏览树形结构数据的方法	北京神舟航天软件技术有限公司	海淀区永丰路 28 号

续表

申请号	发明名称	专利权人名称	专利权人地址
2011100581858	一种基于功角计算的电力系统振荡识别方法	北京四方继保自动化股份有限公司	海淀区上地信息产业基地四街9号
2011100469078	一种MA岛组织的面积百分比的定量方法	首钢总公司	石景山区石景山路68号
2011100468817	一种煤焦油产率预测方法	首钢总公司	石景山区石景山路68号
201110044462X	一种模块化卫星压紧参数的确定方法	航天东方红卫星有限公司	北京市5616信箱
2011100409908	一种全自动窄搭接焊机增加在线退火功能的方法	首钢总公司	石景山区石景山路68号
2011100408816	一种在窄搭接焊机上对45钢焊缝退火的方法	首钢总公司	石景山区石景山路68号
2011100384332	搜索方法及搜索引擎	百度在线网络技术（北京）有限公司	海淀区上地十街10号百度大厦
2011100331710	一种通板力学性能均匀的冷轧低碳铝镇静钢的生产方法	首钢总公司	石景山区石景山路68号
2011100331072	聚乙烯材料用热熔压敏胶粘剂及其制备方法	北京东方雨虹防水技术股份有限公司	朝阳区高碑店康家园小区4号楼
201110032388X	一种用于CVC-6型平整机组的辊型控制方法	首钢总公司	石景山区石景山路68号
2011100323714	一种基于密相干塔脱硫工艺的精确脱硫系统	首钢总公司	石景山区石景山路68号
2011100318129	一种提高低碳铝镇静钢钢水洁净度的方法	首钢总公司	石景山区石景山路68号
2011100299414	一种网关设备及使用方法、信息传输方法及设备	大唐移动通信设备有限公司	海淀区学院路29号
2011100292082	一种养生牛奶及其制备方法	北京三元食品股份有限公司	海淀区西二旗中路29号
2011100289605	一种红色养生牛奶及其制备方法	北京三元食品股份有限公司	海淀区西二旗中路29号
2011100288814	一种用于发起主动寻呼的方法、系统和网络网元	大唐移动通信设备有限公司	海淀区学院路29号
201110024741X	多功能竹醋洗衣液	北京洛娃日化有限公司	朝阳区望京利泽中园2区203号
2011100247284	地毯清洁剂	北京洛娃日化有限公司	朝阳区望京利泽中园2区203号
2011100247265	浓缩型防雾玻璃清洁剂	北京洛娃日化有限公司	朝阳区望京利泽中园2区203号
2011100247231	除螨宠物香波	北京洛娃日化有限公司	朝阳区望京利泽中园2区203号
2011100247227	多功能环保清洁剂	北京洛娃日化有限公司	朝阳区望京利泽中园2区203号
2011100247212	小麦蛋白洗洁精	北京洛娃日化有限公司	朝阳区望京利泽中园2区203号
2011100247053	羽绒服清洗剂	北京洛娃日化有限公司	朝阳区望京利泽中园2区203号

续表

申请号	发明名称	专利权人名称	专利权人地址
2011100233489	一种双室双温管式气氛综合电阻炉及其使用方法	首钢总公司	石景山区石景山路68号
2011100217772	一种调整频域资源分布位置的方法及装置	大唐移动通信设备有限公司	海淀区学院路29号
201110020507X	一种快速控制网络链路访问设计方法	北京四方继保自动化股份有限公司	海淀区上地信息产业基地四街9号
2011100202508	阵列基板及其制造方法和液晶显示器	京东方科技集团股份有限公司	朝阳区酒仙桥路10号
2011100098769	一种传输切换信息的方法及装置	大唐移动通信设备有限公司	海淀区学院路29号
2011100086757	一种硅钢金相样品制备方法	首钢总公司	石景山区石景山路68号
2011100086600	一种透射电镜碳萃取复型样的制作方法	首钢总公司	石景山区石景山路68号
201110008574X	一种变频空调用冷轧无取向电工钢的制造方法	首钢总公司	石景山区石景山路68号
2011100085364	一种提高低温板坯加热工艺取向电工钢电磁性能的方法	首钢总公司	石景山区石景山路68号
2011100052750	一种对PAN原丝接头进行预氧化的装置	蓝星（北京）化工机械有限公司	大兴区经济技术开发区兴业街5号
2010106239234	风力发电机组在线状态监测与故障诊断系统	北京四方继保自动化股份有限公司	海淀区上地信息产业基地四街9号
201010623922X	基于动态变化帧的过程数据全息归档和反演方法	北京四方继保自动化股份有限公司	海淀区上地信息产业基地四街9号
2010106232432	微网中央控制器	北京四方继保自动化股份有限公司	海淀区上地信息产业基地四街9号
2010106232201	一种火电站仿真自动评估考核系统	北京四方继保自动化股份有限公司	海淀区上地信息产业基地四街9号
2010106232023	一种低SiO〈sub〉2〈/sub〉高性能烧结矿制备方法	首钢总公司	石景山区石景山路68号
201010622968X	一种低硅、超低硫钢的冶炼方法	首钢总公司	石景山区石景山路68号
2010106229660	一种改善酸洗机组带钢酸洗后表面质量的方法	首钢总公司	石景山区石景山路68号
2010106229270	一种开平板内应力测量方法	首钢总公司	石景山区石景山路68号
2010106228206	一种顶层可折式三层铁路货车	南车二七车辆有限公司	丰台区张郭庄甲1号
2010106222661	安全检查方法	北京神州泰岳软件股份有限公司	朝阳区北苑路甲13号院1号楼22层
2010106216463	移动式车辆检查系统	同方威视技术股份有限公司	海淀区双清路同方大厦A座2层
2010106216459	用于辐射源的控制单元和控制方法及辐射检查系统和方法	同方威视技术股份有限公司	海淀区双清路同方大厦A座2层

续表

申请号	发明名称	专利权人名称	专利权人地址
2010106216425	方向纠偏设备和方法及移动式辐射检查系统	同方威视技术股份有限公司	海淀区双清路同方大厦A座2层
2010106216105	移动式车辆检查系统	同方威视技术股份有限公司	海淀区双清路同方大厦A座2层
2010106215776	检测毒品/爆炸物和特殊核物质/放射性物质的安全检查门	同方威视技术股份有限公司	海淀区双清路同方大厦A座2层
2010106205219	印制线路板的制作方法	北大方正集团有限公司	海淀区成府路298号方正大厦9层
201010620512X	电镀夹具及印制线路板电镀系统	北大方正集团有限公司	海淀区成府路298号方正大厦9层
201010620505X	在浮床上处理印刷电路板的方法、装置及系统	北大方正集团有限公司	海淀区成府路298号方正大厦9层
2010106202511	一种摇枕与侧架连接装置	南车二七车辆有限公司	丰台区张郭庄甲1号
2010106202371	一种适应泰国米轨铁路运行的增载型集装箱平车车体	南车二七车辆有限公司	丰台区张郭庄甲1号
2010106202174	一种铁路平车运输集装箱用伸缩式旋转锁闭装置	南车二七车辆有限公司	丰台区张郭庄甲1号
2010106196474	基站及其实现小区间干扰协调的资源分配方法	大唐移动通信设备有限公司	海淀区学院路29号
201010618089X	阻燃型聚合物改性沥青防水卷材及其制备方法	北京东方雨虹防水技术股份有限公司	朝阳区高碑店康家园小区4号楼
201010617913X	一种可快速修补裂缝的渗透结晶型防水材料	北京东方雨虹防水技术股份有限公司	朝阳区高碑店康家园小区4号楼
2010106164933	连续墙抓斗	北京市三一重机有限公司	昌平区沙河镇辛庄桥北清路三一产业园
201010613115X	一种数据库分区方法和分区装置	大唐移动通信设备有限公司	海淀区学院路29号
201010611929X	预防鸭病毒性肝炎的灭活疫苗及其制备方法	北京大北农科技集团股份有限公司	海淀区板井曙光中路9号
2010106104294	齿轮磨削加工方法	北京二七轨道交通装备有限责任公司	丰台区长辛店杨公庄1号
2010106092206	一种油田组合式污水处理方法	中国石油天然气集团公司	东城区东直门北大街9号中国石油大厦
2010106059284	一种无砟板磨轮的制造方法	安泰科技股份有限公司	海淀区学院南路76号
2010106024177	一种获取烧结过程中铁矿粉高温特性的方法	首钢总公司	石景山区石景山路68号
2010106023704	一种附有硫铁化合物管线钢的氢渗透行为测试方法	首钢总公司	石景山区石景山路68号
2010106023460	一种含Si中碳钢及其获得高强高塑性的热处理方法	首钢总公司	石景山区石景山路68号
2010106022398	一种平车中梁	南车二七车辆有限公司	丰台区张郭庄甲1号

续表

申请号	发明名称	专利权人名称	专利权人地址
2010106022167	一种分段流化床及使用方法	首钢总公司	石景山区石景山路 68 号
2010105994886	一种钢包炉精炼弱底吹大渣量防结坨的搅拌工艺	首钢总公司	石景山区石景山路 68 号
2010105994693	一种 800MPa 级低屈强比结构钢板及其生产方法	首钢总公司	石景山区石景山路 68 号
2010105994655	钢中小型夹杂物分析方法	首钢总公司	石景山区石景山路 68 号
2010105993718	小井眼悬挂器	中国石油天然气集团公司	东城区东直门北大街 9 号
2010105992325	大型储罐壁板热处理施工方法	中国石油天然气集团公司	东城区东直门北大街 9 号
2010105990847	水源井“对井”边开采边回注方法及其所采用的开采回注系统	中国石油天然气集团公司	东城区东直门北大街 9 号
2010105984526	一种任务观测持续时间的确定方法	航天东方红卫星有限公司	北京市 5616 信箱
201010597902X	用于水处理的铁试剂的制备装置及其使用方法	北京碧水源膜科技有限公司	怀柔区雁栖经济开发区乐园南二街 4 号 2 层
2010105951787	铁路铺轨、架桥机用车辆组合式车体	南车二七车辆有限公司	丰台区张郭庄甲 1 号
2010105927044	细纱机牵伸传动装置	经纬纺织机械股份有限公司	朝阳区亮马桥路 39 号第一上海中心 7 层
2010105926817	环锭细纱机锭带张力装置	经纬纺织机械股份有限公司	朝阳区亮马桥路 39 号第一上海中心 7 层
2010105926323	转杯纺纱机触摸式探纱器	经纬纺织机械股份有限公司	朝阳区亮马桥路 39 号第一上海中心 7 层
2010105925886	移动式落纱机拔纱盘部件自动进出传动装置	经纬纺织机械股份有限公司	朝阳区亮马桥路 39 号第一上海中心 7 层
2010105922981	一种网络设备性能文件的生成、传输、读取方法及设备	大唐移动通信设备有限公司	海淀区学院路 29 号
2010105810100	基于微扰动信号振荡模式辨识的电力系统低频振荡机理分析方法	北京四方继保自动化股份有限公司	海淀区上地信息产业基地四街 9 号
2010105803200	用于低信噪比地震资料的速度分析方法	中国石油天然气集团公司	东城区东直门北大街 9 号中国石油大厦
2010105765730	一种空分多址接入系统中的资源分配方法及装置	大唐移动通信设备有限公司	海淀区学院路 29 号
2010105761922	基于 EOMS 系统的表单生成方法	北京神州泰岳软件股份有限公司	朝阳区北苑路甲 13 号院 1 号楼 22 层
201010572027X	电子文件的轨迹跟踪方法	中国软件与技术服务股份有限公司	海淀区学院南路 55 号中软大厦
2010105700100	一种极低磷钢冶炼方法	首钢总公司	石景山区石景山路 68 号
2010105700064	一种连铸厚板坯窄面鼓肚的控制方法	首钢总公司	石景山区石景山路 68 号

续表

申请号	发明名称	专利权人名称	专利权人地址
2010105699480	超高强度带钢水淬冷却方法及装置	首钢总公司	石景山区石景山路 68 号
2010105699334	一种快速检测薄板表面成型缺陷的方法	首钢总公司	石景山区石景山路 68 号
2010105694453	一种用于高线轧机的设备运行和工艺量状态监测系统	首钢总公司	石景山区石景山路 68 号
2010105671216	连续油管分层压裂保护装置	安东石油技术（集团）有限公司	朝阳区东湖渠屏翠西路 8 号
2010105654564	风电机组振动检测装置及方法	华锐风电科技（集团）股份有限公司	海淀区中关村大街 59 号文化大厦 19 层
2010105617230	柴油机调温阀	中国石油天然气集团公司	东城区东直门北大街 9 号中国石油大厦
201010561690X	柴油机多功能罩壳	中国石油天然气集团公司	东城区东直门北大街 9 号中国石油大厦
2010105612275	一种高线轧机早期故障微弱特征提取的方法	首钢总公司	石景山区石景山路 68 号
2010105555431	一种猪用复合预混料	北京大北农科技集团股份有限公司	海淀区中关村大街 27 号中关村大厦 14 层大北农集团
2010105484934	一种管线防拉报警装置	北京市三一重机有限公司	昌平区沙河镇辛庄桥北清路三一产业园
2010105439888	板件检修设备及其检修的方法	北大方正集团有限公司	海淀区成府路 298 号方正大厦 9 层
2010105424134	“金手指”的制作方法	北大方正集团有限公司	海淀区成府路 298 号方正大厦 5 层
2010105399984	工作流系统中任务并发处理方法	北京神州泰岳软件股份有限公司	朝阳区北苑路甲 13 号院 1 号楼 22 层
2010105383878	能源控制与卫星主承力板的一体化实现方法	航天东方红卫星有限公司	北京市 5616 信箱
201010538369X	八边形体装电池阵立柱式微小卫星构型	航天东方红卫星有限公司	北京市 5616 信箱
2010105359281	有增摩涂层的连续管注入头夹持块制备方法	中国石油天然气集团公司	东城区东直门北大街 9 号中国石油大厦
2010105352441	一种全液压扩眼器	中国石油天然气集团公司	东城区东直门北大街 9 号中国石油大厦
2010105326983	一种通用遥控前端	航天东方红卫星有限公司	北京市 5616 信箱
2010105310097	一种炼钢转炉煤气二次回收利用发电系统及方法	首钢总公司	石景山区石景山路 68 号
2010105235024	一种控制钢中非金属夹杂物的方法	首钢总公司	石景山区石景山路 68 号
2010105176789	一种适于多主通信的星载 CAN 总线通信方法	航天东方红卫星有限公司	北京市 5616 信箱
2010105154489	用于分析板坯氢含量分布的取样方法	首钢总公司	石景山区石景山路 68 号

续表

申请号	发明名称	专利权人名称	专利权人地址
2010105128516	基于以太网通信的自适应一体化五防系统	北京四方继保自动化股份有限公司	海淀区上地信息产业基地四街9号
2010105128253	一种测控单元实现变电站动态防误功能的方法	北京四方继保自动化股份有限公司	海淀区上地信息产业基地四街9号
2010105116881	一种管道修复补强检测系统	中国石油天然气集团公司	东城区东直门北大街9号
2010105065432	数据访问方法及装置	联动优势科技有限公司	西城区广宁伯街2号金泽大厦10层
2010105039067	客户端调用服务的路由方法及系统	北京神州泰岳软件股份有限公司	海淀区万泉庄路28号万柳新贵大厦A座5层
2010105037752	一种印制线路板成型盲锣加工的方法、系统及线路板	北大方正集团有限公司	海淀区成府路298号方正大厦9层
2010105029991	一种城市污泥作为钢铁工业烧结矿原料的利用方法	首钢总公司	石景山区石景山路68号
2010105003760	一种缓冲装置	北京市三一重机有限公司	昌平区沙河镇辛庄桥北清路三一产业园
2010102998512	任务处理方法和装置	用友软件股份有限公司	海淀区北清路68号用友软件园
2010102994969	一种非晶和/或纳米晶铁芯的应力热处理装置及方法	安泰科技股份有限公司	海淀区学院南路76号
2010102980190	一种基于FPGA的星载计算机自主切机系统	航天东方红卫星有限公司	北京市5616信箱
2010102980167	小卫星电子载荷任务上注及处理方法	航天东方红卫星有限公司	北京市5616信箱
2010102980063	一种星载双CAN总线节点故障自恢复系统	航天东方红卫星有限公司	北京市5616信箱
2010102930929	一种钎焊——热压烧结金刚石工具及其制造方法	安泰科技股份有限公司	海淀区学院南路76号
2010102920202	生成业务对象的内部级次编码的方法和系统	用友软件股份有限公司	海淀区北清路68号用友软件园
2010102920170	数字签名和验签方法	用友软件股份有限公司	海淀区北清路68号用友软件园
2010102919991	生成表格数据的关联信息的方法和系统	用友软件股份有限公司	海淀区北清路68号用友软件园
2010102919987	识别码生成方法和系统	用友软件股份有限公司	海淀区北清路68号用友软件园
2010102897649	权限控制方法和系统	用友软件股份有限公司	海淀区北清路68号用友软件园
201010289762X	表单编号生成方法和系统	用友软件股份有限公司	海淀区北清路68号用友软件园
2010102890245	一种中药蜜丸包装蜡组合物	北京同仁堂股份有限公司	大兴区北京经济技术开发区西环南路8号
2010102889163	一种低屈强比微合金管线钢热轧卷板的生产方法	首钢总公司	石景山区石景山路68号

续表

申请号	发明名称	专利权人名称	专利权人地址
2010102876981	一种百事泰在线表面缺陷检测系统的优化方法	首钢总公司	石景山区石景山路68号
2010102876799	连退机组炉内张力在线设定方法	首钢总公司	石景山区石景山路68号
201010287677X	一种淬透性预报及生产窄淬透性带钢的方法	首钢总公司	石景山区石景山路68号
2010102854643	催化燃烧用三维有序大孔复合氧化物担载金催化剂	中国石油天然气集团公司	东城区东直门北大街9号
2010102825782	动画表情图片播放方法及系统	北京神州泰岳软件股份有限公司	海淀区万泉庄路28号万柳新贵大厦A座5层
201010282573X	Flash 合成方法	北京神州泰岳软件股份有限公司	海淀区万泉庄路28号万柳新贵大厦A座5层
201010281964X	一种兽用微生态制剂及其制备方法与用途	北京大北农科技集团股份有限公司	海淀区中关村大街27号中关村大厦14层大北农集团
2010102731198	旋挖钻机及其动力头传动装置	北京市三一重机有限公司	昌平区沙河镇辛庄桥北清路三一产业园
2010102724743	基于大跨距悬空的微小卫星装拆方法	航天东方红卫星有限公司	北京市5616信箱
2010102720066	连续循环钻井系统的钻杆接头定位控制方法	中国石油天然气集团公司	东城区东直门北大街9号中国石油大厦
2010102719891	一种不间断循环钻井装置	中国石油天然气集团公司	东城区东直门北大街9号中国石油大厦
2010102705992	利用聚酯废料生产涤纶纤维的方法	北京中丽制机工程技术有限公司	通州区中关村科技园通州园光机电一体化产业基地兴光四街3号
2010102621624	一种提升机构及旋挖钻机	北京市三一重机有限公司	昌平区沙河镇辛庄桥北清路三一产业园
2010102601584	一种转炉炼钢过程减少回磷量的方法	首钢总公司	石景山区石景山路68号
2010102601442	一种有效控制连铸板坯中心偏析的工艺	首钢总公司	石景山区石景山路68号
201010254204X	气体流量计、基于离子迁移的便携式检测设备、气体流量测量方法	同方威视技术股份有限公司	海淀区双清路同方大厦A座2层
201010254148X	气举欠平衡连续管过油管钻井方法	中国石油天然气集团公司	东城区东直门北大街9号中国石油大厦
2010102536462	一种微小卫星脱插电缆网	航天东方红卫星有限公司	北京市5616信箱
2010102536392	一种小卫星电源分系统的综合测试方法	航天东方红卫星有限公司	北京市5616信箱
2010102526687	一种多数据源测井数据访问方法及系统	中国石油天然气集团公司	东城区东直门北大街9号

续表

申请号	发明名称	专利权人名称	专利权人地址
2010102517226	一种固化组合物及其制备方法和应用	蓝星（北京）化工机械有限公司	北京经济技术开发区兴业街5号
2010102485263	钢包烘烤温度的测试方法	首钢总公司	石景山区石景山路68号
2010102484788	自清洁聚合反应器	中国石油天然气集团公司	东城区东直门北大街9号
2010102421740	电路修补贴片结构及其制作方法、电路板及修补方法	北大方正集团有限公司	海淀区成府路298号方正大厦5层
2010102396679	一种重馏分油加氢处理催化剂的制备方法	中国石油天然气集团公司	东城区东直门北大街9号
2010102392589	冷却装置	北京二七轨道交通装备有限责任公司	丰台区长辛店杨公庄1号
2010102376374	热风炉定风温控制系统	首钢总公司	石景山区石景山路68号
2010102374684	一种钎焊金刚石工具用镍基钎焊料及其制备方法	安泰科技股份有限公司	海淀区学院南路76号
2010102359307	一种含Cu低合金钢生产方法	首钢总公司	石景山区石景山路68号
201010235928X	环保型高表面质量免酸洗汽车大梁钢的生产方法	首钢总公司	石景山区石景山路68号
2010102359256	一种正火轧制生产韧性优良管线钢中厚板的方法	首钢总公司	石景山区石景山路68号
2010102353936	一种车用复合气瓶铝内胆的制造方法	北京天海工业有限公司	朝阳区天盈北路9号
2010102331655	银杏叶提取物注射液的制备方法及其银杏叶提取物注射液	悦康药业集团有限公司	北京经济开发区宏达中路6号
2010102326002	一种复合微生态制剂及其应用	北京大北农科技集团股份有限公司	海淀区中关村大街27号中关村大厦14层大北农集团
2010102325940	一种复合微生态制剂及其应用	北京大北农科技集团股份有限公司	海淀区中关村大街27号中关村大厦14层大北农集团
2010102323254	高速线材水冷逆向控制方法	首钢总公司	石景山区石景山路68号
2010102323216	利用液体泵与原料气瓶相结合制备超高纯气体的方法	首钢总公司	石景山区石景山路68号
2010102321526	一种大规格超高强韧性免时效铁路基建用钢的生产方法	首钢总公司	石景山区石景山路68号
2010102321403	用于炼钢脱氧、脱硫的镁铝锰铁合金及其制备方法	首钢总公司	石景山区石景山路68号
2010102270651	一种利用地震数据瞬时频率属性进行油气检测的方法	中国石油天然气集团公司	东城区东直门北大街9号中国石油大厦
2010102261385	一种双层烧结金属粉末滤芯的制备方法	安泰科技股份有限公司	海淀区学院南路76号

续表

申请号	发明名称	专利权人名称	专利权人地址
2010102161067	权限查询方法和装置	用友软件股份有限公司	海淀区北清路68号用友软件园
2010102159902	多版本报表数据管理方法和系统	用友软件股份有限公司	海淀区北清路68号用友软件园
2010102159796	报表公式树形追踪方法和装置	用友软件股份有限公司	海淀区北清路68号用友软件园
2010102159762	基于离散条件查询人员的方法和装置	用友软件股份有限公司	海淀区北清路68号用友软件园
2010102149154	一种油井水泥缓凝剂及其制备方法	中国石油天然气集团公司	东城区东直门北大街9号中国石油大厦
2010102136953	旋挖钻机桅杆油缸运动控制方法及系统	北京市三一重机有限公司	昌平区沙河镇辛庄桥北清路三一产业园
2010102109208	微网继电保护、自动化一体化智能保护系统	北京四方继保自动化股份有限公司	海淀区上地信息产业基地四街9号
2010102095192	旋挖钻机加压控制方法及系统	北京市三一重机有限公司	昌平区沙河镇辛庄桥北清路三一产业园
201010208944X	去氧孕烯的制备工艺及其新的中间体化合物	北京紫竹药业有限公司	朝阳区朝阳北路27号
2010102079950	软件系统模块独立授权控制方法和装置	用友软件股份有限公司	海淀区北清路68号用友软件园
2010102079838	Silverlight客户端可控缓存方法和系统	用友软件股份有限公司	海淀区北清路68号用友软件园
201010205830X	微波真空分解冶炼金属镁的方法	安泰科技股份有限公司	海淀区学院南路76号
2010102052159	一种自动识别和消除地震勘探工业电干扰的方法	中国石油天然气集团公司	东城区东直门北大街9号中国石油大厦
2010102038325	地下连续墙抓斗及其抓斗装置	北京市三一重机有限公司	昌平区沙河镇辛庄桥北清路三一产业园
2010102038081	连续墙多轴钻机及其注浆接头装置	北京市三一重机有限公司	昌平区沙河镇辛庄桥北清路三一产业园
2010102032225	基于特征库的测井数据格式自动识别与转换方法	中国石油化工集团公司	朝阳区朝阳门北大街22号
2010102016078	一种盾构机的注浆控制方法与系统	北京市三一重机有限公司	昌平区沙河镇辛庄桥北清路三一产业园
2010101998657	扩展软件应用的方法和装置	用友软件股份有限公司	海淀区北清路68号用友软件园
2010101998619	UI表现和业务逻辑分离方法和系统	用友软件股份有限公司	海淀区北清路68号用友软件园
2010101998572	权限角色继承方法	用友软件股份有限公司	海淀区北清路68号用友软件园
2010101990509	一种X80弯管和管件用钢的制备方法	中国石油天然气集团公司	东城区东直门北大街9号中国石油大厦
2010101984796	一种支撑装置	北京市三一重机有限公司	昌平区沙河镇辛庄桥北清路三一产业园

续表

申请号	发明名称	专利权人名称	专利权人地址
2010101984565	后架变前架式连续支护超前支架及其移架方法	中煤北京煤矿机械有限责任公司	房山区矿机路1号
2010101970187	高炉无钟炉顶多环矩阵布料中心加焦方法	首钢总公司	石景山区石景山路68号
2010101969809	一种生活垃圾自动分选设备及其方法	首钢总公司	石景山区石景山路68号
2010101956175	可拆卸过电缆耐压连接器	中国石油天然气集团公司	东城区东直门北大街9号
2010101909460	一种双频天线手机	联动优势科技有限公司	西城区金融大街23号平安大厦11楼
2010101899971	强化铁、锌和钙的咸味酸奶及其加工方法	北京三元食品股份有限公司	海淀区西二旗中路29号
2010101896456	用于钻井中平衡钻井设备反扭矩的行星式钻头总成	中国石油天然气集团公司	东城区东直门北大街9号中国石油大厦
201010188732X	一种吹灰器	中国石油化工集团公司	朝阳区朝阳门北大街22号
2010101883403	一种基于组装业务建模的行业应用软件系统构建方法	中科软科技股份有限公司	海淀区中关村新科祥园甲6号楼
2010101836900	一种将太阳能热发电与生物质发电相结合的方法及系统	北京京仪集团有限责任公司	朝阳区建国路93号万达广场9号楼
2010101834746	一种提高氮化硅铁中氮收得率的方法	首钢总公司	石景山区石景山路68号
201010182699X	一种减振装置及包括该减振装置的潜孔钻机	北京市三一重机有限公司	昌平区沙河镇辛庄桥北清路三一产业园
2010101806483	用于高浓度难降解有机污水处理的耐盐降解菌及其应用	中国石油天然气集团公司	东城区东直门北大街9号
2010101774711	电子取心选发器	中国石油化工集团公司	朝阳区惠新东街甲6号
2010101762593	管式工业加热炉	中国石油化工集团公司	朝阳区朝阳门北大街22号
2010101739898	取心弹头安全拔取装置	中国石油化工集团公司	朝阳区惠新东街甲6号
2010101739614	三压力状态射孔试验靶	中国石油化工集团公司	朝阳区惠新东街甲6号
2010101739455	高精度定方位射孔器	中国石油化工集团公司	朝阳区惠新东街甲6号
201010173939X	模拟抽油机产液剖面测试管柱	中国石油化工集团公司	朝阳区惠新东街甲6号
2010101739309	高温高压射孔流动效率检测系统	中国石油化工集团公司	朝阳区惠新东街甲6号
2010101726116	岩石自然电位测量装置	中国石油天然气集团公司	东城区东直门北大街9号中国石油大厦
2010101726008	岩石极化率测量装置	中国石油天然气集团公司	东城区东直门北大街9号中国石油大厦
2010101724619	一种溶胀型防污闪涂层清除剂及其制备方法	国家电网公司	西城区西长安街86号

续表

申请号	发明名称	专利权人名称	专利权人地址
2010101724572	一种溶解型防污闪涂层清除剂及其制备方法	华北电网有限公司北京超高压公司	房山区良乡工业开发区金光路3号
2010101629258	一种分析低碳钢动态相变的方法	首钢总公司	石景山区石景山路68号
2010101628804	一种原油电脱盐脱水器	中国石油化工集团公司	朝阳区朝阳门北大街22号
2010101613832	无线视频监控系统及其视频监控方法	大唐电信科技股份有限公司	海淀区永嘉北路6号
2010101613705	一种基于USSD的手机浏览器数据缓存及初始化方法	北京神州泰岳软件股份有限公司	海淀区万泉庄路28号万柳新贵大厦A座5层
2010101598334	大倾角工作面横向四连杆超前支架	中煤北京煤矿机械有限责任公司	房山区矿机路1号
2010101469121	一种利用铁水除渣工艺降低炼钢过程生石灰消耗的方法	首钢总公司	石景山区石景山路68号
2010101449927	一种油气井实体可膨胀管用钢及可膨胀套管的制造方法	中国石油天然气集团公司	东城区东直门北大街9号中国石油大厦
2010101448002	一种芳构化催化剂及其应用	中国石油化工集团公司	朝阳区朝阳门北大街22号
2010101427152	一种非离子型水性环氧固化剂的制备方法	中国石油化工集团公司	朝阳区朝阳门北大街22号
2010101388815	用于细长杆的试验检测装置	北京市三一重机有限公司	昌平区沙河镇辛庄桥北清路三一产业园
201010138868X	支撑装置	北京市三一重机有限公司	昌平区沙河镇辛庄桥北清路三一产业园
2010101388660	回转圈	北京市三一重机有限公司	昌平区沙河镇辛庄桥北清路三一产业园
2010101388552	支撑机构	北京市三一重机有限公司	昌平区沙河镇辛庄桥北清路三一产业园
2010101387776	细长杆件的支撑装置	北京市三一重机有限公司	昌平区沙河镇辛庄桥北清路三一产业园
2010101387687	用于细长杆件的试验检测装置	北京市三一重机有限公司	昌平区沙河镇辛庄桥北清路三一产业园
2010101387672	细长杆件拉出机构	北京市三一重机有限公司	昌平区沙河镇辛庄桥北清路三一产业园
201010135930X	输出设备信息的方法与系统	北京市电力公司	西城区前门西大街41号
2010101333422	水下井口头回收工具	中国石油天然气集团公司	东城区东直门北大街9号中国石油大厦
2010101309781	蓝纸打样实现方法、系统及蓝纸打样设备	北大方正集团有限公司	海淀区成府路298号方正大厦9层
201010129223X	一种晶圆检测结构及其制作方法、晶圆检测方法	北大方正集团有限公司	海淀区成府路298号方正大厦9层

续表

申请号	发明名称	专利权人名称	专利权人地址
2010101267115	植物中有效成分的提取方法	中国石油化工集团公司	朝阳区朝阳门北大街22号
2010101204008	一种考虑目标天体影响球的借力飞行仿真方法	航天东方红卫星有限公司	北京市5616信箱
2010101158847	大理石切割锯片及其制备方法	安泰科技股份有限公司	海淀区学院南路76号
2010101154704	一种入岩钻机及其控制系统和控制方法	北京市三一重机有限公司	昌平区沙河镇辛庄桥北清路三一产业园
2010101143447	一种加热炉余热发电系统及其方法	首钢总公司	石景山区石景山路68号
2010101137925	环节任务处理方法及装置	北大方正集团有限公司	海淀区成府路298号方正大厦9层
2010101118619	一种发号转接装置及使用它的电力线载波通信系统	中国石油化工集团公司	朝阳区朝阳门北大街22号
2010101099938	液晶盒结构、彩膜基板的制造方法及对盒方法	京东方科技集团股份有限公司	朝阳区酒仙桥路10号
2010101042910	手机数据安全防护方法	中国软件与技术服务股份有限公司	海淀区学院南路55号(中软大厦)
2010101033555	基于任务规划的星敏感器安装角度确定方法	航天东方红卫星有限公司	北京市5616信箱
2010101029757	灯丝翻新方法及装置	北大方正集团有限公司	海淀区成府路298号方正大厦9层
2010101025737	背光源的颜色补偿方法和装置	京东方科技集团股份有限公司	朝阳区酒仙桥路10号
2010101017321	催化转化汽提器	中国石油化工集团公司	朝阳区朝阳门北大街22号
2010101010873	一种低成本高饱和磁感应强度的铁基非晶软磁合金	安泰科技股份有限公司	海淀区学院南路76号
2010100342655	电力系统广域测量系统高密度时间序列数据的压缩处理方法	北京四方继保自动化股份有限公司	海淀区上地信息产业基地四街9号
2010100340306	一种老化测试装置及测试方法	北大方正集团有限公司	海淀区成府路298号方正大厦9层
2010100339309	太阳能电池组件及其制备方法	京东方科技集团股份有限公司	朝阳区酒仙桥路10号
2010100337958	用于进行光学测试的实验装置	京东方科技集团股份有限公司	朝阳区酒仙桥路10号
2010100336832	立体液晶光栅屏及立体液晶显示器	京东方科技集团股份有限公司	朝阳区酒仙桥路10号
2010100336813	阵列基板检测信号分配装置和检测设备	京东方科技集团股份有限公司	朝阳区酒仙桥路10号
201010011424X	基于一致近地表模型的逐点激发井深设计方法	中国石油化工集团公司	朝阳区朝阳门北大街22号
201010004531X	一种苯乙烯—共轭二烯烃星型嵌段共聚物及其制备方法	中国石油化工集团公司	朝阳区朝阳门北大街22号

北京市部分工业企业名录

单位名称	办公地点	联系电话	邮政编码	主要产品
北京同仁堂股份有限公司	东城区崇外大街 42 号	67179817	100062	传统中药
北京远东仪表有限公司	东城区和平里北街 6 号	64214101	100013	高精度数字化差压 / 压力变送器、自动化仪表及控制系统
北京市自动化系统成套工程公司	东城区安德路地兴居 9 号	84113335	100011	工业自动化系统成套工程、加氯产品、水处理产品、调节阀、过程仪表、增压换热机组及系统
北京玻璃集团公司	东城区天坛东路 74 号	67180003	100061	各类玻璃制品、眼镜片、眼镜架
北京冶金设备自动化研究所	东城区纳福胡同 13 号	64035005	100009	非标设备制作
北京胶印厂	东城区美术馆后街 77 号	52182020-1060	100010	彩色印刷、文化创意园区
北京京仪绿能电力系统工程有限公司	西城区鼓楼西大街 41 号	64034443	100009	光伏并网逆变器及发电系统
北京北广电子集团有限责任公司	西城区黄寺大街 23 号	62018319	100011	无线发射机设备及配套产品、有线电视网络产品、电视转播车、安防监控设备、电子元器件、印刷电路板、集成电路板、计算机软硬件
金杯能源科技股份有限公司	西城区安德路 112 号西 255 号	62371176	100120	石油化工技术、石油开采设备、节能环保设备。
上水银花农业科技有限公司	西城区万明园小区 13 号楼 205 室	68028723	100034	金银花饮料深加工
北京隆达轻工控股有限责任公司	西城区德胜门东滨河路 5 号	82259651	100120	商业票据、书刊印刷、报刊印刷、有色新材料、农膜、塑料、轻工建材、家电、皮革制品等
北京市有色金属工业总公司	西城区槐柏树街 2 号	83121987	100053	有色金属材料冶炼、加工
北京楠辰皮革有限公司	西城区鸭子桥路 35 号	51760660	100055	皮革、皮箱、皮包制品
北京皮革制品进出口公司	西城区鸭子桥路 35 号	51760620	100055	皮革、皮包、皮鞋等制品
北京市皮件三厂销售中心	西城区鸭子桥路 34 号	51760638	100055	拉杆箱、真皮男女包、票夹
北京惠鼎皮业有限公司	西城区鸭子桥路 35 号	51760660	100055	轻革、皮革衣、重革、毛皮制品及皮革相关原辅材料
北京隆达印刷包装集团有限公司	西城区佟麟阁路 36 号	51813160	100031	印刷、包装
北京印刷集团有限责任公司	西城区佟麟阁路 36 号	51813160	100031	书刊印刷
北京印刷集团有限责任公司京华印刷厂	西城区西皇城根北街 10 号	66174599-3051	100034	印刷、包装

续表

单位名称	办公地点	联系电话	邮政编码	主要产品
北京市印刷技术研究所	西城区佟麟阁路 36 号	66068090	100031	装裱字画、珂罗版印刷、高仿真复制
北京民福实业总公司	西城区教子胡同 65 号	83511764	100053	日用化工用品、眼镜、保健品、铁路建设用品、食品、装潢印刷、五金、造型工艺品、纸制品、玩具、电子材料等
北京华世天际科贸有限责任公司	西城区西直门如意里小区 1 号楼	62217535	100035	仪器仪表及成套仪表设备、无线远程智能采集器、老年用品、残疾人无障碍设施用品及辅助用品、盲人语音导航系统、集中语言报警系统、冷轨管道测温显示系统、机电电器产品
北京布莱迪工程技术有限公司	朝阳区南三环成寿寺路甲 135 号	67633541	100164	各种压力表系列、压力变送器系列、压力控制器、测温仪表、化学密封系列、气体减压器系列
北京电子控股有限责任公司	朝阳区三里屯西六街 6 号	84544208	100027	液晶显示、集成电路与光伏设备、广电发射设备、自助服务设备、特种电子元器件及精密仪器仪表
京东方科技集团股份有限公司	朝阳区酒仙桥路 10 号	64318888	100016	移动与应用产品用 TFT−LCD 业务、显示光源产品业务、显示系统和解决方案、其他显示器件及配套产品
北京七星华创电子股份有限公司	朝阳区酒仙桥东路 1 号	64361831	100016	半导体工艺、太阳能电池、工业炉、绿色环保电池、TFT−LCD 制造设备、气体质量流量计、晶体器件、混合集成电路
北京兆维电子（集团）有限责任公司	朝阳区酒仙桥路 14 号	64361361	100016	自服、安防与通信设备
北京正东电子动力集团有限公司	朝阳区酒仙桥路 4 号	64377041	100015	电、热力、煤气
北京七星华电科技集团有限责任公司	朝阳区酒仙桥东路 1 号	64311193	100016	半导体工艺、太阳能电池、工业炉、绿色环保电池、TFT−LCD 制造设备、气体质量流量计、高精密电容器、高精密电阻器等
北京微电子器件集团	朝阳区东直门外西八间房万红西街 2 号	64320432	100015	半导体集成电路和分立器件、微电路模块、传感器、中小规模 CMOS 集成电路、信号机、场效应管、硅二极管、半导体芯片设计与制造等

续表

单位名称	办公地点	联系电话	邮政编码	主要产品
北京吉乐电子集团有限公司	朝阳区酒仙桥南路 5 号	64354808	100016	侧发光 SMD LED、顶发光单晶 / 多晶 SMD LED、大功率 LED 及 Light Bar（灯条）
北京易亨电子集团有限责任公司	朝阳区北三环东路 28 号易亨大厦	64405566	100013	智能物流设备、电力仪表与设备、自助服务终端、铁路控制设备及其他产品
北京飞宇微电子有限责任公司	朝阳区三里屯西五街 5 号	64652346	100027	薄、厚膜集成电路
北京瑞普电子集团	朝阳区三元桥霞光里 5 号	64687790	100027	流量计、物位计、压力差压变送器
北京瑞普三元仪表有限公司	朝阳区三元桥霞光里 5 号	84512776	100027	V 锥流量计、雷达液位计、雷达料位计、超声波流量计、涡街流量计、电磁流量计
北京正东电子动力集团有限公司	朝阳区酒仙桥 4 号	64377041	100015	电、燃气、热水
昆仑能源控股有限公司	朝阳区太阳宫南街 23 号丰和大厦 714 室	63593816	100028	石油天然气投资、LNG 加工生产及贸易
北京二六三企业通信有限公司	朝阳区和平里东土城路 14 号建达大厦 17 层	84291263-7028	100013	互联网信息服务业务
北京华福环境工程科技有限公司	朝阳区大屯里 317 号金泉时代 1 单元 1706 室	84855491	100101	工程勘察设计、工程总承包、销售机械设备、化工产品
北京染料厂	朝阳区豆各庄 1 号院	87392109	100023	靛蓝
北京北搪化工设备厂	朝阳区豆各庄 1 号院	52073557	100023	化工设备、搪瓷浴盆
北京化工实验厂	朝阳区豆各庄 1 号院	52073510	100023	工业二氧化碳、油脂类制品
北京市氧气厂	朝阳区豆各庄 1 号院	52073529	100023	氧气
北京普莱克斯实用气体有限公司	朝阳区大郊亭化工路 6 号	67714766	100022	氮气、氧气、氩气
北京中天纸业集团公司	朝阳区广渠路 39 号院 1 号楼	67043081	100022	系列信息用纸、复合包装材料
北京有色金属与稀土应用研究所	朝阳区安外大羊坊 2 号	84922575	100012	有色合金、贵金属焊料
北京达博有色金属焊料公司	朝阳区安外大羊坊 3 号	84924157	100012	键合金丝、键合铜丝
北京印刷集团有限责任公司印刷二厂	朝阳区建外郎家园 10 号	85893400	100022	福利彩票、土地证
北京衬衫厂	朝阳区马泉营 12 号	84593311-214	100105	衬衫
北京天彩纺织服装有限公司	朝阳区光华路 8 号光华大厦 A 座 9 层	65815275	100026	针织、梭织服装
北京中纺海天染织技术有限公司	朝阳区光华路 8 号	65830839	100026	纺织助剂
北京京工雷蒙服装服饰有限公司	朝阳区松榆西里 29 号	67336655	100021	梭织服装

续表

单位名称	办公地点	联系电话	邮政编码	主要产品
北京市京工红旗厂有限公司	朝阳区左安门外饮马井1号	67629375	100021	旗帜条幅、室内装饰
北京京工伊里兰服装服饰有限公司	朝阳区松榆西里29号	87372863	100021	羽绒服
北京市大宝日用化学制品厂	朝阳区平房路241号	85512780	100025	五洁粉和“贝贝熊”系列洗涤用品
北京京海纸制品有限责任公司	朝阳区定福庄路1号	65487182	100024	生产各种五裱、三裱、单裱、牛皮纸箱
北京市红叶齿科医用器材厂	朝阳区平房路240号	65855544	100025	粉状藻酸盐印模材
北京市民政房屋装饰公司	朝阳区平房乡石各庄村北甲1号	65489183	100024	室内外装饰装修业务
北京华达杰瑞生物技术有限公司	朝阳区樱花西街8号	64452742	100029	杰瑞特胶原蛋白氨糖颗粒、杰瑞婷胶原蛋白维E颗粒、杰瑞特鹿茸胶原多肽、胶原蛋白原料等保健品和生物制品
北京起重工具厂	朝外红庙金台里2号	65976701	100026	手动葫芦、自产机电产品
北京北分瑞利分析仪器（集团）有限责任公司	海淀区北清路160号	62403048	100095	红外系列分析仪器、智能型光谱、色谱系列仪器
北京大华无线电仪器厂	北京2452信箱	62921924	100083	仪器类、电源类
北京无线电厂	海淀区北洼路4号	68419348	100089	智能建筑系统、安防与人防系统、计算机系统集成；影音产品，电子电器，集成电路的生产与销售，半导体测试、加工，电子产品配套、加工、生产
北京牡丹电子集团有限责任公司	海淀区花园路2号	82284821	100191	数字电视、电子元器件、光伏组件
中航天地激光科技有限公司	海淀区北四环中路238号柏彦大厦308室	65687726	100191	生产加工钛合金、高强钢等高性能金属结构件及成套机电设备、零部件
北京锋锐新源电驱动科技有限公司	海淀清河安宁庄东路18号光华创业园18号楼二层	62841796	100085	电机及控制系统
中能服（北京）节能投资有限公司	海淀区西直门外大街168号腾达大厦609室	88577870-802	100044	电厂余热回收利用项目、太阳能光热项目、燃气业务
北京市化学工业研究院	北京市海淀区中关村北大街123号	62567814	100084	聚氨脂贴合剂、工程塑料合金材料、科研开发
北京五星青岛啤酒有限公司	海淀区西三旗建材城中路2号	82912308	100096	五星啤酒
北京龙徽酿酒有限公司	海淀区玉泉路2号	68219243	100143	龙徽葡萄酒
北京轻联富诚彩色印刷有限公司	海淀区永定路15号	68187489	100039	印刷、包装
北京京冠毛巾有限责任公司	海淀区安宁庄东路甲18号	62957990	100085	毛巾

续表

单位名称	办公地点	联系电话	邮政编码	主要产品
北京大华天坛服装有限公司	海淀区中关村大街人民大学南路三义庙	62612565	100086	梭织服装
北京市时润技术发展公司	海淀区西北旺黑龙潭路58号	51706892	100094	火化设备、金属结构加工、汽车维修等
北京市金百合食品厂	海淀区西北旺付家窑17号	51724750	100094	面包、糕点
北大方正集团有限公司	海淀区成府路298号方正大厦	82529988	100871	方正电子出版系统，网络产品，数字媒体，计算机软硬件及相关设备、通信设备等
北京北大明德科技发展有限公司	海淀区成府路202号北京大学新化学楼中区	56290018	100871	水产养殖专用化学品、快速水质分析盒、化学试剂、医学与精细化工
北京燕园天地科技有限公司	北京大学逸夫楼7层3711—3712室	62752997	100871	宝石加工
紫光股份有限公司	海淀区清华大学东门外紫光大厦	62789898	100084	紫光扫描仪、紫光数字影像行业系统集成等各类信息技术产品与解决方案
北京华环电子股份有限公司	海淀区上地六街26号	62981998	100085	研发、制造、销售通信技术产品及配件等
北京清能创新科技有限公司	清华大学能科楼A座301室	62792498	100084	电子产品及通信设备、仪器仪表、机械化工产品等
北京辰安科技股份有限公司	海淀区上地信息路甲28号科实大厦C座11层	62980171	100086	公共安全综合应急、监测监控、预防预警、救援指挥相关系统和装备等
北京北航精密机电有限公司	海淀区北京航空航天大学校内6号楼438室	82316358	100191	轴承、磨具等
北京北航机械厂	海淀区学院路37号院内	82317982	100191	机械、电子、电器、仪器仪表、化工产品的生产
北京天华捷锐光电技术有限公司	海淀区学院路35号世宁大厦302室	82316129	100191	生产光纤陀螺仪
北京理工雷科电子信息技术有限公司	海淀区中关村南大街9号理工科技大厦	68429855	100081	新体制雷达、高速实时信号处理、航天遥感、卫星导航、数据采集等
北京中农大康科技开发有限公司	海淀区上地信息路2号中关村国际孵化园D栋601室	82781958	100085	玉米新品种的选育、生产加工、推广应用
北京双电电力电子技术有限公司	海淀区清华东路17号中国农业大学（东区）	62737227	100083	配电网自动化系统、电力综合测控仪、低压无功补偿装置、无功补偿控制器、电力综合测控终端、智能复合投切电容器开关、SD-WGZK系列10千伏无功补偿控制器等
赛能杰高新技术股份有限公司	海淀区学院路30号北京科技大学会议中心1层	82382250	100083	高效燃烧技术和工程、高效余热回收技术和工程

续表

单位名称	办公地点	联系电话	邮政编码	主要产品
北京科大朗涤环保工程技术有限公司	海淀区学院路30号6区北京科技大学科技园A座301—307	62315257	100083	除尘工程，环保科研设计、制造、安装、调试
北京科大方兴高新技术有限公司	海淀区学院路30号6区北京科技大学科技园A座128室	62335691	100083	冶金渣料
北京科大机翔科技有限公司	海淀区学院路30号（零件轧制中心院内办公楼三层）	62332331	100083	楔横轧技术开发及生产相关产品
北京四方立德保护控制设备有限公司	海淀区上地创业中路32号	62968260	100085	电力系统继电保护和自动化装置、变电站综合自动化系统及故障录波装置
北京华电天仁电力控制技术有限公司	海淀区上地东路1号盈创动力E-201	51975570	100085	电力辅助设备、仪器仪表、电子装置及电子标签，计算机硬件、网络安全设备、系统集成及装置等
北京丹华昊博电力科技有限公司	海淀区上地信息路1号2号楼2205室	82896582	100085	小电流接地电网单相接地故障选线装置、10kV主从式自动调谐消弧线圈控制装置
北京辰能科技发展有限公司	海淀区中关村东路123号1号楼1701号	62191930	100086	计算机软硬件及外围设备、电力发配电设备、环保节能设备
北京四方电气（集团）股份有限公司	海淀区上地信息产业基地四街9号	62961515	100085	变电站综合自动化系统等微机保护产品
北京华电大通环保科技有限公司	海淀区太平路甲18号西南写字楼311室	51953738	100039	研制、生产环保产品
北京京仪敬业电工科技有限公司	丰台区右安门外东滨河路2号	66175725	100069	各种微型电机产品、低压开关、高中低压配电装置产品、自动化成套产品
北京京仪世纪电子股份有限公司	丰台区宋家庄苇子坑2号	67616014	100079	硅单/多晶制备系列设备、砷化镓化合物晶体系列设备、小型数控加工、地铁隧道暖通风阀
北京京仪椿树整流器有限责任公司	丰台区三顷地甲3号	88680221	100040	大功率晶阀管、快速恢复整流管、变压器、变频传动系统、功率组件和模块、电解电镀电源、充电电源、感应加热电源、各种非标电源
南车二七车辆有限公司	丰台区张郭庄甲1号	83879277	100072	新造、检修铁路货车及配件
北京隆长泰工程机械有限公司	丰台区张郭庄甲1号	83883806	100072	轴承辅件、金属冲压件
北京隆轩橡塑有限公司	丰台区张郭庄甲2号	63703177	100072	工程塑料保持架

续表

单位名称	办公地点	联系电话	邮政编码	主要产品
北京丰华实机械有限公司	丰台区张郭庄甲 1 号	83804592	100072	铁路货车配件
北京乐金日用化学有限公司	丰台区石榴庄南里 8 号	67644544	100075	竹盐牙膏
北京超塑新技术有限公司	丰台区永外双庙 125 号	67689166	100078	超塑金属络纱槽筒
北京市环球新艺皮毛公司	丰台区大红门南路 158 号	67963114	100076	各种裘皮服装及制品
北京印刷集团有限责任公司印刷一厂	丰台区角门南里甲 64 号	67563034-213	100077	印刷
北京白菊电器有限责任公司	丰台区卢沟桥南里 8 号	83892822	100165	注塑加工
北京华盾雪花塑料集团有限责任公司	丰台区黄土岗马家楼 19 号	83728283	100071	塑料薄膜、中空制品
北京五洲佳泰新型涂层材料有限公司	丰台区南方庄 89 号	67640395	100078	双轴向布、帐篷、充气产品
北京同仁堂科技发展股份有限公司	丰台区南三环中路 20 号	87632899	100079	六味地黄丸系列产品、感冒清热颗粒、牛黄解毒片系列、生脉饮口服液等
北京北科合作仪器厂	丰台区大红门久敬庄路 57 号	63814052	100076	料位仪、X 射线测厚仪
北京市非凡制药厂	丰台区岳各庄甲 371 号	63855792	100071	皮炎宁酊、醋酸氯己定溶液(0.02%~0.05%)、开塞露、复方白芷酊
北京市民政建筑安装工程有限公司	丰台区岳各庄 671 号	63804185	100071	建筑工程总承包（二级资质）
北京华电杰德科技有限公司	丰台区科学城海鹰路 8 号 2 号楼 405 室（园区）	63717721	100070	火电厂仿真系统、电厂自动控制设备
北京首科兴业工程技术有限公司	石景山区八大处高科技园区西井路 3 号 3 号楼 4345 房间	88292034	100041	烟气脱硝工程
北京京煤集团有限责任公司	门头沟区新桥南大街 2 号	69842426	102300	煤炭
北京昊华能源股份有限公司	门头沟区新桥南大街 2 号	69839418	102300	煤炭
北京昊煜工贸有限责任公司	门头沟区新桥南大街 2 号	69867541	102300	矿泉水、秋梨膏，物流仓储
北京鑫华源机械制造有限责任公司	门头沟区门头沟路 47 号	61815100	102300	立体车库、液压支架、金属结构、渣浆泵
内蒙古京海煤矸石发电有限责任公司	门头沟区新桥南大街 2 号、内蒙古乌海市	69862467、0473-2996012	102300	发电、水泥
北京矿务局综合地质工程公司	门头沟区门头沟路 24 号	69842472	102300	岩土工程勘察、设计、施工、工程测量、土石方工程、水文地质勘察及水井钻凿、机械设计与制造、汽车配件、汽车修理、汽车货物运输等
北京昊亚工贸有限责任公司	门头沟区门头沟路 10 号	69844092	102300	电子产品、酱肉
北京厨房设备集团公司	门头沟石龙工业区永安路 7 号	69806695-8000	102308	不锈钢制品、铝梯

续表

单位名称	办公地点	联系电话	邮政编码	主要产品
北京埃姆毛纺有限公司	门头沟区永定镇上岸村	69803238	102308	针织绒线、毛针织衫裤
北京京煤化工有限公司	房山区青龙湖镇	80374040	102471	雷管、火药
北京北革皮业有限公司	房山区大石河东侧金马工业区	89345837	102400	国产植鞣革、特种动物皮革
北京超羽纤维制品有限公司	房山区良乡工业开发区	65080450	102488	床上用品
北京光学仪器厂	通州区新华大街157号	69544601	101149	热分析仪器、光谱仪器、颜色测量仪器、电控位移台系列、光具座系列、低剂量直接数字化X光机
北京东光实业总公司	通州区滨河路143号	61561473	101149	销售丙烯酸酯类、乳液、树脂产品
北京一轻日用化学有限公司	通州区中关村科技园通州园·光机电一体化产业基地科创东六街6号	81503351	101111	金鱼牌洗涤产品，奥琪、宝贝、欧珀莱化妆品
北京星海钢琴集团公司	通州区次渠光机电一体化基地光大路8号	81503999	101111	钢琴、管乐器、民乐器
北京金鹰铜业有限责任公司	通州区梨园小街	60526450	101101	精密铜及合金板带材
北京诺飞金属材料有限责任公司	通州区景盛北一街9号	60595121	101102	有色金属铸件、低温焊料
北京北泡塑料集团公司	通州区张家湾镇光华路甲2号	67612929	101101	塑料加工
北京市北泡轻钢建材有限公司	通州区张家湾镇光华路8号	61565731	101113	轻钢结构厂房，冷库工程，聚苯乙烯泡沫塑料夹心板，压型钢板，保温门、窗等
北京星月泡沫塑料有限责任公司	通州区张家湾镇光华路甲2号	61502388	101113	聚醚型软质聚氨酯泡沫塑料系列产品，聚酯型软质聚氨酯泡沫塑料系列产品
北京市北泡实创门窗有限公司	通州区张家湾镇光华路8号	61565771	101113	金属门窗制造
北京英特塑料机械厂	通州区九棵树西路	81521311	101101	塑料挤出机、塑料混合机、塑料制品、模具
北京铜牛股份有限公司	通州区张家湾镇光华路6号	61502482	101113	针织坯布、针织服装
北京月季红线业有限公司	通州区梨园真小街村张家湾七桥	69571692	101101	缝纫线、涤棉纱、服装辅料
北京金商梦时装有限公司	通州区宋庄镇富豪工业区	89551574-608	101119	泳装、休闲服、运动服
北京华泰仿瓷制品有限公司	通州区西关大街136号	69547474	101149	密胺餐具
北京佐田雷蒙服装有限公司	通州区西集任辛庄路南	61557016	101108	梭织服装
北京北广科技集团有限责任公司	顺义区天竺空港工业区A区天柱路26号	80489988	101315	无线发射及配套电视发射设备，调频、中、短波广播发射设备，无线通信设备，微波传输设备，天线与铁塔设备，有线电视设备，音视频设备，射频电源

续表

单位名称	办公地点	联系电话	邮政编码	主要产品
北京轻联富文新特印刷有限公司	顺义区天竺空港工业区B区裕华路25号	80483839	101318	食品包装盒、彩色瓦楞纸盒、彩色印刷
北京恩布拉科雪花压缩机有限责任公司	顺义区天竺空港工业区B区裕华路29号	80482255	101300	冰箱压缩机
北京京澳毛纺有限公司	顺义区高丽营镇高泗路四村段30号	69454140	101303	毛纱、混纺纱
北京京棉巨龙有限公司	顺义区高丽营镇金马工业区B区1号	69457212	101303	气流纱、布
北京北仪创新真空技术有限责任公司	大兴工业开发区前高米店盛坊路仪器仪表基地	60251397	102600	非晶硅太阳能电池生产线设备、各种真空应用设备、真空获得设备、真空测量仪表
北京京仪海福尔自动化仪表有限公司	大兴工业开发区前高米店盛坊路仪器仪表基地	62050310	102699	各种物位、流量测量系列仪表
北京京仪北方仪器仪表有限公司	大兴工业开发区前高米店盛坊路仪器仪表基地	60250334	102699	各种机电式全电子式和智能型电能计量系列产品、现场远传抄表系统、现场测试状态监测系列仪器
北京化工厂	大兴区安定镇工业东区安定南街1号	80239216	102607	彩色荧光粉、502胶、三基色节能灯粉、化学试剂
北京化学试剂研究所	大兴区安定镇工业东区安定南街1号	80239006	102607	锂离子电池电解液、高纯化学试剂、扩散源、光刻胶、感光液
北京百事可乐饮料有限公司	大兴区西红门大白楼13号	61280988	100076	百事可乐饮料
北京义利食品股份有限公司	大兴工业开发区广阳大街2号	60241457	102600	巧克力、糖果
北京义利面包食品有限公司	大兴工业开发区广平大街1号	60250799	102600	义利牌系列面包
北京市纸箱厂	大兴工业开发区金星路18号	60213404	102600	A型楞、B型楞、AB型楞纸板纸箱，箱面可进行单色或多色印刷，可在箱体上印刷木纹和防水处理
北京市商标印刷三厂	大兴区经济开发区亦庄工业园区如意路1号	67376836	100023	包装印刷
北京德宝商三包装印刷有限公司	大兴区经济开发区亦庄工业园区如意路1号	67376836	100023	包装印刷
北京宝岛包装印刷有限公司	大兴区旧宫工业园区富华街北东区甲19号	87971147	100076	彩色包装盒、商标印刷、电子监管码印刷
北京雪花电器集团公司	大兴区黄村兴华中路1号	69241477	102600	电冰箱
海信（北京）电器有限公司	大兴区清源路34号	69251331	102600	电冰箱
北京五洲燕阳特种纺织品有限公司	大兴区瀛海镇黄亦路97号	69276011	100076	消防水带、软质输油管、软体油罐
北京同仁堂健康药业股份有限公司	大兴亦庄经济技术开发区景园北街2号58幢同仁堂健康大厦	81726688	100176	保健食品、食品、中成药等

续表

单位名称	办公地点	联系电话	邮政编码	主要产品
北京中农大生物技术股份有限公司	大兴区安定北街3号	57130150	102607	主营农药、兽药生产
北京北控宏创科技有限公司	昌平区超前路甲1号6号楼8层	57325600-811	102200	科技开发，高科技企业孵化
弘业新创抗体技术股份有限公司	昌平区生命园路29号1号楼3层C301室	80726907-8007	102206	技术服务、单克隆抗体药物开发、新型疫苗开发
北京智行鸿远汽车技术有限公司	昌平区回龙观西大街118号龙冠置业大厦207室	59358921	102208	新能源汽车整车、动力系统、电控系统及零部件的技术开发、技术咨询、技术服务
北京万德兴业科技有限公司	昌平区科技园区超前路37号6号楼A单元1204室	69718146	102299	科技企业孵化、技术推广、技术服务、房地产开发、销售商品房
博奥生物有限公司	昌平区生命科学园路18号	80715888	102206	生物芯片、配套仪器、试剂耗材和软件数据库、生物芯片服务等
北京清华阳光能源开发有限责任公司	昌平区马池口镇埝头工业区清华阳光公司	62751678	102202	玻璃真空太阳集热管、热水器及热水系统真空薄膜产品、玻璃制品、太阳能装置零配件、仪器仪表制造等
北京石大中油石油化工技术有限公司	昌平区振兴路18号	89733276	102200	生产真空系列用油、润滑油及添加剂
北京华电天达科技有限责任公司	昌平区朱辛庄北农路2号华北电力大学	80116875	100220	门禁系列产品、停车场系列产品、读卡器系列产品、消费POS机系列产品
北京华电纳鑫科技有限公司	昌平区马池口镇上念头村北	80777884-608	102200	微纳米表面技术开发、应用、生产，新型耐磨材料技术应用、生产
北京雪莲同达制衣有限公司	平谷区滨河工业开发区63号	69935637	101200	毛针织品
北京新清河毛纺染织有限责任公司	平谷区马坊镇	60999011	101204	精纺毛织品
北京地天泰针织绒线有限公司	平谷区马坊镇工业区西区191号	60999127	100030	绒线
北京红星股份有限公司	怀柔区红星路1号	65683106	101400	红星牌系列白酒
北京东明兴业科技有限公司	怀柔区雁栖经济开发区	61665518	101407	精密模具
北京中冀福庆专用车有限公司	怀柔区杨宋镇凤翔科技开发区二园9号	61675258	101400	自卸汽车、非公路用工程车、警务工作站
北京御食园食品有限公司	怀柔区雁栖经济开发区乐园大街31号	61668198	101407	果脯系列、大小黑豆产品、冻干烤鸭、茯苓夹饼等休闲食品
北京斯普乐电线电缆有限公司	怀柔区雁栖经济开发区雁东二路58号	61665369	101407	汽车电线
北京奥星恒迅包装科技有限公司	怀柔区雁栖经济开发区雁栖河西路3号	61669540	101407	开发、生产新型药品包装材料，销售自产产品

续表

单位名称	办公地点	联系电话	邮政编码	主要产品
北京红螺食品有限公司	怀柔区庙城镇郑重庄村631号	60692542	101401	果脯系列、羊羹、茯苓饼、烤鸭、老北京十三绝系列等休闲系列食品
纽利味食品（北京）有限责任公司	怀柔区雁栖工业开发区雁栖北2街11号	61666868-601	101407	加工食品添加剂、水解蛋白、裹粉裹浆、面包屑、饼干粉、香辛料、调味品
北京博萨汽车配件有限公司	怀柔区雁栖经济开发区雁栖东二路43号	61668566-833	101407	车门外板、后围外板、顶盖、前门滑槽总成、地板
北京天元奥特橡塑有限公司	怀柔区杨宋镇凤翔东大街2号	61676028	101400	橡胶制品、塑料制品、空气弹簧减震器、汽车座椅、空气弹簧后悬置等
北京英思沃工业科技有限公司	怀柔区北房镇经纬工业区	61685581	101400	移动通信基站配套产品、变频器配套产品、钻井设备配套产品、网络融资服务平台
北京金田麦国际食品有限公司	怀柔区雁栖经济开发区雁栖北二街12号	61668620	101407	水煮型速食面系列、水煮型速食米制品系列、速冻面系列、半干面系列、鲜切面系列
北京科锐博华电气设备有限公司	怀柔区北房镇经纬工业区18号	62981321	101400	箱式变电站、GRC、非晶合金变压器
北京铜牛服装有限公司	密云县工业开发区科技路31号	51279898	101500	梭织服装
北京铜牛泰鹰科技有限公司	密云县经济开发区科技路31号-1	51279996	101500	梭织服装
北京化大化新股份有限公司	密云县工业开发区水源路15号	69063765	101500	华教授护肤品系列，包括美白系列、保湿系列、防晒系列、特殊护理系列等
雪润（北京）羊绒制品有限公司	延庆县经济技术开发区2区百莲街5号	61118329	102100	无毛绒
北京博飞仪器股份有限公司	北京经济技术开发区兴业街2号	67816781	100176	光学、电子经纬仪系列产品
北京北方微电子基地设备工艺研究中心有限责任公司	北京经济技术开发区文昌大道8号	57846999	100176	等离子刻蚀设备、化学气相沉积设备、物理气相沉积设备、自动化软件产品
北京化学工业集团有限责任公司	北京经济技术开发区西环北路23号	67860685	100176	精细化工、化工装备、工业及民用气体、电子化学品、新能源、新材料、循环经济产业、环保产业
北京龙源冷却技术有限公司	北京经济技术开发区同济南路11号	87859777	100176	电站空冷系统
北京ABB低压电器有限公司	北京经济技术开发区康定街17号	58085000	100176	低压电器

续表

单位名称	办公地点	联系电话	邮政编码	主要产品
北京北开电气股份有限公司	北京经济技术开发区永昌南路5号	67888838	100176	开关控制设备
北京松下电工有限公司	北京经济技术开发区同济北路1号	67881888	100176	照明器具
北京通用电气华伦医疗设备有限公司	北京经济技术开发区万源街9号	67881880	100176	医疗设备
施耐德（北京）中压电器有限公司	北京经济技术开发区永昌北路3号709室	67885557	100176	中压电器
康宁显示科技（中国）有限公司	北京经济技术开发区同济南路22号	67873838	100176	TFT−LCD专用玻璃基板
首钢莫托曼机器人有限公司	北京经济技术开发区永昌北路7号	67880544	100176	机器人
泰科流体控制（北京）有限公司	北京经济技术开发区中和街16号中和工业园903室	67888902	100176	控制阀
北京盛通印刷股份有限公司	北京经济技术开发区经海三路18号	67887676	100176	出版物综合印刷
卡夫食品（北京）有限公司	北京经济技术开发区东区经海三路148号	63541188-179	100176	食品
中兵光电科技股份有限公司	北京经济技术开发区科创十五街2号	58089788	100176	导航与控制产品
北京宏达日新电机有限公司	北京经济技术开发区宏达南路8号	67802698	100176	GIS设备
北京京东方茶谷电子有限公司	北京经济技术开发区西环中路8号M区	67855866	100176	平板显示器
北京供电福斯特开关设备有限公司	北京经济技术开发区东环中路甲1号	67860347	100176	开关设备
阿帕奇（北京）光纤激光技术有限公司	北京经济技术开发区景园北街2号BDA国际企业大道28楼	67873377	100176	激光器和放大器
第一三共制药（北京）有限公司	北京经济技术开发区永昌中路5号	56328200	100176	药品
北京北汽李尔汽车系统有限公司	北京经济技术开发区康定街1号	67810736	100176	汽车系统零部件
世化普力特光电科技（北京）有限公司	北京经济技术开发区兴业街6号	67856180	100176	亚克力导光板
京煤集团三河综合厂	河北省三河市	0316-3712106	065205	蓄电池
天津泰拓鞋业有限公司	天津市武清区城关镇工业区	022-29460239	301700	皮鞋生产加工
北京京兰非织造布有限公司	通州区张家湾开发区内辅路2号	85772003	101113	无纺布

北京市政府相关部门及部分企业单位联络指南

单位名称	地 址	网址或电子邮箱	邮 编	电 话
北京市经济和信息化委员会	朝阳区惠新东街6号	www.bjeit.gov.cn	100029	57587000、84640621
北京市发展和改革委员会	西城区复兴门南大街丁2号	www.bjpc.gov.cn	100031	66415588
北京市商务委员会	丰台区横道沟西街2号院6号楼	www.bjmbc.gov.cn	100164	65248780
北京市科学技术委员会	西城区西直门南大街16号	www.bjkw.gov.cn	100035	66153395
北京市财政局	海淀区阜成路15号	www.bjcz.gov.cn	100037	88549114
北京市质量技术监督局	朝阳区育慧南路3号	www.bjtsb.gov.cn	100029	57520000
北京市工商行政管理局	海淀区苏州街36号	www.baic.gov.cn	100080	82691919
北京市安全生产监督管理局	西城区槐柏树街2号院3号楼	www.bjsafety.gov.cn	100053	65023616
北京市人民政府国有资产监督管理委员会	西城区枣林前街70号	www.bjgzw.gov.cn	100053	83560755
北京市交通管理委员会	丰台区六里桥南里甲9号B座	www.bjjtw.gov.cn	100073	63011677
北京市药品监督管理局	西城区枣林前街70号	www.bjda.gov.cn	100053	83979811
北京市东城区产业和投资促进局	东城区建国门金宝街52号	www.bjdch.gov.cn	100005	65258800
北京市西城区发展和改革委员会	西直门内大街275号	www.bjxch.gov.cn	100035	82141179
北京市朝阳区发展和改革委员会	朝阳区百子湾西里303号	www.fagaiwei.bjchy.gov.cn	100124	65090538、65013688
北京市海淀区经济和信息化办公室	海淀区四季青路6号海淀招商大厦	www.zhsp.gov.cn	100195	88498837
北京市丰台区经济和信息化委员会	丰台区文体路2号	www.bjft.gov.cn	100071	83656000
北京市石景山区经济和信息化委员会	石景山区石景山路18号	www.ecrd.bjsjs.gov.cn	100043	88699890
北京市门头沟区经济和信息化委员会	门头沟区新桥南大街46号	www.bjmtg.gov.cn	102300	69842584
北京市房山区经济和信息化委员会	房山区长阳镇昊天北大街38号	www.jxw.bjfsh.gov.cn	102445	81312701
北京市通州区经济和信息化委员会	通州新华东街256号	www.gyj.bjtzh.gov.cn	101100	69546276、69541494
北京市顺义区经济和信息化委员会	顺义区建新西街甲3号	www.jxw.bjshy.gov.cn	101300	69441064
北京市大兴区经济和信息化委员会	大兴区兴丰大街三段138号	www.bjdx.gov.cn	102600	69243537
北京市昌平区经济和信息化委员会	昌平区西环路15号	www.cpjxw.bjchp.gov.cn	102200	69742365
北京市平谷区经济和信息化委员会	平谷区乐园西小区7号	www.bjpg.gov.cn	101200	69986796
北京市怀柔区经济和信息化委员会	怀柔区青春路42号	www.hrjxw.gov.cn	101400	69624574
北京市密云县经济和信息化委员会	密云县鼓楼东大街8号	www.myec.gov.cn	101500	69055880、69041694
北京市延庆县经济和信息化委员会	延庆县东外大街建业胡同2号	www.bjyq.gov.cn	102100	69103310、69144623
中关村国家自主创新示范区	海淀区阜成路73号裕惠大厦906室	www.zgc.gov.cn	100080	88827911
北京经济技术开发区管理委员会	北京经济技术开发区荣华中路15号博大大厦	www.bda.gov.cn	100176	67881240

续表

单位名称	地 址	网址或电子邮箱	邮 编	电 话
首钢总公司	石景山区石景山路厂东门	www.shougang.com.cn	100041	88293520、68873606
中国石化集团北京燕山石油化工有限公司	房山区燕山岗南路1号	www.yanshanpcgc.com.cn	102500	69342295、69342736
北京电子控股有限责任公司	朝阳区三里屯西六街6号	www.behc.com.cn	100027	84544207、84545045
北京京城机电控股有限责任公司	朝阳区东三环中路59号京城机电大厦18层	www.jcmeh.com	100022	87707232
北京京仪集团有限责任公司	朝阳区建国路93号院9号楼16—19层	www.biichg.com	100022	58204466、58206350
北京汽车工业控股有限责任公司	朝阳区东三环南路25号	www.baihc.com	100021	67699888
北京二七轨道交通装备有限责任公司	丰台区长辛店杨公庄1号	www.27rail.com	100072	83306001、83306654
南车二七车辆有限公司	丰台区张郭庄甲1号	www.csreq.com.cn	100072	83804071
北京南口轨道交通机械有限责任公司	昌平区南口镇道北	www.njgs.chinacnr.com	102202	51013561、69771809
北京化学工业集团有限责任公司	北京经济技术开发区西环北路23号华腾发展大厦	www.bjhgjt.com.cn	100176	67860685、67864201
北京京煤集团有限责任公司	门头沟区新桥南大街2号	www.beijingcoal.com	102300	69842461、69842420
北京市电力公司	西城区前门西大街41号	www.bj.sgcc.com.cn	100031	63128201
北京金隅集团有限责任公司	东城区北三环东路36号北京环球贸易中心D座	www.bbmg.com.cn	100013	66411587、66412086
北京医药集团有限责任公司	朝阳区曙光西里甲5号凤凰置地广场A座27层	www.bpgc.com.cn	100028	57985011
北京一轻控股集团有限责任公司	朝阳区广渠路38号	www.bjyq.com.cn	100022	87529807
北京隆达轻工控股有限责任公司	西城区德胜门东滨河路5号	www.elongda.com	100120	82259651
北京纺织控股有限责任公司	东城区东单三条33号	www.bthc.com.cn	100005	65127929、65129861
中国北京同仁堂集团有限责任公司	东城区东兴隆街52号	www.tongrentang.com	100062	67171762、67055450
北京工美集团有限责任公司	东城区王府井大街200号	www.gongmeigroup.com.cn	100005	65288866
北京市民政工业总公司	西城区西外大街南路4号	www.bjflqy.com.cn	100044	68338899-8021、68355545
北京市工商联合会	东城区广渠门内白桥大街22号	www.bjgsl.org.cn	100062	67123591
北京工业经济联合会	西城区槐柏树街2号		100053	63187806
北京企业联合会	朝阳区北辰东路汇园公寓J座12门	www.bec.org.cn	100101	87713151
北京市中小企业服务中心	东城区东四十条凯龙大厦301、302、305室	www.bjeit.gov.cn	100700	64058636、64056117
北京市技术创新服务中心	朝阳区工体北路6号凯富大厦4层	www.bjeit.gov.cn	100027	85235079
北京市产业经济研究中心	朝阳区工体北路6号凯富大厦5层	www.rc.ac.cn	100027	85987281、85235624

索 引

说 明

本索引采取主题索引也称内容分析索引法编纂。主题词（标目）主要以《北京工业年鉴》（2013）版正文中出现的专业名词、名词性词组、地名、机构名、人名为主。

特载、大事记、法规政策文件、工业数据、附录等栏目内容不在标引范围内。

本索引基本按汉语拼音音序排列，汉字打头的标目按首字的音序音调依次排列，首字相同时则以第二字排序，依次类推；以阿拉伯数字打头的主题词，排在最前面；以英文字母打头的主题词，列于其后。

本索引的文字部分为标目，标目之后的阿拉伯数字表示该标目所在正文中的页码（地址页），其后的小写英文字母（a、b）表示正文中的栏别（从左至右）。

部分标目后面有若干个页码或栏别，则表示该标目均在这些地方出现。

A

B

C

D

E

F

G

H

J

O

P

Q

R

S

T

W

X

Y

Z